ESVbasics

Sozialrecht der Europäischen Union

Von

Prof. Dr. Dr. h.c. Eberhard Eichenhofer
Friedrich Schiller-Universität Jena, Berlin

8., neu bearbeitete Auflage

ERICH SCHMIDT VERLAG

Bibliografische Information der Deutschen Nationalbibliothek
Die Deutsche Nationalbibliothek verzeichnet diese Publikation in der Deutschen Nationalbibliografie; detaillierte bibliografische Daten sind im Internet über https://dnb.d-nb.de abrufbar.

Weitere Informationen zu diesem Titel finden Sie im Internet unter
https://ESV.info/978-3-503-20652-0

Zitiervorschlag:
Eichenhofer, Sozialrecht der Europäischen Union, 8. Aufl. 2022

1. Auflage 2001
...
6. Auflage 2015
7. Auflage 2018
8. Auflage 2022

ISBN 978-3-503-20652-0 (gedrucktes Werk)
ISBN 978-3-503-20653-7 (eBook)

Alle Rechte vorbehalten
© Erich Schmidt Verlag GmbH & Co. KG, Berlin 2022
www.ESV.info

Druck: Hubert & Co., Göttingen

Für Heidi

Vorwort 8. Auflage

Seit Erscheinen der 7. Auflage sind drei schwierige Jahre vergangen. In dieser Zeit durchlitt und durchlebte die EU tiefe Veränderungen, die nachfolgend nachgezeichnet werden. Auch die deutsche Europapolitik wurde etwas offener. Endlich übernahm sie die schon 1996 revidierte Europäische Sozialcharta, welche die wirtschaftlichen, sozialen und kulturellen Menschenrechte in zeitgemäßer Form niederlegt. Der Brexit ist zum Schaden beider Seiten leider vollzogen. Doch wider Erwarten konnten die Beziehungen zwischen dem Vereinigten Königreich und der EU in einer multilateralen Regelung auf dem Gebiet der sozialen Sicherung gefunden werden. Sie bringt zwar zahlreiche Einschränkungen gegenüber dem früheren Rechtszustand, enthält aber dennoch immer noch im Kern ein den EU-Regeln entsprechendes Koordinierungswerk, ohne dass darüber freilich noch der EuGH die Jurisdiktion hätte.

Die Neuauflage vertieft die theoretische Grundlegung namentlich mit Blick auf zentrale Begriffe wie Territorialprinzip, Kollisionsnormen und transnationale Rechte. Zahlreiche Neuerungen in Rechtssetzung und Rechtsprechung und Literatur werden nachgetragen. Nur am Rande konnte freilich aufgegriffen werden, dass sich in der EU unter dem Einfluss der Pandemie das Bewusstsein um die EU verändert und sozialpolitisch erweitert hat. Ein alle Vorstellungskraft übersteigender Wiederaufbau-Fonds wurde aufgelegt. Er wird durch die EU selbst auf dem Kapitalmarkt finanziert. Eine große Veränderung!

Außerdem setzte der EuGH im Urteil vom 8. Dezember 2020 (C-620/18) einen wichtigen Akzent, als er feststellte, dass der Abbau materieller Unterschiede im Arbeits- und Sozialrecht der Mitgliedstaaten ein legitimer Grund für die Rechtssetzung der EU ist. Diese Rechtsprechung befördert EU-Mindeststandards bei Löhnen und Sozialleistungen. Inmitten einer Pandemie rückte die EU zusammen und konstituierte sich als Solidarverband eines sozialen Europas. Ein Zeichen der Hoffnung und des Aufbruchs.

Berlin, im August 2021   Eberhard Eichenhofer

Vorwort 1. Auflage

Das Sozialrecht der Europäischen Union gewinnt an Bedeutung: Immer mehr Staaten sind seinen Regeln unterworfen und immer mehr Fragestellungen des Sozialrechts werden durch das Recht der Europäischen Union geprägt und letztlich entschieden. Das hiermit der Öffentlichkeit übergebene Buch versucht, die vielfältigen Entwicklungen und Einwirkungen des Rechts der EU auf das Sozialrecht der Mitgliedstaaten aufzuzeigen, nachzuzeichnen und zu systematisieren. Es soll einen Beitrag zu einem vertieften Verständnis eines im Entstehen begriffenen neuen und eigenständigen Zweiges des Rechts der Europäischen Union leisten und damit die weitere europäische Integration befördern helfen. Dieses Buch ist die vorläufige Bilanz einer zwei Jahrzehnte währenden Beschäftigung mit der Thematik. Als meine Bemühungen begannen, bereitete die Orientierung Mühe, weil es zu wenig Literatur gab. Heute sind die Kenntnisse sicher weiter verbreitet, weil das Bewusstsein für die Thematik nun geweckt ist. Aber eine Zunahme an Orientierung lässt sich gleichwohl nicht notieren – womöglich auch deshalb, weil es inzwischen zu viel Literatur gibt. Ob diesem Missstand durch ein weiteres Buch abgeholfen werden kann, mag zwar zweifelhaft erscheinen. Gleichwohl sollte zumindest der Versuch gewagt werden dürfen.

Jena, im Oktober 2000

Inhaltsübersicht

Vorwort 8. Auflage	7
Vorwort 1. Auflage	9
Inhaltsverzeichnis	13
Abkürzungsverzeichnis	17
I. Grundlagen	**25**
§ 1 EU-Sozialrecht als Rechtsgebiet	25
§ 2 Entwicklungsgeschichte Europäischen Sozialrechts	33
§ 3 Sozialrecht im Primärrecht	43
§ 4 Außenbeziehungen der EU und Sozialrecht	65
II. Koordinierendes Sozialrecht der EU	**77**
§ 5 Grundlagen und Entwicklung	77
§ 6 Allgemeine Vorschriften	87
§ 7 Kollisionsnormen	111
§ 8 Koordination der Behandlungs- und Geldleistungen bei Krankheit	137
§ 9 Koordination der Alters-, Invaliditäts- und Hinterbliebenenrenten	149
§ 10 Koordination von Leistungen bei Arbeitsunfall und Berufskrankheit	163
§ 11 Koordination von Leistungen der Arbeitsförderung	169
§ 12 Familienleistungen	183
§ 13 Internationale Zusammenarbeit der Sozialverwaltungen	193
§ 14 Unstatthafte Diskriminierung wegen der Staatsangehörigkeit	201
III. Europäisches harmonisierendes Sozialrecht	**209**
§ 15 Überwindung der Diskriminierung	209
§ 16 Sicherung der Betriebsrenten	229
§ 17 Bedeutung des EU-Wirtschaftsrechts für Sozialleistungen	237
§ 18 Europäischer Sozialfonds und europäische Beschäftigungspolitik	255
§ 19 Offene Methode der Koordinierung	263
IV. Ausblick	**275**
§ 20 Zukunftsperspektiven des Sozialrechts der EU	275
§ 21 Das Europäische Sozialmodell	297
Verzeichnis der EuGH – Entscheidungen	309
Verzeichnis der EuGMR-Entscheidungen	327
Verzeichnis der zitierten selbstständigen Literatur	329
Stichwortverzeichnis	371

Inhaltsverzeichnis

Vorwort 8. Auflage	7
Vorwort 1. Auflage	9
Inhaltsübersicht	11
Abkürzungsverzeichnis	17
I. Grundlagen	**25**
§ 1 EU-Sozialrecht als Rechtsgebiet	25
1. Bezeichnung und Begriff	25
2. Unmittelbare Einwirkung von EU-Recht auf Mitgliedstaatenrecht	26
3. Standorte und Dimensionen supranationaler Einwirkung	27
§ 2 Entwicklungsgeschichte Europäischen Sozialrechts	33
1. Geschichte Europäischen koordinierenden Sozialrechts	33
2. Europäisches harmonisierendes Sozialrecht	37
§ 3 Sozialrecht im Primärrecht	43
1. Ziele und Aufgaben der EU	44
2. Diskriminierungsverbote und soziale Grundrechte	46
3. Koordination der Systeme sozialer Sicherheit	46
4. Beschäftigungspolitik	47
5. Sozialpolitik	47
6. Sozialer Dialog	56
7. Grundfreiheiten	57
8. Öffentlich-rechtliche Monopole	58
9. Beihilfen	58
10. Einwanderung	59
11. Grundlagenvertrag der EU	63
§ 4 Außenbeziehungen der EU und Sozialrecht	65
1. Europäischer Wirtschaftsraum (EWR)	65
2. Sonstiges Assoziationsrecht	66
3. Sozialrechtliche Lage nicht-abkommensrechtlich legitimierter Drittstaatsangehöriger	70
4. Sozialrechtliche Stellung illegaler Einwanderer	73
II. Koordinierendes Sozialrecht der EU	**77**
§ 5 Grundlagen und Entwicklung	77
1. Herausforderung	77
2. Koordinierendes Sozialrecht und Freizügigkeit	80
3. Konzeptionelle Erweiterung der primärrechtlichen Grundlagen von Koordination	84

4.	EU-Recht und nationales Recht	85
5.	Territorialprinzip und Europäisches koordinierendes Sozialrecht	85
§6	Allgemeine Vorschriften	87
1.	Geltungsbereich	88
2.	Gleichbehandlung und Tatbestandsgleichstellung unter EU-Angehörigen	93
3.	Konkurrenz zwischen koordinierendem EU-Sozialrecht und internationalen Abkommen	101
4.	Kollisionsrecht für freiwillige Versicherung und Beitragserstattung	103
5.	Leistungsexport	104
6.	Ausnahmen von der Exportpflicht bei beitragsunabhängigen Geldleistungen	105
7.	Leistungsanpassung	108
8.	Zusammentreffen von Leistungen	108
9.	Funktion der Vorbehalte einzelner Mitgliedstaaten	109
10.	Definitionsnormen	110
§7	Kollisionsnormen	111
1.	Begriff, Struktur und Wirkung der Kollisionsnormen	111
2.	Inhalte der Kollisionsnormen des koordinierenden Sozialrechts	113
3.	Grundanknüpfungen	128
§8	Koordination der Behandlungs- und Geldleistungen bei Krankheit	137
1.	Aufgabe und Reichweite der Sicherung	137
2.	Leistungsansprüche außerhalb des zuständigen oder Wohnstaates	141
3.	Auslandsbehandlung kraft Primärrechts	142
4.	Krankenversicherung für Rentner	147
5.	Kostenverteilung	148
§9	Koordination der Alters-, Invaliditäts- und Hinterbliebenenrenten	149
1.	Versicherungsfälle	149
2.	Versicherungszeiten	152
3.	Leistungen an Berechtigte mit Wohnsitz im Ausland	161
§10	Koordination von Leistungen bei Arbeitsunfall und Berufskrankheit	163
1.	Gegenstand	163
2.	Einzelregelungen	164
§11	Koordination von Leistungen der Arbeitsförderung	169
1.	Zusammenrechnung von Beschäftigungs- und Versicherungszeiten	171
2.	Befristeter Leistungsexport	175

Inhaltsverzeichnis

    3. Arbeitslose mit Wohnort außerhalb des Beschäftigungsstaates 180
    4. Vorruhestandsleistungen 181
§ 12 Familienleistungen 183
    1. Begriff der Familienleistungen 183
    2. Europäische Koordinationsnormen für Familienleistungen 186
§ 13 Internationale Zusammenarbeit der Sozialverwaltungen 193
    1. Zusammenarbeit unter den Sozialverwaltungen 193
    2. Öffnung der Sozialverwaltung einzelner Mitgliedstaaten 195
    3. Zahlungsverkehr, Vollstreckung, Rückgriff und Rechtsschutz 196
    4. Wirkung 199
§ 14 Unstatthafte Diskriminierung wegen der Staatsangehörigkeit 201
    1. Ausgangspunkt 201
    2. Nichtdiskriminierung unter EU-Bürgern bei sozialen
       Vergünstigungen 201
    3. Unterschiedliche soziale Rechte nach der Staatsangehörigkeit 204

III. Europäisches harmonisierendes Sozialrecht 209
§ 15 Überwindung der Diskriminierung 209
    1. Diskriminierungsverbote im Primärrecht 209
    2. Antidiskriminierung und Vertragsfreiheit 210
    3. Antidiskriminierungsregeln im Sozialrecht 211
    4. Gleichbehandlung von Männern und Frauen im Sozialrecht 220
§ 16 Sicherung der Betriebsrenten 229
    1. Ausgangspunkt – unterschiedliche Funktionen und
       Verständnisse von Betriebsrenten 229
    2. Wege zu einer Europäischen Betriebsrentengesetzgebung 230
    3. Grenzüberschreitende Sicherung der Betriebsrentenrechte 234
§ 17 Bedeutung des EU-Wirtschaftsrechts für Sozialleistungen 237
    1. EU-Wirtschaftsrecht und dessen Folgen für das Sozialrecht 237
    2. Sozialleistungsträger als Unternehmen? 239
    3. Freie Träger als Unternehmen? 242
    4. Das europäische Beihilferecht und die soziale
       Daseinsvorsorge 244
    5. Bedeutung des Europäischen Beihilferechts für die Träger
       sozialer Daseinsfürsorge 248
    6. Vergaberecht 251
§ 18 Europäischer Sozialfonds und europäische Beschäftigungspolitik 255
    1. Europäischer Sozialfonds 255
    2. Grundlagen und Ausgestaltung des Europäischen Sozialfonds 257
    3. Eigene Beschäftigungspolitik der EU 259
§ 19 Offene Methode der Koordinierung 263
    1. Inhalt 263
    2. Würdigung 269
    3. Probleme 270
    4. Folgerungen 272

Inhaltsverzeichnis

IV. Ausblick 275
§ 20 Zukunftsperspektiven des Sozialrechts der EU 275
  1. Weitere Vereinfachung des koordinierenden Sozialrechts? 275
  2. Dienstleistungsfreiheit und soziale Sicherheit 280
  3. Überwindung des Sozial„staates" durch eine europäische Sozial„gemeinschaft" auf der Basis des „Europäischen Sozialmodells"? 283
  4. Europäische Beschäftigungsstrategie: Aktivierung 292
  5. Europäische Arbeitslosenversicherung 294
§ 21 Das Europäische Sozialmodell 297

Verzeichnis der EuGH – Entscheidungen 309

Verzeichnis der EuGMR-Entscheidungen 327

Verzeichnis der zitierten selbstständigen Literatur 329

Stichwortverzeichnis 371

Abkürzungsverzeichnis

Abb.	Abbildung
ABl.	Amtsblatt der Europäischen Gemeinschaften/Union
Abs.	Absatz
AEUV	Vertrag über die Arbeitsweise der Europäischen Union
a. F.	alte Fassung
AFG	Arbeitsförderungsgesetz
AGB	Allgemeine Geschäftsbedingungen
AGG	Allgemeines Gleichbehandlungsgesetz
Anh.	Anhang
Anm.	Anmerkung
AOK	Allgemeine Ortskrankenkasse
AP	Arbeitsrechtliche Praxis
APuZ	Aus und Politik und Zeitgeschichte (Zeitschrift)
ARB	Assoziationsratsbeschluss
ArchSozArb	Archiv für Wissenschaft und Praxis der sozialen Arbeit (Zeitschrift)
Art.	Artikel(n)
ArVNG	Arbeitsrentenversicherungs-Neuregelungsgesetz
AsylbLG	Asylbewerber-Leistungsgesetz
AUAS	Schnelldienst Ausländer- und Asylrecht (Zeitschrift)
AufenthG	Gesetz über den Aufenthalt, die Erwerbstätigkeit und die Integration von Ausländern im Bundesgebiet
AuR	Arbeit und Recht (Zeitschrift)
AVermG	Altersvermögensgesetz
BABl.	Bundesarbeitsblatt
BAföG	Bundesausbildungsförderungsgesetz
BAG	Bundesarbeitsgericht
BAGE	Entscheidungen des Bundesarbeitsgerichts
BayVBl.	Bayerische Verwaltungsblätter
BGB	Bürgerliches Gesetzbuch
BGH	Bundesgerichtshof
BGHZ	Entscheidungen des Bundesgerichtshofes
Bd.	Band
BetrAV	Betriebliche Altersversorgung (Zeitschrift)

Abkürzungsverzeichnis

BetrAVG	Gesetz zur Verbesserung der betrieblichen Altersversorgung
BG	Die Berufsgenossenschaft (Zeitschrift)
BGBl.	Bundesgesetzblatt
BGHSt	Entscheidungen des Bundesgerichtshofs in Strafsachen
BGHZ	Entscheidungen des Bundesgerichtshofs in Zivilsachen
BMA	Bundesministerium für Arbeit und Sozialordnung
BR-Drs.	Drucksache des Bundesrates
Breith.	Breithaupt, Sammlungen von Entscheidungen aus dem Sozialrecht
BSG	Bundessozialgericht
BSGE	Entscheidungen des Bundessozialgerichts
BSHG	Bundessozialhilfegesetz
BT-Drs.	Bundestags-Drucksache
BVerfG	Bundesverfassungsgericht
BVerfGE	Entscheidungen des Bundesverfassungsgerichts
CdDE	Cahiers de Droit Européen (Zeitschrift)
Chap.	Chapitre = Kapitel
CJCE	Cour de Justice de la Communauté Européen
CMLR	Common Market Law Review (Zeitschrift)
COM	Commission (Kommissionsdokument englisch)
DAngVers	Die Angestellten-Versicherung (Zeitschrift)
d. h.	das heißt
ders.	derselbe
dies.	dieselbe
Diss.	Dissertation
DöD	Der öffentliche Dienst (Zeitschrift)
DOK	Die Ortskrankenkasse (Zeitschrift)
DRdA	Das Recht der Arbeit (Zeitschrift – Österreich)
DRV	Deutsche Rentenversicherung (Zeitschrift)
DStR	Deutsches Steuerrecht (Zeitschrift)
DVBl.	Deutsches Verwaltungsblatt (Zeitschrift)
EA	Europa-Archiv (Zeitschrift)
EAS	Europäisches Arbeits- und Sozialrecht
Ebd.	ebenda
ECLR	European competition law review (Zeitschrift)
ECU	European Currency Unit
Ed.	Editor
Eds.	Editors

Abkürzungsverzeichnis

EEA	Einheitliche Europäische Akte
EESP	European Electronic Social Security Pass
EFTA	European Free Trade Association
EG	Europäische Gemeinschaft
EGBGB	Einführungsgesetz zum Bürgerlichen Gesetzbuch
EGKS	Europäische Gemeinschaft für Kohle und Stahl
EGV	Vertrag zur Gründung der Europäischen Gemeinschaft
EHIC	European Health Insurance Card = Europäische Krankenversicherungskarte
Einl.	Einleitung
EISS	European Institute of Social Security
EMRK	Europäische Menschenrechtskonvention
endg.	endgültig
EP	Europäisches Parlament
Erl.	Erläuterungen
ESF	European Social Fund (Europäischer Sozialfonds)
EU	Europäische Union
EU:C:	Entscheidungen des Europäischen Gerichtshofes, zitiert nach der digitalen Entscheidungssammlung ECLI = European Case Law Identifier (ECLI); Teil Europäische Union (EU) Court (C)
EuGH	Europäischer Gerichtshof
EuGMR	Europäischer Gerichtshof für Menschenrechte
EuR	Europarecht (Zeitschrift)
EurJofSocSec	European Journal of Social Security (Zeitschrift)
EuSozR	Europäisches Sozialrecht
EU:T:	Entscheidungen des Europäischen Gerichts (erster Instanz) zitiert nach der digitalen Entscheidungssammlung ECLI = European Case Law Identifier (ECLI); Teil Europäische Union (EU) Tribunal (T)
EUV	Vertrag über die Europäische Union
EuZA	Europäische Zeitschrift für Arbeitsrecht
EuZW	Europäische Zeitschrift für Wirtschaftsrecht
EVVO	Europäisches Schuldvertragsverordnung (Rom I)
EWG	Europäische Wirtschaftsgemeinschaft
EWGV	Vertrag zur Gründung der Europäischen Wirtschaftsgemeinschaft
EWR	Europäischer Wirtschaftsraum
EWS	Zeitschrift für Europäisches Wirtschaftsrecht
EZAR	Entscheidungssammlung zum Ausländerrecht

f.	folgend(e)
FamRZ	Zeitschrift für das gesamte Familienrecht
FEVS	Fürsorgerechtliche Entscheidungen der Verwaltungs- und Sozialgerichte
ff.	fortfolgende
FG	Finanzgericht
final.	finally
FRG	Fremdrentengesetz
GATS	General Agreement on Trade in Services (Allgemeine Abkommen über den Handel mit Dienstleistungen)
GesR	Gesellschaftsrecht
GG	Grundgesetz
GmbH	Gesellschaft mit beschränkter Haftung
GRCh	Grundrechtecharta der Europäischen Union
GVG	Gesellschaft für Versicherungswissenschaft und -gestaltung e. V.
Hg.	Herausgeber
HS-KV	Handbuch des Sozialversicherungsrechts – Krankenversicherung
HS-PV	Handbuch des Sozialversicherungsrechts – Pflegeversicherung
IAO	Internationale Arbeitsorganisation
Ibid.	Ibidem (ebenda)
ILO	International Labour Organization
InfAuslR	Informationsbrief Ausländerrecht (Zeitschrift)
IPbpR	VN – Internationaler Pakt über bürgerliche und politische Rechte 1966
IPR	Internationales Privatrecht
IPRax	Praxis des Internationalen Privat- und Verfahrensrechts (Zeitschrift)
ISR	Internationales Sozialrecht
iStR	Zeitschrift für europäisches und internationales Steuerrecht
i. V. m.	in Verbindung mit
IVSS	Internationale Vereinigung für soziale Sicherheit
JCMS	Journal of Common Market Studies
JuS	Juristische Schulung (Zeitschrift)
JZ	Juristenzeitung (Zeitschrift)
Kap.	Kapitel
KJ	Kritische Justiz (Zeitschrift)

KOM	Kommissionsdokument
KonsularG	Konsulargesetz
KrV	Die Kranken- und Pflegeversicherung (Zeitschrift)
KSVG	Künstlersozialversicherungsgesetz
KV	Die Krankenversicherung (Zeitschrift des IKK-Bundesverbandes)
LG	Landgericht
lit.	littera (Buchstabe)
LSG	Landessozialgericht
m. Anm.	mit Anmerkung
MedR	Medizinrecht (Zeitschrift)
MittLVA	Mitteilungen der Landesversicherungsanstalt
MOE	Mittel- und Osteuropa
NDV	Nachrichtendienst des deutschen Vereins für öffentliche und private Fürsorge (Zeitschrift)
n. F.	neue Fassung
NHS	National Health Service
NJW	Neue Juristische Wochenschrift (Zeitschrift)
NJW-RR	Neue Juristische Wochenschrift – Rechtsprechungs-Report Zivilrecht
no	number
Nr.	Nummer
Nrn.	Nummern
NZA	Neue Zeitschrift für Arbeits- und Sozialrecht
NZS	Neue Zeitschrift für Sozialrecht
OECD	Organization for Economic Cooperation and Development
OGH	Oberster Gerichtshof
o. J.	ohne Jahrgang
OLG	Oberlandesgericht
OMK	Offene Methode der Koordinierung
OVG	Oberverwaltungsgericht
p.	page
PatR/Q-med	PatientenRechte & Qualitätsmanagement (Zeitschrift)
PStG	Personenstandsgesetz
RabelsZ	Rabels Zeitschrift für ausländisches und internationales Privatrecht
RdA	Recht der Arbeit (Zeitschrift)
RDSS	Revue de droit sanitaire et social
RevESC	Revidierte Europäische Sozialcharta

Abkürzungsverzeichnis

Rev. trim. europ.	Revue trimestrielle europeéne
RL	Richtlinie
Rn.	Randnummer
RTDeur	Revue trimestrielle de droit européen
RVO	Reichsversicherungsordnung
Rz.	Randziffer
S.	Seite
s.	sequent
SchwbG	Schwerbehindertengesetz
SF	Sozialer Fortschritt (Zeitschrift)
SGb	Die Sozialgerichtsbarkeit (Zeitschrift)
SGB	Sozialgesetzbuch
SGG	Sozialgerichtsgesetz
Slg.	Sammlung
SozR	Sozialrecht, Entscheidungssammlung
SozVers	Die Sozialversicherung (Zeitschrift)
SRH	Sozialrechtshandbuch
ss.	subsequent
st. Rspr.	ständige Rechtsprechung
SZS	Schweizerische Zeitung für Sozialversicherung
Tz.	Textziffer
UA	Unterabschnitt
UN	United Nations
UN-BRK	VN Behinderten-Rechte-Konvention
v.	vom
VBL	Versorgungsanstalt des Bundes und der Länder
VDR	Verband Deutscher Rentenversicherungsträger
Verf.	Verfasser
VG	Verwaltungsgericht
vgl.	vergleiche
VO	Verordnung
Vol.	Volume
VSSR	Vierteljahresschrift für Sozialrecht
VuR	Verbraucher und Recht (Zeitschrift)
VVG	Gesetz über den Versicherungsvertrag
VwGO	Verwaltungsgerichtsordnung
WGSVG	Gesetz zur Regelung der Wiedergutmachung nationalsozialistischen Unrechts in der Sozialversicherung
WTO	World Trade Organisation

WzS	Wege zur Sozialversicherung (Zeitschrift)
ZAR	Zeitschrift für Ausländerrecht
z. B.	zum Beispiel
Zbl Arbeitsmed	Zentralblatt für Arbeitsmedizin
ZESAR	Zeitschrift für Europäisches Sozial- und Arbeitsrecht
ZfF	Zeitschrift für das Fürsorgewesen
ZfSH/SGB	Zeitschrift für Sozialhilfe und Sozialgesetzbuch
ZHR	Zeitschrift für das gesamte Handelsrecht und Wirtschaftsrecht
ZIAS	Zeitschrift für ausländisches und internationales Arbeits- und Sozialrecht
Ziff.	Ziffer
ZRP	Zeitschrift für Rechtspolitik
ZSR	Zeitschrift für Sozialreform

I. Grundlagen

§ 1 EU-Sozialrecht als Rechtsgebiet

1. Bezeichnung und Begriff

„**Sozialrecht**" bedeutet in der deutschen Sprache „Recht **sozialer Sicherheit** und Hilfe" und in der Europäischen Union (EU) „**sozialer Schutz**".[1] Dieser besteht in Europa seit Jahrhunderten.[2] Er umfasst die Vorsorge vor den **sozialen Risiken** Krankheit und Mutterschaft, Alter und Invalidität, Arbeitsunfall und Berufskrankheiten, Arbeitslosigkeit, die Familienleistungen sowie die Sozialhilfe – einerlei, ob diese Leistungen durch **Steuern** oder **Beiträge** finanziert und öffentlich oder privat verwaltet werden. Dessen Inbegriff bildet das Sozialrecht und dieses prägt das **europäische Sozialmodell**:[3] eine auf **Marktfreiheiten** gründende Wettbewerbsordnung mit ausgebauter öffentlicher Vor- und Fürsorge, die der sozialen Gerechtigkeit (Art. 3 III EUV) verpflichtet ist. Vor- und Fürsorge ermöglicht auch denen die Teilhabe am Marktgeschehen, die dazu aus eigener Leistung nicht imstande wären.

1

Der Begriff „**Europa**" ist mehrdeutig, kann den ganzen Kontinent oder einzelne Verfestigungen **europäischer Integration** bezeichnen. Europa ist ein geographischer und ein Rechtsbegriff. Die europäische Integration[4] ist in **zwei** Institutionen ausgeprägt: dem **Europarat** und der **EU**. Jener sitzt in **Straßburg** und diese in **Brüssel**. Also wird das „Europa von Straßburg" vom „Europa von Brüssel" unterschieden. Beide gründen die europäische Integration auf die **Freiheit**: der Europarat auf die in EMRK und Europäischer Sozialcharta (vgl. dazu näher Rn. 35) niedergelegten **Menschenrechte** und die aus EG und EWG hervorgegangene EU auf die **Freiheiten** des Waren-, Dienstleistungs-, Kapital- und Personenverkehrs. Beide Garantien unterscheiden sich gegenständlich und verfolgen verschiedene Schutzrichtungen. Die Gewährleistungen des Eu-

2

---

1 So der Sprachgebrauch in der Empfehlung 92/442/EWG vom 27. Juli 1992 (ABl. EG Nr. C 245 v. 26.8.1992, S. 49); vgl. auch die Dokumente: The Future of Social Protection: A Framework for a European Debate, COM (95) 466 final, Modernising and Improving Social Protection in the European Union, COM (97) 102; IVSS, Nr. 27, 2000; Nußberger, in Tettinger/Stern, 2006, Art. 34 Rn. 82.
2 Berghman, in Boecken/Ruland/Steinmeyer, 2002; Castles, EurJofSocSec 2002, 299; Clasen, 1997; McKee/Mossialos, 2002, 27 ff.; Pieters, in VDR, 2002; Weber/Leienbach, 2000; Spranger, 2002; Zacher, Europäische Sozialpolitik/Europäisches Sozialrecht, in Rauscher, 2008, 721 f.
3 So etwa das Dokument: A Concerted Strategy for Modernising Social Protection, „Social protection as an integral part of the European Social Model", COM Documents 1999, 347 final.; Falkner; Schulte, 2015; Kaelble/Schmid, 2004; Sakellaropoulos, 2004; Tiemann, 2005, 82 ff.; Jepsen/Pascual, 15 (2005) Journal of European Social Policy, 231; vgl. Rn. 509, 532 ff.
4 Oppermann/Classen/Nettesheim, 2016, § 1 II Tz. 13 ff.; zu den kulturellen Dimensionen Häberle, 2009, 500 ff.

I. Grundlagen

roparats sollen den Einzelnen primär vor **Übergriffen** des Staates bewahren, die der EU dagegen primär grenzüberschreitendes wirtschaftliches **Handeln** sichern. Die EU-Freiheiten als Marktfreiheiten zielen auf eine **transnationale** Wirtschafts- und Sozialordnung.[5]

3 Beide Organisationen wirken durch Rechtsregeln auf die **soziale Sicherheit** der Mitgliedstaaten ein,[6] die allerdings unterschiedlich wirksam und wirkmächtig werden. Der Europarat gründet im **Völkerrecht** und kann sich deswegen nicht gegen das Widerstreben der Mitgliedstaaten durchsetzen; seine Normen müssen jene umsetzen. Die EU ist dagegen eine **Rechtsgemeinschaft** und damit zur autonomen Rechtsetzung befugt und berufen.[7] Sie setzt durch Richtlinien und Verordnungen unmittelbar eigenes Recht – unter Verdrängung entgegenstehenden Rechts jedes Mitgliedstaates. Dennoch sind beide Organisationen, obzwar getrennt, miteinander verbunden. Die EU kann der EMRK nach Art. 6 II EUV beitreten.[8] Ferner macht sich die EU die in der Europäischen Sozialcharta niedergelegten Prinzipien des Europarats als Leitbild für das eigene Handeln zu eigen (Art. 151 AEUV).[9]

2. Unmittelbare Einwirkung von EU-Recht auf Mitgliedstaatenrecht

4 Europa verbindet Räume und Menschen und schafft auf Grund der Rechtsordnungen seiner Mitgliedstaaten eine neue, gemeinsame, diese miteinander verbindende Rechtsordnung. Diese geht dem Recht jedes Mitgliedstaates vor und verpflichtet zur Gleichbehandlung aller EU-Bürger und wechselseitigen Anerkennung der mitgliedstaatlichen Rechte als einander gleichwertig und deswegen auch gleichermaßen gültig. In den zahlreichen innereuropäischen Grenzregionen schafft die Rechtsordnung der EU einen zunehmend dichteren Rahmen, innerhalb dessen die Grenzen überschreitende Zusammenarbeit reifen und gedeihen kann.

Europa ist mithin als **Einheit** zu sehen und durch **aktives Handeln** dazu zu machen. Wer von Europa spricht, sieht den Kontinent als Ganzen. Nationale Grenzen erscheinen als Trennung von Verbundenem. Europa ist durch **Vielfalt** bestimmt. Aber diese erwächst aus Verbindendem. Sprachen und Kulturen

---

5 Oppermann/Classen/Nettesheim, 2016, § 12 I.
6 Vgl. namentlich zur Entwicklung der EMRK auf das Sozialrecht: Schmidt, 2003; Meyer-Ladewig/Nettesheim, 2017, Erl. zu Anh. 1, Anm. 14 f.; Daugareilh, 37 (2001), RTDeur, p. 123.
7 Hallstein, 1979, S. 51 und passim; dabei war terminologisch zu unterscheiden zwischen dem Recht der EU und dem Gemeinschaftsrecht (vgl. dazu Pechstein/Koenig, 2000, Rn. 7 ff.; Streinz, 2001, Rz. 2 ff.), ersteres erstreckte sich auf die Außen- und Sicherheitspolitik, Innen- und Justizpolitik, letzteres auf das EU-weit gemeinsames Wirtschaften ermöglichende Recht. Nach der Reform der Institutionen wird im Folgenden nur noch von „EU-Recht" gesprochen (vgl. auch Rn. 30).
8 Azoulai/Dehousse, in Jones/Menon/Weatherill (Ed.), 2012, 350 et sequ.; Streinz, in ders., EUV/AEUV, 2018 (3. Aufl.), Art. 6 EUV Rn. 7; Grewe, EuR 2012, 285; Obwexer, EuR 2012, 115; vgl. dazu Gutachten 2/13 des Europäischen Gerichtshofes vom 18.12.2014.
9 Eichenhofer, in Streinz, EUV/AEUV, 2018 (3. Aufl.), Rn. 151 AEUV Rn. 2.

§ 1 EU-Sozialrecht als Rechtsgebiet

unterscheiden sich zwar voneinander, aber jede hat von anderen viel und Vieles übernommen. Shakespeare beschäftigte sich mit Julius Caesar, Friedrich Schiller mit Schottland, Spanien oder der Jungfrau von Orleans – der französischen Leitfigur im französisch-englischen Krieg. Romanik, Gotik, Barock, Klassizismus, Jugendstil waren nicht auf ein Land beschränkt. Die Euro-Scheine nehmen nicht zufällig diese unterschiedlichen Stilrichtungen als das Europa miteinander Verbindende auf. **In Vielfalt geeint!** lautet der Wahlspruch der EU. Dies drückt aus, was Europa kennzeichnet.

Die EU ist zur **Einwirkung** auf das Sozialrecht der Mitgliedstaaten berechtigt.[10] Es findet sich in den von diesen geschaffenen Sozialleistungssystemen. Gegenstand der folgenden Darstellung ist **nicht das Sozialrecht der Mitgliedstaaten** in deren Vielfalt.[11] Eine **rechtsvergleichende** Betrachtung verdeutlichte zwar die in Anlage und Ausformung bestehenden Gemeinsamkeiten und Unterschiede der Systeme sozialer Sicherheit. Das auf originärer europäischer Rechtsetzung beruhende Moment bliebe solchem Vergleich jedoch äußerlich und das Handeln der EU als Movens der Rechtsentwicklung träte darüber nicht in den Blick.

Die vorliegende Darstellung behandelt deshalb jenen Ausschnitt sozialer Sicherheit in Europa, der durch die **Rechtsetzung** der EU das Sozialrecht der Mitgliedstaaten vereinheitlicht und künftig noch mehr vereinheitlichen wird. Die Thematik findet ihren Gegenstand nicht primär in einem gemeinsamen sozialpolitischen Ziel, sondern im gemeinsamen Entstehungsgrund ihrer Normen in der EU. Sozialrecht der EU ist damit der **Inbegriff** der **Rechtsnormen** der EU, die das Sozialrecht der Mitgliedstaaten bestimmen, prägen und beeinflussen.

5

3. Standorte und Dimensionen supranationaler Einwirkung

Für das Sozialrecht ist das **Primär-** wie **Sekundärrecht** der EU von Bedeutung. Jenes folgt aus den von den Mitgliedstaaten geschaffenen, die EU als **Rechtsperson** hervorbringenden **Verträgen**.[12] Sie ermächtigen die EU zur unmittelbaren Rechtsetzung und gestalten deren Handlungsformen wie die Zuständigkeiten und das Zusammenwirken ihrer Organe. „Sekundärrecht" heißt das von der EU aufgrund und mittels Primärrechts geschaffene Recht. Es verdrängt als Verordnung entgegenstehendes Recht der Mitgliedstaaten unmittelbar oder verpflichtet als Richtlinie diese zur Ausrichtung ihres Rechts an den von der EU gesetzten Anforderungen. Das Primärrecht umreißt die Möglichkeiten und Ziele und das Sekundärrecht konkretisiert und präzisiert diese Kompetenzen.

6

---

10 Vgl. dazu BVerfG – 30.6.2009 – 2 BvR 2/08 – DVBl. 2009, 1032 ff.
11 Vgl. dazu European Commission, 1992; Falkner, 2010; Pieters, 1997; Weber/Leienbach, 2000; Obinger/Starke/Moser/Bogedan/Gindulis/Leibfried, 2010.
12 Oppermann/Classen/Nettesheim, § 6 I Kahil-Wolff, 2017, chap. 1.

I. Grundlagen

7 Von sozialrechtlicher Bedeutung sind zunächst alle sich auf die Sozialpolitik beziehenden Bestimmungen.[13] Diese **„Sozialvorschriften"** bilden den Kern des EU-Sozialrechts. Darüber hinaus sind weitere Bestimmungen des EU-Rechts für das Sozialrecht von Bedeutung – namentlich allgemeine Grundprinzipien, die auch vom Sozialrecht zu beachten sind. Sie regeln die **Wirtschaftsordnung**, in der auch Sozialleistungen zu erbringen sind. Das EU-Sozialrecht ist nicht auf deren Sozialvorschriften zu beschränken, sondern auf die Gesamtheit aller Normen von sozialrechtlicher Bedeutung zu erstrecken.

8 Das Sozialrecht der EU schafft **kein** vom Sozialrecht der Mitgliedstaaten **isoliertes** und neben dieses tretendes Recht, weil sich seine Bestimmungen auf dieses beziehen. Die Mitgliedstaaten sind an der Schaffung dieses Rechts im Rat wie Europäischem Parlament beteiligt. Es hat die **„Koordinierung"** oder die **„Harmonisierung"** zum Gegenstand.[14] Die Koordinierung gestaltet die Beziehungen unter den Sozialrechten der Mitgliedstaaten, grenzt insbesondere deren **internationale Geltungsbereiche** voneinander ab und sichert dem Sozialrecht jedes Mitgliedstaates seine **internationale Wirkung**.[15] Die Harmonisierung richtet die Sozialrechte der Mitgliedstaaten an gleichen **Zielen** aus. Gegenstand dieser Regelungen sind die gesicherten Personen, erfassten sozialen Risiken, Leistungen, deren Organisation und Finanzierung.

Europa wird durch eine gemeinsame Rechtsordnung verbunden. Alle EU-Bürger leben unter demselben Recht. Die im Mittelpunkt dieser Darstellung stehende Frage nach dem sozialen Europa zielt darauf, wie sozial Europas Recht ausgerichtet ist und was sozial bedeutet. Sozialpolitik schützt die Menschen umfassend bei und in der Arbeit und gewährt ihnen bei Krankheit, Unfall, Alter und Arbeitslosigkeit sozialen Schutz. Diesen Schutz verbürgen die Staaten durch ihre Gesetze und die Auf- wie Umsicht ihrer Behörden. Berührt das sozialpolitische Geschehen in den Mitgliedstaaten auch Europa oder die EU? Diese Frage zielt auf das soziale Europa. Ist die EU auch in der Sozialpolitik wichtig? Die Antwort lautet: ja! Denn auch die EU schützt die Menschen sozial – Manuel Macron sprach deshalb vom L'Europe, qui protège – dem Europa, das schützt. Der Schutz durch die EU zeigt sich in drei sozialpolitischen Hinsichten.

Europa wurde durch die VO (EWG) Nrn. 3 und 4/58 1958 geschaffen. Diese beiden Rechtsakte brachten das **europäische koordinierende Sozialrecht** hervor. Diese Verordnungen waren die ersten Vorschriften, welche die EWG überhaupt erließ und dadurch ein auf Recht beruhendes einheitliches Europa schuf. Europa ist mithin als soziales Projekt entstanden – lange bevor es in ihr um Landwirtschaft, Wirtschaft, Verkehr, Währung und Umwelt ging und in deren Focus gerieten. Die Koordinierung der Systeme sozialer Sicherheit verknüpft die Sozialleistungssysteme der Mitgliedstaaten. Die Sozialstaaten Europas werden damit füreinander geöffnet und dafür miteinander verbunden. Dadurch

---

13 Vgl. dazu Rn. 20.
14 Cornelissen, in Swedish National Insurance Board (Ed.), 1997, 29 ff.; Watson, 1980, 38 ff.
15 Eichenhofer, 1994, Tz. 15 ff.

§ 1 EU-Sozialrecht als Rechtsgebiet

werden die **Sozialstaat**en in ihrem **Charakter** verändert: Von sich gegen Fremde abriegelnden und diese ausschließenden zu EU-Bürgerinnen und alle Drittstaater einschließenden Systemen. Ein ganz grundlegender Unterschied! Soziale Rechte sind dann nicht mehr einzig Berechtigungen, welche im Recht eines Nationalstaates gründen. Vielmehr ermöglicht das EU-Recht durch seine öffnende und die Mitgliedstaaten verbindende Wirkung die Entstehung von sozialen Rechten in grenzüberschreitenden Zusammenhängen. Deutsches und französisches Krankenversicherungsrecht sichern auf der Basis von EU-Recht, dass in Deutschland gegen das Risiko der Krankheit Versicherte, die in Frankreich erkranken von dort niedergelassenen Ärztinnen und Ärzten oder in dortigen Krankenhäusern behandelt werden, wie wenn die erkrankte Person in Frankreich versichert wäre. Europa wird so zu **einem Sozialraum.**

Die EU schuf viele **soziale Mindeststandards**, weil der Binnenmarkt nicht nur ein Wohlstands- und Wohlfahrtsversprechen enthält. Das **Wohlstand**sversprechen wird durch das im Binnenmarkt angestoßene und vertiefte **Wirtschaftswachstum** und die **Lohngerechtigkeit** erfüllt. Das den Binnenmarkt tragende **Wohlfahrt**sversprechen ist auf Sozialpolitik angewiesen. Diese zu betreiben, fällt zwar in die Zuständigkeit der Mitgliedstaaten; aber diese fällt **wirksam**er aus, wenn die Mitgliedstaaten **gemeinsam Sozialpolitik** betreiben. Dies hängt damit zusammen, dass Sozialpolitik wirtschaftlich belastet und daher eine Abwägung von sozialen und wirtschaftlichen Belangen fordert. Der **Binnenmarkt** ist ein Ort wirtschaftlichen Austausches, der auf **einheitlichen Regeln** basiert. Dadurch wird verhindert, dass schlechte Sozialstandards sich für einzelne Mitgliedstaaten auszahlen, wogegen Mitgliedstaaten mit höheren **Sozialstandard**s **Kosten**nachteile erleiden.

Mitgliedstaaten, die sich vor Sozialpolitik drücken, hätten Wettbewerbsvorteile vor Staaten, die sich sozialpolitisch engagieren. Einheitliche Sozialstandards vereinheitlichen auch Wettbewerbsbedingungen im Binnenmarkt. Einheitliche Sozialstandards in der EU sind zwar Mindeststandards, sie wurden im Verlauf ihres Bestehens aber zunehmend angehoben. Soziale Fortschritte in einzelnen Mitgliedstaaten zogen Anpassungen europäischer Sozialstandards nach sich. Sozialstandards setzen also nur am Anfang **Mindeststandards**, entfalten aber über die Zeit hinweg eine Aufwärtsentwicklung. Sie befördern damit eine **Aufwärts-Angleichung** (upwards convergence) – gefördert durch Mittel aus dem ESF.

EU-Sozialpolitik fördert die **Gleichheit** unter den Menschen. Dies darf **nicht** als **Gleichmacherei** missverstanden werden. Wenn zwischen Männern und Frauen, In- und Ausländern, Menschen mit und ohne Behinderung, Jungen und Alten Gleichheit herrschen soll, sollen die Unterschiede nicht egalisiert werden, sondern verhindert werden, dass aus der Zugehörigkeit zu einer Gruppe im Vergleich zu anderen Gruppen rechtliche Nachteile entstehen.

Sind Menschen in ihrer Verschiedenheit gleich zu behandeln, werden **ungerechtfertigte** und nur historische erklärbare **Unterschiede beseitigt**. Gleicher

I. Grundlagen

Zugang zu Bildung, Gesundheit und Arbeit macht diese Rechte zu allen Menschen zustehende Menschenrechte. Diese beseitigen Privilegien. Gerade der Impuls zur Anerkennung von Vielfalt auf der Grundlage von rechtlicher Gleichheit ist daher ein **zentraler Wert** der EU!

Die EU betreibt die inhaltliche Annäherung der Sozialleistungssysteme der Mitgliedstaaten mittels der „**offenen Methode der Koordinierung**". Dieser Sprachgebrauch begründet begriffliche Schwierigkeiten.[16] Denn diese Methode versucht die **materiellen Rechte** anzunähern und verfolgt mithin das Anliegen der **Harmonisierung**. Diese Unterscheidung umschreibt zwei Erscheinungsformen bei Übertragung der Gestaltungsmacht von den Mitgliedstaaten auf die EU. Die eine liegt in der unmittelbaren Gestaltung durch die EU, die andere beruht auf der einheitlichen Wahrnehmung der Zuständigkeiten der Mitgliedstaaten unter Anleitung durch die EU.[17]

Auf die Frage nach dem sozialen Europa lässt sich antworten, die EU verknüpft die Sozialgesetzgebungen der Mitgliedstaaten, EU-Recht schafft einen Sockel sozialer Rechte und sichert die Vielfalt der Menschen durch Gleichbehandlungsgebote. Die EU verbindet mit ihrer Gesetzgebung die Sozialgesetzgebungen der Mitgliedstaaten und sichert so die sozialen Rechte der Einzelnen. Das ist für alle Menschen in der EU wichtig. Arbeitet jemand in Deutschland und wohnt in Frankreich, ist sie oder er in Deutschland versichert und erhält dennoch bei Krankheit die nach der deutschen Versicherung vorgesehenen Behandlung durch Ärzte oder Krankenhäuser Frankreichs. EU-Recht verpflichtet Frankreich dazu und gewährleistet die Zahlungen durch deutsche Kassen. Das kann nur EU-Recht.

Die EU verpflichtet die Mitgliedstaaten auf Einhaltung einheitlicher sozialer Mindeststandards auf zahlreichen Gebieten: Im Arbeitsschutz, bei der Arbeitszeit, dem Urlaub, beim technischen Arbeitsschutz, angefangen bei den Betriebsstätten, zulässige Strahlungen bei Bildschirmarbeit bis zu Grenzwerten der Licht- oder Lärmbelästigung, ferner bei Massenentlassungen, im Betriebsübergang oder bei Insolvenz des Arbeitgebers. So ist im Laufe der Jahrzehnte ein in der EU gemeinsamer Sockel soziale Rechten entstanden.

Die EU verpflichtet die Mitgliedstaaten zur Gleichbehandlung von Menschen im Arbeitsleben und beim sozialen Schutz und diese Pflicht müssen sie beachten, weil sie Teil des EU-Rechts sind. Das heißt: gleiches Arbeitsentgelt und gleiche Arbeitsbedingungen für Männer und Frauen, In- und Ausländer, Junge und Alte, Leih- und Stammarbeitnehmer, Voll- und Teilzeitbeschäftigte, befristet und unbefristete Beschäftigte, Menschen mit und ohne Behinderungen. Dadurch verpflichtet das EU-Recht die Mitgliedstaaten dazu, die Vielfalt unter den Menschen anzuerkennen und somit Menschen in ihren Unterschieden

---

16 Vgl. dazu Rn. 458 ff.
17 D'Estaing, 2003, p. 29; Azoulai/Dehousse, in Jones/Menon/Weatherill (Ed.), 2012, 350 et sequ.

rechtlich gleichzustellen. Kurzum, die EU ist auch ein soziales und sozialpolitisch wichtiges Projekt.

Die Koordinierung ist umfassend durch das EU-Recht geregelt. Sie nimmt deshalb in dieser Darstellung den zentralen Raum ein (vgl. Zweiter Teil). Die Harmonisierung von Sozialrecht durch die EU steht dagegen noch am Anfang. Sie wird allerdings zum zentralen Schwerpunkt des Sozialrechts der EU von morgen werden. Sie wird daher in ihrer derzeitigen (Dritter Teil) wie künftigen Bedeutung (Vierter Teil) dargestellt und gewürdigt.

§ 2 Entwicklungsgeschichte Europäischen Sozialrechts

1. Geschichte Europäischen koordinierenden Sozialrechts

Das Europäische Sozialrecht wurde nach dem Ende des **Zweiten Weltkriegs** als   9
Ausprägung der voranschreitenden **europäischen Integration** geschaffen. Es
hatte Vor- und Leitbilder in den zwischenstaatlichen Abkommen über soziale
Sicherheit sowie den Übereinkommen der **Internationalen Arbeitsorganisation**[1] (IAO) aus den 1920er- und 1930er-Jahren über die zwischenstaatliche
Koordination von Sozialversicherung. IAO sucht den sozialen Fortschritt auf
internationaler Ebene mit Mitteln internationalen Rechts zu erreichen. Ihre
drittelparitätische Struktur erscheint als der Ausdruck des lebendigen Rechts,
weil sie Staaten mit deren Gesellschaften verbindet. Solidarität erwächst aus
internationaler Arbeitsteilung, die Menschen, Gesellschaften und Staaten miteinander verbindet und sie zur Zusammenarbeit veranlasst. Diese gelingt nur
bei einander sich annähernden und sich entwickelnden Arbeits- und Sozialrechten, welche die IAO in Schritten durch transnationales Recht schafft[2]. Die
IAO hatte auch bei der Verabschiedung des Europäischen koordinierenden
Sozialrechts umfassend Beratungshilfe geleistet.

Bereits unmittelbar nach Entstehung der **Sozialversicherung** gegen Ende des   10
19. Jahrhunderts – einer Phase internationalen Handels und wirtschaftlichen
Wachstums[3] – standen die Staaten vor internationalrechtlichen Fragen, wie die
nach der Einbeziehung von **Ausländern** in die Sozialversicherung, dem Versicherungsschutz bei vorübergehender **Auslandsbeschäftigung** und dem **Leistungsexport**. Diese Fragen wurden zunächst durch zwischenstaatliche Verträge bewältigt,[4] erstmals durch das **französisch-italienische** Abkommen über
die Unfallversicherung vom 15. April 1904, gefolgt von dem ersten Abkommen
zur Rentenversicherung zwischen Deutschland und Italien 1912.[5]

Nach dem **Ersten Weltkrieg** wurde im deutsch-französischen Friedensvertrag   11
von **Versailles** die Gründung der **IAO** vereinbart.[6] Diese mit dem Völkerbund
gemeinsam geschaffene und in Genf ansässige Weltorganisation nahm durch
Übereinkommen und Empfehlungen auf die zwischenstaatlichen Sozialrechtsbeziehungen Einfluss. Empfehlung Nr. 2 (1919) sah vor, dass die Mitgliedstaaten der IAO mittels zweiseitiger Abkommen den Angehörigen des anderen
Vertragsstaates denselben sozialrechtlichen Schutz wie den eigenen Staatsangehörigen gewährleisten sollten. Übereinkommen Nr. 19 (1925) gab den IAO-
Mitgliedstaaten auf, mittels Abkommen mit anderen Staaten den Unfallversi-

---

1 Scelle, L'OIT, 2020, Servais, ILO, 2005, Kahil-Wolff, 2017, chap. 1, Valticos, 1970.
2 Jessup, 1956.
3 Osterhammel, 2013, 338, 1029–1036.
4 Perrin, 1983, 12 ff.
5 Bokeloh, DRV 2012, 120.
6 BMA, 1994; Bonvin, 1998; Von Maydell/Nußberger, 1996; Valticos/von Potobsky, 1995;
  Nußberger 2005.

I. Grundlagen

cherungsschutz für Ausländer dem der eigenen Staatsangehörigen anzugleichen.

Übereinkommen Nr. 48 (1935) schuf erstmals Regeln über die internationale **Koordinierung** von **Versicherungsansprüchen** der **Invaliditäts-** und **Alterssicherung**.[7] Danach sollten die in der Sozialversicherung mehrerer Staaten erworbenen Anwartschaften miteinander so verknüpft werden, dass ein Verlust von Anrechten vermieden wird. Dafür sollte die im anderen Vertragsstaat zurückgelegte Versicherungs-, Beschäftigungs- oder Wohnzeit von jedem Staat so wie, wenn sie im zuständigen Staat zurückgelegt worden wäre, berücksichtigt werden.

12   Nach dem **Zweiten Weltkrieg** begann die **multilaterale** Koordination. Sie prägt und leitet das EU-Sozialrecht bis heute. Zunächst schlossen Belgien, Frankreich, Großbritannien, Luxemburg und die Niederlande mit dem Brüsseler Pakt (1948) eine Übereinkunft über die möglichst weitgehende Harmonisierung und Koordinierung der sozialen Sicherheit der Vertragsstaaten.[8] Jene sollte durch Übernahme sämtlicher, die Ausgestaltung der sozialen Sicherung bezweckenden Übereinkommen und Empfehlungen der IAO verwirklicht werden, diese sollte durch zweiseitige Abkommen geschehen, die jedoch den in einem multilateralen Abkommen vom 7.11.1949 enthaltenen Mindeststandards genügen sollten.

13   Ein weiterer Schritt in Richtung Multilateralisierung wurde durch die unter den Europarat-Staaten am 11.12.1953 in Paris geschlossenen **Vorläufigen Vereinbarungen** über die **soziale Sicherung** getan.[9] Wie der Brüsseler Pakt bezweckten auch sie die zwischenstaatliche Sozialrechtskoordination aufgrund zweiseitiger Abkommen. Deren Inhalt war jedoch durch die Vorläufigen Vereinbarungen umfassend bestimmt: Gleichberechtigung der Angehörigen der Vertragsstaaten, einheitliche Bestimmung des internationalen Geltungsbereichs der beteiligten Sozialrechte, Erhaltung der wohlerworbenen Rechte, Leistungsexport sowie Zusammenrechnung der im Laufe des Erwerbslebens erlangten Rechte aus Versicherungszeiten.

14   Die unmittelbare Vorstufe eines Europäischen koordinierenden Sozialrechts bildete das zwischen Belgien, der Bundesrepublik Deutschland, Frankreich, Italien, Luxemburg und den Niederlanden aufgrund von Art. 69 EGKS-Vertrag ausgehandelte **Europäische Abkommen** über die **soziale Sicherheit der Wanderarbeitnehmer**.[10] Dessen Vertragsbestimmungen gaben den Mitgliedstaaten der **Montanunion** (EGKS) zu sichern auf, dass die Arbeitnehmer ihren Beschäftigungsstaat wechseln können, ohne sozialrechtliche Nachteile zu erleiden. Das Abkommen kam auf Initiative der Hohen Behörde (Exekutivorgan der EGKS) zustande. Im Unterschied zu den vorherigen bilateralen Regelungen schuf es

---

7   Jenks, 51 (1936) Political Science Quarterly, p. 215 ff.
8   Schregle, 1954, 27.
9   Nagel, 1994, 96 ff.
10 Vgl. Eichenhofer, 2007, 73 ff.; Kuhn, 1995, 96 f.; Davy, in Niedobitek, § 7 Rn. 1 ff.

ein für sämtliche Vertragsstaaten unmittelbar geltendes multilaterales Regelwerk. Dieses trat zwar nie in Kraft, inspirierte indes maßgebend das durch die EWG geschaffene koordinierende Sozialrecht.

Die Gründung der **EWG** erforderte ein Europäisches koordinierendes Sozialrecht. Denn Art. 48 EWGV gewährleistete den Staatsangehörigen jedes Mitgliedstaates nach Ablauf der **Übergangszeit** (1969) unmittelbar die **Freizügigkeit**[11] als das Recht zu Einreise, Arbeitsausübung, Wohnsitznahme und -beibehaltung auch nach Beendigung der Beschäftigung in jedem Mitgliedstaat (Art. 49 EWGV). In Verbindung damit trug Art. 51 EWGV dem Rat auf, einstimmig ein System zwischenstaatlicher Sozialrechtskoordination zu schaffen, um so „die auf dem Gebiet der sozialen Sicherheit für die Herstellung der Freizügigkeit der Arbeitnehmer notwendigen Maßnahmen zu beschließen, welche aus- und einwandernden Arbeitnehmern und deren anspruchsberechtigten Angehörigen Folgendes sichert: a) Die Zusammenrechnung aller nach den unterschiedlichen innerstaatlichen Rechtsvorschriften berücksichtigten Zeiten für den Erwerb und die Aufrechterhaltung des Leistungsanspruchs sowie für die Berechnung der Leistungen; b) Zahlung der Leistungen an Personen, die in den Hoheitsgebieten der Mitgliedstaaten wohnen."

15

Dieser Pflicht kam der Rat am 1.1.1959 mit der zu diesem Termin in Kraft getretenen **VO (EWG) Nrn. 3, 4/58** nach.[12] Die VO (EWG) Nr. 3/58 enthielt die substantiellen Regelungen für die zwischenstaatliche Sozialrechtskoordination und die VO (EWG) Nr. 4/58 regelte die Umsetzung durch die berufenen Sozialleistungsträger. Materiell umschlossen sie die **Sozial-** und **Arbeitslosenversicherung** sowie die **Familienleistungen**. Davon ausgenommen waren die Kriegsopferversorgung, Sozialhilfe und betrieblichen Sozialleistungen. Es war grundsätzlich das Recht des regulären Beschäftigungsstaates des Erwerbstätigen anzuwenden. Geldleistungen waren zu exportieren und Versicherungszeiten zusammenzurechnen.

Die Umsetzung der Freizügigkeit geschah durch VO (EWG) Nr. 1612/68. Sie gliederte die Wanderarbeitnehmer in Gesellschaft und Recht sämtlicher Mitgliedstaaten nach einheitlichen Regeln ein.[13] Dazu wurden die Modalitäten der **Einreise** geregelt und die umfassende **Gleichbehandlung** der Wanderarbeitnehmer und der grundsätzlich zum **Nachzug** berechtigten Familienangehörigen im Arbeits-, Steuer- und Sozialrecht des Aufnahmestaates angeordnet. Art. 7 II VO (EWG) Nr. 1612/68 verlangte die Gleichbehandlung der **Wanderarbeitnehmer** mit den Staatsangehörigen des Aufnahmestaates für sämtliche „**soziale Vergünstigungen**". Dieser Begriff ist deutlich weiter gefasst als „**soziale Sicherheit**", für welcher die VO (EWG) Nrn. 3, 4/58 galt.[14]

16

---

11 Schuler, 1988, 274 ff., spricht daher von „freizügigkeitsspezifischem Sozialrecht".
12 Dazu Melchior von Borries, BABl. 1958, 117; Taprogge, DOK 1958, 121; Wannagat, SGb 1960, 1, 3 ff.; Wortmann, WzS 1959, 45; Cornelissen, Schulte, in Eichenhofer (Hg.), 2009, 17, 305.
13 Hailbronner, in Dauses D.I. 30 ff.
14 Vgl. Rn. 98 ff.

I. Grundlagen

17 Die VO (EWG) Nrn. 3, 4/58 wurden nach Einführung der Freizügigkeit durch die **VO (EWG) Nrn. 1408/71, 574/72** abgelöst. Sie erweiterten und vertieften die zwischenstaatlichen Sozialrechtsverflechtungen.[15] Grenzgänger, Diplomaten, Beamte und Seeleute wurden erstmals in die Koordination einbezogen; die Beamtenversorgung blieb davon zunächst jedoch ausgenommen. Als **Arbeitnehmer** galt jeder vom allgemeinen System sozialer Sicherheit eines Mitgliedstaates erfasste Erwerbstätige. Ferner wurde die privatrechtliche soziale Sicherung der Koordinierung unterworfen, falls sie anstelle öffentlich-rechtlicher Vorsorge trat. Für die **Berechnung** zwischenstaatlicher Rentenansprüche sollten **zwei Methoden** gelten und der danach sich ergebende jeweils höhere Betrag zu zahlen sein. Die Anerkennung von Invaliditätsfeststellungen mehrerer Mitgliedstaaten wurde ermöglicht, indes an konkrete Vereinbarungen unter den Mitgliedstaaten gebunden. In der Arbeitslosenversicherung trat die Leistungspflicht des Beschäftigungsstaates anstelle des vordem zuständigen Wohnstaates. Im Recht der Familienleistungen wurde die Begrenzung der höchstmöglichen Leistungen auf den im Wohnstaat des Kindes geschuldeten Betrag überwunden; stattdessen war fortan die höchstmögliche Leistung geschuldet. Dem anspruchsberechtigten Elternteil wurde die Familienleistung für ein in einem anderen Mitgliedstaat lebendes Kind in demselben Umfang zuteil, als ob dieses im zuständigen Staat wohnte. Für französische Familienleistungen galt dagegen die Sonderregelung, dass sich deren Zahlbetrag nach den im Wohnstaat des Kindes maßgebenden Sätzen richtete (Art. 73 I VO (EWG) Nr. 1408/71 a. F.).

18 Seit ihrem Inkrafttreten wurde die VO (EWG) Nr. 1408/71 häufig **verändert**. Die Aufnahme **neuer Mitgliedstaaten** in die Gemeinschaft erweiterte nicht nur den räumlichen Anwendungsbereich der VO (EWG) Nr. 1408/71, sondern setzte auch die bisherigen Mitgliedstaaten bislang unvertrauten sozialpolitischen Gestaltungen aus. Namentlich durch den Beitritt des Vereinigten Königreichs, Irlands sowie Dänemarks wurden die in der Tradition der Arbeitnehmersicherung (Bismarck) stehenden Mitgliedstaaten erstmals mit der von **William Beveridge** inspirierten **Einwohnersicherung** konfrontiert. Diese verlangten nach koordinationsrechtlichen Antworten.[16] Ferner wurde der persönliche und sachliche Anwendungsbereich der VO (EWG) Nr. 1408/71 auf Zivildienstleistende, Selbstständige, die Zusatz- und Sonderversorgungssysteme der Beamte

---

15 Kaupper, BABl 1973, 489; Perrin, Droit social 1973, 445; Cornelissen 2020, 417.
16 Vgl. VO (EWG) Nrn. 2864/72; 1392/74; 1206/76; 1517/79.

§ 2 Entwicklungsgeschichte Europäischen Sozialrechts

sowie Studenten erweitert. Schließlich wurden wiederholt aufgrund von Urteilen des EuGH Einzelbestimmungen der VO (EWG) Nr. 1408/71 korrigiert.[17]

Ein Beschluss der **Rat**stagung von **Edinburgh** (1992) trug der Kommission auf, das als unübersichtlich geltende Europäische koordinierende Sozialrecht zu **vereinfachen**. Ende 1998 unterbreitete sie entsprechende Vorschläge. Diese wurden schließlich in der **VO (EG) Nr. 883/2004**[18] teilweise verwirklicht. Entgegen weitergehenden, auf drastische Vereinfachung und prinzipielle Neugestaltung zielenden Vorschlägen[19] führt diese nach Verabschiedung einer modernisierten Durchführungsverordnung (**VO (EG) Nr. 987/2009**[20]) in Kraft tretende Verordnung die Prinzipien des bisherigen Rechts fort. Neue Elemente sind namentlich die **Tatbestandsgleichstellung** und das umfassende Gebot der **Zusammenrechnung** von Versicherungszeiten (Art. 5f VO (EG) Nr. 883/2004). Darüber hinaus wurde der persönliche Geltungsbereich der VO auf **Drittstaatsangehörige** erweitert, welche die VO (EG) 883/2004 damit erstmals umfassend in das Regelwerk der europäischen Sozialrechtskoordination einbezieht. Das Europäische koordinierende Sozialrecht gilt inzwischen weltweit als Modell für die Gewährleistung der sozialen Rechte von Wanderarbeitnehmern.[21]

19

2. Europäisches harmonisierendes Sozialrecht

Neben der Koordinierung wurde auch die **Harmonisierung** sozialer Sicherheit nach dem Zweiten Weltkrieg ein europäisches Anliegen. Zwar hatte sich die IAO bereits nach ihrer Entstehung der Angleichung der Arbeits- und Sozialrechte verschrieben. Angesichts des Zerfalls der Demokratie und des Aufkommens von Diktaturen und Nationalismus seit dem Ende des Ersten Weltkrieges war diesem Vorhaben trotz redlichen Bemühens der Erfolg versagt. Anders als für die Koordinierung bestand für die EWG nicht die Pflicht zur Harmonisierung der Systeme sozialer Sicherheit. Art. 117 EWGV bestimmte: „Die Mitgliedstaaten sind sich über die Notwendigkeit einig, auf die Verbesserung der Lebens- und Arbeitsbedingungen hinzuwirken und dadurch im Wege des Fortschritts ihre Angleichung zu ermöglichen. Sie sind der Auffassung, dass sich eine solche Entwicklung sowohl aus dem die Abstimmung der Sozialordnun-

20

---

17 Vgl. etwa Anpassung an die EuGH-Entscheidungen Slg. 1978, 825 (Pierik I); Slg. 1979, 1977 (Pierik II) durch VO (EWG) Nr. 2793/81, ABl. (EG) L 275 v. 29. 9. 81, S. 1; Slg. 1979, 1851 (Villano/Blarion) durch VO (EWG) Nr. 2000/83; Slg. 1987, 3329 (Burchell) durch VO (EWG) Nr. 2332/89; Slg. 1986, 1 (Pinna I) durch VO (EWG) Nr. 3472/89; Slg. 1986, 1821 (Ten Holder) durch VO (EWG) Nr. 2195/91; Slg. 1984, 3741 (Salzano), Slg. 1986, 1401 (Ferraioli), Slg. 1990, 2781 (Kracht) durch VO (EWG) Nr. 3427/89; Slg. 1988, 3467 (Rebmann) durch VO (EWG) Nr. 2195/91 und Slg. 1991 I-4501 (Paraschi) durch VO (EWG) Nr. 1248/92.
18 V. 29. April 2004, ABl. EG Nr. L 166 vom 30. 9. 2004, S. 1; dazu Eichenhofer, DRdA 2005, 88; Marhold, 2005.
19 Vgl. dazu Rn. 486 ff.; Eichenhofer, 1993; Schulte, ZfSH/SGB 1999, 579; ders., in Boecken u. a., Festschrift für Maydell, 2002, 659; Pieters, in Schoukens, 1997, p. 177; Eichenhofer, in Schulte/Barwig, 1999, 411.
20 V. 16. September 2009, ABl. EG Nr. L 284 vom 30. 10. 2009, S. 1.
21 Cholewinski, in Cholewinski/Perruchoud/MacDonald, 2007, pp. 255–274.

I. Grundlagen

gen begünstigenden Wirken des Gemeinsamen Marktes, als auch aus dem in diesem Vertrag vorgesehenen Verfahren sowie aus der Angleichung ihrer Rechts- und Verwaltungsvorschriften ergeben wird". Rechtsangleichung sollte folglich durch Rechtsetzung und die vertiefte wirtschaftliche Zusammenarbeit erreicht werden.[22] Insbesondere die **soziale Sicherheit** galt aber weiter als **Domäne der Mitgliedstaaten**. Art. 117 EWGV blieb so über Jahrzehnte hinweg praktisch ungenutzt, obgleich es seit Anbeginn sozialpolitische Empfehlungen gab.[23]

21 Nach Art. 118 EWGV hatte die Kommission „eine enge Zusammenarbeit zwischen den Mitgliedstaaten in sozialen Fragen zu fördern, insbesondere auf dem Gebiet der Beschäftigung, des Arbeitsrechts und der Arbeitsbedingungen, der beruflichen Ausbildung und Fortbildung, der sozialen Sicherheit, der Verhütung von Berufsunfällen und Berufskrankheiten, des Gesundheitsschutzes bei der Arbeit, des Koalitionsrechts und der Koalitionsverhandlungen sowie zwischen Arbeitgebern und Arbeitnehmern". Die Sozialpolitik in der vom EWGV gegebenen umfassenden Umschreibung der „sozialen Fragen" fiel damit seit Anbeginn in die Zuständigkeit der EWG. Nach Art. 118 EWGV sollte allerdings die Kommission „in enger Verbindung mit den Mitgliedstaaten durch Unterredungen, Stellungnahmen und die Vorbereitung von Beratungen tätig" werden,.Daraus wurde anfangs geschlossen: der **Gemeinschaft** kam in der Sozialpolitik **keine Rechtsetzungszuständigkeit** zu, sondern einzig den Mitgliedstaaten. Die Kommission war auf eine beratende Rolle beschränkt[24] und selbst diese blieb lange ungenutzt.

22 Von dieser Grundregel enthielt das Gemeinschaftsrecht zwei Ausnahmen: Die Lohngleichheit für **Frau** und **Mann** (Art. 119 EWGV) und Art. 120 EWGV das Bestreben, „die bestehende Gleichwertigkeit der Ordnungen über bezahlte Freizeit beizubehalten". Schließlich sah der Vertrag von Beginn an in Art. 3 lit. i), 123 ff. EWGV „die Schaffung eines **Europäischen Sozialfonds**" (ESF) vor, „um die Beschäftigungsmöglichkeiten der Arbeitnehmer zu verbessern und zur Hebung ihrer Lebenshaltung beizutragen". Dessen Mittel sollten von der Kommission verwaltet und als Zuschüsse den Mitgliedstaaten zur Finanzierung von aktiver Arbeitsmarktpolitik übertragen werden. Der ESF flankierte über Jahrzehnte hinweg die durch die Mitgliedstaaten betriebene aktive **Arbeitsmarktpolitik**, deren Prioritäten sich je nach Arbeitsmarktlage änderten (vgl. Rn. 523 ff.). Das Gebot der Gleichbehandlung der Geschlechter im Arbeitsleben entwickelte sich – unter maßgeblichem Einfluss des EuGH – zum ersten Gebiet einer eigenständigen europäischen Sozialpolitik.

---

22 Clasen/van Oorschot, EurJofSocSec 2002, 89; Geyer, 2000; Greber, in Kahil-Wolff/Greber/Çaçi (Ed.), 2001, 111; Kuhn, 1995, 34 ff.; Schulz, 1996, 15 ff.; Becker/von Maydell/Nußberger, 2006.
23 Eichenhofer, in Bundesministerium für Gesundheit und Soziale Sicherung/Bundesarchiv (Hg.), Band. 5 (3.4); Band 6 (2.1); Band 7 (2.2); Band 11 (3); Rebhahn, 2008.
24 Schulz, 1996, 17 ff.

Dieser Rechtszustand war ein 1955 auf der Außenministerkonferenz der Mitgliedstaaten der Montanunion in **Messina** erzielter Kompromiss[25] zwischen einer auch sozialpolitisch integrationsfreudigen **französischen** Haltung und einer Skepsis seitens der übrigen Mitgliedstaaten. Er sollte im Einigungsprozess Handlungsfähigkeit demonstrierten überdeckte aber die Unterschiede.   23

In den 1970er Jahre gelangten die Mitgliedstaaten jedoch zu der Überzeugung, dass die europäische Integration auf die Sozialpolitik erstreckt werden müsse. Auf dem **Pariser Gipfel**[26] (1972) wurden dafür erste Maßnahmen verabredet. Am Vorabend eines mit der Ölpreiskrise eingeleiteten wirtschaftlichen und sozialen Strukturwandels von der Industrie- zur Dienstleistungsgesellschaft schuf die Gemeinschaft erstmals Richtlinien, um sozialpolitische Ziele zu verwirklichen. Auf Art. 100, 119, 235 EWGV gestützt, ergingen Regeln zum Schutz der Arbeitnehmer vor Massenentlassungen, bei Betriebsübergang und Zahlungsunfähigkeit des Arbeitgebers und zur Gleichbehandlung der Geschlechter bei Entlohnung, Zugang zu Beschäftigung, beruflicher Bildung und beruflichem Aufstieg sowie den Arbeitsbedingungen. Es festigte, verbreitete und vertiefte sich zunehmend die Auffassung, dass der **Gemeinsame Markt** einer **sozialpolitischen Flankierung** bedürfe, um social dumping – Gebrauch der Marktfreiheiten einzig um der Erzielung sozialpolitischer Vorteile willen – nicht zu unterbinden.

Mit der **Einheitlichen Europäischen Akte (EEA)** von 1986 verabredeten die Mitgliedstaaten die Intensivierung der wirtschaftlichen Integration. Anstelle des Gemeinsamen Marktes sollte bis 1993 der „**Binnenmarkt**" treten. „Der Binnenmarkt umfasst einen Raum ohne Binnengrenzen, in dem der freie Verkehr von Waren, Personen, Dienstleistungen und Kapital ... gewährleistet ist" (Art. 8a EWGV). Durch die damit angestrebte Intensivierung der wirtschaftlichen Zusammenarbeit wurden neue sozialpolitische Zuständigkeiten und Institutionen geschaffen. Art. 118a EWGV gestattete der EWG, erstmals Mindestvorschriften zur Verbesserung der Arbeitsumwelt, Sicherheit und Gesundheit der Arbeitnehmer zu verabschieden. Des Weiteren wurde durch Art. 118b EWGV der soziale Dialog zwischen den Sozialpartnern auf europäischer Ebene entwickelt, der letztlich in europäische Kollektivverträge münden sollte.[27] Mindestnormen zur Verbesserung der Arbeitsumwelt sollten einheitliche Standards für den Arbeitsschutz im Binnenmarkt setzen. Fortschreitende ökonomische Integration sollte so mit einer Fortentwicklung sozialpolitischen Schutzes einhergehen. Der soziale Dialog versuchte die im Arbeitsrecht der Mitgliedstaaten üblichen Muster der Normsetzung durch die Kollektivvertragsparteien auf europäischer Ebene als Regelungsinstrument zu verankern. Unter dem Kommissionspräsidenten Jacques Delors wurde „die soziale Dimension des Binnenmarkts"[28] als eine diesen stützende Vision formuliert.   24

---

25 Brunn, 2002, 105 ff.
26 Tegtmeier/Weinstock, EA 1972, 801, 806 ff.
27 Schulz, 1996, 20 ff.
28 KOM (88) 1148 endg.

I. Grundlagen

25 Eine weitere Ausweitung der sozialpolitischen Zuständigkeiten der EWG wurde auf dem **Straßburger Gipfel** (1989) versucht. Die französische Präsidentschaft unterbreitete die „**Gemeinschaftscharta** der Sozialen Grundrechte der Arbeitnehmer" nebst einem **Aktionsprogramm** der Kommission.[29] Jene gewährleistete ein gerechtes Arbeitsentgelt, unentgeltliche Arbeitsvermittlung, Verbesserung der Lebens- und Arbeitsbedingungen und des sozialen Schutzes, Koalitionsfreiheit und Kollektivverhandlungen, Zugang zur Berufsausbildung, Gleichbehandlung von Männern und Frauen, Unterrichtung, Anhörung und Mitwirkung der Arbeitnehmer, Gesundheitsschutz und sichere Arbeitsumwelt, Kinder- und Jugendschutz, Schutz der älteren Menschen und der Behinderten.

26 Der auf der Ratstagung in Straßburg aufgetretene Konflikt sollte in **Maastricht** (1991) überwunden werden.[30] Dort erhielt die Gemeinschaft eine neue Gestalt. Die damals begründete **EU** erlangte neben der EWG und EG eigene Zuständigkeiten in der Währungs-, Außen- und Sicherheitspolitik sowie der Innenpolitik. Des Weiteren schlug die damalige niederländische Präsidentschaft vor, in Art. 118 E(W)GV der E(W)G in den dort bereits zuvor aufgeführten **sozialpolitischen** Materien die Schaffung von **Mindeststandards** zu erlauben. Auch dieser Plan stieß auf entschiedenen **britischen** Widerstand. Die Majorisierung des Vereinigten Königreichs durch den „Kontinent" befürchtend, widerstand damals Premierminister John Major den Versuch(ung)en zu einer sozialpolitischen **Vertiefung** der europäischen Integration. Schließlich wurde ein Sozialprotokoll zum EGV als Kompromiss verabschiedet; es erlaubte die Ausweitung der EG-Zuständigkeiten auf die Sozialpolitik von elf der zwölf Mitgliedstaaten. Sie schlossen ein gemeinsames Abkommen über die Sozialpolitik, um unter Einbeziehung der Institutionen der EG (ohne die britischen Regierungsvertreter) eine eigene Sozialpolitik zu betreiben. Für ein halbes Jahrzehnt kam es in der Sozialpolitik so zu einem „**Europe à deux vitesses**" (Europa der zwei Geschwindigkeiten).

27 Die Uneinheitlichkeit europäischer **Sozialpolitik** wurde mit dem Vertrag von **Amsterdam** (1997) überwunden.[31] Dessen sozialpolitischer Teil sah die Aufnahme eines eigenständigen Kapitels über die **Beschäftigungspolitik** sowie von Sozialprotokoll und Abkommen in den neu gestalteten Vertrag vor. Seit Inkrafttreten des Vertrages von Amsterdam verfügt die EU über weit reichende sozialpolitische Zuständigkeiten. Er befähigt sie erstmals umfassend zur Angleichung der Arbeits- und Sozialrechte der Mitgliedstaaten. Die Harmonisierung des sozialen Schutzes ist seither möglich. Im Vertrag von **Nizza** (2000) wurden

---

29 Mitt. der Kommission v. 14.12.1993, KOM (93) 600 endg.; v. 18.9.1996, KOM (96) 448 endg.; Schulz, 1996, 46 ff.; Schwarze, in Oekter/Preis, EAS B 8100.
30 Grünbuch über die europäische Sozialpolitik (KOM (1993) 700 endg.); Curtin, 30 (1993) CMLR, 17, 52; Eichenhofer, BMA Bd. 11 (3.1.2, 3.13); Everling, 29 (1992) CMLR 1053, 1056; Kampmeyer, 1998; Schulz, SF 1992, 79; Schulz, 1996, 53 ff.; Schuster, EuZW 1992, 178; Séché, CdDE 1993, 509.
31 Joussen, ZIAS 2000, 191; Langer, in Bergmann/Lenz, 1998, 93 ff.; Pieters, SozVers 2001, 57; zum Vertrag allgemein: Streinz, EuZW 1998, 137.

§ 2 Entwicklungsgeschichte Europäischen Sozialrechts

die Bekämpfung **sozialer Ausgrenzung** sowie die **Modernisierung des sozialen Schutzes** als neue Aufgaben aufgenommen und zu diesem Zweck ein beim Rat angesiedelter **Ausschuss für den sozialen Schutz** geschaffen (Art. 137 I lit. k), 160 AEUV).

Im **Lissabonner Reformvertrag**[32] – der das Recht in EUV und AEUV niederlegt – wurde dieser Prozess abgeschlossen. Art. 3 III EUV postuliert mit seinem Bekenntnis gegen soziale Ausgrenzung und für **soziale Gerechtigkeit** als zentrale Zielsetzungen des europäischen Einigungswerkes einen umfassenden und eigenständigen sozialpolitischen Anspruch, der das Binnenmarktvorhaben stützt, formt, leitet und damit eigentlich erst erfüllt und so vollendet. Die europäische Integration war niemals nur auf die Europäisierung der **Wirtschaft** gerichtet, sondern verfolgte stets und vor allem auch **sozialpolitische** Ziele – zunächst in dem Sinne, dass die Vereinheitlichung und Verflechtung der Wirtschaften der Mitgliedstaaten die Grundlage für Vollbeschäftigung und Wachstum schufen, im weiteren Fortgang aber auch in dem Sinne, dass EWG, EG und EU zunehmend eigene sozialpolitische Zuständigkeiten erlangten, die sie auch substantiell und folgenreich wahrnahmen.

Art. 50 EUV gestattet jedem Mitgliedstaat den Austritt aus der EU. Art. 50 AEUV regelt, wie der Austritt zu vollziehen ist und sich die „künftigen Beziehungen dieses Staates zur Union" gestalten. Der Austritt des Vereinigten Königreichs aus der EU (Brexit) war wesentlich durch deren Regelungen für die soziale Sicherheit motiviert. Dessen Befürworter sahen darin den Grund für den beklagten Souveränitätsverlust. Denn die EU sichert die Personenfreiheit (Art. 20, 21, 45, 49 AEUV) und gewährleistet für deren Gebrauch die Aufrechterhaltung erworbener sozialer Rechte (Art. 48 AEUV). Durch EU-Recht werden damit für die öffentlichen Haushalte der Mitgliedstaaten Ausgaben veranlasst und jene werden dadurch der Jurisdiktion des Europäischen Gerichtshofes umfassend unterworfen. Den Brexit-Befürwortern war beides ein Ärgernis.

Die Folgen für die betroffenen Beschäftigten und Bewohner sind insbesondere Benachteiligungen auf Grund ihrer Staatsangehörigkeit; deren Zurücksetzung im Vergleich zu den Staatsangehörigen des zuständigen Staates ist danach prinzipiell erlaubt. Der im EU-Recht begründete Schutz von Zeiten auf Grund internationaler Versicherungsverläufe in der der Sozialversicherung durch Zusammenrechnung von Versicherungs- oder Beschäftigungszeiten wird entfallen. Geldleistungen (z. B. Krankengeld, Unfall- oder Altersrente und das Arbeitslosengeld) würden nicht mehr exportiert und Familienleistungen nicht mehr erbracht werden, falls das den Eltern den Anspruch vermittelnde Kind in einem Austritts- oder EU-Staat wohnt; kein Schutz bei Krankheit oder Pflegebedürftigkeit auf Grund eines in einem anderen Staat begründeten Kranken- oder Pflegeversicherungsverhältnisses und schließlich keine Zusammenarbeit der Träger sozialer Sicherheit bei grenzüberschreitenden Versicherungsverläufen. Der Austrittsstaat begäbe sich damit in eine insulare Stellung und geriete in der

---

32   Schmitt, Droit Social 2010, 682.

I. Grundlagen

sozialen Sicherung in eine splendid isolation zu der ihn umgebenden äußeren Welt. Um diese Folgen für die davon betroffenen Menschen abzuwenden, sind Regeln vorzusehen, die auf der Basis des geltenden EU-Rechts dessen Wirkungen für die Zukunft sichern und fortschreiben (diese sind infolge des Brexits inzwischen getroffen, bleiben aber hinter dem EU-Recht zurück, vgl. Rn. 62).

§ 3 Sozialrecht im Primärrecht

Die EU ist eine „Rechtsgemeinschaft":[1] Ihre Mitgliedstaaten sowie die darin lebenden Unionsbürger gehören ein und derselben Rechtsordnung an. Primärrecht (vgl. Rn. 6) findet sich in den die EU konstituierenden Verträgen. Sekundärrecht wird von Europäischem Parlament und Rat gemeinsam oder der Kommission eigenständig geschaffen und ist in Verordnungen und Richtlinien niedergelegt (Art. 288 AEUV). Erstere begründen unmittelbar verbindliche Regelungen für EU, Mitgliedstaaten wie den Einzelnen; letztere sind an die Mitgliedstaaten gerichtet; sie geben ihnen verbindlich Ziele zur Umsetzung vor; die Mitgliedstaaten sind dabei in ihren Mitteln frei.

28

Wenn die EU eine Rechtsgemeinschaft ist, stellt sich die Frage, welche Rolle der Sozialpolitik darin zufällt und zufallen soll. Eine weit verbreitete Kritik an der EU sagt, sie behindere die Sozialpolitik der Mitgliedstaaten. In gewisser Weise ist der Einwand berechtigt, weil die Mitgliedstaaten in Sachen Koordination, Gleichheit und Schutz nicht vom EU-Recht abweichen dürfen. Aber dies ist nicht zu kritisieren, weil die sozialen Rechte der in der EU lebenden Menschen verletzt würden, wenn EU-Recht missachtet würde.

Ansonsten geht EU-Recht der Sozialpolitik der Mitgliedstaaten nicht vor, sondern baut auf dieser auf. Koordination setzt das Bestehen verschiedener mitgliedstaatlicher Sozialrechte voraus; Gleichheitsgebote hindern Mitgliedstaaten nicht an Schutzregeln, sondern nur an Diskriminierungen und europäische Schutzstandards verhindern nur weniger Schutz, nicht mehr: die Mitgliedstaaten dürfen also die EU-Standards immer übertreffen.

Das EU-Recht hilft vor allem in den zahlreichen, mehrere Staaten miteinander verbindenden Wirtschaftsräumen in der EU. Wenn dort Menschen aus unterschiedlichen Mitgliedstaaten wohnen, arbeiten, produzieren und konsumieren, gelingt diese Kooperation nur, weil der grenzüberschreitende Verkehr auch in seinen Folgen für das Arbeits- und Sozialrecht durch das Recht der EU geregelt ist. Die Ränder der Mitgliedstaaten sind dann nicht länger wie vordem randständig, abgehängte Räume unweit von Niemandsländern.

Zahlreiche Einzelbestimmungen im Primärrecht sind für das **Sozialrecht** bedeutsam,[2] namentlich über Ziele und Aufgaben der EU, die Nichtdiskriminierung, zwischenstaatliche Sozialrechtskoordination, Beschäftigungspolitik, Mindeststandards und die Harmonisierung sozialer Sicherheit, sozialer Dialog, Grundfreiheiten, öffentliche Monopole sowie staatliche Beihilfen. Die hierzu bestehenden Vorschriften beschränken sich zwar nicht auf das Sozialrecht,

29

---

1 Hallstein, 1979, 51 und passim.
2 Axer, Die Verwaltung, Beiheft 10, 2010, 123; Isensee, VSSR 1996, 169; Schulte, in von Maydell/Schulte, 1995, 45 ff.; Schulte/Zacher, 1991; Schulte, in Deutscher Verein für öffentliche und private Fürsorge, 2001, 43; ders., EurJofSocSec 1999, 7; ders., in ZfSH/SGB 2001, 3, 20, 67; Kahil-Wolff, 2017, chap. 2.

geben aber auch diesem Ziele und Maßstäbe vor und prägen es daher. Die in den umrissenen Regelungskomplexen getroffenen Bestimmungen bilden in den Auslegungen durch den EuGH den Normenbestand des EU-Sozialrechts.

1. Ziele und Aufgaben der EU

30 Um die Ausrichtung der **EU** zu kennzeichnen, zeigen Art. 2, 3 EUV die diese leitenden Werte sowie die ihr übertragenen **Aufgaben.** Nach Art. 2 EUV gründet sich die EU auf die Achtung der **Menschenwürde,** Freiheit, Demokratie, Gleichheit, Rechtsstaatlichkeit und die Wahrung der Menschenrechte, einschließlich der Rechte der Personen, die Minderheiten angehören: „Diese Werte sind allen Mitgliedstaaten in einer Gesellschaft gemeinsam, die sich durch Pluralismus, Nichtdiskriminierung, Toleranz, **Gerechtigkeit, Solidarität** und die **Gleichheit** von Frauen und Männern auszeichnet".

Diese Aussagen machen bewusst: der Binnenmarkt ist nicht Selbstzweck, sondern wirtschaftliches Mittel zur Verwirklichung sozialer Ziele.[3] Der Schutz der Menschenrechte verbürgt den Schutz des Menschen in seiner körperlichen Existenz, woraus Rechte auf Sozial- und Krankenhilfe folgen. Gleichheit[4] heißt die Absage an jedes rechtliche wie soziale **Privileg** und begründet damit den Anspruch auf Teilhabe eines jeden, auch und gerade in der Gesellschaft. Gerechtigkeit und **Solidarität** bedeuten das **Füreinander-Einstehen** der Menschen. Eine sich auf diese Werte gründende Rechtsordnung setzt eine ausgebaute sozialstaatliche Ordnung voraus, die jedem die Entfaltung seiner Freiheiten ermöglicht.

Die Wirtschafts- und Sozialordnung der EU wird in Art. 3 III EUV dahin umschrieben: „Die Union errichtet einen **Binnenmarkt.** Sie wirkt auf die nachhaltige Entwicklung Europas auf der Grundlage eines ausgewogenen Wirtschaftswachstums und von Preisstabilität, eine in hohem Maße wettbewerbsfähige **soziale** Marktwirtschaft, die auf **Vollbeschäftigung** und **sozialen Fortschritt** abzielt, ... Sie bekämpft **soziale Ausgrenzung** und Diskriminierungen und fördert **soziale Gerechtigkeit** und **sozialen Schutz,** die Gleichstellung von Frauen und Männern, die Solidarität zwischen den Generationen und den Schutz der Rechte des Kindes".

Diese höchst bedeutsame Aussage verdeutlicht, dass der auf Wachstum, Preisstabilität, Wettbewerb und Nachhaltigkeit auszurichtende und auf Vollbeschäftigung wie sozialen Fortschritt zielende Binnenmarkt damit den arbeitenden Menschen zugutekommen soll. Vollbeschäftigung und ein **fairer Anteil** der **arbeitenden** Bevölkerung am Erwirtschafteten gelingen nur mit erfolgreicher **Sozialpolitik.** Darüber hinaus steht die EU für die **soziale Gerechtigkeit, Solidarität, Gewaltengerechtigkeit** und **soziale Inklusion.** Darin liegt die Umschreibung des Europäischen Sozialmodells. Dessen Inhalt, Bedeutung und

---

3 Vgl. auch Streinz/Ohler/Herrmann, 2010, 78 f.
4 Nußberger, DVBl. 2008, 1081 ff.

§ 3 Sozialrecht im Primärrecht

Wirkung ist Gegenstand intensiver Debatten.[5] Die EU wird nicht angemessen verstanden, wenn ihre soziale Bestimmung nicht bewusst wird.

Art. 4, 5 EUV bekräftigen für die Zuständigkeitsabgrenzung zwischen EU und Mitgliedstaaten die Grundsätze der begrenzten **Einzelermächtigung, Subsidiarität** und **Verhältnismäßigkeit**. Die Zuständigkeit der EU ist danach auf die Vertragsziele beschränkt, kann also nur gebraucht werden, wenn dessen Ziele nicht von den Mitgliedstaaten selbst besser verwirklicht werden können; ihr Gebrauch soll sich auf das zur Zielerreichung Notwendige beschränken. Art. 2 III AEUV lautet: „Die Mitgliedstaaten koordinieren ihre Wirtschafts- und Beschäftigungspolitik im Rahmen von Regelungen nach Maßgabe dieses Vertrages, für deren Festlegung die Union zuständig ist". Hier wird für die Mitgliedstaaten eine Kooperationspflicht begründet. Sie erkennt der EU das Recht zu, in allen Fragen der Wirtschafts- und Beschäftigungspolitik den Rahmen für das Handeln der Mitgliedstaaten abzustecken. Damit wird eine das mitgliedstaatliche Handeln **koordinierende, ergänzende** und **unterstützende Zuständigkeit** für die EU begründet, welche die der Mitgliedstaaten nicht verdrängt, wohl aber überformt, allerdings nicht zur Ausweitung der bestehenden Regeln führen darf (Art. 2 V AEUV).

31

Art. 3 I b AEUV weist der EU die ausschließliche Zuständigkeit für die „Festlegung der für das **Funktionieren des Binnenmarkts** erforderlichen Wettbewerbsregeln" zu. Der EU-weite **Wettbewerb**[6] wird durch deren **Kartell-, Vergabe-** und **Beihilferecht** auch bestimmt, falls daran Sozialleistungsträger teilnehmen. Art. 6 AEUV sieht eine ergänzende, unterstützende, koordinierende Rolle[7] zum Schutz und der Verbesserung der Gesundheit (lit. a) und bei der allgemeinen und beruflichen Bildung vor (lit. e). Ferner gilt dies für die Verwaltungszusammenarbeit (lit. g).

Eine zwischen EU und Mitgliedstaaten geteilte Zuständigkeit besteht nach Art. 4 AEUV für den Binnenmarkt (II lit. a), die „**Sozialpolitik** einschließlich der in diesem Vertrag genannten Aspekte" (II lit. b), den „wirtschaftlichen, **sozialen** und territorialem Zusammenhalt" (II lit. c) sowie den Verbraucherschutz (II lit. f). Damit wird auf die in Art. 151 ff., 158 ff., 169, 174 ff. AEUV enthaltenen Befugnisse verwiesen.[8] Schließlich bestimmt Art. 5 AEUV: „(1) Die Mitgliedstaaten koordinieren ihre Wirtschaftspolitik innerhalb der Union. Zu diesem Zweck erlässt der Rat Maßnahmen; insbesondere beschließt er die Grundzüge dieser Politik. (2) Die Union trifft Maßnahmen zur Koordinierung der Beschäftigungspolitik der Mitgliedstaaten, insbesondere durch die Festlegung von Leitlinien

---

5   Borchardt, 2015, § 4 C III Rn. 232 ff.; Jepsen/Pascual, 2006; Zweynert, in Kadelbach (Hg.), 2008, 25; Müller-Graff, 2011, 598 ff.; vgl. dazu Rn. 518 ff., 532 ff.
6   Davy, in Niedobitek, § 7 Rn. 34 ff.; Grabitz/Hilf/Nettesheim, Art. 3 AEUV, Rn. 11 f.; Lenski, in Lenz/Borchardt, 2010, Art. 4 AEUV Rn. 9 ff.
7   Vgl. dazu Grabitz/Hilf/Nettesheim, Art. 6 AEUV, Rn. 6 ff.; Kotzur, in Geiger/Khan/Kotzur, EUV/AEUV, 2010, 5. Aufl., Art. 6 Rn. 5.; Akandji-Kombé, Droit Social 2014, 301; Dupiré, La semaine juridique Social 2013, 1230; Miné, 2013, p. 87 et 88, p. 275 et sequ.
8   Grabitz/Hilf/Nettesheim, Art. 4 AEUV, Rn. 13 ff.

I. Grundlagen

für diese Politik. (3) Die Union kann die Initiativen zur Koordinierung der Sozialpolitik der Mitgliedstaaten ergreifen". Die Bestimmung hebt damit die Bedeutung der Koordinierung für die Politik der EU hervor.[9]

2. Diskriminierungsverbote und soziale Grundrechte

32 Art. 10 AEUV ermächtigt den Rat zum Erlass von Regelungen, welche jegliche **Diskriminierung** aus Gründen „des Geschlechts, der Rasse, der ethnischen Herkunft, der Religion oder Weltanschauung, einer Behinderung, des Alters oder der sexuellen Ausrichtung" unterbinden. Das geltende Recht verbürgt damit einen umfassenden Schutz vor Diskriminierungen. Für das Sozialrecht sind insbesondere die Diskriminierungsverbote aufgrund einer **Behinderung**[10] oder des **Alters** bedeutsam, weil sie Leistungen der beruflichen und medizinischen Rehabilitation sowie Maßnahmen der sozialen Vorsorge vor den Risiken des Alters und der Behinderung rechtfertigen. Diese Regelung steht im Zusammenhang mit Garantien der Menschenrechte, welche die EU durch die Gewährleistungen der EMRK und der gemeinsamen Verfassungsüberzeugungen der Mitgliedstaaten als allgemeine Grundsätze des EU-Rechts (Art. 6 EUV) sowie in der Grundrechtecharta (GRCh) anerkennt. Die GRCh enthält zahlreiche Gewährleistungen **sozialrecht**lichen Gehalts (vgl. Rn. 37).

3. Koordination der Systeme sozialer Sicherheit

33 Von elementarer Bedeutung für das Sozialrecht ist die Aufgabe und Befugnis der EU, „die auf dem Gebiet der sozialen Sicherheit für die Herstellung der **Freizügigkeit** der Arbeitnehmer notwendigen Maßnahmen" zu ergreifen (Art. 48 AEUV).[11] Danach hat der Rat gemeinsam mit dem Europäischen Parlament im ordentlichen Gesetzgebungsverfahren (Art. 294 AEUV) ein „System" einzuführen, welches den Arbeitnehmern und deren anspruchsberechtigten Angehörigen die Zusammenrechnung der in den Mitgliedstaaten zurückgelegten Zeiten sowie die Zahlung der Leistungen bei Aufenthalt außerhalb des zuständigen Mitgliedstaates sichert. Auf dieser Grundlage hat die Gemeinschaft bereits unmittelbar nach ihrer Gründung die zwischenstaatliche Sozialrechtskoordination geschaffen und beständig fortentwickelt. Sie erfuhr durch die Rechtsprechung des EuGH eine eingehende, umfassende und differenzierte Deutung.

Art. 48 AEUV sieht den Erlass der Koordinierungsregelung im **ordentlichen Gesetzgebungsverfahren** vor, gibt aber jedem Mitgliedstaat ein **Vetorecht**, falls ein Entwurf „wichtige Aspekte seines Systems der sozialen Sicherheit,

---

9 Bandilla, in Grabitz/Hilf/Nettesheim, Art. 5 AEUV, Rn. 8 ff.; Kotzur, in Geiger/Khan/Kotzur, EUV/AEUV, Art. 5 AEUV Rn. 3.
10 Davy, in Deutscher Sozialrechtsverband (Hg.), 2002, 7 ff.; RL 2000/43/EG; 2000/78/EG; Schulte, in Igl/Welti (Hg.), 2001, 213; Eichenhofer, NZA Sonderbeilage, Heft 22/2004, 26.
11 Brechmann, in Calliess/Ruffert, 2016, Art. 48 AEUV, Rn. 14 ff.; Eichenhofer, in Streinz, EUV/AEUV, 2018, Rn. 18 ff. zu Art. 48 AEUV; Fuchs, 2015; Krebber, in Calliess/Ruffert, 2016, Art. 145 Rn. 3 ff.; Langer, in Fuchs, Nomos-Kommentar EuSozR, Art. 48 AEUV Rn. 6 ff.

insbesondere dessen Geltungsbereich, Kosten oder Finanzstruktur verletzen oder dessen finanzielles Streitgewicht beeinträchtigen würde". Diese Regel korrespondiert mit der in Art. 153 IV AEUV getroffenen Garantie der mitgliedstaatlichen Zuständigkeit zu eigenständiger Verwaltung und Finanzierung ihrer Einrichtungen sozialer Sicherheit und überwindet die vorherige Einstimmigkeit, weil der Rat den Einwand zurückweisen kann. Durch die VO (EU) 2019/1149 wurde eine European Labour Authority (ELA) geschaffen. Sie fördert die faire Mobilität, bekämpft Lohn- und Sozialdumping und macht die Funktionsweise zwischenstaatlicher Sozialrechtskoordination verständlich.

4. Beschäftigungspolitik

Mit dem Vertrag von Amsterdam erlangte die EU eine eigene Zuständigkeit für die **Beschäftigungspolitik**[12] (Art. 145–150 AEUV). Als Ziele werden die Anhebung der **Qualifikation** der Arbeitnehmer sowie die Stärkung der **Anpassungsfähigkeit** der Arbeitsmärkte genannt (Art. 145 AEUV). Die Zuständigkeit für die Beschäftigungspolitik verbleibt zwar den Mitgliedstaaten (Art. 146 AEUV), indes fördert die EU deren **Zusammenarbeit** (Art. 147, 149 AEUV). Im Mittelpunkt der EU-Beschäftigungspolitik steht die alljährliche Erhebung der **Beschäftigungslage** in der EU und die Verabschiedung beschäftigungspolitischer „Schlussfolgerungen" (Art. 148 AEUV). Sie würdigen aufgrund von Berichten der Mitgliedstaaten deren Beschäftigungspolitik im Lichte der **EU-Leitlinien** (Art. 148 II, IV AEUV) auf ihre Tauglichkeit und Leistungskraft. Der Rat kann Empfehlungen an einzelne Mitgliedstaaten richten. Die EU setzt so einen Wettbewerb zwischen den Mitgliedstaaten um die besten Praktiken in der Beschäftigungspolitik in Gang. Es wurde dafür ein eigener **Beschäftigungsausschuss** geschaffen.[13] Er unterbreitet im Zusammenwirken mit den Sozialpartnern Empfehlungen zur „Förderung der Koordinierung der Beschäftigungs- und Arbeitsmarktpolitik der Mitgliedstaaten" (vgl. Rn. 523 ff.).

34

5. Sozialpolitik

Die **Sozialpolitik** der EU ist in Art. 151–161 AEUV geregelt. Art. 151 AEUV sieht als normative Grundlagen für EU-Handeln die **Europäische Sozialcharta**[14] (ESC) sowie die Gemeinschaftscharta der Sozialen Grundrechte der Arbeitnehmer von 1989 an. Die **ESC** vom 18. Oktober 1961 wurde vom Europarat als Schwesterkonvention zur EMRK geschaffen. Beide bilden das Rückgrat des Menschenrechtsschutzes des Europarats. Während die EMRK die bürgerlichen und politischen Freiheitsrechte sichert, proklamiert, definiert und gewährleis-

35

---

12 Davy, in Niedobitek, § 7 Rn. 68 ff.; Rothe, in Bergmann/Lenz, 1998, 73 ff.; Runggaldier, in Hummer, 1998, 197; Szyszczak, 2000, 159 ff.; Steinle, 2001; Quade, 2009.
13 Durch Ratsbeschluss v. 24. 1. 2000, 2000/98/EG.
14 Davy, in Niedobitek, § 7 Rn. 24 ff.; Harris, 1984 passim; Europarat (Hg.), 2002 passim; Council of Europe, 2000 passim; Fabbrini, 2014; Falkner, 2010; Geyer, 2000 passim; Harvey, European Social Law and Policy, 1998 passim; Kuhn, 1995, 55 ff.; Van Langendonck, in Ruland (Hg.), Festschrift für Zacher 1998, 477, 480; Oehlinger, in von Maydell/Nußberger, 1996, p. 43; Young, K., 2012.

I. Grundlagen

tet die ESC die sozialen Grundrechte. Diese beziehen sich auf die Stellung des Einzelnen im Arbeitsleben und in der sozialen Sicherung.

Bereits am 3. Mai 1996 beschloss der Europarat, die ESC an die in den vorangegangenen Fortentwicklungen des Arbeits- und Sozialrechts anzupassen, die von ihr umschriebenen und garantierten und den Unterzeichnerstaaten zu verwirklichen aufgetragenen Rechte zu erweitern und somit die ESC von Grund auf zu revidieren und neu zu fassen. Diese Revidierte ESC (RevESC) wurde seither von vielen Staaten gezeichnet, ratifiziert und in ihr Recht überführt. Erst 2020 unterbreitete die Bundesregierung mit dem „Gesetz zur Revision der Europäischen Sozialcharta vom 3. Mai 1996"[15] einen Gesetzgebungsvorschlag, der inzwischen verabschiedet wurde und in Kraft trat.[16]

Die RevESC führt insgesamt 31 „Grundsätze" auf und formuliert auf dieser Grundlage 31 wirtschaftliche, soziale und kulturelle Menschenrechte. Die **RevESC** garantiert ein Recht auf **Arbeit** (Art. 1), gerechte (Art. 2) und gesunde **Arbeitsbedingungen** (Art. 3), gerechtes, d. h. die **Existenz sicherndes Arbeitsentgelt** (Art. 4), **Vereinigungsfreiheit** (Art. 5), Recht auf **Kollektivverhandlungen** (Art. 6), Schutz von **Kindern** und **Jugendlichen** (Art. 7) und Arbeitnehmerinnen (Art. 8), Berufsberatung (Art. 9), berufliche Bildung (Art. 10), Schutz der **Gesundheit** (Art. 11), **soziale Sicherheit** (Art. 12), **Fürsorge** (Art. 13), **soziale Dienste** (Art. 14), Recht der **behinderten** Menschen auf berufliche und soziale **Eingliederung** oder Wiedereingliederung (Art. 15), Recht der Kinder und Jugendlichen auf Schutz (Art. 17), Recht auf Wanderarbeit und Schutz derer, die es gebrauchen (Art. 18 f.), Rechte der Arbeitnehmer auf Unterrichtung, Anhörung und Arbeitsplatzgestaltung (Art. 21 ff.), Kündigungsschutz (Art. 24), Insolvenzschutz (Art. 25), Recht auf Würde am Arbeitsplatz (Art. 26), Vereinbarkeit von Erwerbs- und Familienarbeit (Art. 27) Schutz der Arbeitnehmervertreter und bei Massenentlassungen, Schutz vor und bei und Armut (Art. 30) und Rechte auf Wohnung (Art. 30).

Über die Einhaltung dieser Grundsätze entscheidet ein Sachverständigenausschuss. Erhebt dieser Beanstandungen, so kann das Ministerkomitee des Europarates Empfehlungen zur Abhilfe an den betroffenen Mitgliedstaat richten.[17] Das Recht auf soziale Sicherheit und soziale Fürsorge verlangt nach einer besonderen gesetzlichen Ausformung; das Recht auf soziale Sicherheit muss einen erheblichen Teil der Bevölkerung er- und umfassen. Die Leistungen müssen für die Erreichung des Zieles angemessen sein und auf Dauer gewährt werden. Anpassungen und selbst Kürzungen von sozialen Leistungen sind möglich, wenn dadurch das System insgesamt gesichert werden kann.[18] Es gibt inzwischen weltweit eine durchaus staatliche Zahl von Systemen wirtschaft-

---

15 BT-Drucksache 19/20967; BR-Drucksache 261/20 vom 22.05.2020; dazu Kingreen, 2020, 68.
16 I.d.F.v. 17.11.2020 (BGBl. III/112/2011).
17 Zu deren Beschlüssen: Samuel, 1997; Mikkola, 2010.
18 Riedel, 2007.

licher, sozialer und kultureller Menschenrechte, die freilich in Deutschland weder bekannt, noch hoch im Kurs stehen.[19]
Beide Rechtsakte ergänzen einander. Die **EMRK** befähigt den Menschen, in **Würde zu leben**, und die **ESC**, in Würde zu **arbeiten**.[20] Eine Jahrzehnte währende Spruchpraxis des EuGMR enthüllte die auch für das Sozialrecht erhebliche Bedeutung der **EMRK**.[21] Deren Anwendungspraxis stellte den sozialpolitischen Gehalt der in der EMRK niedergelegten bürgerlichen und politischen Freiheiten klar.[22] Es reifte dadurch das Bewusstsein, dass die Unterscheidung zwischen den auf Abwehr von staatlichen Eingriffen zielenden **bürgerlichen** Menschenrechten und den auf aktives staatliches Handeln gerichteten **sozialen** Menschenrechten die Rechtspraxis verfehlt,[23] weil alle Menschenrechte geachtet, geschützt und vervollkommnet werden müssen – und daher abwehr-, leistungs- und teilhaberechtliche Dimensionen aufweisen und zugleich in sich vereinen.

Die in der ESC enthaltenen sozialen Rechte der **Koalitionsfreiheit** und des Schutzes sozialer Sicherung finden in der **Vereinigungs-** und **Eigentumsfreiheit** der EMRK eine Entsprechung. Namentlich die Rechtsprechung des EuGMR hat in vielen Entscheidungen den in der EMRK niedergelegten bürgerlichen Menschenrechten auch sozialrechtliche Gehalte beigemessen. Ausgehend von der Rechtssache Airey, stellte der EuGMR fest, dass die in der EMRK gewährleisteten bürgerlichen und politischen Rechte auch **wirtschaftliche** und **soziale Folgen** hätten[24] und ferner für die Verwirklichung des Rechts auf gerichtlichen Schutz (Art. 6 I EMRK) staatliche Fördermaßnahmen notwendig seien. Die Gewährleistungen der unparteilichen Würdigung einer Rechtsstreitigkeit durch ein unabhängiges Gericht (Art. 6 EMRK) kommen auch den Parteien **sozialversicherungs**rechtlicher Streitigkeiten zugute, die vom EuGMR als **bürgerlichrechtliche Streitigkeiten** qualifiziert werden.[25] Sozialrechtliche Ansprüche

---

19 Eichenhofer, 2021.
20 Neubeck, 2002, 56; Buergenthal, 1995, 151.
21 Schmidt, 2003, 27 ff.; Bignami/Spivack, American Journal of Comparative Law, vol. 62, 2014, 561.
22 Cousins, 2008; Gomez Heredo, 2007; Pellonpää, Economic, Social and Cultural Rights, in Macdonald/Matscher/Petzold (Ed.), 1993, 855; Tomuschat, Social rights under the European Charter on human rights, in Breitenmoser (Hg.), 2007, 837; Jacobs & White, 2002, 51, 92, 300; Renucci, 2005, 9, 11; Sudre, 2008, Rn. 134, 136 ff.; Türmen, Human rights and poverty, in Caflisch (Ed.), 2007, 447; Bruun/Lörcher, Social innovation: The new ECHR jurisprudence and its impact on fundamental social rights in labour law, in Schömann, Mélanges, 2011, 353 ff.
23 Tomuschat, in Breitenmoser (Hg.), 2007, 840; Pellonpää, in Macdonald/Matscher/Petzold, 1993, 858; Fredman, 2008; Eichenhofer, Soziale Menschenrechte, 2012; Meyer-Ladewig/Nettesheim/Raumer, 2017.
24 Rechtssache Airey.
25 Vgl. die Rechtssachen Feldbrugge; Salesi; Schuler-Zgraggen; Schouten und Meldrum; Mennitto; Pereira Henriques.

I. Grundlagen

sind als Eigentum nach Art. 1 des 1. Zusatzprotokolls zur EMRK geschützt.[26] Dies gilt für beitragsfinanzierte Sozialleistungen,[27] gerichtlich festgestellte Ansprüche auf Sozialleistungen, denen der Sozialleistungsträger nicht durch Berufung auf die fehlenden Einnahmen entgehen kann,[28] Pensionsansprüche für Beamte[29] wie Militärs[30] und steuerfinanzierte Leistungen zugunsten behinderter Menschen.[31] Der völlige Entzug von Invalidenrenten wegen konkurrierenden Lohneinkommens[32] oder die Verweigerung der Nachzahlung rechtswidrig vorenthaltener Renten[33] ist eine **Eigentumsverletzung**, wenn die Beseitigung der Leistung wegen der geringen Zahl von Empfängern nicht nennenswert zur Konsolidierung der Sozialversicherung beitrage. Renten dürfen auch nicht wegen Straftaten entzogen werden.[34] Das alle Menschenrechte prägende Diskriminierungsverbot (Art. 14 EMRK) belässt den Mitgliedstaaten bei ihrer Sozialpolitik zwar Entscheidungsspielräume,[35] untersagt jedoch nicht objektiv begründbare **Ungleichbehandlungen** bei der Gewährung von Sozialleistungen wegen des Geschlechts,[36] Wohnsitzes[37], illegaler Einwanderung[38], Ehelichkeit[39] einer oder Staatsangehörigkeit[40]. Verstöße gegen die Grundsätze der Gleichbehandlung bestehen aber bei nicht gerechtfertigten Unterscheidungen wegen einer Teilzeitbeschäftigung[41] oder Homosexualität.[42] Das Verbot menschenunwürdiger Behandlung (Art. 3 EMRK) ist auch verletzt, wenn der Staat trotz Kenntnis nicht zum Schutz verwahrloster Kinder gegen deren Eltern einschreitet.[43]

Der EuGMR stellte zum Schutz von Menschen mit Behinderung einige Grundsätze auf. Er entschied, dass eine behinderungsbedingte Diskriminierung im Sinne von Art. 14 EMRK vorliege, „wenn ein Staat angemessene Vorkehrungen versagt, mit denen faktische Ungleichheiten zwischen Menschen mit und ohne Behinderung ausgeglichen werden können"[44] (Art. 2 UN-BRK). Die Vertrags-

---

26 Grgic/Mataga/Longar/Vilfan, 2007, Sudre, in 2003 (14) Revue Trimestrielle des Droits de l'Homme, 755–780.
27 Rechtssache Gaygusuz; Valkow; Klein; Ponomaryov; Iwaskiewicz; Moskal.
28 Rechtssache Burdov; Pinkur.
29 Rechtssache Yuriy Romanov.
30 Rechtssache Peji, Damjanac.
31 Rechtssache Koua Poirrez; Stec.
32 Rechtssache Kjartan Asmundsson.
33 Rechtssache Gobelny.
34 Rechtssache Seiko.
35 Rechtssache Petrovic.
36 Rechtssache Willis.
37 Rechtssache Carson.
38 Rechtssache Anakomba Yula; Bah.
39 Rechtssache Wessels-Bergervoet.
40 Rechtssache Kuri; Andrejeva; Efe; Bah.
41 Rechtssache Di Trizio.
42 Rechtssache Oleynik.
43 Rechtssache Z and Others.
44 EuGMR Cam./Türkei vom 23.2.22016 Nr. 51500/08 =NZS 2017, 299 mit Anm. Uerpmann-Wittzack 2016, 301.

§ 3 Sozialrecht im Primärrecht

staaten seien zwar frei, wie sie den Bildungsbedürfnissen von Kindern mit einer Behinderung gerecht werden. „Die vollständige Verweigerung angemessener Vorkehrungen, um den Bildungsbedürfnissen von Kindern mit Behinderungen zu begegnen, stellt jedoch eine behinderungsbedingte Diskriminierung gemäß Art. 14 EMRK dar." Der EuGMR befand ferner, dass das Recht auf Leben (Art. 2 EMRK) von Menschen mit einer Behinderung verletzt sei, wenn ihnen nicht die ihrer Behinderung gemäßen Behandlungs- und Lebensbedingungen geschaffen und daraus Gefahren für ihr Überleben erwachsen würden.[45] Falls von einer Behinderung betroffene Menschen in Haft genommen werden, fordere das Verbot der Folter und jeglicher anderer erniedrigender Behandlung (Art. 3 EMRK) spezielle, auf die Behinderung ausgerichtete Haftbedingungen.

Als Verstoß gegen das Verbot unmenschlicher Behandlungen erachtete der EuGMR ferner, wenn psychiatrische Patienten in Hospitälern in abgelegenen Gegenden untergebracht werden,[46] eine Ausweisung bei schwerer psychischer Erkrankung,[47] oder, falls der Staat Belästigungen und Zurücksetzungen körperlich oder geistig behinderter Kinder nicht unterbindet.[48] Das Folterverbot sei indes nicht verletzt, falls ein Ausreisepflichtiger in den Herkunftsstaat abgeschoben werde, selbst wenn ihm dort eine Verfolgung wegen einer Behinderung drohe.[49]

Das Menschenrecht auf Freiheit und Sicherheit (Art. 5 EMRK) könne durch Fixierung behinderter Menschen oder Hospitalisierung wegen einer Behinderung verletzt werden.[50] Gegen das Diskriminierungsverbot wegen einer Behinderung verstoße auch, wenn ein behinderter Mensch wegen seiner Behinderung zwar nicht zum Militärdienst als tauglich erachtet worden sei, wegen dessen Nichtableistung ersatzweise aber zu einer Steuer herangezogen werde.[51] Desgleichen werde das Diskriminierungsverbot für Menschen mit Behinderung verletzt, wenn eine Beihilfe für Menschen mit Behinderung mit Wohnsitz im Wohnstaat von dessen Staatsangehörigkeit abhängig gemacht werde.[52] Der Schutz des Privat- und Familienlebens ist verletzt, falls Asylsuchende für ihre Kinder keine Unterstützung erhalten.[53]

Der EuGMR[54] bestätigte die Beitragspflicht und Wirksamkeit der für allgemein verbindlich erklärten tarifvertraglichen Zusatzversorgungskassen des Baugewerbes. Die Einrichtungen berührten zwar die Vereinigungs- und Eigentums-

---

45 EuGMR (Große Kammer) Center of Legal Resources on behalf of Valentin Câmpeauce ./. Rumänien vom 17.7.2014; EuGMR Nencheva ./. Bulgarien vom 18.6.2013.
46 EuGMR – Stanev ./. Bulgarien vom 17.1.2012.
47 EuGMR Aswar ./. Vereinigtes Königreich vom 16.4.2013.
48 EuGMR Dordevic ./. Kroatien vom 24.7.2012.
49 EuGMR H.L. ./. Vereinigtes Königreich vom 5.10.2004 Nr. 455508/99.
50 EuGMR (Große Kammer) Stanev ./. Bulgarien vom 17.1.2012 Nr. 13469/06.
51 EuGMR Glor ./. Schweiz vom 30.4.2002.
52 EuGMR Poirrez ./. Frankreich vom 30.9.2003.
53 Rechtssache Said.
54 EuGMR – Kancev. Deutschland vom 2.6.2016 – 23646/09 –.

I. Grundlagen

freiheit für tarif- wie nicht-tarifgebundene Arbeitgeber wie Arbeitnehmer. Diese Beschränkungen erlangten aber durch den mit den Einrichtungen verfolgten Zweck der ergänzenden sozialen Sicherung ihre Legitimation in zwingenden Belangen des Gemeinwohls. Diese beschränkten die genannten Freiheiten durch einen sozialpolitisch legitimen Zweck.

36 Die von elf der zwölf Mitgliedstaaten auf der Ratstagung vom 9. Dezember 1989 in Straßburg beschlossene **Gemeinschaftscharta**[55] **der Sozialen Grundrechte der Arbeitnehmer** stellte mangels Einstimmigkeit zunächst nur eine unverbindliche Absichtserklärung dar. Mit deren Aufnahme in den Vertrag wurde sie jedoch zu einer das Handeln der EU umfassend legitimierenden sozialpolitischen Einzelermächtigung.[56] Die Gemeinschaftscharta wird in Art. 151 AEUV zum Teil des Primärrechts erhoben. Sie verwirklicht den **Binnenmarkt** und soll „allen Arbeitnehmern der Europäischen Gemeinschaft Vorkehrungen im sozialen Bereich vornehmlich hinsichtlich der Freizügigkeit, der Lebens- und Arbeitsbedingungen, des Gesundheitsschutzes und der Sicherheit in der Arbeitswelt, des sozialen Schutzes sowie der allgemeinen und beruflichen Bildung bringen". Als soziale Grundrechte sind darin anerkannt: Freizügigkeit, das Recht auf Berufswahl und Berufsausübung, gerechtes, die individuelle Existenz sicherndes Arbeitsentgelt, Verbesserung der Lebens- und Arbeitsbedingungen, sozialer Schutz, Koalitionsfreiheit und Freiheit der Tarifverhandlungen, Berufsausbildung, Gleichbehandlung von Männern und Frauen, Unterrichtung, Anhörung und Mitwirkung der Arbeitnehmer im Unternehmen, Gesundheitsschutz und Sicherheit der Arbeitnehmer, Schutz der Kinder und Jugendlichen, der älteren sowie der behinderten Menschen.

37 Die nach Art. 6 EUV sämtliche Organe und Einrichtungen der EU **bindende**[57] GRCh der EU bekennt sich zur Menschenwürde, gewährleistet Rechte auf Leben und körperliche Unversehrtheit (Art. 1–3 GRCh), die Freiheit der Berufsarbeit und zu arbeiten (Art. 15 GRCh), enthält Gleichheitsgebote, Diskriminierungsverbote und Schutzaufträge im Hinblick auf Kinder, Ältere und Menschen mit Behinderung (Art. 20, 21, 24–26 GRCh) und in Titel IV unter Solidarität die wirtschaftlichen, sozialen und kulturellen Menschenrechte (Art. 27–38 GRCh) – u. a. gerichtet auf Arbeitsvermittlung, sozialen Schutz: soziale Sicherheit und Sozialfürsorge – und Schutz der Gesundheit (Art. 29, 34 und 35 GRCh) sowie das in Art. 41 GRCh normierte Recht auf gute Verwaltung. Im Einzelnen bestehen Anhörungsrechte der Arbeitnehmer im Unternehmen, Rechte auf Kollektivverhandlungen und -maßnahmen, unentgeltlichen Zugang zu einem Arbeitsvermittlungsdienst, Schutz bei ungerechtfertigter **Entlassung**, angemessene **Arbeitsbedingungen**, Verbot der **Kinderarbeit** und Schutz der Jugendlichen am Arbeitsplatz, Schutz der **Familie** und Recht auf Vereinbarkeit von **Familien- und Berufsleben**. Ferner enthält die GRCh die Rechte auf **soziale Sicherheit**

---

55 Schulz, 1996, 53 ff.
56 Bedenken bei Krebber, in Callies/Ruffert, 2016, Art. 151 AEUV, Rn. 34.
57 Streinz/Ohler/Herrmann (Hg.), 2010, 119.

§ 3 Sozialrecht im Primärrecht

und soziale **Unterstützung** (Art. 34 GRCh), **Gesundheitsschutz** (Art. 35 GRCh) und auf Zugang zu den Dienstleistungen von allgemeinem wirtschaftlichem Interesse (Art. 36 GRCh), namentlich Einrichtungen der **Daseinsvorsorge**. Diese Garantien werden durch Rechte auf Umwelt- (Art. 37 GRCh) und Verbraucherschutz (Art. 38) ergänzt.[58] Das in Art. 41 GRCh normierte Recht auf gute Verwaltung ist auch für die Sozialverwaltung bedeutsam. Aus allem folgt eine hohe Bedeutung der GRCh für die Gestaltung der Sozialrechte der Mitgliedstaaten.

Als sozialpolitische Ziele bestimmt die EU die Förderung der **Beschäftigung**, Verbesserung der Lebens- und Arbeitsbedingungen, einen angemessenen sozialen Schutz, Entwicklung des Arbeitskräftepotentials im Hinblick auf ein dauerhaft hohes Beschäftigungsniveau und die Bekämpfung von **Ausgrenzungen** (Art. 151 AEUV). Diese Aufgabenumschreibung gibt der EU eine weite sozialpolitische Zuständigkeit.[59] Sie rechtfertigt arbeits- und sozialrechtliche Rechtsetzungsakte, welche die in den sozialen Grundrechten enthaltenen Ziele konkretisierend verwirklichen. Weil für die genannten Materien nicht einzig die EU zuständig ist, sondern mangels eines eigenen Sozialleistungsrechts der EU regelmäßig eine kumulative Zuständigkeit von EU und Mitgliedstaaten besteht, wird diese durch das Prinzip der **Subsidiarität** (Art. 2 II EUV) begrenzt. Danach ist das EU-Handeln nur statthaft, falls die erstrebten Ziele nicht durch das Handeln der Mitgliedstaaten erreicht werden können. 38

Ist danach EU-Handeln erlaubt, sollen deren Maßnahmen der Vielfalt der „**einzelstaatlichen Gepflogenheiten**" sowie Erhaltung der wirtschaftlichen Wettbewerbsfähigkeit Rechnung tragen. In ihrer Ausgestaltung sollen die EU-Maßnahmen die überkomme Vielfalt arbeits- und sozialrechtlicher Regeln wahren, mithin auf die unterschiedlich geformten Arbeits- und Lebensbedingungen der Mitgliedstaaten **Rücksicht** nehmen. Einheit in Vielfalt zu verwirklichen, wird namentlich mittels der **offenen Methode der Koordinierung** angestrebt.[60] Die Reichweite der Maßnahmen begrenzt Art. 151 AEUV im Hinblick auf die wirtschaftliche Belastbarkeit der Adressaten. Sozialpolitik belastet wirtschaftliches Handeln und beschränkt freilich regelmäßig, sei es unterbindend oder mit Abgaben belastend. Sozialpolitisch erstrebte Vorteile sind also gegen die mit ihnen verbundenen Nachteile abzuwägen. 39

---

58   Lörcher, AuR 2000, 247; Kerschen, Droit Social 2003, 216; Pache, EuR 2001, 475; Pitschas, VSSR 2000, 207; Riedel, in Meyer, 2014, Erläuterungen zu Art. 28–38; Terwey, BG 2000, 660; Weiss, AuR 2001, 374; Fischer-Lescano, 2014; Kott/Droux, 2013; Marguénaud/Mouly, Droit Social 2013, 339.
59   Eichenhofer, in Numhauser-Henning (Ed.), 2000, 47; Krebber, in Calliess/Ruffert, 2016, Art. 151 AEUV Rn. 7 ff., 19 ff.; Coen, in Lenz/Borchardt, 2010, Rn. 1 ff. vor Art. 151 ff.
60   Vgl. Rn. 459 ff.

I. Grundlagen

40 Die sozialpolitischen Ziele sollen nicht nur durch **Rechtsangleichung**[61] erreicht werden; auch dem Wirken des Markts schreibt der Vertrag eine die „**Abstimmung der Sozialordnungen**" begünstigende Wirkung zu (Art. 151 AEUV). Denn die Intensivierung des Leistungsaustausches in der EU stärkt nicht nur die wirtschaftliche Leistungsfähigkeit aller Mitgliedstaaten und erhöht zugleich die sozialpolitischen Standards. Dieser Zusammenhang stellt sich freilich nicht zwangsläufig ein, weil wirtschaftlicher Erfolg auch aus der Nichtbeachtung sozialpolitischer Standards erwachsen kann. Ein die Kostensenkung fordernder Wettbewerb begünstigt sogar die Senkung sozialer Standards und **social dumping**.[62] Zwischen der Ausweitung des innergemeinschaftlichen Austausches und der Hebung des sozialpolitischen Standards besteht also keineswegs ein Automatismus!

41 Ebenso wenig gilt freilich die allerdings weit verbreitete Gegenthese,[63] dass jede Ausweitung des Handels im Binnenmarkt notwendig mit social dumping einher gehe. Sie wird in die Formulierung gekleidet, die EU fordere die „negative" Integration – also die Vertiefung der Marktfreiheiten – auf Kosten der „positiven" Integration: Vereinheitlichung der sozialen Standards. Die wirtschaftliche, sich im Wettbewerb bewährende Leistungsfähigkeit eines Mitgliedstaates ist vielmehr eine Voraussetzung jedes angemessenen **sozialpolitischen Fortschritts**. Weil Wettbewerb die wirtschaftliche Leistungsfähigkeit hebt, schafft er zugleich sozialpolitische Möglichkeiten. Ein erfolgreich bestandener Wettbewerb zieht erfahrungsgemäß auch sozialpolitische Verbesserungen nach sich, weil höhere wirtschaftliche Erträge auch sozialpolitischem Handeln den nötigen Spielraum eröffnen. Soweit indes der **Wettbewerb social dumping** im Einzelfall begünstigen sollte, muss dieser Gefahr durch Rechtsangleichung begegnet und gleiche Wettbewerbsbedingungen geschaffen werden, um so den wirtschaftlichen mit dem sozialpolitischen Fortschritt zu verknüpfen (vgl. dazu Rn. 518 ff.).

42 Art. 153 AEUV umschreibt die verfügbaren Instrumente zur Verwirklichung der in Art. 151 AEUV niedergelegten Ziele. Hinsichtlich der Materien Arbeitsumwelt, Sicherheit und Gesundheit, Arbeitsbedingungen, berufliche Eingliederung, Bekämpfung von Ausgrenzungen und Chancengleichheit von Männern und Frauen auf dem Arbeitsmarkt vermag die EU **Mindestnormen** mit qualifizierter Mehrheit (Art. 294 AEUV) zu setzen.[64] Hinsichtlich der Materien **soziale Sicherheit, sozialer und rechtlicher Schutz der Arbeitnehmer bei Beendi-**

---

61 Coen, in Lenz/Borchardt, 2010, Art. 153 Rn. 4 ff.; Krebber, in Calliess/Ruffert, 2016, Art. 151 Rn. 22 ff.; Rebhahn/Reiner, in Schwarze, EU-Kommentar, Art. 151 AEUV, Rn. 7 ff.; Cowles, in Jones/Menon/Weatherill (Ed.), 2012, p. 107.
62 Vgl. Rn. 506 ff.
63 Scharpf, MPIfG Working Paper 97/8, November 1997, ders., Leviathan 2002, 65 ff.; ders., 40 (2002) Journal of Common Market Studies, 645; vgl. dazu Eichenhofer, in Masuch/Spellbrink/Becker/Leibfried (Hg.), 2014, 517 ff.
64 Zu den arbeitsrechtlichen Regelungen eingehend Fuchs/Marhold, 2008; Preis/Gotthard, in Dauses, EAS B 1100; Szyszczak, 2000.

gung des Arbeitsvertrages, Vertretung und kollektive Wahrnehmung der Arbeitnehmer- und Arbeitgeberinteressen einschließlich der Mitbestimmung, Beschäftigungsbedingungen von Drittstaatsangehörigen und Arbeitsmarktpolitik, Modernisierung des sozialen Schutzes ist hingegen ein **einstimmiger** Ratsbeschluss nötig. Von jeglicher Vereinheitlichung ausgenommen sind einzig Regelungen über das Arbeitsentgelt, Koalitions-, Streik- und Aussperrungsrecht. Die so erlassenen Bestimmungen binden die Mitgliedstaaten. Sie dürfen ihr Schutzniveau zwar nicht unterschreiten, indes stets ein höheres vorgeben.

Diese Regelungen ermöglichen, EU-weit bindende Standards für das **Sozialrecht** zu schaffen. Das Primärrecht befördert Bestrebungen, die bereits Anfang der 1990er Jahre zu Empfehlungen über „gemeinsame Kriterien für ausreichende Zuwendungen und Leistungen im Rahmen des Systems der sozialen Sicherung"[65] sowie über die „Annäherung der Ziele und der Politiken im sozialen Schutz"[66] geführt haben. Sie werden durch die Offene Methode der Koordinierung weiter verfolgt und vertieft. Ausdruck der wachsenden Wahrnehmung dieser Zuständigkeit sind die seit einem Jahrzehnt an Tiefe und Dichte zunehmenden sozialpolitischen Aktionsprogramme der EU (vgl. Rn. 458 ff.). Im Zusammenhang mit den jüngeren Versuchen um eine Vertiefung des sozialpolitischen Gehalts der EU steht das Vorhaben „der europäischen Säule sozialer Rechte".[67] Diese wurden auf dem Sozialgipfel von Göteborg am 17. November 2017 im Wege einer „feierlicher Proklamation" bekräftigt.

43

Die **Europäische Säule sozialer Rechte** ist ein von den Präsidenten von Rat, Kommission und Parlament verkündetes Dokument, das eine **Bestandsaufnahme** des in Jahrzehnten erreichten Standes europäischer **Arbeits- und Sozialrechtsangleichung** bezweckt. Sie umfasst die wesentlichen **Ergebnisse** der Rechtsangleichung auf den Gebieten: Zugang zum Arbeitsmarkt, gerechte Arbeitsbedingungen und sozialer Schutz. Die Säule ist kein rechtlich verbindliches Dokument enthält aber die zentralen **Anliegen** der **Sozialpolitik der EU**.

Die Erklärung führt 20 soziale Rechte und die zu deren Sicherung erforderlichen Institutionen als Grundlage des Binnenmarkts und der in dessen Mitgliedstaaten geltenden Rechtsordnung auf. Die Erklärung zielt primär auf die Euro-Staaten. Sie soll für die Kontrolle öffentlicher Haushalte im Europäischen Semester Beachtung finden. Zur Veranschaulichung und Überprüfung der Leistungsfähigkeit der Rechtsgarantien wird ein „Social Scoreboard"[68] geschaffen. Es soll dokumentieren, in welchem Umfang die Mitgliedstaaten die sozialen Rechte erreichen und sie mit welchen Ressourcen ausstatten.

---

65   92/441/EWG vom 24. Juni 1992, ABl. EG Nr. L 245 vom 26. August 1992, S. 46.
66   92/442/EWG vom 27. Juli 1992, ABl. EG Nr. L 245 vom 26. August 1992, S. 49.
67   Kommission vom 26.4.2017 KOM(2017) 2500 final, 2600 final.; vgl. auch COM (2021)107 final.
68   COM (2017) 250 final.; vgl Brameshuber/Prassl, 2017, 85.

I. Grundlagen

44 Darüber hinaus hat die Kommission die **Zusammenarbeit** der Mitgliedstaaten in der Sozialpolitik[69] zu fördern: Beschäftigung, Arbeitsumwelt und Arbeitsbedingungen, berufliche Aus- und Fortbildung sowie soziale Sicherheit, Verhütung von Unfällen und Berufskrankheiten, Gesundheitsschutz, Koalitionsrecht und Kollektivverhandlungen zwischen Arbeitgebern und Arbeitnehmern.[70] Zu allen diesen Themen kann die Kommission eigene Untersuchungen durchführen, Stellungnahmen abgeben und Bewertungen vornehmen. Diese bereits in Art. 118 EWGV enthaltene Zuständigkeit gewinnt in Verbindung mit der nach Art. 153 I, II AEUV begründeten Rechtsetzungszuständigkeit ein weit höheres Gewicht. Denn sie erlaubt ihr nun die eigene Rechtsetzung. Diese darf allerdings „nicht die anerkannte Befugnis der Mitgliedstaaten, die Grundprinzipien ihres Systems der sozialen Sicherheit festzulegen", beschränken; ferner dürfen sie „das finanzielle Gleichgewicht dieser Systeme nicht erheblich beeinträchtigen" (Art. 153 IV AEUV).

45 Des Weiteren führt Art. 157 AEUV die Regeln über die **Entgeltgewährung** an **Mann** und **Frau** im Arbeitsleben auf.[71] Nach Art. 157 IV AEUV untersagt der Grundsatz der **Gleichbehandlung** der Geschlechter solche Regelungen nicht, welche zum Ausgleich von beruflichen Benachteiligungen des im Arbeitsleben bislang unterrepräsentierten Geschlechts Vergünstigungen für Angehörige dieses Geschlechts vorsehen. Art. 159–161 AEUV verpflichten die Kommission zur Sozialberichterstattung.

46 Ein Kernelement der EU-Sozialpolitik war seit Anbeginn der **ESF**[72] (vgl. Art. 162–164 AEUV). Aus Mitteln der EU gespeist, wird danach ein unter der Verwaltung der Kommission (Art. 163 AEUV) stehender Fonds errichtet, aus dem die Mitgliedstaaten Zuschüsse zu deren Beschäftigungspolitik erhalten. Die **Vergabegrundsätze** sind mit qualifizierter Mehrheit (Art. 294 AEUV) festzulegen (Art. 164 AEUV). Ziele der Mittelvergabe sind die Förderung der örtlichen und beruflichen Mobilität der Arbeitskräfte durch deren **Anpassung** an die **industriellen Wandlungen** und Veränderungen der Produktion, welche namentlich durch berufliche Bildung und Umschulung erreicht werden soll.

6. Sozialer Dialog

47 Der **soziale Dialog** (Art. 154, 155, 153 III AEUV) ist eine weitere, tragende Säule der europäischen Sozialpolitik.[73] Darunter ist die von den **Sozialpartnern** – Arbeitgebern und Gewerkschaften – getragene, auf autonomer Rechtsetzung beruhende Gestaltung der Arbeitsbedingungen durch Kollektivvertrag zu ver-

---

69 Coen, in Lenz/Borchardt, 2010, Art. 153 Rn. 4.
70 Vgl. Vorschläge zu einer EU-Gesundheitsunion COM (2020)740 final.
71 Coen, in Lenz/Borchardt, 2010, Art. 157 Rn. 1 ff.; Franssen, 2002 passim; Rebhahn, in Schwarze, EU-Kommentar, Art. 157 AEUV Rn. 7 ff.
72 Vgl. Rn. 438 ff.; Natter, in Slupetzky, 1997, 43 ff.; Gold, 1993.
73 Birk, EuZW 1997, 453; Krebber, in Calliess/Ruffert, 2016, Rn. 5 ff. zu Art. 155 AE-UV; Pitschas, 1998; Weiss, in Heinze, Festschrift für Kissel, 1994, 1253; Vigneau, Droit Social 2004, 883.

stehen. Er wird von den „Sozialpartnern auf Gemeinschaftsebene" getragen. In Art. 153 III AEUV sind die Sozialpartner der einzelnen Mitgliedstaaten angesprochen. Die Vorschriften über den sozialen Dialog sollen die Arbeitgeberverbände und Gewerkschaften bei Setzung und Umsetzung europäischen Arbeits- und Sozialrechts in unterschiedlichen Formen und auf unterschiedlichen Ebenen einbeziehen.[74]

Art. 155 AEUV erlaubt den Sozialpartnern, EU-weite **Kollektivverträge** zu schließen. Derartige Vereinbarungen können entweder in den einzelnen Mitgliedstaaten nach den für die Sozialpartnerübereinkünfte jeweils gültigen Regeln oder auf EU-Ebene durch Ratsbeschluss wie eine EU-Initiative umgesetzt werden. Soweit Gegenstände der Sozialpolitik (Art. 153 AEUV) betroffen sind, richtet sich das Mehrheitserfordernis an dem die Vereinbarung umsetzenden Ratsbeschluss nach den in Art. 153 I, II AEUV aufgeführten Materien. Ferner sind die EU-Sozialpartner vor Unterbreitung von Vorschlägen durch die Kommission zwingend anzuhören. Dabei können sie gegenüber der Kommission erklären, das Anliegen durch Kollektivvertrag **eigenständig** zu **verwirklichen**. Schließlich erlaubt Art. 153 III AEUV – in Anerkennung und zur Wahrung der Vielfalt der einzelstaatlichen Gepflogenheiten – anstelle von mitgliedstaatlicher Gesetzgebung Richtlinien über Mindest- (Art. 153 I AEUV) oder einheitliche Regelungen (Art. 153 II AEUV) durch Sozialpartnerübereinkünfte umzusetzen. Dies hat der Mitgliedstaat fristgerecht zu gewährleisten. 48

7. Grundfreiheiten

Die Koordination sozialer Sicherheit wird von Art. 48 AEUV als eine „für die Herstellung der **Freizügigkeit** der Arbeitnehmer notwendige Maßnahme" bezeichnet.[75] Das Sozialrecht muss damit die für Arbeitnehmer geschaffene Personenfreiheit der „Freizügigkeit" (Art. 45 AEUV) praktisch erfüllen. Die Entfaltung der Freizügigkeit durch Europäisches koordinierendes Sozialrecht zu sichern, ist primärrechtliches Gebot wie anerkannte Auslegungsmaxime des Sekundärrechts.[76] Der von Art. 48 AEUV angesprochene Zusammenhang zwischen Freizügigkeit und Koordination sozialer Sicherheit erklärt sich aus deren Organisation durch die Mitgliedstaaten. Hängt soziale Sicherheit von der Beschäftigung oder dem Wohnsitz in einem Mitgliedstaat ab, führt der Gebrauch von Freizügigkeit zum Wechsel des zuständigen Staates. Solcher ginge mit Rechtsverlusten einher und wäre der Freizügigkeit deshalb abträglich, falls die sozialen Rechte der Mitgliedstaaten nicht durch Koordination umfassend miteinander verflochten wären. 49

Unklar ist, ob das Sozialrecht den Gebrauch auch anderer **Grundfreiheiten** zu sichern hat.[77] Diese Frage ist theoretisch bedeutsam, weil von grundlegend 50

---

74 Ales, ZESAR 2007, 150.
75 Mike Wienbracke, EuR 2012, 483.
76 Vgl. dazu Rn. 496 ff.
77 Fuchs, 2015; Giesen, in Schulte/Barwig, 1999, 359 ff.; ders., 1999, 89 ff.; Schulte, in von Maydell/Schulte, 1995, 88 ff.

I. Grundlagen

praktischem Gewicht. Sie stellt sich im Hinblick auf die soziale Sicherung der Selbstständigen, inwieweit auch diese einen primärrechtlich begründeten Anspruch auf Einbeziehung in die europäische Sozialrechtskoordination haben, obgleich Art. 45 AEUV nur die Freizügigkeit als die **Personenfreiheit** abhängig Beschäftigter regelt. Art. 48 AEUV stellt – wiewohl im Zusammenhang mit der Freizügigkeit als der Personenfreiheit der abhängigen Beschäftigten stehend – klar, dass die Koordinierung auch auf die Selbstständigen erstreckt werden kann. Folgt aus der Niederlassungsfreiheit als der Personenfreiheit der Selbstständigen nicht die entsprechende Verpflichtung? Neben die Personenfreiheit treten die weiteren Freiheiten des **Waren-** (Art. 28 AEUV), **Dienstleistungs-** (Art. 56 AEUV) und **Kapitalverkehrs** (Art. 63 AEUV). Gelten für Sozialleistungsempfänger wie Leistungserbringer für die sozialrechtlich vermittelten Ansprüche auf Sach- (= Waren) und Dienstleistungen die Freiheiten des Waren- und Dienstleistungsverkehrs ebenfalls? Und schließlich könnte sogar die Frage aufgeworfen werden, inwieweit das in Art 48 lit. b) AEUV enthaltene Gebot des Exports von Geldleistungen als Ausprägung der Freiheit des Kapitalverkehrs zu verstehen ist (vgl. dazu näher Rn. 84 ff.; 496 ff.).

8. Öffentlich-rechtliche Monopole

51 Sozialrecht beruht auf staatlichen **Monopolen.**[78] Den Trägern **sozialer Sicherheit** gehören die geschützten Personen kraft Gesetzes an, deren Vorsorge – Kosten wie Leistungen – einseitig öffentlich-rechtlich bestimmt ist. Da ein allgemeines Interesse am Schutz der Menschen vor sozialen Risiken besteht, werden Sozialleistungen durch öffentlich-rechtliche Monopole erbracht. Für das EU-Recht ist fraglich, inwieweit diese vor Art. 106 AEUV Bestand haben. Denn die Mitgliedstaaten haben ihre Monopole abzubauen. Ferner sind auch Dienstleistungsmonopole nicht vom **Wettbewerbsrecht** sowie den Grundfreiheiten freigestellt – namentlich ist die „missbräuchliche Ausnutzung einer beherrschenden Stellung auf dem Gemeinsamen Markt" unstatthaft (Art. 102 AEUV). Auch eine Freistellung vom Wettbewerbsrecht dispensiert Unternehmen allerdings nicht von den Grundfreiheiten (Art. 106 II 2 AEUV).[79]

9. Beihilfen

52 Da **Sozialleistungen** öffentliche Zuwendungen an Wirtschaftssubjekte darstellen, „staatliche oder aus staatlichen Mitteln gewährte **Beihilfen**"[80] indes grundsätzlich unstatthaft sind, wenn und soweit sie „durch Begünstigung bestimmter Unternehmen oder Produktionszweige den Wettbewerb verfälschen oder zu verfälschen drohen" (Art. 107 AEUV), kann eine einzelne, von Sozialleistungsträgern an Sozialleistungserbringer fließende öffentliche Zuwendung mög-

---

78 Giesen, 1995.
79 Vgl. dazu näher Rn. 376 ff.
80 Haverkate/Huster, 1999, Rz. 629; Haverkate, in Deutscher Sozialrechtsverband (Hg.), 1997, 89 ff.

§ 3 Sozialrecht im Primärrecht

lichen Beschränkungen des EU-Rechts (Art. 107-109 AEUV) unterliegen (vgl. dazu näher Rn. 410 ff.).

10. Einwanderung

Über Jahrzehnte lagen **Drittstaatsangehörige** außerhalb von Zuständigkeit und Horizont der EU.[81] Dies hat sich von Grund auf geändert, seitdem sich die EU als „Raum der Freiheit, der Sicherheit und des Rechts" versteht. Nach Art. 79 AEUV kann die EU, die mit der Einwanderung sowie Integration von Drittstaatern verbundenen Fragen mit verbindlicher Wirkung für die Mitgliedstaaten regeln,[82] namentlich Mindestnormen für **Asyl**suchende, **Familienangehörige, Aufenthaltsberechtigte** und **Arbeitsuchende** aus Drittstaaten schaffen.[83] Die Regelungsmacht der EU auf dem Gebiet der **Einwanderung** erklärt sich auch aus der mit dem Schengen-Abkommen vollzogenen Abschaffung der Grenzkontrollen unter dessen Mitgliedstaaten, weil diese der Vorstellung vom Binnenmarkt widersprächen. Dies europäisierte das Territorialregime und hob damit eine Kernfunktion des Nationalstaates auf. EU-Recht bindet die Mitgliedstaaten bei der Visa-Erteilung,[84] dem Daueraufenthalt von Drittstaatern 2003/109/EG[85] und bei Abschiebungen an die Rückkehrrichtlinie 2008/115/EG.[86] Die Sicherung des Familienzusammenhalts wird durch die Familien-Zusammenführung-Richtlinie (RL 2003/86/EG[87]) bezweckt. Vor jeder Rückführungsentscheidung muss der Drittstaater angehört werden und Zugang zu den UN-Einrichtungen gewährt werden.[88] Der erhobene Rechtsbehelf hat eine die Verwaltungsentscheidung aufschiebende Wirkung.[89] Ferner sind das Recht auf Gehör, Rechtsschutz gegen eine negative Entscheidung und kostenlose Rechtshilfe zu sichern[90] Schließlich gibt es Regeln und Zuständigkeiten zur Entgegennahme und Bearbeitung von Asylgesuchen und der damit verbundenen Aufgaben, deren Gültigkeit durch den EuGH unlängst bestätigt wurden.[91]

Mit Richtlinie 2011/95/EU[92] harmonisierte die EU die Aufnahmekriterien für **Asylbewerber** und **Flüchtlinge** als Basis für die gegenseitige Anerkennung der

53

54

---

81 Vgl. auch EuGH Slg. 1987, 3245 (Deutschland ./. Kommission): Migration ist keine Angelegenheit der EU.
82 Brinkmann, in Barwig/Davy (Hg.), 2004; Nuscheler, 2004, 176 ff.
83 Hailbronner, in 4. Europäischer Juristentag (Hg.), 2008, 329; Groenendijk, Migration in and to Europe, General Report, in 4. Europäischer Juristentag (Hg.), 2008, 387 ff.; Thym, Europäische Einwanderungspolitik: Grundlagen, Gegenstand und Grenzen, in Hofmann/Löhr (Hg.), 2008, 183; Hailbronner, 2010.
84 Gemeinschaftlicher Visa-Code (Verordnung (EG) Nr. 810/2009 vom 15.9.2009, ABl. L 243/1).
85 ABl 23.1.2004 L 16/44.
86 ABl. 24.12.2008 L 348/98.
87 RL 2003/86/EC.
88 EuGH EU:C:2010:351.
89 EuGH EU:C:2015:824.
90 EuGH EU:C:2014:2431.
91 EuGH EU:C:2017:587.
92 Vom 13.12.2011, ABl. EU L 337 vom 20.12.2011, S. 9; Oppermann ZESAR 2020, 305.

I. Grundlagen

Asylberechtigten aller Mitgliedstaaten. Sie regelt und kontrolliert die Einreise, erleichtert die Lasten- und Aufgabenverteilung für Asylbewerber und -berechtigte und ermöglicht Asyl- und Rückführungsentscheidungen.

Asylberechtigten ist die Erwerbsausübung in dem Aufenthaltsstaat und die Teilhabe am wirtschaftlichen und sozialen Leben, der medizinischen Versorgung sowie den Bildungseinrichtungen zu ermöglichen. Der sozialrechtliche Status von Flüchtlingen sowie Asylsuchenden wie – berechtigten wird durch EU-Recht umfassend geregelt. Die RL 2011/95/EU von Rat und Parlament vom 13.12.2011[93] über Standards für die Qualifikation von Drittstaatern und Staatenlosen als Schutzberechtigte sowie für den einheitlichen Status von Flüchtlingen und subsidiär Schutzberechtigte ist entscheidend, um im EU-Recht die Stellung von Asylsuchenden und Flüchtlingen zu bestimmen.[94] Die Richtlinie nimmt die Genfer Flüchtlings-Konvention zur Grundlage und ist rechtliches Rückgrat für den Schutz der geflüchteten Menschen im EU-Recht.[95] Sie umschreibt den Status von Flüchtlingen und subsidiär Schutzberechtigten (Art. 1) und damit ein Europäisches Asyl-System. Es formuliert gemeinsame Standards für ein Mindestniveau des sozialen Schutzes und der Leistungen für diese Personen in allen Mitgliedstaaten. Die Angleichung der Regelungen soll innerhalb der EU sekundäre Fluchtbewegungen verhindern, die einzig aus der Unterschiedlichkeit der in den Mitgliedstaaten herrschenden Flüchtlingsrechten entstünden. Die Richtlinie bezweckt nicht die Harmonisierung des Flüchtlingsrechts, aber schafft einen in allen Mitgliedstaaten zu verwirklichenden Mindeststandard.

RL 2013/33/EU[96] normiert die Aufnahme von internationalen Schutz als Verfolgte nachsuchender Personen. Der Flüchtlings-Status wird durch die Tatsache der Verfolgung im Sinne von Art. 1(A) der Genfer Flüchtlings-Konvention begründet. Diese Handlung muss eine schwere Verletzung elementarer Menschenrechte darstellen. Nach Art. 15 der RL 2011/95/EG wird der Status einer subsidiär schutzbedürftigen Person durch einen Akt oder mehrere Akte schwerer Schadenszufügung begründet. Diese liegt vor bei der Androhung von Todesstrafe oder deren Vollstreckung, Folter oder sonstiger erniedrigender und unmenschlicher Behandlung oder Bestrafung im Ursprungsland als Zivilist durch Gewalt in internationalen Konflikten oder Bürgerkriegen. Die Schädigung wird durch die körperliche oder seelische Beeinträchtigung bestimmt, einschließlich von Handlungen sexueller Gewalt.[97] Die Beschränkung der Sozialhilfe auf ein unabweisbares Minimum ist erlaubt; diese Beschränkung gilt aber nicht für

---

93 Abl. 20.12.2011 L 337/9.
94 Frühere Regeln enthalten RL 2004/83/EC 2005/85/EC; RL 2011/51/EU 11.5.2011, ABl. L 132/1.
95 EuGH EU:C:2016:127; EuGH EU:C.2012:826 No. 42; Goodwin-Gill/Mc Adam, 60.
96 26.6.2013 ABl. 2013 L180/96 vom 29.6.2013, substantielle Änderung von RL 2003/9/EG 27 1.2003 ABl. L 31/18 vom 6.2.2003.
97 EuGH EU:C:2009:94.

§ 3 Sozialrecht im Primärrecht

anerkannte Flüchtlinge und subsidiär Schutzberechtigte (Art. 19 RL 2011/95/ EU), die Gleichbehandlung beanspruchen können.[98] Als Schadensverursachung sind diskriminierende gesetzliche, verwaltungsmäßige, polizeiliche oder richterliche Maßnahmen umschrieben, die auch in diskriminierender Weise ergriffen werden, namentlich diskriminierende oder unverhältnismäßige Verfolgung und Bestrafung, die Versagung jeglichen Zugangs zu gerichtlichem Schutz bei diskriminierender oder unverhältnismäßiger Bestrafung namentlich im Hinblick auf das Geschlecht oder Kinder. Die Verantwortung der Mitgliedstaaten ein Gesuch auf Anerkennung als Asylsuchender, Flüchtling oder Person mit subsidiärem Schutz-Status zu erlangen, ist Sache des EU-Rechts und wird daher von dessen Regeln bestimmt.[99]

Die Mitgliedstaaten haben bei Bestimmung des Schutzstatus den im EU-Recht umschriebenen Anforderungen zu folgen. Der internationale Schutz ist auch auf ehemalige Militärangehörige zu erstrecken[100] und die „Kriminalisierung homosexueller Handlungen" begründet eine Verfolgung, zumindest dann wenn die Strafandrohungen unverhältnismäßig und diskriminierend sind.[101] Auch bei der Frage, ob internationaler Schutz wegen terroristischer Aktivitäten zu versagen ist, muss der Vorwurf auf Tatsachen gestützt sein, der Antragsteller eine persönliche Schuld tragen und seine Handlungen mit den Prinzipien der VN nicht im Einklang stehen.[102] Der internationale Schutz endigt, wenn die Verfolgung im Ursprungsland endigt.[103]

Den Flüchtlingen sind seitens der Mitgliedstaaten zahlreiche soziale Rechte zu sichern. Sie finden ihre Rechtfertigung in Art. 2 I IPbpR, demzufolge alle Bewohner eines Staates grundsätzlich gleiche Rechte haben und deshalb auch gleich zu behandeln sind.[104] Es ist die Familieneinheit aufrechtzuerhalten und zu wahren, eine ihren Status bestätigende für mindestens drei Jahre gültige und erneuerbare Aufenthaltserlaubnis zu erteilen und Reisedokumente auszustellen.

Die den internationalen Schutz genießenden Personen sollten durch die Mitgliedstaaten berechtigt werden, Arbeit zu suchen und als abhängig oder selbständig Beschäftigter zu arbeiten. Die Mitgliedstaaten haben außerdem Berufsbildung und Arbeitsgelegenheiten zu gewährleisten; den internationalen Schutz zukommenden Minderjährigen ist der volle Zugang zum Bildungssystem unter den gleichen Bedingungen wie den Staatsangehörigen des Aufnahmestaates zu sichern. Bei Anerkennung berufsqualifizierender Abschlüsse und vergleichbarer Zeugnisse über berufliche Qualifikationen soll zwischen den

---

98 EuGH EU:C:2018:929; EuGH EU:C:2016:127.
99 EuGH EU:C:2017:127.
100 EuGH EU:C:2015:117.
101 EuGH EU:C:2013:720.
102 EuGH EU:C:2017:71; EuGH EU:C:2009:285.
103 EuGH EU:C:2008:364.
104 Guy S. Goodwin-Gill, 2011; ders. 2014.

I. Grundlagen

Inhabern internationalen Schutzes und den Angehörigen des den Schutz gewährenden Staates Gleichbehandlung bestehen.

Die Leistungen sozialer Wohlfahrt sollen den unter internationalem Schutz stehenden Flüchtlingen zu denselben Bedingungen gewährt werden wie ihn die Bewohner des Schutz gewährenden Staates beanspruchen können; für subsidiär Schutzberechtigte kann das Leistungsniveau auf den Kern von Leistungen abgesenkt werden, vorausgesetzt, es wird den Angehörigen des Schutz gewährenden Staates ebenfalls eingeschränkt gewährt. Dieselbe Regel gilt für die Gesundheitsversorgung. Für diese kommt hinzu, dass die fluchtbedingten Hilfebedarfe befriedigt werden müssen. In diesem Zusammenhang ist auch an die Notzuständigkeit des Aufnahmestaates für ausreisepflichtige, aber schwer erkrankte Bewohner zu erinnern;[105] deren Versagung sie einer unmenschlichen Behandlung aussetzen würde.

Für unbegleitete Minderjährige sind besondere Schutzmaßnahmen zu ergreifen. Der Zugang zur Wohnraumversorgung ist zu gewährleisten und zwar zu denselben Bedingungen, wie er anderen aufenthaltsberechtigten Drittstaatern gesichert wird. Den unter internationalem Schutz stehenden Personen ist die uneingeschränkte Bewegungsfreiheit in dem Aufnahmestaat zu den gleichen Bedingungen wie anderen Drittstaatern zu gewährleisten. Die im Rahmen der Sozialhilfegewährung zur Sicherung einer gleichmäßigen Belastung der unterschiedlichen lokalen Sozialhilfeträger vorgesehene Wohnortzuweisung rechtfertigt daher keine Einschränkung in der landesweiten Bewegungsfreiheit der unter internationalem Schutz stehenden Berechtigten.[106] Sie haben den Zugang zu allen der Integration dienenden Programmen.

Auch den Asylsuchenden stehen unter der Aufnahme-Richtlinie 2013/33/EU viele soziale Rechte zu, insbesondere Schutz der Familie, Teilhaberechte im Verwaltungsverfahren, Anspruch auf medizinische Untersuchung, Schulbesuch für Kinder, Beschäftigung, Berufsbildung und angemessener materieller sozialer und medizinischer Schutz und eine entsprechende Versorgung. Die RL über Aufnahme für Asylsuchende[107] bestimmt, dass die Mitgliedstaaten Zugang zu existenzsichernden Leistungen für Schutzsuchende sicherstellen; sie müssen Asylsuchenden den angemessenen Lebensstandard und Schutz der physischen und psychischen Gesundheit gewährleisten. Es fragt sich ferner: Ist die Rückstellung eines Flüchtlings ausgeschlossen wegen eines dort niedrigeren sozialen Schutzes?[108] Ob das deutsche Recht diesen Anforderungen genügt, erscheint in mancher Hinsicht zweifelhaft.[109] Das Leistungsniveau des AsylbLG wurde nach Beanstandungen durch das BVerfG[110] zwar angehoben, aber jüngst

---

105 EuGH EU:C:2014:2453.
106 EU:C:2016:127.
107 Vom 26.6.2013 ABl.EU 29.6.2013 L 180/96.
108 EuGH EU:C:2019:218; EuGH EU:C:2019:219.
109 Janda, 2012, 286 ff. Böttiger/Schaumberg/Langer, 2017, Huber/J. Eichenhofer/Endres de Olivera, Kap. 4 B 5 c)–e).
110 BVerfGE 132, 134.

§ 3 Sozialrecht im Primärrecht

wieder in den Dienst der Steuerung des Migrationsgeschehens gestellt;[111] die Arbeitsmarktintegration der Geflüchteten kennt immer noch Barrieren;[112] noch immer ist der Anspruch auf eine angemessene medizinische Versorgung, namentlich der Behandlung der Fluchtfolgen, nicht zureichend gewährleistet.[113]

RL 2011/51/EU[114] garantiert den zum **Arbeitsmarkt** eines Mitgliedstaates zugelassenen Arbeitnehmern den Daueraufenthalt in der sowie die arbeits- wie sozialrechtliche Integration in die Gesellschaft des Aufnahmestaates. Zur Sicherung des Menschenrechts auf ein Familienleben (Art. 8 EMRK)[115] normiert RL 2003/86/EG[116] das Recht der EU-Bürger auf Einreise ihrer aus Drittstaaten stammenden Familienangehörigen. Sie verpflichtet die Mitgliedstaaten zur Ermöglichung des Familiennachzuges für den Ehegatten und die Kinder (unter 21 Jahren) von EU-Bürgern, die zumindest ein Jahr in der EU ihren Aufenthalt haben.

Schließlich entfaltet die EU seit 2007 Bemühungen, um die gegenwärtig im AufenthG vorgesehene Möglichkeit einer zielgerichteten **Zuwanderung** von Arbeitskräften aus Drittstaaten mittels einer „**Blue Card**" durch EU-Recht zu regeln.[117] RL 2003/3/EG normiert Zugangsrechte für Ausbildungswege, RL 2005/85/EG umreißt den Status der Asylbewerber und RL 2005/71/EG regelt die Erwerbstätigkeit von Forschern aus Drittstaaten;[118] die RL 2009/50/EG regelt den Arbeitsmarktzugang für Hochqualifizierte. 55

11. Grundlagenvertrag der EU

Mit dem von Valéry Giscard d'Estaing geleiteten Konvent und der von diesem erarbeiteten „**Verfassung für Europa**"[119] verband sich der kühne, sinnvolle und überfällige Versuch, der EU eine dem Ausmaß ihrer Rechtsetzungsmacht gemäße Rechtsform zu geben. Sie sollte deren Rechtsordnung auf eine einheit- 56

---

111 Nastelski, SozSich 2015, 389.
112 Janczyk, Sich 2015, 394 ff.
113 Eichenhofer, ZAR 2013, 169 ff.; Krajewski/Kanalaan ZESAR 2017, 418.
114 Vom 11. Mai 2011, ABl. EU L 132 vom 19.5.2011, 1 ff.; für den Aufenthalt sind Einkünfte zur Daseinssicherung nötig; aber nicht zwingend eigene (EuGH EU:C.2019:830).
115 Colneric, Entwicklung in der Rechtsprechung des Gerichtshofes der Europäischen Gemeinschaften zum Status von Ausländern, in Barwig (Hg.), 2007, 49; Eckartz-Höfer, in ebd., 105.
116 Vom 22. September 2003, ABl. EG L 251 vom 3.10.2003, 12 ff.; vgl. dazu Groenendijk, Europarechtliche Vorgaben für das Recht auf Familieneinheit, in Barwig (Hg.), 2007, 177; Hailbronner, FamRZ 2005, 1.
117 Franco Frattini, Enhanced mobility, vigorous integration strategy and zero tolerance on illegal employment: a dynamic approach to European immigration policies, High Level Conference on Legal Immigration am 13.9.2007; am 25.5.2009 so vom Rat beschlossen (17426/09; 9057/09); Marx, 2019.
118 Vgl. Sipp, 2007, 120 ff., Richtlinie 2005/85/EG Asylbewerber, Richtlinie 2003/9/EG Bildung, Richtlinie 2005/71/EG Spezielle Erwerbswanderung für drittstaatsangehörige Forscher (163 ff.), Richtlinie 2003/109/EG Daueraufenthalt (164).
119 Streinz/Ohler/Herrmann (Hg.), 2010.

I. Grundlagen

liche, klare und geschlossene Rechtsgrundlage stellen.[120] Europa sollte sich danach **aufgrund** seiner und **nicht gegen** seine **Vielfalt** organisieren.[121] Die Verfassungsgebung sollte damit den Auftrag vollenden, die EU zur politischen Einheit zusammenzuführen, als eigene Rechtspersönlichkeit zu formen und deren Mitgliedstaaten zu einem gemeinsamen Rechtsraum aufgrund gemeinsamer Rechtsgrundsätze zu verbinden.[122]

Dieses Anliegen nahm nach dem Veto weniger Mitgliedstaaten nun der Vertrag von Lissabon[123] auf. Er setzte in der Substanz die „Verfassung für Europa" durch, konsolidiert den EUV und ersetzt den Vertrag über die Europäische Gemeinschaft (EG) durch den „Vertrag über die Arbeitsweise der Europäischen Union" (AEUV).[124] Aus den Werten und Zielen der EU wird deren **starke sozialpolitische Grundausrichtung** ihrer Institutionen und Maßnahmen sichtbar. Die Bekenntnisse zu Gerechtigkeit, Gleichheit, Solidarität und Nichtdiskriminierung sind Umschreibungen einer auf Teilhabe- und Verteilungsgerechtigkeit zielenden gesellschaftlichen Ordnung;[125] die Bekenntnisse zu Vollbeschäftigung und sozialem Fortschritt, Bekämpfung sozialer Ausgrenzung und Diskriminierung sowie zu sozialer Gerechtigkeit und sozialem Schutz sind unverkennbar Kennzeichen eines Politikansatzes, welcher aufgrund der zivilen, politischen und wirtschaftlichen Freiheitsrechte ein Gemeinwesen erstrebt, das zugleich vom Bestreben nach sozialem Einschluss und Ausgleich umfassend bestimmt, weil entscheidend gerechtfertigt wird.[126]

---

120 D'Estaing, 2003, p. 9 ff.
121 Ebd., 19: « L'Europe devoit s'organiser à partir de sa diversité et non contre sa diversité ».
122 Ebd., p. 13–27.
123 Vom 13.11.2007, ABl. C 306/1 vom 17.12.2007.
124 Vgl. dazu Fischer, 2008; Streinz/Ohler/Hermann (Hg.), 2010.
125 Was zur EU-Verfassung gesagt wurde, gilt auch für den Grundlagenvertrag: Ziller, Droit Social 2005, 188, 193 ff.
126 Meyer, 4. Aufl., 2014; Becker, in Schwarze (Hg.), 2004, 209; Sakslin, in Palola/Savio (Eds.), 2005, 210; Riedel, in Meyer (Hg.), 2014, Rn. 1 ff. zu Art. 34; Hervey/Kenner, 2003; Iliopoulos-Strangas, 2010.

§ 4 Außenbeziehungen der EU und Sozialrecht

Das „EU-Sozialrecht" hat nicht nur die Rechte von EU-Bürgern zum Gegenstand. Die regelmäßig anzutreffende, in der Nachfolge der von T. H. Marshall begründeten Gleichsetzung von sozialer Berechtigung und Bürgerstellung = **social citizenship** als Teil der Staatsbürgerstellung, ist für diese Verkürzung leitend, was deren weltweiter Verbreitung freilich nicht den geringsten Abbruch tut.[1] EU-Recht prägt auch die sozialrechtliche Stellung der in den Mitgliedstaaten wohnenden und/oder arbeitenden Angehörigen von Drittstaaten = Nicht-EU-Staaten. Ein wichtiger Teil des EU-Rechts wird in den Einzelregelungen über die Außenbeziehungen der EU zu Drittstaaten getroffen, welche auch sozialrechtliche Bestimmungen umfassen. Einer gesonderten Betrachtung bedürfen dabei die Regelungen über den Europäischen Wirtschaftsraum (EWR) (1), das übrige Assoziationsrecht (2) sowie schließlich die Stellung der Angehörigen weiterer Drittstaaten im autonomen europäischen Sozialrecht (3).

57

1. Europäischer Wirtschaftsraum (EWR)

Das „Abkommen über den Europäischen Wirtschaftsraum" (**EWR-Abkommen**) vom 2. Mai 1992 bezweckt, eine „beständige und ausgewogene Stärkung der Handels- und Wirtschaftsbeziehungen zwischen den Vertragsparteien unter gleichen Wettbewerbsbedingungen und die Einhaltung gleicher Regeln zu fördern, um einen homogenen Europäischen Wirtschaftsraum ... zu schaffen" (Art. 1 EWR-Abkommen). Dem EWR gehören heute die vormals EFTA zugehörigen Staaten **Island, Liechtenstein** und **Norwegen** an. Weitere EFTA-Staaten – Finnland, Österreich und Schweden – gehörten ihm bis zu deren EU-Beitritt 1995 an. Die Schweiz[2] – als vormaliges EFTA-Mitglied – trat dem EWR nicht bei, weil dies vom Schweizer Volk verworfen wurde. Sie[3] hat aber ein eigenes Assoziierungsabkommen mit der EU geschlossen, das sich umfassend an das EWR-Abkommen anlehnt.[4]

58

Der EWR bezieht ihm angehörende Staaten und deren Staatsangehörige in die **ökonomische Integration** der EU-Staaten ein und zwar so, wie diese im Primärrecht vorgegeben und ausgestaltet ist. Namentlich die Freiheiten des Waren-, Dienstleistungs- und Kapitalverkehrs sowie die **Freizügigkeit** und **Niederlassungsfreiheit** nebst dem europäischen Wettbewerbsrecht werden unter sämtlichen EWR-Staaten ebenso wie für deren Staatsangehörige gewähr-

59

---

1 Eichenhofer, ZIAS 2003, 404; Becker, in Hatje/Huber (Hg.), EuR Beiheft 1/2007, 95; Harris, The Welfare State, Social Security and Social Citizenship Rights, in ders. (Ed.), 2000, 3; Bosniak, 2008; Davy, Washington University Global Studies Law Review, vol. 13 (2014), 201.
2 ABl. EG Nr. L 114 vom 30.4.2002, S. 1 ff., Kahil-Wolff, 2017, p. 493 et sequ.
3 Freizügigkeitsabkommen, dazu Bucher, SZS 2006, 49; vgl. EU-Schweizerische gemeinsame Beschluss Nr. 1/2012, ABl. EU L 103/51 v. 4.4.2012; Geltung der VO (EG) 883/2004, 987/2009 ab. 1.4.2012 für die Schweiz; EuGH – 15.12.2011 – Rs. C-257/10 (Bergström).
4 Bucher, SZS 2007, 308 ff., 434 ff.; dies., SZS 2006, 49; Kahil-Wolff, 2017, 493 et sequ.

I. Grundlagen

leistet (Art. 1 II lit. a–e EWR-Abkommen). Des Weiteren verpflichtet Art. 2 II lit. f EWR-Abkommen auch zu einer engeren Zusammenarbeit in der Sozialpolitik. Den EWR-Staatsangehörigen (Art. 4 EWR-Abkommen) ist die Freizügigkeit frei von Benachteiligungen garantiert, Art. 28 EWR-Abkommen. Art. 29 EWR-Abkommen verpflichtet sämtliche EWR-Staaten zur Koordination der Systeme sozialer Sicherheit für Arbeitnehmer, Selbständige und deren Familienangehörige.[5]

60 Gestützt auf Art. 29 EWR-Abkommen gilt das gesamte Recht der zwischenstaatlichen **Sozialrechtskoordination** umfassend auch im EWR. Das EWR-Abkommen nimmt im Verhältnis zu den anderen Assoziierungsregeln daher in materiell- wie verfahrensrechtlicher Hinsicht eine Sonderstellung ein. Weil die der EU nicht angehörigen EWR-Staaten einer eigenen transnationalen Behörde und Jurisdiktion unterliegen (Art. 108 EWR-Vertrag), bedürfen Veränderungen in der EU-Gesetzgebung des Nachvollzuges durch die Parlamente der EWR-Staaten im ordentlichen Gesetzgebungsverfahren. Dies führt zu Verzögerungen in der Anpassung des EWR-Rechts an das EU-Recht. Die EWR-Staaten können das gleichzeitige Inkrafttreten von EU-Recht vorsehen.

2. Sonstiges Assoziationsrecht

61 Bis zum letztmöglichen Augenblick war unklar, wie sich die Zukunft der Beziehungen zwischen den EU-Staaten und dem Vereinigten Königreich von Großbritannien und Nordirland (UK) nach dessen zum 31.12.2020 wirksam gewordenen Austritt („Brexit") gestalte. In den allerletzten Tagen vor Fristablauf kam am 25.12.2020 eine Handels- und Kooperationsvereinbarung zustande: Das „Agreement between the European Union and the European Atomic Energy Community, of the one Part, and the United Kingdom of Great Britain and Northern Ireland, of the other Part"[6] – mit einem Protokoll über soziale Sicherheit (Protocol on Social Security Coordination) regelt nun umfassend die Beziehungen von EU und Vereinigtem Königreich für die Zeit nach dem Brexit unter Einschluss der Beziehungen in der sozialen Sicherheit.[7] Dessen Bestimmungen lösen mit Wirkung zum 1.1.2021 das zwischen den Mitgliedstaaten der EU und dem UK bisher gültige europäische koordinierende Sozialrecht ab.

Das Protokoll über die Koordination sozialer Sicherheit beschränkt sich auf die Kernmaterien sozialversicherungsrechtlichen Schutzes: Leistungen bei Alter, Krankheit, Unfall, Arbeitslosigkeit und Erwerbsminderung. Von der Koordination ausgenommen sind hingegen Familienleistungen und beitragsunabhängige Geldleistungen-insgesamt zwei Leistungsgattungen, die schon im Vorfeld des Brexits unter Euroskeptikern und Brexiteers für Unmut gesorgt haben.

Für diese beiden Leistungen fehlt es künftig an jeglichen Koordinierungsregeln; sie bleiben also künftig unter EU-Staaten unkoordiniert: Ein gewichtiger Rück-

---

5 Sakslin, in Jorens/Schulte 1998, 399.
6 COM-2020-857-F1 Brussels, 25.12.2020, COM (2020) 857 final.; Spiegel, 2020,685.
7 COM-2020-857-F1 Brussels, 25.12.2020, COM (2020) 857 final) p. 1132 et sequ.

§ 4 Außenbeziehungen der EU und Sozialrecht

schlag! Die Staaten können sich dann schon alsbald bei Familienleistungen und sozialen Unterstützungen in grenzüberschreitenden Fällen für unzuständig erklären im Hinblick auf die konkurrierende Zuständigkeit des jeweils anderen Staates. Das durch EU-Recht überwundene Schwarze-Peter-Spiel beginnt von Neuem. Die Staaten waren schon einmal weiter!

Die wichtigste Errungenschaft des Protokolls liegt in der Wahrung der multilateralen Koordinierung. Es ist also auch nach dem Ende der Mitgliedschaft des UK in der EU das EU-UK-Recht, welche die zwischenstaatlichen Beziehungen sozialer Sicherheit unter sämtlichen EU-Staaten und dem UK normiert. Das ist ein großer Vorteil gegenüber einem andernfalls nötig gewordenen Geflecht von bilateralen Abkommen! So entsteht Einheitlichkeit in der Koordinierung sozialer Sicherheit unter sämtlichen EU-Staaten und dem UK; diese Konstruktion ist auch die beste, um multilaterale Rechtsbeziehungen – d. h. die Beziehungen von UK und mehreren EU-Staaten – zu erfassen. Ein solches multinationales Koordinierungswerk für sozialversicherungsrechtliche Rechtsverhältnisse wurde bisher allerdings noch nie in irgendeinem anderen Handelsvertrag der EU mit Drittstaaten getroffen.

Das Protokoll verankert die Grundsätze der Nichtdiskriminierung (Art. 4), Tatbestandsgleichstellung (Art. 5 f.), Zusammenrechnung von anspruchsbegründenden Zeiten (Art. 7) und Aufhebung von Wohnsitzklauseln (Art. 8).

Im Hinblick auf die Bestimmung des anwendbaren Rechts ist festgelegt, dass ein grenzüberschreitendes Sozialrechtsverhältnis ausschließlich dem Recht eines der beteiligten Staaten unterliegt (Art. 10). Für Pflicht- und freiwillige Versicherung beurteilt sich das anwendbare Recht nach dem Staat der Beschäftigung, für Beamte nach dem Recht von deren Anstellungskörperschaft und für Nichterwerbstätige nach dem Recht des Wohnstaates (Art. 10 III). Für Entsandte – welche in der englischen Wortfassung „detached" statt „posted workers" genannt werden – gilt bei Entsendung bis zu 24 Monaten das Recht des entsendenden Staates fort. Im Hinblick auf die vom Protokoll erfassten Materien sozialer Sicherheit gelten dieselben Grundsätze wie im EU-Recht. Nach denselben Grundsätzen wie dieses richtet sich auch die internationale Verwaltungszusammenarbeit. Das Abkommen unterliegt nicht der Judikatur des EuGHs, gilt nicht für die Schweiz, schließt Pflegeleistungen aus und Sondervereinbarungen über das anwendbare Recht (Art. 16 VO (EG) Nr. 883/2004) aus.

Gestützt auf Art. 217 AEUV vermag die EU mit Staaten und internationalen Organisationen eigene Abkommen zu schließen. Diese können „eine Assoziierung mit gegenseitigen Rechten und Pflichten, gemeinsamen Vorgaben und besonderen Verfahren" begründen. Sie dient unterschiedlichen Zwecken, kann sich auf die **wirtschaftliche Zusammenarbeit** beschränken, wie beim EWR eine umfassende wirtschaftliche Integration begründen oder einen künftigen Beitritt eines Mitgliedstaates zur EU gestalten. Die EU hat mit den **südlichen** 62

I. Grundlagen

Mittelmeer-Anrainerstaaten[8] (Algerien, Marokko und Tunesien) Assoziierungsabkommen zur punktuellen wirtschaftlichen Zusammenarbeit abgeschlossen. Schon seit 1964 (!) besteht mit der **Türkei**[9] ein Assoziierungsabkommen mit der erklärten Absicht eines **Beitritts** zur EU auf Sicht. Das Assoziierungsabkommen begründet ein Näheverhältnis zwischen der EU und den Vertragsstaaten, welches die aufenthalts-, arbeits- und sozialrechtliche Stellung der Angehörigen dieser Staaten der von EU-Bürgern annähern soll.[10]

Die in diesen Abkommen enthaltenen Bestimmungen sehen vor, dass die sich erlaubtermaßen als Arbeitnehmer in den Mitgliedstaaten aufhaltenden und beschäftigten Staatsangehörigen aus den Abkommensstaaten in den **Arbeits- und Entlohnungsbedingungen** mit den Staatsangehörigen des Aufenthalts- und Beschäftigungsstaates **gleichgestellt** werden müssen. Dieses Gebot wird auf die **Ehegatten** und **Kinder** des Arbeitnehmers erstreckt. Die Abkommen sehen ferner einen aus Vertretern des Rates, der Kommission und der jetzigen Abkommensstaaten gebildeten **Assoziationsrat** vor, der einzelne Bestimmungen des Abkommens näher ausgestalten darf.

63 In Wahrnehmung dieser Zuständigkeit bestimmte der Assoziationsrat für das Abkommen zwischen der E(W)G und der Türkei in dem Beschluss **(ARB) Nr. 1/80** für die sich in einem Mitgliedstaat erlaubt aufhaltenden Staatsangehörigen der Türkei weitgehende Teilhaberechte am **Arbeitsmarkt** des Mitgliedstaates, in dem der Beschäftigte bereits tätig gewesen war.[11] Dafür genügt eine geringfügige Beschäftigung.[12] Es sind die unmittelbar im EU-Recht gründenden[13] Ansprüche auf Erneuerung der Arbeitsgenehmigung mit oder ohne gegenständliche Beschränkung vorgesehen (vgl. Art. 6, 8 ARB 1/80). Sie stehen einer rückwirkenden Aufenthaltsbeendigung entgegen.[14] Des Weiteren werden die Materien der arbeitsrechtlichen **Gleichbehandlung** konkretisiert (Art. 6 II ARB 1/80). Ferner bestehen Regeln zur sozialen, arbeitsmarkt- und arbeitsrechtlichen Integration der Familienangehörigen in die Gesellschaft des aufnehmenden Mitgliedstaates[15] (Art. 7, 9 ARB 1/80). Trotz Vorbehalts der näheren

---

8 Gacon-Extrada, in Jorens/Schulte 1998, 323; vgl. dazu EuGH Slg. 2006, I-6947 (Decuyper); Slg. 2006, I-11917 (Gattoussi); Slg. 2007, I-2851 (El Youssfi); COM (2012) 153 endg.; COM (2012) 173 endg.
9 Vgl. dazu Groenendijk/Hoffmann/Luiten, Das Assoziationsrecht der EWG/Türkei, 2013.
10 Zur Bedeutung dieser Abkommen für die Mitgliedstaaten Mittel- und Osteuropas vor deren Beitritt zur EU: Jorens, Schumacher, Guild, in Jorens/Schulte, 1998, 5 ff.; 139 ff., 335; Gutmann, AuR 2000, 81 ff.; Hänlein, EuZW 2001, 165; Waas/Huster, Beschäftigung und Sozialpolitik, in Merli/Huster (Hg.), Berlin 2008, 333 ff.; Eichenhofer, in IVSS, No. 28, 2002, 109; Rys, Internationale Revue für soziale Sicherheit 2-3/2001, 208; Jorens/Schulte/Schumacher, EurJofSocSec 1999, 269.
11 Groenendijk/Hoffmann/Luiten (Hg.), 2013; Gutmann, AuR 2000, 81, 85 f.; Roberts, Sieveking, Centel, Hänlein, in Jorens/Schulte, 1998, 209, 235, 281, 299; Sieveking, ZIAS 2001, 160; Höller, 2005; Eichenhofer, MittLVA Bayern 2005, 197; Breidenbach, ZAR 2010, 385.
12 EuGH – 4.2.2010 – Rs. C-14/09 (Genc); BVerwGE 143, 38.
13 EuGH Slg. 1987, 3719 (Demirel); Slg. 1994, I-5113 (Eroglu).
14 EuGH – 8.11.2012 – Rs. C-268/11 (Gülbahce).
15 EuGH Slg. 2006, I-1563 (Torun); EuGH Slg. 2007, I-6495 (Derin).

§ 4 Außenbeziehungen der EU und Sozialrecht

Durchführung durch einzelstaatliche Vorschriften sind diese Grundsätze unmittelbar anwendbar. Deshalb ist nach der Rechtsprechung[16] das Erziehungsgeld = Elterngeld, das den in einem deutschen Land ansässigen Eltern für ein neugeborenes Kind gewährt wird, neben Deutschen und EU-Bürgern auch den dort ansässigen Angehörigen der Assoziationsstaaten zu zahlen. Durch die Regeln werden die Familienangehörigen türkischer Staatsangehöriger auch geschützt, wenn sie selbst eine andere Staatsangehörigkeit innehaben.[17]

Die **Assoziierungsabkommen** enthalten Bestimmungen über die Koordinierung von Anwartschaften und Ansprüchen **sozialer Sicherheit**, falls die Staatsangehörigen eines Abkommensstaates rechtmäßig in einem Mitgliedstaat beschäftigt sind. Es findet in Art. 48, 217 AEUV seine Rechtsgrundlage.[18] Für den Versicherten und seine Familienangehörigen gelten die Gebote der Zusammenrechnung von Versicherungs-, Beschäftigungs- und Wohnzeiten, des ungehinderten und unverminderten Exports von Renten wegen Unfalls, Berufskrankheiten oder Alters und für Hinterbliebene sowie der Familienzulagen für deren Kinder – einerlei, ob diese im Beschäftigungs-, Herkunfts- oder einem Drittstaat wohnen. Ausgenommen davon sind aber Leistungen bei **Arbeitslosigkeit** und die **Familienleistungen**.[19] Indes sind Kindererziehungszeiten in der Rentenversicherung im deutsch-türkischen Verhältnis anzuerkennen, auch wenn das Kind Drittstaater ist.[20] Eine Aufstockungsleistung bei Invalidität ist zu zahlen.[21] Eine Kürzung oder Entziehung von Zusatzrenten bei Wohnsitzwechsel aus einem EU-Staat in die Türkei ist statthaft, wenn diese einen Mindestsicherungscharakter hat und damit als beitragsunabhängige Geldleistung (Art. 70 VO (EG) Nr. 883/2004) zu qualifizieren ist und damit nicht der Exportpflicht unterliegt.[22] 64

Die Umsetzung dieser Prinzipien soll der Assoziationsrat „festlegen". Der Beschluss eines Assoziationsrats, welcher eine sozialrechtliche Regelung trifft, ist der **ARB 3/80** vom 19. September 1980 für das Verhältnis zwischen der **EU** und der **Türkei**. Er übernimmt in verdichteter Form die Prinzipien des EU-Sozialrechts durch Einzel- oder Globalverweisungen. Diese reichen oft für die Koordination nicht unmittelbar aus. Daher stellt Art. 32 ARB 3/80 die in den Bestimmungen enthaltenen Regelungen unter einen globalen Durchführungsvorbehalt. Der EuGH[23] entschied gestützt auf den im ARB 3/80 enthaltenen Koordinierungsvorbehalt, dass dieser nicht hinsichtlich sämtlicher Leistungen un- 65

---

16 EuGH Slg. 1999, I-2685 (Sürül).
17 EuGH – 19.7.2012 – Rs. C-451/11 (Dülger).
18 EuGH – 18.12.2014 – Rs. C-81/13 (Vereinigtes Königreich ./. Kommission).
19 Guild, Florek/Uscinska und Husmann, in Jorens/Schulte, 1998, 350 ff., 346 ff., 381 ff.; EuGH Slg. 2001, I-2415 (Fahmi).
20 EuGH Slg. 2012, I – 19.07.2012 – Rs. C-451/11 (Dülger).
21 EuGH C-677/17 (Soban) EU:C:2019:408.
22 EuGH EU:C:2015:8.
23 EuGH Slg. 1996, I-4085 (Taflan-Met); Höller, 2005, 199 ff.

I. Grundlagen

mittelbar vollzugsfähig sei.[24] Die Regelung schließt insbesondere nicht Maßnahmen aus, welche hohe Wahrheits- und Seriositätsanforderungen an Personenstandsurkunden richten. Ferner darf eine Zusatzleistung zu einer Invaliditätsrente nicht versagt werden, weil das Aufenthaltsrecht im zuständigen Staat wegen Rückkehr in die Türkei endigte.[25]

66 Fehlt es an einer völkervertraglichen Regelung, erschließt der EuGH jedoch zunehmend einzelne Gebote zur sozialrechtlichen Gleichstellung aus dem **Verbot der Diskriminierung** von Staatsangehörigen eines Abkommenstaates mit EU-Bürgern. Diese reichen bisweilen weiter als das EU-Recht. Beispielsweise befand der EuGH in der Rechtssache „Öztürk",[26] dass eine österreichische Alterspension wegen Arbeitslosigkeit zu zahlen sei, falls diese eine Bezugszeit von Arbeitslosengeld voraussetze, der Versicherte diese aber statt nach österreichischem nach deutschem Recht zurückgelegt hat. Der EuGH hatte in der Rechtssache „D'Amico"[27] ein derartiges Gebot für das Europäische koordinierende Sozialrecht noch verneint; auch Art. 66 VO (EG) 883/2004 bekräftigt diese Regel. Auf der Basis damaligen Rechts und im Einklang mit dem Wortlaut der einschlägigen Bestimmungen sahen diese für die Alterssicherung zwar eine Zusammenrechnung nur für Beschäftigungs- und Versicherungszeiten in der Pensions- oder Rentenversicherung vor, aber nicht sämtlicher Zeiten. Der EuGH befand jedoch, es sei eine Gleichstellung deutscher mit österreichischen Zeiten des Arbeitslosengeldbezuges als Voraussetzung für den Bezug einer Alterspension wegen Arbeitslosigkeit aufgrund des Diskriminierungsverbots vorzunehmen. Das Urteil erfüllt eine lückenschließende Funktion. Die sozialrechtliche Gleichstellung beschränkt sich auf die in der EU wohnenden Personen; Kindergeld für in Deutschland lebende Eltern türkischer Staatsangehörigkeit ist für in Deutschland lebende Kinder zu zahlen; leben die Kinder in der Türkei, entfällt der Zahlungsanspruch.[28]

3. Sozialrechtliche Lage nicht-abkommensrechtlich legitimierter Drittstaatsangehöriger

67 Für die in einem Mitgliedstaat erlaubt arbeitenden oder wohnenden **Drittstaatsangehörigen** gilt der Grundsatz, dass diese nicht in die zwischenstaatliche Sozialrechtskoordination einbezogen sind. Dies folgt aus Art. 2 I VO (EG) Nr. 883/2004, der den **persönlichen** Geltungsbereich des Europäischen koordinierenden Sozialrechts auf die Staatsangehörigen der Mitgliedstaaten beschränkt. Diesen stehen die in einem Mitgliedstaat sich rechtmäßig gewöhnlich

---

24 Vgl. auch EuGH Slg. 2000, I-1287 (Kocak), Rn. 38 im Hinblick auf die Frage, ob Art. 37 Zusatzprotokoll Assoziationsabkommen EWG-Türkei unmittelbar anzuwenden sei (von EuGH offen gelassen).
25 EuGH Slg. 2011, I-4499 (Akdas).
26 EuGH Slg. 2004, I-03605 (Öztürk).
27 EuGH Slg. 1975, 891 (D'Amico).
28 BFHE 230, 545; desgleichen besteht keine Kindererziehungszeit Schleswig-Holsteinisches LSG – 31.5.2010 – L 1 R 194/08.

§ 4 Außenbeziehungen der EU und Sozialrecht

aufhaltenden **Staatenlosen** sowie die **Flüchtlinge**[29] – namentlich den Asylberechtigten – gleich. Weil das EU-Recht die völkervertraglichen Absprachen einzelner Mitgliedstaaten mit Drittstaaten nicht berührt, können die Angehörigen von Drittstaaten[30] aufgrund bilateraler Abkommen den Staatsangehörigen einzelner Mitgliedstaaten gleichgestellt sein.

Der **Binnenmarkt** als **Raum ohne Binnengrenzen** (vgl. Art. 26 AEUV) ist ein einheitlicher **Beschäftigungsraum**. Wegen Aufenthalts oder Erwerbstätigkeit zahlreicher Drittstaatsangehöriger in allen EU-Staaten muss die Beschränkung des persönlichen Geltungsbereichs auf EU-/EWR-Staatsangehörige überwunden werden.[31] Art. 153 I lit. g) AEUV ermöglicht die Ausweitung des persönlichen Geltungsbereichs der Sozialrechtskoordinierung auf die sich erlaubt aufhaltenden Drittstaatsangehörigen, um den **Grundfreiheiten** zu genügen – namentlich der Dienstleistungsfreiheit der Arbeitgeber. Sie umfasst das Recht, Arbeitnehmer aus Drittstaaten im Binnenmarkt ohne Beschränkung tätig werden zu lassen. Der EuGH befand,[32] es sei mit der Dienstleistungsfreiheit der Arbeitgeber unvereinbar, wenn der Zugang zum **Arbeitsmarkt** für Drittstaatsangehörige von der Arbeitserlaubniserteilung abhängen würde. Ist für den Arbeitgeber aber der Zugang frei, müssen die Versicherten auch in das Europäische koordinierende Sozialrecht einbezogen werden. Andernfalls wären sie ungesichert, falls sie in einem Drittstaat einen Arbeitsunfall oder eine Krankheit erleiden, was die Dienstleistungsfreiheit wiederum verletzen würde. Müssen Drittstaater dieselben Sicherungsrechte haben wie die EU- oder EWR-Bürger, so fordert dies deren gleichberechtigte Einbeziehung in das Europäische koordinierende Sozialrecht.

Bilaterale Abkommen zwischen den Mitglied- und den Herkunftsstaaten der Drittstaatsangehörigen können dieses Problem **nicht** lösen, bewältigen sie doch bilaterale Probleme, versagen aber bei der Mobilität von Drittstaatsangehörigen in der EU und den sich dabei regelmäßig stellenden multilateralen Herausforderungen. Bilaterale Abkommen koordinieren die soziale Sicherung von Beschäftigungs- und Herkunftsstaat; die Stellung dieser Personen in anderen EU-Staaten wird davon aber nicht berührt. Umgekehrt berühren die zwischen Herkunftsstaat und dem Staat des vorübergehenden Aufenthalts bestehende Abkommen nicht die Stellung der in einem anderen Mitgliedstaat regelmäßig Beschäftigten und dort sozial Gesicherten. Drittstaatsangehörige fallen in einem

---

29 Hänlein, 2000, 43 f.
30 In Deutschland unter anderem Staatsangehörige von Israel, Kanada, USA, Japan, Chile oder Australien.
31 Vgl. dazu Pieters, in Schoukens, 1997, p. 15 ss.; Commission of the European Communities/Departamento de Relacoes Internacionais, 1995; Jorens/Schulte (Ed.), 1998; Cornelissen, in Swedish National Social Insurance Board, 1997, 46; Spiegel, in Tomandl, 2000, 127; Schumacher, ZESAR 2011, 368.
32 EuGH Slg. 1994, I-3803 (Vander Elst); EuGH Slg. 1990, I-1417 (Rush Portuguesa); Slg. 2006, I-885 (Kommission ./. Deutschland); vgl. auch zu den polnischen Werkvertragsarbeitnehmern die Schlussanträge des Generalanwalts vom 30. September 2009 in der Rechtssache C-546/07.

I. Grundlagen

System bilateraler Sozialrechtskoordination deshalb notwendig durch die Maschen.

68 Der Ausschluss von **Drittstaatsangehörigen** widerspricht europäischem sowie **internationalem Recht**. Der EuGMR befand mit Urteil vom 16.9.1996 in der Rechtssache „**Gaygusuz**"[33], dass durch Beiträge finanzierte Sozialleistungen den ausländischen Beitragszahlern nicht aufgrund ihrer Staatsangehörigkeit vorenthalten werden dürfen, weil andernfalls Art. 1 Zusatzprotokoll EMRK (Schutz des Eigentums – wozu nach der Rechtsprechung[34] auch die sozialen Sicherungsrechte zählen) verletzt wäre. Außerdem untersagt IAO Übereinkommen Nr. 118 allen Mitgliedstaaten der IAO eine auf die **Staatsangehörigkeit** gestützte **Differenzierung** in sämtlichen Hinsichten des Rechts der sozialen Sicherheit. Dieses Gebot gilt nicht nur hinsichtlich der Leistungsansprüche bei rein internen Sachverhalten, sondern auch bei grenzüberschreitenden Ansprüchen.

Die Kommission schlug daher bereits 1997 eine Erweiterung der VO (EWG) Nr. 1408/71 auf **Drittstaatsangehörige** vor.[35] Die VO (EG) Nr. 859/2003 erweiterte mit Wirkung ab 1. Juli 2003[36] das Europäische koordinierende Sozialrecht auf sämtliche, sich in der EU aufhaltende oder dort beschäftigte Drittstaatsangehörige. Damit wurde die Staatsangehörigkeit als anspruchsbegründendes Merkmal für grenzüberschreitende Rechte innerhalb der EU endgültig überwunden und die Drittstaatsangehörigen in die Sozialrechtsordnungen der Mitgliedstaaten umfassend einbezogen – auch mit Wirkung für die EWR-Staaten.

Am 13.11.2011 verabschiedeten Europäisches Parlament und Rat eine bis 25. Dezember 2013 umzusetzende Rahmenrichtlinie Arbeitnehmerrecht (RL 2011/98/EU). Sie bezweckt die Angleichung der Rechte der Drittstaater an den Status der EU-Bürger.[37] Die Vereinheitlichung des Zuwanderungsverfahrens in einem in der Zuständigkeit einer Behörde liegende Verfahren (one stop government) wird verwirklicht und mit umfassenden Gleichbehandlungsansprüchen für Drittstaater im Hinblick auf Arbeit, allgemeine und berufliche Bildung, Qualifikation und Befähigungsnachweise sowie soziale Sicherheit (im Sinne der VO (EG) Nr. 883/2004) verbunden. Die Überstellung Schutzsuchender in den zuständigen Staat kann ausgeschlossen sein, wenn dort Gefahr unmenschlicher Behandlung besteht und diese Annahme objektiv zuverlässig festgestellt ist.[38] Rückstellung Flüchtlings von Deutschland nach Italien

---

33 InfAuslR 1997, 1 ff.; JZ 1997, 397 ff.; bestätigt durch die Rechtssache „Poirrez": Eichenhofer, ZESAR 2004, 142 und erweitert auf alle Sozialleistungen: Davy, ZIAS 2001, 221.
34 EuGMR, Rechtssache Feldbrugge.
35 Näher zu diesem Vorschlag Verschueren, in Jorens/Schulte, 1998, 189, 204 ff.
36 ABl. EG Nr. L 124 v. 20.05.2003; dazu Jorens/Schulte (Ed.), 1998.
37 Vgl. dazu Brinkmann, in Barwig/Beichel-Benedetti/Brinkmann (Hg.), Solidarität, 2013, 73; Eichenhofer, Soziale Menschenrechte, 2012, 97; Groenendijk, 2013, 131.
38 EuGH – 19.03.2019 – C-163/17 – (...) – EU:C:2019:218; EuGH – 19.03.2019 – C-297/17, C-318/17; C-319/17 und C-438/17() EU:C:2019:219.

ausgeschlossen wegen dort niedrigeren sozialen Schutzes?[39] Art. 12 I lit: e) RL 2011/98/EU gebietet Gleichbehandlung zwischen einheimischen und Drittstaatern bei Familienleistungen; werden diese auch für außerhalb des zuständigen Staates lebende Familienangehörige gewährt, ist die Leistung auch an Drittstaater zu erbringen.[40]

Die so erreichte Inklusion von Drittstaatsangehörigen bleibt jedoch auf EU/EWR beschränkt. Eine **weltweite Vernetzung** aller Sozialstaaten der Welt durch ein umfassendes Koordinierungswerk ist zwar ebenfalls bereits seit 1982 durch das IAO-Übereinkommen No. 157[41] als sozialpolitische Leitvorstellung formuliert. Das Übereinkommen hat jedoch mangels spärlicher Transformationen bislang noch keine Wirkung entfaltet. Dennoch ist und bleibt dieses Übereinkommen die Zukunftsperspektive des koordinierenden Sozialrechts, weil in ihm die Vision der weltweiten Vernetzung sämtlicher Sozialstaaten formuliert ist und damit die gebotene Antwort zur Sicherung sozialer Standards im Zeitalter der Globalisierung gegeben wird. Die Notwendigkeit zu solchen Abmachungen steigt in dem Ausmaß, wie die im Rahmen des **GATS** erstrebte Öffnung der Arbeitsmärkte im Rahmen der **WTO** voranschreitet und durch Sozialversicherungsabkommen verwirklicht wird.

4. Sozialrechtliche Stellung illegaler Einwanderer

„Der Status der Illegalen ist ein besonderer. ‚Illegale' sind Personen, die aus der Sicht nationaler Rechtsordnungen gar nicht vorhanden sein dürften. Will ein Staat insoweit ‚Ordnung' wiederherstellen, wird häufig zum Mittel der zwangsweisen Aufenthaltsbeendigung gegriffen, selten zum Mittel der nachträglichen Legalisierung des Aufenthalts."[42] Ungeachtet dessen leben und arbeiten eine unbekannte, in die Hunderttausende gehende Zahl von Menschen in der Illegalität. Wer sich illegal aufhält oder arbeitet, nimmt für sich ein ihm nicht zukommendes Recht in Anspruch. Ob sie deshalb den **Aufenthalt** zu verlieren hätten, ist aber nicht ausgemacht.

Eine **Regelausweisung** ist vorgesehen bei Verstößen gegen das Versammlungs- oder Demonstrationsrecht (§ 54 Nr. 4 AufenthG), Zugehörigkeit zu einer terroristischen Vereinigung (§ 54 Nr. 5 AufenthG), Gefährdung der freiheitlich demokratischen Grundordnung durch Gewalttakte (§ 54 Nr. 5a AufenthG), falschen Angaben bei Aufenthaltserteilung (§ 54 Nr. 6 AufenthG) oder Leitung eines verbotenen Vereins (§ 54 Nr. 7 AufenthG); ansonsten liegt die Ausweisung im Ermessen der Behörde (§ 55 AufenthG). Hierzu kann es auch kommen, wenn einem Ausländer ein „nicht nur vereinzelter oder geringfügiger Verstoß

---

39 EuGH C-163/17 (Jawo) EU:C:2019:218; C-297/17, C-318/17; C-319/17 (Ibrahim) EU:C:2019:219.
40 EuGH – 25.11.2020 – C-302/19(INPS./.WS) EU:C:2020:957.
41 IAO, Übereinkommen und Empfehlungen, Bd. II, 1993, 1751.
42 Davy, 2001, S. 32; vgl. zur Problematik: Falge/Fischer-Lescano/Sieveking (Hg.), 2009; Fischer-Lescano/Kocher/Nassibi (Hg.), Arbeit in der Illegalität, 2012; Kapuy, The social security position of irregular migrant workers, 2011; Hinterberger, 2020.

I. Grundlagen

gegen Rechtsvorschriften" (§ 55 Abs. 2 Nr. 2 AufenthG) anzulasten ist. Dazu zählen eine **illegale Einreise**, der **illegale Aufenthalt**[43] sowie die Ausübung einer **illegalen Tätigkeit.**[44] Weil zu den zu beachtenden Rechtsvorschriften mit Bußgeld oder Strafandrohung bewehrte Rechtsnormen zählen,[45] wäre allerdings auch jeder Verstoß gegen das Arbeitserlaubnisrecht ein Ausweisungsgrund.

Schließlich rechtfertigt die Inanspruchnahme von **Sozialhilfe** die Ausweisung (§ 55 Abs. 2 Nr. 6 AufenthG). Diese Voraussetzung erfüllt, wer selbst sozialhilfebedürftig wird oder wessen unterhaltsberechtigte Familienangehörige (Ehegatte, Kind, Lebenspartner) Sozialhilfe beziehen, es sei denn, letztere leben nicht im Haushalt des Unterhaltsberechtigten und zählen deswegen nicht zu seiner Bedarfsgemeinschaft (§§ 9 ff. SGB II). Die Ausweisung ist nur ausgeschlossen, falls der die Sozialhilfe in Anspruch nehmende **Familienangehörige** Deutscher ist.[46] Allerdings rechtfertigt die Ausweisung anders als nach dem Recht vor Schaffung des Aufenthaltsgesetzes (vgl. § 46 Nr. 6 AuslG)[47] nur der Sozialhilfebezug für einen längeren Zeitraum.[48] Hierfür reicht namentlich die bloße Sozialhilfebedürftigkeit nicht aus.[49] Unverschuldete Sozialhilfebedürftigkeit kann im Rahmen der Ermessensausübung als Ausweisungshindernis anerkannt werden. Denn die Ausweisung steht unter dem Gebot der Verhältnismäßigkeit.[50] Dafür ist eine Gefahrenprognose[51] nötig. Folglich darf und soll ein illegal im Inland beschäftigter oder sich aufhaltender Ausländer zwar ausgewiesen werden, muss aber nicht abgeschoben werden – selbst wenn Sozialhilfe für einen längeren Zeitraum bezogen wurde.

70 Die Möglichkeit einer Ausweisung bei Sozialhilfebezug zeigt, dass auch **Ausländern Sozialhilfe** zusteht. Denn die Ausweisung bezweckt, die im Inlandsaufenthalt gründende Sozialhilfeberechtigung eines Ausländers zu beenden. Weil illegal Beschäftigte nach der Rechtsprechung des BAG[52] einen **Arbeitsvertrag** wirksam abzuschließen vermögen, stehen ihnen auch Vergütungsansprüche zu. Sie sind dann sozialversichert, einerlei, ob sie eine illegale Erwerbstätigkeit oder arbeitsrechtlich unerlaubte Schwarzarbeit ausüben.[53] Das Sozialversicherungsrecht sieht auch ein nichtiges privatrechtliches Rechtsverhältnis nach § 7

---

43 Marx, 2005, § 5 Rn. 13; OVG Hamburg, AUAS 2002, 139, 140; VG Hamburg, Informationsbriefe Ausländerrecht 2001, 218.
44 Vgl. dazu die Standards in RL 2009/52/EG, ABl. EG L 168 v. 30.6.2009, S. 24; VG Hamburg, Informationsbriefe Ausländerrecht 2003, 320 f.
45 Marx, §§ 5–114.
46 OVG Nordrhein-Westfalen, EZAR 017, Nr. 15; Renner, 1998, 659; Hailbronner, Ausländerrecht, 2006, § 46 AuslR Rn. 59.
47 Dazu Renner, 1998, § 40 IV 11, allerdings bestand auch schon unter dieser Rechtslage eine Einschränkung.
48 BVerfGE 102, 249.
49 Renner.
50 Marx, §§ 15–107.
51 Ebd., 106.
52 BAG AP Nr. 2 zu § 3 EntgeltFG.
53 § 7 SGB IV: Beschäftigung ist auch eine solche ohne Arbeitserlaubnis.

§ 4 Außenbeziehungen der EU und Sozialrecht

SGB IV als sozialversicherungsrechtliches **Beschäftigungsverhältnis** an[54] – unabhängig davon, ob der Arbeitgeber seiner gegenüber der für den Beitragseinzug zuständigen Stelle bestehenden Meldepflicht hinsichtlich des Beschäftigten (§§ 28 ff. SGB IV) nachgekommen ist oder nicht. Erleidet der illegal beschäftigte Arbeitnehmer einen Unfall im Zuge seiner Arbeit oder auf dem Weg von und zur Arbeit, steht er unter dem Schutz der Unfallversicherung. Desgleichen ist ein inländischer Beschäftigter gegen das Risiko der Krankheit durch die Krankenversicherung gesichert. Dies ist vor allem wichtig, wenn im Verlauf der Beschäftigung eine gravierende Krankheit ausbricht.

Nach deutschem Sozialleistungsrecht sind alle sich rechtmäßig im Inland aufhaltenden Personen berechtigt[55] (§ 30 Abs. 1 SGB I). Hinsichtlich der den Anspruch an den Inlandsaufenthalt knüpfenden Sozialgesetze sind namentlich **Kinder-** und **Elterngeld** von Interesse. Deren Bezug ist jedoch an den rechtmäßigen Inlandsaufenthalt gebunden. Damit entscheidet die aufenthaltsrechtliche Vorfrage über Entstehung und Bestand der sozialen Leistungen.[56] Mit Urteil vom 5. Juli 2004 befand das **BVerfG**[57] aber für das Kinder- und Erziehungsgeld – heute Elterngeld –, die Gleichbehandlung aller Eltern gebiete sämtliche im Inland Aufenthaltsberechtigten unabhängig vom Grund ihrer Aufenthaltsberechtigung in den Kreis der Anspruchsberechtigten einzubeziehen. Deshalb seien die genannten Leistungen auch den Personen zu bewilligen, deren Aufenthalt im Inland lediglich geduldet ist. Im Umkehrschluss folgt daraus, dass illegalen Einwanderern kein Kinder- und Erziehungsgeld zusteht. Sie sind auch aus der sozialen Entschädigung für Nothilfe (§ 2 Abs. 1 Nr. 13, Abs. 3 Satz 2 SGB VII) ausgenommen. Sie werden indes bei weiteren sozialen Entschädigungstatbeständen (§ 2 Abs. 1 Nrn. 8, 9, 11, 12, 16 SGB VII) erfasst, weil diese den bloßen Aufenthalt (§ 30 SGB I) genügen lassen, ohne dass es auf dessen Berechtigung ankäme. 71

Einer alten Tradition gemäß wird für die **Sozialhilfe**berechtigung zwischen **Deutschen** und **Ausländern unterschieden** (§§ 23 f. SGB VII). Letztere erhalten grundsätzlich nur die Hilfe zum Lebensunterhalt, bei Krankheit und Pflege, dagegen keine sozialhilferechtlichen Leistungen zur Eingliederung in die Gesellschaft.[58] Bis zur Schaffung des **AsylbLG** galten die Bestimmungen des Sozialhilferechts für Ausländer auch für illegal einwandernde Ausländer.[59]

Dies gilt noch fort für die unzureichende, weil das weltweit zu achtende Grundrecht auf Gesundheit verletzende Beschränkung von Behandlungsansprüchen

---

54 Hessisches LSG – 13.9.2007 – L 3 U 160/07 ER; Council of Europe, Exploratory Report on the Access to Social Protection for illegal Migrants, 2003, p. 20, 34.
55 Janda, 2012, 57 ff.
56 Renner, in Barwig/Sieveking/Brinkmann/Lörcher/Röseler (Hg.), 1997, 257.
57 BVerfGE 111, 160 (Kindergeld); 176 (Erziehungsgeld); erneuert durch BVerfG 18.7.2012 – 1 BvL 10/10; 1 BvL 2/11 = ZfSH/SGB 2012, 450.
58 Fasselt, in Barwig/Sieveking/Brinkmann/Lörcher/Röseler (Hg.), 1997, S. 315.
59 Adam/Sieveking, in Barwig/Sieveking/Brinkmann/Lörcher/Röseler (Hg.), 1997, S. 353, 369.

I. Grundlagen

auf symptomatische Behandlungen im Rahmen der nach §4 AsylbLG zu gewährenden „medizinischen Hilfe".[60]

---

[60] Eichenhofer, ZAR 2013, 169; Bundesärztekammer, Deutsches Ärzteblatt, Jg. 110 (18), 2013, A-899; Janda, ZAR 2013, 175; EuGH – 27.2.2014 – Rs. C-79/13 (Saciri) und Anmerkung Janda, ZESAR 2014, 430.

II. Koordinierendes Sozialrecht der EU

§ 5 Grundlagen und Entwicklung

1. Herausforderung

Die Anliegen und Techniken sozialer Sicherheit sind global. Sozialversicherung 72
wird in und von Staaten organisiert. Systeme **sozialer Sicherheit** sind bis heute
die Hervorbringungen eines **Nationalstaates**. Sie sind daher mit diesem auch
seit jeher eng verbunden.¹ Soziale Sicherheit soll soziale Gerechtigkeit im **Nationalstaat** begründen, ihn zum **Sozialstaat** und **Solidarverband** formen. Deshalb war der Sozialstaat in seiner Gründungsphase ganz auf den Nationalstaat
bezogen und seine Wirkungen waren auf diesen beschränkt. Jedoch waren die
Sozialleistungen regelmäßig **nicht** den **Angehörigen** des diese gewährenden
Staates vorbehalten, sondern standen jedem **Beschäftigten** oder **Einwohner**
zu. Deshalb traf die landläufige Vorstellung vom **social citizenship**, soziale
Rechte folgten aus der **Staatsbürgerstellung**, nie wirklich zu. Allerdings waren
die Rechte zur Wohnsitzbegründung und Beschäftigung den Angehörigen des
diese garantierenden Staates vorbehalten.² Das GG behält die Grundrechte auf
Wohnsitzbegründung („Freizügigkeit", Art. 11 GG) und Erwerbsteilnahme („Berufswahl", Art. 12 GG) den **Deutschen** vor.

Von dieser Regel bestanden schon immer Ausnahmen. Seit alters gab es **Grenz-** 73
und **Wanderarbeitnehmer**;³ sie machten schon seit Anbeginn die Unzulänglichkeit eines in seinen Wirkungen auf den Nationalstaat beschränkten Sozialrechts bewusst. Den Beschäftigten dort bereitgestellte Dienste der Kranken(haus)behandlung, Heimunterbringung oder Rehabilitation vermochte der
Sozialstaat nur mittels seines eigenen öffentlichen Rechts zu erbringen. Dieses
war in seiner **Wirksamkeit** auf das **Staatsgebiet** beschränkt.⁴ Auch Geldleistungen wie Fürsorge, Rente, Kranken-, Arbeitslosen- oder Verletztengeld wurden nur bei Aufenthalt des Berechtigten im leistungspflichtigen Staat gewährt.
Denn regelmäßig war die **Auszahlung** von Geld in den **Amtsräumen** der Träger
oder Postämtern des zuständigen Staates vorgesehen. Ferner waren die nationalen **Währungen nicht konvertibel**, sondern unterlagen umfassender Bewirtschaftung. Weil die vom Sozialstaat geschuldeten Dienst- und Sachleistungen nur innerhalb seiner Grenzen erbracht wurden, führte die Verlegung des
Aufenthalts in das **Ausland** zum **Wegfall** der Sozialleistungsberechtigung.

---

1 In der Sprache der Kaiserlichen Botschaft vom 17.11.1881 ging es bei Schaffung der
   Sozialversicherung darum, „dem Vaterlande neue und dauernde Bürgschaften seines inneren Friedens ... zu hinterlassen".
2 Eichenhofer, ZIAS 2003, 404 ff.
3 Bade, 2000.
4 Schuler, 1988, 204 ff.; vgl. auch Podlech, NJW 1963, 1142; Rauscher, VSSR 1982, 318;
   Wannagat, SGb 1960, 1.

II. Koordinierendes Sozialrecht der EU

74 Diese Folge ergab sich aber **nicht** aus den Schranken staatlichen Könnens, die sich aus einer internationalen Ordnung nebeneinander bestehender und stehender souveräner Staaten gleichsam **denknotwendig** ergäben. Diese Folge war vor allem **gewollt**, weil sie dem **Ordnungsauftrag** und **traditionellen Selbstverständnis** des Sozialstaats entsprach. Die von ihm erstrebte **soziale Gerechtigkeit** als Unterpfand des inneren Friedens beschränkte sich auf das Gebiet des die Leistungen verheißenden Staates, um dessen guter innerer Ordnung willen der Sozialstaat entfaltet wurde.[5] Der traditionelle Sozialstaat sollte und wollte auf seinem Territorium wirken und nur dort! Dieses Denken fand seinen juristischen Ausdruck im **Territorial(itäts)prinzip.**[6] Es wird bis heute als der alle Sozialrechte prägende Grundsatz verstanden und deswegen in den juristischen Diskussionen internationalsozialrechtlicher Themen als unverrückbares Axiom betrachtet. Danach soll die Wirksamkeit nationaler Sozialgesetze auf das Territorium des rechtsetzenden Staates beschränkt sein. Dieser Grundsatz paraphrasiert den soeben umrissenen Auftrag traditioneller Sozialstaatlichkeit. In diesem Denken ist die soziale Sicherheit Teil des **Polizeyrechts**, in dessen Mittelpunkt der Schutz der Unversehrtheit jedes Einzelnen wie der Allgemeinheit steht und Sozialleistungen als Ergänzung polizeyrechtlicher Eingriffsakte erscheinen, weil sie die gute innere Ordnung im Staat beförderten. Dementsprechend bestimmte der Sozialstaat nicht nur seine Sozialgesetze nach eigenen Maßstäben, sondern legte auch deren Platz im Ensemble der als unverbunden nebeneinander stehend gedachten Staaten eigens fest. Der Ungebundenheit des Staates in der Ausgestaltung der sozialen Ordnung entsprach dessen Freiheit bei Bestimmung seiner Beziehungen zu den übrigen Staaten. Aus solchem unver- wie ungebundenen **Nebeneinander** unabhängiger traditioneller Sozialstaaten ergaben sich in der praktischen Rechtsanwendung indessen **Unzuträglichkeiten** für den Einzelnen.

75 Ein klassischer Konflikt stellte sich mit Aufkommen der **Sozialversicherung** einerseits und der Entwicklung der **Einwohnersicherung** andererseits. Arbeitete jemand als Grenzgänger mit entsprechender behördlicher Erlaubnis in einem Staat, der eine Sozialversicherung hatte, und wohnte er in einem Staat mit Einwohnersicherung – z.B. wohnte in Dänemark, arbeitete in Deutschland –, so war er als Einwohner in seinem **Wohnstaat** und als Arbeitnehmer in seinem **Beschäftigungsstaat** doppelt gesichert. Es kam so zur Kumulation mehrerer nationaler Sozialrechte in einer Person: **Doppelsicherungen** oder **Normenhäufungen.** Wohnte dagegen jemand in einem Staat mit Sozialversicherung für Arbeitnehmer und arbeitete in einem Staat mit Einwohnersiche-

---

5 Schuler, 1988, 210: „Die sozialpolitische Verantwortlichkeit (der einzelnen Staaten, E.E.) erstreckt sich selbstverständlich nicht universal auf alle Personen und Lebenssachverhalte der Welt, sondern ist inlandsbezogen ... auf die inländische Gesellschaft beschränkt."

6 Schuler, 1988, 212 ff., Problematisch ist schon der methodische Ansatz: Der Schluß von den Grenzen staatlichen Könnens auf die Inhalte sozialrechtlichen Sollens; weitere Kritik: Eichenhofer, ISR, 1994, Tz. 89 ff.; vgl. auch zur Entwicklung in anderen Gebieten Tichý, RabelsZ, Bd. 78 (2014), 193.

§ 5 Grundlagen und Entwicklung

rung, blieb er **ohne** Sicherung – ohne die des Wohnstaates, weil darin nicht beschäftigt, und ohne die des Beschäftigungsstaates, weil darin nicht wohnhaft: **Sicherungslücken** traten auf, es kam zu **Normenmangel**. Grenzgängern blieb ein Schutz vorenthalten, den ihnen beide Rechtsordnungen verheißen, nur in unterschiedlichen Eigenschaften: als Einwohner oder Beschäftigter![7]

Grenzgänger und **Wanderarbeiter** machten die in der territorial begrenzten Wirksamkeit nationalen Sozialrechts liegenden Unzuträglichkeiten sinnfällig.[8] Denn sie waren im traditionellen Sozialstaat von sozialen Rechten ausgeschlossen, weil sie bei Eintritt des Leistungsfalles außerhalb des zuständigen Staates wohnten, weswegen ihnen keine Dienst-, Sach- oder Geldleistungen gewährt wurden. Diese Konsequenz erwies sich in der Sozialversicherung indessen als **anstößig**, weil die darin begründeten Ansprüche auf Beitragszahlungen des Berechtigten, also letztlich auf einem dem Vertragsverhältnis ähnlichen Rechtsverhältnis beruhten. Für dieses war unerklärlich, weshalb trotz **Beitragszahlung** und Risikoeintritt die im Versicherungsfall geschuldeten **Leistungen** nicht erbracht werden sollten. 76

Diese praktischen Defizite deuteten auf konzeptionelle Schwächen hin. Dass Grenzgänger und Wanderarbeitnehmer von durch Beiträge finanzierten Leistungen ausgeschlossen sein sollen, erschien als ungerecht – weil unberücksichtigt blieb, dass die Rechte auf Sozialleistungen individuelle auf Vor- und Eigenleistungen des Berechtigten beruhende **Rechtsansprüche** bedeuten. Ist die Sozialleistung Gegenstand eines Individualanspruches, können Erwägungen über die gute Ordnung des Gemeinwesens die Versagung von Ansprüchen nicht rechtfertigen. Dessen Sicherung verlangt aber nach zwischenstaatlicher Kooperation und damit einer Handlungsweise, die im hergebrachten Denken über den Staat nicht vorkommt, weil der sich selbst in seiner vorgeblichen Machtvollkommenheit genügt, aber außerhalb dieser nichts zu bewirken vermag. Das **Territorialprinzip** vermochte solche Ergebnisse **nicht zu begründen**, sondern degenerierte zur **Floskel**, wurde sogar zur Schutzbehauptung, weil mit der Verrechtlichung, Ökonomisierung, Internationalisierung und Individualisierung von Sozialleistungsansprüchen das Sozialrecht seine vormals polizeyrechtliche Fundierung überwunden hatte. Werden die Sozialleistungen zum Äquivalent erbrachter Beiträge und damit zum wohlerworbenen Recht, so verlieren Leistungsbeschränkungen aus jedwedem Grund ihre Überzeugungskraft.[9] 77

Der sich im Inneren als geschlossen und nach außen als abgeschlossen verstehende traditionelle Sozialstaat wurde mit Schaffung der **EWG** vollends zum **Anachronismus**.[10] Denn diese verwirklichte vier **Grundfreiheiten** des Waren-, 78

---

7 Eichenhofer, ISR, 1994, Tz. 34.
8 Diese Schwächen fanden frühzeitig Abhilfe durch entsprechende, die Unzuträglichkeiten korrigierende völkerrechtliche Verträge (vgl. Rn. 10 f.).
9 Ähnlich Schuler, 1988, 260 ff.
10 Eichenhofer, in Schulte/Barwig, 1999, 397 f.; Davy, in Niedobitek, § 7 Rn. 100 ff.

II. Koordinierendes Sozialrecht der EU

Personen-, Dienstleistungs- und Kapitalverkehrs in internationaler Kooperation, die ganz zentral auf die Überwindung der sich voneinander wechselseitig abkapselnden Nationalökonomien der Mitgliedstaaten durch Schaffung eines **Gemeinsamen Marktes** zielen. Der **Binnenmarkt** verankerte und verwirklichte die im 19. Jahrhundert im nationalstaatlichen Rahmen gesicherten Marktfreiheiten erstmals **supranational**. Anstelle der Abkapselung der Nationalökonomien trat deren wechselseitige Öffnung zum ungehinderten wirtschaftlichen Austausch. Dies machte seither das zentrale Anliegen von EWG, EG und EU aus. In einem grenzüberschreitendes Wirtschaften ermöglichenden Binnenmarkt kommen Grenzgänger- und Wanderarbeitnehmerbeschäftigung notwendig vor und sind deshalb rechtlich zu sichern. Denn sie konstituieren den Binnenmarkt und sind deshalb wie dieser auch EU-rechtlich auszugestalten.

79 Der **Binnenmarkt** fordert die **transnationale Flankierung** aller wirtschaftlichen Transaktionen, vom Waren- bis zum Personenverkehr. Diese Verflechtung verbindet und schafft transnationale Rechte. Diese geschieht durch die supranationale Garantie der Arbeitnehmer-Freizügigkeit und der anderen Grundfreiheiten. Die im EU-Recht gründende **Personenfreiheit** gewährleistet allen EU-Bürgern das Recht auf ungehinderte Ausübung einer abhängigen Beschäftigung in allen Mitgliedstaaten.[11] Hierzu gehört auch die Anerkennung beruflicher Abschlüsse.[12] Danach kann sich jeder Arbeitnehmer zur Arbeitsuche in jeden Mitgliedstaat begeben und dort verweilen, eine Arbeit aufnehmen und sich zum Zwecke der Arbeitsausübung ansässig machen sowie schließlich nach der Beendigung der Erwerbsarbeit im Staat der vormaligen Beschäftigung verbleiben. Diese Freiheit wird für die **Selbstständigen** durch die **Niederlassungsfreiheit** (Art. 49 AEUV) garantiert und durch die **Warenverkehrs-** (Art. 56 AEUV) und **Dienstleistungsfreiheit** (Art. 34 AEUV) ergänzt. Die letztgenannten Freiheiten stehen nicht nur den Verkäufern zu, sondern kommen auch den Konsumenten zu, als das Recht auf grenzüberschreitenden Zugang zu diesen Waren- und Dienstleistungen. Mit der wechselseitigen Öffnung der Volkswirtschaften war der traditionelle Sozialstaat unvereinbar. Es bedurfte eines Regelwerks der zwischenstaatlichen und die Staaten auch als Sozialverwaltungen verbindende Sozialrechtskoordination, welches das Gemeinschaftsrecht vorsah und die Gemeinschaft von Anbeginn hervorbrachte.

2. Koordinierendes Sozialrecht und Freizügigkeit

80 Art. 48 AEUV hebt den engen, unauflöslichen Zusammenhang zwischen **Freizügigkeit** und der Koordination **sozialer Sicherheit** hervor: „Das Europäische Parlament und der Rat beschließen ... die auf dem Gebiet der sozialen Sicherheit für die Herstellung der Freizügigkeit der Arbeitnehmer notwendigen Maß-

---

11 EuGH Slg. 1986, I-2375 (Segers); Barnard, 2006, p. 171 et sequ; Davy, in Niedobitek, § 7 Rn. 100 ff.; Hailbronner, in Dauses, D.I-22 ff., 37 ff.; Langer, in Nomos-Kommentar EuSozR, Art. 45 AEUV, Rn. 2 ff., 15 ff.; Schulte, in Schulte/Barwig, 1999, 39 ff.
12 EuGH – 27.6.2013 – Rs. C-575/11 (Nasiopoulos).

§ 5 Grundlagen und Entwicklung

nahmen; zu diesem Zweck führen sie insbesondere ein System ein, das zu- und abwandernden Selbstständigen sowie Arbeitnehmern und deren anspruchsberechtigten Angehörigen Folgendes sichert: (a) die Zusammenrechnung aller nach den verschiedenen innerstaatlichen Rechtsvorschriften berücksichtigten Zeiten für den Erwerb und die Aufrechterhaltung des Leistungsanspruchs sowie für die Berechnung der Leistungen; (b) die Zahlung der Leistungen an Personen, die in den Hoheitsgebieten der Mitgliedstaaten wohnen". Die mit der **Freizügigkeit** (Art. 45 AEUV) verknüpfte Regelung bildet mit dieser eine **Einheit**. Bereits in der Rechtssache „Van der Veen"[13] führte der EuGH aus, dass die Verordnungen auf dem Gebiet der sozialen Sicherheit ihren Grund, Rahmen sowie ihre Grenzen in Art. 45–48 AEUV finden, welche insgesamt die Freizügigkeit der Arbeitnehmer zu sichern bezwecken. Spätere Entscheidungen[14] vertieften diesen Gedanken. In der Rechtssache „Petroni"[15] führte der Gerichtshof zu diesen Normen aus: „Der(en) Zweck ... würde verfehlt, wenn die Arbeitnehmer, die von ihrem Recht der **Freizügigkeit Gebrauch** gemacht haben, Vergünstigungen der **sozialen Sicherheit verlören**, die jedenfalls die Rechtsvorschriften eines einzigen Mitgliedstaates sichern".

Das nach Art. 48 AEUV zu schaffende „**System**" hat deshalb zu gewährleisten, dass der Gebrauch der **Freizügigkeit nicht** den **Verlust an Rechten auf soziale Sicherheit** bedeutet.[16] Hierzu gehören nicht freiwillige oder auf Tarifverträge beruhende Betriebsrenten.[17] Dies wird durch die in Art. 48 AEUV genannten Instrumente der **Zusammenrechnung** der in sämtlichen Mitgliedstaaten zurückgelegten Zeiten sowie den **Export** von Geldleistungen[18] befördert; für die umfassende Verwirklichung des umrissenen Zieles reichen diese beiden Instrumente aber nicht hin, sondern erfordern vielmehr weitere Maßnahmen. Diese sind in der VO (EG) Nr. 883/2004 zusammengefasst. Selbst die darin enthaltenen Einzelbestimmungen haben sich als lückenhaft erwiesen, weshalb der EuGH die auftretenden Lücken mit dem Verbot der indirekten Diskriminierung wegen der Staatsangehörigkeit zu schließen suchte (vgl. Rn. 100).[19]

Die substantiellen Regeln über die Koordinierung der Leistungen sozialer Sicherheit werden durch die **VO (EG) Nr. 883/2004** getroffen. Die **VO (EG) Nr. 987/2009** enthält die für die administrative Umsetzung der Koordinierung maßgeblichen Bestimmungen. Während sich die VO (EG) Nr. 883/2004 an den Sozialleistungs**berechtigten** und Versicherungspflichtigen wendet, richtet sich die VO (EG) Nr. 987/2009 an die Sozial**verwaltungen**, welche die Koordination

---

13 EuGH Slg. 1964, 1215 (Van der Veen); Slg. 1967, 240 (Ciechelski).
14 EuGH Slg. 1973, 1213 (Smieja); Slg. 1982, 2213 (Caracciolo); Slg. 1987, 955 (Giletti); Slg. 1990, I-1623 (Winter-Lutzins).
15 EuGH Slg. 1975, 1149, Rn. 13 (Petroni).
16 Langer, in Nomos-Kommentar EuSozR, Art. 48 AEUV Rn. 7: was zugleich eine indirekte Diskriminierung bedeutet; vgl. zu den wirtschaftlichen und sozialen Folgen Reimann, in Eichenhofer (Hg.), 2009, 73.
17 EuGH Slg. 2011, I-1379 (Casteels).
18 Langer, in Nomos-Kommentar EuSozR, Art. 48 AEUV Rn. 18 ff.
19 Eichenhofer, DRdA 2002, 79.

administrativ verwirklichen. Für den Sozialleistungsberechtigten und Versicherungspflichtigen sind die in der VO (EG) Nr. 883/2004 getroffenen Regelungen von entscheidendem Gewicht, weil sie die Rechte des Einzelnen enthalten.

82 Das Koordinationsrecht gewährleistet die **Gleichbehandlung** unter EU-Bürgern (Art. 18 AEUV), unbesehen ihrer **Staatsangehörigkeit**. Die Unionsbürgerschaft (Art. 20 f. AEUV) fließt aus der Staatsangehörigkeit jedes Mitgliedstaates und ist mit dieser notwendig verbunden. Dieses Gebot unterbindet nicht nur Rechtsregeln, die unter EU-Bürgern nach der Staatsangehörigkeit ausdrücklich unterscheiden, sondern untersagt auch jede **indirekte Diskriminierung**.[20] Deshalb sind auch Rechtsregeln einzelner Mitgliedstaaten verboten, die sich auf Angehörige dieses Mitgliedstaates oder Angehörige anderer Mitgliedstaaten unterschiedlich **auswirken**, ohne dabei ausdrücklich nach der Staatsangehörigkeit zu unterscheiden.

83 Die zentrale Frage Internationalen Rechts ist nicht diejenige nach dem Sitz des Rechtsverhältnisses. Heutiges Internationales Recht ist nicht mehr zentral Kollisionsrecht, sondern vor allem anderen zwischenstaatliches Koordinationsrecht. Dessen zentraler Regelungsauftrag liegt in der Begründung transnationaler Rechtsansprüche. Transnationales Recht ist dafür der Schlüsselbegriff für alle Rechtsansprüche, die das Internationale Recht durch Verknüpfung von Berechtigungen aus unterschiedlichen Staaten schafft, weil es die Wirkungskraft und -macht des Rechts eines einzelnen Staates überwindet und durch Internationales Recht den Rechten der Staaten eine unmittelbare Wirkung verschafft[21]. Transnationale Rechtsansprüche veranschaulichen die Tragweite internationalen und EU-Rechts für die Rechtsstellung der einzelnen Berechtigten. Koordinationsnormen sind internationalrechtliche Regeln, welche Rechtsverhältnisse aus mehreren zuständigen Staaten miteinander in Beziehung setzen und sichern, dass sie eine grenzüberschreitende Wirkung entfalten. Kollisions- und Koordinationsnormen ermöglichen und schaffen vor allem transnationale Ansprüche.

Sie finden sich in den Art. 4 bis 7 VO (EG) Nr. 883/2004 und vor allem – nach Leistungsgattungen unterschieden – in den Art. 17-70 VO (EG) Nr. 883/2004. Die wichtigsten Koordinationsregeln sind Gleichbehandlung (Art. 4 VO (EG) Nr. 883/2004), Tatbestandsgleichstellung (Art. 5 VO (EG) Nr. 883/2004), Zusammenrechnung von Zeiten (Art. 6 VO (EG) Nr. 883/2004), Export von Geldleistungen (Art. 7 VO (EG)Nr. 883/2004), Leistungsaushilfe (Art. 17-22 VO (EG) Nr. 883/2004) und die Auflösung von Doppelberechtigungen für Familienleistungen (Art. 68 VO (EG) Nr. 883/2004). Außerdem findet sich das von der Rechtsprechung entwickelte Günstigkeitsprinzip zur Auflösung von Konkurrenzen von EU-Recht und dem autonomen Internationalen Sozialrecht einzelner Mitgliedstaaten. In den transnationalen Rechtsansprüchen wird die eigenständig

---

20 EuGH Slg. 1991, I-4501 (Paraschi), Slg. 1990, I-557 (Gatto); Bieback, 1997; ders., in Eichenhofer/Zuleeg, 1995, 103 ff.; Langer, in Nomos-Kommentar EuSozR, Art. 45 AEUV Rn. 29 ff.
21 Eichenhofer ZESAR 2021, 275 ff.

§ 5 Grundlagen und Entwicklung

rechtsbegründende Wirkung von EU-Recht erkenn- und sichtbar. EU-Recht vermag durch Verknüpfung von Rechten aus unterschiedlichen Mitgliedstaaten unmittelbare Rechte für den Einzelnen zu schaffen, die gemeinsam ihren Rechtsgrund in EU- und Mitgliedstaatenrechten finden.

Die EU-Recht kennzeichnende Mehr-Ebenen-Struktur ermöglicht diese Verklammerung von Rechten, die in unterschiedlichen Mitgliedstaaten begründet wurden und nur dank der europarechtlichen Verknüpfung einen transnationalen Rechtsanspruch zu schaffen vermögen. Diese Eigenheit des EU-Rechts zur rechtsbegründenden Verknüpfung von Rechten aus unterschiedlichen Mitgliedstaaten kennzeichnet den nicht ersetzbaren Vorteil europäischer vor mitgliedstaatlicher Rechtssetzung, der auch im Rahmen der Subsidiaritätsprüfung (Art. 5 III EUV) Funktion und Notwendigkeit von EU-Recht offenbart und damit erklärt.

Transnationale Rechtsansprüche veranschaulichen, dass EU-Recht selbständig materielle Ansprüche im Arbeits- und Sozialrecht der Mitgliedstaaten hervorbringt. Dieses formt aus den im Recht der Mitgliedstaaten begründeten Berechtigungen eigene Rechte. EU-Arbeits- und Sozialrecht erschöpfen sich also nicht im Rechtsanwendungsrecht. Ihr Gegenstand ist nicht nur das Kollisions-, sondern das Koordinationsrecht. Es schafft für transnationale Arbeits- und Sozialrechtsverhältnisse aus Rechtsverhältnissen unterschiedlicher Mitgliedstaaten eigene transnationale Ansprüche, die es nur auf Grund von EU- Arbeits- und Sozialrecht gibt und geben kann.

Für transnationale Rechtsansprüche ist EU-Recht der tragende Rechtsgrund. An jenen lässt sich auch der Einfluss der EuGH-Rechtsprechung auf das Arbeits- und Sozialrecht der Mitgliedstaaten erklären. Nur weil das EU-Recht eigene transnationale Rechtsansprüche schafft und der EuGH dessen Inhalt letztverbindlich feststellt, interveniert die EuGH-Judikatur in das Recht der Mitgliedstaaten, weil dieses in mit Rechtsverhältnissen aus anderen Mitgliedstaaten auf der Basis des alle Mitgliedstaaten verbindenden EU-Rechts in transnationalen Rechtsansprüchen aufgeht.

Damit lösen sie einen bisweilen als „Souveränitätsverlust" adressierten Bedeutungsverlust für die mitgliedstaatliche Gesetzgebung aus, weil die aus grenzüberschreitenden Beziehungen entstehenden transnationalen Rechtsansprüche mit den Gesetzgebungen anderer Mitgliedstaaten und dem EU-Recht in einem Mehr-Ebenen-System verbunden werden und dadurch ihren rechtlichen Charakter verändern. Denn die in den Rechten mehrerer Staaten wie dem EU-Recht gründenden Berechtigungen wandeln sich von nationalen Normen zu transnationalen Rechtsansprüchen.

Deshalb beeinträchtigt die Versagung von Rechten der sozialen Sicherheit für EU-Bürger anderer Mitgliedstaaten nicht nur die Freizügigkeit und verletzt das daraus folgende Gebot, dass deren Gebrauch die sozialen Rechte der EU-Bürger nicht beeinträchtigen darf. Solche Regeln stellen auch **unstatthafte Diskriminierungen** wegen der Staatsangehörigkeit und damit einen Verstoß gegen den

Grundsatz der Rechtsgleichheit unter EU-Bürgern dar. Dies ist in allgemeiner Form in Art. 7 II VO (EU) Nr. 492/2011 für die Wanderarbeitnehmer formuliert. Diese dürfen bei der Gewährung sozialer Vergünstigungen nicht wegen ihrer Staatsangehörigkeit benachteiligt werden. Diese Maxime gilt auch für die Leistungen sozialer Sicherheit (Art. 4 VO (EG) Nr. 883/2004). Über Art. 48 AEUV hinaus entfaltet auch das Diskriminierungsverbot gegenüber ihre Freizügigkeit gebrauchenden EU-Bürgern Wirkungen für den sozialen Schutz. Er ist bei der Ausgestaltung von tariflichen Betriebsrentenversprechen[22] und bei Arbeitsförderungsmaßnahmen – namentlich die Übernahme von Arbeitgeber- und Arbeitnehmerbeiträgen zur Sozialversicherung bei der Beschäftigung von Arbeitslosen vorgerückten Alters – ebenfalls zu berücksichtigen.[23]

3. Konzeptionelle Erweiterung der primärrechtlichen Grundlagen von Koordination

84   Darüber hinaus wird zunehmend die Frage erörtert,[24] inwieweit das **EU-Koordinationsrecht** in den Institutionen des EU-Rechts seine eigentliche konzeptionelle Grundlage findet. Die Niederlassung von Psychotherapeuten darf nicht von einer vorangegangenen Berufsausübung im Zulassungsstaat abhängen, stattdessen muss eine entsprechende Berufsausübung in anderen Mitgliedstaaten gleichstehen.[25] Die Problematik stellt sich ferner für die Koordination der sozialen Sicherung von **Selbstständigen.** Diese wird durch die VO (EG) Nr. 883/2004 ebenso wie die der Arbeitnehmer gewährleistet. Der EuGH hat dies in der Rechtssache „van Roosmaalen"[26] aus der **Niederlassungsfreiheit** legitimiert.

Für die auf **Waren** oder **Dienstleistungen** gerichteten **Sozialleistungsansprüche** stellt sich die Frage: Gelten für **Erbringer** und **Empfänger** der Leistungen diese Grundfreiheiten? Der EuGH hatte diese Frage in dem am 28. April 1998 verkündeten Urteil in Sachen **„Kohll"**[27] und **„Decker"**[28] bejaht. Diese Entscheidungen wirken sich grundlegend auf das Europäische koordinierende Sozialrecht aus. Müssen nach dieser Rechtsprechung auch die im Sozialrecht gründenden Ansprüche auf Waren und Dienste grundsätzlich den EU-Freiheiten genügen, so wird die Warenverkehrs- und Dienstleistungsfreiheit auch den Sozialleistungsberechtigten ungehindert zuteil? Die Freiheit des **Kapitalverkehrs** (Art. 63 AEUV) läuft der Beschränkung des Exports von Geldleistungen zuwider (vgl. Rn. 495 ff.).

---

22   EuGH Slg. 2011, I-1379 (Casteels).
23   EuGH – 13.12.2012 – Rs. C-379/11 (Caves Krier).
24   Giesen, 1999, 89 ff.; Schulte, in von Maydell/Schulte, 1995, 45, 88; Becker, VSSR 2000, 221; Eichenhofer, DRdA 2002, 79; Pennings, 2002; Rodière, 39 (2003), RT-Deur, p. 529 ff.
25   EuGH Slg. 2007, I-10517 (Kommission ./. Deutschland).
26   EuGH Slg. 1986, 3097 (van Roosmaalen).
27   EuGH Slg. 1998, I-1931 (Kohll).
28   EuGH Slg. 1998, I-1831 (Decker).

§ 5 Grundlagen und Entwicklung

4. EU-Recht und nationales Recht

Die in der VO (EG) Nr. 883/2004 niedergelegten Regeln gehen dem Recht der Mitgliedstaaten vor und treten damit an dessen Stelle.[29] Das **deutsche Sozialleistungsrecht** hat in den § 30 SGB I, §§ 3–6 SGB IV **einseitige Kollisionsnormen** des **Internationalen Sozialrechts** getroffen.[30] Ferner enthalten die Normen für die einzelnen **Versicherungszweige** (§§ 16 ff. SGB V, §§ 110 ff. SGB VI, § 34 SGB XI) Bestimmungen über die Leistungsgewährung bei Auslandsaufenthalt des Berechtigten. Diese (§ 30 Abs. 2 SGB I, § 6 SGB IV) besagen aber auch, dass überstaatliches Recht prinzipiell Vorrang vor innerstaatlichem Recht hat.[31] Deswegen verdrängen die in der VO (EG) Nr. 883/2004 enthaltenen **Kollisions-** (Art. 11–16 VO (EG) Nr. 883/2004) und **Koordinationsnormen** die entgegenstehenden Normen des Rechts der Mitgliedstaaten. Das EU-Recht regelt den internationalen Geltungsbereich der Sozialrechte der Mitgliedstaaten und sichert die internationalen Wirkungen von deren Regelungen verbindlich, einheitlich und unter Verdrängung des Rechts der Mitgliedstaaten.

85

5. Territorialprinzip und Europäisches koordinierendes Sozialrecht

Das **Internationale Sozialrecht** und dessen Teilgebiet Europäisches koordinierendes Sozialrecht folgen aus konkreten Normen und **nicht** aus **Prinzipien**, sondern zunächst und vor allem aus den Bestimmungen des EU-Rechts! Sein Inhalt ist durch deren **Auslegung** zu gewinnen.

86

Das „Prinzip der Territorialität – oft als Schlagwort gebraucht, wo eine klare Begründung für die gewählte Anknüpfung fehlt" will sagen: keine Personalität in der Rechtsgeltung, sondern territoriale Wirkungsbeschränkung. Territorialität bestimmt alle Rechtsgeltung räumlich und geht damit auf die Regel moderner Territorialstaaten zurück.[32] Darin liegt aber eine „primitive Auffassung" von ordre public. Der absolute Gegenbegriff wäre die „absolute Universalität": „das ausländische Rechtsverhältnis hat im Inland dieselben Wirkungen wie in seinem Ursprungsland. Das ist im IPR der Regelfall und kommt dem Ideal einer internationalen Rechtsgemeinschaft am nächsten".[33]

Das **Territorialprinzip** ist **ohne** jegliche **Substanz** – nichts als eine Reminiszenz an den unbeholfenen und vergeblichen Versuch, geltendes Recht aus abstrakten Axiomen zu gewinnen. Ein vom Territorialprinzip herkommendes Denken verhindert die Einsicht, dass die **internationale Wirksamkeit** des im Recht der Mitgliedstaaten gründenden sozialen Schutzes die **Kooperation** der Staaten notwendig macht. Diese hat in der EU Gestalt angenommen und sie funktio-

---

29 Eichenhofer, VSSR 1996, 187.
30 Devetzi, 2000; Eichenhofer, 1994; Schuler, 1988.
31 Anders als Art. I-6 EVV nicht mehr ausdrücklich formuliert, aber Fundament der gesamten EU-Rechtsordnung (EuGH Slg. 1963, 1 (Van Gend & Loos)) auch ohne diesen Hinweis.
32 Kropholler, 2006, 22 I 2.
33 Kropholler, 2006, 22 II 1.

niert – für den Unkundigen kaum merklich – seit Jahrzehnten fast reibungslos.[34]

Extraterritoriale Sachverhalte sind dem Sozialrecht eines Mitgliedstaates daher nicht entzogen (was das Territorialprinzip indes glauben macht), sondern werfen die **Frage** nach deren **internationalrechtlicher** Einordnung auf. Das Territorialprinzip formuliert also **nicht** eine **Lösung**, sondern allenfalls das internationalrechtliche Problem.

---

34 Allenfalls bei der grenzüberschreitenden Erbringung von Behandlungsleistungen gibt es nach wie vor Schwächen; vielleicht kann die Europäische Krankenversicherungskarte hier die nötige Erleichterung bringen.

§ 6 Allgemeine Vorschriften

Die VO (EG) Nr. 883/2004[1] und VO (EG) Nr. 987/2009 enthalten die Grundregeln der zwischenstaatlichen Koordination des Sozialrechts der Mitgliedstaaten.[2] VO (EG) Nr. 883/2004 rsubjettheorieegelt die Koordination **substantiell** und die VO (EG) Nr. 987/2009 normiert deren **Vollzug** durch die Verwaltung. Die VO (EG) Nr. 883/2004 ist in **drei Teile** untergliedert: „Allgemeine Vorschriften" (Titel I), „Bestimmung des anwendbaren Rechts" (Titel II) und „Besondere Bestimmungen über die verschiedenen Arten von Leistungen" (Titel III). Die „**Allgemeinen Vorschriften**" enthalten, vor die Klammer der nachfolgenden Vorschriften gezogen, die Regeln für sämtliche koordinierten Zweige der sozialen Sicherheit. Die das anwendbare Recht bestimmenden Normen legen in Gestalt von **Kollisionsnormen** fest, wessen Mitgliedstaates **Recht** auf einen grenzüberschreitenden sozialrechtlichen Sachverhalt **anzuwenden** ist. Die in Titel III zusammengeführten „besonderen Vorschriften für die einzelnen Leistungssparten" normieren die Koordination der **einzelnen Zweige** sozialer Sicherheit (Art. 17 bis 69 VO (EG) Nr. 883/2004) sowie die Leistungszweige übergreifend das grenzüberschreitende internationale **Verwaltungsverfahren** (Art. 71 bis 86 VO (EG) Nr. 883/2004).

87

Die Allgemeinen Vorschriften betreffen den **persönlichen** und **sachlichen** Geltungsbereich der Koordinierungsregeln, das Gebot der **Gleichbehandlung** unter den EU-Bürgern, die Auflösung der **Konkurrenz** zwischen dem EU-Recht und anderen internationalen Regeln, ferner das Kollisionsrecht für die **freiwillige Versicherung** und **Beitragserstattung** und enthält Leistungszweige übergreifende Koordinierungsregeln, klärt die Funktion von Vorbehalten einzelner Mitgliedstaaten und umfasst **Definitionsnormen.** Am 13. Dezember 2016 unterbreitete die EU-Kommission[3] als „Paket für die Mobilität der Arbeitskräfte (mobility package)". Vorschläge zur Fortentwicklung und Reform des Euro-

---

1 Buschermöhle, DStR 2010, 1845; Davy, in Niedobitek, § 7 Rn. 100 ff.; Voigt, ZESAR 2004, 73, 121; Spiegel, in ZIAS 2006, 85; ders., in DRV-Schriften, Band 71, 2007, 25; Marhold, 2005; Eichenhofer (Hg.), 2009; Otting, Ms, 2008; Hauschild, DRV 2012, 176; Tiedemann, 2010; Schulte, ZESAR 2010, 202; ders., in von Maydell/Ruland/Becker, Sozialrechtshandbuch, 2012 (5. Aufl.), § 33; Cornelissen, Kessler, Leonhard, Paaw/Kessler und Verschueren, RDSS 2010, 5, 14, 29, 38, 53, 64.
2 Überblick über die internationale selbständige Literatur zu dieser VO: Apelles Conceiaco Organizacao, 1997; Catala/Bonnet, 1991; Deutscher Sozialrechtsverband, 1992; Egger, 2005; Eichenhofer, 1994; European Commission, 1997; Fuchs, 2005; Giesen, 1999; Guggenbühl/Leclerc, 1995; Guibentif, 1997; Haverkate/Huster, 1999; Institut voor Sociaal Recht, 1996; Jorens, 1997; Jorens/Schulte, 1998; Kahil-Wolff, 2017; Kennett/Lendvai-Breton, 2017; Marhold, 2005; Nagel, 1994; Ojeda Avilés, 1997; Olivelli/Pessi, 1992; Pennings, 2003; ders., 2002; Pessi, 1993; Pfeil, 1998; Prétot, 1993; Rabanser, 1993; Reynand, 1998; Robledo/Ramirez/Sala, 1991; Rodière, 2002; Schrammel/Winkler, 2002; Schuler, 1988; Schulte/Barwig, 1999; Schulte/Zacher, 1991; Spranger, 2002; Stahlberg, 1997; Swedish National Insurance Board, 1997; Tomandl, 2000; Van Raepenbusch, 2001; Westerhäll, 1995; Willms, 1990.
3 COM(2016) 815 final vom 13.12.2016.

päischen koordinierenden Sozialrechts, wie es in der VO (EG) Nr. 883/2004 niedergelegt ist. Die angeregten Verbesserungen gelten dem Zugang zu Sozialleistungen für nicht erwerbstätige Bürger(innen), den – erstmals europarechtlich zu gestaltenden – Leistungen bei Pflegebedürftigkeit und Neuerungen zum Schutz bei Arbeitslosigkeit wie beispielsweise für Familien.[4]

1. Geltungsbereich

88 Die VO (EG) Nr. 883/2004 gilt **weder** für alle sich innerhalb der EU **aufhaltenden** oder **beschäftigten Personen noch** für sämtliche sozialrechtliche **Ansprüche, Anrechte** oder **Begehren**, sondern wird vielmehr hinsichtlich der Personen wie Rechtsansprüche begrenzt: Art. 2 VO (EG) Nr. 883/2004 bestimmt den **persönlichen** und Art. 3 VO (EG) Nr. 883/2004 deren **sachlichen** Geltungsbereich. Eine weitere Voraussetzung für die Anwendung des Koordinationsrechts ist ein **grenzüberschreitender** Sachverhalt.[5] Dieser liegt vor, wenn die daran Beteiligten in Bezügen zu **mehreren Mitgliedstaaten** stehen. EU-Recht wird deshalb nur berührt, um einen die Mitgliedstaaten überschreitenden Sachverhalt zu regeln.[6] Für das interlokale oder interregionale Sozialrecht hat das Koordinierungsrecht zwar keine unmittelbare Bedeutung;[7] allerdings setzt es auch für dieses eigene Maßstäbe.[8] Kennt das Verfassungsrecht des zuständigen Mitgliedstaates das Verbot der Inländer- oder **umgekehrten Diskriminierung**,[9] dann setzt auch das EU-Recht für **interlokales** und **interregionales** Sozialrecht Vorbilder, die nationales Recht nachvollziehen sollte.[10]

Es gibt im Verhältnis von Europäischem und dem Internationalen Sozialrecht des einzelnen Mitgliedstaates ein **doppeltes Günstigkeitsprinzip**. Zum einen geht EU-Recht wegen seines allgemeinen Anwendungsvorranges dem Recht eines Mitgliedstaates gegenüber vor (Art. 3 AEUV); zum anderen genießt das einem Sozialleistungsberechtigten im Einzelfall günstigere Recht eines Mitgliedstaats Vorrang, weil EU-Koordinierungsrecht **niemals rechtsverkürzend**, sondern **stets** nur **rechtserweiternd** wirkt.[11] Freizügigkeit darf die soziale Si-

---

4 Dazu NDV 2017, 295; Eichenhofer, SGb 2017, 605; ZESAR 2017, 371; SozSich 2017, 244; Felten. ZESAR 2017, 364; Fuchs, ZESAR 2017, 514; Kahil-Wolff, ZESAR 2017, 381; Devetzi/Hale, EurJofSocSec 2020,180; Pennings EurJofSocSec 2020; Rennuy, EurJofSocSec 2020, 212; Vonk, EurJofSocSec 2020, 138.
5 EuGH Slg. 2008, I-1683 (Gouvernement de la Communauté française); vgl. im Hinblick auf die Tschechoslowakei und deren Teilung: EuGH Slg. 2011, I-5573 (Landtova).
6 EuGH Slg. 2008, I-1683 (Gouvernement de la Communauté française); Slg. 2001, I-7413 (Kahlil); Slg. 1997, I-1071 (Moriana); Slg. 1992, I-4973 (Petit); Slg. 1997, I-3171 (Uecker und Jacquot); Slg. 1998, I-4239 (Kapasakalis); Slg. 1999, I-345 (Terhoeve).
7 EuGH Slg. 2008, I-1683 (Gouvernement de la Communauté française).
8 Eichenhofer, in Jorens (Hg.), 2010, 81.
9 Epiney, 1995; Walter, 2008.
10 VG Oldenburg mit Anm. Eichenhofer, ZESAR 2009, 296.
11 EuGH Slg. 1975, 1149 (Petroni), Slg. 2008, I-3827 (Bosmann); EuGH – 12.6.2012 – Rs. C-611/10 (Hudzinski); Devetzi, ZESAR 2012, 447; EuGH – 12.6.2012 – Rs. C-612/10 (Wawrzyniak); Bokeloh, ZESAR 2012, 121; Rennuy, CMLR 2013, 1221.

§ 6 Allgemeine Vorschriften

cherheit nicht schmälern.[12] Die Günstigkeitsregel ändert nichts an der Beitragsfreiheit für Geringverdiener und Beitragspflicht für Rentner[13].

a) Persönlicher Geltungsbereich
Der **persönliche** Geltungsbereich der VO (EWG) Nr. 1408/71 wurde durch den **sozialökonomischen** Status, die **Staatsangehörigkeit** sowie den **Familienstatus** des Einzelnen bestimmt.[14] Art. 2 I VO (EWG) Nr. 1408/71 bezog **Arbeitnehmer, Selbstständige** und **Studierende** eines Mitgliedstaates sowie deren Familienangehörige und Hinterbliebene ein. Die Begriffe: **Arbeitnehmer**,[15] **Selbstständiger** oder **Studierender** waren in Art. 1 lit. a) VO (EWG) Nr. 1408/71 umrissen. Danach war „**Arbeitnehmer**" oder „**Selbstständiger**" „jede Person, die gegen ein Risiko oder mehrere Risiken, die von den Zweigen eines **Systems** der sozialen Sicherheit für Arbeitnehmer oder Selbstständige **erfasst** werden, **pflichtversichert** oder freiwillig weiterversichert ist". Art. 1 lit. a) VO (EG) Nr. 883/2004 spricht von „**Beschäftigung**" und Art. 1 lit. b) VO (EG) Nr. 883/2004 von „**selbstständiger Beschäftigung**"; die Beschreibung deckt sich sachlich mit der bisherigen.[16] 89

Im geltenden Recht sind alle in einem System sozialer Sicherheit Gesicherten erfasst, einerlei, ob sie erwerbstätig sind oder nicht.[17] Folglich versagt sich Art. 2 VO (EG) Nr. 883/2004 den früher gebräuchlichen Rückgriff auf **sozialökonomische Merkmale** und bezieht stattdessen **alle Gesicherten** in ihren persönlichen Geltungsbereich ein.[18] Es genügt die abstrakte Einbeziehung in das System eines Mitgliedstaates; die konkrete Einbeziehung ist nicht gefordert.[19] Sie kann auf ein einzelnes Risiko beschränkt sein; es besteht auch bei Tätigkeitsunterbrechung fort.[20] Auch ein **Teilzeitbeschäftigter**[21] ist Arbeitnehmer; desgleichen ein vormaliger, weil einst versicherungspflichtiger Arbeitnehmer.[22] Beim ein- oder mehrmaligem Wechsel von einem zum anderen Status (z. B. Studierender wird abhängig beschäftigt und schließlich selbstständig) richtet sich das anwendbare Recht nach dem **zuletzt** innegehabten Status.[23] Ein **Selbstständiger** ist, wer seinen Lebensunterhalt durch Ausübung eines freien Berufes oder ein Unternehmen verdient.[24] 90

---

12 EuGH – 6. 10. 2016 – C-466/15 (Adrian)EU:C:2017:749; C-134/18 (Vester) EU:C:2019:212.
13 EuGH – 19. 9. 2019 – C-95/18 (Van den Berg, Giessen, Franzen) EU:C:2019:767.
14 Devetzi, 2000, 271 ff.; Schrammel/Winkler, 2012, 1 ff.; Schulte, in von Maydell/Ruland/Becker (Hg.), Sozialrechtshandbuch, 5. Aufl., 2012, § 33 Rn. 52 ff.
15 Devetzi, 2000, 28.
16 Otting, in Hauck/Noftz, EU-Sozialrecht, K Art. 1 Rn. 6 ff.
17 EuGH Slg. 1979, 1977 (Pierik II); EuGH Slg. 1998, I-2691 (Sala), Tz. 36; Slg. 1998, I-3419 (Kuusijärvi), Tz. 21.
18 Ausführlich: Jorens/Van Overmeiren, in Eichenhofer (Hg.), 2009, 105 ff.
19 EuGH Slg. 1976, 1901 (Mouthaan).
20 EuGH Slg. 2011, I-1493 (Borger).
21 EuGH Slg. 1990, I-1755 (Kits van Heijningen); Slg. 2003, I-13187 (Ninni-Orasche).
22 EuGH Slg. 1980, 1639 (Walsh); Slg. 2001, I-3731 (Rundgren): Ruhestandsbeamter.
23 EuGH Slg. 1987, 3401 (Laborero/Sabato), Slg. 1981, 941 (Galinsky), Slg. 1976, 1429 (Brack).
24 EuGH Slg. 1986, 3097 (van Roosmaalen).

II. Koordinierendes Sozialrecht der EU

91 Der persönliche Geltungsbereich der VO (EG) Nr. 883/2004 ist begrenzt auf die **EU-Bürger** (Art. 20 AEUV) sowie die diesen gleichgestellten, in einem Mitgliedstaat sich gewöhnlich aufhaltenden **Flüchtlinge** (Art. 1 lit. g VO (EG) Nr. 883/2004) oder **Staatenlosen** (Art. 1 lit. h VO (EG) Nr. 883/2004). Die letztgenannten Bestimmungen erklären sich aus der **Genfer Flüchtlingskonvention**[25] und dem **New Yorker Übereinkommen** über die Rechtsstellung der **Staatenlosen**[26]. Mit der Einbeziehung der Flüchtlinge und Staatenlosen in das Europäische koordinierende Sozialrecht hält das EU-Recht die **Mitgliedstaaten** zur Wahrnehmung ihrer **völkerrechtlichen** Pflichten an.[27] Danach sind die Staaten gehalten, die aufgenommenen Flüchtlinge oder Staatenlosen ihren darin wohnenden Staatsangehörigen rechtlich **gleichzustellen.**

92 Der Ausschluss von Drittstaatsangehörigen ist **nicht zu rechtfertigen.**[28] Die Gleichbehandlung ist ein menschenrechtlich begründetes Gebot. So entschied der **EuGMR** in der Sache Gaygusuz,[29] dass der für beitragsfinanzierte Sozialleistungen geltende Schutz der **Eigentumsgarantie** (Art. 14 EMRK) Differenzierungen nach der **Staatsangehörigkeit** nicht zulasse. Schließlich verbietet das **IAO-Übereinkommen** Nr. 118[30] jede auf die Staatsangehörigkeit gestützte Differenzierung bei der Gewährung von Leistungen sozialer Sicherheit. Dementsprechend hat die Kommission am 10. 12. 1997 eine Erweiterung der VO (EWG) Nr. 1408/71 auf sämtliche Angehörige von Drittstaaten vorgeschlagen.[31] Diesem folgte der Rat mit **VO (EG) Nr. 859/2003.**[32] Diese Regelung bleibt auch unter der VO (EG) Nr. 883/2004 (Art. 90 I VO (EG) Nr. 883/2004) **in Kraft.** Art. 2 VO (EG) 883/2004 gilt deshalb auch für Drittstaater mit vollständigem rechtmäßigen Aufenthaltsrecht.[33]

Weil **Familienangehörigen** und **Hinterbliebenen** abgeleitete Rechte auf soziale Sicherung zustehen (z. B. Krankenhilfe oder Hinterbliebenenrente aus der Versicherung des Ehegatten oder Elternteils),[34] sind sie in die Koordination unabhängig von ihrer Staatsangehörigkeit einbezogen, falls die Person, von der jene Rechte ableiten, dem persönlichen Geltungsbereich der VO (EG)

---

25 BGBl. II Nr. 19 vom 24. 11. 1953, S. 559 und Nr. 9 vom 10. 6. 1954, S. 619; BGBl. II Nr. 46 vom 17. 7. 1969, S. 1293.
26 BGBl. II Nr. 20 vom 12. 4. 1976, S. 473; BGBl. II Nr. 10, S. 235 (1977); BGBl. II Nr. 18 vom 18. 4. 1970, S. 194.
27 EuGH, Slg. 2001, I-7413 (Kahil).
28 Vgl. Rn. 70 ff.; Commission of the European Communities/Departamento de relaçoes Internaçinaise Convençoes de Segorança Social (Ed.), 1995; Jorens/Schulte (Ed.), 1998; Marhold, in Pfeil, 1998, 27 ff.
29 Mit Urteil vom 16. 9. 1996, InfAuslR 1997, 1 ff.; bestätigt in der Rechtssache Poirrez; dazu Eichenhofer, ZESAR 2004, 142; Eichenhofer/Abig, 2004.
30 ILO, 1992, C. 118 (1962).
31 ABl. EG Nr. C 6/15, 1998 KOM (97) 561 vom 12. 11. 1996; dazu Verschueren in Jorens/Schulte, 1998, 189, 204 ff.
32 ABl. EG Nr. L 124 v. 20. 5. 2003.
33 EuGH C-477/17 (Balandin) EU:C:2019:60.
34 EuGH Slg. 1992, I-4401 (Taghavi), Slg. 1987, 5511 (Zaoui); 1985, 1873 (Deak); Slg. 1996, I-2097 (Cabanis-Issarte).

Nr. 883/2004 unterworfen ist oder war. Diese Regel ist nicht auf Leistungsansprüche anzuwenden, die nicht von einem Ehegatten oder Elternteil abgeleitet sind.[35]

b) Sachlicher Geltungsbereich

Nach Art. 3 VO (EG) Nr. 883/2004 gilt die zwischenstaatliche Koordination für alle „Zweige der sozialen Sicherheit". Die sind umschrieben als „a) Leistungen bei Krankheit, b) Leistungen bei Mutterschaft und gleichgestellte Leistungen bei Vaterschaft, c) Leistungen bei Invalidität, d) Leistungen bei Alter, e) Leistungen an Hinterbliebene, f) Leistungen bei Arbeitsunfällen und Berufskrankheiten, g) Sterbegeld, h) Leistungen bei Arbeitslosigkeit, i) Vorruhestandsleistungen, j) Familienleistungen." Durch die Aufzählung der Leistungsarten wird der sachliche Geltungsbereich der VO (EG) Nr. 883/2004 **extensional** – d. h. durch Aufzählung der einschlägigen Materien – definiert. Sozialrechtliche Ansprüche, Anrechte oder Berechtigungen unterfallen danach dem Europäischen koordinierenden Sozialrecht grundsätzlich nur, falls sie vor einem in der Aufzählung **erwähnten** sozialen Risiko[36] sichern. 93

Das maßgebliche Abgrenzungskriterium ist der **Zweck** eines Leistungssystems. Es muss dem Schutz vor einem in diesem Katalog eigens aufgeführten **sozialen Risiko**: Krankheit, Mutterschaft und „Vaterschaft"[37], Invalidität, Alter, Tod, Arbeitsunfall und Berufskrankheiten, Arbeitslosigkeit oder Familienunterhalt dienen. Ein geltend gemachtes Begehren, erhobener Anspruch oder behauptetes Anrecht sind danach EU-rechtlich zu qualifizieren.[38] Dafür ist zu prüfen, ob es für ein spezielles Risiko durch ein Teilsystem des Sozialrechts zu schützen bezweckt. 94

Die nach Art. 3 I VO (EG) Nr. 883/2004 vorzunehmende **Qualifikation** bedeutet die **Auslegung** eines sozialrechtlichen **Systembegriffs** in einer Norm koordinierenden EU-Sozialrechts losgelöst vom Recht des Mitgliedstaates. So werden arbeitsrechtliche Leistungen auf **Entgeltfortzahlung** im Krankheitsfall als Leistung der **sozialen Sicherheit** bei Krankheit[39] qualifiziert, weil sie den Arbeitnehmer vor krankheitsbedingten Einkommensverlusten schützen und dieser Verlust ein anerkanntes soziales Risiko ist. Deshalb sind **Systematisierungen** des Rechts **eines Mitgliedstaates** für eine solche Qualifikation unerheblich. Auch die deutsche **Pflegeversicherung** ist als Leistung bei **Krankheit** zu quali- 95

---

35 Leitentscheidung EuGH Slg. 1976, 1669 (Kermaschek); EuGH Slg. 2001, I-8225 (Ruhr).
36 Langendonck; Schulte, in von Maydell/Ruland/Becker (Hg.), Sozialrechtshandbuch, 5. Aufl., 2012, § 33 Rn. 59 ff.; Otting, in Hauck/Noftz, EU-Sozialrecht, K Art. 3 Rn. 13 ff.
37 Gemeint ist dabei – feine Bedeutungsverschiebung gegenüber seinem originären sprachlichen Sinn – die Wahrnehmung der Kinderbetreuung und -pflege durch den Vater eines Kindes.
38 EuGH Slg. 1972, 1105 (Heinze), Slg. 1980, 75 (Jordens-Vosters); Eichenhofer, ISR, 1994, Tz. 176 ff.; Fuchs, Nomos-Kommentar EuSozR, Art. 3 Rn. 7; Marhold, in Pfeil, 1998, 31 ff.; Jorens/Van Overmeiren, in Eichenhofer (Hg.), 2009, 105.
39 EuGH Slg. 1992, I-3423 (Paletta I).

II. Koordinierendes Sozialrecht der EU

fizieren,[40] auch wenn deutsches Recht die Risiken Krankheit und Pflegebedürftigkeit trennt und gesondert in zwei Versicherungszweigen ausgestaltet. Diese Unterscheidung ist im EU-Recht aber ohne Belang; Pflege gilt als Teil der Sicherung bei Krankheit. Zur sozialen Sicherheit gehört auch die Beamten- wie berufsständische Versorgung.[41] Nach der Rechtsprechung des EuGH[42] zählt zu den **Familienleistungen** auch das an die Eltern Neugeborener für Familienarbeit gezahlte **Elterngeld**. Hingegen unterliegen der Sozialrechtskoordination **nicht** die ergänzenden **betrieblichen Leistungen**.[43] Denn sie treten neben die Leistungen sozialer Sicherheit und sind also nicht deren Teil.[44]

96 Neben einer Definition durch Aufzählung der ihr unterfallenden Teilmengen (extensionale Definition) trifft Art. 3 VO (EG) Nr. 883/2004 ferner eine **intensionale Definition**, also die Umschreibung eines Sicherungssystems durch dessen **Eigenschaften**. Dieses wird positiv und negativ umgrenzt. Ersteres geschieht durch Art. 3 II, III VO (EG) Nr. 883/2004, letzteres durch Art. 3 V VO (EG) Nr. 883/2004. Soziale Sicherheit ist somit unabhängig von der Finanzierung, Trägerschaft noch dem Berechtigten-Kreis zu bestimmen. Einerlei, ob durch Steuern[45] oder Beiträge finanziert, öffentlich oder vom Arbeitgeber verwaltet, die gesamte Wohn- oder Erwerbsbevölkerung oder die Arbeitnehmerschaft oder einzelne Gruppen von Erwerbstätigen oder Arbeitnehmern umschließend – soziale Sicherheit liegt vor, falls bei Eintritt der aufgeführten sozialen Risiken einzelne Leistungen geschuldet sind. Auch steuerfinanzierte, beitragsunabhängige Geldleistungen (Art. 70 VO (EG) Nr. 883/2004) fallen darunter, sofern sie an den Eintritt eines in Art. 3 I VO (EG) Nr. 883/2004 genannten **sozialen Risikos** geknüpft sind oder an behinderte Menschen zum Ausgleich behinderungsbedingter Nachteile gewährt werden. Es entfällt für diese Gattung lediglich das Gebot zum Leistungsexport; der Gesetzgeber wird aber nicht von der **Gleichbehandlung** dispensiert (Art. 4 VO (EG) Nr. 883/2004).[46]

97 Von der sozialen Sicherung begrifflich ausgenommen sind Leistungen für **Sozialhilfe** und **Kriegsopfer** sowie die Opfer von Gewalttaten (Art. 3 V VO (EG) Nr. 883/2004). Die Leistungen der Sozialhilfe werden nicht risiko-, sondern bedarfsbezogen bestimmt[47] und strikt bedarfsabhängig bemessen. Leistungen der sozialen Sicherheit sind dagegen bedarfsunabhängig, weil am typischen,

---

40 EuGH Slg. 1998, I-843 (Molenaar); EuGH Slg. 2004, I-6483 (Barth, Gaumain-Cerri); EuGH Slg. 2006, I-1771 (Hosse); EuGH Slg. 2011, I-5737 (da Silva Martins).
41 Ylinen, 2012; Fuchs, Ist die Pflichtmitgliedschaft in eine 5737 Versorgungseinrichtung mit dem EU-Binnenmarktrecht vereinbar, o. J.
42 EuGH Slg. 1996, I-4895 (Hoever-Zachow); einschränkend: EuGH Slg. 2001, I-4265 (Leclere).
43 Stattdessen kommt es zur zeitratierliche Berechnung des Anspruchs; vgl. dazu Preis, in ders./Sagan, 2015, § 4 Rn. 141 ff.
44 EuGH Slg. 1992, I-75 (Kommission/Frankreich), Slg. 1992, I-531 (Kommission/Belgien); vgl. auch EuGH Slg. 2011, I-1379 (Casteels).
45 EuGH – 26.2.2015 – Rs. C-623/13 (de Ruyter).
46 EuGH Slg. 2001, I-6193 (Grzelczyk).
47 EuGH Slg. 1985, 973, 986 (Hoeckx).

generellen statt individuellen, abstrakt ermittelten Bedarf ausgerichtet. Leistungen der Sozialhilfe setzen eine das gesamte **Einkommen** und **Vermögen** umschließende **Bedürftigkeitsprüfung** voraus, wogegen die Leistungen der sozialen Sicherheit unabhängig vom Vermögen des Berechtigten erbracht werden und allenfalls ausnahmsweise eine Einkommensanrechnung vorsehen.[48]

Leistungen für Opfer des Krieges und von Straftaten gleichen die bei dem in einem Mitgliedstaat erbrachten Militärdienst oder durch Straftaten erlittenen Beeinträchtigungen an Leben, Leib oder Vermögen aus.[49] Dazu gehören auch die Leistungen sozialer Entschädigung, die im deutschen Recht im Rahmen der unechten Unfallversicherung durch die Unfallkasse erbracht werden (vgl. Rn. 225). Dagegen gelten nicht als Leistungen an die Opfer des Krieges und seiner Folgen staatliche Leistungen zum Ausgleich der von politisch oder rassisch Verfolgten in der sozialen Sicherheit erlittenen Schäden.[50] Diese Leistungen verbessern direkt die soziale Sicherung von **Verfolgten** und sind daher selbst Leistungen sozialer Sicherheit. Desgleichen sind die eine Integration Vertriebener in die deutsche Rentenversicherung bezweckenden Bestimmungen des **Fremdrentengesetzes** exportpflichtige Leistungen sozialer Sicherheit.[51] 98

Die den **Beamten** vorbehaltenen Sondersysteme (vgl. Art. 1 lit. e VO (EG) Nr. 883/2004) gewähren den bei öffentlichen Körperschaften oder Anstalten Beschäftigten eine eigenständige soziale Sicherung, losgelöst von oder in Ergänzung zu den für sonstige Erwerbstätige bestehenden Sicherungen. Sie waren aus dem Geltungsbereich der Koordination ausgenommen. Nach einem dies beanstandenden Urteil des EuGH[52] wurden mit VO (EWG) Nr. 1606/98 vom 29. Juni 1998[53] die Regeln der zwischenstaatlichen Sozialrechtskoordination auf die von **Sondersystemen** erfassten Beamten erstreckt. Die bei Einrichtungen der EU verbrachte Beschäftigung von deren Bediensteten gilt in der Arbeitslosen-[54] und Rentenversicherung[55] wie eine Beschäftigung in den Mitgliedstaaten. 99

2. Gleichbehandlung und Tatbestandsgleichstellung unter EU-Angehörigen

Das in Art. 4 VO (EG) Nr. 883/2004 enthaltene **Gleichbehandlungsgebot** untersagt den **Mitgliedstaaten** bei Gestaltung sozialer Sicherheit[56] jede auf die 100

---

48 EuGH Slg. 1991, 3017 (Newton); Igl, in Oetker/Preis, B 9300.
49 EuGH Slg. 1978, 1661 (Gillard), Slg. 1979, 2019 (Even).
50 Vgl. die deutschen WGSVG – Wiedergutmachung von NS-Unrecht in der Sozialversicherung: EuGH Slg. 1981, 229 (Vigier); Slg. 2004, I-08411(Baldinger).
51 EuGH Slg. 2007, I-11895 (Habelt, Möser, Wachter).
52 EuGH Slg. 1995, 4033 (Vougioukas); EuGH Slg. 2004, I-2641 (Leichtle) – betrifft Beihilfe.
53 ABl. EG vom 25. 6. 1998 Nr. L 209; vgl. Stürmer/Biller, DöD 2001, 105.
54 EuGH EU:C:2015:54.
55 EuGH EU:C:2015:591.
56 EuGH, Slg. 2001, I-2415 (Fahmi).

II. Koordinierendes Sozialrecht der EU

Staatsangehörigkeit gestützte Diskriminierung.[57] Dieses Gebot gilt für EU-Bürger wie Nicht-EU-Bürger, die nach Art. 2 VO (EG) Nr. 883/2004 in den Geltungsbereich der VO (EG) Nr. 883/2004 einbezogen sind. Dieses Verbot einer Differenzierung nach der Staatsangehörigkeit gilt für Ansprüche oder Anrechte auf **Leistungen** und erstreckt sich auf die **Teilhabe-** und **Mitwirkungsrechte** in der Verwaltung der sozialen Sicherheit, beschränkt sich ferner nicht auf das materielle, sondern umfasst auch das **zwischenstaatliche** Recht eines Mitgliedstaates.

101 Art. 4 I VO (EG) Nr. 883/2004 konkretisiert damit für die soziale Sicherheit das im EU-Recht allgemein anerkannte Verbot der **Diskriminierung** aufgrund der Staatsangehörigkeit (Art. 18 AEUV).[58] Dieses strikte Verbot verhindert, dass bei Gewährung von Sozialleistungen deren Erwerb oder Umfang von der Staatsangehörigkeit des Beschäftigten abhängig gemacht wird. Es sichert damit zugleich die **Binnenmarktfreiheiten** und die im Primärrecht verankerte Unionsbürgerstellung (Art. 20 f. AEUV).[59] Das Gebot untersagt daher, dass ein leistungspflichtiger Staat für Angehörige anderer Mitgliedstaaten den Anspruchserwerb an **Voraussetzungen** (z. B. Aufenthaltserlaubnis) bindet, die er von den **eigenen Staatsangehörigen** nicht fordert.[60] Das Gebot der Gleichbehandlung untersagt – anders und allgemein formuliert – im EU-Recht jegliche Diskriminierung aufgrund der Staatsangehörigkeit. Eine Ausnahme von der Gleichbehandlung nach der Staatsangehörigkeit erlaubt allerdings die jüngere Rechtsprechung des EuGH bei den als „Sozialhilfe" zu qualifizierenden Leistungen nach Art. 24 II RL 2004/38/EG.[61]

102 Nach der Rechtsprechung des EuGH umschloss das Gebot der **Gleichbehandlung** die Pflicht, Sozialleistungen auch für die in andere Mitgliedstaaten ausgeübten anspruchsbegründenden Tätigkeiten zu gewähren.[62] Daraus ergab sich für jeden Mitgliedstaat die Pflicht, die sich in anderen Mitgliedstaaten ereignenden **Sachverhalte** dem nach dem Recht eines Mitgliedstaats anspruchsbegründenden Sachverhalt **gleichzustellen.**[63]

Deshalb wurde in der Rechtsprechung des EuGH anerkannt, dass falls ein Anspruch von der Staatsangehörigkeit des leistungspflichtigen Staates abhängt, die ausländische der inländischen Staatsangehörigkeit gleichzustellen sei.[64] Weitere Folgerungen sind, einen **wiederkehrend geschuldeten Geldbetrag** an

---

57 Brinkmann; Davy, 2015; Hauschild, in Hauck/Noftz/Eichenhofer, K Art. 5 Rn. 9 ff.; Goudappel, 2010; Husmann, ZESAR 2010, 97; Becker, VSSR 2000, 221; ders., ZESAR 2002, 8 ff.; Janda, 2012, 122 ff.; Janda, 2015; Kahil-Wolff, 2017 chap. 11; Langer, in Ebsen, 2000, 44 ff.; Eichenhofer, ZIAS 2003, 404; Jorens/Van Overmeiren, in Eichenhofer (Hg.), 50 Jahre nach ihrem Beginn, 2009, 105; Pennings, 2015.
58 EuGH Slg. 1978, 1489 (Kenny), Slg. 1990, I-4211 (Haji), Slg. 2001, I-6193 (Grzelczyk).
59 Vgl. dazu EuGMR Rechtssache Kuri.
60 EuGH Slg. 1998, I-2691 (Sala), Slg. 2001, I-2261 (Offermanns).
61 EuGH EU:C:2014:2358; EuGH EU:C:2015:597; EuGH EU:C:2016:114.
62 EuGH Slg. 1976, 2057 (Inzirillo), Slg. 1989, 1591 (Allué und Coonan).
63 Hauschild, in Hauck/Noftz, K Art. 5 Rn. 9 ff.
64 EuGH Slg. 1979, 2645 (CRAM/Toia).

den in einem anderen Mitgliedstaat sich aufhaltenden Berechtigten (allenfalls unter Anrechnung der erhöhten Übermittlungskosten) auszuzahlen,[65] Auslands- und Inlandswehrdienst bei Berechnung von **Altersgrenzen**,[66] ferner Auslands- mit Inlandserziehung beim **Elterngeld**[67] gleichzustellen und das **Krankengeld** im Hinblick auf unterschiedliche **Steuerklassen** wegen des Wohnsitzes des Ehegatten in einem anderen Mitgliedstaat[68] gleich zu bemessen. Des Weiteren ist es danach unstatthaft, von in unterschiedlichen Staaten zurückgelegten **Kindererziehungszeiten**[69] oder ein ausländisches und ein inländisches **Beamtenstatut** im Rahmen von Beitragserstattung unterschiedlich zu würdigen.[70] Der EuGH verwarf[71] die bei Ausscheiden einer im Inland im Beamtenverhältnis beschäftigten Person einsetzende Nachversicherung in der gesetzlichen Rentenversicherung als eine im Hinblick auf die damit verbundenen Einbußen an Alterssicherungsrechten unangemessene Folge, die deshalb den Anforderungen an die Freizügigkeit (Art. 45 AEUV) nicht standhalte:

Das Gebot gilt für Versicherte wie abgeleitet Gesicherte;[72] es erfasst nach deren Einbeziehung in den persönlichen Anwendungsbereich der VO (EG) Nr. 883/2004 auch die Angehörigen von Drittstaaten.[73]

Die Gleichstellung vermeidet die **indirekte Diskriminierung** wegen der **Staatsangehörigkeit**.[74] Diese Begriffsbildung wird auch bei dem Verbot der Diskriminierung wegen des **Geschlechts** (Art. 157 AEUV) und anderen Diskriminierungsverboten (vgl. Art. 18 AEUV) verwendet. Kennzeichnet direkte Diskriminierung unterschiedliche Regelungen für Angehörige unterschiedlicher Gruppen, charakterisiert indirekte Diskriminierung eine Rechtsregel, die auf unterschiedliche Normadressaten unterschiedlich wirkt, ohne dass dies aus der Norm selbst erkennbar würde. Auch solche Regeln diskriminieren, sofern für sie keine **objektive Rechtfertigung** bestehen. 103

Eine objektive Rechtfertigung liegt vor, wenn die unterschiedliche Behandlung erwiesenermaßen nicht auf der Staatsangehörigkeit beruht. Anwendungsfälle sind das Ruhen einer deutschen **Knappschaftsrente** bei Bezug einer ausländischen Leistung wegen **Berufskrankheiten** als eine jener gleichwertigen Leistung.[75] Nicht gerechtfertigt ist dagegen die Versagung von nachrangigem **Kindergeld** für in anderen Mitgliedstaaten lebende arbeitslose Kinder, während diese bei **Arbeitslosigkeit** im zuständigen Staat den Eltern den Anspruch ver-

---

65 EuGH Slg. 2000, I-7293 (Borawitz).
66 EuGH Slg. 1997, I-3659 (Mara Romero).
67 EuGH Slg. 1998, I-2691 (Sala).
68 EuGH Slg. 2007, I-563 (Celozzi).
69 EuGH Slg. 2000, I-10409 (Elsen).
70 EuGH Slg. 1993, I-6857 (Leguaye-Neelsen).
71 EuGH EU:C:2016:550; Ruland, ZESAR 2018, 53.
72 EuGH Slg. 1996, I-2097 (Cabanis-Issarte).
73 Groenendijk, in Barwig/Dobbelstein (Hg.), 2012, 131; anders zur früheren Rechtslage: EuGH Slg. 1992, I-4401 (Taghavi), Slg. 1990, I-4213 (Haji); Slg. 2001, I-2415 (Fahmi).
74 EuGH Slg. 1996, I-4895 (Hoever/Zachow), Slg. 1990, I-531 (Bronzino), I-557 (Gatto).
75 EuGH Slg. 1991, I-1119 (Masgio).

II. Koordinierendes Sozialrecht der EU

mitteln.[76] Desgleichen ist bei der Ermittlung der Anrechnungszeit für den **Wehrdienst** bei der Waisenrente, den in anderen Mitgliedstaaten geleisteten Wehrdienst dem im zuständigen Staat zu leistenden gleichzustellen.[77]

104 Daher enthält Art. 5 VO (EG) Nr. 883/2004 eine grundlegende Neuerung Europäischen koordinierenden Sozialrechts. Diese Bestimmung sieht nicht nur eine Gleichstellung von **Leistungen** und **Einkünften** wie gleichgestellten **Ereignissen** vor, sondern formuliert den allgemeinen Grundsatz der Sachverhaltsgleichstellung, wiewohl dieser bereits zuvor in der Rechtsprechung auch in dieser Bezeichnung anerkannt war.[78] Denn er verpflichtete die Gerichte, die Tatbestandserfüllung in einem anderen Mitgliedstaat der **Tatbestandserfüllung** im zuständigen Staat **gleichzustellen**. Danach hat der zur Rechtsanwendung berufene Mitgliedstaat bei Auslegung seiner sozialrechtlichen Normen die unter dem Recht eines anderen Mitgliedstaates verwirklichten Rechtsverhältnisse oder die in einem anderen Mitgliedstaat verwirklichten Sachverhalte den dem Recht des zuständigen Staates unterliegenden Rechtsverhältnissen oder den darin verwirklichten Sachverhalten gleichzustellen (Art. 5 lit. b) VO (EG) 883/2004); dies gilt namentlich im Hinblick auf die für die Leistungsbemessung maßgebenden Begriffe des Einkommens und Einkommensersatzes (Art. 5 lit. a) VO (EG) 883/2004).

Tatbestandsgleichstellung bedeutet, dass für die Verwirklichung eines Tatbestandsmerkmals nach dem Recht des zuständigen Staates nicht nur solche, in diesem Staat verwirklichte Umstände zählen, sondern auch die in einem anderen Staat verwirklichten Tatbestandsvoraussetzungen als gleichwertig anzuerkennen sind,[79] beispielsweise Altersteilzeit in Österreich zu 40 % entspricht Altersteilzeit in Deutschland zu 50 %.[80] Bei der Krankenversicherung der Rentner[81] darf auch eine Betriebsrente aus dem Ausland mit Beiträgen belegt werden (Art. 5 VO (EG) 883/2004).

Der Grundsatz der Tatbestandsgleichstellung wurde von der Rechtsprechung in und zur Ergänzung der im Recht der EU bestehenden speziellen Gelichstellungsgebote entwickelt.

Der Grundsatz ist mehr als ein Lückenfüller und -schließer. Die Rechtsprechung erstreckte dieses Gebot in zahlreichen Urteilen auf zahlreiche Anspruchsmerkmale. Der EuGH anerkannte die Tatbestandsgleichstellung hinsichtlich der Ver-

---

76 EuGH Slg. 1990, I-531 (Bronzino), I-557 (Gatto).
77 EuGH Slg. 1997, I-3659 (Romero).
78 EuGH Slg. 1998, I-47 (Schöning-Kougebetopoulou).
79 Jorens/Van Overmeiren, in Eichenhofer (Hg.), 50 Jahre nach ihrem Beginn, 2009, 125 ff.; Spiegel, in Marhold (Hg.), 2005, 9 ff.; ders., in Deutsche Rentenversicherung Bund (Hg.), DRV-Schriften, Band 71, 2007, 25, 43 f.
80 EuGH – 18. 12. 2014 – Rs. C-523/13 (Larcher).
81 EuGH EU:C:2016:37.

§ 6 Allgemeine Vorschriften

sicherungszeiten[82], Arbeitslosigkeit[83],Strafhaft[84] Erwerbstätigkeit[85], Einkünfte[86],Einschluss in das Bildungssystem[87], Tätigkeit im öffentlichen Dienst[88], Wohnsitz[89], auch derjenige von Ehegatten[90] und Kindern[91], Militärdienst[92], Kindererziehung[93], Arbeitsunfall[94], Sozialleistungsbezug[95] und Betreuung eines Kindes mit einer Behinderung[96]. Damit entfaltete er seine Wirkung in allen sozialrechtlichen Teilgebieten, für welche die VO (EG) Nr. 883/2004 gilt. Daraus hat die Rechtsprechung zahlreiche Folgerungen gezogen, die durchgängig die Struktur transnationaler Rechtsansprüche erkennen lassen.

Häufig wird die versagte Tatbestandsgleichstellung als Verletzung der Freizügigkeit des Berechtigten interpretiert[97]; sie ginge als für die Freizügigkeit gebrauchenden Personen mit Rechtsverlusten einher. Daher ist ein erhöhtes Elterngeld auch dann geschuldet, wenn dieses nach Erhalt einer Krankengeldzah-

---

82 EuGH – 13.7.1966 – C-4/66 – EU:C:1966:43 (Hagenbeek); – 5.12.1967 – C-14/67 – EU:C:1967:48 (Welchner); – 9.11.1977 – C-41/77 -EU:C:1977:177 (Warry); – 24.4.1980 – C-110/79 – EU:C:1980:112 (Coonan); – 25.2.1986 – C-284/84 EU:C:1986:79 (Spruyt); – 17.9.1997 – C-322/95 – EU:C:1997:410 (Iurlaro); – 16.12.2006 – C-137/04 – EU:C:2006:106 (Rockler).
83 EuGH – 9.7.1975 – C-20/75-EU:C:1975:101 (D'Amico); – 22.2.1990 – C-228/88 – EU:C:1990:85 (Bronzino).
84 EuGH – 28.6.1978 – C-1/78 – EU:C:1978:140 (Kenny).
85 EuGH – 7.6.1988 – C-20/85 – EU:C:1988:283 (Roviello); – 9.12.1993 – C-45/92 C-46/92 – EU:C:1993:921 (Lepore und Scamuffa); – 18.12.2014 – C-523/13 – EU:C:2014:2458 (Larcher).
86 EuGH – 7.7.1988 – C-154/87 – EU:C:1988:379 (Wolf); – 4.10.1991 – C-349/87- EU:C:1991:372 (Paraschi).
87 EuGH – 21.9.1991 – C-27/91 – EU:C:1991:441 (Le Manoir); 12.9.1996 – C-278/94 EU:C:1996:22 (Kommission ./. Belgien); 15.9.2005 – C-258/04 – EU:C:2005:559 (Ioannidis).
88 EuGH – 16.12.1993 – C-28/92 – EU:C:1993:942 (Leguaye-Neelsen).
89 EuGH – 5.2.2002 – C-277/99 – EU:C:2002:74 (Kaske); – 18.7.2006 – C-406/04-2006:491 (de Cuyper).
90 EuGH – 5.10.1995 – C-321/93 – EU:C:1995:306 (Imbernon Martinez); – 18.1.2007 – C-332/05 – EU:C:2007:35 (Celozzi).
91 EuGH – 12.6.1997 – C-266/95 – EU:C:1997:292 (Merino Garcia).
92 EuGH – 13.3.1997 – C-131/95 – EU:C:1997:317 (Mora Romero).
93 EuGH – 23.11.2002 – C-135/99 -EU:C:2000:647 (Elsen); – 7.2.2002 – C-28/00 - EU:C:2002:82(Kauer); – 21.2.2008 – C-507/06 EU:C:2008:110 (Klöppel); – 19.7.2012 – C-522/10 – EU:C:2012:475 (Reichel-Albert).
94 EuGH – 7.3.1991 – C-10/90 – EU:C:1991:107 (Masgio); – 15.12.2011 – C-257/10 - EU:C:2011:839 (Bergström); – 21.1.2016 – C-453/14 – EU:C:2016:37 (Knauer); – 7.4.2016 – C-284/15-EU:C:2016:220 (ONem).
95 EuGH – 28.4.2004 – C-373/02 – EU:C:2004:232 (Öztürk); – 15.12.2011 – C-257/10 – EU:C:2011:839 (Bergström); 21.1.2016 – C-453/14 EU:C:2016:37(Knauer); – 7.4.2016 – C-284/15 – EU:C:2016:220 (ONem).
96 EuGH – 12.3.2020 – C-769/18 – EU:C:2020:203 (Caisse d' assurance retraite et de la santé au travail d'Alsace-Moselle).
97 EuGH – 23.11.2002 – C-135/99 – EU:C:2000:647 (Elsen); – 7.2.2002 – C-28/00 -EU:C:2002:82 (Kauer); – 19.7.2012 – C-522/10 – EU:C:2012:475 (Reichel-Albert).- 9.11.2006 – C-520/04 – EU:C:2006:703 (Turpeinen); EuGH – 3.3.2011 – C-440/09 – EU:C:2011:114(Tomaszewska).

lung zu entrichten ist, falls diese Zahlung statt nach dem Recht des leistungspflichten Staates nach dem Recht eines anderen Mitgliedstaates entrichtet wurde.[98] Art. 14 VO (EG) Nr. 883/2004 erweitert deshalb das Recht auf freiwillige Versicherung auf Personen, die außerhalb des zuständigen Staates wohnen, und erweitert damit die Befugnis zur freiwilligen Versicherung im Hinblick auf Beschäftigungs- oder Versicherungszeiten in anderen Staaten als dem Staat, unter dem die freiwillige Versicherung stattfinden soll.[99]

Desgleichen ist eine Kindererziehung in einem anderen Staat derjenigen im zuständigen für die Anrechnung der Kindererziehungszeit gleich zu stellen.[100] Falls eine für den Bezug einer Erwerbsminderungsrente geforderte Wartezeit durch Krankheit, Mutterschaft oder Arbeitslosigkeit unterbrochen wird, tritt diese Unterbrechung auch ein, wenn dieses Ereignis außerhalb des zuständigen Staates verwirklicht wird.[101]

Ist bei der Erwerbsminderungsrente die zuvor innegehabte berufliche Position von Bedeutung, so ist ein beruflicher Aufstieg, der in einer ausländischen Beschäftigung erzielt wurde mit einer solchen Im Inland erlangten Position gleich zu stellen.[102] Die Bestimmung der Pensionsversicherung, dass der Anspruch auf eine Erwerbsminderungsrente entfällt, falls ein Arbeitsunfall vorliegt, ist auch anzuwenden, wenn der Arbeitsunfall nach dem Recht eines anderen Mitgliedstaates zu entschädigen ist[103].Desgleichen ist, falls der Anspruch auf Pensionsleistung entfällt, falls Versicherte eine Strafhaft verbüßen auf Gefängnisstrafen zu erstrecken, die nach dem Recht eines anderen als des leistungspflichtigen Staates verhängt werden[104]. Hängt die erhöhte vorzeitige Altersrente, die eine Anhebung auf die Mindestrente vorsehe, von einem bestimmten Rentenbetrag ab, so gebietet Art. 5 lit a) VO (EG) Nr. 883/2004, die nach dem Recht anderer Mitgliedstaaten erworbenen Rentenansprüche bei der Ermittlung dieses Wertes gleichzustellen[105].

105 Durch Art. 6 VO (EG) Nr. 883/2004 wird das Prinzip der Tatbestandsgleichstellung auch auf die Wohn-, Beschäftigungs- und Versicherungszeiten erstreckt. Denn danach ist für den Erwerb von Leistungsansprüchen deren Zusammenrechnung vorgesehen. Auch in dieser Bestimmung gelangt zum Ausdruck, dass die „Äquivalenzregel"[106] das zentrale Gestaltungsmittel Internationalen und Europäischen koordinierenden Sozialrechts darstellt. Die Tatbestandsgleich-

---

98 EuGH – 15.12.2011 – C-257/10 EU:C:2011:839 (Bergström); – 2006 – C-137/04 EU:C:2006:106 (Rockler).
99 EuGH – 12.23.2015 – C-114/13 – EU:C:2015:81 (Bouman).
100 EuGH – 7.2.2002 – C-28/00 – EU:C:2002:82(Kauer).
101 EuGH – 4.10.1991 – C-349/87 – EU:C:1991:372 (Paraschi).
102 Devetzi in Hauck/Noftz, EU-SozR, Art 14 Rn 4ff.
103 EuGH – 18.4.2002 – C-290/00 – EU:C:2002:234(Duchon).
104 EuGH – 28.6.1978 – C-1/78 – EU:C:1978:140 (Kenny).
105 EuGH – 5.12.2019 – C-398/18; C-428/18 EU:C:2019:1050 (Bocero und Torricon).
106 Eichenhofer, 1987, 247ff.; positiv gewürdigt bei Schmidt-Aßmann, EuR 1996, 270, 297; vgl. auch Jorens/Van Overmeiren, in Eichenhofer (Hg.), 50 Jahre nach ihrem Beginn, 2009, 105, 126ff.

§ 6 Allgemeine Vorschriften

stellung trägt also viele Einzelregelungen des Internationalen Sozialversicherungsrechts, weil sie als eine Äquivalenzregel setzt und dadurch die Wirkungen des Rechts eines Staates auf die unter dem Recht anderer Staaten verwirklichten Sachverhalte erstreckt und jenes damit erweitert. Die Tatbestandsgleichstellung usurpiert keine Zuständigkeiten für den gleichstellenden Staat, sondern erstreckt die Wirkungen seiner Normen auf internationale Sachverhalte, um Schutzlücken zu schließen und schafft so vor allem transnationale Ansprüche, um Gleichbehandlung zu sichern. Demgemäß wird auch in der Rechtsprechung des EuGH[107] für das gesamte EU-Recht ein die Sicherung der Grundfreiheiten gewährleistender allgemeiner „**Äquivalenzgrundsatz**" anerkannt. Daraus folgt für Art. 5 VO (EG) 883/2004, dass zeitliche Merkmale als Gegenstände der Zusammenrechnung unter Art. 6 VO (EG) 883/2004 und nicht unter Art. 5 VO (EG) 883/2004 fallen.[108]

In der Literatur fand die Tatbestandsgleichstellung bisher noch wenig Resonanz.[109] Artikel 5 VO (EG) Nr. 883/2004 gebietet die „Gleichstellung von Leistungen, Einkünften, Sachverhalten oder Ereignissen". Art. 5 lit. a) VO (EG) Nr. 883/2004 ordnet die Gleichstellung ausländischer mit inländischen Sachverhalten und Ereignissen zunächst mit Blick auf die sozialrechtlichen Anrechnungs-, Ausschluss- oder Kürzungsregeln an. Dieses Gleichstellungsgebot wirkt zunächst restriktiv. Es soll die Nachrangigkeit inländischen Sozialrechts gegenüber den als prinzipiell vorrangig adressierten konkurrierenden Ansprüchen formulieren – einerlei, ob diese kraft in- oder ausländischen Rechts begründet sind. Das gesetzgeberische Motiv für die Gleichstellung liegt also in der Abwendung einer andernfalls eintretenden Besserstellung der nach ausländischem Recht gegenüber dem nach inländischem Recht Berechtigten.

Die in Art. 5 lit. b) VO (EG) Nr. 883/2004 formulierte Tatbestandsgleichstellung geht darüber hinaus. Sie wird zum allgemeinen Gebot für sämtliche sozialrechtliche Regeln, einerlei ob sie anspruchs- oder pflichtbegründend wirken.[110] Die Regelung erklärt sich aus der allgemeinen Aufgabenstellung des zwischenstaatlich koordinierenden Rechts, das wechselseitige Zusammenwirken der durch Koordinationsrecht verbundenen mitgliedstaatlichen Sozialrechtsordnungen zu gewährleisten.

Dabei sind die in Art. 5 lit. b) VO (EG) Nr. 883/2004 verwendeten Begriffe, wonach sich die Gleichstellung auf „Tatsachen" und „Ereignisse" zu beziehen hätten, als pauschale Bezeichnung für alle natürlichen und institutionellen Tatsachen zu deuten, so dass der Begriff „Tatsachen und Ereignisse" als eine Einheit zu verstehen ist. Die gleichzustellenden Gegebenheiten müssen ver-

---

107 EuGH Slg. 2003, I-6515 (Pasquini); Slg. 1997, I-4025 (Palmisani); Slg. 1998, I-4951 (Edis).
108 EuGH Slg. 2004, I-10761 (Adanez-Vega).
109 Hauschild, in Hauck/Noftz (Hg.), EU-Sozialrecht, K Art. 5 Rn. 9 ff.; Hauschild, DGUV Forum 2017, 30; Oppermann in Schlachter/Heinig, 2016, § 27–70 ff.; Schuler, in Fuchs (Hg.), Europäisches Sozialrecht, 2017 (7. Auflage), Art. 5 Rn. 1 ff.
110 Schuler, Fuchs Art. 5 Rn. 11.

II. Koordinierendes Sozialrecht der EU

gleichbar sein, d. h. im Hinblick auf die sozialpolitische Zwecksetzung einander entsprechen.[111]

Gegenstand der Gleichstellung sind nach Erwägungsgrund (10) „bestimmte Sachverhalte und Ereignisse". Bezugspunkt der Gleichstellung sind einzelne sozialrechtliche Tatbestandsmerkmale, die im Rahmen des anwendbaren Rechts die Tatbestandsvoraussetzungen eines anspruchs- oder pflichtenbegründenden Rechts darstellen. Die Tatbestandsgleichstellung hat daher stets konkret und speziell im Hinblick auf ein einzelnes Tatbestandsmerkmal hin vorgenommen zu werden.

Der Grundsatz war durch das Richterrecht des EuGH vorgezeichnet. Der EuGH entwickelte unter den früheren Fassungen des Europäischen koordinierenden Sozialrechts eine Rechtsprechung, welche für Versicherungszeiten,[112] Arbeitslosigkeit,[113] Strafhaft,[114] Erwerbstätigkeit,[115] Einkünfte,[116] Einschluss in das Bildungssystem,[117] Tätigkeit im öffentlichen Dienst,[118] Wohnsitz[119] – auch von Ehegatte[120] oder Kind[121] des Berechtigten –, Militärdienst,[122] Kindererziehung,[123] Arbeitsunfall[124] und Sozialleistungsbezug[125] eine Tatbestandsgleichstellung für geboten hielt, weil andernfalls die Freizügigkeit verletzt oder die Gleichbehandlung unter EU-Bürgern nicht gewährleistet wäre.[126] In allen diesen Einzelentscheidungen befand der EuGH, dass zur Abwendung einer andernfalls eintretenden rechtlichen Benachteiligung des die Freizügigkeit gebrauchenden Berechtigten die Gleichstellung der Auslands- mit Inlandssachverhalten als Grundsatz zwischenstaatlicher Sozialrechtskoordination anzuerkennen sei, um die mit dieser Auslegung und darauf gestützten Regel die mit den sekundärrechtlichen Einzelregelungen bezweckten primärrechtlichen Ziele zu erreichen.

Nach Erwägungsgrund (11) findet Tatbestandsgleichstellung Anwendung, nachdem das auf einen Sachverhalt anzuwendende Recht eines Mitgliedstaates

---

111 EuGH EU:C:2016:37; EuGH EU:C:2008:110; EuGH EU:C:2015:643; EuGH EU:C:2006:491; Oppermann, in Heinig/Schlachter § 27–71.
112 EuGH EU:C:1966:43; EuGH EU:C:1967:48; EuGH EU:C:1977:177; EuGH EU:C:1980:112; EuGH EU:C:1986:79; EuGH EU:C:1997:410; EuGH:EU:C:2006:106.
113 EuGH EU:C:1975:101; EuGH EU:C:1990:85.
114 EuGH EU:C:1978:140.
115 EuGH EU:C:1988:283; EuGH EU:C:1989:222; EuGH EU:C:1993:921; EuGH EU:C:2014:2458.
116 EuGH EU:C:1988:379; EuGH EU:C:1991:372.
117 EuGH EU:C:1991:441; EuGH EU:C:1996:22; EuGH EU:C:2005:559.
118 EuGH EU:C:1993:942.
119 EuGH EU:C:2002:74; EuGH EU:C:2006:491.
120 EuGH EU:C:1995:306; EuGH EU:C:2007:35.
121 EuGH EU:C:1997:292.
122 EuGH EU:C:1997:317.
123 EuGH EU:C:2000:647; EuGH EU:C:2002:82; EuGH EU:C:2008:110; EuGH EU:C:2012:475.
124 EuGH EU:C:1991:107; EuGH EU:C:2002:234.
125 EuGH EU:C:2004:232; EuGH EU:C:2011:839; EuGH EU:C:2016:37; EuGH EU:C:2016:220.
126 EuGH EU:C:2000:647; EuGH EU:C:2002:82; EuGH EU:C:2012:475; EuGH EU:C:2006:703; EuGH EU:C:2011:114.

festgestellt ist und damit feststeht. Die Tatbestandsgleichstellung findet ihren Ort also nicht in den in Art. 11–16 VO (EG) Nr. 883/2004 aufgeführten allgemeinen Kollisionsnormen.[127] Ihnen fällt die Aufgabe zu, das auf einen grenzüberschreitenden Sachverhalt anwendbare Recht eines Mitgliedstaates zu bestimmen. Diese ist für die soziale Sicherung der Erwerbstätigen das Recht des gewöhnlichen Erwerbsstaates und für die Sicherung Nichterwerbstätiger das Recht des Wohnstaates (Art. 11 lit. a), b), und e) VO (EG) Nr. 883/2004). Zur Tatbestandsgleichstellung kommt es also nicht, um das anwendbare Recht zu finden und zu bestimmen, sondern erst dann, wenn dieses bereits gefunden worden ist und danach damit feststeht. Steht dieses aber fest, so richtet sich das Gebot an das Recht jedes Mitgliedstaates. Es ist darauf gerichtet, im Rahmen der Rechtsanwendung die Auslandssachverhalte den gleichwertigen Inlandssachverhalten rechtlich gleichzustellen. Keine Tatbestandsgleichstellung (Art. 5 VO (EG) Nr. 883/2004) ist daher im Hinblick auf Leistungsansprüche nach dem Recht anderer Mitgliedstaaten vorzunehmen; im Hinblick auf diese stellt sich allenfalls die Frage nach der Zusammenrechnung von Zeiten (Art. 6 VO (EG) Nr. 883/2004).[128]

Diese Regeln sind deshalb „Äquivalenzregeln"[129] zu nennen, weil ihnen die Aufgabe zukommt, die internationalen Wirkungen nationaler Rechtsgewährleistung zu sichern. Diese Regel heißt im IPR „Substitution".[130] Sie bedeutet für das durch die Kollisionsnormen berufene anwendbare Recht eine Horizonterweiterung. Denn die Regel schafft die Voraussetzung dafür, dass das anwendbare Recht auf internationale Sachverhalte angewendet werden kann. Das Prinzip der Tatbestandsgleichstellung erklärt das Koordinationsrecht insgesamt – weil Koordination durchweg auf der Tatbestandsgleichstellung aufbaut: Deutsches Arbeitslosengeld I ruht deshalb, wenn nach Ende der Beschäftigung ein dem Arbeitslosengeld äquivalentes Urlaubsgeld nach ausländischem Recht bezahlt wird.[131]

3. Konkurrenz zwischen koordinierendem EU-Sozialrecht und internationalen Abkommen

Art. 8 VO (EG) Nr. 883/2004 löst die **Konkurrenz**[132] zwischen dem koordinierenden Sozialrecht der EU und internationalen Abkommen. Danach tritt die VO (EG) Nr. 883/2004 an die Stelle der zwischen den Mitgliedstaaten zuvor vereinbarten völkerrechtlichen Regelungen über soziale Sicherheit. Von der VO (EG) Nr. 883/2004 unberührt bleiben dagegen die **IAO-Übereinkommen**, das vom

106

---

127 Schuler, in Fuchs/Cornelissen (Eds.), 2015, Article 5 No. 2, 4, 5.
128 EuGH EU:C:2019:1050.
129 Eichenhofer, 1987, 218 ff., 247 ff; vgl. Oppermann, Heinig/Schlachter § 27–71, Schuler, Fuchs NomosKommentar, Art. 5 Rn. 4: „Äquivalenzprinzip".
130 Von Bar/Mankowski, IPR Bd. 1 (2. Aufl.), § 4–69 f.; § 7–24 ff.; Hug, 1983; Kropholler, 2006, 3 § 33 II-IV; Mansel 1989; MünchKomm – Sonnenberger, 1998 (3. Aufl.), Einl. 550; BGH IPRax 1990, 117; 1993, 178 – Voraussetzung: „Funktionsäquivalenz".
131 BSG – 17.3.2016 – SGb 2017, 50.
132 Spiegel, in Tomandl, 2000, 127.

II. Koordinierendes Sozialrecht der EU

Europarat verabschiedete Vorläufige Europäische Übereinkommen (vom 11.9.1953), weiterhin zwischen den Mitgliedstaaten geltende Abkommen über soziale Sicherheit, die in Anhang II der Verordnung aufgeführt sind (Art. 8 I VO (EG) Nr. 883/2004).[133] Der EuGH[134] entschied, dass unter EU-Recht eine nicht in den Anhang III der VO (EG) 883/2004 aufgenommene Vereinbarung zwischen Rumänien und Griechenland wegen aus Rumänien nach Griechenland expatriierten griechischen politischen Verfolgten keine Wirkung entfalte. Die in der Rechtssache Rönfeldt[135] für maßgeblich erachteten Gründe für die Fortgeltung eines bilateralen Abkommens gälten deswegen nicht mehr fort. Abkommen, die vor Beitritt der Staaten zur EU geschlossen wurden und zuvor außer Kraft getreten sind, finden keine Anerkennung.[136]

107 Die Frage nach der Anwendung von EU-Recht und bilateralen, der Koordination dienenden Abkommen wurde von der **Rechtsprechung** zwar verschiedentlich, aber uneinheitlich behandelt.[137] Zunächst lehnte der EuGH[138] eine kumulative Anwendung von EU-Recht und Abkommensrecht generell ab. Denn ein **multilaterales** Koordinierungswerk gehe jeder bilateralen Regel als allgemeine Norm vor, verlange es doch nach einer einheitlichen Geltung; es könne und dürfe also nicht durch die Summierung unterschiedlicher Regelungen ersetzt werden. In späteren Entscheidungen[139] hielt der EuGH die kumulative Anwendung mehrerer Koordinierungswerke dagegen für statthaft und gar geboten, um dem Berechtigten die dadurch ausgelöste Begünstigung nicht vorzuenthalten.

108 Art. 8 I VO (EG) Nr. 883/2004 lässt weiter die **intertemporalrechtliche** Frage offen, zu welchem Zeitpunkt das EU-Recht die völkervertraglichen zwischenstaatlichen Regeln ablöst.[140] Zwar ist den Mitgliedstaaten auch unter dem Europäischen koordinierenden Sozialrecht nach Art. 8 II VO (EG) Nr. 883/2004 der Abschluss von Abkommen erlaubt, falls dafür ein Regelungsbedarf besteht und die getroffene Regelung mit Grundsätzen und Geist der Verordnung in Einklang steht. Ferner bekräftigt der EuGH im Einklang mit dem geschriebenen Europäischen koordinierenden Sozialrecht den prinzipiellen **Vorrang** des EU – vor dem Abkommensrecht.[141] Etwas anderes soll jedoch gelten, falls die völkervertragliche Regelung dem Versicherten **günstiger** als das EU-Recht sei. Dann gehen jene diesem vor, weil **es stets nur rechtserweiternd** und **nie rechtsver-**

---

133 Otting, in Hauck/Noftz, EU-Sozialrecht, K Art. 8 Rn. 2 ff.
134 EuGH EU:C:2015:26.
135 EuGH EU:C:1991:375.
136 EuGH EU:C:2015:26.
137 EuGH Slg. 1993, I-4505 (Grana-Novoa); EuGH Slg. 2002, I-413 (Gottardo).
138 EuGH Slg. 1993, I-4505 (Grana-Novoa).
139 EuGH Slg. 2002, I-413 (Gottardo); vgl. Empfehlung 2003/868/EG (ABl. EG Nr. L 326/35 v. 13.12.2003).
140 Stegner, ZIAS 2013, 183; Kraus, DRV 1998, 744.
141 EuGH Slg. 1973, 599 (Walder).

kürzend wirke (vgl. Rn. 88).[142] Dieses Konkurrenzverhältnis entsteht jedenfalls, falls der Rechts- oder Anwartschaftserwerb vor Ablösung des **völkervertraglichen** durch das supranationale Recht schon abgeschlossen worden sei.[143] Diese Rechtsprechung löst das vom EU-Recht nicht ausdrücklich bewältigte intertemporalrechtliche Problem im Einklang mit den allgemeinen Grundsätzen, die gleichfalls die Erhaltung der wohlerworbenen Rechte bezwecken. Beide Kollisionsrechte verwirklichen damit das die EU-Koordinierung generell prägende **Günstigkeitsprinzip!**

4. Kollisionsrecht für freiwillige Versicherung und Beitragserstattung

Art. 14 VO (EG) Nr. 883/2004 enthält Kollisionsnormen für die freiwillige Versicherung. Sieht das Sozialversicherungsrecht eines Mitgliedstaates das Recht zur freiwilligen Versicherung vor, sollte dieses nach Art. 14 IV VO (EG) Nr. 883/2004 den in diesem Staat vormals Pflichtversicherten auch zustehen, falls sie den gewöhnlichen Aufenthalt statt im zuständigen, in einem anderen Mitgliedstaat innehaben. Macht dieses Recht von der Zurücklegung von Versicherungs- oder Wohnzeiten abhängig, kann diese Voraussetzung auch durch Versicherungs- und Wohnzeiten in einem anderen Mitgliedstaat erfüllt werden.[144]   109

Im Ergebnis verknüpft Art. 14 VO (EG) Nr. 883/2004 eine **Kollisionsnorm** mit verschiedenen **Äquivalenzregeln.** Zunächst wird das für die vormalige Pflichtversicherung maßgebende Recht zugleich als das für die freiwillige Versicherung maßgebende Recht bestimmt. Dann wird bestimmt, dass der in einem anderen Mitgliedstaat begründete **Wohnsitz** oder die dort zurückgelegte **Versicherungs-** oder **Wohnzeit** einem Wohnsitz oder einer Versicherung im zuständigen Mitgliedstaat **gleichstehen.**   110

Dieselbe Struktur wies noch die in Art. 10 II VO (EWG) Nr. 1408/71 getroffene Regelung über die Beitragserstattung auf. Sie verknüpfte die kollisionsrechtliche Regelung, wonach das Recht der **Beitragserstattung** dem Recht der Pflichtversicherung folgte, mit einer **Äquivalenzregel**, welche die Versicherungspflicht in einem anderen Mitgliedstaat derjenigen in dem zuständigen Staat gleich stellte, sofern nach dem für die Beitragserstattung maßgebenden Recht diese Befugnis vom Wegfall der Versicherungspflicht abhing. Die Beitragserstattung sollte also eingeschränkt und nur zuzulassen sein, sofern für den Erstattungsberechtigten die Versicherungspflicht in sämtlichen Mitgliedstaaten entfallen war.   111

---

142 EuGH Slg. 1991, I-323 (Rönfeldt), Slg. 2000, I-9399 (Thelen), Slg. 2002, I-1261 (Kaske); kritisch Költzsch, SGb 1992, 591.
143 EuGH Slg. 1995, I-3813 (Thévenon); dazu Resch, NZS 1996, 603.
144 Devetzi, in Hauck/Noftz, EU-Sozialrecht, K Art. 14 Rn. 3 ff.

5. Leistungsexport

112 Während noch Art. 10 I VO (EWG) Nr. 1408/71 lediglich die „Geldleistungen bei Invalidität, Alter und für die Hinterbliebenen, die Renten bei Arbeitsunfällen und Berufskrankheiten und die Sterbegelder, ... sofern in dieser Verordnung nichts anderes bestimmt ist, nicht deshalb gekürzt, geändert, zum Ruhen gebracht, entzogen oder beschlagnahmt werden, weil der Berechtigte im Gebiet eines anderen Mitgliedstaates als des Staates wohnt, in dessen Gebiet der zur Zahlung verpflichtete Träger seinen Sitz hat", beschränkt das Primärrecht (Art. 48 AEUV) die **Pflicht zum Export** von Geldleistungen an Berechtigte mit Wohnort außerhalb des zuständigen Mitgliedstaates nicht auf Leistungen bestimmter Zweige, sondern ordnet eine allgemeine Exportpflicht für sämtliche Leistungen sozialer Sicherheit an. Das heutige **Recht** sieht eine solche Beschränkung des Exports auf einzelne Gattungen von Geldleistungen **nicht mehr vor** (Art. 7 VO (EG) Nr. 883/2004). Ungesichert ist, ob die Exportpflicht von Renten auch Einmalzahlungen wie das Weihnachtsgeld umfasse;[145] keine Exportpflicht besteht für einen auf lokale Bedürfnisse bezogenen Anspruch auf Pflegegeld.[146]

113 Der EuGH[147] sah als Ziel des unumschränkten **Exports von Geldleistungen** „nicht nur, dass dem Betroffenen sein Anspruch auf Renten und Sterbegelder, die nach den Rechtsvorschriften eines oder mehrerer Mitgliedstaaten erworben worden sind, selbst nach Verlegung seines Wohnortes in einen anderen Mitgliedstaat erhalten bleibt, sondern auch, dass ihm der Erwerb eines solchen Anspruchs nicht allein deshalb versagt werden kann, weil er nicht im Hoheitsgebiet des Staates wohnt, in dem der verpflichtete Träger seinen Sitz hat. ... Artikel 10 Absatz 1 ... ist dahingehend auszulegen, dass die Versicherungseinrichtung des Herkunftsstaats den von dem nationalen Gericht angeführten Grundsatz der Territorialität nicht auf Leistungen bei Invalidität anwenden darf."[148] Die uneingeschränkte Exportpflichtigkeit von Geldleistungen sichern also die wohlerworbenen sozialen Rechte. Die Exportpflicht von Geldleistungen folgt aus dem vermögensrechtlichen Charakter dieser Rechte[149] sowie der **Freizügigkeit** als dem Grundprinzip der EU.[150]

114 Art. 7 VO (EG) Nr. 883/2004 handelt von „**Geldleistungen**", ohne diesen Begriff zu definieren.[151] In jedem Sozialrecht sind Sach- und Geldleistungen anzutreffen und voneinander zu unterscheiden. Sachleistungen sind auf konkrete Not- und Bedarfslagen bezogen und befriedigen individuelle Bedürfnisse als maßgeschneiderte Reaktion. Geldleistungen zielen auf die Abwendung eines Scha-

---

145 EuGH EU:C:2015:601.
146 EuGH EU:C:2015:602; EuGH EU:C:2017:74.
147 EuGH Slg. 1973, 1213 (Smieja).
148 EuGH Slg. 1982, 2213, 2224 (Caracciolo).
149 Huster, NZS 1999, 102.
150 Schulte/Barwig, 1999; Klang, 1986; Willms, 1990.
151 Otting, in Hauck/Noftz, EU-Sozialrecht, K Art. 7 Rn. 8 ff.

dens oder einer Notlage eines Individuums durch den Transfer von **Vermögenswerten**, welche zur Konsumteilhabe befähigen.

Geldleistungen sind standardisiert, typisiert und werden nicht um ihrer selbst willen erbracht, sondern sollen dem Empfänger den Konsum eröffnen durch die freie Wahl über Art und Gegenstände der Bedürfnisbefriedigung. Während Sachleistungen also individuelle Bedürfnisse befriedigen, sichern Geldleistungen **Konsumentenfreiheit**. 115

Art. 10 I VO (EWG) Nr. 1408/71 beschränkte die Exportpflicht für Geldleistungen von **fünf** der **neun** Zweige sozialer Sicherheit.[152] Während Geldleistungen bei Erwerbsminderung, Alter, Tod, Arbeitsunfall und Berufskrankheiten und der Zuschuss zu den Beiträgen für die Krankenversicherung der Rentner[153] uneingeschränkt auszuführen waren, galt dies nicht für Geldleistungen bei Krankheit und Mutterschaft, Arbeitslosigkeit sowie den Familienleistungen. Diese Unterscheidung hat der EuGH auch in der Rechtssache „Warry"[154] aufrechterhalten. Zu den exportpflichtigen Renten zählen auch Zeiten, die außerhalb Deutschlands verbracht, aber aufgrund des Fremdrentengesetzes für Vertriebene einseitig in die deutsche Versicherungslast übernommen wurden.[155] 116

Die Leistungen bei Krankheit, Mutterschaft und Arbeitslosigkeit sowie Familienleistungen sind **nicht** auf **Sachleistungsansprüche** beschränkt und **Familienleistungen** umfassen keine **Sachleistungen**. Die Leistungsansprüche für die genannten vier Zweige umfassen jeweils wesentlich Geldleistungen: Kranken-, Mutterschafts- und Arbeitslosengeld ersetzen Einkommen. Familienleistungen gewähren finanzielle Zuwendungen für die Erfüllung von Familienunterhaltspflichten. Auch wenn sie sich nicht im Geldtransfer erschöpfen, vielmehr nur zahlbar sind, falls sich der Berechtigte in besonderer Weise verhält – als Arbeitsloser der Arbeitsvermittlung verfügbar ist, als Schwangere nicht arbeitet, um damit das Kindeswohl nicht zu beeinträchtigen, als Kranker den Anordnungen des Arztes folgt und als Elternteil das Kind tatsächlich unterhält – und damit als von Handlungsweisen des Berechtigten bedingte Ansprüche zu stellen sind, rechtfertigt dieses aber nach Art. 7 VO (EG) Nr. 883/2004 **nicht mehr**, die Leistungen von der Exportpflicht auszunehmen. Vielmehr gebietet Art. 7 I VO (EG) Nr. 883/2004 den Export von Leistungen, lediglich von Art. 64 VO (EG) Nr. 883/2004 begrenzt für Leistungen bei Arbeitslosigkeit. 117

6. Ausnahmen von der Exportpflicht bei beitragsunabhängigen Geldleistungen

Bis 1992 waren Geldleistungen für Alter, Erwerbsminderung, Tod, Arbeitsunfälle und Berufskrankheiten uneingeschränkt zu exportieren. Dies galt auch für 118

---

152 Schuler, in Fuchs, Nomos-Kommentar EuSozR, Art. 7 Rn. 6 ff.
153 EuGH Slg. 2000, I-5625 (Morvin).
154 EuGH Slg. 1977, 2085, 2093 (Warry).
155 EuGH Slg. 2007, I-11895 (Habelt, Möser, Wachter); dieses Urteil verwarf die entgegenstehenden Regelungen in Art. VI Teil C Nr. 1; Anhang III Teil A und B Nr. 35 lit. e).

die zwischen der bedürftigkeits- und vermögensabhängigen **Sozialhilfe** einerseits und den einkommensbezogenen und **beitragsfinanzierten Leistungen** der Sozialversicherung andererseits einzuordnenden Leistungen. Der Export sollte dem Berechtigten für die durch Arbeit **wohlerworbenen Rechte** nicht versagt werden, weil dieser von einer Grundfreiheit des EU-Rechts Gebrauch gemacht hatte. Dazu zählten die Zahlungen aus dem italienischen **fondo sociale**[156] oder dem französischen **Fonds de Solidarité National**[157]. Diese sollen Altersrentnern eine **Mindestsicherung** erhalten, falls diese sie aus den erbrachten Beitragszahlungen nicht erwerben können. Der Empfänger sollte damit vor der Inanspruchnahme von Sozialhilfe bewahrt werden. Da die Leistungen nicht bedarfsabhängig sind, konnten sie nicht als Sozialhilfe qualifiziert werden. Andererseits werden sie aus Steuermitteln finanziert und sind auf ein Mindesteinkommen beschränkt, was sie von den einkommensbezogenen beitragsfinanzierten Leistungen der Sozialversicherung, an der die Koordination anknüpft, unterscheidet. Die genannten Leistungen sind also weder klar der Sozialhilfe noch der Sozialversicherung zuzuordnen. Deshalb bestand seit Anbeginn Streit über ihre Rechtsnatur. Nach der Judikatur des EuGH waren diese Leistungen wie die Grundrenten des Vereinigten Königreichs oder Schwedens unter Art. 4 der VO (EWG) Nr. 1408/71 zu subsumieren und daher zu exportieren.[158]

119 Durch VO (EWG) Nr. 1247/92 vom 30. April 1992[159] wurde diese Rechtsprechung aufgenommen und das Koordinierungsrecht entsprechend korrigiert. Nach der in Art. 70 VO (EG) Nr. 883/2004 niedergelegten Regelung sind die „**beitragsunabhängigen Geldleistungen**" der **Sozialversicherung** im Gegensatz zu den britischen und nordischen **Grundrenten** grundsätzlich nicht auszuführen. Diese Leistungen[160] beruhen weder auf Beitragszahlungen noch stellen sie eine **Mindestsicherung** für die gesamte Bevölkerung bereit. Sie gewährleisten eine Mindestsicherung für die aufgrund ihrer Beitragszahlung nicht hinreichend Gesicherten. Die Leistung soll in dem für den Berechtigten gegebenen sozialen Umfeld einen Mindestschutz gewährleisten. Die Leistung darf nicht zu den in Art. 3 VO (EG) Nr. 883/2004 aufgeführten Zweigen sozialer Sicherheit gehören,[161] sondern muss diese ergänzen; die Leistung muss nach objektiven Maßstäben bemessen werden.[162] Beispiele für diese Leistungsgattungen sind eine beitragsunabhängig finanzierte Leistung bei Alter, erbracht aus dem Fonds de Solidarité National[163], die mobility allowance, die an Behinderte bedürftig-

---

156 EuGH Slg. 1983, 1427 (Piscitello).
157 EuGH Slg. 1987, 955 (Giletti); EuGH Slg. 1987, 5511 (Zaoui).
158 EuGH Slg. 1998, I-3419 (Kuusijärvi), Slg. 1992, I-4839 (Hughes).
159 ABl. EG Nr. L 136/1 vom 19. Mai 1992.
160 Dazu umfassend Bucher, 2000; dies., SZS 2000, 343; Verschueren, in Eichenhofer (Hg.), 2009, 223.
161 EuGH Slg. 2006, I-1171 (Hosse).
162 EuGH Slg. 2004, I-5613 (Skalka); Slg. 2007, 347 (Naranjo).
163 EuGH Slg. 1990, I-3163 (Kommisson ./. Frankreich).

§ 6 Allgemeine Vorschriften

keitsunabhängig geleistet wird[164], der family-credit[165], Unterhaltsbeihilfen für behinderte Menschen,[166] die Ausgleichszulage nach österreichischem Recht[167] sowie das Pflegegeld für Behinderte.[168] Dazu gehören auch die deutschen Leistungen der Grundsicherung für Arbeitsuchende,[169] bei Erwerbsminderung und im Alter nach dem SGB II, §§ 43 ff. SGB XII. Diese Leistungen sind als Teil sozialer Sicherheit zu qualifizieren; für sie gelten insbesondere das Verbot der Diskriminierung wegen der Staatsangehörigkeit;[170] sie sind jedoch nicht zu exportieren.

Diese Thematik ist seit 2013 durch mehrere Entscheidungen des EUGH[171] jedenfalls insoweit geklärt, als Mitgliedstaaten nach Art. 24 Abs. 2 der Unionsbürger-Richtlinie 2004/38/EG nicht erwerbstätige bedürftige EU-Ausländer aus der Berechtigung für die „Sozialhilfe" ausschließen dürfen, und zwar auch dann, wenn es sich um beitragsunabhängige Geldleistungen handelt. Damit wird der Regelungskomplex entwertet, weil an stelle einheitlicher europäischer Normen Bestimmungen jeden Mitgliedstaates treten dürfen. Dadurch wird nicht nur der Regelungsgehalt der EU-Normen, sondern auch die Einheitlichkeit der Koordinierungen zerstört. Dagegen ist das (Landes)Blindengeld keine beitragsunabhängige Geldersatzleistung und daher exportpflichtig.[172]

Die Ausnahme vom Export der Leistungen berührt **nicht** die **Grundfreiheiten.** 120 Diese gewähren zwar jedem das Recht, in jedem anderen Mitgliedstaat den Wohnsitz zu nehmen und darin erwerbstätig zu werden. Das Prinzip der Nichtdiskriminierung unter EU-Bürgern (Art. 8 AEUV) umfasst das Recht auf **Wohnsitznahme** wie auf **Inanspruchnahme sozialer Rechte**, die zugunsten von Bewohnern im Recht des Wohnsitzstaates gewährt werden. Diese Leistungen beruhen jedoch nicht auf wohlerworbenen Rechten; der Anspruch hängt deshalb auch nicht von einer vorangegangenen bezahlten Beschäftigung ab. Deshalb ist das Gebot des Exports nicht auf die beitragsunabhängigen Geldleistungen zu erstrecken.[173] Allerdings sind diese Verluste durch Einschluss der Berechtigten in die besonderen beitragsunabhängigen Geldleistungen des Wohnstaats anzugleichen.

---

164 EuGH Slg. 1991, I-3017 (Newton); Disability Living Allowance: EuGH Slg. 2011, I-3417 (Bartlett).
165 EuGH Slg. 1992, I-4239 (Micheletti).
166 EuGH Slg. 1997, I-6082 (Snares); Slg. 1998, I-3467 (Partridge); EuGH Slg. 2006, I-6249 (Kersbergen-Lap/Dams-Schipper); Slg. 2007, I-347 (Naranjo); Slg. 2007, I-6906 (Hendrix); EuGH – 21.7.2011 – Rs. C-503/09 (Stewart): solche Ansprüche dürfen auch nicht von einer Mindestwohnzeit abhängig gemacht werden.
167 EuGH Slg. 2004, I-05613 (Skalka); EuGH – 19.9.2013 – Rs. C-140/12 (Brey).
168 EuGH Slg. 1999, I-42 (Swaddling).
169 EuGH – 11.11.2014 – Rs. C-333/13 (Dano).
170 Verschueren/Eichenhofer/van Overmeiren (ed.), Analytical Study 2011, trESS, 2011.
171 EuGH EU:C:2014:2358; EuGH EU:C:2015:597; EuGH EU:C:2016:114.
172 EuGH Slg. 2011, I-3573 (Kommission ./. Deutschland).
173 So auch Bucher, 2000; Otting, in Hauck/Noftz, EU-Sozialrecht, K Art. 3 Rn. 47.

II. Koordinierendes Sozialrecht der EU

7. Leistungsanpassung

121 Art. 11 VO (EWG) Nr. 1408/71 erstreckt die im Recht des zuständigen Staates enthaltenen Normen über die **Anpassung** auch auf die aufgrund **koordinierenden Rechts** geschuldeten Leistungen. Die Bestimmung bezog sich auf wiederkehrende Geldleistungen, die periodisch an gesamtwirtschaftliche Veränderungen in Kaufkraft, Wachstum oder Arbeitnehmereinkommen angepasst werden. Die Regelung werde durch Art. 51 VO (EWG) Nr. 1408/71 dahin **konkretisiert**, dass bei Anpassungen der Altersrente eine Neuberechnung der Rente nicht vorzunehmen ist. Diese Bestimmung bestätigt und bestärkt das allgemeine Gebot des Art. 11 VO (EWG) Nr. 1408/71. Der in Art. 51 VO (EWG) Nr. 1408/71 geregelte Grundsatz kann auf sämtliche, der Anpassung unterliegenden, wiederkehrenden Geldleistungen erstreckt werden. Dieses **Gebot** ist aufgrund von Art. 5 VO (EG) Nr. 883/2004 zu befolgen.

8. Zusammentreffen von Leistungen

122 Art. 10 VO (EG) Nr. 883/2004 statuiert zwei Grundsätze, um die Folgen eines Zusammentreffens von Leistungen aus mehreren Mitgliedstaaten zu bewältigen: Erstens, unter dem EU-Recht haben Leistungsansprüche ihren Rechtsgrund stets nur im Recht eines einzigen Staates (Art. 11 I VO (EG) Nr. 883/2004). Zweitens, im Hinblick auf die im Recht eines Mitgliedstaates vorgesehenen Kürzungs-, Ruhens- oder Anrechnungsvorschriften gelten die für konkurrierende Ansprüche oder Erwerbstätigkeit umrissenen Voraussetzungen auch dann als erfüllt, falls diese unter dem Recht eines **anderen** als des zuständigen Mitgliedstaates zurückgelegt wurden. Dies folgt aus Art. 5 VO (EG) Nr. 883/2004.

123 Voraussetzung für die Anwendung des Art. 10 I VO (EG) Nr. 883/2004 ist das Zusammentreffen **gleichartiger** Leistungsansprüche.[174] Die Gleichartigkeit wurde bejaht im Verhältnis von Invaliditäts- und Altersrente[175] sowie mehreren Hinterbliebenenrenten,[176] dagegen verneint für das Verhältnis von eigener Invalidenrente und einer abgeleiteten Hinterbliebenenrente.[177]

124 Ein nicht unmittelbar von Art. 10 VO (EG) Nr. 883/2004 geregeltes, indes sachlich zusammenhängendes Problem wird von Art. 68 VO (EG) Nr. 883/2004 gelöst. Diese Bestimmung regelt die Folgen aus der Berechtigung zweier **Elternteile** auf **Familienleistungen** nach dem Recht mehrerer Mitgliedstaaten für ein und dasselbe Kind oder dieselben Kinder. Danach hat derjenige Mitgliedstaat vorrangig zu leisten, in dessen Gebiet das den Anspruch vermittelnde Kind wohnt und ein Elternteil überwiegend erwerbstätig ist. Der andere Mitgliedstaat hat nur die Differenz zwischen der im Wohnstaat des Kindes geschuldeten und der nach dessen Recht geschuldeten Familienleistung zu tragen. Wenn also

---

174 EuGH Slg. 1983, 2157 (Valentini); Slg. 1987, 3855 (Staffanuti); Slg. 1995, I-2559 (Schmidt); Slg. 1998, I-583 (Cordelle).
175 EuGH Slg. 1989, 923 (Di Felice); Slg. 1990, I-1599 (Pian); Slg. 1990, I-1619 (Biachin).
176 EuGH Slg. 2002, I-2403 (Insalaca).
177 EuGH Slg. 1995, I-2559 (Schmidt); Slg. 1998, I-583 (Cordelle).

der Vater im Staat A und die Mutter im Staat B berechtigt ist, wo auch das Kind lebt, so hat die Familienleistung des Staates B Vorrang. Der Staat A schuldet – so vorhanden – den Differenzbetrag zwischen der Familienleistung von A und B.

Enthält das Recht des zuständigen Staates indes **keine** Kürzungs-, Anrech- 125 nungs- oder Ruhensbestimmungen für die **kumulative** Berücksichtigung einer gleichartigen Leistung, so ist Art. 10 II, III VO (EG) Nr. 883/2004 eine solche Regelung nicht eigens zu entnehmen. Denn nach ständiger Rechtsprechung des EuGH[178] wirkt das Europäische koordinierende Sozialrecht stets nur rechtserweiternd, niemals rechtsverkürzend (vgl. Rn. 88). Die Rechtsprechung findet eine Begründung unmittelbar in Art. 10 II, III VO (EG) Nr. 883/2004. Denn diese Vorschriften sehen lediglich Äquivalenzregeln zu bestehenden Kürzungs-, Anrechnungs- und Ruhensvorschriften vor, **ersetzen** aber **nicht** die im Recht des zuständigen Staates fehlenden Kürzungs-, Änderungs- und Ruhensvorschriften. In dieser Systematik ist das doppelte Günstigkeitsprinzip im Europäischen koordinierenden Sozialrecht angelegt.

9. Funktion der Vorbehalte einzelner Mitgliedstaaten

Die VO (EG) Nr. 883/2004 wurde von der EU geschaffen und bindet die Mitglied- 126 staaten unmittelbar. Diese sind jedoch im Rat in die EU-Rechtsetzung **einbezogen**. Das Recht der Mitgliedstaaten beeinflusst das EU-Recht, wenn dessen Regelungen auf das Recht der Mitgliedstaaten verweisen. Dann enthält sich das EU-Recht eigener Regelungen und überantwortet diese den Mitgliedstaaten (so geschehen in Art. 1 lit. a) VO (EG) Nr. 883/2004). Eine andere Einwirkung der Mitgliedstaaten auf das EU-Recht, verbunden mit Gefahren für dessen einheitliche Geltung, liegt in den Vorbehalten zugunsten der Mitgliedstaaten. Diese Möglichkeiten eröffnen Art. 1 lit. a), lit. j), 5 und 8 VO (EWG) Nr. 1408/71, 9 VO (EG) Nr. 883/2004 i. V. m. lit. l), 18 II, 27 II, 28 II, 44 I, 46 III, 51, 52 IV, 54, 56, 70 II lit. c), 83, 3, 8 I, II VO (EG) Nr. 883/2004. Danach können die Mitgliedstaaten die dem EU-Recht nicht unterstehenden Rechtsverhältnisse sowie einzelne in bilateralen Abkommen enthaltene Sonderregeln notifizieren. Die mitgliedstaatlichen Erklärungen sind in die **Anhänge** I, II, II a und III aufzunehmen.

Nach der Rechtsprechung des EuGH sind diese Erklärungen zwar für die einzelnen Mitgliedstaaten **verbindlich.** Die darin getroffenen Vorbehalte müssen aber ihrerseits im **Einklang** mit EU-Recht stehen.[179] Die Vorbehalte sind für die EU nicht verbindlich. Aus einem nationalen Vorbehalt folgt nicht, dass die benannte Materie nicht unter das EU-Recht fiele.[180] Die Vorbehalte einzelner Mitgliedstaaten sind mithin nur wirksam, so sie sich im Rahmen **EU-rechtlicher Vorgaben** halten. Die Notifizierung einer Leistung kann überprüft werden: ist sie als Vorruhestandsregelung notifiziert, ist sie aber Altersrentenrege-

---

178 Ständige Rechtsprechung seit EuGH Slg. 1975, 1149 (Petroni); Slg. 1982, 1063 (Baccini I).
179 EuGH Slg. 1990, I-531 (Bronzino); Slg. 1990, I-557 (Gatto).
180 EuGH Slg. 1964, 1215 (van der Veen), 1373 (Dingemanns); Slg. 1977, 2249 (Beerens).

II. Koordinierendes Sozialrecht der EU

lung, gilt die Notifizierung nicht.[181] Vorbehalte sind bedenklich, weil an die Stelle einheitlicher europäischer Normen die Bestimmungen jedes einzelnen Mitgliedstaates treten und damit die Einheitlichkeit, Übersichtlichkeit und Klarheit von Recht beseitigen und damit den Vorteil von EU-Recht beseitigen.

10. Definitionsnormen

127 Art. 1 VO (EG) Nr. 883/2004 enthält eine Reihe von **Definitionen.** Sie bestimmen Begriffe, die innerhalb anderer Vorschriften der VO (EG) Nr. 883/2004 Bedeutung erlangen. So erlangen die Begriffe „Beschäftigung" und „selbstständige Erwerbstätigkeit" (Art. 1 lit. a) b) VO (EG) Nr. 883/2004) bei der Bestimmung des internationalen Geltungsbereichs in Art. 11 VO (EG) Nr. 883/2004 Bedeutung. Der Begriff „Grenzgänger" (Art. 1 lit. f) VO (EG) Nr. 883/2004) erlangt etwa in der Krankenversicherung (Art. 18 II VO (EG) Nr. 883/2004) oder Arbeitsförderung (Art. 65 VO (EG) Nr. 883/2004) eine eigene Bedeutung. Die Definitionsnormen legen in Gestalt von **Legaldefinitionen** den Sprachgebrauch und damit die rechtliche Bedeutung der aufgeführten Begriffe fest. Der **Sinn** der Definition ist aus dem materiellen Zusammenhang zu erschließen, innerhalb dessen der einzelne Begriff in der Koordinierungsregelung erscheint.

128 Die in Art. 1 VO (EWG) Nr. 883/2004 aufgeführten Begriffe[182] sind eigenständige **internationale Begriffe.** Sie sind daher aufgrund international geltender Normen auszulegen. Ihr Gehalt kann entweder aus Akten **internationaler Rechtsetzung** (vgl. Art. 1 lit. g), h) VO (EG) Nr. 883/2004) oder mangels internationaler Normen aus der **rechtsvergleichenden** Bestandsaufnahme der im Recht der Mitgliedstaaten vorkommenden Begriffe erschlossen werden. Entscheidend ist, dass ein Begriff des EU-Rechts nicht am Maßstab des zur Anwendung gelangenden Rechts eines Mitgliedstaates ausgelegt und gewürdigt werden darf. Deshalb verfängt das verbreitete „Argument" gegen unpässlich erscheinende EuGH-Entscheidungen, diese verfehlten den Sinn der Regelung des Mitgliedstaates, schlechterdings nicht, – offenbart aber hinlänglich die Unkenntnis europarechtlicher Zusammenhänge seitens des Kritikers.

---

181 EuGH – C-517/16 (Czerwinski) EU:C:2018:350.
182 Eichenhofer, ISR, 1994, Tz. 176 ff.; Otting, in Hauck/Noftz, EU-Sozialrecht, K Art. 1 Rn. 1 ff.

§ 7 Kollisionsnormen

Titel II Art. 11–16 VO (EG) Nr. 883/2004 enthält **Kollisionsnormen**. Sie bestimmen, welches **Recht** eines Mitgliedstaates auf grenzüberschreitende sozialrechtliche Sachverhalte **anzuwenden** ist. Die Normen legen folglich das im Einzelfall anzuwendende „**Statut**" sozialer Sicherung fest. Sie bestimmen damit, dem Sozialrecht welchen Mitgliedstaates ein grenzüberschreitender Sachverhalt unterliegt.

1. Begriff, Struktur und Wirkung der Kollisionsnormen

„**Kollisionsnorm**" ist ein juristischer **Fachbegriff**;[1] sein Gegenbegriff heißt „**Sachnorm**". Die Kollisionsnorm räumt dem Einzelnen nicht bestimmte Rechte ein oder legt Pflichten auf. Diese materiell-rechtliche „**Sachentscheidung**" folgt vielmehr aus einer „**Sachnorm**". Kollisionsnormen regeln die vorgelagerte Problematik, aus welcher Rechtsordnung die einschlägige Sachnorm folgt. Diese Frage stellt sich, wenn die **Zuordnung** eines **Sachverhaltes** zu mehreren **Rechtsordnungen** denkbar und deswegen die Anwendung der Sachnormen mehrerer Staaten möglich ist. Diese Frage stellt sich regelmäßig bei Sachverhalten mit „**Auslandsberührung**" oder „**internationalen Sachverhalten**". Damit wird freilich nicht die Eigenschaft des Sachverhalts bezeichnet, vielmehr **Zweifel** des **Rechtsanwenders** über das anzuwendende Sachrecht umschrieben angesichts der konkreten Möglichkeit, dass ein Sachverhalt dem Recht mehrerer Staaten zugeordnet werden könnte.

129

a) Funktion der Kollisionsnormen
Kollisionsnormen machen bewusst, dass „**Recht**" nicht als eine in sich (ab)geschlossene Ordnung misszuverstehen ist, sondern eine Vielzahl **nebeneinander** bestehender Rechtsordnungen umfasst. Diese vermögen und pflegen regelmäßig auf Rechtsfragen unterschiedliche Antworten zu geben. Recht kann aber nur wirken, wenn der entscheidungserhebliche **Maßstab** eindeutig feststeht. Angesichts mehrerer Rechtsordnungen hat Rechtsfindung die maßgebende **Entscheidungsgrundlage** – also die einschlägige „Sachnorm" – und vorgreiflich die für die Sachnorm maßgebende **Rechtsordnung** zu bestimmen.

130

Die Vielfalt von Rechtsordnungen folgt daraus, weil alles **Recht** in **Raum** und **Zeit** gilt.[2] Rechtsetzung geschieht nach wie vor primär durch Staaten. Rechtsgeltung in der Zeit wird vom **intertemporalen** Recht geregelt: intertemporale Kollisionsnormen bestimmen, welcher von nacheinander folgenden Normen die Entscheidung zu entnehmen ist. Fragen der Rechtsgeltung der von Staaten

131

---

1 Devetzi, 2000, 39 ff.; Eichenhofer, ISR, 1994, Tz. 140 ff.; Frank, DAngVers 1996, 132 ff.; Giesen, 1999, 23 ff.; Horn, ZIAS 2002, 120; von Maydell, 1967; Schuler, 1988, 216 ff.; Usinger-Egger, 2000, 40 ff.; Schoukens/Pieters, in Eichenhofer (Hg.), 2009, 143; Schulte, in von Maydell/Ruland/Becker (Hg.), Sozialrechtshandbuch, 5. Aufl., 2012, § 33 Rn. 75 ff.
2 Eichenhofer, ISR, 1994, Tz. 11 ff.

II. Koordinierendes Sozialrecht der EU

geschaffenen Normen werden in einer von vielen Staaten geprägten Welt durch **Internationales** Recht geregelt. Dessen Kollisionsnormen legen das auf einen grenzüberschreitenden Sachverhalt anzuwendende Recht fest. Intertemporale und internationale Kollisionsnormen beschränken den zeitlichen und räumlichen Geltungsanspruch jedes Rechts. Kollisionsrecht verdeutlicht, dass alles Sachrecht weder überzeitlich noch universal, sondern stets nur zeitlich und räumlich beschränkt gilt.[3]

b) National und international gesetzte Kollisionsnormen

132 In einer Welt, in der Staaten Recht setzen, wurden Sachnormen ganz ebenso wie internationale Kollisionsnormen zunächst von den **Staaten** hervorgebracht. Sie vermochten aufgrund ihrer Souveränität Recht zunächst nach **eigenem Belieben** zu setzen. Dies führte zu der bekannten **Vielfalt** staatlicher Rechte. Die Setzung internationaler Kollisionsnormen durch einzelne Staaten führt im internationalen Rechtsverkehr jedoch zu **Unzuträglichkeiten**. Denn sie könnten zur Lösung ein und derselben Rechtsfrage mehrere Rechtsordnungen oder keine Rechtsordnung berufen. Die erste Komplikation wird „positiver Kompetenzkonflikt" oder **„Normenhäufung"**, die zweite „negativer Kompetenzkonflikt" oder **„Normenmangel"** genannt.[4] Weitere Anwendungsschwierigkeiten erwachsen durch **Rück-** oder **Weiterverweisung**: Die Kollisionsnorm eines Staates beruft das Recht eines anderen Staates; dessen Kollisionsnormen berufen das Recht des verweisenden (Rückverweisung) oder eines dritten Staates (Weiterverweisung). Statt der Verweisung des ersten Staates zu folgen, wird stattdessen eine weitere Rechtsordnung berufen.

133 Solche, aus der Zuständigkeit der Staaten zur Schaffung von Kollisionsnormen erwachsende Schwierigkeiten werden durch eine **internationale Abstimmung** und **Angleichung** der **Kollisionsnormen** vermieden. Werden internationale Kollisionsnormen international **einheitlich** festgelegt, steht das anzuwendende nationale Recht für sämtliche Staaten eindeutig fest; **Normenhäufung** wie **Normenmangel** werden ebenso **vermieden** wie Rück- und Weiterverweisungen. **Internationales Einheitskollisionsrecht** überwindet somit die aus nationaler Rechtsetzung erwachsenden Schwierigkeiten. **Europäisches koordinierendes Sozialrecht** vereinheitlicht unter den Mitgliedstaaten deren Internationales Sozialrecht.

c) Struktur der Kollisionsnormen

134 Wie jede Norm hat auch jede Kollisionsnorm einen **Tatbestand** und eine **Rechtsfolge**. Kollisionsnormen unterscheiden sich von den Sachnormen prinzipiell in deren Rechtsfolge: Während diese Rechte und Pflichten eines Einzelnen in einem konkret gegebenen Sachverhalt begründen, legen jene die auf einen gegebenen Sachverhalt **anzuwendende Rechtsordnung** fest. Kollisionsnormen beantworten eine Rechtsanwendungsfrage also vorgreiflich, denn sie

---

3   Devetzi, 2000, 113 ff.; Schuler, 1988, 203 ff.; Zacher, 1993, 444 ff.
4   Eichenhofer, ISR, 1994, Tz. 34 f.; Schuler, 1988, 276 ff.; Janda, 2012, 143 ff.

§ 7 Kollisionsnormen

entscheiden die ihr vorgelagerte Frage nach dem anwendbaren Recht. Es „wird im Kollisionsrecht die Maßgeblichkeit einer Rechtsordnung an ein Element des konkreten Sachverhalts angeknüpft, das Anknüpfungsmoment (den Anknüpfungspunkt)".[5] Elemente des Anknüpfungsmoments sind ein Subjekt (Person, Sache, subjektives Recht oder Ereignis), ein Attribut des Subjekts (Staatsangehörigkeit, Wohnsitz, Lageort, Belegenheitsort) und die Zeit.[6]

Der Tatbestand einer Kollisionsnorm enthält den „**Anknüpfungspunkt**" und den „**Anknüpfungsgegenstand**".[7] „Anknüpfungspunkte" sind Sachverhaltsmerkmale, welche eine **Beziehung** zu der Rechtsordnung einzelner Staaten begründen: Staatsangehörigkeit Aufenthalt einer Person, Lageort einer Sache, Handlungsort, Übereinkunft zwischen den Parteien. „Anknüpfungsgegenstände" bezeichnen dagegen Sachverhaltselemente, welche die rechtliche Zuordnung der durch den Sachverhalt aufgeworfenen Rechtsfrage erlauben. Sie bezeichnen – anders formuliert – **Teilgebiete des Rechts** (Delikt, Vertrag, Sozialversicherung, Sozialhilfe). Der **Tatbestand** einer Kollisionsnorm – undifferenziert „**Anknüpfung**" genannt – verbindet also die auf einzelne Rechtsordnungen anzuwendenden Sachverhaltselemente mit Teilgebieten des Rechts, denen die im Sachverhalt maßgebende Rechtsfrage zuzuordnen ist.

135

2. Inhalte der Kollisionsnormen des koordinierenden Sozialrechts

Titel II Art. 11 bis 16 VO (EG) Nr. 883/2004 regelt zwar die **Kollisionsnormen** des koordinierenden Sozialrechts der EU, enthält indes nicht **sämtliche** einschlägigen Kollisionsnormen. Denn einzelne Kollisionsnormen sind – systematisch verfehlt – in Titel I oder Titel III enthalten. Sie betreffen das auf beitragsunabhängige Leistungen (Art. 70 IV VO (EG) Nr. 883/2004) oder das auf die Krankenversicherung der Rentner anwendbare Recht (Art. 25 ff. VO (EG) Nr. 883/2004) (vgl. Art. 11 III lit. e) VO (EG) Nr. 883/2004). Ferner wird in Art. 84 VO (EG) Nr. 883/2004 das auf Vollstreckungsakte und in Art. 85 VO (EG) Nr. 883/2004 das auf den Forderungsübergang anwendbare Recht bestimmt.

136

Innerhalb des Titels II werden systematisch unterschiedliche Fragen geregelt.[8] Art. 11 I VO (EG) Nr. 883/2004 formuliert als Grundsatz, dass auf einen die Mitgliedstaatengrenzen überschreitenden Sachverhalt grundsätzlich nur das **Recht** eines **einzigen Mitgliedstaates** anzuwenden ist. Art. 11 III VO (EG) Nr. 883/2004 legt für alle Zweige der sozialen Sicherheit (Art. 3 VO (EG) Nr. 883/2004) einheitlich und übereinstimmend die für **unterschiedliche Gruppen Gesicherter** maßgeblichen Kollisionsnormen fest. Art. 12 f. VO (EG) Nr. 883/2004 ergänzen diese Normen, weil sie die kollisionsrechtlichen Folgen vorübergehender oder simultaner Tätigkeit in einem anderen als dem zuständigen Mitgliedstaat normieren. Sonderregeln bestehen für Mehrfachbeschäfti-

137

---
5 Kropholler, 2006, § 19 I.
6 Kropholler, 2006, § 19 II.
7 Eichenhofer, ISR, 1994, Tz. 155 ff.; ähnlich Giesen, 1999, 33 ff.
8 Jorens (Ed.), 1997; de Muinck/van Overbeek, Sociaal Mandblad Arbeid 1995, 9; Devetzi, in Hauck/Noftz, EU-Sozialrecht, Vor K Art. 11 Rn. 1 ff.

II. Koordinierendes Sozialrecht der EU

gungen, die freiwillige sowie Weiterversicherung, Beschäftigte des diplomatischen und konsularischen Dienstes; schließlich gelten Ausnahmeregeln kraft Vereinbarung.

a) Einheitliche Bestimmung anwendbaren Rechts

138 Nach Art. 11 I VO (EG) Nr. 883/2004 sind die der VO (EG) Nr. 883/2004 unterfallenden, die Binnenmarktgrenzen überschreitenden[9] Sozialrechtsverhältnisse dem Recht **eines Mitgliedstaates eindeutig** zuzuordnen.[10] Diese Bestimmung entfaltet eine sachlich wie **international umfassende Wirkung** – sachlich, weil sie sich auf sämtliche sozialrechtliche Problemstellungen:[11] Mitgliedschaft in Systemen sozialer Vorsorge, Beitragsrecht und Leistungsrechte erstreckt, und international, weil die in der VO (EG) Nr. 883/2004 getroffenen Regelungen für sämtliche Mitgliedstaaten unter Verdrängung gegenläufigen Rechts einzelner Mitgliedstaaten gelten. In solchem Vorrang äußert sich die **„starke Wirkung"** des EU-Rechts. Gleichzeitig vermeidet die eindeutige Lokalisierung eines Sozialrechtsverhältnisses im Recht eines Mitgliedstaates Normenmangel wie -häufung, Rück- wie Weiterverweisung.

139 Art. 11 I VO (EG) Nr. 883/2004 **verdrängt** sämtliche unterschiedlichen Normen einzelner Mitgliedstaaten über deren **internationalen Geltungsbereich** und vereinheitlicht damit die Sozialrechte aller Mitgliedstaaten.[12] Art. 11 I VO (EG) Nr. 883/2004 erhebt die Kollisionsnormen des koordinierenden Sozialrechts zum **international-sozialrechtlichen Einheitsrecht**. Die in Art. 11 bis 16 VO (EG) Nr. 883/2004 enthaltenen Normen „bilden ein geschlossenes und einheitliches System von Kollisionsnormen". So „sollen nicht nur die gleichzeitige Anwendung von Rechtsvorschriften mehrerer Mitgliedstaaten und die Schwierigkeiten, die sich daraus ergeben können, vermieden werden, sondern sie sollen auch verhindern, dass Personen, die in den Geltungsbereich der VO (EG) Nr. 883/2004 fallen, der Schutz auf dem Gebiet der sozialen Sicherheit vorenthalten wird, weil keine nationalen Rechtsvorschriften auf sie anwendbar sind."[13] Ist danach die **Zuständigkeit eines** Staates begründet und erkennt dieser eine Beschäftigung als Versicherungszeit an, so ist **anderen** Staaten die Anerkennung dieser Zeit in ihrem Recht **versagt**.[14] Obgleich die Kollisionsnormen der VO (EG) Nr. 883/2004 an sämtliche beteiligte Staaten gerichtet sind, bleiben sie einseitige Kollisionsnormen und werden dadurch nicht etwa zu

---

9 EuGH Slg. 2001, I-7413 (Kahil).
10 EuGH Slg. 2001, I-1865 (Kommission ./. Deutschland); Slg. 2000, I-4585 (Sehrer); Slg. 1991, I-4815 (De Paep); Slg. 1986, 1821 (Ten Holder); Slg. 1982, 3027 (Kuijpers); Slg. 1977, 815 (Perenboom); Slg. 1967, 462 (Van der Vecht); Devetzi, 2000, 39 ff.; Pennings, 1998, 71 ff.; Grams, IStR 1999, 728; Tiedemann, NZS 2011, 41.
11 Dazu Verschueren, EurJofSocSec 2001, 7.
12 Devetzi, 2000, 155 ff.; Pennings, 1998, 69 ff.
13 EuGH Slg. 1998, I-3419 (Kuusijärvi), Tz. 28; Slg. 2000, I-883 (Fitzwilliam); Slg. 2000, I-9379 (Plum).
14 EuGH Slg. 2004, I-10761 (Adanez-Vega).

§ 7 Kollisionsnormen

allseitigen Kollisionsnormen.[15] Diese sind nämlich nicht Normen, welche sich an alle Staaten richten, sondern bleiben Normen, welche die Rechtsanwender eines Staates befugen und befähigen, eine zu treffende Rechtsentscheidung auf das Recht eines anderen Staates zu stützen. Musterbeispiel: ein deutsches Familiengericht scheidet die Ehe eines regelmäßig im Ausland ansässigen Ehepaars nach dem Recht dieses Staates und nicht nach inländischem Recht. Solche allseitigen Kollisionsnormen kennt einzig das IPR, aber nicht das ISR.[16]

Obgleich die Kollisionsnormen der VO (EG) Nr. 883/2004 an sämtliche beteiligte Rechte gerichtet sind, bleiben sie einseitige Kollisionsnormen und werden nicht zu allseitigen Kollisionsnormen. EU-Kollisionsnormen schaffen einseitige Kollisionsnormen, weil aus ihnen allein der internationale Geltungsbereich des jeweils zuständigen Staates folgt, mag die Antwort darauf in den Art. 11–16 VO (EG) Nr. 883/2004 auch für alle Staaten gegeben werden. Aber darin liegt nicht der Sinn „allseitiger" Kollisionsnormen, dass sie allen Staaten den internationalen Geltungsbereich ihres Rechts gleich zuwiesen.[17]

Die EU-Kollisionsnormen sind vor allem deshalb einseitig, weil sich im Sozialrecht für die Träger und die zu ihrer Kontrolle berufenen Gerichte die Frage nach dem anwendbaren Recht überhaupt nicht als Rechtsfrage stellt. Das Europäische Sozialrecht kennt deswegen keine allseitigen Kollisionsnormen, weil die berufenen Träger und Behörden entweder ihr eigenes Recht anwenden oder keines, aber nicht vor die Frage nach der Anwendung von Rechten anderer Staaten jemals gestellt werden, worauf allseitige Kollisionsnormen eine Antwort geben, weshalb diese auch Rück- oder Weiterverweisungen enthalten könnten.[18]

Die notwendige Einseitigkeit der sozialrechtlichen Kollisionsnormen erklärt sich aus dem öffentlich-rechtlichen Charakter von Sozialrecht, das wie alles öffentliche Recht einseitig die Beziehungen der Einzelnen zu einem bestimmten Staat regeln.[19] Hingegen sind privatrechtliche Kollisionsnormen allseitig, weil der rechtsanwendende Staat an dem zu beurteilenden Privatrechtsverhältnis nicht notwendig beteiligt ist und daher in grenzüberschreitenden Fallgestaltungen im Hinblick auf die Sachgerechtigkeit der Entscheidung vor der Rechtswahl steht, z.B. ob in einem grenzüberschreitenden Arbeitsverhältnis eine Kündigungsentschädigung zu zahlen ist, wenn das von den Parteien gewählte Recht dies vorsieht, das Recht am gewöhnlichen Arbeitsort aber Kündigungsschutz vorsieht. Solche Rechtswahlfragen stellen sich im IPR – aber nicht im ISR.

---

15 So Wallrabenstein, in Schlachter/Heinig, § 22–32 ff.
16 Eingehend: Eichenhofer, 1987, 218 ff.
17 Steinmeyer in Ruland/Becker/Axer, SRH, 2018(6. Aufl.), § 33 Rn. 24; Wallrabenstein, in Schlachter/Heinig, EuArbSozR, 2016, § 22 Rn. 32 ff.
18 Eingehender Eberhard Eichenhofer, Sozialrecht der EU, 2018 (7. Aufl.), Rn 138.
19 Karl Neumeyer, Internationales Verwaltungsrecht, Bd. IV, München/Berlin, 1936, 79.

II. Koordinierendes Sozialrecht der EU

Dieser Unterschied erklärt sich daraus, dass der Begriff Rechtsanwendung in öffentlichem Recht und Privatrecht Unterschiedliches bedeutet.[20] Im Privatrecht heißt er die Beurteilung von grenzüberschreitenden Lebensverhältnissen am Maßstab des sachnächsten Rechts. Die dafür berufenen Zivilgerichte stehen dann vor der Rechtswahl, auf welche allseitige Kollisionsnormen eine Antwort geben. Die Zivilgerichte entscheiden die Rechtswahlfrage vor dem Hintergrund international gleichartiger Rechte unter dem Kriterium der Sachnähe, berufen also dasjenige nationale Recht, welches dem zu entscheidenden Sachverhalt am „nächsten" ist.

Öffentliches Recht gestaltet dagegen einseitig Lebensverhältnisse zwischen den Einzelnen und einem Träger öffentlicher Gewalt durch den einseitigen Gebrauch staatlicher Macht. Auf diesem Befund beruht die Subjekttheorie als die heute herrschende Abgrenzungslehre zwischen öffentlichem und privatem Recht. Sie findet ihre Pointe in der Erkenntnis, dass alles öffentliche Recht öffentliche Träger und Behörden einseitig als Sonderrecht berechtigt.

Die Träger und Behörden werden durch einen Staat errichtet, dessen Recht ihr Handeln umfassend rechtfertigt, weil sie dessen Staatsgewalt ausüben. Das öffentliche Recht eines Staates ist also auf seinen Vollzug notwendig auf dessen Träger und Behörden angewiesen. Wenn aber die einseitigen Befugnisse dessen Behörden übertragen sind, können jene nur diese wahrnehmen, indes nicht die Behörden anderer Staaten. Für die öffentlichen Träger steht nur zu entscheiden an, ob sie selbst zuständig sind oder nicht; sie haben aber nie verbindlich zu entscheiden, welche von mehreren in Betracht kommenden ausländischen Behörden zuständig und handlungsbefugt sind. Deshalb stehen die Behörden – anders als Zivilgerichte – nie vor Rechtswahlfragen, weswegen auch das Europäische Koordinierende Sozialrecht keine allseitigen Kollisionsnormen kennt, weil es diese niemals braucht.

140 Allerdings lässt die Rechtsprechung zur Wahrung der Freizügigkeit und unter Berücksichtigung der Funktion des Koordinationsrechts, soziale Rechte zu erweitern, statt sie zu beschränken, eine dem Geschützten **günstige** Anwendung der Kollisionsnormen des **autonomen ISR** zu.[21] Günstigkeitsprinzip erlaubt alternative Anknüpfungen; diese sollen bestimmte materielle Ergebnisse begünstigen[22]. Das doppelte Günstigkeitsprinzip des Europäischen koordinierenden Sozialrechts folgt der Maxime, Europäisches Recht wirke stets nur rechtserweiternd, niemals rechtsverkürzend (vgl. Rn. 88). In der Entscheidung des EuGH[23] in der Rechtssache „Franzen" ging es um die Frage, welche Auswirkungen eine in Deutschland ausgeübte Beschäftigung auf eine in den Niederlanden und dort auf Grund ihres Wohnsitzes in die niederländische Volksrentengesetz-

---

20 Eingehender Eberhard Eichenhofer, Internationales Sozialrecht und Internationales Privatrecht, Baden-Baden, 1987, 220 ff.
21 EuGH Slg. 2008, I-3827 (Bosmann); EuGH – 12.6.2012 – Rs. C-611/10; C-612/10 (Hudzinski, Wawrzyniak).
22 Kropholler, 2006, § 20 II.
23 EuGH EU:C:2015:261.

§ 7 Kollisionsnormen

gebung einbezogene Person erwachse. Zunächst stellte der EuGH unter Berufung auf seine gefestigte Rechtsprechung fest, dass auch eine geringfügige Beschäftigung als Beschäftigung im Sinne des Europäischen koordinierenden Sozialrechts verstanden werden müsse. Auf die sich daraus ergebende Folgefrage, ob dann das deutsche Recht das niederländische aber verdränge, bemühte der EuGH erneut das Günstigkeitsprinzip[24] (vgl. Rn. 88) zur Auflösung von Rechtsanwendungskonflikten zwischen EU-Mitgliedstaaten. Er befand daher, dass die ein in den Niederlanden wohnhafte Versicherte, welche dort in die Volksrente einbezogen war, durch Aufnahme einer geringfügigen Beschäftigung in Deutschland nicht verliere, weil ihr diese keine oder keine gleichwertige Alterssicherung vermittle.

Aufgrund der eindeutigen Zuordnung eines Sozialrechtsverhältnisses zu einem Mitgliedstaat ist auch die **Mehrfachbelastung** derselben Person mit **Beiträgen** zur Sozialversicherung mehrerer Mitgliedstaaten für ein und denselben Tätigkeitszeitraum untersagt. Art. 11 I VO (EG) Nr. 883/2004 schließt die **Belastung eines** und **desselben Arbeitseinkommens** mit Beiträgen gegenüber den Sozialversicherungsträgern mehrerer Mitgliedstaaten aus.[25] Gegen dieses Verbot verstießen jedoch nach Ansicht des EuGH weder Deutschland mit der Erhebung der Künstlersozialabgabe (§ 25 KSVG) auch für Einkünfte der in anderen Mitgliedstaaten ansässigen oder beschäftigten Künstler,[26] weil die Abgabepflicht die Vermarkter von Kunst betreffe, noch Belgien[27] durch die Erhebung von Sozialversicherungsbeiträgen auf Berufskrankheitsrenten, die an in anderen Mitgliedstaaten ansässige Berechtigte gezahlt werden. Der EuGH verwarf dagegen eine Regelung Frankreichs, welche eine einkommensabhängige contribution sociale généralisée, deren Aufkommen den Trägern der Sozialversicherung Frankreichs zufiel, auch denjenigen Bewohnern Frankreichs auferlegte, welche aufgrund ihrer Erwerbstätigkeit in einem anderen Mitgliedstaat arbeiteten und folglich dessen Sozialversicherungsrecht unterworfen waren.[28] Der Gerichtshof billigte jedoch, dass die Beitragsbemessungsgrundlage – entsprechend den Regeln des Internationalen Steuerrechts zur Vermeidung von Doppelbesteuerungen – auf das in Frankreich erzielte Einkommen beschränkt wurde.[29]

141

In seinem Urteil vom 26. Februar 2015[30] stellte der EuGH fest, dass als Sozialversicherungsbeitrag auch eine solche Abgabe zu qualifizieren sei, die auf Einkommen aus den Vermögenserträgen von Immobilien-, Leibrenten- und Kapital-

---

24 EuGH EU:C:2012:339.
25 EuGH Slg. 2001, I-1049 (Kommission ./. Frankreich), Tz. 29; Slg. 2006, I-2369 (Piatkowski); Slg. 1994, I-2991 (Aldewereld); Slg. 1977, 815 (Peerenboom).
26 EuGH Slg. 2001, I-1865 (Kommission ./. Deutschland); kritisch dazu Bader, 2004; BSG SGb 2009, 609 mit Anm. Eichenhofer.
27 EuGH Slg. 2001, I-3327 (Kommission ./. Belgien).
28 EuGH Slg. 2000, I-1049 (Kommission ./. Frankreich); Slg. 2005, I-6101 (van Pommeren-Bourgondiën); Pennings, 7 (2005) EurJofSocSec, 167.
29 EuGH Slg. 2008, I-1853 (Derouin).
30 EuGH EU:C:2015:123.

Vermögen im Rahmen von der französischen Steuerverwaltung erhoben werde, falls diese in die Ertragshoheit eines Sozialversicherungsträgers fielen. In seiner Entscheidung vom 18.6.2015[31] äußerte sich der EuGH zu den Regeln über die Besteuerung von Einkommen aus der in mehreren Mitgliedstaaten ausgeübten Erwerbsarbeit. Desgleichen darf bei der Steuererhebung Befreiungen für auswärtigen Aufenthalt nicht differenziert nach dem Aufenthaltsort gewähren.[32] Danach sei ein Mitgliedstaat nicht daran gehindert, bei der Besteuerung der Einkünfte eines gebietsfremden Arbeitnehmers, der seine berufliche Tätigkeit während eines Teils des Jahres in diesem Mitgliedstaat ausübte, unter Berücksichtigung seiner persönlichen Lage und seines Familienstands einen Steuervorteil zu gewähren, wenn er seine gesamten oder nahezu seine gesamten Einkünfte im fraglichen Zeitraum in diesem Mitgliedstaat erzielt, doch stellten sie nicht den wesentlichen Teil seiner in dem betreffenden Jahr insgesamt zu versteuernden Einkünfte dar.

b) Die nach den Gesicherten-Gruppen unterschiedenen Kollisionsnormen

142 Art. 11 III VO (EG) Nr. 883/2004 bestimmt für unterschiedliche Gesicherten-Gruppen das anzuwendende nationale Sozialrecht jeweils **verschieden**. Diese Festlegung geschieht in Gestalt von Kollisionsnormen. Denn für den Anknüpfungsgegenstand **„soziale Sicherheit"** (Art. 3 VO (EG) Nr. 883/2004) wird durch unterschiedliche **Anknüpfungspunkte** für einzelne **Gruppen** das anwendbare Recht bestimmt. Diese Anknüpfungen werden durch zahlreiche Ausnahmevorschriften ergänzt (Art. 12–16 VO (EG) Nr. 883/2004). Sie beziehen sich auf die **vorübergehende Auslandsbeschäftigung** (Art. 12 VO (EG) Nr. 883/2004), **Mehrfachbeschäftigung** (Art. 13 VO (EG) Nr. 883/2004), **freiwillige Versicherung** (Art. 14 VO (EG) Nr. 883/2004), bei **diplomatischen** oder **konsularischen Vertretungen** Beschäftigten[33] und **EU-Hilfskräfte** (Art. 15 VO (EG) Nr. 883/2004) sowie **Rentner** (Art. 17a VO (EWG) Nr. 1408/71). Art. 11 III VO (EG) Nr. 883/2004 unterscheidet Beschäftigte und selbstständig Erwerbstätige (lit. a), Beamte (lit. b), Arbeitslose, die Leistungen des Wohnstaates beziehen (lit. c), Wehr- und Zivildienstleistende (lit. d) sowie sonstige (lit. e) (vgl. Tab. 1).

Tab. 1 Anknüpfungen des Sozialrechtsstatuts

Gesicherten-Gruppe	Anknüpfung
Beschäftige Erwerbstätige	Beschäftigungsstat
Selbstständige	Sitzstaat
Beamte	Anstellungsstaat
Seeleute	Flaggenstaat
Wehr- und Zivildienstleistende	Anstellungsstaat
Nichterwärbstätige	Wohnstaat

---

31   EuGH EU:C.2015:406.
32   EuGH EU:C:2015:108.
33   EuGH – 15.1.2013 – Rs. C-179/13 (Evans).

§ 7 Kollisionsnormen

Die **Grundanknüpfung** des Sozialrechtsverhältnisses ist der Ort der regelmäßigen **Erwerbstätigkeit** und nicht des regelmäßigen gewöhnlichen Aufenthalts. Das Sozialrechtsstatut ist – anders formuliert – die **lex loci laboris** und nicht die lex domicilii.[34] Diese Entscheidung entspricht dem sich auf Erwerbstätige konzentrierenden System sozialer Sicherheit der **Bismarck**-Länder, widerspricht dagegen dem Grundansatz der Einwohner-Sicherung vorsehenden Beveridge-Länder. Freilich sind die praktischen Folgen dieses Unterschiedes weniger gravierend, als es scheint. Auch die Bismarck-Länder kennen Leistungen der sozialen Sicherheit, die nicht von der Erwerbstätigkeit abhängen und daher ebenfalls an den gewöhnlichen Aufenthalt anknüpfen, wie umgekehrt die Beveridge-Länder erwerbsabhängige Leistungen aufweisen, deren Anknüpfung der lex loci laboris-Regel folgt. Der **Systemunterschied** wird aber bei Leistungen der **Gesundheitssicherung** sichtbar, weil in den Bismarck-Staaten diese an die Beschäftigung,[35] in Beveridge-Staaten hingegen an den gewöhnlichen Aufenthalt geknüpft sind. Praktisch erwachsen daraus jedoch keine Unzuträglichkeiten, weil bei einem Auseinanderfallen von Beschäftigungs- und Wohnstaat in Abkehr von der Grundanknüpfung auch eine Sicherung nach den Regeln des Wohnstaates gewährleistet ist (vgl. Art. 17 f., 65 VO (EG) Nr. 883/2004). Ein möglicher und **rechtspolitisch** bisweilen erwogener **Wechsel** der Regelanknüpfung vom Beschäftigungs- zum Wohnstaat[36] änderte also wenig.

143

Für **Beschäftigte** bestimmt Art. 11 III lit. a) VO (EG) Nr. 883/2004 den Staat der **gewöhnlichen Beschäftigung** als zuständigen Staat – auch wenn der Arbeitnehmer außerhalb des Staates der Beschäftigung wohnt. Arbeitgeber ist, wer faktisch Weisungsrecht innehat und wahrnimmt[37]. Der Beschäftigungsort wird nicht näher bestimmt (vgl. Rn. 171). Dem **Ort** tatsächlicher **Arbeitsleistung** ist dafür weniger bedeutend als der Ort, dem die Wertschöpfung sozial und wirtschaftlich zuzurechnen ist.[38] Dies lässt sich aus den Regelungen erschließen, die eine Fortwirkung des Sozialrechtsverhältnisses bei vorübergehender Arbeitsausübung im Ausland vorsehen (vgl. Art. 12 VO (EG) Nr. 883/2004). Als Arbeitnehmer ist auch ein **Teilzeitbeschäftigter** anzusehen,[39] hingegen nicht, wer seine berufliche Tätigkeit vollständig eingestellt hat.[40] Bei Arbeiten auf Bohrinseln auf dem Festlandsockel ist Beschäftigungsstaat, dem der betreffende Abschnitt des Festlandsockels zugeordnet ist.[41]

144

---

34 Dazu Christensen/Malmstedt, EurJofSocSec 2 (2000), 69 ff.; Vonk, EurJofSocSec 2 (2000) 315; vgl. auch Steinmeyer, in Fuchs, Nomos-Kommentar EuSozR, Art. 13 Rn. 2 ff.; Schulte, in von Maydell/Ruland, Sozialrechtshandbuch, 5. Aufl., 2012, § 33; Tiedemann, ZfSH/SGB 2010, 408; ders., NZS 2011, 41.
35 § 5 Abs. 1 Nr. 13 SGB V.
36 Christensen/Malmstedt, 2 (2000) EurJofSocSec, 69.
37 EuGH EU:C:2020:565.
38 Eichenhofer, ISR, 1994, 307; Schuler, 1988, 410; Eichenhofer, EuZA 2012, 140; EuGH Slg. 1973, 935 (Angenieux/Hakenberg).
39 EuGH Slg. 1990, I-1755 (Kits van Heijningen).
40 EuGH Slg. 1991, I-387 (Noij).
41 EuGH – 17.1.2012 – Rs. C-347/10 (Salemink).

II. Koordinierendes Sozialrecht der EU

145 Auf selbstständig Erwerbstätige ist gemäß Art. 11 III lit. a) VO (EG) Nr. 883/2004 das Recht des Staates anzuwenden, in dessen Gebiet die **Tätigkeit ausgeübt** wird. Dies ist der Ort, an welchem dieser seinen „**Sitz**" hat, unabhängig vom Wohnort. Auch der Sitz eines Selbstständigen ist nicht näher bestimmt (vgl. Rn. 172). Gelungen ist dessen Umschreibung als der „Ort, an dem der Selbstständige auf Dauer tätig ist, und nicht der Ort der einzelnen Betätigung".[42] Dies gilt auch für selbstständige Pflegekräfte.[43]

146 Im Einklang mit den allgemeinen Grundsätzen des ISR bestimmt Art. 11 IV 1 VO (EG) Nr. 883/2004 für die auf einem Hochseeschiff beschäftigten **Seeleute** zum maßgebenden Sozialrechtsstatut das Recht des Staates, unter dessen **Flagge** das den Seemann beschäftigende Hochseeschiff verkehrt.[44] Seeleute sind nach Art. 11 IV VO (EG) Nr. 883/2004 gemäß der Grundregel des Art. 11 III lit. a) VO (EWG) Nr. 1408/71 dem Sitzstaat des Arbeitgebers unterworfen, sofern sie dort auch wohnen (Art. 11 IV 2 VO (EG) Nr. 883/2004). Diese Regel gilt auch, wenn der Beschäftigte in einem anderen Mitgliedstaat wohnt (Art. 11 IV 1 VO (EG) Nr. 883/2004).

Für die auf Rohrleger-Schiffen beschäftigten Personen, welche Verbindungen zwischen dem Festlandsockel eines Mitgliedstaats und Bohrinseln schaffen, stellte der EuGH[45] fest, dass sich das anwendbare Recht nach den Regeln über die Entsendung und nicht nach dem Flaggenstatut richte, falls jene Schiffe unter der Flagge eines Drittstaats verkehren, oder dem für Festlandsockel und Bohrinsel maßgebende Recht unterliege. Nach dem VN-Seerechtsübereinkommen[46] unterliege dem Recht des Mitgliedstaates nicht eine auf Schiffen ausgeübte Tätigkeit, wenn diese zwischen Festlandssockel und Bohrinsel verkehrten. Auch die Anwendung des Flaggenstatuts (Art. 11 IV VO (EG) 883/2004) komme nicht in Betracht, falls das Schiff unter der Flagge eines Drittstaats verkehre. Vielmehr richte sich das anwendbare Recht nach den Regeln über die Entsendung, falls der Beschäftigte aus einem Mitgliedstaat entsandt worden sei.

147 **Beamte** und ihnen gleichgestellte **öffentlich Bedienstete** unterliegen in der sozialen Sicherung dem Recht der Behörde, in deren Dienst sie stehen (Art. 11 III lit. b) VO (EG) Nr. 883/2004). Weil Behörden Einrichtungen staatlicher **Verwaltung** sind, folgt bei Beamten das Sozialrechtsstatut dem Recht der **Anstellungskörperschaft**. Der Mitgliedstaat hat einen Beamten zu sichern, wenn er ihn beschäftigt. Dies gilt auch, falls die Beschäftigung nach deren Beendigung in ein Arbeitsverhältnis umgewandelt und fortgesetzt wird.[47] Der EuGH befand, dass Pensionsansprüche von Beamten nicht bei internationalem Dienstherren-

---

42 Devetzi, 2000, 85.
43 Fuchs, NZA 2010, 980.
44 EuGH – 7.6.2012 – Rs. C-106/11 (Bakker).
45 EuGH EU:C:2015:188.
46 Vom 16.11.1994.
47 EuGH Slg. 1996, I-207 (Naruschawicus).

§ 7 Kollisionsnormen

wechsel verfallen oder durch Nachversicherung ausgeglichen werden dürfen, wenn bei internem Dienstherrnwechsel ein solcher Verlust nicht eintritt.[48] Art. 11 III lit. d) VO (EG) Nr. 883/2004 erstreckt die für Beamte geltenden Grundsätze auf **Wehr- und Zivildienstleistende**. Des Weiteren billigte der EuGH[49] eine Regelung des Sozialversicherungsrechts, welche die bei einer konsularischen Vertretung eines Drittstaats in einem Mitgliedstaat beschäftigten und wohnhaften EU-Bürger von den Regeln des Sozialversicherungsrechts des Beschäftigungsstaates freistelle. Denn eine solche stehe im Einklang mit dem Wiener Übereinkommen über konsularische Beziehungen.[50]

Sämtliche Personen, die nicht (mehr) als Arbeitnehmer oder Selbstständiger, Seemann, Beamter, Wehr- oder Zivildienstleistender tätig sind, unterliegen in ihrer sozialen Sicherung dem Recht ihres **Wohnstaates** (Art. 11 III lit. e) VO (EG) Nr. 883/2004).[51] Auch die Strafhaft gilt als Wohnsitznahme,[52] weshalb Inhaftierte als Nichterwerbstätige anzusehen sind. Der Wohnort ist schwer zu bestimmen; seine Definition ist komplex (vgl. Rn. 165 ff.). 148

c) Folgen vorübergehender Auslandsbetätigung
Bei einer **vorübergehenden Auslandsbeschäftigung** von Arbeitnehmern besteht das bisher innegehabte Statut fort (Art. 12 VO (EG) Nr. 883/2004); sie führt weder zum Verlust des bisherigen, noch zum Erwerb des Sozialrechtsstatuts im Staat der vorübergehenden Beschäftigung.[53] Dies gilt auch für die Beschäftigung von Drittstaatern.[54] Der für die Bestimmung des anwendbaren Rechts maßgebliche Anknüpfungspunkt bleibt der Beschäftigungsort oder Sitz; darin liegt die Erklärung für die Normen über Aus- und Einstrahlung (§§ 4 und 5 SGB IV). Als **vorübergehend** gilt eine Auslandsbeschäftigung von voraussichtlich 24 Monaten. Dieser Zeitraum gilt auch für Selbständige der **Entsendezeitraum** auf höchstens 24 Monate. Keine Entsendung liegt vor, wenn im auswärtigen Staat keine Arbeit vorlag, aber die Tätigkeit in mehreren Staaten wahrzunehmen war.[55] 149

Diese Regeln sollen die **Freizügigkeit** der Arbeitnehmer sichern, die gegenseitige **Verflechtung** der Volkswirtschaften der Mitgliedstaaten fördern und die sich aus einem kurzfristigen Wechsel des Statuts sozialer Sicherheit ergebenden Nachteile einer Vervielfachung von Rechten und den damit verbundenen administrativen Verwicklungen für Arbeitnehmer, Unternehmer und Sozialversi- 150

---

48   EuGH. EU:C:2016:30; EuGH EU:C:2016:550.
49   EuGH EU:C:2015:12.
50   Wiener Übereinkommen über konsularische Beziehungen vom 24.4.1963, BGBl. 1969 II S. 1585.
51   Folgerungen aus EuGH Slg. 1986, 1821 (Ten Holder); Fuchs, NZA 2010, 980; Husmann, NZS 2009, 547; Kruse; Tiedemann, ZfSH/SGB 2010, 408; ders., NZS 2011, 41; Zimmermann, AuA 2010, 514; Müller, 1997.
52   EuGH Slg. 2005, I-553 (Effing).
53   Schoukens/Pieters, in Eichenhofer (Hg.), 2009, 143.
54   Tiedemann, ZfSH/SGB 2010, 408.
55   EuGH – 4.10.2012 – Rs. C-115/11 (Zaklad Ubezpieczen Spolecnych).

121

II. Koordinierendes Sozialrecht der EU

cherungsträger vermeiden.[56] Ein nur kurzzeitiger Wechsel dieses Statuts bleibt in der **Rentenversicherung** folgenlos. Dort werden nach Art. 57 VO (EG) Nr. 883/2004 Wohn-, Beschäftigungs- oder Versicherungszeiten von kürzerer als einjähriger Dauer nicht vom System des Mitgliedstaates, in dem sie wirksam begründet wurden, sondern anstelle dessen von dem Mitgliedstaat der zuletzt ausgeübten Tätigkeit entgolten. Diese Regeln sind auch auf die Entsendung in Drittstaaten anzuwenden.[57]

151 Die getroffenen Regeln über die vorübergehende Auslandsbeschäftigung werden von Art. 12 bis 16 VO (EG) Nr. 883/2004 getroffenen Bestimmungen als „Ausnahme" zu den in Art. 11 III VO (EG) Nr. 883/2004 formulierten Regelanknüpfungen behandelt.[58] Diese Deutung läuft aber auf eine **Relativierung** der Grundsätze über die Anknüpfung des **Sozialrechtsstatuts** hinaus und entwertet sie damit. Dies ist folgenreich, weil Ausnahmen stets eng auszulegen seien. Diese Auslegung verfehlt auch den Sinn der zu würdigenden Bestimmungen.

152 Die **Beibehaltung** des Sozialrechtsstatus bei **vorübergehender Auslandsbeschäftigung** rechtfertigt sich aus der damit verbundenen Verwaltungsvereinfachung. Vorübergehende Betätigungen in anderen Mitgliedstaaten sind in einem Binnenmarkt auch keine „Ausnahme", sondern ein Regelfall und zwar mit zunehmender Tendenz! Der zentrale Aussagegehalt der Bestimmung lautet daher: vorübergehende Auslandsbeschäftigungen sollen für die Bestimmung des Beschäftigungs- oder Sitzstaates unerheblich sein. Denn die Anknüpfungspunkte des Beschäftigungsortes oder Sitzes werden nicht wesentlich durch den Ort der Ausübung einer einzelnen Tätigkeit, sondern durch die soziale und wirtschaftliche Zuordnung der Gesamtbetätigung bestimmt.[59]

153 Dieser Gedanke gelangt namentlich in Art. 11 V VO (EG) Nr. 883/2004 und auch in Art. 13 VO (EG) Nr. 883/2004 zum Ausdruck. Danach unterliegen das Flug- und Kabinenbesatzungspersonal von Fluggesellschaften dem Recht des Staates, in dem die Gesellschaft ihren Sitz und tatsächlichen Ausgangs- und Endpunkt der Aktivitäten ihrer Beschäftigten (Art. 14 Va UA 2 VO (EG) 987/09)[60] („Heimatbasis" von *engl.* homebase) hat. Daraus wäre verallgemeinernd zu folgern, dass die im internationalen **Transportgewerbe** beschäftigten Arbeitnehmer grundsätzlich dem Recht des Staates unterliegen, in dessen Gebiet der Arbeitgeber seinen Sitz hat – einerlei, in welchen Mitgliedstaaten der Arbeitnehmer auch immer tätig werde. In dieser Regelung gelangt ein für die Entsendung leitender **Rechtsgedanke** zum Ausdruck. Deshalb kommt eine Entsendung

---

56 EuGH Slg. 1970, 1251 (Manpower); Devetzi, in Hauck/Noftz, EU-Sozialrecht, K Art. 12 Rn. 4 ff.
57 EuGH Slg. 1994, I-2991 (Alderwereld); EuGH – 19.3.2015 – Rs. C-226/13 (Kik); Devetzi, 2000, 77 f.
58 Haverkate/Huster, 1999, Tz. 132; Horn, ZIAS 2002, 120, 132 ff.; Kruse; Schoukens/Pieters, in Eichenhofer (Hg.), 2009, 143.
59 Vgl. dazu auch die Bestrebungen zur Erleichterung der konzerninternen Entsendung (KOM (2010) 378 endg).
60 Devetzi, in Hauck/Noftz, EU-Sozialrecht, K Art. 11 Rn. 27a.

§ 7 Kollisionsnormen

auch nicht in Betracht, wenn ein Arbeitgeber seine gesamte Geschäftstätigkeit in einem Mitgliedstaat entfaltet, in einem anderen Mitgliedstaat lediglich über eine Adresse verfügt und dort ausschließlich interne Verwaltungstätigkeiten ausübt.[61]

Bei der Mehrfachbeschäftigung ist der zuständige Staat danach zu bestimmen, in welchem die Erwerbstätigkeit ihren wirtschaftlichen Schwerpunkt findet (Art. 13 VO (EG) 883/2004, vgl. Rn. 167 ff.) – auch darin liegt keine Ausnahme, sondern eine Bestätigung der in Art. 11 VO (EG) 883/2004 für Erwerbstätige formulierten Grundregel. **Keine Entsendung, sondern eine Mehrfachbeschäftigung**[62] liegt vor, wenn ein Erwerbstätiger während desselben Zeitraums in **mehreren Mitgliedstaaten** mehrere voneinander unabhängige Tätigkeiten für unterschiedliche Arbeitgeber oder Kunden ausübt. Die Entsendung setzt ferner voraus, dass der Erwerbstätige vor Aufnahme einer Tätigkeit in einem anderen Staat seine Erwerbstätigkeit im zuständigen Staat aufgenommen hatte. Die Entsendung muss also von einem durch Erwerbsarbeit als zuständig begründeten Staat ausgehen. Eine entsprechende vertragliche Vereinbarung: **Einstellung zwecks Entsendung** zur Arbeitsausübung in einen anderen Mitgliedstaat, reicht nach der Rechtsprechung aber aus[63], falls für den Entsendezeitraum eine vertragliche Beziehung zwischen entsandtem Arbeitnehmer und Arbeitgeber fortbesteht und der Arbeitgeber seine Tätigkeit grundsätzlich in dem entsendenden Mitgliedstaat ausübt.[64] 154

Eine Entsendung ist auch möglich, falls ein Arbeitnehmer mit **Wohnsitz** in einem Mitgliedstaat und **Beschäftigungsort** in einem weiteren Mitgliedstaat zur vorübergehenden Arbeitsausübung in einem **dritten** Mitgliedstaat eingestellt wird. Andernfalls wäre die Freizügigkeit verletzt, falls dieses Recht auf die im Beschäftigungsstaat wohnenden Arbeitnehmer beschränkt würde, Arbeitnehmer anderer Wohnstaaten davon jedoch ausschlösse. Daher darf dem Erwerbstätigen mit Wohnort außerhalb des Beschäftigungsstaates ein Recht nicht vorenthalten werden, das den Bewohnern des Beschäftigungsstaates zusteht. Also findet auch bei der **„Dreiecksbeschäftigung"** eine Versicherung zu den Regeln des entsendenden Staates statt.[65] Nach Art. 12 I VO (EG) 883/2004 darf eine entsandte Person nicht anstelle einer bereits entsandten Person beschäftigt werden (Verbot der „Kettenentsendung").[66] Eine Einstellung zum Zweck der Entsendung wird durch EU-Recht gestattet.[67] 155

---

61 EuGH Slg. 2000, I-9379 (Plum).
62 Dazu Raschke, in Die BG 2006, 284.
63 EuGH Slg. 1967, 461 (van der Vecht); Europäische Kommission, 1998; Donders, in Schoukens, 1997, 49 ff.; Von Regenmortel/Jorens, 1995.
64 Beschluss Nr. 162 der Verwaltungskommission, Amtsblatt Nr. L 241/28 vom 21.9.1996; Jorens, 1997.
65 Anders Devetzi, 2000, 78: Sie plädiert für die Anwendung des Rechts des Wohnstaats, m. E. wäre dies aber bedenklich, da Entsendung ein Arbeitsverhältnis und damit ein Beschäftigungsverhältnis im Sinne des Art. 13 II lit. a VO (EWG) Nr. 1408/71 begründet.
66 Devetzi, in Hauck/Noftz, EU-Sozialrecht, K Art. 12 Rn. 20.
67 EuGH EU:C:2018:861.

II. Koordinierendes Sozialrecht der EU

156 **Bescheinigungen** über die Entsendung von Arbeitnehmern oder Selbstständigen zur vorübergehenden Arbeitsausübung in andere Mitgliedstaaten nach Art. 19 VO (EG) Nr. 987/2009 durch die Sozialleistungsträger des Beschäftigungs- oder Sitzstaates **binden** auch die Träger dieser Staaten.[68] Entsendebescheinigungen (vormals E101, nun A 1) entfalten die Vermutung der Richtigkeit; sie dürfen nicht unbeachtet bleiben,[69] allerdings können Einwände gegen die Richtigkeit der Bescheinigung erhoben werden.[70] Dadurch werden die Behörden des aufnehmenden Staates jedoch nicht den Verwaltungsentscheidungen des entsendenden Staates unterworfen. Die Bindung nach E101/A1 ist auf die soziale Sicherheit beschränkt, gilt nicht darüber hinaus.[71] Die Bescheinigung A1 bekundet vielmehr den während des Entsendezeitraums nach den Regeln des Entsendestaates fortwährenden sozialrechtlichen Schutz des Entsandten. Dadurch wird der Aufnahmestaat zur Vermeidung von Doppelsicherungen daran gehindert, den in sein Gebiet Entsandten seinen Regeln zu unterwerfen. Die Bescheinigung A1 dokumentiert folglich das bei Entsendung fortwirkende Statut des Entsendungsstaates. Jede Entsendebescheinigung entfaltet eine Richtigkeitsvermutung aus der Grundlage von Art. 4 III EUV und begründet Vertrauensschutz.[72] Keine Wirkung entfalten dagegen unzutreffende und auf Betrug basierende Erklärungen.[73] Art. 76 VO (EG)883/2004 weist der Verwaltungskommission eine vermittelnde Rolle zu, sie mach einen Vorschlag bei Streitigkeiten; dieser ist nicht bindend; Mitgliedstaaten dürfen davon nicht abweichen.[74] Entsendungsregelung liegt im öffentlichen Interesse und rechtfertigt Anforderungen.[75]

Am 8. März 2016 unterbreitete die Kommission, 2017 von den Arbeits- und Sozialministern der Mitgliedstaaten gebilligte Vorschläge zur Neuregelung der Arbeitnehmer – Entsende-Richtlinie.[76] Diese betreffen die Arbeitsbedingungen von entsandten Arbeitnehmer(innen). Dadurch vermag das diese entsendende Unternehmen im Binnenmarkt die Dienstleistungsfreiheit wahrzunehmen. Danach sollen für die entsandten Arbeitnehmer(innen) über die gesetzlichen Mindestarbeits- und Lohnbedingungen hinaus alle in einem Mitgliedstaat für allgemein verbindlich erklärten Tarifverträge gelten. Ferner soll der Zeitraum statthafter Entsendung auf 24 Monate begrenzt werden. Auf diese Weise soll das

---

68 EuGH Slg. 2000, I-883 (Fitzwilliam); I-2005 (Banks); Slg. 2006, I-1079 (Herbosch Kiere); Slg. 2006, I-9041 (Kommission ./. Österreich); zu den strafrechtlichen Folgen BGHSt 51, 124, 224; Eichenhofer, ZESAR 2002, 21.
69 Anders OLG Bamberg NZS 2017, 36; gegen BGHSt 51, 124, 224; 52, 67; Wilde NZS 2016, 48.
70 EuGH – EU:C:2018:63.
71 EuGH EU:C:2020:379.
72 EuGH – 2. 4. 2020 – C-370/18 (CRPNPAC) EU:C:2020:260; EuGH C-359/16 (Altun) EU:C:2018:63; C-527/16 (Alpenrind) EU:C:2018:669; EuGH C-197/14 (van Dijk) EU:C:2015:564; C-620/15 (A-Rosa Flussschiff) EU:C:2017:309, C-623/13 (de Ruyter) EU:C:2015:123.
73 EuGH – 2. 4. 2020 – C-370/18 (CRPNPAC) EU:C:2020:260.
74 EuGH – C-35&/15 (Kommission ./.Belgien), EU:C:2018:555.
75 EuGH C-64/18, C-140/18, C-146/18, C-148/18 (Maksimovic) EU:C:2019:723.
76 COM(2016)128 endg.

Recht der Arbeitnehmer-Entsendung auf vorübergehende Beschäftigungen in anderen Mitgliedstaaten eingeschränkt werden.

d) *Mehrfachbeschäftigungen*
Erwerbstätige, die innerhalb eines zwischen **einer Woche** und **einem Monat** währenden **Zeitraums** gleichzeitig in mehreren Mitgliedstaaten mehreren voneinander **unabhängigen** Erwerbstätigkeiten tatsächlich nachgehen und nicht nur nach dem Vertrag nachgehen sollen,[77] bereiten bei Feststellung des Statuts sozialer Sicherheit Schwierigkeiten.[78] Mehrere Sicherungsverhältnisse für ein und denselben Zeitraum zuzulassen, widerspräche der in Art. 11 I VO (EG) Nr. 883/2004 formulierten Regel, dass für eine Person während eines Zeitabschnitts grundsätzlich nur **ein Recht** sozialer Sicherung gelten soll. Dies führt bei Mehrfachbeschäftigungen zu grenzüberschreitenden Sicherungsverhältnissen. Sind daher **Beiträge** aus dem in mehreren Mitgliedstaaten bezogenen **Erwerbseinkommen** abzuführen? Mehrfachbeschäftigung liegt vor, wenn Personen in einem Zeitraum von einem Monat in unterschiedlichen Staaten erwerbstätig sind und damit jeweils versicherungspflichtig werden. Da für einen Zeitraum keine Person gleichzeitig dem Sozialrecht mehrerer Staaten unterworfen sein darf (Art. 11 VO (EG)Nr. 883/2004), muss daher bestimmt werden, wie solcher Kumulation von Berechtigungen zu entgehen ist. Dies geschieht durch die in Art. 13 VO (EG) Nr. 883/2004 getroffene Norm.[79]

157

Im jetzigen Recht wird das Statut bei **Mehrfachbeschäftigung** durch die **Primäranknüpfung** an den **Beschäftigungs- oder Sitzstaat** (Art. 13 I lit. b), II lit. b) VO (EG) Nr. 883/2004) bestimmt, in welchem der Person den „wesentlichen Teil der Tätigkeit" ausgeübt hat. Mehrfachbeschäftigung- eine Beschäftigung die im Verhältnis zur anderen nicht ins Gewicht fällt (unter 10%) – zählt nicht[80]. Eine Auslandsbeschäftigung kann auf Entsendung beruhen, dann ist sie nicht Mehrfachbeschäftigung[81]. Der Staat mit der engste Verbindung ist zuständig. Art. 13 III VO (EG) Nr. 883/2004 klärt die Frage nach dem anwendbaren Recht bei einer Beschäftigung und selbstständigen Tätigkeit, welche in unterschiedlichen Mitgliedstaaten ausgeübt wird. Die bisher bestehende Auffangzuständigkeit für den Wohnstaat ist aufgrund der Art. 13 VO (EG) 883/2004 partiell neu gestaltenden VO (EU) 465/2012[82] aufgegeben. Keine Mehrfachbeschäftigung liegt vor, wenn die Tätigkeit wirtschaftlich unbedeutend ist = unter 5% der gesamten Wertschöpfung liegt. Art. 13 V VO (EG) Nr. 883/2004 gebietet bei Mehrfachbeschäftigung die **Zusammenrechnung** der Einkünfte und Art. 13 IV VO (EG) Nr. 883/2004 erstreckt diese auf **Beamte**, indem – die Regel des Art. 11 III lit. b) VO (EG) Nr. 883/2004 bekräftigend – Einkünfte des Beamten aus

158

---

77 EuGH – 4.10.2012 – Rs. C-115/11 (Zaklad Ubezpieczen Spolecnych).
78 Dazu Raschke, Die BG 2006, 284.
79 Devetzi, In Hauck/Noftz, EU-SozialR, K Art. 13 Rn. 5 ff.
80 EuGH C-89/16 (Szoja) EU:C:2017:538.
81 EuGH C-569/15 (X) EU:C:2017:673.
82 Vom 22.5.2012 ABl. EU L 149 v. 8.6.2012, S. 4.

II. Koordinierendes Sozialrecht der EU

selbstständiger Nebentätigkeit als Einkünfte der Beitragspflicht des Sozialrechtsstatuts der Beamten, d. h. der Ausstellungskörperschaft unterworfen sind.

159 Art. 13 I lit. a), II lit. a) VO (EG) Nr. 883/2004 begründet die Primäranknüpfung des Wohnstaates bei **Mehrfachbeschäftigungen** demgemäß, weil darin auch der wesentliche Teil der Beschäftigung oder Erwerbstätigkeit stattfindet[83] oder eine Mehrfachbeschäftigung bei Arbeitgebern vorliegt, die in verschiedenen Mitgliedstaaten ihren Unternehmenssitz haben. Der erste Teil dieser Regelung bekräftigt das Grundprinzip des Art. 11 III lit. a) VO (EG) Nr. 883/2004, wonach der Beschäftigungs- oder Sitzstaat das Sozialrechtsstatut des Beschäftigten oder Selbstständigen bestimmt. Die Anknüpfung an den **Wohnstaat** geschieht entscheidend, weil dieser der **Beschäftigungs-** oder **Sitzstaat** ist – jedenfalls für den wesentlichen Teil der Betätigung. Die Bestimmung der Wesentlichkeit ist – wie immer – schwierig: Zweckmäßigerweise sollte eine **Gesamtschau** aus zeitlicher Inanspruchnahme, erzielten Einkünften und Dauerhaftigkeit der Tätigkeit vorgenommen werden. Der Schwerpunkt entscheidet auch im Verhältnis abhängige und selbständige Erwerbsarbeit.[84]

160 Falls die Beschäftigung oder selbstständige Tätigkeit nicht wesentlich im **Wohnstaat** ausgeübt wird, ist derjenige Mitgliedstaat der berufene Staat, in welchem die Beschäftigung oder selbstständige Tätigkeit **wesentlich** ausgeübt wird oder ihren **Mittelpunkt** hat. Auch diese Umschreibung ist nur in der Tendenz klar – im Einzelfall bereitet sie **Anwendungsschwierigkeiten**. Auch hierfür beantwortet sich die Wesensfrage durch eine Gesamtabwägung aller Umstände der Tätigkeit. Diese erstreckt sich auf in mehreren Mitgliedstaaten begründeten Erwerbstätigkeiten und bestimmt, dass die daraus Einkünfte in beiden Staaten zusammenzurechnen sind (Art 13 V VO (EG)Nr. 883/2004). Ferner ist die Gesamtbetätigung dem Recht desjenigen Staates zuzuordnen, in der die Betätigung ihren wirtschaftlichen Schwerpunkt findet (Art. 13 I VO (EG) Nr. 883/2004). Die den Rechten zweier Mitgliedstaaten unterliegende Gesamtbetätigung wird somit auf Grund einer internationalrechtlichen Norm als transnationaler Anspruch formuliert und dem Beitragsrecht desjenigen Mitgliedstaates unterworfen, zu welchem die Gesamtbetätigung wirtschaftlich betrachtet am nächsten ist.

e) Freiwillige Versicherung und freiwillige Weiterversicherung

161 Fragen der **freiwilligen Versicherung** und **Weiterversicherung**[85] sind nach Art. 14 I VO (EG) Nr. 883/2004 abweichend von den Prinzipien der Art. 11–13 VO (EG) Nr. 883/2004 für die freiwillige Versicherung oder freiwillige Weiterversicherung geregelt, sofern neben dieser eine **Pflichtversicherung** in dem zuständigen Staat besteht. Das Bestehen einer Pflichtversicherung in einem Mitgliedstaat steht der freiwilligen Versicherung oder freiwilligen Weiterversicherung in einem anderen Staat **entgegen** (Art. 14 II VO (EG) Nr. 883/2004).

---

83 Raschke, Die BG 2005, 767, 768.
84 EuGH C-33718 (V) EU:C:2019:470.
85 Horn, ZIAS 2002, 120, 151 f.

Ausnahmen sind auf die Rentenversicherung beschränkt (Art. 14 III VO (EG) Nr. 883/2004). Hängt das Recht zur freiwilligen Versicherung oder freiwilligen Weiterversicherung vom Wohnsitz des Versicherungsberechtigten im zuständigen Staat ab, steht ein Wohnsitz in einem anderen Mitgliedstaat jenem gleich (Art. 14 IV VO (EG) Nr. 883/2004). Der EuGH[86] klärte die Voraussetzungen, unter denen eine freiwillige Weiterversicherung vorliegt. Eine Bescheinigung einzelner Sozialversicherungsträger über das Vorliegen einer freiwilligen Versicherung sei für die anderen Mitgliedstaaten zwar bindend, aber zugleich der Überprüfung auf ihre Vereinbarkeit mit EU-Recht zugänglich. Für den Begriff der freiwilligen Versicherung sei es danach maßgeblich, ob der Versicherte der in ein Sozialversicherungsverhältnis kraft Gesetzes eingezogen oder dafür ein gewisses Maß an Autonomie seitens des Versicherten gegeben sei.

f) Wahlrechte für Beschäftigte des diplomatischen und konsularischen Dienstes, Hilfskräfte der EU

„**Hilfskräfte**" – Arbeitnehmer, nicht EU-Beamte – haben ein **Wahlrecht** für das für ihre soziale Sicherheit maßgebende Recht. Dieses ist bei Aufnahme der Tätigkeit auszuüben und kann nur dann ausgeübt werden (Art. 15 VO (EG) Nr. 883/2004).[87] Die Wahl erstreckt sich auf sämtliche Leistungen der sozialen Sicherheit mit Ausnahme der Familienleistungen. Diese werden durch das für alle Arbeitnehmer Gleichheit verbürgende EU-Recht geregelt. Wählbar sind das Recht des Beschäftigungsstaates, das Recht des vor Arbeitsaufnahme bestehenden Beschäftigungsstaates sowie das Heimatrecht der beschäftigten, wahlberechtigten Hilfskraft. EU-Beamte unterliegen dem Sozialrecht der EU, das Teil des Dienstrechts für EU ist. Dieses besteht neben dem Recht der Mitgliedstaaten. Die Einbeziehung von EU-Beamt(inn)en in deren System sozialer Sicherung geschieht umfassend und schließt Beitragspflichten gegenüber Systemen einzelner Mitgliedstaaten aus.[88]

162

g) Ausnahmeregelung

Art. 16 VO (EG) Nr. 883/2004 erlaubt den Mitgliedstaaten, von den in Art. 11-15 VO (EG) Nr. 883/2004 vorgesehenen Regeln **zugunsten** einzelner **Personen** oder **Personengruppen Ausnahmen** zu **vereinbaren**.[89] Die Verlängerung oder Aufrechterhaltung des Sozialrechtsstatuts eines Mitgliedstaates bei **Entsendung** von absehbar mehr als 24 Monaten ist der wichtigste Anwendungsfall.[90] Die Initiative zu diesen Vereinbarungen geht von den betroffenen Arbeitnehmern oder Arbeitgebern aus und nicht von den Mitgliedstaaten. Das Gesuch auf Abschluss einer Ausnahmevereinbarung ist an die Träger des zuständigen Staa-

163

---

86 EuGH EU:C:2015:81.
87 Ebd., Art. 16 Rn. 4f.
88 EuGH EU:C:2017:355.
89 EuGH Slg. 1984, 2223 (Raad van Arbeid); Pennings, 1998, 88; Bieback, in Fuchs, Nomos-Kommentar EuSozR, Art. 17, Rn. 3.
90 Vgl. Empfehlung Nr. 16 der Verwaltungskommission vom 12.12.1984, ABl. EG Nr. L 273 vom 24.10.1985.

tes zu richten, dieser wird auf Initiative von Beschäftigtem oder Arbeitgeber tätig. Diese Möglichkeit erlaubt, die mitunter starre Regelung der Art. 11-15 VO (EG) Nr. 883/2004 an die Bedürfnisse des Einzelfalles anzupassen. Art. 16 VO (EG) Nr. 883/2004 erlaubt damit die **vertragliche Beeinflussung** des anwendbaren **Sozialrechts**. Die Vorschrift ähnelt damit dem ebenfalls der **Rechtswahl** zugänglichen, dem Beschäftigungsverhältnis komplementären Internationalen Arbeitsrecht (vgl. dazu Art. 6 Rom I-VO). Das BSG entschied, dass Arbeitgeber und Arbeitnehmer bei Entsendung keinen Anspruch auf den Abschluss einer Ausnahmevereinbarung hinsichtlich des anwendbaren Rechts nach Art. 16 VO (EG) Nr. 883/2004 hätten.[91] Vielmehr stünden die Ausnahmevereinbarungen im Ermessen der Sozialversicherungsträger der betreffenden Mitgliedstaaten; diese müssten nur ausnahmsweise bei zwingenden überwiegenden Arbeitnehmerinteressen eine solche Vereinbarung abschließen. Dieses Interesse lässt sich aber nicht aus dem Wunsch nach geringeren Versicherungsbeiträgen und Beitragssätzen herleiten.

Nicht nur die in Art. 16 VO (EG) Nr. 883/2004 getroffenen **Wahlrechte**, sondern sämtliche Kollisionsnormen erlauben, durch **privatautonome** Akte Gestaltungen zu treffen, die sich auf das Sozialrecht der einzelnen Mitgliedstaaten unmittelbar auswirken:[92] Denn wo sich der Arbeitsort eines Beschäftigten, der Sitz eines Selbstständigen oder Arbeitgebers oder der Wohnort eines Nichterwerbstätigen befindet, ist Gegenstand privatrechtlicher Dispositionsakte, ganz ebenso wie die Entscheidung über die Begründung von Mehrfachbeschäftigungen in unterschiedlichen Mitgliedstaaten. Daran schließen sich die in der VO (EG) Nr. 883/2004 geregelten Folgen an. Zwar ist das Europäische Sozialrecht vorgegeben; nicht vorgegeben sind jedoch die sozialrechtlichen **Anknüpfungspunkte**. Denn sie unterliegen umfassend privat(rechtlich)er **Disposition** durch die Einzelnen.

3. Grundanknüpfungen

a) Ausgangspunkt

164 Der Begriff des **„gewöhnlichen Aufenthalts"** oder **„Wohnsitzes"** = „Wohnortes" bezeichnet einen zentralen Anknüpfungspunkt des Internationalen Sozialrechts.[93] Anknüpfungspunkte sind eigene Tatbestandsmerkmale in Kollisionsnormen. Die internationalen Kollisionsnormen regeln die Voraussetzungen, unter denen das Recht eines Staates auf die Regelung von Fragen eines Rechtsgebietes (= **Anknüpfungsgegenstand**) anzuwenden sind. Derartige internationale Kollisionsnormen enthält das Gesetzes-, Völkervertrags- und EU-Recht. Vom Wohnsitz hängt der soziale Schutz durch die übrigen Zweige des Sozialrechts (z. B. Ausbildungsförderung, soziale Entschädigung, Opferentschädi-

---

91   BSG – 16.8.2017 – B 12 KR 19/16 R = SGb 2017, 580.
92   Pennings, in Numhauser-Henning (Ed.), 2000, 347.
93   Vgl. Rn. 138 ff.

§ 7 Kollisionsnormen

gung, Grundsicherung und Sozialhilfe) sowie ferner die soziale Sicherung für Nichterwerbstätige (§ 30 SGB I) ab.[94]

Diese Thematik ist seit 2013 durch mehrere Entscheidungen des EUGH[95] jedenfalls insoweit geklärt, als Mitgliedstaaten nach Art. 24 Abs. 2 der Unionsbürger-Richtlinie 2004/38/EG nicht erwerbstätige bedürftige EU-Ausländer aus der Berechtigung für die „Sozialhilfe" ausschließen dürfen. Diese Rechtsprechung kollidiert mit der jüngeren verfassungsgerichtlichen Rechtsprechung[96] welche das Recht auf Existenzsicherung aus der Menschenwürde und dem Sozialstaatsprinzip ableitet (Art. 1 Abs. 1, 20, 28 GG), so dass weder nach der Staatsangehörigkeit, noch dem Aufenthaltsstatus, noch bei der Bedarfsermittlung zwischen Migranten und Alteingesessenen differenziert werden dürfe. Daraus folgerte das BSG,[97] bedürftige EU-Bürger könnten bei einer Aufenthaltsverfestigung im Inland, welche regelmäßig nach sechs Monaten des Inlandsaufenthalts eintrete, im Ermessensweg Sozialhilfe nach dem SGB XII beanspruchen, falls sie den Zeitraum statthafter Arbeitsuche von sechs Monaten überschritten hätten und in Folge dessen aus der Anspruchsberechtigung von SGB II-Leistungen ausgeschlossen seien.

Das BSG bekräftigte seine rechtspolitisch und in der Fachwelt stark umstrittene Rechtsprechung[98] über die Voraussetzungen der Sozialhilfegewährung an EU-Bürger vor 2017 bei Aufenthaltsverfestigung im Inland. Das BSG verneint zunächst für die aus Bulgarien stammende Klägerin, dass ihr nach Ablauf einer Phase von sechs Monaten vergeblicher Arbeitsuche im Inland einen Rechtsanspruch auf Grundsicherung für Arbeitsuchende zustehe (§ 7 I 1, I 2 Nr. 2 SGB II), bejaht aber einen Sozialhilfeanspruch nach sechsmonatigem Inlandswohnsitz.[99]

Die Neuregelung des internationalen Geltungsbereichs für Sozialhilfe und Grundsicherung für Arbeit suchende nichtdeutsche EU-Bürger(innen)[100] sah sich durch die Rechtsprechung des BSG[101] veranlasst. „Die Entscheidungen des BSG hätten Mehrbelastungen für Kommunen ausgelöst, die nach Ansicht der Bundesregierung über die unionsrechtlichen Vorgaben hinausgingen."[102] Dementsprechend führte der Gesetzgeber in § 7 SGB II einen Leistungsausschluss für „Ausländerinnen und Ausländer" ein, die „kein Aufenthaltsrecht haben, deren Aufenthaltsrecht sich allein aus dem Zweck der Arbeitsuche ergibt oder

---

94 BSGE 67, 243, 245.
95 EuGH EU:C:2014:2358; EuGH EU:C:2015:597; EuGH EU:C:2016:114.
96 BVerfGE 125, 175; 132, 134.
97 BSGE 120, 135.
98 BSG – 30.8.2017 – B 14 AS 31/16 R = SGb 2018, 101 mit Anm. Eichenhofer 106 ff.
99 EuGH EU:C:2014:2358; EuGH EU:C:2015:597; EuGH EU:C:2016:114.
100 Berlit, NDV 2017, 677; Bollinger/Schaumberg/Langer, 2017; Devetzi/Janda, 2017, 197; Goth; Greiner/Kock, NZS 2017, 201; Kilian/Schütte, NDV 2017, 265; Klopstock ZESAR 2017,526: „Wollenschläger EuZW 2021 795.
101 BSGE 120, 135.
102 BT-Drucksache 18/10211, S. 1 f.

die ihr Aufenthaltsrecht allein oder neben einem Aufenthaltsrecht von einem Familienangehörigenableiten", soweit sie nicht ein Daueraufenthaltsrecht auf Grund gewöhnlichen Aufenthalts im Inland von fünf Jahren erlangt haben. Ferner wurde die persönliche Berechtigung von Ausländerinnen und Ausländern in der Sozialhilfe in § 23 III SGB XII neu gefasst. Ausgeschlossen sind danach Ausländer und ihre Familienangehörigen, die nicht wenigstens fünf Jahre ihren gewöhnlichen Aufenthalt im Inland gehabt haben, wenn sie weder in der Bundesrepublik Deutschland als Arbeitnehmer oder Selbständige freizügigkeitsberechtigt sind, für die ersten drei Monate ihres Aufenthalts, sie kein Aufenthaltsrecht haben oder sich ihr Aufenthaltsrecht allein aus dem Zweck der Arbeitsuche ergibt oder sie ihr Aufenthaltsrecht allein oder neben einem Aufenthaltsrecht von einem Familienangehörigen ableiten oder eingereist sind, um Sozialhilfe zu erlangen. Den so ausgeschlossenen Personen stehen die Daseinssicherung für einen bis zur erwarteten Ausreise und eine eventuelle Rückkehr in den Heimatstaat sichernde Überbrückungsleistung zu. Die vom Gesetzgeber beschlossene Neuregelung des Rechts der Sozialhilfe und Grundsicherung im Hinblick auf EU-Bürger trat zum 1.1.2017 in Kraft.[103]

Nach Art. 11 III lit. a) VO (EG) 883/2004 bestimmt sich die soziale Sicherheit für die **Beschäftigten = Arbeitnehmer** nach dem **Ort ihrer gewöhnlichen Beschäftigung** – auch, wenn der Beschäftigte außerhalb des Staates der Beschäftigung wohnt. Für die Bestimmung des Beschäftigungsortes ist nicht die Stätte tatsächlicher Arbeitsleistung, sondern der Ort entscheidend, welchem die durch Arbeit bewirkte Wertschöpfung sozial und wirtschaftlich zuzurechnen ist.[104] Als Arbeitsleistung ist eine gegen Vergütung erbrachte Betätigung auch dann anzusehen, wenn eine nur geringe Zahl von Arbeitsstunden geleistet wird, falls es sich bei der unselbständigen Tätigkeit um tatsächliche und echte Tätigkeit handelt; die Voraussetzungen zu prüfen, ist Sache des Gerichts des Mitgliedstaates.[105] Auch ein Urlaubsanspruch kann Indiz für ein Arbeitsverhältnis sein.[106] Auch **Studierende** können **Arbeitnehmer** sein.[107] Auch **Teilzeitbeschäftigte** sind Arbeitnehmer,[108] hingegen nicht Personen, die ihre Erwerbstätigkeit umfassend eingestellt haben.[109] Arbeitet jemand auf der Bohrinsel auf dem Festlandssockel, so ist derjenige Staat Beschäftigungsstaat, dem dieser Abschnitt des Sockels zugeordnet ist.[110]

Die soziale Sicherheit der Selbständigen richtet sich gemäß Art. 11 III lit. a) VO (EG) 883/2004 nach dem Recht des Staates, in dem die Tätigkeit ausgeübt wird.

---

103 Gesetz zur Regelung von Ansprüchen ausländischer Personen in der Grundsicherung für Arbeitsuchende nach dem Zweiten Buch Sozialgesetzbuch und in der Sozialhilfe nach dem Zwölften Buch Sozialgesetzbuch vom 22.12.2016 (BGBl. I S. 3155).
104 EuGH Slg. 1973, I-935 (Angenieux ./. Hakenberg).
105 Zu EU-Assoziationsrecht: EuGH Slg. 2010, I-931 (Genc); BVerwGE 143, 38.
106 Ebd.
107 EuGH – 21.2.2013 – Rs. C-46/12 (Styrelsen).
108 EuGH Slg. 1990, I-1755 (Kits van Heiningen).
109 EuGH Slg. 1991, I-387 (Noij).
110 EuGH Slg. 2012, I – 17.1.2012 – Rs. C-347/10 (Salemink).

Das ist der Ort, in der der Selbständige mit seinem Unternehmen seinen Sitz hat. Nach Art. 11 III lit. e) VO (EG) 883/2004 unterliegen alle Nichterwerbstätigen dem Recht des Wohnstaates.[111] Dieses sind namentlich **Rentner, Studierende** und **Kinder**. Arbeitsuchende haben regelmäßig Schutz durch den Wohnstaat, soweit sie nicht erwerbstätig sind. Allerdings begründet schon eine geringfügige Erwerbsarbeit von über 8 Stunden wöchentlich die Zuständigkeit des Staates der Erwerbstätigkeit. Auch der Antritt der **Strafhaft** gilt als **Wohnsitznahme**. Deshalb sind Inhaftierte als Nichterwerbstätige anzusehen; sie haben ihren Wohnsitz in dem Ort der Strafverbüßung.[112]

b) Begriff „Wohnsitz"
Der in § 30 SGB I vorkommende Begriff des „**Wohnsitzes**" entscheidet darüber, welchen Personen ein Sozialstaat seine Solidarität schuldet und zu erweisen hat.[113] Nach § 30 Abs. 3 Satz 1 SGB I unterhält einen Wohnsitz im Inland, wer dort seinen „**Lebensmittelpunkt**" hat – dessen Leben dort also seine Mitte findet. Dieser schließt sich aus der Unterhaltung einer Wohnung, die den Schluss auf einen dauerhaften Aufenthalt begründet.[114] Die im **Steuerrecht** (§ 9 I 2 AO) geläufige Regel, dass eine Person ihren Wohnsitz in einem Staat nur innehabe, falls sie sich dort mehr als sechs Monate = 183 Tage jährlich aufhalte, gilt im Sozialrecht nicht.[115] Zu Wohnsitz gehören factum und animus, der tatsächliche Aufenthalt und der Wille, für längere Zeit dort zu bleiben. Statt Wohnsitz ist heute der Begriff gewöhnlicher Aufenthalt verbreitet. Er ist mehr faktisch und weniger willensorientiert bestimmt[116]. Er folgt dem Begriff résidence habituelle, der seit 1896 den Sprachgebrauch der Haager Abkommen im Zivilprozess prägt[117].

165

Aufenthalt ist der tatsächliche Aufenthalt und nicht durch den Willen zu substituieren. Gewöhnlich ist der Gegensatz zu außergewöhnlich[118]. Der Wohnstaat ist nicht nur für Nichterwerbstätige, sondern auch für in Drittsaaten tätige Erwerbstätige zuständig, wenn diese in der EU einen Wohnstaat haben.[119] Der Begriff gewöhnlicher Aufenthalt ist aus „Sinn, Zweck und Regelungszusammenhang der jeweiligen Norm auszulegen" und" hat demnach für die Gewährung von Sozialhilfe im Ausland einen anderen Inhalt als für Hilfeleistungen im Inland".[120]

Wohnsitz und **gewöhnlicher Aufenthalt** sind gleichbedeutend, weil jede auf Dauer angelegte Aufenthaltnahme in einem Staat nicht nur die Wohnsitz-

---

111 EuGH Slg. 1986, 1821 (Ten Holder).
112 EuGH Slg. 2005, I-553 (Effing).
113 Janda, 2012, 58.
114 BSGE 45, 95, 99; 53, 294, 295; 243, 244 f.
115 BSGE 63, 47, 48; 63, 93, 99; 65, 84, 86; BSG SozR 3-5870 § 1 Nr. 12.
116 Kropholler, 2006, § 39 I 2 b.
117 Kropholler, 2006, § 39 II.
118 Kropholler, 2006, § 39 II 3.
119 EuGH – C-631/17 (SF/Inspecteur van de Belastingdienst) EU:C:2019:38.
120 BVerwGE 99,158.

II. Koordinierendes Sozialrecht der EU

nahme voraussetzt, sondern jene durch diese bestimmt wird. Daher gebraucht auch die Rechtsprechung beide Begriffe gleichbedeutend. Sie entscheiden über den Tatbestand des Auslandsaufenthalts, von dem das Gesetz im Unterschied zum Inlandsaufenthalt eigene Regeln – namentlich über die Ausfuhr von Geldleistungen oder den Zugang zu Sachleistungen vorsieht. Für alle diese Fragen gelten dieselben Grundsätze. Diese beantworten auch die Frage nach dem **Wohnsitzwechsel**. Denn bei Änderung des Wohnsitzes ändert sich das anwendbare Recht, falls dieses vom Bestehen eines Wohnsitzes oder gewöhnlichen Aufenthalts abhängt.

166 Das EU-Recht bestimmt den für den in Art. 17, 23, 58, 65, 68 und 70 VO (EG) 883/2004[121] maßgeblichen Wohnsitz in Art. 1 lit. j) VO (EG) 883/2004[122] als den gewöhnlichen Aufenthalt und damit den Lebensmittelpunkt. Dieser bildet den Mittelpunkt der wirtschaftlichen und sozialen Aktivitäten eines Menschen.[123] Das Vorliegen der Wohnung ist anhand von objektiven wie subjektiven Kriterien zu bestimmen.[124] Dafür ist „insbesondere die Familiensituation des Arbeitnehmers, die Gründe, die ihn zum Wandern veranlasst haben, die Dauer des Wohnens, gegebenenfalls die Innehabung einer festen Anstellung und die Absicht des Arbeitnehmers zu berücksichtigen".[125] „Der gewöhnliche Mittelpunkt der Interessen einer Person muss anhand der Fakten unter Berücksichtigung aller Umstände ermittelt werden, die auf die tatsächliche Wahl des Wohnmitgliedstaates einer Person hinweisen".[126] Ein Wohnsitz ist auch der Ort, an dem sich ein Mensch krankheitsbedingt und freiwillig dauerhaft aufhält.[127] Kein Wohnsitz besteht bei bloßer Meldung ohne Daueraufenthalt.[128]

Der Gegenbegriff[129] zum Wohnsitz ist der Aufenthalt (Art. 1 lit. k) VO (EG) 883/2004). Dieser ist durch die vorübergehende Anwesenheit einer Person an einem Ort gekennzeichnet; er ist durch die physische Anwesenheit außerhalb des gewöhnlichen Aufenthaltsortes geprägt. Das EU-Recht belässt den Mitgliedstaaten einen weiten Spielraum bei der Bestimmung des konkreten Inhalts

---

121 Ad-Hoc-Gruppe Verwaltungskommission für die Koordinierung der Systeme sozialer Sicherheit vom 13.3.2013, EMPL/0262/13-DE.
122 Otting, in Hauck/Noftz, EU-Sozialrecht, K Art. 1 Rn. 34 ff.; Spiegel, in Fuchs (Hg.), 2013 (6. Aufl.), Art. 1 Rn. 18 ff.
123 Kahil-Wolff, in Fuchs (Hg.), 2017 (7. Aufl.), Art. 1 Rn. 19; Otting, in Hauck/Noftz, EU-Sozialrecht, K Art. 1 Rn. 34; vgl. Abschlussbericht der Ad-hoc-Gruppe der europäischen Verwaltungskommission vom 13.02.2013, EMPL/0262/13 – DE, AC 046/13.
124 LSG Brandenburg – 30.5.2007 – L 16 Al 313/06; LSG Bayern – 28.6.2007 – L 10 Al 97/04; Otting, in Hauck/Notz, EU-Sozialrecht, K Art. 1 Rn. 34.
125 EuGH Slg. 1999, I-1075 (Swaddling), Rn. 29.
126 Abschlussbericht der Ad-hoc-Gruppe der europäischen Verwaltungskommission vom 13.02.2013, EMPL/0262/13 – DE, AC 046/13, S. 2; EuGH Slg. 1977, 315, Rn. 17-20 (di Paolo); Slg. 1992, I-4341, Rn. 21, 23 (Knoch).
127 EuGH – 5.6.2014 – Rs. C-255/13 (Health Service Executive): kein Wohnsitz am Ort elfjährigen Krankenhausaufenthalts.
128 EuGH – 11.9.2014 – Rs. C-394/13 (B).
129 Otting, in Hauck/Noftz, EU-Sozialrecht, K Art. 1 Rn. 39.

§ 7 Kollisionsnormen

eines Wohnsitzes.[130] Regelmäßig hat der Tätigkeitsort eine für den Wohnsitz maßgebende Hinweiswirkung;[131] anderes gilt für Pendler. Sie wohnen regelmäßig an einem auswärtigen Wohnort. Sie gelten als Grenzgänger (Art. 1 lit. f) VO (EG) 883/2004) und damit als Personen, die in einem anderen als dem Wohnstaat beschäftigt sind.[132] Kehrt jemand nach vorübergehender Arbeitstätigkeit in einen anderen Mitgliedstaat in der Absicht, dort zu bleiben, in den Herkunftsstaat zurück, so unterhält er dort ab dem ersten Tag der Rückkehr seinen neuen Wohnsitz.[133]

Nach Art. 11 I VO (EG) 987/2009 kommt es für den Wohnort auf die nachfolgend aufgeführten neun Kriterien an: 1) **familiäre Verhältnisse** (Familienstand und familiäre Bindungen); 2) **Dauer** und Kontinuität des Aufenthalts im betreffenden Mitgliedstaat; 3) **Beschäftigungssituation** (Art und spezifische Merkmale einer ausgeübten Beschäftigung, insbesondere der Ort, an dem eine solche Tätigkeit in der Regel ausgeübt wird, Dauerhaftigkeit der Beschäftigung und Dauer des Arbeitsvertrages); 4) die Ausübung einer nicht bezahlten Tätigkeit; 5) im Falle von **Studierenden** ihre Einkommensquelle; 6) Wohnsituation, insbesondere deren dauerhafter Charakter; 7) Mitgliedstaat, der als der steuerliche Wohnsitz der Person gilt; 8) Gründe für den Wohnortwechsel; 9) der **Wille** der betreffenden Person, wie er sich aus einer Gesamtbetrachtung ergibt. 167

c) Differenzierung nach dem Wohnsitz
Es ist allerdings nicht hinreichend klar, unter welchen Voraussetzungen das EU-Recht bei der Gewährung **sozialer Leistungen** – namentlich **sozialer Vergünstigungen** (Art. 7 II VO (EWG) 1612/78 = Art. 7 II VO (EU) 492/2011) – eine Differenzierung nicht nur nach der Staatsangehörigkeit, sondern nach dem Wohnsitz untersagt. Zwar hat der EuGH auch in seiner jüngeren Spruchpraxis im Aufenthaltsrecht Differenzierungen zwischen Inländern und Drittstaatern bei Kindern erlaubt, wenn von letzteren ein mindestens fünfjähriger Aufenthalt im leistungspflichtigen Staat gefordert wird.[134] Außerdem ist die Annahme, eine Person habe während desselben Zeitraums ihren Wohnsitz in mehreren Staaten mit dem Koordinierungsrecht (Art. 11 VO (EG) 883/2004) unvereinbar.[135] 168

Dagegen hat er bei Gewährung von **Ausbildungsbeihilfen** (Bafög, Studienbeihilfen) eine Differenzierung nach dem Wohnort für unstatthaft erklärt,[136] jedenfalls falls die Eltern des sich in Ausbildung befindlichen volljährigen Kindes in dem betreffenden Staat als Grenzgänger beschäftigt sind. Des Weiteren darf ein Mitgliedstaat den Eintritt einer Entschuldung in einem **Verbraucherinsol**- 169

---

130 EuGH Slg. 1977, 315 (Di Paolo); Slg. 1982, 1191 (Aubin); Slg. 1990, I-4163 (Reibold).
131 EuGH Slg. 1977, 315 (Di Paolo).
132 Otting, in Hauck/Noftz, EU-Sozialrecht, K Art. 1 Rn. 22.
133 EuGH Slg. 1999, I-1075 (Swaddling).
134 EuGH – 13.6.2013 – Rs. C-45/12 (Hadj Ahmed); 18.03.2014 – Rs. C-603/12 (Braun).
135 EuGH – 16.5.2013 – Rs. C-589/10 (Wencel).
136 EuGH – 20.6.2013 – Rs. C-20/12 (Giersch).

venzverfahren oder den sozialen Schutz **Selbständiger**[137] nicht davon abhängig machen, ob der Schuldner seinen Wohnsitz in dem entsprechenden Staat innehat.[138] Ferner ist es nicht erlaubt, dem Arbeitgeber für die Beschäftigung arbeitsloser älterer Arbeitnehmer Subventionen nur unter der Voraussetzung zu gewähren, dass die Geförderten ihren Wohnsitz im leistungspflichtigen Staat innehaben.[139]

170 Desgleichen untersagt Art. 7 IV VO (EWG) 1612/68 den pauschalen **Lohnsteuerabzug** für Grenzgänger, die ihr Einkommen konkret besteuern.[140] Desgleichen darf die soziale Sicherheit von Selbstständigen nicht danach unterschiedlich ausgestaltet sein, ob der Betreffende im leistungspflichtigen Staat wohnt oder nicht.[141] Eltern eines **Ausbildungsbeihilfe** beziehenden EU-Bürgers, sofern diese dem Kind Bar- oder Naturalunterhalt leisten (Art. 12 VO (EWG) 1612/68 = Art. 12 VO (EU) 492/2011),[142] steht auch bei deren Drittstaatsangehörigkeit ein Aufenthaltsrecht zu. Eine Gesetzgebung, die für EU-Bürger unterschiedliche Rechtsfolgen vorsieht, je danach, wo sie wohnen, steht daher weder mit dem Verbot der mittelbaren Diskriminierung aufgrund der Staatsangehörigkeit (Art. 10 AEUV, 4 VO (EG) 883/2004, 7 II (EU) 492/2011) im Einklang, noch gestattet sie die unmittelbare Diskriminierung, welche unterschiedliche Rechtsfolgen von der Staatsangehörigkeit der Beteiligten abhängig macht.

d) Beschäftigungsort

171 Hergebracht werden die Regeln über die **Aus-** und **Einstrahlung** als „Ausnahmen" von § 3 Abs. 1 Nr. 1 SGB IV.[143] Diese Deutung läuft allerdings auf eine problematische Relativierung der Grundsätze über die Anknüpfung des Sozialrechtsstatuts hinaus, weil sie jene sachlich entwertet. Der zentrale Aussagegehalt der Bestimmung lautet daher: **vorübergehende Auslandsbeschäftigungen** sollen für die Bestimmung des **Beschäftigungs-** oder **Sitzstaates** unerheblich sein. Denn die Anknüpfungspunkte des Beschäftigungsortes oder Sitzes werden nicht wesentlich durch den Ort der Ausübung einer einzelnen Tätigkeit, sondern durch die soziale und **wirtschaftliche Zuordnung** der **Gesamtbetätigung** festgelegt.

In der Rechtsprechung sind hierzu folgende Grundsätze entwickelt worden. Die Regeln über Aus- und Einstrahlung gelten für sämtliche Versicherungszweige.[144] Die Ausstrahlung fordert eine vorübergehende Auslandsbetätigung

---

137 EuGH – 27. 9. 2012 – Rs. C-137/11 (Partena).
138 EuGH – 8. 11. 2012 – Rs. C-461/11 (Radziejewski).
139 EuGH Slg. 2012, I – 13. 12. 2012 – Rs. C-379/11(Caves Krier).
140 EuGH – 28. 6. 2012 – Rs. C-172/11 (Erny).
141 EuGH – 27. 9. 2012 – Rs. C-137/11 (Partena).
142 EuGH – 8. 5. 2013 – Rs. C-529/11 (Alarape).
143 Haverkate/Huster, Europäisches Sozialrecht, 1999, Tz. 132; Horn, ZIAS 2002, 120, 132 ff.; Steinmeyer, in Fuchs, Nomos-Kommentar EuSozR, Art. 14 Rn. 1; Schoukens/Pieters, in Eichenhofer (Hg.), 50 Jahre nach ihrem Beginn, 2009, 143; vgl. zum Parallelproblem im Internationalen Arbeitsrecht Thüsing, 2012, § 9.
144 LSG Rheinland-Pfalz – 19. 3. 1982 – L 6 Ar 33/81.

mit fortwirkendem **Schwerpunkt** der Tätigkeit im **Inland; Ortskräfte** sind danach keine entsandten Arbeitnehmer.[145] Entsprechend liegt bei **konzerninterner Entsendung** aus einem ausländischen Unternehmen in ein inländisches Tochterunternehmen eine Einstrahlung nicht vor, wenn der Beschäftigte in jenes eingegliedert und von jenem vergütet wird.[146] Eine Inlandsbeschäftigung zieht Inlandsversicherung nach sich[147] – anders formuliert: Arbeitsvertrags- und Sozialversicherungsstatut stimmen in der Tendenz überein. Wird das Arbeitsentgelt von einer ausländischen Unternehmung für eine im Inland ausgeübte Beschäftigung gezahlt, so **indiziert** dies die Einstrahlung.[148]

e) *Erwerbsort*
Für die Bestimmung des Sitzes einer **selbständigen Tätigkeit** als forstwirtschaftlicher Unternehmer ist der Ort der forstwirtschaftlichen Fläche und nicht der Wohnsitz des Unternehmens maßgebend.[149] Der **Künstlersozialabgabe** unterliegen auch die für im Ausland ansässige Künstler gezahlten **Honorare**;[150] im Inland arbeitslos gewordene Arbeitnehmer können auch für eine im Ausland begründete selbstständige Tätigkeit einen inländischen **Existenzgründerzuschuss** erlangen;[151] **Grenzgänger**, die im Ausland wohnen, können auch im Inland Leistungen der Arbeitslosenversicherung beanspruchen.[152]

172

---

145 BSG – 5.12.2006 – B 11a AL 3/06 R = SozR 4-2400 § 4 Nr 1.
146 LSG Berlin – 4.3.1998 – L 9 KR 10/97.
147 LSG Berlin-Brandenburg – 11.12.2006 – L 9 KR 73/03.
148 LSG Berlin-Brandenburg – 24.4.2007 – L 1 B 1030/05 KR ER.
149 BSG SozR 3-5420 § 2 Nr. 2; LSG Berlin-Brandenburg – 13.2.2009 – L 9 KR 234/07.
150 BSG SozR 3-5425 § 25 Nr. 7; BSGE 75, 20.
151 BSGE 101, 224, 227.
152 BVerfG – 30.12.21999 – 1 BvR 809/95 = SozR 3-1200 § 30 Nr. 20; BSG – 7.10.2009 – B 11 AL 25/08 R = BSGE 104, 280.

§ 8 Koordination der Behandlungs- und Geldleistungen bei Krankheit

1. Aufgabe und Reichweite der Sicherung

Steht das anwendbare Sozialrecht fest, fragt sich: Welche **Wirkungen** entfaltet 173
es für den Gesicherten? **Grenzüberschreitende Sachverhalte** können nur durch mehrere Rechte einzelner Mitgliedstaaten geregelt werden. Daher ist durch das koordinierende Sozialrecht die grenzüberschreitende **Inanspruchnahme** von **Leistungen** zu sichern. Art. 17–21 VO (EG) Nr. 883/2004 treffen eingehende Regelungen für die Leistungen bei **Krankheit** und **Mutterschaft** bei grenzüberschreitendem Sachverhalt. Auslandsarbeit ist bei Mutterschaftsgeld als gleichwertig anzuerkennen.[1] Diese Regeln sehen die **Zusammenrechnung** von in mehreren Mitgliedstaaten zurückgelegten Versicherungs-, Beschäftigungs- und Wohnzeiten vor[2] (Art. 17 VO (EG) Nr. 883/2004). Dadurch werden die in anderen Mitgliedstaaten zurückgelegten Zeiten so behandelt, wie wenn sie im zuständigen Staat zurückgelegt worden wären. So werden die **Wanderarbeitnehmer** hinsichtlich Entstehung, Laufzeit oder Karenzzeiten für Leistungen bei Krankheit **nicht benachteiligt**.

Ferner sind die Voraussetzungen und Folgen grenzüberschreitender Behand- 174
lungsleistungen bestimmt,[3] falls der Berechtigte in einem anderen Mitgliedstaat als dem zuständigen Staat wohnt (Art. 17 f. VO (EG) Nr. 883/2004), oder für die **Leistungsinanspruchnahme** in jedem weiteren Mitgliedstaat außerhalb des zuständigen Beschäftigungs- oder Wohnstaates. Um diese Rechte zu sichern, wurde die Europäische Krankenversicherungskarte = European Health Insurance Card (EHIC) auf der Grundlage von Art. 19 VO (EG)Nr. 883/2004,25 VO (EG) Nr. 987/2009 geschaffen.[4] Deren Fortentwicklung zu einer New Global Health Card in Verbindung mit einem European Electronic Social Security Pass (EESP) sind in Beratung. Sonderregeln gelten für die **Krankenversicherung** der Rentner (Art. 22–30 VO (EG) Nr. 883/2004). Schließlich ist die **Tragung** der finanziellen **Lasten** bei grenzüberschreitenden Behandlungen geregelt (Art. 35 VO (EG) Nr. 883/2004). Diese Regeln gelten auch für die Beihilfe der Beamten.[5]

Die Bestimmungen betreffen Dienst-, Sach- und Geldleistungen bei Krankheit 175
und Mutterschaft – namentlich Ansprüche auf **Früherkennung, Kranken(haus)behandlung, Arznei- und Hilfsmittelversorgung** sowie die **Einkommensersatzleistungen** bei Krankheit (Krankengeld). Assistenz ist für

---

1 EuGH EU:C:2018:1623.
2 Devetzi, in Schlachter/Heinig, § 23; Klein, in Hauck/Noftz, K Art. 17 Rn. 1 ff., 6 ff.; vgl. auch Tiemann, 2005; Marhold, in Eichenhofer (Hg.), 2009, 193; Windisch-Graetz, 2003, 165 ff.
3 Klein, in Hauck/Noftz, EU-Sozialrecht, K Art. 17 Rn. 1 ff.; von Maydell, in Schulin, HS-KV, 1994, § 64 Rn. 79.
4 GKV-Spitzenverband, 2014.
5 VGH Baden-Württemberg – 19.1.2010 – 4 S 1070/08.

II. Koordinierendes Sozialrecht der EU

Menschen mit Behinderung ist exportpflichtige Leistung bei Krankheit.[6] Auch privatrechtliche Krankenversicherungsverhältnisse, die wie sozialrechtliche ausgestaltet sind, fallen unter den Begriff der Leistungen bei Krankheit. Die Notifizierung ist dafür nicht konstitutiv.[7] Falls das Recht eines Mitgliedstaates bei Krankheit **Einkommensersatz** durch den **Arbeitgeber** zu gewähren vorsieht, unterliegen auch die arbeitsrechtlichen Leistungen der Entgeltfortzahlung im Krankheitsfall der VO (EG) Nr. 883/2004.[8] Dasselbe gilt für Leistungen der **Rehabilitation**,[9] bei ihnen kommt es nicht zur Leistungsaushilfe bei Wohnortwechsel.[10]

Richtet sich die Krankengeldhöhe nach der **Steuerklasse**, so ist diese so zu wählen, wie sie dem Familienstand entspricht; im Ausland wohnende Familienangehörige sind so zu berücksichtigen, wie wenn sie im leistungspflichtigen Staat wohnten.[11]

176 Umstritten war, ob auch Leistungen der **Pflegeversicherung** als solche bei Krankheit anzusehen seien. Das deutsche Recht sieht Leistungen bei Pflegebedürftigkeit vor. Darunter ist ein Zustand eingeschränkter Selbstbetreuungsfähigkeit zu verstehen, in dem ein Mensch zu den als elementar geltenden Handlungen der Selbstbetreuung außerstande und deshalb auf fremde Hilfe angewiesen ist. Es sind je nach Grad der Pflegebedürftigkeit Hilfen geschuldet, die als Geldzahlung oder Dienstleistung erbracht werden können. Die Hilfe wird auch danach unterschiedlich bestimmt, ob Pflege am Wohnsitz oder einer speziellen Einrichtung erbracht wird. Diese Gleichstellung wäre bei einem engen Verständnis von Krankheit abzulehnen, sofern Krankheit – wie im deutschen Recht – als Behandlungsbedürftigkeit durch einen Arzt definiert wäre. Denn Pflege bedeutet die nichtärztliche Hilfe. **EU-rechtlich** ist Pflege dagegen als Leistung bei Krankheit zu **qualifizieren**,[12] weil sie den Gesundheitszustand und die Lebensqualität des zu Behandelnden zu verbessern bezweckt. Das Pflegegeld stellt daher eine exportpflichtige Geldleistung dar.[13]

Steht Berechtigten im Wohnstaat Pflegegeld zu, hat dieser Anspruch zwar Vorrang; der ungedeckte Differenzbetrag ist aber durch das Recht des vormaligen

---

6   EuGH EU:C:2018:601; EuGH EU:C:2015:602.
7   EuGH Slg. 1998, I-3491 (Patridge); 1997, I-6082 (Snares).
8   EuGH Slg. 1992, I-3423 (Paletta I); Slg. 1996, I-2357 (Paletta II); Bieback, in Fuchs, Nomos-Kommentar EuSozR, Vor Art. 17 Rn. 31.
9   EuGH Slg. 1972, 1105 (Heinze), Slg. 1972, 1141 (AOK Hamburg), Slg. 1980, 2729 (AOK Mittelfranken); Schulte, in Igl/Welti, 2001, 213.
10 EuGH EU:C:2020:177.
11 EuGH Slg. 2007, I-563 (Celozzi); EuGH – 15.12.2011 – Rs. C-257/10 (Bergström).
12 EuGH Slg. 1998, I-843 (Molenaar); Slg. 2001, 1901 (Jauch); Slg. 2004, I-6483 (Gaumain-Cerri, Barth); Slg. 2006, I-1771 (Hosse); Slg. 2008, I-1683 (Gouvernement de la Communauté française); Slg. 2009, I-6095 (Chamier-Glisczinski ./. DAK); EuGH Slg. 2011, I-5737 (da Silva Martins).; zur Problematik umfassend: Eichenhofer, in Schulin, HS-PV, 1997, §§ 30–31 ff.; Klein, 1998; Sieveking, 1998; Lenze, ZESAR 2008, 371; Udsching.
13 EuGH Slg. 2011, I-5737 (da Silva Martins); EuGH Slg. 2012, I – 12.7.2012 – Rs. C-562/10 (Kommission ./. Deutschland); EuGH EU:C:2017:74.

§ 8 Koordination der Behandlungs- und Geldleistungen bei Krankheit

Wohnstaats auszugleichen.[14] Beitragspflichten der Pflegekasse zugunsten der Pflegeperson bestehen, sofern für diese Pflegegeld zu zahlen ist; auf den Wohnort des Pflegenden kommt es nicht an.[15] Ansprüche auf Pflegesachleistungen und -dienste setzen voraus, dass diese im Wohn- oder Aufenthaltsstaat bestehen. Falls ja, so besteht nach Art. 34 VO (EG) 883/2004 ein Zugangsrecht.[16] Andernfalls ist der Zugang ausgeschlossen.[17]

Ein Leistungsanspruch setzt eine Mindestversicherungszeit von zehn Jahren in der deutschen Pflegeversicherung voraus (§ 33 SGB XI). Besteht demnach ein Anspruch, so ist dieser ferner nur zu erfüllen, wenn der/die Berechtigte seinen/ihren Wohnsitz im Inland hat (§ 34 SGB XI). Eine vorübergehende Ortsabwesenheit von bis zu sechs Monaten steht dem Anspruch nicht entgegen. Auch Verhinderungspflege – eine Geldleistung, die Pflegegeld auch bei Stellung einer Ersatzkraft vorsieht (§ 39 SGB XI) – kann bis zu sechs Wochen in einem anderen Staat bei einem bis zu sechswöchigen Auslandsaufenthalt gewährt werden:[18] Sie sei nicht eine dem Leistungsexport generell unzugängliche Sachleistung (§ 34 I 1 SGB XI), sondern stattdessen die unselbständige Ergänzung des prinzipiell exportfähigen Anspruchs auf Pflegegeld.

Ungesichert ist, was für Versicherungszeiten gilt, die statt in der deutschen Pflegeversicherung in der Pflegeversicherung eines anderen Mitgliedstaates zurückgelegt wurden.[19] Art. 18 VO (EG) Nr. 883/2004 verpflichtete zur Anrechnung. Eine Entscheidung des EuGH darüber steht noch aus. Unklar ist ferner, ob über den Kreis der Grenzgänger hinaus Pflegeleistungen jedenfalls dann zu gewähren sind, wenn die räumliche Distanz zwischen Deutschland und dem Wohnort leicht zu überbrücken ist. In der Arbeitslosenversicherung hat der EuGH[20] eine Anspruchsberechtigung trotz Wohnsitzes außerhalb des zuständigen Staates angenommen, wenn dessen Behörden leicht erreichbar seien.[21] Diese Rechtsprechung könnte auf räumlich naheliegende Grenzregionen auch in der Pflege zu erstrecken sein.

Im Hinblick auf die möglichen Leistungserbringer ist zwischen den Dienst- und Geldleistungen zu unterscheiden. Die zur Erbringung von Pflegediensten befugten Dienste müssen in Deutschland niedergelassen sein. Dienste aus anderen Staaten sind nicht zugelassen. Im Rahmen der Pflegegeldleistung kann Pflege auch entgeltlich beschafft werden. Hierzu kommen auch die in anderen

---

14 Ebd., vgl. zur Problematik umfassend Spiegel, ZESAR 2013, 205.
15 EuGH Slg. 2004, I-6483 (Gaumain-Cerri, Barth).
16 Klein, in Hauck/Noftz, EU-Sozialrecht, K Art. 34 Rn. 4 ff.
17 EuGH Slg. 2009, I-6095 (Chamier-Glisczinski ./. DAK); 12.7.2012 – Rs. C-562/10 (Kommission ./. Deutschland).
18 BSG – 20.4.2016 – B 3 P4/14 R – SGb 2017, 343 mit Anm. Padé; Janda, ZESAR 2016, 327; Fuchs, 2017, 526.
19 Wie in Flandern, Frankreich, den Niederlanden, Österreich.
20 EuGH EU:C:2008:494.
21 EuGH EU:C:2016:37; EuGH – EU:C:2017:74; BSG – 30.11.2016 – B12 KR 22/14 R = NZ 2017, 513; BSGE 63, 231; LSG Baden-Württemberg – 27.2.2015 – L 4 KR 4805/14; 19.6.2015 – L4 KR 2901/12.

II. Koordinierendes Sozialrecht der EU

EU-Staaten niedergelassenen Pflegedienste und Selbständigen als vom Pflegebedürftigen zu vergütende Leistungsempfänger in Betracht.

177 Wohnen Berechtigte in einem anderen als dem zuständigen Beschäftigungs- oder Sitzstaat, wird die Behandlung durch den Träger des Wohnstaates für Rechnung des zuständigen Trägers, die **Geldleistung** dagegen durch den zuständigen Träger erbracht (Art. 17, 21 I VO (EG) Nr. 883/2004). Dabei ist das vorgesehene **Meldeverfahren** (Art. 24 VO (EG) Nr. 987/2009) einzuhalten.[22] Demgemäß richtet sich auch die Leistungserbringung bei Behandlungen nach dem Recht des Wohnstaates. Auch die mitversicherten **Familienangehörigen** haben Ansprüche auf Behandlungen nach dem Recht des Wohnstaates (Art. 17 VO (EG) Nr. 883/2004) auf Kosten des Trägers des zuständigen Staates.[23] Pflegegeld ist im Wohnstaat vom Träger des zuständigen Staates auszuzahlen.[24]

178 Eine Sonderregelung gilt für **Grenzgänger:**[25] Personen, welche in einem Mitgliedstaat arbeiten und in einem anderen wohnen und sich regelmäßig – d.h. täglich, mindestens jedoch einmal wöchentlich – in den jeweils anderen Mitgliedstaat begeben (Art. 1 lit. f) VO (EG) 883/2004). Für sie war wie für alle, bei denen zuständiger und Wohnstaat verschieden sind, für die Behandlung durch den Wohnstaat die **Leistungsaushilfe** sowie im Übrigen der **Export** von Geldleistungen durch den zuständigen Staat angeordnet. Darüber hinaus konnte der Grenzgänger jedoch auch die geschuldeten Leistungen im zuständigen Staat beanspruchen (Art. 20 VO (EWG) Nr. 1408/71). Dasselbe galt für die in einem anderen als dem zuständigen Staat wohnenden **Nichtgrenzgänger**, solange sie sich im zuständigen Staat aufhielten (Art. 21 VO (EWG) Nr. 1408/71). Für Behandlungsleistungen kam es also zu einem partiellen Statutenwechsel; die Leistungserbringung richtet sich statt nach dem des zuständigen nach dem Recht des Wohnstaates.[26] Bei **Pflegeleistungen** ist die Umstellung von der Sach- auf die Geldleistung statthaft.[27] Im geltenden Recht steht allen der Zugang zu den Leistungen des Wohn- wie Beschäftigungsstaates offen (Art. 17 VO (EG) Nr. 883/2004).

179 Für **Familienangehörige**[28] galten unter der VO (EWG) Nr. 1408/71 andere Regeln als für Versicherte selbst. Sie nahmen als Mitversicherte grundsätzlich am sozialrechtlichen Status des Versicherten teil, von dem sie ihre Sicherung ableiteten. Familienangehörige von Grenzgängern waren nur im Wohnstaat uneingeschränkt leistungsberechtigt, im zuständigen Staat der gewöhnlichen Beschäftigung des Grenzgängers jedoch nur im Notfall oder aufgrund eines ent-

---

22   Hessisches LSG PatR/Q-med 2009, 9.
23   Von Maydell in Schulin, HS-KV, 1994, § 64 Rn. 79.
24   EuGH Slg. 2001, 1901 (Jauch); vgl. Art. 25 VO (EG) Nr. 987/2009.
25   Klein, in Hauck/Noftz, EU-Sozialrecht, K Art. 18 Rn. 1 ff.
26   Ebd., Art. 21 Rn. 1 ff.
27   EuGH Slg. 2009, I-6095(Chamier-Glieczinski ./. DAK).
28   Begriff wird durch Art. 1 lit. f VO (EWG) Nr. 1408/71 als Familien- und Haushaltsmitglied definiert, EuGH Slg. 1995, I-1545 (Delavant).

sprechenden Abkommens zwischen dem Beschäftigungs- und dem Wohnstaat geschützt.[29]

Nach Art. 18 I VO (EG) Nr. 883/2004 sind die Familienangehörigen bei Inanspruchnahme der Leistungen im zuständigen Staat mit den Versicherten gleichgestellt. Diese Grundregel gilt auch für die Familienangehörigen von Grenzgängern (Art. 18 II VO (EG) 883/2004), es sei denn, einzelne Mitgliedstaaten schließen dies aus;[30] die Familienangehörigen haben dann Anspruch auf die Sachleistungen nach den allgemeinen Regeln (Art. 19 f. VO (EG) Nr. 883/2004). 180

2. Leistungsansprüche außerhalb des zuständigen oder Wohnstaates

Art. 19 f. VO (EG) Nr. 883/2004 regelt, unter welchen Voraussetzungen ein Berechtigter außerhalb des zuständigen Mitglied- oder dem Wohnstaat Leistungen beanspruchen kann und damit ein **unmittelbares Zugangsrecht zum Gesundheitssystem jedes Mitgliedstaates** erlangt.[31] Die Ansprüche bestehen, falls die Leistung auch nach dem Recht des zuständigen Staates dem Gesicherten zu gewähren ist[32], der Berechtigte sich vorübergehend in einem anderen Mitgliedstaat aufhält und der Leistungen unverzüglich bedarf oder sich mit Genehmigung des zuständigen Trägers in das Gebiet eines anderen Mitgliedstaates begeben hat, um dort eine vom zuständigen Staat geschuldete angemessene Behandlung zu erhalten (Art. 20 VO (EG) Nr. 883/2004). 181

Besteht nach dem Recht des zuständigen Staates ein Anspruch auf Krankenbehandlung für eine besondere Erkrankung und tritt diese bei vorübergehendem Aufenthalt in einem anderen Mitgliedstaat auf, so gewährt Art. 19 I VO (EG) Nr. 883/2004 einen Anspruch auf Krankenbehandlung, wenn und soweit der Krankheitszustand „**unverzüglich** Leistungen **erfordert**".[33] Es sind demgemäß die **Behandlungen** zu erbringen, die der Erkrankungszustand gebietet, „die Behandlung mithin nicht hinausgeschoben werden kann, ohne Gefahr der Erschwerung der Krankheit oder des Gesundheitszustandes des Versicher- 182

---

29 Ein solches besteht z. B. zwischen den Niederlanden und der Bundesrepublik Deutschland vom 15. 2. 1982 (BGBl. II 1982 Nr. 39 vom 16. 11. 1982, S. 958) und zwischen Luxemburg und der Bundesrepublik Deutschland vom 25. 1. 1990 (BGBl. II 1990 Nr. 18 vom 16. 6. 1990, S. 479).
30 Vgl. Anhang III: Dänemark, Spanien, Irland, Niederlande, Finnland, Schweden, Vereinigtes Königreich.
31 EuGH Slg. 2005, I-2529 (Keller).
32 Vgl. EuGH Slg. 1978, 825 (Pierik I); Slg. 1979, 1977 (Pierik II); diese Rechtslage wurde geändert durch: VO (EWG) Nr. 2793 vom 17. 9. 1981 (ABl. EG L 275/1 vom 29. 9. 1981); zu den Erwägungen der Kommission BR-Drs. 568/80.
33 Vgl. dazu EuGH Slg. 2005, I-02529 (Keller); Haverkate/Huster, 1999, Rn. 171; Neumann-Duesberg, DOK 1985, 302 ff.; Schulte/Zacher, 1991, 91 ff.

ten".[34] Der Anspruch besteht auch, wenn die Wartezeit nach objektiver medizinischer Beurteilung atypisch lang ist.[35]

183 Weiter vermag nach Art. 20 VO (EG) Nr. 883/2004 sich ein nach dem Recht des zuständigen Staates Berechtigter mit „Genehmigung" – vorherige Zustimmung = „Einwilligung"[36] (§ 183 BGB) – in einen anderen Mitgliedstaat zu begeben, um eine dem Erkrankungszustand angemessene Behandlung dort zu erhalten.

184 Der Träger ist in der Erteilung der **Genehmigung nicht frei**. Vielmehr begründet Art. 20 II 2 VO (EG) Nr. 883/2004 einen **Anspruch** auf **Erlaubniserteilung**, falls die Behandlung in dem zuständigen Staat wegen des Gesundheitsstandes des Berechtigten und des voraussichtlichen Verlaufs der Krankheit nicht oder nicht rechtzeitig erbracht werden kann.[37] Ist eine Behandlung medizinisch indiziert, aber im zuständigen Staat nicht innerhalb vertretbarer Zeit zu erhalten und ist auch die Genehmigung nicht innerhalb vertretbarer Zeit zu erhalten, ist deren Inanspruchnahme außerhalb des zuständigen Staates statthaft und von diesem die Kostenübernahme geschuldet.[38] Eine Genehmigung ist aber nicht zu erteilen, weil der medizinische Standard der Krankenbehandlung des zuständigen Staates hinter dem anderer Mitgliedstaaten zurückbleibt.[39] Wird die Genehmigung erteilt, sind die **Zusatzkosten** für die Berechtigten zu übernehmen (jedoch nicht dessen Begleitperson).[40] Erbringen Mitgliedstaaten Behandlungsleistungen nicht mehr in eigenen Einrichtungen, sondern durch Vertragspartner in anderen Mitgliedstaaten, so hat der zuständige Träger die Erlaubnis zu erteilen, weil er seiner Leistungspflicht nur durch auswärtige Leistungserbringer nachkommen kann.

3. Auslandsbehandlung kraft Primärrechts

185 Das Recht der grenzüberschreitenden gesundheitlichen Leistungen hat durch zwei am 28. April 1998 in den Rechtssachen **Decker**[41] und **Kohll**[42] ergangene Urteile des **EuGH** eine erhebliche Erweiterung erfahren. Es ging darin um die Grundfrage nach den Auswirkungen der **Warenverkehrs-** (Art. 28, 36 AE-UV) sowie der **Dienstleistungsfreiheit** (Art. 56 AEUV) auf sozialrechtliche Ansprü-

---

34 Vgl. dazu näher EuGH Slg. 1996, I-2357 (Paletta II); EuGH Slg. 1979, 2645 (CRAN/Toia); vgl. ferner Neumann-Duesberg, DOK 1985, 302, 310; Wortmann, DOK 1979, 380.
35 EuGH Slg. 2006, I-4325 (Watts).
36 Der Nachweis des Behandlungsanspruchs geschieht durch Vordruck E 112, dieser ist vor der Inanspruchnahme bei dem zuständigen Träger zu beantragen (Art. 26 VO (EG) Nr. 987/2009).
37 EuGH Slg. 2003, I-12403 (Inizan); EuGH Slg. 2005, I-2529 (Keller); Bieback, in Fuchs, Nomos-Kommentar EuSozR Art. 20 Rn. 1; Klusen, 2000; Neumann-Duesberg, in Schulte/Zacher, 1991, 92 f.; Van der Mai, 5 (1998), Maastricht Journal of European and Comparative Law, 277; Kingreen, in Hrbek/Nettesheim, 2002, 96; vgl. LSG Berlin-Brandenburg EuroAS 2008, 180.
38 EuGH EU:C:2020:745.
39 EuGH – 9.10.2014 – Rs. C-268/13 (Petru).
40 EuGH Slg. 2006, I-5341 (Herrera).
41 EuGH Slg. 1998, I-1831 (Decker).
42 EuGH Slg. 1998, I-1931 (Kohll).

che. Fraglich war, ob der nach luxemburgischem Krankenversicherungsrecht zum Bezug einer Brille berechtigte Versicherte Kostenersatz für eine in Belgien beschaffte Brille verlangen oder vor der Dienstleistungsfreiheit eine Regelung Bestand haben könne, wonach die kieferorthopädische Behandlung in einem anderen Mitgliedstaat von der Einwilligung durch den Träger des zuständigen Staates abhänge. Ein in Luxemburg Versicherter wollte eine Gebisskorrektur für seine mitversicherte Tochter in Deutschland durchführen lassen, obschon sie – da nicht dringend – in Luxemburg hätte durchgeführt werden können und der EuGH hielt dies für geboten.

Die Grundfreiheiten beanspruchten, auch für **sozialrechtlich** geregelte **Leistungsbeziehungen** zu gelten.[43] Die Mitgliedstaaten hätten in der sozialen Sicherheit das EU-Recht zu beachten. Art. 20 VO (EG) Nr. 883/2004 regle die Inanspruchnahme von Sozialleistungen außerhalb des zuständigen Mitgliedstaats mit dessen Genehmigung – jedoch „nicht den Fall, dass die Kosten für eine in einem anderen Mitgliedstaat ohne vorherige Genehmigung erbrachte Behandlung zu den Sätzen erstattet werden, die im Versicherungsstaat gelten und hindert die Mitgliedstaaten daher nicht an einer solchen Erstattung".[44] Das **Genehmigungserfordernis** hindere daher den freien **Warenverkehr**, weil sie die Sozialversicherten an den leistungspflichtigen Mitgliedstaat binden. Außerdem würde nur eine Pauschalabgeltung unabhängig von den tatsächlichen Kosten geschuldet. Daher sei den Krankenkassen nicht erlaubt, „die Erstattung zu versagen, wenn der Kauf bei einem Optiker in einem anderen Mitgliedstaat erfolgt".[45] Ein Kostenerstattungsanspruch komme vor allem in Betracht, wenn die Auslandsbehandlung rechtswidrig nicht genehmigt wird (Systemversagen).[46]

186

Eine Ausnahme sei aber anzunehmen, wenn „eine erhebliche Gefährdung des finanziellen Gleichgewichts des Systems der sozialen Sicherheit"[47] bestehe. Das Genehmigungserfordernis halte „die Sozialversicherten davon ab, sich an ärztliche **Dienstleistungserbringer** in einem anderen Mitgliedstaat zu wenden und stellt sowohl für diese wie für ihre Patienten eine Behinderung des freien Dienstleistungsverkehrs dar".[48] Eine solche Beschränkung bedürfe der **objektiven Rechtfertigung**; wirtschaftliche Belange rechtfertigen „eine Beschränkung des elementaren Grundsatzes des freien Dienstleistungsverkehrs nicht",[49] ebenso wenig das Anliegen öffentlichen Gesundheitsschutzes. Denn „in anderen Mitgliedstaaten niedergelassene Ärzte und Zahnärzte müssen für die Zwecke des freien Dienstleistungsverkehrs als ebenso qualifiziert anerkannt wer-

187

---

43 EuGH Slg. 1998, I-1831, 1882 ff. (Decker), Tz 31 ff.; I-1931, 1943 (Kohll), Tz. 18 ff.; vgl. auch EuGH Slg. 2003, I-14887 (DocMorris).
44 EuGH Slg. 1998, I-1831, 1882 (Decker), Tz. 29.
45 Ebd., Tz. 38.
46 EuGH – 12.7.2012 – Rs. C-562/10 (Kommission ./. Deutschland).
47 EuGH Slg. 1998, I-1831, 1882 (Decker), Ebd., Tz. 39.
48 EuGH Slg. 1998, I-1931, 1946 (Kohll), Tz. 35.
49 Ebd., Tz. 41.

II. Koordinierendes Sozialrecht der EU

den, wie im Inland niedergelassene".[50] Schließlich sei die Beschränkung auch nicht erforderlich, um eine ausgewogene, allen zugängliche ärztliche und klinische Versorgung sicherzustellen,[51] weshalb die Regelungen auch nicht auf die vorgesehenen Beschränkungsmöglichkeiten gestützt werden können.

188 Beide, für das vom **Kostenerstattungsprinzip** geprägte Krankenversicherungsrecht **Luxemburgs** ergangenen Entscheidungen übertrug der EuGH in zwei weiteren Verfahren auf das niederländische, vom **Sachleistungsprinzip** geprägte Krankenversicherungsrecht. Krankenversicherte hatten ohne Genehmigung des niederländischen Trägers in anderen Mitgliedstaaten Heilbehandlungen in Anspruch genommen und dafür Kostenerstattung begehrt. Generalanwalt Colomer[52] sah noch hinreichende Gründe für die generelle Begrenzung des grenzüberschreitenden Leistungsexports bei der vom Sachleistungsprinzip geprägten Krankenversicherung. Gleichzeitig beklagte er indes die restriktive Genehmigungspraxis der zuständigen Träger. Der EuGH folgte diesen Erwägungen jedoch nicht, bekräftigte vielmehr[53] die in den Entscheidungen Kohll und Decker formulierten Grundsätze, beschränkte allerdings deren Geltung auf die Leistungen **ambulanter** Versorgungen.

189 Diese ausweitende Spruchpraxis des EuGH überraschte nicht. Bereits in der Rechtssache Pinna I[54] formulierte der EuGH den Grundsatz, EU-Recht verbiete grundsätzlich **unterschiedliche Koordinierungsregeln** für **unterschiedliche Mitgliedstaaten**. Es war daher nicht anzunehmen, dass der EuGH es billigen würde, wenn die vom System der Kostenerstattung erfassten Versicherten (Luxemburgs, Belgiens und Frankreichs) die **Dienstleistungsfreiheit** umfassender für sich in Anspruch nehmen könnten, als die durch die Krankenversicherung nach dem Sachleistungsprinzip (Niederlande, Deutschland und Österreich) oder in einem Nationalen Gesundheitsdienst (z. B. Spanien, Italien, Vereinigtes Königreich,[55] Griechenland,[56] Schweden, Dänemark, Finnland) Gesicherten. Alle **Grundfreiheiten** gelten **ungeteilt** und **EU-weit** – also kann, darf und wird es keine unterschiedliche Geltung für Dienstleistungserbringer und -empfänger geben, je nachdem aufgrund welchen nationalen Rechtes die Dienstleistung geschuldet ist.

190 Die Freiheit zur Wahl des Leistungserbringers im Rahmen sozialrechtlich geschuldeter Dienst- und Sachleistungen kann von den Mitgliedstaaten aus wichtigen Belangen des Gemeinwohls **beschränkt** werden. Als ein solches Anliegen

---

50 Ebd., Tz. 48.
51 Ebd., Tz. 52.
52 Conclusions de l'Avocat Général 18.5.2000, Affaire C-157/99 Geraets-Smits ./. Stichting Ziekenfonds et Peerbooms ./. Stichting CZ Groep Zorgversekeringen.
53 EuGH Slg. 2001; I-5473 (Geraets-Smits und Peerbooms); EuGH Slg. 2007, I-3185 (Stamatelaki); Bieback, NZS 2001, 561.
54 EuGH Slg. 1986, 1 (Pinna I).
55 EuGH Slg. 2006, I-4325 (Watts).
56 EuGH Slg. 2007, I-3185 (Stamatelaki).

§ 8 Koordination der Behandlungs- und Geldleistungen bei Krankheit

anerkannte der EuGH[57] die **Krankenhausplanung**. Demgemäß erlaubte der Gerichtshof Leistungsbeschränkungen für Krankenhausbehandlungen in anderen Mitgliedstaaten.[58] Die Anwendung dieser Regel ist jedoch nicht einfach, weil die **Grenze** zwischen ambulanter und stationärer Heilbehandlung **weder klar noch eindeutig** ist. Der EuGH[59] bestätigte diese Beschränkung der Dienstleistungsfreiheit – namentlich das Erfordernis, für eine geplante Krankenhausbehandlung in einem anderen als dem zuständigen Mitgliedstaat vor deren Durchführung eine Genehmigung bei dem Träger des zuständigen Staates einzuholen – als im Einklang mit der Dienstleistungsfreiheit stehend. Eine ähnliche Beschränkung sei auch für den Einsatz kostenintensiver medizinischer Großgeräte außerhalb von Krankenhäusern erlaubt.

Unklar ist auch, wie sich der Erstattungsbetrag bemisst, falls eine Genehmigung zur Inanspruchnahme einer Behandlung in einem anderen Mitgliedstaat vom zuständigen Träger **zu Unrecht versagt** wird. Der EuGH befand, die Erstattung richte sich nach den für diesen oder den am Vornahmeort maßgebenden Sätzen – je nachdem, welcher Betrag anfalle.[60] Es seien grundsätzlich die im zuständigen Staat geschuldeten Sätze zu leisten, jedoch die ausnahmsweise im Vornahmestaat üblichen Sätze zugrunde zu legen, falls diese höher sind. Andernfalls wäre der Versicherte in der Dienstleistungsfreiheit beeinträchtigt. Diese Befugnis steht auch dem zur Heilfürsorge in Gestalt der Beihilfe berechtigten deutschen Beamten zu.[61] 191

Unklar bleibt, was aus den ergangenen Entscheidungen für Versicherte und Versicherungen **konkret folgt**.[62] Unproblematisch darf ein Träger der Kranken- oder Pflegeversicherung die von ihm geschuldeten Leistungen auch durch die in anderen Mitgliedstaaten ansässigen Leistungserbringer gewähren. Dies setzt Art. 20 VO (EG) Nr. 883/2004 voraus. Durch die **Genehmigung** von in anderen Mitgliedstaaten vorgenommenen Behandlungen kann die den Trägern aufgegebene **Sicherstellung** der **Versorgung** gewährleistet werden. Daher dürfen die Krankenversicherungsträger auch mit in anderen Mitgliedstaaten ansässigen Leistungserbringern **Verträge** schließen, die allerdings nicht dem öffentlichen, sondern dem Privatrecht unterliegen. Klar ist ferner, dass die in Art. 20 VO (EG) Nr. 883/2004 aufgeführten **Ausnahmetatbestände** für die **grenzüberschrei-** 192

---

57 EuGH Slg. 2001, I-5473 (Smits, Peerbooms); Slg. 2003, I-4509 (Müller-Fauré); Slg. 2003, I-1703 (IKA ./. Ioannidis); Slg. 2004, I-09911 (Robert Bosch GmbH); EuGH Slg. 2010, I-8833 (Kommission ./. Frankreich); Slg. 2010, I-5267 (Kommission ./. Spanien); Slg. 2003, I-12403 (Inizan).
58 Vgl. dazu Becker, NJW 2003, 2272; ders., in Basedow/Meyer/Rückle/Schwintkowski (Hg.), 2004, 171.
59 EuGH Slg. 2010, I-8833 (Kommission ./. Frankreich).
60 EuGH Slg. 2001, I-5363 (Vanbraekel); EuGH Slg. 2010, I-8889 (Elchinov).
61 EuGH Slg. 2004, I-2641 (Leichtle).
62 Vgl. zu der eingehenden Debatte um die Folgen des Urteils:Gekiere/Baeten/Palm, in Mossialos/Permanand/Baeten/Hervey (eds.), 2010, 461; Sodan, JZ 1998, 1166; Jorens/Schulte (Hg.), 2003; Mossialos/McKee, 2004; Kingreen, 2003, 459ff.; ders.; EuR 2007, Beiheft 1, 43, 48ff.; Windisch-Graetz, 2003; Zerna, 2003.

tende **Leistungserbringung** das Recht des Versicherten auf Inanspruchnahme von Krankenbehandlung in einem anderen Mitgliedstaat nicht abschließend regeln. Denn solches Recht besteht auch, wenn die genannten Ausnahmen nicht vorliegen, der Versicherte dieses Recht aber für sich beansprucht. Ferner ist der Ausschluss der Kostenerstattung ohne Genehmigung der Auslandsbehandlung unstatthaft.[63]

193 Nach der weit verbreiteten Auffassung[64] ist der Anspruch bis zur Höhe der im zuständigen Staat geltenden Vergütungssätze im Wege der Kostenerstattung zu erfüllen. Diese Ansicht liegt der Rechtsprechung des EuGH zugrunde. Sie befriedigt aber nicht und bleibt auch hinter den Geboten der Grundfreiheiten zurück. Denn sie macht den Umfang der **Dienstleistungsfreiheit** von der Ausstattung des Systems des jeweils zuständigen Staates abhängig. Sind dessen Vergütungssätze höher als andernorts, kann der Versicherte die Leistung in allen Staaten ungehindert in Anspruch nehmen – sonst nicht. Die Lösung stimmt auch nicht mit der Entscheidung des EuGH in der Rechtssache Vanbraekel überein, die ihren Rechtsgrund in Art. 35 VO (EG) Nr. 883/2004 findet: Danach hat der zuständige Staat bei einer zu Unrecht verweigerten Genehmigung die Kosten nach den im Behandlungsstaat üblichen Sätzen zu erstatten. Es wäre daher **vorzugswürdig**, durch Ausweitung der Genehmigung zu grenzüberschreitender Krankenbehandlung – namentlich der Bewilligung der Auslandsbehandlung auf Antrag des Versicherten auch bei verfügbarem Leistungsangebot im zuständigen Staat – dem **Patientenwunsch** zu entsprechen.[65] Diese Lösung wird nicht nur sämtlichen Entscheidungen des EuGH gerecht, sondern führt zur **Europäisierung** von Ansprüchen auf Sachleistungserbringung: Diese verlangen nach unmittelbarer Verwirklichung, wann immer das System des jeweiligen Staates solche vorsieht.[66] Die Leistungsaushilfe folgt den Strukturen des Gesundheitssystems, in dem die Leistung erbracht wird. Dieser Modus ist im jeweiligen Recht vorgegeben; er kann weder durch andere Staaten noch EU-weit bestimmt werden. So würde auch die Verdoppelung bei Erbringung von Gesundheitsleistungen vermieden.

194 Durch die Richtlinie über die Ausübung der **Patientenrechte** in der grenzüberschreitenden Gesundheitsversorgung[67] werden die bisher von der Rechtspre-

---

63 EuGH – 27.10.2011 – Rs. C-255/09 (Kommission ./. Portugal).
64 Karl, DRdA 2002, 15, 22 ff.; Langer, NZS 1999, 537, 540; Gassner, VSSR 2000, 121; Jaspers; Schneider-Danwitz, SGb 2000, 354; Geiger, NJW 2001, 2772; von Maydell/Schulte, KV 2001, 207; Schulte, ZfSH/SGB 1999, 579; Streinz, JuS 2012, 568; Zechel, 1995; Kingreen, NJW 2001, 3382; ders., in Hrbek/Nettesheim, 2002, 96.
65 So schon Eichenhofer, VSSR 1999, 101.
66 So auch Kingreen, 2003, 500 ff., 541 ff.
67 RL 2011/24/EU vom 9.3.2011 ABl. EU vom 4.4.2011 L 88, S. 45; Benedict, VuR 2008, 441; Benedict/Reich, VuR 2008, 448; Krajewski, EuR 2010, 165; Palm/Glinos, in Mossialos/Permanand/Baeten/Hervey (eds.), 2010, 509; Pennings, in van de Gronden/Krajewski/Neergaard/Szyszczak (eds.), 2011, 133; Szyszczak, 2000, 103; Schulte, GesR 2012, 72; Wollenschläger, EuR 2012, 149; Bieback, ZESAR 2013, 143; Raptopoulou, European Journal of Social Law 2012, p. 193.

chung aufgehobenen Grundsätze der Leistungsaushilfe auf Kosten des zuständigen Trägers bei Erbringung ambulanter Behandlungen geregelt. Die Richtlinie sichert den EU-weiten Zugang zu ambulanten Behandlungen; Krankenhausbehandlungen sind davon weithin ausgenommen. Sie regelt die grenzüberschreitende Inanspruchnahme von Gesundheitsleistungen ohne Genehmigung durch die Mitgliedstaaten.[68] Sie wurde auf Art. 114, 168 AEUV gestützt, um den Binnenmarkt in der Gesundheitspolitik zu ermöglichen und auszuweiten. Die Koordination wird nicht durch die VO (EG) 883/2004, sondern eine entsprechende Umgestaltung der Gesundheitssicherungssysteme der Mitgliedstaaten versucht. Allerdings sind die Schlüsselbegriffe der Richtlinie mit denen der VO (EG) 883/2004 identisch. Der Kreis der Berechtigten stimmt überein; ferner sieht die Richtlinie für die Mitgliedstaaten ergänzende Behandlungsleistungen in allen den Fällen vor, in denen kein derartiger Behandlungsanspruch aufgrund der Koordinierungsregeln der VO (EG) 883/2004 besteht. Eine solche Verdoppelung der Anspruchsberechtigung wie der Zugangswege zur Auslandsbehandlung überzeugt nicht, sondern bringt unnötige Komplikationen mit sich und schafft Abgrenzungsschwierigkeiten ohne greifbaren Vorteil.

4. Krankenversicherung für Rentner

Sonderregeln galten für die **Krankenversicherung der Rentner**.[69] Deren Schwerpunkte liegen im **Kollisionsrecht**. Sie sind in Titel III daher systematisch unzutreffend angeordnet. Der Regelungskomplex umschließt auch Pflegeleistungen.[70] Danach trifft primär den Wohnstaat des Rentners die Pflicht zur Sicherung; sieht dieser keine Rechte vor, widerspräche es der Freizügigkeitsgarantie (Art. 48 AEUV), wenn Ansprüche nach dem Recht anderer Staaten nicht geltend gemacht werden könnten, wenn der Staat des aktuellen Aufenthalts keine Sachleistungen vorsähe.[71] Dann ist die Leistung nach dem Recht der nachrangig zuständigen Staaten geschuldet.[72] Auch diese Auslegung folgt dem doppelten Günstigkeitsprinzip (vgl. Rn. 88, 140). In der Krankenversicherung für Rentner ist bei der Beitragserhebung die Tatbestandsgleichstellung vorgesehen, insoweit auch Betriebsrenten aus dem Ausland mit Beiträgen belegt werden dürfen.[73] Ferner befand der EuGH,[74] dass keine Beiträge zur Krankenversicherung der Rentner zu entrichten seien, wenn kein Wohnsitz in dem den Beitrag erhebenden Staat bestehe.

195

---

68 Bieback, ZESAR 2013, 143.
69 EuGH Slg. 2009, I-6095 (Chamier-Glisczinski ./. DAK); eingehend und umfassend Schuler, SGb 2000, 523; Schötz, DRV 2001, 514.
70 EuGH Slg. 2009, I-6095 (Chamier-Glisczinski ./. DAK); Slg. 2011, I-5737 (da Silva Martins).
71 EuGH Slg. 2009, I-6095 (Chamier-Glisczinski ./. DAK).
72 BSG SozR 4-2400 § 3 Nr. 2; BSGE 84, 98.
73 LSG Baden-Württemberg – 27.2.2015 – L 4 KR 4805/14; 19.6.2015 – L 4 KR 2901/12.
74 EuGH EU:C:2015:359; EuGH EU:C:2016:802.

II. Koordinierendes Sozialrecht der EU

196 Art. 22 VO (EG) Nr. 883/2004 begründet für den Rentenantragsteller, Rentner und deren Familienangehörigen die Zuständigkeit des[75] für **Sachleistungen**; besteht danach kein Anspruch auf Sachleistungen, gilt die **Ersatzanknüpfung** an das Recht des Staates, dem der Rentner am **längsten unterworfen** war (Art. 24 VO (EG) Nr. 883/2004).[76] Anspruchsberechtigte Familienangehörige, die außerhalb des zuständigen Staates des Rentners wohnen, haben Zugang zu den Leistungen ihres Wohnstaates (Art. 26 VO (EG) Nr. 883/2004). Der Rentner hat ebenfalls unter den in Art. 18–20 VO (EG) Nr. 883/2004 formulierten Voraussetzungen **Zugang zu** den **Sachleistungen** anderer Mitgliedstaaten (Art. 27 VO (EG) Nr. 883/2004). Der leistungspflichtige Träger darf Beiträge zur Kranken- und Pflegeversicherung von seiner Rentenleistung einbehalten.[77]

5. Kostenverteilung

197 Falls der Träger eines Mitgliedstaates für den zuständigen Träger Leistungsaushilfe erbringt, trifft ihn die volle **Erstattungspflicht** (Art. 35 VO (EG) Nr. 883/2004) gegenüber dem aushelfenden Träger.[78] Die **tatsächlichen Aufwendungen** müssen dafür entweder nachgewiesen werden oder die Erstattung erfolgt durch **Pauschalbeträge** (Art. 62 ff. VO (EG) Nr. 987/2009). Allerdings können ein oder mehrere Mitgliedstaaten nach Art. 35 III VO (EG) 883/2004 **andere Erstattungsformen** oder den gänzlichen **Verzicht** auf Erstattungen vereinbaren. Falls für eine Behandlung eine Erstattung nicht gewährt wird, trägt die Behandlungskosten grundsätzlich der die Leistungen gewährende Träger in Höhe der Aufwendungen des aushelfenden Trägers. Dabei kommt eine Erstattung nach Pauschalbeträgen auch gegen individualisierten Einzelnachweis in Betracht – auch die Kostenerstattung zwischen Versichertem und Versicherung ist erlaubt.[79]

---

75 EuGH Slg. 2009, I-6095 (Chamier-Glisczinski ./. DAK); eingehend und umfassend Schuler, SGb 2000, 523; Schötz, DRV 2001, 514.
76 EuGH – 10.10.2013 – Rs. C-321/12 (van der Helder, Farrington).
77 EuGH Slg. 2010, I-9879 (van Delft).
78 EuGH Slg. 1979, 1977 (Pierik II); Zu den Regeln: Bieback, in Fuchs, Nomos-Kommentar EuSozR, Art. 35 Rn. 1 ff.; Stiemer, in Jorens/Schulte, 1999, Neumann-Duesberg, in Schulte/Zacher, 1991, 95 ff.; Neumann-Duesberg, Gesundheit und Gesellschaft 1998, 22, 25 f.
79 EuGH Slg. 2004, I-09911 (Robert Bosch GmbH).

§ 9 Koordination der Alters-, Invaliditäts- und Hinterbliebenenrenten

Die **Alters-, Invaliditäts-** und **Hinterbliebenensicherung**[1] wird durch das Recht des zuständigen **Mitgliedstaates** und EU-Recht geprägt. Was EU-rechtlich als Alterssicherung gilt, ist hingegen durch die Rechtsetzung der Mitgliedstaaten vorgegeben. Hierzu zählen auch die **Sondersysteme** für Beamte[2] oder ein ehemaliges System der Alterssicherung.[3] Die Alterssicherung kennt **drei Versicherungsfälle**: Alter, Erwerbsminderung und Tod unter Zurücklassung von Ehegatten oder unterhaltsberechtigten Kindern (= Hinterbliebene). Sie werfen EU-rechtliche Fragen auf, wenn der Versicherte in einem anderen Mitgliedstaat lebt oder gelebt und/oder gearbeitet hat. Ferner stellen sich Fragen im Hinblick auf Versicherungszeiten und den Leistungsexport.   198

1. Versicherungsfälle

a) Alter

Alter ist kein natürliches, sondern ein an **rechtliche Voraussetzungen** gebundenes Merkmal. Das **Lebensalter** ist regelmäßig durch die Geburtsurkunde des Versicherten nachzuweisen.   199

Wird es durch die Geburtsurkunde eines anderen Mitgliedstaates nachgewiesen, stellt sich die Frage nach deren Beweiswert. Die von deutschen Standesämtern ausgestellten Urkunden über den Personenstand begründen die Vermutung der **Richtigkeit**.[4] Aufgrund des Europarats-„Übereinkommens betreffend die Entscheidungen über die Berichtigung von Eintragungen in Personenstandsbüchern (Zivilstandsregistern)"[5] werden die Eintragungen über den Personenstand in Urkunden sämtlicher Vertragsstaaten als richtig vermutet. Daher entfalten jedenfalls Personenstandsurkunden der Vertragsstaaten grundsätzlich denselben **Beweiswert** wie inländische Urkunden.[6] Die Vermutung ihrer Richtigkeit kann jedoch durch Sachgründe entkräftet werden. Darüber hinaus folgt die wechselseitige Anerkennung solcher Urkunde aus Art. 81 VO (EG) Nr. 883/2004; 1 III VO (EG) Nr. 987/2009.   200

---

1 Bokeloh, DRV 2013, 155; Fasshauer/Scheewe, RVaktuell 2014, 260; Verschueren, in Eichenhofer (Hg.), 2009, 223; Heinig, in Schlachter/ders., § 26; Oppermann, in Schlachter/Heinig, § 27; Vießmann, ZESAR 2017, 149; Schulte, in von Maydell/Ruland/Becker (Hg.), Sozialrechtshandbuch, 5. Aufl., 2012, § 33 Rn. 105 ff.
2 EuGH Slg. 2001, I-3731 (Rundgren).
3 EuGH Slg. 1995, I-3301 (Olivieri-Coenen).
4 §§ 60, 66 PStG; Stürmer, NZS 2001, 347.
5 Vom 3.2.1969 (BGBl. II 1969, S. 445).
6 EuGH Slg. 1997, I-6761 (Dafeki); Slg. 2001, I-2415 (Fahmi); Bergmann, SGb 1998, 449; Engelhard, NZS 1997, 218; Joussen, NZS 2004, 120.

II. Koordinierendes Sozialrecht der EU

b) Erwerbsminderung

201 Die Anerkennung einer Erwerbsminderung in einem anderen Mitgliedstaat steht der im Inland festzustellenden Erwerbsminderung entgegen **Art. 5 VO (EG) Nr. 883/2004** nicht gleich. Dies folgt aus Art. 46 III VO (EG) Nr. 883/2004. Danach können die EU-Mitgliedstaaten vereinbaren, dass die Feststellung der Invalidität durch einen Träger auch für die Träger anderer Mitgliedstaaten wirkt.[7] Im Gegensatz zu Belgien, Luxemburg, Niederlande, Frankreich und Italien[8] hat Deutschland eine solche Vereinbarung nicht getroffen. Mangels Vereinbarungen binden die Invaliditätsfeststellungen anderer Mitgliedstaaten Deutschland daher nicht.[9]

202 Andere rentenrechtliche Tatbestände unterliegen dagegen der Tatbestandsgleichstellung. Die Rente wegen **Berufsunfähigkeit** (§ 240 SGB VI) wird für den behinderungs- oder krankheitsbedingten Verlust einer herausgehobenen **beruflichen Stellung** gewährt. Um diesen Verlust festzustellen, ist der **bisherige Beruf** zu klären.[10] Dabei fragt sich, ob nur die unter deutschem Sozialversicherungsrecht ausgeübten Beschäftigungen oder auch die in **anderen Mitgliedstaaten** verrichteten Beschäftigungen zählen. Diese Frage war lange umstritten. Das BSG[11] folgte anfangs der erstgenannten, später[12] der letztgenannten Auffassung. Würde der in einem **anderen Mitgliedstaat eingetretene berufliche Aufstieg nicht berücksichtigt**, wären Wanderarbeitnehmer **indirekt benachteiligt**.[13] Dieser Rechtsgedanke (Art. 4 VO (EG) Nr. 883/2004) gebietet die Anerkennung. Sind danach die Versicherungszeiten aller Mitgliedstaaten anspruchsbegründend gleichzustellen, muss für den beruflichen Aufstieg Entsprechendes gelten. Das EU-Recht fordert folglich gemäß Art. 5 VO (EG) Nr. 883/2004 eine internationale Sicht des Versicherungsverhältnisses.

203 Dagegen ist der für die Beurteilung der **Resterwerbsfähigkeit** maßgebliche Arbeitsmarkt nach der Rechtsprechung des BSG[14] der **deutsche Arbeitsmarkt**, weil die Versicherungspflicht auf die dort ausgeübten Beschäftigungen beschränkt sei und für dort Versicherte Rehabilitationsangebote bestünden.[15] Die Verweisbarkeit nach den im Wohnstaat herrschenden Verhältnissen zu beurteilen, wäre nicht nur mit zahlreichen Ermittlungsschwierigkeiten verbunden. Angesichts der sich voneinander erheblich unterscheidenden Verhältnisse auf den Arbeitsmärkten könnte der Versicherungsfall nicht mehr einheitlich umschrieben werden. Dies verstieße gegen das Gebot der **Gleichbehandlung** aller

---

7 Dies ist eine Ausnahme von dem allgemeinen Grundsatz des Internationalen Verwaltungsrechts, dass inländische Träger grundsätzlich nicht an die Entscheidungen ausländischer Träger gebunden sind.
8 Vgl. Art. 40 IV VO (EWG) Nr. 1408/71 Anh. V; dazu Pflüger-Demann, 1991, 257 ff.
9 Bayerisches LSG – 17.6.2010 – L 14 R 777/08.
10 BSGE 39, 221; 47, 183; 50, 165; Ruland, DRV 1990, 709, 722 f.; Schuler, 1988, 570 f.
11 Zuletzt BSGE 50, 165; anders aber LSG Niedersachsen, Breith. 1990, 576.
12 BSGE 47, 186; 64, 85; EuGH Slg. 1988, 2805 (Roviello).
13 EuGH Slg. 1988, 2805 (Roviello).
14 BSGE 39, 221; 44, 20; BSG SozR 3-2200 § 1246 Nr. 5.
15 BSGE 39, 221, 222.

Versicherten (Art. 3 I GG). Allerdings darf einem Versicherten, der Freizügigkeit in Anspruch nimmt, kein Nachteil zugefügt werden. Dieser träte aber ein, wenn er an Bedingungen eines Arbeitsmarktes gemessen würde, dem er bei Erwerbsminderung nicht mehr angehört. Daher sollten sämtliche Arbeitsmärkte zählen. Art. 5 VO (EG) Nr. 883/2004 gebietet ebenfalls eine solche Auslegung.

c) *Hinterbliebenensicherung*

Leistungen der Hinterbliebenensicherung sind Witwen-, Witwer- und Waisenrenten sowie die Zahlungen an Lebenspartner. Die Erziehungsrente (§ 47 SGB VI) gehört auch zur Hinterbliebenensicherung.[16] Falls sich bei Ansprüchen auf Hinterbliebenensicherung **international-familienrechtliche** Vorfragen stellen, folgt das Sozialrecht dem Internationalen Familienrecht (§ 34 SGB I). Die danach berufene ausländische Familienrechtsgestaltung wird gemäß § 34 SGB I bei Gleichwertigkeit wie eine inländische Familienrechtsgestaltung behandelt. In dieser Bestimmung anerkannte das deutsche Recht schon vor dessen Inkrafttreten den in Art. 5 VO (EG) Nr. 883/2004 formulierten Grundsatz der Tatbestandsgleichstellung.[17]

204

Familienrechtliche Vorfragen stellen sich auch bei der Adoption und daraus begründeter Kindschaft auf der Basis von Leihmutterschaft und Adoption durch Lebenspartner(innen). Der BGH urteilte, dass Adoptionen durch Lebenspartner(innen) und Zeugungen unter Einbeziehung von Leihmüttern trotz entsprechenden Verbots im Inland gleichwohl im Inland rechtlich anzuerkennen sind, falls sie in einem Staat vorgenommen worden sind, in dem die Leihmutterschaft anerkannt ist und gleichgeschlechtliche Paare ein Adoptionsrecht für minderjährige Kinder haben.[18] Mit der im Inlandsrecht eingeführten Öffnung der Ehe für beide Geschlechter (§ 1353 BGB) wird die Lebenspartnerschaft künftig nicht mehr möglich und die sich stellenden Rechtsfragen folgen den Regeln des Eherechts.

Kommt es zu einem **hinkenden Statusverhältnis** (Ehe wird im ausländischen Heimatrecht anerkannt, im Inland aber wegen fehlender Wahrung der Form nicht), kann nach der Rechtsprechung des BVerfG[19] das ausländische Statusverhältnis der inländischen Gestaltung gleichgestellt werden, wenn es dort anerkannt wird und dem inländischen Sozialrecht genügt. Andernfalls kommt es zu Anpassungen, deren Wege für den Sonderfall der **Mehrehe** in § 34 Abs. 2 SGB I vorgezeichnet sind.

---

16 EuGH – 27.2.2014 – Rs. C-32/13 (Würker) mit Anm. Ruland, ZESAR 2014, 489.
17 Sturm, in Kahil-Wolff/Greber/Çaçi (Ed.), 2001, 329.
18 BGHZ 203.350; 182, 198; EuGMR – 26.6.2014 – Nr. 65941/11 (Labassée); Nr. 65192/11 (Menneson).
19 BVerfGE 62, 232; vgl. eingehender zur Behandlung von international-privatrechtlichen Vorfragen in Sozialrechtsnormen: Eichenhofer, 1994, Tz. 219 ff.

2. Versicherungszeiten

205 Liegt ein **Versicherungsfall** vor, sind weiter die dafür erforderlichen Zeiten zu prüfen. Als Versicherungszeiten (Art. 1 lit. t) VO (EG) Nr. 883/2004) gelten sämtliche als Pflicht- oder **freiwillig Versicherter** unter dem Recht des zuständigen Mitgliedstaats verbrachten sowie diesen gleichgestellten, den Ausgleich eines Rechtsverlustes bezweckenden Zeiten.[20] Die Voraussetzungen des Rentenrechts eines Mitgliedstaates können grundsätzlich nur durch dessen Zeiten erfüllt werden.

Art. 45 AEUV gebietet zur Sicherung der wohlerworbenen Rechte auf soziale Sicherheit, dass auch Zeiten angerechnet werden, die in anderen Mitgliedstaaten zurückgelegt worden sind. Des Weiteren sind die Mitgliedstaaten verpflichtet, für Zeiten, die bei internationalen Organisationen – namentlich Einrichtungen der EU – zurückgelegt werden, eine Erhaltung der Alterssicherungsrechte zu gewährleisten.[21] Der Zusammenrechnung von Versicherungszeiten unterliegen auch Zeiten der Arbeitsunfähigkeit.[22] Beurteilt sich ein Sachverhalt nach deutschem Rentenversicherungsrecht, kommen **Beitragszeiten** oder **beitragslose Zeiten** – namentlich Anrechnungs-, Kindererziehungs- und Zurechnungszeiten – in Betracht. **Anrechnungszeiten** (§ 58 SGB VI) sind Zeiten krankheitsbedingter Arbeitsunfähigkeit, Schwangerschaft, Mutterschaft oder Arbeitslosigkeit, falls sie bei einer deutschen Agentur für Arbeit gemeldet wurde und daher zum Leistungsbezug berechtigte. Eine Beschäftigung in europäischen Institutionen wird behandelt, als ob sie in den Mitgliedstaaten und deren Arbeitslosen- und Rentenversicherung zurückgelegt worden wäre.[23]

Der **internationale Geltungsbereich** dieser Zeiten ist für den Anrechnungstatbestand der **Arbeitslosigkeit** ausdrücklich bestimmt (§ 58 Abs. 1 Nr. 3 SGB VI). Danach zählt nur die nach deutschem Recht zum Leistungsbezug berechtigende Arbeitslosigkeit.[24] Entsprechend sind auch nur in Deutschland verbrachte **Lehrzeiten** anzurechnen.[25] Des Weiteren führen Krankheit, Schwangerschaft, Mutterschaft und der Bezug von Renten wegen Erwerbs- oder Berufsunfähigkeit zu Anrechnungszeiten, falls deswegen Leistungen nach deutschem Sozialversicherungsrecht beansprucht werden können. Grundsätzlich werden also nur die unter deutschem Sozialrecht verbrachten Anrechnungszeiten an-

---

20 EuGH Slg. 2002, I-8191 (Barreira Pérez); EuGH – 5.11.2014 – Rs. C-103/13 (Somova).
21 EuGH – 4.7.2013 – Rs. C-233/12 (Gardella); EuGH Slg. 2006, I-1453 (Öberg); Slg. 2006, I-1441 (Rockler); Slg. 2010, I-93 (Ricci, Pisaneschi); Slg. 2004, I-2013 (My).
22 EuGH – 18.4.2013 – Rs. C-548/11 (Mulders).
23 EuGH EU:C:2015:591.
24 Bayerisches LSG Breithaupt 2008, 666; EuGH Slg. 1988, 3467 (Rebmann); diese letztgenannte Entscheidung ist jedoch durch die VO (EWG) Nr. 2109/91 verändert worden; dies erfolgte zu Recht, vgl. Eichenhofer, Anm. SGb. 1989, 514ff.; Laïs, in Schulte/Barwig, 1999, 123, 130.
25 BSGE 48, 100; den Lehrzeiten gleichgestellt wurden Zeiten, die Juden in den 1930er Jahren in selbstorganisierten Ausbildungsprojekten verbrachten, vgl. dazu Schmidinger, SozVers 1984, 201; Pawlita, SGb 1997, 413; Fuchsloch/Niewald, NZS 1997, 444 und Nr. 10 Schlußprotokoll deutsch-israelisches Sozialversicherungsabkommen.

erkannt. Dies ist zu rechtfertigen, wenn eine Einstandspflicht inländischer Sozialversicherungsträger bei Krankheit, Mutterschaft, Invalidität oder Arbeitslosigkeit vorlag. Die Anrechnungszeit **substituiert** die fehlende Pflichtmitgliedschaft in der inländischen Sozialversicherung und kommt daher nur für die im Inland zurückgelegten Zeiten in Betracht. Die **fehlende** Tatbestandsgleichstellung folgt auch aus Art. 6 I VO (EG) Nr. 883/2004.

Die Berücksichtigung von Zeiten der **Kindererziehung** gestaltet sich unterschiedlich – als Pflichtbeitragszeit (§ 56 SGB VI: Erziehung ab 1992), Beitragszeit (§ 249 SGB VI: Erziehung bis 1992) oder gemäß Art. 2 § 62a ArVNG (Erziehung durch Mütter bis zum Geburtsjahrgang 1920 oder älter). Der internationale Geltungsbereich dieser Vergünstigungen ist in §§ 56 Abs. 3, 249 Abs. 2 SGB VI sowie Art. 2 § 62a III, III a ArVNG bestimmt.[26] Danach ist grundsätzlich nur die **in Deutschland** erbrachte Kindererziehung anzuerkennen (§ 249 Abs. 2 SGB VI). Ausnahmsweise ist die in einem anderen Mitgliedstaat erbrachte Erziehung als **gleichwertig** anzuerkennen, falls sie sich unmittelbar an eine **Inlandsbeschäftigung** des Erziehenden anschließt oder der Ehegatte im Ausland unter **deutschem Sozialrechtsstatut** tätig ist.[27] 206

Das BVerfG entschied, es sei nicht verfassungswidrig, wenn eine in einem nicht der EU zugehörigen Drittstaat zurückgelegte Kindererziehungszeit nicht in der deutschen Rentenversicherung anerkannt werde.[28] Art. 44 VO (EG) 987/2009 sieht vor, dass der zuständige Staat Kindererziehungszeiten nach seinem Recht berücksichtigen darf; sieht er keine vor, darf die Kindererziehungszeit auch nach dem Recht eines anderen Staates berücksichtigt werden, allerdings nicht, wenn die erziehende Person in einem bestimmten Staat beschäftigt oder selbständig erwerbstätig ist. Dann ist einzig dieser über die Anrechnung der Kindererziehungszeit zu entscheiden berufen.

Die **Zurechnungszeit** soll den Beziehern von Altersrenten eine hinreichende Altersrente sichern, falls sie frühzeitig erwerbsgemindert werden. Dann wird die Zeit des Bezuges einer Erwerbsminderungsrente als Zurechnungszeit in der gesetzlichen Rentenversicherung anerkannt (vgl. § 59 SGB VI). Schon der Wortlaut dieser Umschreibung zeigt, dass Zurechnungszeiten nur anerkannt werden können, soweit sie zur Rentenzahlung nach deutschem Recht berechtigen. Bezieht jemand eine deutsche **Teilrente** – neben einer anderen Rente nach ausländischem Recht –, so bedürfte es für die Anrechnung der Zurechnungszeit besonderer, gegenwärtig jedoch nicht vorhandener EU-rechtlicher Regelungen. 207

---

26 Vgl. BSGE 72, 209; BSG SozR 3-2600 § 56 Nr. 8; BSG SozR 4-2600 § 56 Nr. 5; BSG – 11.5.2011 – B 5 R 22/10 R; LSG Berlin-Brandenburg – 11.7.2008 – L 3 R 1363/05; vgl. im Übrigen von Einem, SGb 1993, 204; Funk, VSSR 1994, 119; Költzsch, DAngVers 1992, 26; Zuleeg-Feuerhahn, ZSR 1992, 569; Meißner, 2005; Paskalia, 2007 238 ff.
27 EuGH Slg. 2000, I-10409 (Elsen); EuGH – 19.7.2012 – Rs. C-522/10 (Reichel-Albert); BSG – 11.5.2011 – B 5 R 22/10 R; BSG SozR 4-2600 § 56 Nr. 5.
28 BVerfG – 6.3.2017 – 1 BvR 2740/16 = SGb 2017, 326.

II. Koordinierendes Sozialrecht der EU

a) Anspruchsbegründende Anrechnung von Versicherungszeiten

208 Haben Versicherte Versicherungszeiten in dem geforderten Umfang in der deutschen Rentenversicherung zurückgelegt, entsteht ein Leistungsanspruch bei Eintritt des Versicherungsfalls. Die unter dem Rentenrecht eines anderen Mitgliedstaates verbrachten **Zeiten** sind dagegen grundsätzlich unerheblich. Da die EU die **internationale Mobilität** gewährleistet, jedoch kann dieser Effekt nicht hingenommen werden. Denn sie hinterließe Nachteile, falls Versicherte versicherungsrechtlich erhebliche Zeiten unter mehreren nationalen Alters-, Invaliditäts- und Hinterbliebenensicherungen zurückgelegt haben. Deshalb sieht das EU-Recht in Art. 6, 44 ff., 51 VO (EG) Nr. 883/2004[29] die Zusammenrechnung von in sämtlichen Mitgliedstaaten verbrachten und für die Alters-, Invaliditäts- und Hinterbliebenensicherung erheblichen Zeiten für den Erwerb von Ansprüchen vor. Das Gebot erstreckt sich auch auf die im System einer EU-Einrichtung zurückgelegten Zeiten.[30]

209 Art. 44 VO (EG) Nr. 883/2004 trifft für Leistungen der Invalidität die Unterscheidung von **„Rechtsvorschriften des Typs A"** und von **„Rechtsvorschriften des Typs B"**. Jene bezeichnen Ansprüche auf Leistungen bei Erwerbsminderung, deren Voraussetzungen und Umfang von der zurückgelegten Wohn- oder Versicherungszeit unabhängig sind. Diese bezeichnen die anderen Leistungsansprüche, bei denen also Entstehung und Ausmaß des Anspruchs von der Wohn- und Versicherungszeit abhängen. War ein Versicherter vor Eintritt der Invalidität dem Recht von zwei oder mehr dem Typ A folgenden Mitgliedstaaten unterworfen, ist der Mitgliedstaat leistungspflichtig, dem der Berechtigte unmittelbar bei Eintritt der Arbeitsunfähigkeit unterlag. Hängen die Gewährungsvoraussetzungen des Rechts von der Zurücklegung von Wohn- oder Versicherungszeiten ab (Typ B), ist hingegen die Zusammenrechnung von Zeiten vorgesehen (Art. 45 VO (EG) Nr. 883/2004). Dasselbe gilt, wenn Versicherte im Laufe seines Versichertenlebens den Regeln für die Invaliditätssicherung nach Typ A und Typ B unterworfen war (Art. 46 VO (EG) Nr. 883/2004), es sei denn die Leistung entspricht ausschließlich den Voraussetzungen des dem Typ A folgenden Rechts eines Mitgliedstaates. Dann ist allein dieser leistungspflichtig (Art. 46 II VO (EG) Nr. 883/2004).

210 Die Zusammenrechnung von Zeiten aus unterschiedlichen Mitgliedstaaten beschränkt sich aber auf die Anspruchsbegründung – das **„Ob"** eines Rentenanspruchs. Dagegen ist das Gebot der Zusammenrechnung auf den Leistungsumfang (das **„Wie viel"**) nicht zu erstrecken. Trotz des Gebots der Zusammenrechnung von Versicherungszeiten ist dagegen die Leistungshöhe von jedem Träger jeweils gesondert aufgrund der nach dessen Recht zurückgelegten Zeiten zu bestimmen.

211 Die EU-Regelungen bezeichnen global und abstrakt, auf welche Tatbestandsmerkmale sich das Gebot der Zusammenrechnung bezieht. Es sind dies die

---

29 EuGH Slg. 2011, I-1033 (Tomaszewska).
30 EuGH Slg. 2004, I-12013 (My); EuGH Slg. 2010, I-93 (Ricci, Pisaneschi).

§ 9 Koordination der Alters-, Invaliditäts- und Hinterbliebenenrenten

„Rechtsvorschriften eines Mitgliedstaates", von denen „der Erwerb, die Aufrechterhaltung oder das Wiederaufleben des Leistungsanspruchs abhängt" (Art. 45, 51 VO (EG) Nr. 883/2004). Danach sind nur die auf einem **Zeitmaß** beruhenden Tatbestandsmerkmale zusammenzurechnen, weil nur aus ihnen sich eine international kompatible, additionsfähige Summe bilden lässt. Dagegen kann die Leistungshöhe nur aus den unter dem Recht des zuständigen Staates verbrachten Zeiten berechnet werden. Die Zusammenrechnung stieße an unüberwindliche Grenzen. Sie umfasst deshalb nicht Tatbestandsmerkmale, die ausschließlich als **Berechnungsfaktoren** dienen.

Gegenstand der Zusammenrechnung sind:[31] **Wartezeiten**,[32] zusätzliche **zeitliche** Anforderungen an die **Voraussetzungen** des Eintritts des Versicherungsfalles[33] und die zeitlichen Voraussetzungen für die Bestimmung der **Mindestversicherungszeit** für die Ermittlung der Rente nach Mindestentgeltpunkten.[34] Der EuGH entschied weiter, dass die Pflicht zur Zusammenrechnung der Versicherungszeiten auch für die Feststellung des Gesundheitszustandes des Versicherten bei Aufnahme der versicherungspflichtigen Tätigkeit Bedeutung erlangt.[35] Berücksichtigungszeiten können dagegen grundsätzlich nicht mit ausländischen Zeiten zusammengerechnet werden.[36] Diese erlangen ausschließlich Bedeutung für die Leistungshöhe, jedoch nicht für die Leistungsberechtigung.

„Zusammenrechnung" verlangt, dass der Versicherte Zeiten in mehreren Mitgliedstaaten zurückgelegt hat. Das EU-Recht kann vorsehen, dass die Zeiten eine besondere rechtliche Qualität haben (z. B. Pflichtbeitragszeiten nach inländischem Recht). Eine Zusammenrechnung kommt danach nicht in Betracht, falls die Versicherungszeit die im EU-Recht festgelegte Mindestdauer[37] von zwölf Monaten nicht überschreitet (vgl. Art. 57 VO (EG) Nr. 883/2004). In der Alterssicherung sind Mindestrenten- und einkommensabhängige Zeiten zusammenzurechnen, auf Garantierente ist auch niedrigere einkommensproportionale Rente anzurechnen[38] 212

Die Berücksichtigung von ausländischen Versicherungszeiten ist eine Ausnahme und bedarf daher gesonderter Legitimation. Sie ergibt sich aus dem 213

---

31 Marschner, in Oetker/Preis, EAS B 9120–26 ff.; Pflüger-Demann, 1991, 223 ff.; Schuler, 1988, 542.
32 Nach § 50 SGB VI.
33 §§ 38 Nr. 3, 39 Nr. 2, 43 Abs. 1 Nr. 2, 3, 44 Abs. 1 Nr. 2, 3; 240 Abs. 2; 241 Abs. 2; 242 Abs. 2 SGB VI; vgl. Art. 9a VO (EWG) Nr. 1408/71; Hannemann, in VDR/Ruland, 1990, Tz. 29–120; soweit eine ausdrückliche Regelung nicht vorliegt, pflegt die Rechtsprechung dies aus dem in dem Abkommen enthaltenen Grundsatz der Gebietsgleichstellung abzuleiten: BSG SozR 3-6710 Art. 4 Nr. 5; anders allerdings noch BSGE 17, 110.
34 Hannemann, in VDR/Ruland, 1990, Tz. 29–125; vgl. zu Art. 2 § 55a ArVNG; BSGE 45, 138 (Mitgliedstaat der EG) und BSG SozR 5750 Art. 2 § 55a Nr. 5.
35 EuGH Slg. 1995, I-3525 (Moscato).
36 Zu den Einzelheiten Grotzer, DRV 1993, 67 (73 ff.).
37 Überblick bei Schuler, 1988, 552 f.
38 EuGH EU:C:2017:946.

II. Koordinierendes Sozialrecht der EU

Koordinationsrecht; sie verhindert, dass Mobilität zu Rechtsverlusten führt. Im Regelfall kommt eine Zusammenrechnung nicht in Betracht. Besteht das Gebot der Zusammenrechnung von Versicherungszeiten unterschiedlicher Mitgliedstaaten, bestimmt das jeweils anzuwendende Recht[39] über Entstehung, Laufzeit und Beendigung der Zeiten. Regelmäßig übermittelt der zuständige Träger dem zusammenrechnenden Träger die in einem anderen Mitgliedstaat vom Versicherten verbrachten Zeiten im Wege internationaler Amtshilfe. Dieser nimmt die Mitteilung als Gegebenheit hin. Der ausländische Träger hat die Richtigkeit seiner Entscheidung somit allein zu verantworten.

214 Eine Zusammenrechnung fordert, dass die Zeiten während **unterschiedlicher** Zeiträume verbracht worden sind.[40] Fallen mehrere Versicherungszeiten auf denselben Zeitraum, ist nur eine Zeit zu berücksichtigen (Art. 10 VO (EG) Nr. 883/2004). Ob sich mehrere Versicherungszeiten überschneiden, beurteilt sich nach den zugrunde liegenden Lebenssachverhalten und nach deren Darstellungsform in dem Rentenrecht der beteiligten Staaten.[41] Internationalrechtlich anerkannt ist der Grundsatz: Bei überschneidenden Zeiten verdrängen die auf Beiträgen beruhenden die beitragslosen.[42] Besteht für einen Zeitraum eine ausländische **Beitragszeit**, so kann diese im Inland **nicht** im Wege **freiwilliger Versicherung** belegt werden.[43] Das Gebot der Zusammenrechnung gilt auch im **Beamtenversorgungsrecht**.[44]

215 Die Praxis[45] stand wiederholt vor der Frage, ob die Zusammenrechnung aus **mehreren internationalen Koordinationswerken** nebeneinander statthaft oder gar gefordert ist. Die Auffassungen sind geteilt: Die Rentenversicherungsträger lehnten dies seit jeher ab, weil die einzelnen Koordinationswerke regelmäßig die Anwendung anderer koordinationsrechtlicher Regelungen ausschließen. Die Rechtsprechung ließ dagegen lange Zeit die kumulative Anwendung zu, soweit das einzelne Abkommen diese nicht ausdrücklich ausschloss. Auch der EuGH[46] hat zunächst eine kumulative Anwendung verworfen, in der Entscheidung in der Rechtssache **Gottardo**[47] aber erstmals – jedenfalls, so die Drittbegünstigung im EU-Recht angelegt ist – für geboten erachtet. Es ist die **restriktive** Auffassung geboten. Koordinierung hat sich auf das jeweilige Koordinierungsinstrument zu beschränken. Aber eine Welt ohne Grenzen verlangt

---

39 Vgl. auch Schuler, 1988, 543.
40 Bokeloh, in Jorens/Schulte, 1998, 282; BSG SozR 3-6050 Art. 46 Nr. 5; SozR 6805 Art. 22 Nr. 3; EuGH – 5.11.2014 – Rs. C-103/13 (Somova).
41 BSG SozR 3-6050 Art. 46 Nr. 5.
42 BSGE 34, 283; 43, 211.
43 EuGH Slg. 1980, 2747 (Überschär); BSG SozR 5750 Art. 2 (§ 51a Nr. 46).
44 Bayerischer VGH – 9.10.2008 – 3 BV 07.3490; VG Hannover – 29.4.2008 – 2 A 238/07.
45 BSGE 34, 90; 51, 5; 51, 186; 72, 25, 196; Leitentscheidung des Großen Senats: BSGE 57, 23 ff.; vgl. dazu auch Hannemann, in VDR/Ruland 1990, Tz. 29–97 ff.; von Maydell, IPRax 1983, 156; Schuler, 1988, 548 ff.; Frank, SGb 1981, 291.
46 EuGH Slg. 1993, I-4505 (Grana-Novoa).
47 EuGH Slg. 2002, I-0413 (Gottardo).

§ 9 Koordination der Alters-, Invaliditäts- und Hinterbliebenenrenten

nach einer grenzenlosen Koordinierung. Die dafür nötigen Rechtsformen sind jedoch eigens zu schaffen (vgl. IAO-Übereinkommen Nr. 157).

b) Rentenberechnung
Die Rentenberechnung hat von tatsächlich geleisteten Beiträgen auszugehen.[48] Für sie bestehen **zwei** Rechenweisen[49]. Beide richten sich ausschließlich nach dem Recht des die **Berechnung** vornehmenden **Staates**. Sie unterscheiden sich jedoch darin, worauf sie gestützt sind. Es sind die „**autonome**" und „**anteilige Leistung**" zu unterscheiden (Art. 52 VO (EG) Nr. 883/2004). Bei ersterer wird die Leistungshöhe allein nach den in dem jeweiligen Mitgliedstaat zurückgelegten Zeiten errechnet; bei letzterer wird die Rentenhöhe hingegen auf der Basis des auf den Mitgliedstaat entfallenden **Anteils** aller in mehreren Mitgliedstaaten zurückgelegter Zeiten berechnet. Multipliziert mit den Entgeltfaktoren ergibt sich aus der Summe sämtlicher unter dem Koordinationswerk zurückgelegter Zeiten ein hypothetischer Rentenzahlbetrag[50] (= „**theoretischer Betrag**"). Dieser ist zu multiplizieren mit dem Quotienten aus den Zeiten, die nach dem Recht des die Berechnung vornehmenden Staates zurückgelegt worden sind und der Summe aller unter dem internationalen Koordinationswerk berücksichtigten Zeiten.

216

Beide Methoden führen zu **Unterschieden**, falls die Staaten bei Erreichen einer Höchstgrenze eine Steigerung des Rentenzahlbetrags ausschließen, beitragslose Zeiten zu berücksichtigen sind oder der Leistungsanspruch statt aus dem Durchschnitt, aus dem unmittelbar vor Eintritt des Versicherungsfalls bezogenen Einkommen errechnet wird. Danach ist der Betrag geschuldet, der nach beiden Berechnungsmethoden für den Berechtigten jeweils höher ist. Es gilt das **Günstigkeitsprinzip**: EU-Recht hat stets nur rechtserweiternd und nie rechtsverkürzend zu wirken.[51]

217

Art. 50 VO (EG) Nr. 883/2004 bestimmt, dass die Rentenversicherungsträger aller Mitgliedstaaten die auf den Anwartschaften aus mehreren Staaten beruhenden Rentenrechte feststellen. Jeder Träger jedes Mitgliedstaates hat danach den auf in seinem Staat zurückgelegten Versicherungs- oder Beschäftigungszeiten ausschließlich nach dem Recht dieses Staates (autonome Leistung) und des Weiteren den aus dem gesamten Rentenanspruch auf Grund der in allen Staaten erworbenen Anwartschaften theoretischen Betrag durch Feststellung des auf das Recht des die Berechnung vornehmenden Staates entfallenden Anteils

---

48 EuGH EU:C:2015:511; EuGH EU:C:2018:189.
49 Vgl. Borchardt, in Dauses, D.II-108 ff.; Haverkate/Huster, 1999, Rn. 243 ff.; Költzsch, DAngVers 1981, 521 ff.; Marschner, in Oetker/Preis, EAS B 9120–40 ff.; Ruland, DRV 1990, 709, 724 ff.; Schuler, 1988, 562 ff.
50 Zu dessen Ermittlung, wenn Mindestsicherungselemente bestehen: EuGH Slg. 2005, I-7389 (Koschitzki); EuGH – 21.2.2013 – Rs. C-282/11 (Salgado González ./. INSS).
51 EuGH Slg. 1967, 240 (Ciechelski), Slg. 1967, 264 (De Moor), Slg. 1967, 430 (Goffart); Slg. 1971, 871 (Gross); Slg. 1975, 1149 (Petroni); Slg. 1977, 1647 (Manzoni); Slg. 1982, 137 (Sinatra), Slg. 1982, 1063 (Baccini I), Slg. 1982, 2995 (Besem); Slg. 1983, 583 (Baccini II); Slg. 1985, 1697 (Salanes); Slg. 1992, I-897 (Di Prinzio); Slg. 1992, I-3851 (Di Crescenzo).

zu ermitteln (anteilige Leistung). Nach Art 52 II VO (EG) Nr. 883/2004 sind auch Kürzung und Ruhen von Renten der in anderen Mitgliedstaaten erworbenen Ansprüche, Einkünfte und Renten so zu behandeln wie entsprechende Leistungen des zuständigen Mitgliedstaats, sofern dies ausdrücklich in den Rechtsvorschriften dieses Staates vorgesehen ist (Art. 53 III lit.a) VO (EG) Nr. 883/2004). Dabei ist zwischen dem Zusammentreffen von Zeiten für dieselbe Person (Art. 53 I VO (EG)Nr. 883/2004) und dem Zusammentreffen von Leistungen unterschiedlicher Art zu unterscheiden (Art. 53 II VO (EG)Nr. 883/2004). Die Alters- und Hinterbliebenenrente sind als Leistungen unterschiedlicher Art zu verstehen[52].

Allerdings sieht Art. 55 VO (EG) Nr. 883/2004 Begrenzungen bei der Anrechnung von Leistungen vor. Dabei ist zu unterscheiden zwischen der Anrechnung bei autonomen Leistungen – also einzig aus den Anwartschaften des berechnenden Mitgliedstaates errechneten Leistungen – und den anteiligen Leistungen – also den Leistungen, deren Höhe sich aus dem theoretischen Betrag und dem auf dieser Basis ermittelten zeitanteiligen Anteil ergeben. Die Anrechnung ist bei autonomen Leistungen auf den Anteil der gewährten Renten begrenzt: Der Betrag ist also halbieren, wenn die Leistungen von zwei Mitgliedstaaten gewährt werden[53] oder zu dritteln, wenn Leistungen von drei Mitgliedstaaten zu erbringen sind und so fort. Bei der anteiligen Leistung sieht Art. 55 II VO (EG) Nr. 883/2004 die Kürzung bis zur Höhe des zeitanteiligen Prozentsatzes der Rente vor. Anders formuliert, kommt bei einer autonomen Leistung eine Anrechnung nur in Höhe des aus der Gesamtheit aller bestehenden Ansprüche zu erbringenden, sich aus der Zahl der von den Mitgliedstaaten zu erbringenden Leistungen ergebenden Teils und bei der anteiligen Berechnung gleichfalls nur eine Anrechnung in Höhe des zeitlichen Anteils der unter dem Recht des anrechnenden Staates verbrachten Versicherungszeit vor[54].

218 Hängt die Erwerbsminderungsrente vom Arbeitseinkommen ab, das der Versicherte unmittelbar vor Eintritt der Erwerbsminderung bezogen hat, ist nach EU-Recht allerdings das in einem anderen Mitgliedstaat erzielte Arbeitseinkommen zugrunde zu legen, selbst wenn der Versicherte vor Eintritt der Invalidität nicht im zuständigen Staat gearbeitet hat.[55] Dagegen sollen ausländische Versicherungszeiten für die Ermittlung des vorgezogenen Altersruhegeldes nicht angerechnet werden, soweit das Recht des zuständigen Staates eine Mindestzahl von Versicherungsjahren voraussetzt.[56] Grundsätzlich **beschränkt** der Träger **eines Staates nicht** die **Leistungen** des **anderen**. Art. 53 III VO (EG) Nr. 883/2004 erlaubt jedoch abweichend davon, eine Altersrente eines anderen

---

52   EuGH EU:C:2013:140; EuGH EU:C:1995:273.
53   Janda, in Fuchs (Hg.), Nomos-Kommentar zum EU-SozR Art. 55 Rn. 7.
54   Bokeloh, juris Praxis Komm VO (EG) Nr. 883/2004 Art. 55 Rn. 45.
55   EuGH Slg. 1994, I-4061 (Reichling).
56   EuGH Slg. 1994, I-3229 (McLachlan).

§ 9 Koordination der Alters-, Invaliditäts- und Hinterbliebenenrenten

Mitgliedstaates auf diejenige des zuständigen Staates anzurechnen.[57] Keine Kürzung stellt die Zahlung eines Mindestbetrages für einen bestimmten Zeitraum dar, der bei Beschäftigung in einem anderen Mitgliedstaat angesetzt wird.[58] Sonderregeln gelten für die Waisenrenten. Sie werden im Zusammenhang mit den Familienleistungen in Art. 69 VO (EG) Nr. 883/2004 geregelt.

Grundsätzlich kann eine **Neuberechnung** der in einem Mitgliedstaat erworbenen Rente wegen Rentenveränderungen im anderen Mitgliedstaat nicht in Betracht kommen, sofern die Anhebung des anderen Staates den **Kaufkraftverlust** ausgleicht oder die Teilhabe des Berechtigten am volkswirtschaftlichen Zuwachs sichert.[59] Eine Neuberechnung unterbleibt auch, falls dem Versicherten im Recht eines anderen Mitgliedstaates eine Familienleistung oder andere Sozialleistung als einer solchen wegen Alters und Invalidität gewährt wird.[60] Um eine Normenhäufung und eine daraus erwachsende **Übersicherung** zu vermeiden, ist in Umsetzung des in Art. 11 I VO (EG) Nr. 883/2004 formulierten Prinzips eine Doppelleistung – also die Abgeltung desselben Zeitraums durch Leistungen aus mehr als einem Mitgliedstaat, zu vermeiden (Art. 53 VO (EG) Nr. 883/2004). Die VO (EG) Nr. 883/2004 differenziert zwischen dem **Zusammentreffen** von **Leistungen „gleicher"** (Art. 54 VO (EG) Nr. 883/2004) und **„unterschiedlicher Art"** (Art. 55 VO (EG) Nr. 883/2004). Die Vermeidung von Doppelleistungen ist durch eigene Abkommen unter den Mitgliedstaaten zu sichern.

219

Die leistungsmindernde Anrechnung von nicht in Anhang IX notifizierten Leistungen im Rahmen von Art. 54 VO (EG) 883/2004 ist ausgeschlossen.[61] Die Aufnahme in den Anhang begründet die Vermutung der Richtigkeit und eine fehlende Notifizierung schließt die Berufung auf Anrechnung aus: Art. 4 III EUV macht sie nötig, um Rechtswirkungen zu erfüllen.

c) Versicherungslastregeln

Das Rentenversicherungsrecht eines Staates kann ausländische Zeiten ausnahmsweise **anspruchs**-, wie **leistungsbegründend** anerkennen. Dann werden die nach ausländischem Sozialversicherungsrecht verbrachten Zeiten durch den zuständigen Staat bei der Leistungsberechnung wie nach dessen Recht zurückgelegt behandelt. Dies geschieht durch **Versicherungslastregelungen** oder die kraft EU-Rechts eigens angeordnete **Übernahme kurzer Versicherungszeiten von weniger als zwölfmonatiger Dauer** (Art. 57 VO (EG) Nr. 883/2004). Diese werden vom zuständigen Träger jedes anderen Staates wie

220

---

57 EuGH Slg. 1998, I-6365 (Conti); EuGH Slg. 1998, I-583 (Cordelle); EuGH – 7.3.2013 – Rs. C-127/11 (van den Booren); EuGH – 21.2.2013 – Rs. C-619/11 (Dumont de Chassart); vgl. dazu auch EuGH – 16.5.2013 – Rs. C-589/10 (Wencel).
58 EuGH Slg. 1999, I-8093 (Coile); Slg. 1999, I-8195 (Platbrood).
59 EuGH Slg. 1991, I-1401 (Cassamali); dies gilt auch im Hinblick auf Rentenerhöhung für den Ehegatten: EuGH Slg. 1997, I-5349 (Cirotti).
60 EuGH Slg. 1994, I-4361 (Bettaccini).
61 EuGH C-12/14 (Kommission ./. Malta EU:C:2016:35).

II. Koordinierendes Sozialrecht der EU

eigene Zeiten berücksichtigt und abgegolten (Art. 57 II, III VO (EG) Nr. 883/2004). Dies geschieht vor allem aufgrund des FRG, das die Übernahme von Versicherungs- und Beschäftigungszeiten aus den Vertreibungsstaaten Mittel- und Osteuropas für deutsche Volkszugehörige (Art. 116 GG) vorsieht. Der EuGH befand dessen ungeachtet, dass auch diese Leistungen zu exportieren sind.[62] Eine Kürzung einer nach dem FRG auf Zeiten der Vertreibungsstaaten im Hinblick auf die Möglichkeit eines Leistungsexports hat das BSG[63] verworfen; aus Art. 50 VO (EG) 883/2004 folgt, dass mit der Rentenantragsstellung nach dem FRG ausnahmsweise kein Antrag auf Rentengewährung im Vertreibungsstaat verbunden sei.

221 Die **Versicherungslastregelungen** bewältigten die sozialversicherungsrechtlichen Folgen der Kriegs- oder Nachkriegsereignisse, territorialer Veränderungen oder sozialpolitischer Fehlentwicklungen.[64] Deutschland hat Versicherungslastregelungen geschlossen mit Belgien, Dänemark, Luxemburg, Frankreich, Niederlande, Italien, Österreich und Jugoslawien. Diese, auf Übertragung von Versicherungslasten aus der Zeit während des 2. Weltkrieges und der sich daran anschließenden Zeit gerichteten Abkommen sind in Anhang II aufgeführt. Einige Abkommen wurden geschlossen, um die Folgen territorialer Veränderungen sozialversicherungsrechtlich zu bewältigen (Frankreich: Elsaß-Lothringen, Belgien: Eupen-Malmedy, Dänemark: Nordschleswig und Österreich),[65] andere (Niederlande und Luxemburg) erklären sich daraus, dass während der Zeit der deutschen Besetzung deutsches Sozialversicherungsrecht auf die Bevölkerung dieser Länder erstreckt wurde. Weitere Abkommen (Italien und Jugoslawien[66]) sichern, dass die in Deutschland versicherungspflichtig beschäftigten Arbeitnehmer in ihren Heimatstaaten für die in Deutschland geleistete Arbeit Versicherungszeiten in den Sozialleistungssystemen ihrer Heimatstaaten angerechnet bekommen.

222 Die anspruchs- und leistungsbegründende Berücksichtigung ausländischer Versicherungszeiten begründet schließlich die im EU-Recht enthaltene Regelung, wonach Versicherungszeiten, welche eine Mindestdauer von **12 Monaten**[67] nicht überschreiten, in die Versicherungslast eines jeweils anderen Staates fallen. Die anzurechnende Zeit steht in anspruchs- wie leistungsbegründender Hinsicht den im Recht des zuständigen Staates verbrachten Versicherungszeiten gleich. Für die Bestimmung der Mindestdauer sind sämtliche Gattungen von Zeiten – d. h. Pflichtbeitrags-, freiwillige und beitragslose Zeiten – zu berücksichtigen.[68] Es sind alle Zeiten zu berücksichtigen, die das anzuwendende

---

62 EuGH Slg. 2007, I-11895 (Habelt, Möser, Wachter).
63 BSGE 108, 152.
64 Vgl. den Überblick über die deutschen Versicherungslastregelungen bei Hillen, DRV 1987, 172.
65 BSG SozR 6685 Art. 24 Nr. 1.
66 BSGE 31, 54; 51, 198; BVerfG SozR 6561 Art. 5 Nr. 5; BSG SozR 3-2200 § 1251 Nr. 4.
67 Überblick bei Schuler, 1988, 552 f.; Lais, in Schulte/Barwig, 1999, 125, 136.
68 BSG SozR 3-6480 Art. 22 Nr. 1.

Recht der Pflichtbeitragszeit gleichsetzt – auch Zeiten aufgrund einer Versicherungslastregelung.[69] Es können nur Zeiten zusammengerechnet werden, die vor Eintritt des Versicherungsfalls zurückgelegt worden sind.[70] Die Regeln gelten auch bei Aufenthalt des Berechtigten in einem anderen als dem Mitgliedstaat vormaliger Beschäftigung oder vormaligen Aufenthalts.[71]

3. Leistungen an Berechtigte mit Wohnsitz im Ausland

Das deutsche Rentenversicherungsrecht begrenzt seine **internationalen Wirkungen**, falls sich der **Berechtigte** dauerhaft im Ausland aufhält (§ 110 Abs. 2 Satz 2 SGB VI). Für Berechtigte mit **gewöhnlichem Aufenthalt** im Ausland formulieren §§ 111–114 SGB VI Einschränkungen des Leistungsanspruchs gegenüber dem Leistungsanspruch des Berechtigten bei gewöhnlichem Aufenthalt im Inland. Voraussetzung ist danach, dass der Aufenthalt im Inland rechtmäßig begründet wird. Ansprüche auf **Rehabilitationsleistungen** sind auf Versicherte beschränkt, die unmittelbar vor Eintritt des Leistungsfalles der inländischen Versicherungspflicht unterworfen waren (§ 111 Abs. 1 SGB VI). § 112 SGB VI stellt klar, dass für „Renten wegen verminderter Erwerbsfähigkeit" der Anspruch nur besteht, falls der Berechtigte unabhängig von der jeweiligen Arbeitsmarktlage ausschließlich wegen der gesundheitlichen Beeinträchtigung erwerbsgemindert ist.[72]

223

---

69 BSGE 23, 74.
70 BSG SozR 6050 Art. 45 Nr. 2: Keine Zusammenrechnung von Versicherungszeiten, die nach Eintritt der Invalidität zurückgelegt worden sind.
71 EuGH Slg. 2008, I-1957 (Chuck).
72 Bokeloh, in Jorens/Schulte, 1999, 271, 285; Hauck-Haines/Klattenhoff, SGB VI, § 112, Rn. 4 ff.

§ 10 Koordination von Leistungen bei Arbeitsunfall und Berufskrankheit

1. Gegenstand

Art. 36–41 VO (EG) Nr. 883/2004[1] regeln die Koordination von Leistungen bei **Arbeitsunfällen** und **Berufskrankheiten** (Art. 3 lit. f) VO (EG) Nr. 883/2004). Deren Gegenstand ist das Sozialrecht der Mitgliedstaaten, welche für Arbeitnehmer, Beamte sowie Selbständige Leistungen bei Arbeitsunfällen oder Berufskrankheiten vorsehen.

224

Die EU-Regeln sind nicht auf Sozialleistungen zu erstrecken, welche einen **Personenschaden** im Zusammenhang mit Handlungen ausgleichen sollen, an deren Vornahme ein öffentliches Interesse besteht oder für welche wegen eines staatlichen Versäumnisses eine **öffentliche Einstandspflicht** begründet ist. Dazu gehören namentlich Leistungen an Studierende, Schüler, Kinder in Kindergärten, Zeugen und Sachverständige, Blut- und Organspender, ehrenamtlich Tätige, Lebensretter oder Verwaltungshelfer. Diese Personen stehen nach deutschem und österreichischem Recht unter dem Schutz der unechten Unfallversicherung oder **Gewaltopferentschädigung**.[2] Für die letztgenannte soziale Entschädigung hat der EuGH[3] bereits ausdrücklich entschieden, dass diese Leistungen nicht als soziale Sicherheit zu qualifizieren sind und daher nicht dem Koordinierungsrecht unterliegen. Diese Rechtsprechung wurde mit VO (EG) 988/2009[4] in Art. 3 V lit. b) VO (EG) Nr. 883/2004 ausdrücklich aufgenommen.

225

Für die Leistungen zum Ausgleich von **Personenschäden** bei im öffentlichen Interesse liegenden Handlungen war die Anwendbarkeit der Regeln des Koordinierungsrechts dagegen umstritten. Zugunsten dessen Erstreckung auf Leistungen der unechten Unfallversicherung[5] spricht, dass sie nach den gesetzlichen Regeln des Unfallversicherungsrechts gewährt werden. **Dagegen** spricht, dass die von der unechten Unfallversicherung entschädigten Unfälle nicht aufgrund einer Erwerbstätigkeit oder ihrer gleichgestellten Tätigkeit eingetreten sind und die Entschädigung statt von der Solidargemeinschaft der Arbeitgeber[6] genau wie die Gewaltopferentschädigung von der öffentlichen Hand getragen wird und damit den Charakter einer Leistung sozialer Entschädigung hat.[7] Dies folgt nun eindeutig aus Art. 3 V lit. b) VO (EG) Nr. 883/2004. Wohl aber sind die

226

---

1 Baumeister, in Schlachter/Heinig, § 24; Vgl. dazu Raschke, Die BG 2005, 767; Fuchs, in Eichenhofer (Hg.), 2009, 207; Schulte, in von Maydell/Ruland/Becker (Hg.), Sozialrechtshandbuch, 5. Aufl., 2012, § 33 Rn. 98 ff.
2 Spiegel, ZIAS 2006, 85, 98.
3 EuGH Slg. 1989, 195 (Cowan), vgl. dazu Rn. 318 ff.
4 Vom 19.9.2009, ABl. EG vom 30.10.2009, L 284/43.
5 So BSGE 57, 262; BSG SGb 1986, 127 m. Anm. Igl/Schuler; Schuler, 1988, 632; Raschke in Schulte/Barwig, 1999, 155, 158.
6 Steinmeyer, in Heinze, Festschrift für Gitter, 1995, 968.
7 Haverkate/Huster, 1999, Rn. 268 ff.

genannten Leistungen **soziale Vergünstigungen** (Art. 7 II VO (EU) Nr. 492/2011), für die zur Vermeidung von Beeinträchtigungen der Freizügigkeit[8] unter EU-Bürgern folglich nicht nach der Staatsangehörigkeit der Berechtigten differenziert werden darf.[9]

227 Im Zentrum der Koordination stehen die Leistungsansprüche bei Arbeitsunfällen und Berufskrankheiten (Art. 36–38 VO (EG) Nr. 883/2004). Als **Arbeitsunfall** gilt jeder mit der geschützten Tätigkeit zusammenhängende, zu **Personenschädigungen** führende Unfall und als Berufskrankheit jede Krankheit, die infolge der dauerhaften Ausübung einer gesundheitsgefährdenden Tätigkeit eingetreten und gesetzlich anerkannt ist.

2. Einzelregelungen

a) Leistungsansprüche für außerhalb des zuständigen Staates Wohnende

228 Wurde ein Versicherter **geschädigt**, stehen ihm bei Arbeitsunfall oder Eintritt der Berufskrankheit außerhalb des zuständigen Staates die Versicherungsleistungen auch bei einem **Wohnsitz** außerhalb des zuständigen Staates in einem anderen Mitgliedstaat zu (Art. 36 II VO (EG) Nr. 883/2004).[10] Nach Art. 36 II lit. a) VO (EG) 883/2004 darf der zuständige Träger nach Art. 20 I VO (EG) 883/2004 eine Krankenbehandlung in einem anderen Mitgliedstaat auch dann nicht versagen, falls im zuständigen Staat die dem Gesundheitszustand angemessene Behandlung nicht innerhalb eines vertretbaren Zeitraums gewährleistet ist.

229 Da **Geldleistungen** unbeschränkt zu exportieren sind (Art. 7 VO (EG) Nr. 883/2004), werden sie durch den Träger des zuständigen Staates – gegebenenfalls unter Vermittlung des Trägers des Wohnstaates – ungeschmälert erbracht. Dienst- und Sachleistungen, Heilbehandlung und Rehabilitation leistet dagegen der **Wohnstaat** nach seinen Vorschriften für Rechnung des zuständigen Trägers; der zuständige Träger wird dem aushelfenden Träger demgemäß erstattungspflichtig (Art. 41 VO (EG) Nr. 883/2004). Die **außerhalb** des zuständigen Staates Beschäftigten und Leistungsberechtigten können bei Aufenthalt im oder Umzug in den zuständigen Staat weiterhin die Leistungen des **zuständigen Staates beanspruchen.**[11]

b) Leistungsaushilfe in sonstigen Fällen

230 Gewährt der Träger des aushelfenden Staates auf Rechnung des zuständigen Trägers nach Art. 36, 40 VO (EG) Nr. 883/2004 Leistungsaushilfe, so wird sie durch den funktionell zuständigen Träger gewährt und den Regeln der Krankenversicherung angeglichen.[12] Der Eintritt des Arbeitsunfalls oder der Berufskrankheit bei Aufenthalt außerhalb des zuständigen Staates, ein Wohnort-

---

8 Firlei, in Pfeil, 1998, 173 ff.
9 Müller, in Pfeil, 1998, 109 ff.
10 Raschke, in Schulin, HS-KV, 1994, §§ 73–121.
11 Schlegel, in Hauck/Noftz, EU-Sozialrecht, K Art. 36 Rn. 26 ff.
12 Raschke, Die BG 2005, 767, 768.

wechsel oder die Behandlung in einem anderen als dem zuständigen Mitgliedstaat waren als die Leistungsaushilfe rechtfertigende Tatbestände anerkannt; in den letztgenannten Fällen muss der zuständige Träger die **Genehmigung** erteilen.[13] Sie darf nur versagt werden, falls die Behandlung gesundheitsgefährdend ist; sie darf aber keinesfalls versagt werden, falls die geschuldete Leistung nicht durch den zuständigen Träger gewährt wird.

Dadurch wird gesichert, dass vorübergehend in einem anderen als dem zuständigen Mitgliedstaat tätige Arbeitnehmer oder Selbständige die nötige Behandlung in dem Staat erhalten, in welchem der Arbeitsunfall eingetreten ist. So werden die internationalen Wirkungen nationalen Unfallversicherungsrechts gesichert und durch Koordination bewirkt, dass der im Sozialversicherungsrecht eines Staates gründende Schutz EU-weit eingreift. Desgleichen ermöglicht die Regelung, bei Leistungsengpässen oder Nichtverfügbarkeit von Behandlungen in dem zuständigen Staat die Behandlung außerhalb des zuständigen Staates durchzuführen. Schließlich wird gesichert, dass bei einem Wohnortwechsel die erworbenen Sicherungen auch im Staat des neuen Wohnortes erhältlich bleiben. Gestattet das Recht des aushelfenden Trägers Kürzungen der Fallpauschale bei vorzeitiger Verlegung, so kommt diese Befugnis dem Träger auch bei der Leistungsaushilfe zugute.[14] 231

c) Wegeunfälle

Art. 56 VO (EWG) Nr. 1408/71 stellte noch klar, dass der Schutz für **Wegeunfälle**[15] auch besteht, falls sich ein solcher außerhalb des zuständigen Staates in einem anderen Mitgliedstaat ereignet hat. So wurde gewährleistet, dass Familienheimfahrten von Wanderarbeitnehmern oder Selbständigen unter Unfallversicherungsschutz stehen. Der Schutz besteht nicht, falls sich der Unfall in einem **Drittstaat** ereignet. Im jetzigen Recht **fehlt** eine spezielle Regelung für **Wegeunfälle**; das bisher Geregelte gilt jedoch aufgrund von Art. 36, 5 VO (EG) Nr. 883/2004. 232

d) Leistungen für Berufskrankheiten bei Gefahrenexposition in mehreren Mitgliedstaaten

Art. 38 VO (EG) Nr. 883/2004 bestimmt, dass für die in mehreren Mitgliedstaaten tätigen Versicherten der Schutz für Berufskrankheiten ausschließlich durch das Recht des **Staates** der **letzten** vor Ausbruch der Berufskrankheit ausgeübten **Tätigkeit** zu gewährleisten ist.[16] 233

Der danach zuständige Träger entscheidet, ob nach seinem Recht eine **Berufskrankheit** vorliegt. Er hat die Leistungen gegebenenfalls auch allein zu **finanzieren**, obgleich die Berufskrankheit auf der Gefahrenexposition in mehreren 234

---

13 Ebd., §§ 73–138 ff.
14 SG Augsburg – 28.11.2013 – S 8 U 276/12.
15 Schuler, 1988, 637.
16 Kranig; Raschke, in Schulin, HS-KV, 1994, §§ 73–159 ff.; Giesen, Zbl Arbeitsmed 2008, 362.

II. Koordinierendes Sozialrecht der EU

Staaten beruht. Es kommt demgemäß nicht zu dem aus der Rentenversicherung geläufigen Verfahren der **pro rata temporis-Berechnung**.[17]

235 Diese einseitige Lastenverteilung wird rechtspolitisch als mit der versicherungsrechtlichen Struktur des Leistungssystems schwerlich vereinbar kritisiert.[18] Denn sie entlaste Staaten, in denen Arbeitsemigration überwiegt, und belaste die Staaten, in denen Arbeitsimmigration vorherrscht. Allerdings erleichtert die einseitige Belastung des Trägers der letzten Beschäftigung die Verwaltung und stärkt die Integration der Versicherten in dessen System. Es kommt zu der in Art. 38 I VO (EG) Nr. 883/2004 begründeten **Alleinzuständigkeit** des Staates der letzten Beschäftigung für Leistungsbestimmung und -festsetzung.[19]

236 Die **Anerkennung** einer Krankheit als **Berufskrankheit** stützt sich grundsätzlich auf die Entscheidung jedes Mitgliedstaates.[20] Allerdings besteht nach der Empfehlung 90/326/EWG[21] eine für die Mitgliedstaaten nicht verbindliche, indes die Angleichung der mitgliedstaatlichen Rechte fördernde Norm.[22] Des Weiteren enthält die Konvergenzempfehlung 94/442/EWG[23] auch die Empfehlung zur weitergehenden **Angleichung** des Rechts der Berufskrankheiten.[24] Sie wird ergänzt und aktualisiert durch die Empfehlung 2003/670/EG.[25]

237 Um die internationale Wirksamkeit nationalen Sozialrechts zu sichern, trifft Art. 40 II, III VO (EG) Nr. 883/2004 mehrere die **Äquivalenz** ausländischer mit inländischer Tatbestandserfüllung vorsehende Bestimmungen. So steht die in anderen Mitgliedstaaten getroffene Feststellung der Berufskrankheit der entsprechenden Feststellung im Staat der letzten Beschäftigung gleich.[26]

238 Diese Feststellung bindet die über die Leistungspflicht entscheidenden Träger des zuständigen Staates zwar nicht; sie genügt aber dem förmlichen **Erfordernis** vorgängiger Leistungsfeststellung.[27] Dieser Effekt tritt jedoch nur ein, falls die Krankheit im Staat der Feststellung wie im zuständigen Staat als Berufskrankheit anerkannt ist. Bestimmt das Recht eines Mitgliedstaates, dass die Feststellung der Berufskrankheit ab Ausbruch nur innerhalb einer bestimmten Frist nach Beendigung der Tätigkeit getroffen werden kann, so sind Tätigkeiten in anderen Mitgliedstaaten so zu behandeln, wie wenn sie im zuständigen Mitgliedstaat ausgeübt worden wären. Hängt die Zuerkennung einer Leistung

---

17 Schulte, in Gitter, Festschrift für Krasney, 1997, 495.
18 Fuchs, in Eichenhofer, 1993, 93; ders., in Eichenhofer (Hg.), 2009, 207; Schulte, in Gitter, Festschrift für Krasney 1997, 494.
19 Steinmeyer, in Heinze, Festschrift für Gitter, 1995, 974.
20 Schlegel, in Hauck/Noftz, EU-Sozialrecht, K Art. 38 Rn. 14 ff.
21 ABl EG L 160/39 1990.
22 Für eine Ausweitung der Rechtsangleichung sprechen sich explizit aus: Haverkate/Huster, 1999, Rn. 285.
23 ABl EG L 245 vom 26.8.1992, S. 49.
24 Schulte, in Gitter, Festschrift für Krasney, 1997, 496 f.
25 V. 19.9.2003; ABl. Nr. L 238 v. 25.9.2003, 28.
26 EuGH Slg. 1986, 991 (Deghillage).
27 Haverkate/Huster, 1999, Rn. 283.

wegen Berufskrankheit von einer Expositionszeit ab, stehen die in anderen Mitgliedstaaten zurückgelegten den im zuständigen Staat verbrachten **Expositionszeiten** gleich.[28]

e) Berechnung der Geldleistungen
Weil für die Entschädigung von Arbeitsunfällen und Berufskrankheiten ausschließlich das Recht des Staates der letzten Beschäftigung berufen ist, sind auch die Geldleistungen ausschließlich aus dem im jeweils zuständigen Staat erzielten **Referenzeinkommen** zu berechnen. Dieses richtet sich nach dem bei normaler beruflicher Entwicklung im zuständigen Staat bezogenen Durchschnittsentgelt.[29] 239

Einkünfte aus anderen Mitgliedstaaten sind grundsätzlich nicht berücksichtigungsfähig (Art. 5 VO (EG) Nr. 883/2004). Diese Regelung entspricht auch den im europäischen Arbeitsförderungsrecht geltenden Grundsätzen.[30] Hängt die Höhe eines Leistungsanspruches von der Zahl der Familienangehörigen ab, so berücksichtigt – entsprechend Art. 68 II, 73 VO (EWG) Nr. 1408/71 – der zuständige Träger die in anderen Mitgliedstaaten ansässigen Familienangehörigen, wie wenn sie im zuständigen Staate ansässig wären (Art. 5 VO (EG) Nr. 883/2004). 240

f) Transportkosten
Art. 37 VO (EG) Nr. 883/2004 stellt klar, dass die Verpflichtung zur Tragung von **Transport-** und **Überführungskosten** für den Verunglückten auch die Kosten für den grenzüberschreitenden Transport umschließt. Gegenteilige Regelungen im Recht einzelner Mitgliedstaaten sind daher unstatthaft. Gewähren Sozialleistungsträger der Mitgliedstaaten einander Leistungsaushilfe nach Art. 35,41 VO (EG)Nr. 883/2004, so stehen ihnen Erstattungsansprüche nach EU-Sozialrecht zu. 241

g) Verschlimmerung einer Berufskrankheit sowie Vor- und Nachschädigung
Tritt nach Zuerkennung einer Geldleistung wegen einer Berufskrankheit eine Verschlimmerung ein, so erhöht sich also der **Erwerbsminderungsgrad** und folglich der Geldleistungsanspruch. Dann ist die Leistungserhöhung vom zuständigen Träger zu erbringen, falls der Berechtigte seit Zuerkennung des Anspruchs keine Tätigkeit in einem anderen Staat ausgeübt hat. Andernfalls hat dieser für die Folgen der Verschlimmerung aufzukommen. Der für die Verschlimmerung letztlich verantwortliche Träger hat jedoch den Differenzbetrag in vollem Umfange **auszugleichen** (Art. 39 VO (EG) Nr. 883/2004). 242

Ein damit verwandtes Problem der Ermittlung der Erwerbsminderung bei Arbeitsunfällen regelte noch Art. 61 V, VI VO (EWG) Nr. 1408/71. Danach hatte der zuständige Träger die nach dem Recht anderer Mitgliedstaaten erlittenen **Vor-** 243

---

28 Vgl. Art. 6 VO (EG) 883/2004; Schlegel, in Hauck/Noftz, EU-Sozialrecht, K Art. 38 Rn. 21 ff.
29 EuGH Slg. 2006, I-10745 (Nemec).
30 Vgl. Rn. 245 ff.

II. Koordinierendes Sozialrecht der EU

schädigungen wie die unter seinem Recht erlittenen Vorschädigungen zu berücksichtigen. Desgleichen hatte er eine Nachschädigung auszugleichen, falls nicht für diese die Einstandspflicht eines anderen Mitgliedstaates aufgrund späterer Erwerbstätigkeit steht.[31] Im derzeitigen Recht fehlen ausdrückliche Regeln zu diesem Fragenkreis; sie sind jedoch im Sinne der bisherigen Regeln aus Art. 5 VO (EG) Nr. 883/2004 zu gewinnen.

h) Erstattung

244   Art. 41 VO (EG) Nr. 883/2004 regelt entsprechend den Parallelbestimmungen im Recht der Krankenversicherung (Art. 35 VO (EG) Nr. 883/2004) die **Aufteilung** der **Erstattung** im Verhältnis zwischen aushelfendem und zuständigem Träger. Der Umfang der Erstattung richtet sich nach den tatsächlichen Aufwendungen.

---

31   Geändert aufgrund der Entscheidung EuGH Slg. 1979, 1851 (Villano/Barion).

§ 11 Koordination von Leistungen der Arbeitsförderung

Art. 61–65 VO (EG) Nr. 883/2004 normieren die Koordination von Leistungen der **Arbeitsförderung**.[1] Sie gleichen den durch Arbeitslosigkeit entfallenden Lohn aus und bezwecken eine möglichst sofortige Wiedereingliederung des Arbeitslosen in den Arbeitsmarkt. Der Anspruch hängt von der **Dauer** der Arbeitslosigkeit ab. Die nicht rückzahlbaren Leistungen werden in regelmäßig wiederkehrenden **Abständen** gewährt.[2] Auch Leistungen zur Prävention von Arbeitslosigkeit fallen unter den Begriff,[3] ebenso wie diejenigen für Arbeitslose im vorgerückten Lebensalter[4] oder nachversicherte vormalige Beamte,[5] nicht dagegen Leistungsversprechen der **Insolvenzsicherung** von Arbeitsentgeltansprüchen und Vorruhestandsleistungen (vgl. Art. 66 VO (EG) 883/2004).[6]

245

Bei der **Grundsicherung für Arbeitsuchende** (Arbeitslosengeld II) liegt eine beitragsunabhängige Leistung vor (Art. 70 VO (EG) Nr. 883/2004).[7] Der Ausschluss von EU-Bürgern vom Leistungsbezug, die sich im Inland auf Arbeitsuche begeben (§ 7 Abs. 1 Satz 2 SGB II), hat der EuGH jedoch **gebilligt**.[8] Diese Rechtsfolge ist auch sachgerecht, sofern der EU-Bürger im Staat der Arbeitsuche keinen gewöhnlichen Aufenthalt und wegen Bedürftigkeit bei Einreise (Art. 24 II RL 2004/38/EG) kein Aufenthaltsrecht hat. Liegen dieser und jenes aber vor, verstieße die Differenzierung gegen Art. 4 VO (EG) Nr. 883/2004. Der EuGH erkannte in der Rechtssache Antonissen[9] ein Recht auf Arbeitsuche in anderen Staaten und er befand in der Rechtssache Collins[10] für Hilfeansprüche eine eigentliche Verbindung zu dem Staat der Arbeitsuche. Ansprüche aus **bilateralen Abkommen** gehen vor, falls sie für den Arbeitslosen günstiger sind.[11]

Art. 61 VO (EG) Nr. 883/2004 stellt die in den Arbeitsförderungsrechten anderer Mitgliedstaaten zurückgelegten Versicherungs- oder Beschäftigungszeiten den entsprechenden Zeiten im Recht des „zuständigen Staates" **gleich**. Art. 64 VO (EG) Nr. 883/2004 stellt die **Verfügbarkeit** eines Arbeitslosen für die Arbeitsverwaltung eines anderen Mitgliedstaates der Verfügbarkeit gegenüber den Arbeitsvermittlungsbehörden des **„zuständigen Staates"** gleich, bindet sie aber freilich an administrative Voraussetzungen. Art. 65 VO (EG) Nr. 883/2004 be-

---

1 Vgl. Pennings, in Eichenhofer (Hg.), 2009, 265; Schulte, in von Maydell/Ruland/Becker (Hg.), Sozialrechtshandbuch, 5. Auflg., 2012, § 33 Rn. 108 ff.; Weber, in Schlachter/Heinig, § 29; Trenk-Hinterberger 2015.
2 EuGH Slg. 1997, I-6689 (Meints).
3 EuGH Slg. 1987, 2387 (Campana).
4 EuGH Slg. 1997, I-869 (Losada); Slg. 1999, I-951 (Alvite).
5 EuGH Slg. 1996, I-207 (Naruschawicus).
6 EuGH Slg. 1976, 1901 (Mouthaan).
7 Dazu Fuchs, NZS 2007, 1, 3 ff.; EuGH – 11.11.2014 – Rs. C-333/13 (Dano).
8 EuGH Slg. 2009, I-4585 (Vatsouras, Koupatantze); EuGH – 11.11.2014 – Rs. C-333/13 (Dano).
9 EuGH EU:C:991:80.
10 EuGH EU:C:2004:176.
11 EuGH Slg. 2002, I-1261 (Kaske).

stimmt für **Grenzgänger** und **Nichtgrenzgänger** das Arbeitsförderungsstatut bei **Teil-** und **Vollarbeitslosigkeit**. Wer von einem Arbeitgeber in Vollzeit und einem anderem Arbeitgeber in Teilzeitarbeit überwechselt, gerät in Teilarbeitslosigkeit.[12]

246 Die internationalen Wirkungen des Arbeitsförderungsrechts der einzelnen Mitgliedstaaten werden dreifach gesichert:[13] Die **Zusammenrechnung** von Versicherungs- oder Beschäftigungszeiten ermöglicht **internationale Versicherungsverläufe**; die **Gleichstellung** der Verfügbarkeit in einem anderen Mitgliedstaat mit derjenigen im zuständigen Staat sichert den **befristeten Leistungsexport** und durch Bestimmung des Rechts des Wohnstaates zum maßgeblichen Recht wird ein **Statutenwechsel** zwingend oder sukzessiv vorgesehen. Allerdings weicht das Koordinationsrecht in der Arbeitsförderung von den in anderen Zweigen sozialer Sicherung verbreiteten Regeln ab.[14] Dies erklärt sich daraus, dass Leistungen der Arbeitsförderung durch Mitwirkungshandlungen des Berechtigten bedingte Ansprüche darstellen und das Recht deswegen die Forderung erhebt, dass die Mitwirkungshandlungen grundsätzlich gegenüber dem leistungspflichtigen Träger bewirkt werden müssen. Dies schränkt die Möglichkeiten einer Internationalisierung von Ansprüchen ein.

247 Für die Gewährung der Leistungen ist der Staat **zuständig**, in welchem der Arbeitslose unmittelbar vor Eintritt der Arbeitslosigkeit beschäftigt war (Art. 61 II VO (EG) Nr. 883/2004).[15] Nach Art. 62 VO (EG) 883/2004 ist die Einkommenslage ausschließlich nach dem Recht des zuständigen Staates zu beurteilen; Auslandseinkünfte sind in Inlandseinkünfte bei vergleichbarer Betätigung umzurechnen (§ 152 SGB II). Der dadurch eintretende Wertverlust muss nicht ausgeglichen werden.[16] Deutsches Arbeitslosengeld I ruht, wenn nach Ende der Beschäftigung ein Urlaubsgeld nach dänischem Recht bezahlt wird.[17] Dessen Recht bestimmt die **Leistungsvoraussetzungen** und -umfang, namentlich Anwartschaftszeiten, Bezugsdauer, Leistungsbemessung und -höhe. Soweit der Leistungsumfang von Familienangehörigen abhängt, stehen die in einem anderen Mitgliedstaat lebenden Familienangehörigen denen mit Wohnsitz im zuständigen Staat gleich (Art. 5 VO (EG) Nr. 883/2004).

Es ist **unstatthaft**, die Erwerbsvoraussetzungen eines Anspruchs auf Sachverhalte im zuständigen Staat zu beschränken. Es verletzt daher das EU-Recht, wenn die **Arbeitsverwaltung** ein Vermittlungsentgelt für private Arbeitsvermittler daran knüpft, dass der **Vermittlungserfolg im Arbeitsmarkt** des zuständigen Staates eingetreten ist; Vermittlungsakte in andere Mitgliedstaaten haben gleichzustehen.[18] **Existenzgründerzuschüsse** sind auch zu gewähren,

---

12 EuGH EU:C:2015:62.
13 Eichenhofer, ISR, 1994, Rz. 534 ff.
14 De Cortazar/Rentola/Fuchs/Klosse (Ed.), trESS Think Tank Report 2012, 6 ff.
15 EuGH Slg. 1992, I-5009 (Grisvard + Kreitz); Usinger-Egger, 2000, 64 ff.
16 LSG Baden-Württemberg – 22.7.2016 – L 8 AL 15/16 = NZS 2016, 840.
17 BSG SGb 2017, 50.
18 EuGH Slg. 2007, I-181 (ITC Innovative Technology Center).

selbst wenn die entfaltete Tätigkeit **in einem anderen Mitgliedstaat ausgeübt wird**.[19] Die staatliche Übernahme von Arbeitnehmer- wie Arbeitgeberbeiträgen zur Sozialversicherung älterer arbeitsloser Beschäftigter als Maßnahme der Arbeitsförderung muss gemäß Art. 45 AEUV so beschaffen sein, dass dadurch in einem anderen Mitgliedstaat wohnende Personen nicht ausgeschlossen werden.[20]

Keine Gleichstellung ist jedoch für in anderen Mitgliedstaaten oder einem System sozialer Sicherheit der EU[21] zurückgelegte **Versicherungs- und Beschäftigungszeiten** vorzunehmen.[22] Die Zeiten, welche unter dem Recht des zuständigen Staates zurückgelegt werden (z. B. Wehrdienstzeiten), sind nur nach dessen Recht als Versicherungs- oder Beschäftigungszeit anzuerkennen. Diese Differenzierung ist in Art. 5, 6 VO (EG) Nr. 883/2004 angelegt. Denn die Tatbestandsgleichstellung (Art. 5 VO (EG) Nr. 883/2004) ist nicht auf zeitliche Merkmale zu erstrecken; für diese gilt stattdessen das Prinzip der **Zusammenrechnung** (Art. 6 VO (EG) 883/2004).

1. Zusammenrechnung von Beschäftigungs- und Versicherungszeiten

Art. 61 I, II VO (EG) Nr. 883/2004 unterscheidet zwischen **Versicherungs- und Beschäftigungszeiten.** Jene sind strikt, diese nur zusammenzurechnen, falls sie bei Zurücklegung im Geltungsbereich des zuständigen Staates als Versicherungszeiten anzusehen wären. Die in Art. 1 lit. t), u) VO (EG) Nr. 883/2004 getroffene Unterscheidung zwischen **Versicherungs- und Beschäftigungszeiten**[23] erklärt sich daraus,[24] dass die soziale Sicherung bei Arbeitslosigkeit in manchen Mitgliedstaaten durch eine Arbeitslosenversicherung, in anderen dagegen durch ein Leistungsgesetz gewährleistet wird.[25] Versicherungszeiten der unterschiedlichen Mitgliedstaaten sind danach stets, Beschäftigungszeiten dagegen nur anzuerkennen, falls sie nach dem Recht des zusammenrechnenden Staates zu einer Versicherungszeit geführt hätten.[26] Nach der Rechtsprechung des EuGH[27] erfordert das Vorliegen der Versicherungszeit nicht, dass der Beschäftigte einem System der Arbeitslosenversicherung eines anderen Mitgliedstaates angehörte; es genügt vielmehr, wenn überhaupt eine **Versicherungs-**

248

---

19 EuGH Slg. 2006, I-2843 (Enirirsorse).
20 EuGH – 13.12.2012 – Rs. C-379/11 (Caves Krier).
21 EuGH – 4.2.2015 – Rs. C-647/13 (Melchior); Parallelregelung zur Rentenversicherung (vgl. Rn. 208).
22 EuGH Slg. 2004, I-10761 (Adanez-Vega).
23 Vgl. Karl, in Marhold (Hg.), 2005.
24 Watson, 1980, 229 ff.
25 Vgl. hierzu Warnecke, 1995, 29 ff.
26 EuGH Slg. 1978, 725 (Frangiamore); Pennings, 1998, 174 f.
27 EuGH Slg. 1989, 1203 (Warmerdam-Steggerda).

II. Koordinierendes Sozialrecht der EU

pflicht bestanden hat.[28] Das Gebot der Zusammenrechnung von Versicherungs- und Beschäftigungszeiten gilt auch für **Grenzgänger**.[29] Eine Beschäftigung bei EU-Einrichtungen gilt für Arbeitslosenversicherung und Rentenversicherung wie die Beschäftigung in einem Mitgliedstaat[30] und Arbeitsförderungsrecht.[31] Es ist die Beschränkung auf Arbeitsplatzsuche im zuständigen Staat und daher keine Berücksichtigung einer im Ausland ausgeübten Teilzeitbeschäftigung zulässig, weil diese im zuständigen Staat keine Ansprüche gewährte.[32]

249 Diese Unterscheidung wirft vor allem Probleme auf, falls jemand nur im zuständigen Staat eine versicherungspflichtige Beschäftigung ausübte, in einem anderen dagegen mangels Versicherungspflicht nicht gesichert war. Begründet eine in einem anderen Mitgliedstaat ausgeübte Beschäftigung die Versicherungspflicht nach dem Recht dieses Staates, so liegt eine nach Art. 61 I VO (EG) Nr. 883/2004 **strikt zusammenzurechnende** Versicherungszeit vor. Die Anrechnung ist auch geboten, wenn die Beschäftigung die Versicherungspflicht nur nach dem Recht der vorletzten statt der letzten Beschäftigung begründen würde.[33] Zieht die in einem anderen Mitgliedstaat zurückgelegte Beschäftigung hingegen keine **Versicherungspflicht** nach sich, kann sie als Beschäftigungszeit durch den Träger des Beschäftigungsstaates berücksichtigt werden, falls die Beschäftigung bei Ausübung in dem über die Anerkennung entscheidenden Staat eine Versicherungspflicht begründet hätte (Art. 61 I 1 a. E. VO (EG) Nr. 883/2004). Die Anrechnung beruht dann auf einer fiktiven Versicherungspflicht.[34] Hat demnach jemand in der **Arbeitslosenversicherung** des Beschäftigungsstaates Anwartschaften erworben und in einem anderen Mitgliedstaat eine wegen Selbstständigkeit, Geringfügigkeit oder fehlender Einbeziehung in eine Arbeitslosenversicherung versicherungsfreie Tätigkeit ausgeübt, so entscheidet der **Beschäftigungsstaat** über die **Anrechnung** der fraglichen Zeit. Sie findet statt, falls die Beschäftigung nach dessen Recht versicherungspflichtig wäre. Bezieht ein nach dem Recht eines anderen Mitgliedstaates Berechtigter im Wohnstaat Leistungen wegen Arbeitslosigkeit, hängt die Zusammenrechnung von Beschäftigungs- und Versicherungszeiten davon ab, ob sie nach den Vorschriften anzuerkennen sind, nach denen Leistungen bei Arbeitslosigkeit beantragt sowie Versicherungs- oder Beschäftigtenzeiten zurückgelegt wurden.[35]

250 Art. 61 I 2 VO (EG) Nr. 883/2004 trifft Sonderregelungen für die **Zusammenrechnung** von Versicherungs- oder Beschäftigungszeiten für Staaten, die Ar-

---

28 Z. B. in der Unfallversicherung; vgl. Warnecke, 1995, 57.
29 EuGH Slg. 1997, I-1409 (Huijbrechts).
30 EuGH EU:C:2015:54; EuGH EU:C:2015:591.
31 Bieback, NZS 2017, 801.
32 EuGH EU:C:2016:220.
33 EuGH Slg. 1978, 725 (Frangiamore).
34 EuGH Slg. 1989, 1203 (Warmerdam-Steggerda); Usinger-Egger, 2000, 69 ff.
35 EuGH Slg. 2002, I-2141 (Verwayen-Boelen).

beitslose statt durch die Sozialversicherung aufgrund eines Leistungsgesetzes sichern und die Ansprüche demnach von Beschäftigungszeiten abhängen. Die Zusammenrechnung findet statt, falls der **Beschäftigungsstaat „zuständiger Staat"** ist. Für die Ermittlung der für den Anspruch wesentlichen Beschäftigungszeiten sind die in anderen Mitgliedstaaten verbrachten Versicherungs- oder Beschäftigungszeiten so zu berücksichtigen, als ob sie nach den eigenen Rechtsvorschriften zurückgelegt worden wären. Die Zusammenrechnung erfolgt nicht strikt, sondern bedingt, falls die Ausübung der Tätigkeit im Beschäftigungsstaat als Beschäftigungszeit gälte. In solcher **bedingten Gleichstellung** ausländischer Versicherungs- und Beschäftigungszeiten mit inländischen Beschäftigungszeiten unterscheidet sich Art. 61 I 2 VO (EG) Nr. 883/2004 von Art. 61 I 1 VO (EG) Nr. 883/2004, der die strikte Gleichstellung von Versicherungszeiten ohne konkrete Prüfung der **Gleichwertigkeit** vorsieht.[36]

Art. 61 II VO (EG) Nr. 883/2004 regelt als weitere Voraussetzung für die **Zusammenrechnung**, dass die betreffende Person vor Eintritt der Arbeitslosigkeit Versicherungs- oder Beschäftigungszeiten zurückgelegt hat. Die Norm begründet die **internationale Zuständigkeit**[37] für den Staat, in welchem der Arbeitslose vor Eintritt der Arbeitslosigkeit seine letzte Beschäftigung ausgeübt hat, was nach Art. 11 ff. VO (EG) Nr. 883/2004 zu beurteilen ist.[38] 251

Das Gebot der Zusammenrechnung bezieht sich auf Versicherungs- und Beschäftigungszeiten, soweit diese den **Leistungsanspruch begründen** (= „Erwerb") wie **fortbestehen** (= „Aufrechterhaltung") oder **wiederentstehen** lassen (= „Wiederaufleben") (Art. 61 I 1 VO (EG) Nr. 883/2004). Zu den demnach zusammenzurechnenden Beschäftigungs- oder Versicherungszeiten zählen jedoch nicht nur die in der Arbeitslosenversicherung, sondern auch die in **anderen** Zweigen der Sozialversicherung – z. B. der Rentenversicherung[39] – zurückgelegten Zeiten. Das Gebot der Zusammenrechnung beschränkt sich indessen auf die zeitlichen Faktoren eines Anspruchs, weil nur diese international vergleichbare Größen darstellen. Eine Zusammenrechnung von Entgeltfaktoren kommt nicht in Betracht, weil diese in der EU (noch) nicht international gleich sind.[40] Zeiten des Wehrdienstes gelten als **Beschäftigungszeit**.[41] 252

Die Anwendung von Art. 61 VO (EG) Nr. 883/2004 durch die zuständigen Träger setzt voraus, dass die in anderen Mitgliedstaaten zurückgelegten Versicherungs- oder Beschäftigungszeiten klar und zutreffend festgestellt werden. Art. 54 VO (EG) 987/2009 regelt den Nachweis der in einem anderen Mitgliedstaat zurückgelegten Versicherungs- und Beschäftigungszeiten. Danach steht dem in einem anderen Mitgliedstaat Versicherten oder Beschäftigten ein An- 253

---

36 Willms, 1990, S. 176 ff.
37 EuGH Slg. 2002, I-2141 (Verwayen-Boelen); so auch Haverkate/Huster, 1999, S. 296; Waltermann, in Oetker/Preis, B 9140-22.
38 So auch Waltermann, in Oetker/Preis, B 9140-22.
39 EuGH Slg. 1997, I-869 (Losada); Slg. 1999, I-951 (Alvite).
40 Warnecke, 1995, 58 f.
41 EuGH Slg. 2004, I-10761 (Adanez-Vega).

II. Koordinierendes Sozialrecht der EU

spruch auf Erteilung einer **Bescheinigung** über Umfang (Dauer) und Verlauf (Beginn, Ende und Unterbrechungen) der zurückgelegten Versicherungs- oder Beschäftigungszeit zu. Sollten für den Leistungsanspruch **weitere Angaben** nötig sein, muss der **Träger** des **vormaligen** Beschäftigungs- oder Versicherungsstaates diese **Angaben** machen. Der Anspruch auf Erteilung der Bescheinigung richtet sich gegen eine Stelle eines auswärtigen, nicht zuständigen Staates – nicht gegen eine Behörde oder den Träger des „zuständigen" (= leistungspflichtigen) Mitgliedstaates. Legt der Arbeitslose die Bescheinigung nicht vor, so ist der Träger des Beschäftigungsstaates berechtigt und verpflichtet, diese bei dem Träger des Beschäftigungs- oder Versicherungsstaates anzufordern. Eine Wehrdienstzeit ist ebenfalls als leistungsbegründend anzuerkennen.[42]

254   Art. 62 VO (EG) Nr. 883/2004 ergänzt die im Recht der einzelnen Mitgliedstaaten enthaltenen Regeln über die **Leistungsbemessung** bei Arbeitslosigkeit. Danach ist das vom Arbeitslosen in anderen Mitgliedstaaten erzielte **Einkommen** bei der Leistungsbemessung nicht zu berücksichtigen, falls der **Mindestbemessungszeitraum** vier Wochen beträgt; andernfalls ist das tarifliche oder ortsübliche Arbeitsentgelt der im Inland am jeweiligen Arbeitsort ausgeübten Beschäftigung Bemessungsgrundlage für Leistungen bei Arbeitslosigkeit. Aus Art. 62 Abs. 1 VO (EG) Nr. 883/2004 folgt, dass sich die Voraussetzungen für das Arbeitslosengeld einzig aus dem Recht des Staates der letzten Beschäftigung ergeben. Die Nichtberücksichtigung der in anderen EU – oder ihnen gleichstehenden Staaten ausgeübten Beschäftigung ist unionsrechtlich statthaft[43], weil EU-Recht die Rechte der Mitgliedstaaten lediglich koordiniert, jedoch nicht harmonisiert[44].Art. 62 VO (EG) Nr. 883/2004 ist auch im Lichte des Zwecks der Vorschrift auszulegen.[45] Es ist daher im Lichte des Zweckes von Art. 62 Abs. 1 VO (EG) Nr. 883/2004, Rechtsverluste in der sozialen Sicherheit durch den Gebrauch der Freizügigkeit auszuschließen[46], zu fragen, ob im Wege der Fiktion eine grenzüberschreitende Beschäftigung mit einer Regel bewertet werden kann, die auf Inlandssachverhalte zugeschnitten ist und für diese Gleichbehandlung verbürgt. Eine gewichtige Erwägung ist dabei, dass nach Art. 62 Abs. 3 VO (EG) Nr. 883/2004 als Berechnungsbasis das im Staat der früheren Beschäftigung bezogene Entgelt als Berechnungsbasis erhalten geblieben wäre. Die fiktive Einkommensberechnung ist unstatthaft, wenn zu große Einkommensverluste zum Nettoentgelt entstehen. Allerdings sind Unterschiede aus unterschiedlichen Beitrags- und Steuerbelastungen gerechtfertigt[47].Es dürfen durch fiktive Berechnungen also keine **Transferverluste** entstehen[48].Für die Grenzgänger, deren Ansprüche sich nach Art. 62 III VO (EG) Nr. 883/2004 beurteilen,

---

42   BSG SGb 2000, 86.
43   EuGH EU:C:2001:303.
44   EuGH EU:C:2013:224.
45   EuGH EU:C:2018:200.
46   EuGH EU:C:1964:65; EuGH EU:C:1967:27; EuGH EU:C:1973:116; EuGH EU:C:1982:219; EuGH EU:C:1990:167.
47   EuGH EU:C:2017:152.
48   EuGH EU:C:2020:36.

§ 11 Koordination von Leistungen der Arbeitsförderung

ist das **Bemessungsentgelt** aus dem im Beschäftigungsstaat erzielten **Einkommen** zu errechnen.[49] Dies ist allerdings eine Folgerung aus und keine „Abweichung" von Art. 62 I VO (EG) Nr. 883/2004.

Falls sich die Höhe des Leistungsanspruchs „nach der Zahl der Familienangehörigen richtet", sind nach Art. 5 VO (EG) Nr. 883/2004 auch die in anderen Mitgliedstaaten wohnenden **Familienangehörigen** bei Feststellung der Leistungshöhe so zu berücksichtigen, als ob sie im Gebiet des zuständigen Staates wohnten.[50] Der Begriff „Familienangehörige" wird in Art. 1 lit. i) VO (EG) Nr. 883/2004 bestimmt. Um ungerechtfertigte **Doppelleistungen** zu vermeiden,[51] sind **Familienangehörige** allerdings bei der Leistungsbemessung nur zu berücksichtigen, sofern sie nicht bereits Leistungen bei Arbeitslosigkeit nach dem Recht eines anderen Staates bezogen haben und nach dem Recht des zuständigen Staates eine doppelte Berücksichtigung von Familienangehörigen unstatthaft ist. Dies wird praktisch, falls Ehegatten in verschiedenen Mitgliedstaaten beschäftigt waren, beide arbeitslos werden und die Höhe der Leistung vom Vorhandensein und der Zahl der Kinder abhängt. Dann sind **Kinder**, die bei Bemessung der Leistung des anderen Ehegatten bereits berücksichtigt worden sind, bei der Leistungsbemessung nicht mehr zu berücksichtigen, falls das Recht des zuständigen Staates die doppelte Einbeziehung von Familienangehörigen ausschließt. Lässt dieses Recht dagegen die **doppelte Berücksichtigung von Familienangehörigen** zu oder sieht es von der Berücksichtigung von Familienangehörigen gänzlich ab, bleibt es bei der Grundregel des Art. 5 VO (EG) Nr. 883/2004. 255

Der Aufenthalt im anderen Mitgliedstaat ist durch eine **Bescheinigung** des Trägers nachzuweisen, in dessen Gebiet die Familienangehörigen des Arbeitslosen ihren Wohnsitz haben. In dieser ist die Doppelberücksichtigung von Familienangehörigen auszuschließen. Die Geltung der Bescheinigung ist auf zwölf Monate befristet. Kann der Träger am Wohnsitz des Familienangehörigen dessen Nichtberücksichtigung bei der Leistungsgewährung nicht bescheinigen, weil ein anderer leistungsberechtigter Familienangehöriger nicht in diesem Staat arbeitet oder wohnt, so hat der Antragsteller zu erklären, dass die Familienangehörigen nicht anderweitig berücksichtigt werden. Der Arbeitslose hat ferner jede Änderung im Hinblick auf die Familienangehörigen – namentlich im Blick auf ihre Beschäftigung – bei der Bestimmung der Leistungshöhe anzuzeigen. 256

2. Befristeter Leistungsexport

Art. 63 VO (EG) Nr. 883/2004 begrenzt das in Art. 7 VO (EG) Nr. 883/2004 für Geldleistungen umfassend formulierte Gebot des **Exports** für die Leistungen der Arbeitslosigkeit. Ein Arbeitsloser, der nach Eintritt der Arbeitslosigkeit seinen Wohnsitz in einen anderen Mitgliedstaat verlegt, verliert seinen Leistungs- 257

---

49 EuGH Slg. 1992, I-5009 (Grisvard + Kreitz); Slg. 1980, 535 (Fellinger).
50 EuGH Slg. 2001, I-7625 (Stallone).
51 Waltermann, in Oetker/Preis, B 9140-29.

II. Koordinierendes Sozialrecht der EU

anspruch, es sei denn es besteht eine eigene Ausnahmeregelung in der VO (EG) Nr. 883/2004. Darin liegt **keine mittelbare Diskriminierung**.[52] Die Ausnahmen sind in Art. 64 und 65 VO (EG) Nr. 883/2004 geregelt. Allerdings befand der EuGH in der Rechtssache „Petersen",[53] dass bei kurzzeitigen Leistungen (Vorschuss des Arbeitslosengeldes für wenige Monate) eine Bindung des Berechtigten an den Aufenthalt im Staat der letzten Beschäftigung und eine Versagung bei Wohnsitzverlagerung die – auch dem Arbeitslosen zukommende – Freizügigkeit unverhältnismäßig beeinträchtige.

Art. 64 VO (EG) Nr. 883/2004 berechtigt den Arbeitslosen, seinen im zuständigen Staat begründeten Anspruch auf Leistungen aufrechtzuerhalten, ohne der Arbeitsbehörde dieses Staates verfügbar zu sein.[54] Der Arbeitslose erhält somit ein einseitiges **Gestaltungsrecht**. Durch dessen Wahrnehmung kann er sich seine Leistungsansprüche auch bei Arbeitsuche in einem anderen als dem nach Art. 61 II VO (EG) Nr. 883/2004 zuständigen Mitgliedstaat erhalten.

Dieses Recht sichert die **Freizügigkeit**. Die Befugnis wird durch die Bescheinigung U9 dokumentiert. Bestünde sie nicht, genösse der **Arbeitslose** nicht **Freizügigkeit** – wiewohl gerade er ihrer **bedarf**. Denn der Arbeitslose ist zur Arbeitsuche nicht nur befugt, sondern ange- wie anzuhalten. Dafür muss Arbeitsuche weitestgehend, namentlich EU-weit ermöglicht werden. Die Regelung ermöglicht die Freizügigkeit freilich nur **befristet**. Diese Beschränkung ist weder sozialpolitisch plausibel, noch mit der Freizügigkeit in Einklang zu bringen.[55] Bedenken gegen die Beschränkung des Leistungsexports auf nur drei Monate verwarf der EuGH jedoch in st. Rspr.[56] Nach Art. 64 I lit. c) VO (EG) Nr. 883/2004[57] soll diese Frist von den Mitgliedstaaten auf **sechs Monate** verlängert werden können – zwar eine Verbesserung, aber kein grundlegender Wandel.

258 Art. 64 VO (EG) Nr. 883/2004 sieht den **Leistungsexport** vor. Danach werden Leistungen auch bei vorübergehendem Aufenthalt außerhalb des zuständigen Staates durch Vermittlung des Trägers des Aufenthaltsstaates auf Kosten des zuständigen Trägers erbracht.[58] Art. 48 lit. b) AEUV gebietet „die Zahlung von Leistungen" in jedem Falle für Personen, die in einem anderen als dem zustän-

---

52 EuGH Slg. 2006, I-6947 (De Cuyper); Slg. 2006, I-10951 (Chateignier); LSG Nordrhein-Westfalen – 18.6.2008 – L 12 Al 178/06; vgl. dazu Devetzi, ZESAR 2009, 63, 66.
53 EuGH Slg. 2008, I-6989 (Petersen).
54 Eichenhofer, ZIAS 1991, 161, 185 f.; Usinger-Egger, 2000, 73 ff.; Waltermann, in Oetker/Preis, B 9140-31; Wanka, in Schulte/Zacher, 1991, 111, 123 ff.; vgl. zu dieser Bestimmung ferner eingehend: Warnecke, 1995, 65 ff.
55 Vgl. dazu entsprechende Vorschläge der Kommission (BT-Drs. 11/4645, 18) und die Resolution des Parlaments vom 15.3.1989 (ABl. EG C 96/61), eingehend Eichenhofer, ZIAS 1991, 161 ff.; Schulte, ZESAR 2014, 58, 112.
56 Vgl. zuletzt EuGH Slg. 1991, I-2543 (van Noorden); EuGH Slg. 1992, I-2737 (Gray); zustimmend Husmann, SGb 1998, 297.
57 Vgl. auch schon: Vorschlag für eine Verordnung (EG) des Rates zur Koordinierung der Systeme der sozialen Sicherheit vom 21.12.1998 KOM (1998) 779 endg.
58 Pennings, 1998, 187 ff.; Waltermann, in Oetker/Preis, B 9140-31.

digen Staate „**wohnen**". Diese Voraussetzung ist bei den sich vorübergehend in einen anderen Mitgliedstaat begebenden Arbeitsuchenden indessen nicht erfüllt. Vielmehr ist Art. 65 VO (EG) Nr. 883/2004 Ausprägung dieses in Art. 48 AEUV enthaltenen Grundsatzes. Der unbeschränkte Leistungsexport ist jedoch wegen Art. 45 AEUV gefordert. Denn dem Berechtigten sind die aufgrund **Versicherungspflicht** oder Beschäftigung **wohl erworbenen Rechte** zu erhalten, falls er eine Grundfreiheit des EU-Rechts wahrnimmt.[59] Der Leistungsexport ist jedoch an weitere zeitliche und sachliche Voraussetzungen gebunden. Deshalb schafft Art. 64 VO (EG) Nr. 883/2004 eine **Sonderregelung**, die neben die in Art. 7 VO (EG) Nr. 883/2004 getroffene tritt und dessen Gewährleistung beschränkt. Der Leistungsbezug ist auf drei Monate befristet, kann durch die Arbeitsverwaltung des zuständigen Staates auf insgesamt **sechs** Monate verlängert werden (Art. 64 I lit. c) VO (EG) Nr. 883/2004). Unklar ist: durch wen – einseitig durch die Verwaltung oder aufgrund eines Gesetzes? Die Praxis in den Mitgliedstaaten erlaubt die einseitige Verlängerung;[60] im Einklang mit dem auch die Sozialverwaltung prägenden Gesetzesvorbehalt (§ 31 SGB I) wäre aber eine förmliche Legitimation durch das Gesetz besser, weil im Rechtsstaat geboten. Ferner sind die Karenzzeit einzuhalten, die Genehmigung durch den zuständigen Träger gefordert und die Verfügbarkeit bei dem Träger des Staates der Arbeitsuche herbeizuführen.

Der **Leistungsanspruch** bleibt auch nach Ende des Leistungsexports **aufrechterhalten**. Allerdings ist der Exportzeitraum **anzurechnen**, falls der Berechtigte bis zum Ablauf dieser Frist in das Gebiet des zuständigen Mitgliedstaates zurückkehrt und sich dessen Arbeitsbehörden erneut zur Verfügung stellt. Andernfalls erlischt der Leistungsanspruch wegen Überschreitung der Bezugsdauer sofort und gänzlich.[61] 259

Nach Art. 65a VO (EG) Nr. 883/2004 kommt es für Selbstständige bei Bestehen einer Versicherungspflicht bei **Vollarbeitslosigkeit** zum Leistungsexport, falls das Recht des Wohnstaates keine Arbeitslosenversicherung für Selbstständige vorsieht. Art. 65a VO (EG) 883/2004 bewahrt den Selbstständigen und Grenzgänger so vor Rechtsverlust. Leistungen bei **Teilarbeitslosigkeit** können uneingeschränkt exportiert werden.[62] Der Berechtigte darf sich auf Arbeitsuche in jeden anderen als den zuständigen Mitgliedstaat begeben. Auch die Suche in mehreren Mitgliedstaaten ist von diesem Recht umfasst. Der **Export** setzt die Einhaltung einer Karenzzeit und die Begründung der **Verfügbarkeit** gegenüber dem Träger des Mitgliedstaates der Arbeitsuche voraus.[63] Nach Art. 64 I lit. a) 260

---

59 So auch Willms, 1990, 181, 184.
60 De Cortazar/Rentola/Fuchs/Klosse (Ed.), trESS Think Tank Report 2012, 18 ff.
61 EuGH Slg. 1980, 1979 (Testa, Maggio, Vitale); EuGH Slg. 1979, 991 (Coccioli); vgl. hierzu Watson, 1980, S. 234 f.; dieses Recht muss gewährleistet sein: EuGH Slg. 2003, I-13103 (Kommission ./. Niederlande).
62 Husmann, SGb 1998, 296.
63 Haverkate/Huster, 1999, Rn. 305 ff.

VO (EG) Nr. 883/2004 hat der Arbeitslose nach einer Karenzzeit von vier Wochen einen Anspruch auf **Inanspruchnahme** des Leistungsexports.

261 Vor Ablauf dieser Frist haben Arbeitslose ein Recht auf Wahrnehmung dieser Befugnis, falls der Träger des zuständigen Staates die Arbeitsuche in einem anderen Mitgliedstaat „**genehmigt**".[64] Weil das in Art. 64 I VO (EG) Nr. 883/2004 begründete **Gestaltungsrecht** eine Grundfreiheit des EU-Rechts sichert, hat der Arbeitslose gegenüber dem zuständigen Träger einen **Anspruch** auf Genehmigung vor Fristablauf, sofern die sofortige Vermittlung des Arbeitslosen im Staat der bisherigen Beschäftigung nicht erkennbar gesichert ist. Begibt sich ein Arbeitsloser ohne Einhaltung der Karenzzeit oder Genehmigung des zuständigen Trägers in einem anderen Mitgliedstaat auf Arbeitsuche, so verliert er zwar seinen Anspruch gegen den Träger für den Zeitraum fehlender Verfügbarkeit, geht des Anspruchs auf Leistungsexport aber nicht verlustig.[65] In keinem Fall ist die Versagung von Leistungen für Zeiträume nach Ablauf der Vier-Wochen-Frist oder bei Vorliegen der Voraussetzungen einer vorzeitigen Genehmigung statthaft. Denn unter diesen Umständen gebraucht der Arbeitslose sein Gestaltungsrecht auf Herbeiführung der Leistungsexportvoraussetzungen. Deshalb kann der Leistungsexport nicht versagt werden.

262 Das Recht aller Mitgliedstaaten setzt für einen Anspruch auf Leistungen bei Vollarbeitslosigkeit voraus, dass der Arbeitslose der Arbeitsverwaltung des Mitgliedstaates verfügbar ist.[66] Daher erlegt Art. 64 I lit. b) VO (EG) Nr. 883/2004 den in einem anderen als dem zuständigen Staat **Arbeit Suchenden** auf, binnen sieben Tagen nach Verlassen des zuständigen Staates seine **Verfügbarkeit** gegenüber den Arbeitsbehörden des Staates der **Arbeitsuche** zu begründen. Ausnahmsweise kann diese Frist verlängert werden. Da in der Mehrzahl der Mitgliedstaaten die Arbeitslosenversicherung von der Arbeitsvermittlung getrennt ist, genügt für die Verfügbarkeit nicht die **Meldung** bei der Arbeitslosenversicherung, vielmehr ist die Verfügbarkeit gegenüber den Arbeitsvermittlungsbehörden anderer Mitgliedstaaten zu begründen. Dadurch wird der arbeitsförderungsrechtliche Begriff der Verfügbarkeit nicht verändert, sondern den Gegebenheiten des Koordinationsrechts angepasst.[67]

263 Die Dauer des Leistungsexports ist auf drei, möglicherweise sechs Monate beschränkt. Ist der Export für drei Monate bewilligt, ist eine Verlängerung nicht möglich.[68] Ein wiederholter Leistungsexport zwischen zwei Beschäftigungszeiten ist nach Art. 64 III VO (EG) Nr. 883/2004 ausgeschlossen. Der Zeitraum ist jedoch kürzer zu bemessen, falls der Anspruch nach dem Recht des zuständigen

---

64 = vorherige Zustimmung zur Arbeitsuche; Waltermann, in Oetker/Preis, B 9140-35.
65 EuGH Slg. 1975, 971 (Bonaffini); Watson, 1980, 233f.
66 Deren Voraussetzungen der einzelnen Mitgliedstaaten bestimmt EuGH Slg. 2002, I-1817 (Rydergard).
67 Husmann, SGb 1998, 297.
68 EuGH EU:C:2018:200.

Staates für weniger als drei Monate besteht oder der Arbeitslose die Tätigkeit eines Saisonarbeiters anstrebt.⁶⁹

Der Anspruch erlischt, falls der Arbeitslose nicht innerhalb des für die Arbeitsuche in einem anderen Mitgliedstaat eingeräumten Zeitraums in das Gebiet des zuständigen Staates zurückkehrt und seine **Verfügbarkeit** gegenüber dessen Arbeitsbehörden erneut begründet (Art. 64 II VO (EG) Nr. 883/2004). Nach der Rechtsprechung tritt ein Anspruchsverlust indessen nur ein, falls die Frist **schuldhaft** – etwa durch Unwetter, Streik oder Krankheit⁷⁰ – versäumt wurde.⁷¹ Die Rückkehrfrist kann in Ausnahmefällen verlängert werden, dagegen nicht der Bemessungszeitraum! Die Frist kann auch nach Eintritt des Ereignisses verlängert werden. Andernfalls führte das zur Fristverlängerung berechtigende unabwendbare Ereignis nicht zur Anwendung der in Art. 64 II 2 VO (EG) Nr. 883/2004 vorgesehenen Ausnahme, obgleich sie gerade dafür geschaffen wurde.⁷² 264

Der Arbeitslose steht während des Weges von der Wohnung zum aufzusuchenden möglichen Arbeitsplatz unter dem Schutz der deutschen **Unfallversicherung**.⁷³ Der Versicherungsschutz bei Krankheit wird gleichfalls zu Lasten des Trägers des zuständigen Staates gewährt. Sachleistungen sind jedoch von dem Träger des Staates zu erbringen, in welchem der Arbeitslose auf Arbeitsuche ist. Die hierfür anfallenden Aufwendungen sind von dem Träger des zuständigen Staates zu erstatten.⁷⁴ 265

Die Inanspruchnahme der Leistungen im Staat der Arbeitsuche wird durch eine **Bescheinigung** erleichtert (Art. 55 VO (EG) 987/2009), die der Träger des zuständigen Staates dem im anderen Mitgliedstaat Arbeitsuchenden auszustellen hat. Sie enthält sämtliche, für den Vollzug des Leistungsexports wesentlichen Angaben: Betrag der Leistung, Tag der Aufgabe von Verfügbarkeit im zuständigen Staat, Frist, innerhalb derer die Reise in den Mitgliedstaat der Arbeitsuche abgeschlossen sein muss, Exportzeitraum und Umstände, die den Leistungsanspruch beeinflussen können, z. B. Berücksichtigung eines Kindes, das bisher bei einem anderen Ehegatten berücksichtigt wurde (vgl. im Einzelnen Art. 55 VO (EG) Nr. 987/2009). Diese Bescheinigung soll der Arbeitslose vor der Abreise beantragen. Unterlässt er dies, fordert sie der Träger des Staates der Arbeitsuche vom zuständigen Träger an. **Dieser** zahlt die Leistungen nach seinen **Vorschriften** (insbesondere hinsichtlich Zahlungszeitraum, -weise und -ort); die **Höhe** der Leistung bemisst sich dagegen nach dem Recht des **zuständigen Staates**, welcher dem Träger des Staates der Arbeitsuche die entstandenen Aufwendungen erstattet. Der Arbeitsuchende unterliegt den gleichen Meldepflichten im 266

---

69 Waltermann, in Oetker/Preis, B 9140-37; Warnecke, 1995, 68 ff.
70 EuGH Slg. 1995, I-2079 (Perrotta); 1979, 991 (Coccioli): weites Verwaltungsermessen.
71 EuGH Slg. 1980, 1979 (Testa, Maggio, Vitale).
72 Schuler, 1988, 701 f.; Waltermann, in Oetker/Preis, EAS, B 9140-40 ff.
73 Vgl. §§ 2 Abs. 1 Nr. 14 SGB VII; BSGE 56, 244; Eichenhofer, SGb 1985, 97 ff.
74 Vgl. dazu Bieback, in Fuchs, Nomos-Kommentar EuSozR Art. 35, Rn. 1 ff.

Staat der Arbeitsuche, wie wenn er dessen Leistungen beziehen würde (Art. 55 III VO (EG) Nr. 987/2009).

267 Art. 64 IV VO (EG) Nr. 883/2004 verpflichtet den Mitgliedstaat der Arbeitsuche zur Leistungsaushilfe. Da der aushelfende **Träger** des Mitgliedstaates der Arbeitsuche die Leistungen für den zuständigen Staat erbringt, tilgt der aushelfende Träger gegenüber dem Arbeitslosen die den zuständigen Träger treffende Schuld. Da dem Träger des Staates der Arbeitsuche lediglich die **Auszahlungs-**, jedoch nicht die **Kostentragungspflicht** auferlegt ist, schuldet der zuständige Träger dem aushelfenden Träger **Erstattung** sämtlicher dem Arbeitslosen erbrachten Leistungen. Im derzeitigen Recht wird die Kooperation der Arbeitsverwaltungen in der Durchführungsverordnung geregelt (Art. 64 IV VO (EG) Nr. 883/2004).

3. Arbeitslose mit Wohnort außerhalb des Beschäftigungsstaates

268 Eine substantielle Neuregelung[75] hat die Sicherung Arbeitsloser, die außerhalb des **Beschäftigungsstaates** wohnen, in Art. 65 VO (EG) Nr. 883/2004 gefunden. Art. 65 I VO (EG) Nr. 883/2004 sieht wie bisher bei **Teilarbeitslosigkeit** – gelungen: „**Kurzarbeit** und sonstiger vorübergehender Arbeitsausfall" umschrieben – die Leistungspflicht des Beschäftigungsstaates vor.[76] Die von Voll- auf Teilzeitbeschäftigung übergehenden Grenzgänger können Teilzeitarbeitslosengeld bekommen.[77] Bei Vollarbeitslosigkeit haben sich die Regeln aber geändert. Art. 65 II 1 VO (EG) Nr. 883/2004 begründet danach eine Zuständigkeit der Arbeitslosenversicherung des **Wohnstaates**; diese kann aber durch die fortwirkende Zuständigkeit des **Beschäftigungsstaates** abbedungen werden. Der so von Art. 65 II 1 VO (EG) Nr. 883/2004 angeordnete **Statutenwechsel** kann also abgewendet werden, falls sich der Arbeitslose dem Träger des bisher zuständigen Beschäftigungsstaates zur Verfügung stellt. Die geltende Verordnung zieht damit Konsequenzen aus der Entscheidung des EuGH,[78] dass für die Arbeitslosenversicherung der Staat zuständig sein solle, in welchem für die/den Arbeitslose(n) die höchsten **Vermittlungschancen** bestehen. Dieses Urteil ist also durch die Neuregelung überholt.[79] Danach gilt der Wohnstaat generell als der Staat, an welchem ein Grenzgänger die höchsten Vermittlungschancen hat.[80]

Diesen Staat gibt das Recht nun nicht mehr vor, sondern überlässt dessen Bestimmung dem Berechtigten.[81] Die Leistungshöhe richtet sich nach dem Staat der **bisherigen** Beschäftigung. Der **Grenzgänger** erhält seine Leistungen

---

75 So auch Karl, in Marhold, 2005, 49 f.; vgl. Cornelissen 9 (2007) EurJourSocSec, 187 ff.; Giesen, ZESAR 2015, 193; Vießmann, ZESAR 2015, 149.
76 Dafür gilt auch die Entsenderegelung nach Art. 12 VO (EG) 883/2004; Bayerisches LSG – 1.7.2009 – L 9 AL 109/09 B ER.
77 EuGH EU:C:2015:62.
78 EuGH Slg. 1985, 1837 (Miethe).
79 EuGH – 11.4.2013 – Rs. C-443/11 (Jeltes).
80 EuGH – 5.2.2015 – Rs. C-655/13 (Mertens).
81 Cornelissen, 9 (2007) EurJourSocSec, 187, 211; Pennings, in Eichenhofer (Hg.), 2009, 265.

vom Wohnstaat, der Nicht-Grenzgänger nach Art. 64 VO (EG) Nr. 883/2004. Die danach erbrachten Leistungen sind auf die nach Art. 65 II VO (EG) Nr. 883/2004 geschuldeten anzurechnen.[82] Der Wohnstaat hat sämtliche Leistungen zu finanzieren, erhält aber eine Erstattung vom Staat der bisherigen Betätigung in Höhe der tatsächlich erbrachten Leistungen in Höhe von drei oder fünf Monaten (Art. 65 VI VO (EG) Nr. 883/2004). Der Erstattungszeitraum hängt davon ab, ob die Beschäftigung über zwei Jahre und die selbstständige Tätigkeit über ein Jahr währte. Falls ja, sind die Leistungen für fünf, andernfalls für drei Monate zu erstatten.

Für Arbeitslose, die weder Grenzgänger sind, noch in ihren Wohnstaat zurückkehren, bleibt der **Beschäftigungsstaat** auch bei Arbeitslosigkeit zuständig. Der Arbeitslose kann aber stattdessen Leistungen des **Wohnstaates** beanspruchen. Im Falle des dann eintretenden **Statutenwechsels** ersetzt der zuständige Staat dem Wohnstaat die diesem anfallenden Aufwendungen für den Arbeitslosen. Endet die Bezugsphase des Arbeitslosengeldes im Wohnstaat durch Umzug des Arbeitslosen in den vormaligen Beschäftigungsstaat, so wird dieser wieder zuständig.[83] Das Recht ist auf diese Weise einfacher und versichertenfreundlicher geworden. Außerdem steht es dem Primärrecht deutlich näher als das bisherige Recht. Dennoch missfallen seine fortbestehenden Abweichungen von den allgemeinen Regeln der Koordination, deshalb ist der Vorschlag einer Beseitigung aller Sonderregeln[84] zu begrüßen. Der Vorschlag für einen neuen Art. 65 VO (EG)Nr. 883/2004 sieht den Export von Arbeitslosengeld ab einer Mindestversicherungszeit vor, ferner das Auslaufen der Kompensationszahlungen und Gleichbehandlung aller Gattungen von grenzüberschreitenden Beschäftigungen. Das bedeutete Vereinfachung und Gleichbehandlung und wäre daher sachgerecht. 269

4. Vorruhestandsleistungen

Art. 66 VO (EG) Nr. 883/2004 bezieht **erstmals** die **Vorruhestandsleistungen** in die Koordinierung ein.[85] Dies sind nach Art. 1 lit. x) VO (EG) Nr. 883/2004: „andere Geldleistungen bei Arbeitslosigkeit und vorgezogene Leistungen wegen Alters".[86] Dies führt zwar zur **Exportpflicht** der gesetzlichen **Altersteilzeitleistungen**. Allerdings beschränkt sich die „Regelung" in der Anordnung der Nicht-Geltung von Art. 6 VO (EG) Nr. 883/2004. Sie nimmt also die Vorruhestandsregelungen vom Gebot der **Zusammenrechnung** der Versicherungs- und Wohnzeiten aus. Es kann deswegen bezweifelt werden, ob in der Anordnung der Nicht-Geltung des elementaren Koordinierungsprinzips der Zusammenrechnung von Zeiten (vgl. Art. 48 AEUV) eine „Einbeziehung" in das Europäische 270

---

82 Karl, in Marhold, 2005, 39, 50.
83 EuGH Slg. 2003, I-13103 (Kommission ./. Niederlande).
84 De Cortazar/Rentola/Fuchs/Klosse (Ed.), trESS Think Tank Report 2012, 25 ff.
85 Heinig, in Schlachter/Heinig, § 30; Spiegel, ZIAS 2006, 85, 99 sieht darin einen „echten Fortschritt".
86 Vgl. Erwägungsgrund 33 zu VO (EG) Nr. 883/2004.

koordinierende Sozialrecht liegt. Im Übrigen widersprechen diese Leistungen den Bestrebungen zu einer auf Verlängerung der **Lebensarbeitszeit** zielenden Rentenpolitik. Aus der Erfassung der Vorruhestandsleistungen durch die VO (EG) Nr. 883/2004 folgt also nicht die umfassende „Einbeziehung", sondern vor allem, dass so die Gleichbehandlung (Art. 4 VO (EG) Nr. 883/2004) wie die Leistungsausfuhr (Art. 7 VO (EG) Nr. 883/2004) gesichert sind.[87]

271 In der Sache läuft die Regelung des Art. 66 VO (EG) Nr. 883/2004 auf die Bekräftigung der EuGH-Rechtsprechung in der Rechtssache D'Amico[88] hinaus. Freilich wurde diese Rechtsprechung für das Assoziierungsrecht als ein Verstoß gegen das Gebot der Gleichbehandlung verworfen.[89] Diese Änderung des Assoziierungsrechts ist auch auf das Europäische koordinierende Sozialrecht zu übertragen. Pikanterweise erging das Urteil des EuGH in Sache „Öztürk" am 28. April 2004 – genau einen Tag bevor die neue VO (EG) Nr. 883/2004 in Kraft gesetzt worden ist. Art. 66 VO (EG) Nr. 883/2004 war deshalb schon am allerersten Tag seiner Geltung durch die Rechtsprechung des EuGH überholt!

---

87 Spiegel, ZIAS 2006, 85, 99.
88 EuGH Slg. 1975, 891 (D'Amico).
89 EuGH Slg. 2004, I-03605 (Öztürk).

§ 12 Familienleistungen

Häufiger als andere Sozialleistungen werfen „**Familienleistungen**" EU-rechtliche Fragen auf.[1] Denn sie sind in einer **international mobilen Gesellschaft** für **grenzüberschreitende Sachverhalte** besonders anfällig. Die Regeln haben auch Bedeutung für die Anrechnung öffentlicher Leistungen auf den Anspruch auf **Familienunterhalt**.[2] Ihre Anspruchsvoraussetzungen hängen von in der Person beider Elternteile sowie des Kindes zu erfüllenden Merkmalen ab. Ist nur eines in einem anderen als dem leistungspflichtigen Staat verwirklicht, stellen sich im Verhältnis der Mitgliedstaaten von **EU** und **EWR**[3] EU-rechtliche Fragen. Einige – wenngleich nicht sämtliche – dieser Fragen sind in der VO (EG) Nr. 883/2004; VO Nr. 987/2009 geregelt.

272

1. Begriff der Familienleistungen

Art. 1 lit. z) VO (EG) Nr. 883/2004 definiert die **Familienleistungen** als „alle **Sach-** oder **Geldleistungen**, die zum Ausgleich von **Familienlasten** im Rahmen der in Art. 3 I lit. j) genannten Vorschriften bestimmt sind, jedoch mit Ausnahme der in Anhang II aufgeführten besonderen **Geburtsbeihilfen**". Art. 3 I lit. h) VO (EG) Nr. 883/2004 lautet: „Diese Verordnung gilt für alle Rechtsvorschriften über Zweige der sozialen Sicherheit, die folgende Leistungsarten betreffen: ... h) Familienleistungen".

273

Diese Umschreibung ist allerdings unklar, weil vielfältige staatliche Maßnahmen zur Verbesserung der Lage von Familien oder Familienangehörigen bestehen. Deswegen fällt die Charakterisierung „Leistungen, die zum Ausgleich von Familienlasten ... bestimmt sind" zu unanschaulich aus. Es ist ferner fraglich, ob der Begriff „Familienlasten" nur finanzielle Lasten meint oder ganz generell die „Belastung" einer Familie mit Erziehungsaufgaben. Heißt „Ausgleich": nur durch **Geldzahlung** oder auch durch **Dienstleistungen**? Die Regelung lässt viele Fragen offen. Die Charakterisierung ist schließlich schwierig zu handhaben, weil Art. 3 lit. h) VO (EG) 883/2004 auf Art. 3 I lit. j) VO (EG) Nr. 883/2004 verweist, darin aber der zu **definierende** Begriff (das **Definiendum**) nicht expliziert, sondern lediglich gebraucht wird. Dies erschwert die Rechtsanwendung.

In einem begrifflich weiten Verständnis kommen als „Familienleistungen" manche Gestaltung mit familienpolitischer Tendenz in Betracht: öffentliche Leistungen für Eltern, die minder- oder volljährigen Kindern Unterhalt gewähren (**„Kindergeld"**), wobei deren Zahlbetrag von der Bedürftigkeit der Eltern

274

---

1 Brosius-Gersdorf, in Schlachter/Heinig § 31; Trinkl, 2001; zur Neuregelung: Marhold, in ders. (Hg.), 2005, 55 ff.; vgl. dazu Devetzi, in Eichenhofer (Hg.), 50 Jahre nach ihrem Beginn, 2009, 291; Schulte, in von Maydell/Ruland/Becker (Hg.), Sozialrechtshandbuch, 5. Aufl., 2012, § 33 Rn. 119 ff.
2 BGH FamRZ 2004, 1636 mit Anm. Eichenhofer, FamRZ 2004, 1965.
3 Eichenhofer, in Hartmut Oetker/Ulrich Preis, EAS B 1200 Rn. 58.

abhängen („**Kinderzuschlag**") kann oder nicht; Vergünstigungen eines zum Kindesunterhalt verpflichteten Elternteils bei der Höhe der Einkommensteuer („**Kinderfreibeträge**"); **familienabhängige Zulagen** bei Alters-, Invaliditäts-, Unfall- oder Hinterbliebenenrenten oder Arbeitslosengeld; Vergünstigungen für Arbeitnehmer, deren Arbeitseinkommen wegen der Pflicht zum Familienunterhalt vom Arbeitgeber erhöht wird; Leistungen öffentlicher Kassen bei Ausfall von Kindesunterhalt unter Wahrung des Rückgriffs gegenüber dem zum Kindesunterhalt verpflichteten Elternteil („**Unterhaltsvorschuss**"); Erziehungsleistungen oder konkrete Hilfen für Eltern bei der Erziehung („Leistungen der **Kinder- und Jugendhilfe**"); Geldleistungen an Eltern, die eine Erwerbstätigkeit vorübergehend aufgeben oder einschränken, um sich der Erziehung eines Kindes zu widmen („**Elterngeld**"); Leistungen für die Aufwendungen, die bei der Geburt eines Kindes anfallen („**Geburtsbeihilfen**") sowie schließlich Leistungen der Ausbildungsförderung für im Studium befindliche Jugendliche oder die in Skandinavien[4] verbreiteten „**child's benefits**".

275 Welche von diesen im deutschen Recht vorgesehenen familienfördernden Leistungen stellt eine „**Familienleistung**" im EU-Recht dar? Das in den ersten Lebensmonaten des Kindes gewährte **Elterngeld** ist eine „Familienleistung".[5] § 3 SGB I zählt auch das Elterngeld zu den Familienleistungen. Elterngeld gleicht einen nach der **Geburt** eines Kindes infolge der Einschränkung oder Aufgabe der **Erwerbstätigkeit** eines Elternteils eintretenden Entgeltverlust aus. Elterngeld wird folglich als Beitrag zur Linderung des Familienaufwandes bei der Säuglings- und Kleinkindbetreuung gezahlt. Es gleicht Familienlasten aus, namentlich für die erste Phase der Familiengründung oder -erweiterung. Eine deutsche Elterngeldberechtigung bei einer aus Deutschland nach Kanada an ein Tochterunternehmen versetzten Beschäftigten endigt wegen entfallenden gewöhnlichen Aufenthalts im Inland.[6] Die Rückkehrabsicht und die jederzeit bestehende Rückkehrmöglichkeit bei mehr als einjährigen Auslandsaufenthalten reichen nicht aus, um einen inländischen Wohnsitz aufrechtzuerhalten. Auch eine Entsendung aus einer Inlandsbeschäftigung unter dem Gesichtspunkt der Entsendung komme nicht in Betracht, wenn die Tätigkeit in einer selbständigen Tochtergesellschaft im Ausland erbracht werde.

Mit Urteil vom 8.5.2014[7] befand der EuGH, dass auf luxemburgisches Kindergeld ein deutsches Elterngeld nicht anzurechnen sei. Womöglich liegt in dieser Entscheidung ein – überfälliger – Neubeginn für die Qualifikation des Elterngeldes: es sollte nicht mehr als Familienleistung sondern als eine Geldleistung bei Mutter- und Vaterschaft verstanden werden.

---

4 So kann das dänische Barnetilskud als eigenes Leistungsrecht des Kindes verstanden werden; wie in anderen Mitgliedstaaten wird es aber auch an die Erzieher des Kindes (sorgeberechtigter Elternteil, Pflegefamilie oder Heimleitung) ausgezahlt.
5 Nein: Eichenhofer, 1994, Rn. 577.
6 LSG Baden-Württemberg – 24.3.2015 – L 11 EG 272/14.
7 EuGH EU:C:2014.300.

Folglich hat der EuGH das während der „**Elternzeit**" als Ersatz für den Einkommensausfall gezahlte deutsche Elterngeld[8] oder österreichische Kinderbetreuungsgeld[9] als „**Familienleistung**" eingeordnet, sowie auch das luxemburgische Elterngeld **(congé parental)**.[10] Dagegen hat er die luxemburgische Erziehungsbeihilfe als Leistung, die Einkommenseinbußen wegen Kindererziehung ausgleicht, nicht als Familienleistung (Art. 67 VO (EG) Nr. 883/2004)[11] angesehen. Die schwedische Erziehungsleistung schließlich wurde als Mutterschaftsleistung bestimmt.[12] Im Hinblick auf das deutsche **Erziehungs-** = **Elterngeld** befand der EuGH mit Urteil vom 7. Juni 2005,[13] dass bei Familienleistungen, die wie das Elterngeld aufgrund des Beschäftigungs- und Wohnstaates beansprucht werden können, die Leistungen des **Beschäftigungsstaates** Vorrang haben und deshalb die Leistungspflicht des Wohnstaates nachrangig ist. Die Rechtsprechung lässt also die nötige Klarheit und Eindeutigkeit vermissen.

276

Die Geburtsbeihilfen sind **Geld-** oder **Sachleistungen**, die den mit der **Geburt** eines Kindes entstehenden Bedarf konkret oder pauschal ausgleichen.[14] Sie sind nach Art. 1 lit. z) VO (EG) Nr. 883/2004 i. V. m. Anhang I nicht als „Familienleistung" anzusehen. Leistungen, die wie die **Ausbildungsförderung** an das Kind selbst gezahlt werden, sind ebenfalls nicht als „Familienleistungen" anzusehen. Dies hat der EuGH[15] bereits anerkannt, insoweit er die Leistungen der Ausbildungsförderung zwar der VO (EU) Nr. 492/2011, jedoch nicht der VO (EG) Nr. 883/2004 unterwarf. Diese Leistungen beseitigen die Bedürftigkeit der andernfalls Familienunterhaltsberechtigten. Sie lindern also nicht den **Familienaufwand**, sondern verhindern dessen Entstehung. Diese Leistungen gleichen daher nicht Familienlasten aus, sondern vermeiden sie und stellen deswegen keine Familienleistung dar.

277

Die dem Ausgleich von Einkommensverlusten infolge **Schwangerschaft** und **Niederkunft** dienende Mutterschaftsleistung ist ebenfalls keine **Familienleistung**,[16] weil sie dem Versicherungsfall der **Mutterschaft** unterfällt, der Teil der **Krankenversicherung** (Art. 17 ff. VO (EG) 883/2004) ist.

---

8   EuGH Slg. 1996, I-4895 (Hoever-Zachow); Slg. 1998, I-2691 (Sala); Slg. 1998, I-3419 (Kuusijärvi); Becker, in Schulte/Barwig (Hg.), 1999, 191, 217; Eichenhofer, SGB 1997, 451; Trinkl, 2001, 115 ff.; Loytved, ZESAR 2005, 263.
9   EuGH EU:C:2019:752.
10 EuGH – 19.9.2013 – Rs. C-216/12, C-217/12 (Hliddal, Bornand); 24.10.2013 – Rs. C-177/12 (Lachheb).
11 EuGH Slg. 2001, I-4265 (Leclere).
12 EuGH Slg. 2002, I-10087 (Maaheimo).
13 EuGH Slg. 2005, I-5049 (Dodl, Oberhollenzer); Slg. 2005, I-6017 (Weide); Slg. 2007, I-6303 (Hartmann); Slg. 2007, I-6347 (Geven).
14 EuGH Slg. 2001, I-4265 (Leclere).
15 EuGH Slg. 1992, I-1071 (Berini); EuGH Slg. 1990, I-4185 (Di Leo); EuGH Slg. 1989, 723 (Echternach); EuGH Slg. 1974, 773 (Casagrande); Teske, EuZW 1991, 149 f.
16 EuGH Slg. 2001, I-4265 (Leclere).

2. Europäische Koordinationsnormen für Familienleistungen

a) Zusammenrechnung von Versicherungs- und Beschäftigungszeiten

278 Der für die Erbringung der Familienleistungen zuständige Mitgliedstaat und das danach anwendbare Recht der **Familienförderung** bestimmt sich demgemäß nach Art. 11 VO (EG) Nr. 883/2004, Es sind darin Anknüpfungen zunächst an den **Beschäftigungsort** für **Arbeitnehmer**(innen), **Sitz** des **Selbständigen** oder bei **Beamten** dem **Sitz** der **Anstellungskörperschaft** oder den Wohnsitz des Berechtigten vorgesehen. Kindergeld ist auch an arbeitslose Eltern zu zahlen[17] Bei Familienleistungen an Eltern kann eine doppelte Berechtigung für jeden Elternteil entstehen. Hieraus ergeben sich Probleme des Vorrangs und Nachrangs hinsichtlich einzelner Staaten.

279 Die in einem anderen Mitgliedstaat zurückgelegten **Versicherungs- und Beschäftigungszeiten** sind für den Anspruchserwerb so zu behandeln, wie wenn sie nach dessen Recht zurückgelegt worden wären (Art. 6 VO (EG) Nr. 883/2004). Diese Bestimmung hat für die durch **Beiträge** finanzierten Zweige von **Familienleistungen** Bedeutung, die grundsätzlich nur **Arbeitnehmer** oder **Selbständige** in den Kreis der Anspruchsberechtigten einbeziehen. Sie ist auch für die steuerlich finanzierten und sämtliche Bewohner einbeziehenden Familienleistungen von Belang, wenn der Anspruch nicht einzig vom **Inlandswohnsitz** oder der Ausübung einer **Erwerbstätigkeit** abhängt.[18] Das Gebot der Zusammenrechnung gilt auch für die bei der EU selbst zugunsten der dort Beschäftigten begründeten **Beschäftigungs-** oder **Versicherungszeiten**.[19]

280 Weil EU-Recht sowohl die Freizügigkeit als auch die durch deren Gebrauch erworbene **soziale Rechte** sichern, indes nicht beschränken soll, ließ der EuGH[20] bei Bestehen eines **Sozialrechtsstatuts** nach dem Recht des Wohnstaates bei einer in einem anderen Mitgliedstaat wahrgenommen Beschäftigung mit der Folge, dass dieser Staat der allein zuständige Staat wäre (Art. 11 VO (EG) 883/2004), die ersatzweise Anknüpfung an das **Kindergeldrecht** des Wohnstaates zu. Damit soll im Einklang mit dem kollisionsrechtlichen **Günstigkeitsgrundsatzes** des EU-Rechts[21] (vgl. Rn. 88) verhindert werden, dass der Gebrauch der Freizügigkeit mit dem Verlust sozialer Rechte einhergeht.

---

17 EuGH EU:C:2019:102.
18 EuGH Slg. 2008, I-943 (Klöppel), mit Anm. Raab, in ZESAR 2008, 520; EuGH Slg. 2011, I – 15.12.2011 – Rs. C-257/10 (Bergström).
19 EuGH Slg. 2006, I-1441 (Rockler); EuGH Slg. 2011, I-10111 (Perez Garcia).
20 EuGH Slg. 2008, I-3827 (Bosmann); EuGH Slg. 2010, I-9717 (Schwemmer), mit Anm. Igl, ZESAR 2011, 86; EuGH – 12.06.2012 – Rs. C-611/10, C-612/10 (Hudzinski, Wawrzyniak); EuGH – 11.9.2014 – Rs. C-314/13 (B); Devetzi, ZESAR 2012, 447.
21 Grundlegend EuGH Slg. 1975, 1149 (Petroni); Slg. 2008, I-3827 (Bosmann); EuGH – 12.6.2012 – Rs. C-611/10, C-612/10 (Hudzinski, Wawrzyniak); EuGH – 11.9.2014 – Rs. C-314/13 (B); EuGH – 23.4.2015 – Rs. C-382/13 (Franzen); Devetzi, ZESAR 2012, 477; Bokeloh, ZESAR 2012, 121.

§ 12 Familienleistungen

b) Gleichstellung des Wohnorts des Kindes

Kindergeld ist eine an die Eltern gerichtete Leistung, durch welche jene in ihrer Fähigkeit stärkt, den Unterhalt an ihre Kinder zu leisten. Für die Anspruchsberechtigung für das Kindergeld zählen daher primär die Lebens- und Beschäftigungsbedingungen der Eltern und nicht der Kinder. Eine Kindergeldkürzung für im Inland beschäftigte Eltern für ihre im Ausland lebenden Kinder verletzt das Gleichheitsgebot im Hinblick auf Eltern, deren Kinder in unterschiedlichen Mitgliedstaaten wohnen. Sie stellt ferner eine Kürzung für die Unterhaltsansprüche der Kinder dar, weil die Kürzung des Kindergeldes die Leistungsfähigkeit der Eltern vermindert und dies hat geringere Unterhaltsansprüche für die Kinder zur Folge.   281

Würde das Kindergeld für die im Ausland wohnenden Kinder als Bruchteil des inländischen Kindergelds bestimmt, würde ein Abstand zwischen ausländischen und inländischen Lebensbedürfnissen postuliert und konkret festgesetzt. Solches Ansinnen wäre historisch höchst belastet und ist deshalb auch politisch diskreditiert. Das inländische Kindergeld in Höhe der am Wohnsitz des Kindes gezahlten Kindergeldsätze festzusetzen, übernähme die Sätze auswärtiger Staaten und veränderte damit das Kindergeld als eine Zahlung des Inlands.

In der EU ist die Kindergeldgewährung in grenzüberschreitenden Fällen EU-rechtlich einheitlich geregelt.[22] Sie beruht auf dem Grundsatz der Tatbestandsgleichstellung, der zwischenstaatlich koordinierendes Recht trägt. Jede Alternative bricht aus der EU-rechtlich vorgezeichneten Systematik aus. Jeder Versuch einer Begrenzung des Kindergeldes hat im Übrigen auch erhebliche administrative Lasten zur Folge. Allerdings entschied der EuGH: Kindergeld und Kinderfreibetrag dürfen an den rechtmäßigen Inlandsaufenthalt geknüpft sein und Bedürftige ausschließen; dies ist zwar mittelbare Diskriminierung aber aus Gründen finanzieller Solidarität des Mitgliedstaates gerechtfertigt.[23]

Das BSG[24] befand mit Urteil vom 5. Mai 2015 über die Kindergeldberechtigung für unbegleitete minderjährige Kinder, deren Aufenthalt wegen mehr als dreijähriger Dauer im Inland geduldet werde. Diesen Kindern sei auch dann deutsches Kindergeld nach §§ 1 III 2, 3 BKGG, 25 V AufenthG zu zahlen, wenn wegen Elternlosigkeit der Kinder die Voraussetzungen einer Freizügigkeitsberechtigung seitens der Eltern nicht bestünden.

Diese Auslegung folge der letztlich im Verfassungsrecht[25] begründeten Erwägung, dass es an der Lebenswirklichkeit vorbeigehe, würde von minderjährigen, schulpflichtigen Kindern eine Erwerbstätigkeit zu erwarten, wiewohl diese vom Jugendarbeitsschutzrecht für Kinder unter 15 Jahren ausgeschlossen seien.

---

22   Devetzi, NZS 2017, 881; Eichenhofer, Soz Sich 2017, 163.
23   EuGH EU:2016:436.
24   LSG Berlin-Brandenburg – 19.3.2015 – L 31 AS 2218/13.
25   BVerfGE 111, 160; 132, 72.

Da die Mitgliedstaaten Familienleistungen an den berechtigten **Elternteil** nur vorsehen, falls das den Anspruch vermittelnde **Kind** im Gebiet des aufgrund **Beschäftigung, Unternehmenssitzes** oder **Wohnsitzes** zuständigen Staates wohnt, weiten Art. 67, 68 VO (EG) Nr. 883/2004 den Anwendungsbereich des Rechts eines Mitgliedstaates auf in einem anderen Mitgliedstaat ansässige Kinder aus. Diese in Art. 67 VO (EG) Nr. 883/2004 für den Anspruch auf Familienleistungen der **Arbeitnehmer** und **Selbständigen**[26] getroffene Regel gilt nach Art. 1 lit. a) VO (EG) Nr. 883/2004 auch für **Beamte**,[27] **Rentner** oder **Nichterwerbstätige**, soweit diese Eltern in das Recht des Familienlastenausgleichs einbezogen sind. Desgleichen sind auch **Arbeitslose** anspruchsberechtigt, falls deren Anspruch wegen Sperrzeit oder auf den Anspruch anrechenbaren Abfindung vorübergehend ruht;[28] es reicht, wenn Arbeitslose in die Kranken- und Rentenversicherung einbezogen sind.

282 Die Vorschrift des Art. 67 VO (EG) Nr. 883/2004 ordnet systematisch betrachtet eine spezielle **Tatbestandsgleichstellung** nach Art. 5 VO (EG) Nr. 883/2004 an. Denn sie erstreckt und erweitert damit die Anwendungsvoraussetzungen für Familienleistungen nach dem Recht des zuständigen Staates auf alle ihre **Freizügigkeit** oder **Niederlassungsfreiheit** gebrauchenden Personen und stellt damit diese bei Gewährung von Familienleistungen den ortsansässigen Personen gleich. Denn andernfalls würden jene gegenüber diesen benachteiligt, weil deren Kinder bei der Leistungsgewährung nicht berücksichtigt würden, da sie außerhalb des Staates wohnen, in dem der Anspruchsberechtigte tätig ist.[29] Der zuständige Staat hat bei Gewährung von Familienleistungen die in einem anderen Mitgliedstaat wohnenden Kinder so zu berücksichtigen, wie wenn sie im zuständigen Staat wohnten.[30]

Bei Grenzgängern ist Kindergeld auch für die in den Haushalt aufgenommenen Stiefkinder zu entrichten.[31] Nach Art. 67 VO (EG) 987/2009 berechtigte Personen sind die nach Art. 67 VO (EG) 883/2004 und Art. 60 I VO (EG) 987/2009 zur Familie zählenden Personen. Gemeinschaft von Eltern und Kind, auch bei getrennten Wohnorten.[32]

283 Es ist danach untersagt, die Familienleistungen für die in anderen Mitgliedstaaten lebenden Kinder niedriger zu bemessen – namentlich in Höhe der im Wohnstaat der Kinder üblichen Sätze. Die gegenteilige Regelung des Art. 73 II VO (EWG) Nr. 1408/71 a. F., welche Frankreich die Bemessung der Leistung nach dem am Wohnort des Kindes herrschenden Leistungsniveau gestattete,

---

26 EuGH Slg. 1997, I-511 (Stöber, Pereira).
27 Anders noch EuGH Slg. 1998, I-895 (Kulzer), aber überholt durch VO (EG) Nr. 1606/98, ABl. EG Nr. L 209 vom 25. 7. 1998; Trinkl, 2001, 147.
28 EuGH Slg. 1996, I-1887 (Moreno).
29 Fischer, SGb 1990, 536.
30 EuGH Slg. 1997, I-3279 (Garcia).
31 EuGH EU:C:2016:955.
32 EuGH EU:C:2015:720.

§ 12 Familienleistungen

wurde durch den EuGH[33] in der **Rechtssache „Pinna I"** als mit EU-Recht unvereinbar verworfen. Das Koordinationsrecht bezwecke die Koordinierung und nicht die Harmonisierung sozialer Sicherung. Es lasse daher materielle Unterschiede zwischen den Systemen unberührt und gestatte des Weiteren nicht, Unterschiede einzuführen, die neben die aus der Verschiedenheit und fehlenden **Harmonisierung** folgenden Unterschiede treten. Außerdem wäre der **Gleichbehandlungsgrundsatz** verletzt, falls Berechtigte für in anderen Mitgliedstaaten wohnende Kinder geringere Leistungen als für die im zuständigen Staat wohnenden Kinder erhielten. Aus dieser Entscheidung ergibt sich also klar und eindeutig, dass bei der Gewährung von Familienleistungen das EU-Recht nicht nur eine Differenzierung nach **Staatsangehörigkeit**, sondern auch eine Differenzierung nach dem **Kindeswohnsitz** untersagt.

Die Berechtigung für Familienleistungen wird nicht nur durch den Wohnsitz des Kindes, sondern von weiteren in der Person des Kindes verwirklichten **Tatbestandsmerkmalen** bestimmt, namentlich dem Besuch von Schule oder Hochschule, der **Berufsausbildung** oder **Arbeitslosigkeit.** Deshalb fragt sich, ob der Anspruch auch besteht, falls die **Schule** oder **Hochschule** außerhalb des zuständigen Staates durchlaufen wird oder die Arbeitslosigkeit außerhalb des aufgrund Beschäftigungsort, Sitz des Unternehmens oder Wohnsitzes zuständigen Staates eintritt. 284

Der EuGH[34] hat für das Merkmal der **Arbeitslosigkeit** befunden, dass falls Familienleistungen von der Arbeitslosigkeit eines Kindes abhingen, die Arbeitslosigkeit in einem anderen Mitgliedstaat der Arbeitslosigkeit im zuständigen Staat gleichstehe. Dies folge zwar nicht aus dem Wortlaut, wohl aber aus dem Zweck des Art. 67 VO (EG) Nr. 883/2004. Der Mitgliedstaat dürfe nicht Familienleistungen unter Berufung auf den Aufenthalt des Kindes in einem anderen Mitgliedstaat versagen: „Eine solche Ablehnung könnte nämlich den EG-Arbeitnehmer davon abhalten, von seinem Recht auf Freizügigkeit Gebrauch zu machen und würde somit die Freizügigkeit beeinträchtigen".[35] Dieser Effekt wird nach Art. 5 VO (EG) Nr. 883/2004 durch die darin vorgesehene **Tatbestandsgleichstellung** erreicht. 285

Daher sei das Merkmal „**Wohnsitz**" eines die Ansprüche vermittelnden Kindes auf andere anspruchsbegründende in der Person des Kindes begründete Tatbestandsmerkmale (z. B. Schul- oder Hochschulbesuch, Berufsausübung oder Arbeitslosigkeit) zu erstrecken. Die in Art. 67 VO (EG) Nr. 883/2004 formulierte **Äquivalenzregel** ist die unmittelbare Folgerung aus Art. 5 VO (EG) Nr. 883/2004 und der darin formulierten Tatbestandsgleichstellung; ihrer hätte es deshalb gar nicht bedurft. Art. 68a VO (EG) 883/2004 sieht einen Anspruch für ein Kind vor, falls die Familienleistungsberechtigte die Familienleistung 286

---

33 EuGH Slg. 1986, I-1 (Pinna I).
34 EuGH Slg. 1990, I-531 (Bronzino); EuGH Slg. 1990, I-557 (Gatto).
35 EuGH Slg. 1990, I-531 (Bronzino), Tz. 12.

nicht für den Kindesunterhalt verwendet; dann kann der Betrag abgezweigt werden.[36]

c) *Vermeidung von Doppelleistungen*

287 Ein Kind hat regelmäßig zwei **Eltern.** Es vermittelt beiden jeweils einen Anspruch auf **Familienleistungen.** Sind die Eltern in unterschiedlichen Mitgliedstaaten erwerbstätig und/oder ansässig, so erhält jeder Elternteil einen Anspruch auf Familienleistungen aus unterschiedlichen Staaten. Der Familienleistungsausgleich beruht jedoch auf dem Grundsatz, dass für ein Kind nur eine Leistung gezahlt werden soll (**Prinzip des einmaligen Belastungsausgleichs**).[37] Könnten Eltern, welche dem Recht des **Familienleistungsausgleichs** verschiedener Mitgliedstaaten unterliegen, für ein Kind jedoch die volle Familienleistung erhalten, würde gegen dieses Prinzip verstoßen und Wanderarbeitnehmer stellten sich unbegründet besser. Denn Art. 48 AEUV gebietet zwar den **Ausgleich sozialrechtlicher Nachteile** von Wanderarbeitnehmern, aber nicht den Erhalt **sozialrechtlicher Bevorzugungen**.[38] Daher sind **Doppelleistungen** auszuschließen.

288 Art. 68 VO (EG) Nr. 883/2004 vermeidet Doppelleistungen. Es geht der Beschäftigungsstaat dem Wohnstaat eines Elternteils vor. Ist ein Elternteil außerhalb des Wohnstaates des Kindes erwerbstätig, während der andere Elternteil eine Rente bezieht oder nicht erwerbstätig ist, so hat der Staat der Erwerbstätigkeit Vorrang.[39] Sind die Familienleistungen des Beschäftigungsstaates höher als die **Familienleistungen** des Wohnstaates des Kindes, führt Art. 68 I VO (EG) Nr. 883/2004 zu dessen vollständiger Freistellung. Bleiben die Familienleistungen des Wohnstaates des Kindes dagegen hinter denjenigen des anderen Staates zurück, gehen die Familienleistungen des Wohnstaates des Kindes zwar vor; der ungedeckte Rest ist aber von dem Träger des **Beschäftigungsstaates** zu tragen.

Diese Regelung vermeidet Doppelleistungen und sichert zugleich Leistungsansprüche, die ein Elternteil nach dem Recht eines Staates erworben hat. Denn sie kürzt diese nur, falls für dasselbe Kind nach dem Recht eines anderen Staates ebenfalls vorrangig eine Leistungspflicht besteht. Diese Lastenverteilung begründet sich daraus, dass der Wohnstaat des Kindes und Beschäftigungsstaat eines Elternteils eine höhere Verantwortung für den Ausgleich der Familienlasten hat als der Staat, in dem ein Elternteil zwar beschäftigt ist, das zu fördernde Kind aber nicht wohnt. Diese Verteilungsregel gilt auch für das Elterngeld und für alle anderen Familienleistungen.[40] Differenzkindergeld ist auch bei Währungsunterschieden zu leisten.[41]

---

36 FG Köln EFG 2008, 1298.
37 Becker, in Schulte/Barwig, 1999, 191, 206.
38 Fischer, SGb 1991, 432.
39 Reinhard, in Hauck/Noftz, EU-Sozialrecht, K Art. 68, Rn. 6 ff.
40 EuGH Slg. 2005, I-5049 (Dodl, Oberhollenzer).
41 EuGH EU:C:2019:662.

§ 12 Familienleistungen

Die Voraussetzungen, unter denen der Vorrang eines Staates gegenüber dem 289
eines anderen Staates eintritt, wurde 1999 in Art. 76 II VO (EWG) Nr. 1408/71
aufgrund der VO (EWG) Nr. 3427/89 verändert.[42] Seitdem gilt der Vorrang des
primär leistungspflichtigen Staates unabhängig davon, ob die Leistungen beantragt worden sind. Diese Änderung wurde notwendig, um eine entgegenstehende Rechtsprechung des EuGH[43] zu korrigieren. Danach sollte der Vorrang
des zuständigen Staates davon abhängen, ob der anspruchsberechtigte Elternteil auch den **Antrag** auf Familienleistungen gestellt hatte. Diese Rechtsprechung barg die Gefahr, dass der vorrangig leistungspflichtige Staat die Anspruchsberechtigten zur Unterlassung der Antragstellung veranlassen konnte.
Dann wäre die gesamte Familienleistung vom subsidiär zuständigen Staat zu
tragen. Das Rangverhältnis zwischen den Staaten wäre damit zum Nachteil des
nachrangigen Staates manipulierbar geworden.[44] Art. 68 III VO (EG)
Nr. 883/2004 schließt diese Folge aus; vorausgesetzt wird aber, dass die Familienleistungen rechtlich beansprucht werden können und die Leistungspflichten
tatsächlich erfüllt werden.[45]

Die konkrete Anwendung dieser Bestimmung wird in Art. 60 VO (EG) Nr. 987
geregelt. Danach ist, „was das Recht einer Person zur Erhebung eines Leistungsanspruchs anbelangt, die Situation der gesamten Familie in einer Weise zu
berücksichtigen, als würden alle beteiligten Personen unter die Rechtsvorschriften des betreffenden Mitgliedstaates fallen und dort wohnen". Damit wird
das in Art. 5 VO (EG) Nr. 883/2004 formulierte Prinzip der **Tatbestandsgleichstellung** konkretisiert und für die Verwaltung von Familienleistungen verstärkt. Die Familiensituation ist so zu würdigen, als ob sie in vollem Umfang
unter dem Recht des leistungspflichtigen Staates stattfände. Die Gleichstellung
bezieht damit auch andere Anspruchselemente, von denen Kindergeld abhängen kann: **Arbeitslosigkeit** oder **Schul-** oder **Hochschulausbildung** – in das
Gebot der Sachverhaltsgleichstellung ein.

---

42 Vom 30. 10. 1989, ABl. L 331 vom 16. 11. 1989, S. 1.
43 EuGH Slg. 1984, 3741 (Salzano); EuGH Slg. 1986, 1401 (Ferraioli); EuGH Slg. 1990, I-2781 (Kracht) EuGH – 6. 11. 2014 – Rs. C-4/13 (Fassbender-Firman).
44 So zu Recht auch Reiter, ZfSH/SGB 1990, 57, 62 f.
45 EuGH Slg. 1992, I-6393 (McMenamin).

§ 13 Internationale Zusammenarbeit der Sozialverwaltungen

Die Koordination der Systeme sozialer Sicherheit ist den **Sozialverwaltungen** 290
der Mitgliedstaaten übertragen. Das EU-Recht hat in der VO (EG) 987/2009 eine
Gesamtregelung internationalsozialrechtlicher Verwaltungsvorgänge entwickelt. Diese bestimmen die administrative Handhabung der in der VO (EG)
Nr. 883/2004 enthaltenen **substantiellen** Regeln. Demgemäß unterscheidet das
Recht die „Grundverordnung" (= VO (EG) Nr. 883/2004) und die „Durchführungsverordnung" (= VO (EG) 987/2009) (Art. 1 VO (EG) 987/2009). Darüber
hinaus enthalten Abkommen wie EU-Recht Einzelregelungen hinsichtlich der
Zusammenarbeit unter den Verwaltungen, Öffnung der Sozialverwaltungen für
Angehörige der Systeme anderer Staaten und Zahlungsverkehr, Vollstreckung,
Rückgriff und Rechtsschutz.

1. Zusammenarbeit unter den Sozialverwaltungen

Die **Zusammenarbeit**[1] unter den Sozialverwaltungen und damit die Abwick- 291
lung der grenzüberschreitenden Sozialversicherungsfälle wird bei einzelnen
Trägern oder Behörden eines Mitgliedstaates als Verbindungsstellen konzentriert. Diese sind für sämtliche grenzüberschreitende Leistungsfälle unmittelbar
zuständig, gewähren die sozialrechtlichen Leistungen im wechselseitigen Einvernehmen und unter jeweiliger Berücksichtigung der Regelungen der anderen
Mitgliedstaaten. Die zentrale Neuerung der Koordination seit 2010 liegt im
Übergang zum **elektronischen Datenaustausch**, der an die Stelle des bisherigen an schriftliche Dokumente gebundenen Verfahrens tritt.[2] Inzwischen beruhen die zwischen- und innerstaatlichen Beziehungen der sozialen Sicherheit in
allen Mitgliedstaaten auf digitaler Kommunikation. Die EU-Datenschutzgrundverordnung[3] normiert diese Fragen seit 2018 EU-weit und -einheitlich. Das
Rangverhältnis von DSGVO und den Regeln der Mitgliedstaaten wird auf Grund
von Art. 288 II AEUV als Vorrang bestimmt. In diesem Zusammenhang steht das
Wiederholungsverbot (Art. 4 DSGVO) Erwähnung, welches im Kern den EU-
Rechtsvorrang des Datenschutzrechts dadurch sichert, dass den Mitgliedstaaten
die Definitionsbefugnis über zentrale Begriffe des Datenschutzrechts versagt
wird; diese dürfen also nur noch im Rahmen der europarechtlichen Öffnungsklauseln legislativ tätig werden. Die DGSVO regelt EU-weit die von einem in der
EU ansässigen Nutzer veranlasste Datenverarbeitung, normiert die freie Übermittlung von Daten und den Datenschutz in der EU, der auf Einwilligung und
Information des Verarbeitenden beruht. Die zwischenstaatliche Zusammenarbeit der Verwaltungen ist in den Regelungen nicht erschöpfend normiert. Art 76

---

1 Eichenhofer, 1994, Rn. 614; Cantillon/Marx, 2005; Schmidt-Aßmann, EuR 1996, 270,
 280 ff.; Schulte, in von Maydell/Ruland/Becker (Hg.), Sozialrechtshandbuch, 5. Aufl., 2012,
 § 33 Rn. 127 ff; EuGH – 12.2.2015 – Rs. C-114/13 (Bouman).
2 Jorens/Van Overmeiren, in Eichenhofer (Hg.), 2009, 105.
3 Bieresborn, NZS 2017, 887; 926; Roßnagel, 2017; Albrecht/Jotzo, 2017; Schneider, 2017.

II. Koordinierendes Sozialrecht der EU

VO (EG) 883/2004 macht den verpflichtenden Charakter der Durchsetzung von Forderungen deutlich; regelt Datenschutz bei Steuer- und Beitragserhebung.[4]

292 Das internationale Verwaltungsverfahren ist in den Art. 71–86 VO (EG) Nr. 883/2004 normiert. Um alle Anwendungsfragen der internationalen **Zusammenarbeit** unter Sozialleistungsträgern zu bestimmen, bestehen die „**Verwaltungskommission**",[5] Art. 71 VO (EG) Nr. 883/2004) und der „**Beratende Ausschuss**"[6] (Art. 75 VO (EG) Nr. 883/2004). Der Verwaltungskommission gehört ein **Vertreter** der **Regierung** jedes Mitgliedstaates an. Der **Beratende Ausschuss** besteht aus **drei Vertretern** jedes Mitgliedstaates nebst einem stellvertretenden Mitglied: zwei werden von der Regierung, weitere je zwei von den Arbeitgeber- und Arbeitnehmerverbänden jedes Mitgliedstaates benannt (Art. 75 VO (EG) Nr. 883/2004). Die Verwaltungskommission beantwortet Auslegungsfragen und nimmt Übersetzungen vor. Sie soll ferner die Zusammenarbeit unter den Trägern stärken, namentlich eine Beschleunigung der Rentenfestsetzung erreichen, die Rechnungslegung und das Erstattungswesen vorbereiten sowie die ihr gesondert übertragenen Aufgaben wahrnehmen (Art. 75 II VO (EG) Nr. 883/2004). Der Beratende Ausschuss hat Vorschläge zur Fortentwicklung des koordinierenden Sozialrechts zu unterbreiten.

293 Darüber hinaus bestimmt das EU-Recht den zuständigen Leistungsträger für den **Verwaltungsvollzug** einzelner Materien als Verbindungsstelle (vgl. Art. 76 VO (EG) Nr. 883/2004). Sie sind zur engen Zusammenarbeit verpflichtet und namentlich zu unmittelbarer Kommunikation befugt (Art. 76 III VO (EG) Nr. 883/2004). Außerdem ist der Datenschutz geregelt.[7] Hierfür gilt eine **Mehrfachanknüpfung**: Für die Übermittlung gilt das Recht des übermittelnden und für Speicherung und Weiterleitung das Recht des Empfängerstaates (vgl. Art. 77 f. VO (EG) Nr. 883/2004). Eine grenzüberschreitende Übermittlung, Speicherung und Weiterleitung von Daten muss deshalb den Datenschutzrechten des übermittelnden wie des Empfängerstaates genügen.

294 Nach Art. 82 VO (EG) Nr. 883/2004 können ärztliche Gutachten im Wege internationaler **Amtshilfe** angefordert werden. Darüber hinaus entfaltet gemäß in Art. 5 VO (EG) Nr. 987/2009 eine aufgrund solcher Anforderung erstellten **Arbeitsunfähigkeitsbescheinigung** dieselbe **Feststellungswirkung** für die Bewilligung von krankenversicherungsrechtlichen Geldleistungen.[8] Hinsichtlich der Feststellung der Invalidität fehlt allerdings eine gleichlautende Bestimmung. Allerdings ermöglicht Art. 46 III VO (EG) Nr. 883/2004 i. V. m. Anhang VII den Mitgliedstaaten in einem internationalen Verwaltungsübereinkommen zu vereinbaren, dass die **Invaliditätsfeststellung** in einem Mitgliedstaat auch die

---

4 EuGH EU:C:2015:638.
5 Bokeloh, DRV 2001, 500.
6 Hauschild, in Hauck/Noftz, EU-Sozialrecht, K Art. 75 Rn. 1 ff.
7 Hauschild, in Hauck/Noftz, EU-Sozialrecht, K Art. 72 Rn. 1 ff.
8 EuGH Slg. 1987, 1339 (Rindone); Neumann-Duesberg, in Schulte/Zacher (Hg.), 1991, 83, 96 ff.; dies hat auch Auswirkung auf das Recht der Lohnfortzahlung EuGH Slg. 1992, I-3423 (Paletta I); Slg. 1996, I-2357 (Paletta II).

§ 13 Internationale Zusammenarbeit der Sozialverwaltungen

Sozialleistungsträger anderer Mitgliedstaaten bindet. Davon haben Italien, Frankreich, Belgien und Luxemburg Gebrauch gemacht.[9] Eine weiter reichende Wirkung von Invaliditätsfeststellungen ist zwar nicht geboten, könnte aber durch Vereinbarung erreicht werden und wäre sozialpolitisch auch sinnvoll. Denn sie würde verhindern, dass Berechtigte wegen unterschiedlicher Beurteilungen der Invalidität mit unzulänglichen Renten vorlieb nehmen müssen.

2. Öffnung der Sozialverwaltung einzelner Mitgliedstaaten

Des Weiteren sieht das EU-Recht die Öffnung der Sozialverwaltungen einzelner Mitgliedstaaten für die Belange von Bürgern aus anderen Mitgliedstaaten vor. Ausprägungen solchen Bemühens sind die Zulassung von **Anträgen** und **Schriftstücken** in einer anderen **Sprache** als der Amtssprache[10] des über den Antrag oder das Begehren entscheidenden Verwaltungsträgers, die im Recht eines Mitgliedstaates vorgesehene **Befreiung** von **Abgabepflichten** oder Steuern bei Vorlage von Schriftstücken oder von Urkundsbeamten dieses Staates ausgestellten Urkunden und die Begründung einer Empfangszuständigkeit der Verwaltungsträger eines anderen Staates für Erklärungen, die an einen Versicherungsträger eines anderen Mitgliedstaates oder Vertragsstaates zu richten sind (Art. 81 VO (EG) Nr. 883/2004). 295

Auch Art. 12 Nr. 3 des IAO-Übereinkommens Nr. 157 sieht vor, dass die Sozialverwaltungen eines Mitgliedstaates der IAO Anträge und Dokumente nicht zurückweisen dürfen, weil sie in der **Amtssprache** eines anderen Mitgliedstaates abgefasst sind. Diese EU- oder internationalrechtlichen Äquivalenzregeln modifizieren die in § 19 SGB X getroffene Bestimmung, wonach die Amtssprache der deutschen Sozialverwaltung Deutsch ist, weshalb für Erklärungen in der Amtssprache eines anderen Mitgliedstaates auf Anordnung der Behörde eine Übersetzung in deutscher Sprache beizubringen wäre. Die erwähnten Regeln erleichtern damit den Staatsangehörigen anderer Mitgliedstaaten die Geltendmachung ihrer Sozialleistungsrechte und geben den Berechtigten einen unmittelbaren und kostenfreien Anspruch, sich in ihrer Sprache an die Sozialverwaltung jedes Mitgliedstaates zu wenden. 296

Ferner sind **Urkunden** aus einem anderen Mitglied- oder Vertragsstaat abgabenfrei, falls für vergleichbare, nach dem Recht des über das Begehren entscheidenden Staates errichtete Schriftstücke und Urkunden ebenfalls keine Abgaben erhoben werden (Art. 80 VO (EG) Nr. 883/2004).[11] Desgleichen wird das Erfordernis einer Legalisation von Urkunden (= Bestätigung deren Echtheit durch den Konsularbeamten, vgl. § 13 KonsularG) aufgehoben. Diese **Äquivalenzregeln** sichern die Gleichbehandlung in- und ausländischer Urkunden und Schriftstücke und erleichtern damit dem Berechtigten den Nachweis der Anspruchsvoraussetzungen. Aus der Aufhebung des Gebots der Legalisation folgt 297

---

9 Pflüger-Demann, 1991, 257 ff.
10 Wollenschläger, in Deutscher Sozialrechtsverband (Hg.), 1983, 94.
11 Hauschild, in Hauck/Noftz, EU-Sozialrecht, K Art. 80 Rn. 3.

nichts über den Beweiswert ausländischer Urkunden. Dies folgt aber aus den internationalen Regeln für einzelne Gattungen von Urkunden anderer Staaten (z. B. Personenstandsurkunden). Diese bestimmen, dass jenen derselbe **Beweiswert** wie inländischen Urkunden zukommt.[12]

298 Art. 81 VO (EG) Nr. 883/2004 begründet für die fachlich jeweils zuständigen Verwaltungen der Vertrags- oder Mitgliedstaaten eine eigene Empfangszuständigkeit für sämtliche **Anträge** auf Sozialleistungen.[13] Diesen Regelungen entspricht Art. 13 Nrn. 1 und 2 IAO-Übereinkommen Nr. 157, wonach jeder Berechtigte Anspruch auf Geltendmachung von Leistungsansprüchen gegenüber den fachlich zuständigen Trägern seines Wohnstaates auch für Sozialleistungsansprüche hat, die von einem ausländischen Träger zu erfüllen sind. Der Träger des Wohnstaates ist zur unverzüglichen Weiterleitung des Antrages an den zuständigen ausländischen Träger verpflichtet. Ist für den Antrag eine Frist einzuhalten, wahrt diese auch die Antragstellung bei dem international unzuständigen Träger. Damit begründet Art. 81 VO (EG) Nr. 883/2004 eine **eigene Empfangszuständigkeit** für den **international unzuständigen Träger**.[14] So sollen Ansprüche gegenüber einem ausländischen Träger bei einem wohnortnahen Verwaltungsträger geltend gemacht werden können. Die Antragstellung erfordert oft die **Beratung** durch den Verwaltungsträger. Der angerufene, international unzuständige Verwaltungsträger hat dem Antragsteller auf Verlangen auch Rat nach ausländischem Recht zu erteilen. Die Empfangszuständigkeit des international unzuständigen Trägers entlastet den Antragsteller vom Übermittlungsrisiko im **internationalen Postverkehr**.

3. Zahlungsverkehr, Vollstreckung, Rückgriff und Rechtsschutz

299 Der Zahlungsverkehr wird bei Gewährung sozialrechtlicher Geldleistungen von den Mitgliedstaaten geregelt. Hat der Berechtigte seinen gewöhnlichen Aufenthalt außerhalb des leistungspflichtigen Staates, können die Mitgliedstaaten die unmittelbare Überweisung an den Berechtigten oder die Auszahlung durch den Träger des Wohnstaates auf Kosten des Trägers des zuständigen Staates vorsehen.[15] Vereinbaren die Mitgliedstaaten letzteres, wird in Art. 80 VO (EG) Nr. 987/2009 die **Währungsumrechnung** geregelt. Der zuständige Träger entgilt die Leistung regelmäßig in der Währung des aushelfenden Trägers. Für die Umrechnung ist der am Tag der Auszahlung des Betrages an den Berechtigten geltende Kurs maßgebend.

300 **Sozialleistungsträger** treten namentlich bei Beitragseinzug wie Rückforderung zu Unrecht erbrachter Leistungen als **Gläubiger** auf. Sie können ihre Forderungen aufgrund ihres Rechts jedoch nur gegenüber den sich im Gebiet des Gläubigerstaates aufhaltenden Schuldnern durchsetzen. Denn jeder **Vollstreckungs-**

---

12 EuGH Slg. 1997, I-6761 (Dafeki).
13 EuGH Slg. 1980, 1639 (Walsh).
14 Ganz anders das Verfahren in Zivil- und Handelssachen: EuGH Slg. 2005, I-9611 (Leffler).
15 Vgl. dazu Eichenhofer, in Hauck/Noftz, EU-Sozialrecht, K Art. 85 Rn. 5 ff.

akt gründet in der territorial auf das Staatsgebiet begrenzten Hoheitsgewalt des die Sozialleistung regelnden Staates. Forderungen der Sozialleistungsträger gegen die sich außerhalb des Gläubigerstaates aufhaltenden Schuldner können daher nicht autonom vollstreckt werden.[16]

Die Sozialversicherungsträger des Wohnstaates des Schuldners können für den Gläubigerstaat aber im Wege internationaler Amtshilfe tätig werden. Deren Vollstreckungsorgane treiben die dem Träger anderer Staaten zustehenden Forderungen gegen den Schuldner durch Einbehaltung eines Teilbetrages (= **Verrechnung**) oder unmittelbaren Zugriff auf das Schuldnervermögen bei. 301

Die **Vollstreckung** richtet sich nach dem Recht des zugreifenden Staates (Art. 84 VO (EG) Nr. 883/2004). Die Vollstreckungsmaßnahme kann nur wegen Nichtübereinstimmung der **Vollstreckungshandlung** mit dem Vollstreckungsrecht dieses Staates gerügt werden. Dagegen könnten Einwände gegen den Titel selbst nicht erhoben werden, soweit der Titel in einem Mitglied- oder Vertragsstaat erging, in dem ein „Mindestmaß an Rechtsstaatlichkeit" gewährleistet ist – eine Voraussetzung, die unter den EU-Staaten regelmäßig unproblematisch erfüllt ist. Vorbehaltlich spezieller zwischenstaatlicher Regeln schaffen Art. 84 VO (EG) Nr. 883/2004, 71–86 VO (EG) Nr. 987/2009 **neue Vollstreckungsregeln**. Diese Norm bereitet Schwierigkeiten im Hinblick auf die Anspruchsverjährung; diese wird im skandinavischen wie angelsächsischen Rechtskreis verfahrensrechtlich, im kontinentalen Rechtskreis dagegen materialrechtlich eingeordnet. Dieser **Qualifikationskonflikt** bleibt unaufgelöst, weshalb ein in Deutschland begründetes Recht eines Sozialversicherungsträgers auf Rückforderung oder eine Beitragsforderung gegen einen in Dänemark ansässigen Beitragsschuldner nur innerhalb der für dänische Beitragsforderungen geltenden Frist durchgesetzt werden kann.[17]

Sozialleistungsansprüche treten mitunter konkurrierend neben zivilrechtliche Ansprüche aus Delikts- und Gefährdungshaftung. Damit der geschädigte Sozialleistungsberechtigte nicht doppelt entschädigt wird, ordnet das Sozialrecht in § 115 f. SGB X den **Übergang des zivilrechtlichen Anspruchs** auf den leistungspflichtigen Sozialleistungsträger an. Richten sich der zivil- wie sozialrechtliche Anspruch nach unterschiedlichem Recht, fragt sich, ob der im Sozialrecht angeordnete Übergang auf einen Sozialleistungsträger[18] auch für eine nach dem Haftungsrecht eines anderen Mitgliedstaates zu beurteilende Forderung stattfindet.[19] Diese Fragen sind nach (vgl. Art. 85 VO (EG) Nr. 883/2004) zu 302

---

16 Vgl. ebd., Art. 84 Rn. 1 ff.; eingehender ders., DRV 1999, 48.
17 Vgl. Art. 83 VO (EG) Nr. 987/2009; danach folgt die Verjährung dem Grunde nach dem Recht des ersuchenden Staates; für die Verjährung einzelner Vollstreckungsmaßnahmen gilt das Recht des Vollstreckungsstaates.
18 EuGH Slg. 1984, 1389 (N.V. Tiel-Utrecht).
19 Vgl. Beitzke, IPRax 1989, 250 ff.; Eichenhofer, 1987, 100 ff., 260 f.; Schuler, 1988, 470.

bejahen[20] – und zwar selbst, falls das **Deliktsstatut** den **Übergang auf Sozialleistungsträger** ausschließt.[21] Denn dieser bezweckt den Ausgleich des für den Schädiger leistenden Sozialleistungsträgers, dem dadurch die Möglichkeit des Rückgriffs gegen den Schädiger eröffnet wird.

303 Begründet das **anzuwendende Sozialversicherungsstatut** eine Haftungsfreistellung des Arbeitgebers oder Arbeitskollegen, so verdrängt diese auch eine konkurrierende privatrechtliche Haftung.[22] Der Umfang des vom Sozialleistungsstatut bestimmten Fragenkreises wird in Art. 85 lit. b) VO (EG) 883/2004 bestimmt. Dieses normiert Haftungsgrund und -umfang, Ausschluss, Art und Bemessung des Schadens, Verfahrensrecht, Übertragbarkeit der Forderung, Ersatzberechtigung, Dritthaftung und Erlöschensbedingungen einschließlich der Verjährung. Anders als bei der Vollstreckung von Beitragsforderungen richtet sich die Verjährung der privaten Haftpflichtforderung also nach dem Privatrecht des Staates, das die den Übergang auslösende Sozialleistungsforderung bestimmt.

304 Der **Rechtsschutz** gegenüber Akten der Sozialversicherung findet durch die deutschen Sozialgerichte in allen sozialrechtlichen Streitigkeiten statt (§§ 51 SGG, 40 VwGO). Daraus folgt jedoch nicht, welche Streitigkeit den deutschen Sozialgerichten zugewiesen ist. Es wird jedoch als Selbstverständlichkeit angesehen, dass sich die internationale Zuständigkeit inländischer Sozialgerichte auf das inländische Sozialversicherungsrecht beschränkt ist.[23] Dementsprechend ist die Geltendmachung von auf **ausländisches Sozialversicherungsrecht** gestützten Ansprüchen vor **inländischen Gerichten** unstatthaft.[24] Allerdings können ausländische Träger kraft übergegangenen Rechts vor inländischen Gerichten Sozialleistungsansprüche geltend machen, soweit sie sich aus inländischem Sozialrecht ergeben (z. B. ausländischer unzuständiger Träger leistet gegen den Berechtigten eines inländischen Sozialleistungsanspruchs gegen dessen Abtretung).[25]

305 Ob die **internationale Zuständigkeit** inländischer Sozialgerichte besteht, richtet sich also nicht nach dem Rechtsstatus des Klägers, sondern dem für das Begehren maßgeblichen Recht: richtet sich dieses nach deutschem Sozialversicherungsrecht, besteht die internationale Zuständigkeit deutscher Sozialgerichte; andernfalls fehlt die internationale Zuständigkeit deutscher Gerichte.

Es besteht also ein **Gleichlauf** von internationaler Zuständigkeit und anwendbarem Recht. Hierin unterscheidet sich das Sozialversicherungsrecht zentral

---

20 EuGH Slg. 1994, I-2259 (DAK); Slg. 1969, 405 (CFL ./. Compagnie Belge); Slg. 1965, 134 (Heseper); Eichenhofer, in Hauck/Noftz, EU-Sozialrecht, K Art. 85 Rn. 1 ff.; Börner, ZIAS 1995, 410 ff.
21 EuGH Slg. 1999, I-5959 (Kordel).
22 BGH VersR 2007, 64; BGHZ 177, 237; Trunk, IPRax 2010, 227; vgl. auch LG Ellwangen – 16.3.2012 – 5 O 341/11 = UV-Recht aktuell 2012, 501.
23 OGH Wien DRdA 1993, 130 m. Anm. Egger.
24 BSGE 54, 250.
25 Eichenhofer, 1987, 228 f.

vom Privatrecht, das wegen der Divergenz von internationaler Zuständigkeit und anwendbarem Recht das Internationale Privatrecht als das auf den grenzüberschreitenden Sachverhalt anzuwendende, auf **allseitigen Kollisionsnormen** beruhende Verweisungsrecht benötigt wie ermöglicht.

4. Wirkung

Die im Europäischen koordinierenden Sozialrecht getroffenen Bestimmungen entfalten **keine Rückwirkung**, berechtigen jedoch für die **Zukunft** zur Zusammenrechnung von Zeiten, die vor Inkrafttreten der jeweiligen Rechtsregel zurückgelegt worden sind (Art. 87 II VO (EG) Nr. 883/2004).[26] Für das durchzuführende Verwaltungsverfahren formulierte der EuGH einen „gemeinschaftsrechtlichen **Äquivalenzgrundsatz**, wonach das Verfahren für die Behandlung von Sachverhalten, die ihren Ursprung in der Anwendung einer Gemeinschaftsfreiheit haben, nicht weniger günstig sein darf als das Verfahren für die Behandlung von innerstaatlichen Sachverhalten".[27] Des Weiteren fand er einen „gemeinschaftsrechtlichen Grundsatz der Effektivität ..., wonach das Verfahren die Ausübung der aus dem Sachverhalt mit gemeinschaftlichem Ursprung entstandenen Rechte nicht praktisch unmöglich machen oder übermäßig erschweren darf".[28] Er wird ergänzt durch einen **Effektivitätsgrundsatz**. Danach darf die grenzüberschreitende Geltendmachung von Rechten nicht unsachgemäß erschwert werden. Im Übrigen gilt der Vertrauensschutz und zwar derart, dass eine wirksame festgestellte Leistung nicht nach **Inkrafttreten** neuer Rechtsgrundlagen rückwirkend beseitigt werden dürfe. Eine **Änderung** erfolgt nur auf **Antrag** des Berechtigten (Art. 87 IV VO (EG) Nr. 883/2004).[29]

306

---

26 EuGH Slg. 2002, I-1343 (Kauer); Slg. 2002, I-3567 (Duchon); vgl. allgemein Bokeloh, ZESAR 2011, 18.
27 EuGH Slg. 2003, I-6515 (Pasquini).
28 EuGH Slg. 2010, I-3189 (Barth).
29 EuGH Slg. 1997, I-5123 (Baldone); Slg. 2001, I-5063 (Larsy); Slg. 2001, I-1395 (Camarotto, Vignone); Slg. 1995, I-4101 (Alonso-Perez).

§ 14 Unstatthafte Diskriminierung wegen der Staatsangehörigkeit

1. Ausgangspunkt

Der Binnenmarkt verlangt nach formaler **Gleichheit** aller Marktteilnehmer. Jede Bevorzugung der **Staatsangehörigen** eines Mitgliedstaates gegenüber anderen EU-Bürgern steht diesem Leitbild daher entgegen. **Rechtsgleichheit** unter den **Marktbürgern** ohne Unterschied der Staatsangehörigkeit ist die Grundvoraussetzung jedes **Binnenmarktes** wie elementares Gebot einer supranationalen Rechtsgemeinschaft (Art. 18 AEUV). Dieser Grundsatz ist – wie dargestellt – für die Leistungen sozialer Sicherheit anerkannt (Art. 4 VO (EG) Nr. 883/2004). Das Prinzip der **Nichtdiskriminierung** wegen der Staatsangehörigkeit hat darüber hinaus für sämtliche **sozialen Vergünstigungen** zu gelten (Art. 7 II VO (EU) Nr. 492/2011). In dem Urteil Pinna I[1] hat der EuGH eine Norm des **Sekundärrechts** als mit dem **Primärrecht** für unvereinbar verworfen, welche die Höhe der Familienleistungen nach dem Recht des zuständigen Staates nach dem Inlands- oder Auslandsaufenthalt des geförderten Kindes differenzierte und unterschiedlich bestimmte. Daraus folgt verallgemeinernd, dass auch sonstige Differenzierungen zwischen In- und Ausländern bei der Gewährung von Familienleistungen unstatthaft sind.

307

2. Nichtdiskriminierung unter EU-Bürgern bei sozialen Vergünstigungen

a) Nach der VO (EU) Nr. 492/2011

Die VO (EU) Nr. 492/2011 verwirklicht die **Freizügigkeit**, indem sie sämtliche, **Aufenthaltsbegründung** und **Arbeitsaufnahme** von Wanderarbeitnehmern entgegenstehenden Hindernisse beseitigt. So soll **Freizügigkeit** als **Grundfreiheit** (Art. 45 AEUV) in ihren vier Dimensionen gesichert sein: der Einreise zwecks **Arbeitsuche**, des Abschlusses eines Arbeitsvertrages und der damit einhergehenden **Niederlassung** im Staat der Beschäftigung, der Gleichbehandlung mit den ortsansässigen Arbeitnehmern sowie dem Recht auf Fortführung des begründeten Wohnsitzes nach Ende der Tätigkeit.[2] Die Freizügigkeit kommt auch Nichterwerbstätigen zu; Art. 24 II RL 2004/38/EG gestattet aber, bei Bedürftigkeit im Zeitpunkt der **Wohnsitzbegründung** Leistungen der **Sozialhilfe** zu versagen. Das Gebot der Gleichbehandlung gilt auch für Selbständige, bei denen nicht nach dem Wohnort differenziert werden darf.[3] Zum Schutz der Wanderarbeitnehmer bei der Arbeitsausübung bestimmt Art. 7 II VO (EU) Nr. 492/2011 das Gebot der **Gleichbehandlung** bei Gewährung sozialer Vergünstigungen. Die Unterscheidung zwischen erwerbstätigen und nicht er-

308

---

1 EuGH Slg. 1986, I-1 (Pinna I).
2 Becker, in Ehlers (Hg.), 4. Aufl., 2014, 355; Runggaldier, in Preis/Oetker (Hg.), EAS B 2000; Davy, in Niedobitek, § 7 Rn. 195 ff.
3 EuGH – 27.9.2012 – Rs. C-137/11 (Partena).

II. Koordinierendes Sozialrecht der EU

werbstätigen Hilfesuchenden ist dafür zentral. Eine in einem Mitgliedstaat geleistete Arbeit rechtfertigt dabei Arbeitsuche von sechs Monaten (Art 7 III lit. c) RL 2004/38/EG)[4]. Zugang zu Grundsicherung haben auch Selbständige; Beschäftigung Art. 7 III lit. b) RL 2004/38/EG meint auch jede selbständige Tätigkeit[5]. Ein Entzug sozialer Hilfeleistungen wegen Strafhaft ist unstatthaft.[6]

Dieses Gebot verbietet, Leistungen an Jugendlichen an eine sechsjährige Ausbildungszeit im zuständigen Staat zu binden, wenn die Arbeitsmarktbindung an diesen Staat auch anderweitig nachweisbar ist.[7] Die Anforderung einer vorangegangenen Inlandsbeschäftigung von mindestens einem Jahr (§§ 7 I 2 SGB II i. Verb. mit 2 III 1 Nr. 2 SGB II) kann auch durch unterbrochene und mehrere Teilzeitbeschäftigungen erfüllt werden.[8] Dieses steht mit den weiteren Geboten zur Gleichbehandlung im Hinblick auf die Stellung der **Familienangehörigen** der Wanderarbeitnehmer (Art. 12 VO (EU) Nr. 492/2011), deren arbeitsrechtlicher Stellung (Art. 7 I VO (EU) Nr. 492/2011) und ihrer steuerlichen Behandlung (Art. 7 III VO (EU) Nr. 492/2011) in sachlichem Zusammenhang.

309 Der Begriff „**soziale Vergünstigung**" wird in der Rechtsprechung weit ausgelegt. Die Vergünstigung muss nicht aufgrund des Arbeitsverhältnisses gewährt werden,[9] vielmehr ist darunter jede Zuwendung an eine, in einem Mitgliedstaat arbeitende oder sich gewöhnlich aufhaltende Person zu verstehen, die deren wirtschaftliche und soziale Lage verbessern soll. Dazu gehören auch Leistungen mit familienfördernder Tendenz: **Erziehungsgeld**,[10] **Ausbildungsbeihilfe**,[11] **Geburtsbeihilfe**[12], Zusatzleistungen für Sportler[13] und, die Familienförderung für Großfamilien[14] oder Ausgleichszulagen als Grundsicherung im Alter und bei Erwerbsminderung.[15] Auch Leistungen an **Familienangehörige** sind soziale Vergünstigungen.[16] Der Anwendungsbereich des Gleichbehandlungsgebotes nach Art. 7 II VO (EU) Nr. 492/2011 überschneidet sich so mit Art. 12 VO (EU) Nr. 492/2011, aus dem ebenfalls ein allgemeines Diskriminierungsverbot gegenüber den Familienangehörigen eines Wanderarbeitnehmers in der Schul-

---

4 EuGH EU:C:2019:309.
5 EuGH EU:C:2017:1084.
6 EuGH EU:C:2019:956.
7 EuGH – 25.10.2013 – Rs. C-367/11 (Prete).
8 BSG SGb 2017, 512 mit Anm. Janda NZS 2017, 958.
9 Anders noch EuGH Slg. 1973, 457 (Michel).
10 EuGH Slg. 2007, I-6303 (Hartmann); Slg. 2007, I-6347 (Geven); 20.6.2013 – Rs. C-20/12 (Giersch).
11 EuGH Slg. 1988, 3161 (Lair); Slg. 1989, 723 (Echternach); Slg. 1992, I-1071 (Bernini); Slg. 1993, I-817 (Kommission./. Luxemburg); 18.3.2014 – Rs. C-603/12 (Braun); 20.6.2013 – Rs. C-20/12 (Giersch); 8.5.2013 – Rs. C-529/11 (Alarape) EuGH EU:C:2019:582; Devetzi, 2015.
12 EuGH Slg. 1982, 33 (Reina).
13 EuGH EU:C:2019:1098.
14 EuGH Slg. 1975, 1085 (Cristini); EuGH EU:C:2017:485; EuGH EU:C:2020:957.
15 EuGH – 19.9.2013 – Rs. C-140/12 (Brey).
16 EuGH Slg. 1985, 1739 (Frascogna I); Slg. 1990, I-4185 (di Leo); EuGH EU:C:2020:269; EuGH EU:C:2020:957.

und Berufsausbildung folgt. Ferner sieht die Rechtsprechung[17] in jedem Verstoß gegen das in Art. 4 VO (EG) Nr. 883/2004 statuierte Diskriminierungsverbot zugleich eine Verletzung des Art. 7 II VO (EU) Nr. 492/2011, weil sämtliche Leistungen sozialer Sicherheit stets auch soziale Vergünstigungen darstellen.

Die Steuerbefreiung von Ruhestandseinkünften aus unterschiedlichen Mitgliedstaaten darf nicht unterscheiden;[18] die Studienbeihilfe von einer Erwerbphase im leistungspflichtigen Staat anhängig zu machen, ist eine mittelbare Diskriminierung von und verletzt Art. 7 II VO (EU) 492/2011;[19] der Familienangehörigenbegriff erfordert die Gleichstellung von Stiefkindern mit leiblichen Kindern[20] bei der Studienfinanzierung; bei ihr sind Voraufenthalte in unterschiedlichen Mitgliedstaaten als Anspruchsvoraussetzung gleich zu behandeln.[21]

b) Nach der RL 2011/98/EU

Neben dem im Rahmen der bisherigen Erörterungen vorgestellten Art. 4 VO (EG) 883/2004, 7 II VO (EU) 492/2011 statuiert das EU-Recht auch ein weiteres **Diskriminierungsverbot** bei der Gewährung von Leistungen sozialer Sicherheit aufgrund der zum 25.12.2013 umzusetzenden Richtlinie 2011/98/EU über die sozialrechtliche **Gleichstellung** von **Drittstaatern**.[22] Sie steht im Zusammenhang mit der europäischen **Migrations-** und **Integrationspolitik** und zielt auf die sozialrechtliche Gleichstellung von Drittstaatsangehörigen, die sich in einem anderen Mitgliedstaat zu Zwecken der Ausübung einer **Erwerbstätigkeit** oder anderen Gründen aufhalten und dementsprechend eine **Arbeitserlaubnis** oder eine **Aufenthaltserlaubnis** nach der VO (EG) 1030/2002[23] innehaben. 310

Die der Gleichbehandlung dienende Richtlinie 2011/98/EU gewährt Drittstaatsangehörigen die Gleichbehandlung im Hinblick auf **Staatsangehörige** des **Aufenthaltsstaates** in Arbeitsbedingungen und bei **Arbeitsentgelt, Kündigungsschutz, Gesundheitsschutz** und **Arbeitssicherheit**, in der **Vereinigungsfreiheit, Gewerkschaftsmitgliedschaft** oder Mitgliedschaft in **Arbeitgeberverbänden**, bei der beruflichen Bildung, bei der **Anerkennung von Diplom** und sonstigen **Qualifikationsnachweisen** sowie allen Zweigen der **sozialen Sicherung** im Sinne der VO (EG) 883/2004. Von dieser Gleichstellung können die Mitgliedstaaten unter bestimmten Voraussetzungen abweichende Entscheidungen treffen, namentlich den Studienzugang und die **Studienbedingungen, Studienförderungen** und **Wohnraumversorgung** für Staatsangehörige ande- 311

---

17 EuGH Slg. 1985, 1739 (Frascogna I); Slg. 1987, 3431 (Frascogna II); Slg. 1992, 5517 (Kommission ./. Belgien).
18 EuGH EU:C:2016:361.
19 EuGH EU:C:2016:949.
20 EuGH EU:C:2016:955.
21 EuGH EU:C:2015:62.
22 ABl. EU L 343 vom 23.12.2011, S. 1.
23 ABl. EG L 157 vom 15.6.2002, S. 1.

rer Staaten (Art. 24 Abs. 2 RL 2004/98/EG). Zulasten der Drittstaatsangehörigen ist jedenfalls eine Differenzierung in der gesetzlichen **Alters-, Invaliditäts-** und **Hinterbliebenensicherung** unstatthaft. Demgemäß hat das deutsche Recht in §§ 317a, 113, 114, 272 und 317 SGB VI mit Wirkung ab dem 25.12.2013 eine entsprechende, diese Gleichstellung gewährleistende Regeln beschlossen.[24] Drittstaatsangehörige Mütter eines in einem Mitgliedstaat lebenden Kindes, das EU- Bürger ist, hat einen eigenen Aufenthalts- und Sozialhilfeanspruch, wenn sie für das Kind sorgen.[25] Aufenthaltsrecht und Sozialleistungsanspruch auf Grundsicherung bestehen auch für Eltern, deren Kinder in einem Mitgliedstaat wohnen und sich dort aufhalten und schulpflichtig sind.[26]

Schließlich sieht das am 25. April 1964 in Kraft getretene **Übereinkommen Nr. 118** der Internationalen Arbeitsorganisation die Gleichbehandlung von Inländern und Ausländern in der sozialen Sicherheit vor: Die Gleichbehandlung von In- und Ausländern unter anderem auch für die Leistungen der sozialen Sicherheit (Art. 2 Nr. 1 Buchst. j einschließlich der Familienleistungen) zu garantieren. Dies verbietet insbesondere, unterschiedliche Regelungen für **Staatsangehörige** aus unterschiedlichen Staaten vorzusehen. Das Ziel ist die umfassende **Gleichbehandlung** von In- und Ausländern in allen Zweigen der sozialen Sicherheit.

3. Unterschiedliche soziale Rechte nach der Staatsangehörigkeit

312 Eine weitere verfassungsrechtliche Grundfrage betrifft das Problem, ob bei Gewährung sozialer Rechte im Rahmen der **sozialen Förderung**, eine Unterscheidung zwischen **In- und Ausländern** rechtlich statthaft ist. Während noch bis in die 1960er Jahre vereinzelt die These vertreten wurde, aus dem Grundsatz der **Sozialstaatlichkeit** (Art. 20, 28 GG) folge, dass bei Gewährung sozialer Rechte zwischen In- und Ausländern differenziert werden dürfe, ja müsse,[27] kann diese Auffassung heute als vollständig überwunden angesehen werden. Die heute herrschende Ansicht geht vielmehr umgekehrt davon aus, dass sich aus dem Sozialstaatsprinzip keine besonderen Aussagen für Ausländer ergeben.[28]

313 Dies erklärt sich aus den in § 30 SGB I, §§ 3–6 SGB IV getroffenen Regelungen über den **internationalen Geltungsbereich** des deutschen Sozialrechts. Dieser gilt nach § 30 SGB I grundsätzlich für alle sich in Deutschland **gewöhnlich aufhaltenden** Personen,[29] wogegen die deutsche Sozialversicherung alle in

---

24 BR Drs. 379/13; Nagel, RV aktuell 2013, 197; Eichenhofer, SGb 2013, 613.
25 EuGH EU:C:2017:354.
26 EuGH EU:C:2020:377; Constanze Janda, ZESAR 2021,3.
27 Vgl. die Nachweise bei Isensee, VVDStRL 32 (1974), 49, 88 f.: „Der Sozialstaat ist kein Fichte'scher „Zwingherr" zur Deutschheit. Das sozialstaatliche Homogenitätsgebot bezieht sich nur auf die Herstellung der realen Bedingungen, unter denen individuelle Entfaltung und freie Differenzierung in einer offenen Gesellschaft möglich sind."
28 Heintzen, in Merten/Papier (Hg.), 2006, § 50 Rn. 24.
29 Eichenhofer, in Eichenhofer/Wenner (Hg.), § 30 SGB I Rn. 2 ff.

Deutschland abhängig oder selbstständig **erwerbstätige** Personen einbezieht,[30] einerlei, welche **Staatsangehörigkeit** sie innehaben.

Der internationale Geltungsbereich des deutschen Sozialrechts wird daher grundsätzlich nicht durch die Staatsangehörigkeit des Berechtigten, sondern dessen Zugehörigkeit zur **inländischen Gesellschaft** bestimmt. Sie folgt aus den eindeutig zu bestimmenden Kriterien des **Wohnsitzes, Betriebsortes** oder **Unternehmenssitzes**. Der deutsche Sozialstaat der Gegenwart ist deswegen nicht der Sozialstaat der Deutschen, sondern schützt und fördert die in Deutschland wohnenden und beschäftigenden Menschen einerlei, welche Staatsangehörigkeit sie innehaben.[31] 314

Das Sozialstaatsprinzip begründet für den Gesetzgeber deshalb auch eine allgemeine Pflicht zur **Gleichbehandlung**.[32] Denn alle Sozialstaatlichkeit bezweckt, die **Gleichheit** zu fördern.[33] Vor diesem Hintergrund erscheint grundsätzlich fraglich, ob die zur Förderung von Familien gewährten Leistungen für Bewohner oder Beschäftigte des Inlands von deren Staatsangehörigkeit abhängig gemacht werden dürfen. 315

a) Deutschen- und Jedermanns-Grundrechte

Es ist dem GG allerdings nicht die generelle Aussage zu entnehmen, dass grundsätzlich zwischen **Deutschen** und **Ausländern** rechtlich nicht oder gar niemals differenziert werden dürfte. Denn es besteht jedenfalls Einverständnis, dass aus dem in Art. 3 III GG enthaltenen Verbot, Menschen wegen ihrer „**Heimat**" unterschiedlich zu behandeln, kein allgemeines Verbot der Differenzierung aufgrund der **Staatsangehörigkeit** abzuleiten ist.[34] Außerdem ist bei der sozialen Förderung im Steuerrecht dem Gesetzgeber aufgrund des Sozialstaatsgebots ein weiter Spielraum zu autonomer politischer Gestaltung eröffnet.[35] Der Sozialstaatsgrundsatz verpflichtet den Gesetzgeber, für eine **soziale Belastungen** vermindernde und soziale **Nachteile** ausgleichende Sozialordnung zu sorgen.[36] Dies gibt ihm dafür einen weiten Gestaltungsspielraum, der nur dadurch begrenzt wird, dass durch seine Handlungen Mindestvoraussetzungen für ein **menschenwürdiges Dasein** geschaffen sein müssen.[37] 316

Allerdings ist bei der Gewährung von **Schutzrechten** in der Sozialversicherung eine Schlechterstellung von Aus- gegenüber Inländern verfassungsrechtlich unstatthaft, wenn der Gesetzgeber dadurch zu sichern versucht, dass die aus- 317

---

30 Ebd., §§ 3–6 SGB IV Rn. 2 ff.
31 Vgl. dazu eingehend: Janda, 2012, 1 ff., 57 ff., 143 ff.; Janda, 2015; Marhold; Eichenhofer/Abig, 2004; Eichenhofer, ZIAS 2003, 404; Zacher, in Brenner/Huber/Möstl (Hg.), 2004, 639.
32 BVerfGE 39, 316, 327; 44, 283, 289 f.; 45, 376, 387.
33 Davy/Axer, VVDStRL 68 (2009), 122 ff., 177 ff.
34 BVerfGE 51, 1, 30; Gundel, in Isensee/Kirchhof (Hg.), 2011, 198 Rn. 3 ff.; Uerpmann-Wittzack, in Merten/Papier (Hg.), 2013, 128 Rn. 58.
35 BVerfGE 58, 10, 13; 62, 136, 140; 113, 167, 215.
36 BVerfGE 59, 231; 100, 271, 284.
37 BVerfGE 82, 60, 80; 110, 412, 445.

II. Koordinierendes Sozialrecht der EU

ländischen Herkunftsstaaten den deutschen Staatsangehörigen gegenüber ihrerseits **Gleichbehandlung** mit deren **Staatsangehörigen** üben.[38] Zugunsten der Gleichbehandlung spricht der universale Charakter der Menschenrechte, zu denen sich das GG bekennt (Art. 1 II GG). Diese leiten sich aus dem Recht jedes Menschen ab und davon her. Als Menschenrechte sind sie in ihrem Inhalt gleich; die Staaten dürfen davon nur im Rahmen eines ihnen von den Gerichten eingeräumten Beurteilungsspielraums (*engl.* margin of appreciation) abweichen. Deshalb gelten die universalen Menschenrechte für alle Menschen gleich.

318 Deswegen darf nach der Rechtsprechung des BVerfG die Schlechterstellung ausländischer gegenüber inländischen Staatsangehörigen nicht jene zum „**Faustpfand**"[39] werden lassen, so dass ihnen die durch Arbeit erworbenen Rechte sozialen Schutzes gänzlich vorenthalten würden, um damit ausländische Staaten zum Abschluss von auf Gegenseitigkeitsverbürgungen beruhenden Abkommen über die **Gleichbehandlung** von **Staatsangehörigen** der Vertragsstaaten zu veranlassen. Denn dann müsste ein sozialversicherungsrechtliches Anrecht, das als **Eigentumsrecht** (Art. 14 GG) ein geschütztes Individualrecht darstellt und verbürgt, vollständig hinter die Belange des Allgemeinwohls zurücktreten, ohne dass dem einzelnen Berechtigten irgendein Einfluss auf das Zustandekommen der internationalen Absprachen zur Verfügung und zu Gebote stünde. Eine unterschiedliche sozialrechtliche Behandlung von Deutschen und Ausländern ist also grundsätzlich möglich, findet aber ihre Grenzen im Eigentumsschutz sozialer Rechte und hat dem Gleichbehandlungsgebot (Art. 3 Abs. 1 GG) standzuhalten.

b) Tragfähigkeit der sozialrechtlichen Unterscheidung nach der Staatsangehörigkeit

319 Weil aber nach Art. 3 I GG im Allgemeinen eine Differenzierung aufgrund von Merkmalen erlaubt ist, an die auch das GG selbst unterschiedliche Rechtsfolgen knüpft – beispielsweise zwischen **Beamten** und anderen **Beschäftigten**[40] oder **Ehegatten** und **Lebenspartnern**[41] selbst differenziert – könnte eine unterschiedliche Rechtsstellung für In- und Ausländer verfassungsrechtlich damit begründet werden, dass das GG seinerseits auch zwischen den allen Deutschen vorbehaltenen Grundrechten (Art. 8, 9, 11, 12, 16 und 20 IV GG) einerseits und den **In-** wie **Ausländern** gleichermaßen gewährleisteten Grundrechten andererseits unterscheidet. Die Differenzierung zwischen In- und Ausländern ist also dem GG nicht fremd, vielmehr in ihm selbst in der Unterscheidung zwi-

---

38 BVerfGE 81, 208, 224 f.; Jarass, in Jarass/Pieroth, 2014, Art. 3 Rn. 76.
39 BVerfGE 51, 1, 25: andernfalls würde die Leistungsversagung zum unsachgemäßen „Druckmittel" gegenüber dem einzelnen Versicherten, der seinerseits nichts zum Zustandekommen des internationalen Abkommens tun kann. „Der Anspruch eines Versicherten kann nicht als ‚Faustpfand' für die berechtigten Anliegen anderer verwendet werden."
40 BVerfGE 52, 303, 346.
41 BVerfGE 124, 199, 226.

schen Deutschen- und Jedermanns-Grundrechten angelegt und deswegen kann jedenfalls grundsätzlich eine Differenzierung nach der **Staatsangehörigkeit** getroffen werden.

Schützt das GG jedoch die Grundrechte für In- und Ausländer unterschiedlich, so könnte daraus verallgemeinernd die grundsätzliche Statthaftigkeit der Unterscheidung zwischen In- und Ausländern gefolgert werden. Die den Deutschen durch das GG bei der **Versammlungs-** (Art. 8 GG) und **Vereinigungsfreiheit** (Art. 9 GG), der **Freizügigkeit** (Art. 11 GG) und **Berufsfreiheit** (Art. 12 GG) sowie schließlich der Staatsangehörigkeit und dem damit verbundenen **Ausweisungsschutz** (Art. 16 GG) sowie dem **Widerstandsrecht** (Art. 20 IV GG) eingeräumten Grundrechte finden ihre Rechtfertigung darin, dass diese Befugnisse, den unmittelbaren Zugang zum Wirtschafts- und Arbeitsmarkt begründen oder einen engen Bezug zur politischen Teilhabe und damit zur Zugehörigkeit zum Staatsverband Deutschlands aufweisen. 320

Die Einräumung von **Deutschen-Grundrechten** findet ihre Erklärung und Rechtfertigung also in dem auf Inländer beschränkten **politischen Teilhaberechten** sowie den mit solcher Bürgerstellung eng verbundenen wirtschaftlichen Freiheiten der Erwerbsteilnahme. Die Unterscheidung zwischen In- und Ausländern erklärt sich also namentlich aus den Besonderheiten der Staatsorganisation, welche die politische Teilhaberechte den Staatsbürgern vorbehält und diese den Ausländern vorenthält. Im Hinblick auf die wirtschaftliche Vorrangstellung der Inländer bedeutet allerdings das in Art. 10 AEUV enthaltene EU-rechtliche Gleichstellungsgebot für EU-Bürger, dass wegen des Vorrangs des EU- gegenüber dem mitgliedstaatlichen Recht auf der EU zur Regelung übertragenen Rechtsgebieten die im GG angelegte unterschiedliche Behandlung von Deutschen und anderen EU-Bürgern durch das EU-Recht überwunden wird.[42] Dies bedeutet vor allem die Gleichstellung von EU-Bürgern mit Deutschen in der Erwerbsarbeit sowie der damit verbundenen **sozialen Sicherheit**, zu der auch die **Familienleistungen** gehören. Außerdem stehen auch den Ausländern die in Art. 8, 9, 11 und 12 GG enthaltenen **Menschenrechte** als Grundrecht zu. Dies folgt zwar nicht aus den genannten Bestimmungen, wohl aber aus Art. 2 I GG.[43] 321

c) Folgerungen

Die deutsche Rechtsordnung pflegt, „Deutsche und Ausländern gleich zu behandeln. Der allgemeine Gleichheitssatz des Art. 3 I GG ist kein **Deutschen-**, sondern ein **Jedermanns-Grundrecht**."[44] Allerdings folgt aus Art. 3 I GG nicht, 322

---

42 Schönberger, in Grabitz/Hilf/Nettesheim, Art. 20 AEUV Rn. 52 ff.; Breuer, in Isensee/Kirchhof (Hg.), Handbuch des Staatsrechts, Bd. VI, 1989, 147 Rn. 21; Bauer/Kahl, JZ 1995, 1077, 1083; Gundel, in Isensee/Kirchhof (Hg.), 2011, 198 Rn. 12 ff., 71 ff.
43 BVerfGE 35, 382, 399; 49, 168, 180; 78, 179, 196 f.; Gundel, in Isensee/Kirchhof (Hg.), 2011, § 198 Rn. 5 ff.
44 Heintzen, in Merten/Papier (Hg.), 2006, § 50 Rn. 60; speziell zu den Sozialleistungen: Eichenhofer/Abig, 2004.

II. Koordinierendes Sozialrecht der EU

dass Unterscheidung zwischen In- und Ausländern von vornerein einen Verfassungsverstoß darstellten. Sofern sie jedoch getroffen werden, bedürfen sie allerdings der konkreten sachlichen Rechtfertigung. Eine wichtige Rechtfertigung im EU-Recht stellt der **Ausschluss von Bürgern** aus EU-Staaten aus den Bezugsvoraussetzungen von **Sozialhilfeansprüchen** nach Art. 24 II RL 2004/38/EG dar. Sie kann verfügt werden, wenn Bedürftigkeit bei Einreise vorlag[45] oder wenn die Inanspruchnahme von Sozialhilfe für den betroffenen Staat zur unzumutbaren Belastung wird.[46] Allerdings ist unklar, wie dieser Begriff zu bestimmen ist. Besteht dagegen ein Daueraufenthaltsrecht, rechtfertigt ein Sozialhilfebezug nicht dessen Entzug.[47] Ferner sind **Arbeitsuchende** als Arbeitnehmer aufgrund vorheriger Erwerbsbeteiligung wie die Staatsangehörigen des betreffend zuständigen Staates zu behandeln.[48] Die These, unterschiedliche Standards sozialer Sicherung wirkten als Wanderungsmotiv (**welfare magnet**), hält empirischer Prüfung nicht Stand.[49] Spezielle Regelungen zur Begrenzung der **Zuwanderung** aus dem Bestreben, Sozialleistungen zu beanspruchen, sind aber in Art. 24 II RL 2004/38/EG für **Nichterwerbstätige**[50] und **Studierende**[51] statthaft.[52]

---

45 EuGH – 11.11.2014 – Rs. C-333/13 (Dano); Diakonie, Diakonie Texte 6.2014, 2014; Epiney/Gordzielik (Hg.), 2015; Guild/Gortazar Rotaeche/Kostakopoulou (Ed.), 2014; Guild/Carrera/Eisele (Ed.), 2014; Janda, 2015; Davy, 2015.
46 EuGH – 19.9.2013 – Rs. C-140/12 (Brey).
47 EuGH – 6.9.2012 – Rs. C-147/11, C-148/11 (Czop und Punakova); 15.11.2011 – Rs. C-256/11 (Dereci).
48 EuGH – 9.6.2014 – Rs. C-507/12 (Jessy Saint Prix).
49 ICF GHK milieu, 2013.
50 EuGH – 11.11.2014 – Rs. C-333/13 (Dano).
51 EuGH – 21.2.2013 – Rs. C-46/12 (Styrelsen).
52 Vgl. Devetzi, EuR 2014, 638.

III. Europäisches harmonisierendes Sozialrecht

§ 15 Überwindung der Diskriminierung

1. Diskriminierungsverbote im Primärrecht

Nach Art. 2, 3 III EUV zählt die „**Gleichstellung von Männern und Frauen**" zu den elementaren Aufgaben der EU. Art. 157 AEUV verpflichtet jeden Mitgliedstaat, den „Grundsatz des gleichen Entgelts für Männer und Frauen bei gleicher oder gleichwertiger Arbeit sicherzustellen"; Parlament und Rat haben Maßnahmen zur Verwirklichung „des Grundsatzes der Chancengleichheit und der Gleichbehandlung von Männern und Frauen in Arbeits- und Beschäftigungsfragen, einschließlich des Grundsatzes des gleichen Entgelts bei gleicher oder gleichwertiger Arbeit" zu ergreifen. Schließlich lautet Art. 157 IV AEUV: „Im Hinblick auf die effektive Gewährleistung der vollen Gleichstellung von Männern und Frauen im Arbeitsleben hindert der Grundsatz der Gleichbehandlung die Mitgliedstaaten nicht daran, zur Erleichterung der Berufstätigkeit des unterrepräsentierten Geschlechts oder zur Verhinderung oder zum Ausgleich von Benachteiligung in der beruflichen Laufbahn spezifische Vergünstigungen beizubehalten oder zu beschließen" (**gender mainstreaming**). 323

Mochte vor dem Amsterdamer Vertrag noch zweifelhaft erscheinen, ob die Gemeinschaft für die Rechtsangleichung zur Gleichberechtigung von Mann und Frau in der sozialen Sicherung befugt sei[1], so ist diese Befugnis unter dem EU-Recht schlechthin unbestritten. Zwar sind Leistungen sozialer Sicherheit selbst weder **Arbeitsentgelt**[2] noch **Arbeitsbedingungen**, obgleich die soziale Sicherheit die Erwerbstätigkeit voraussetzt. Da aber die Verwirklichung der „Gleichstellung von Männern und Frauen" zu den elementaren Aufgaben der EU zählt, vermag sie auch für die zur **Sozialpolitik** zählende soziale Sicherheit eigens Richtlinien zur Förderung von Gleichberechtigung und Gleichstellung von Männern und Frauen zu verabschieden. 324

Der Vertrag von Amsterdam schuf die inzwischen in Art. 19 AEUV niedergelegte Bestimmung; danach soll die EU „geeignete Vorkehrungen ... treffen, um Diskriminierungen aus Gründen des Geschlechts, der Rasse, der ethnischen Herkunft, der Religion und der Weltanschauung, einer Behinderung, des Alters oder der sexuellen Ausrichtung zu bekämpfen". Die Unterbindung von Diskriminierungen aus den aufgeführten Gründen wird zu einem **zentralen** Gegenstand des Rechts, weil sie das Fundament für die **Gleichheit** schafft.[3] 325

---

1 Buchner, RdA 1993, 193, Fuchs/Marhold, 2018, 190 ff.
2 EuGH Slg. 1971, 445, 451 (Defrenne I); Haverkate/Huster, 1999, Rz. 690 ff.; Pennings, 1998, 245 ff.
3 Vgl. auch Asscher-Vonk/Groenendijk (Eds.), 1999.

III. Europäisches harmonisierendes Sozialrecht

326 Das Anliegen, Diskriminierungen aus den genannten Gründen zu unterbinden, ist der **Rechtsordnung** insgesamt aufgetragen. Es ist auch im **Arbeitsleben** und zivilen **Rechtsverkehr** zu verwirklichen, um die Opfer möglicher Diskriminierung vor Rechtsnachteilen zu bewahren. Auch für das Recht der **sozialen Sicherheit** ist die Thematik bedeutsam; freilich ist das Prinzip der Nichtdiskriminierung im deutschen Sozialrecht aufgrund seiner öffentlich-rechtlichen Ausgestaltung und der daraus unmittelbar erwachsenden Bindung an die Grundrechte (Art. 1 III, 3 III GG) bereits seit langem allgemein anerkannt. Eine andere Frage ist freilich: Steht die Sozialrechtsordnung der Mitgliedstaaten mit dem Grundsatz der Nichtdiskriminierung aus den in Art. 19 AEUV genannten Gründen damit bereits stets und konkret im Einklang? Diese Frage erlangt zunehmend Bedeutung und ist nach den ergangenen Rechtsetzungsakten zu einer europarechtlichen Frage geworden. Die **Sozialrechte** sämtlicher Mitgliedstaaten haben den **Diskriminierungsverboten** zu genügen, weil deren Rechtsakte einer europarechtlichen Überprüfung standhalten müssen.

2. Antidiskriminierung und Vertragsfreiheit

327 In der Debatte in **Deutschland** wurden tiefgreifende **Vorbehalte** gegenüber jeglichen Diskriminierungsverboten deutlich.[4] Zwar besteht Einverständnis, dass eine Zurücksetzung der angesprochenen Gruppen moralisch verwerflich und anstößig sei. Höchst umstritten war aber die Frage, ob Diskriminierungen rechtlich unterbunden werden dürfen und falls ja, mit welchen Mitteln. Kritiker sahen dann die gewaltsame Erzwingung **moralischer** Standards als „**ideologische Vorgaben**"[5] oder Akte der „**Gesinnungspolizei**".[6] „Die Zurückweisung eines möglichen Partners mag für diesen schmerzhaft sein, aber dieser Schmerz ist **nicht justitiabel**".[7] Antidiskriminierungsregeln machten die **Grenze** von Recht und Moral hinfällig und zerstörten damit die Grundlagen einer freiheitlichen Gesellschaft. Sie stellten jeden Vertragsschluss unter einen umfassenden Begründungs- und Rechtfertigungszwang und verfehlten damit die Vertragsfreiheit. Diese sichere jedem einzelnen Menschen das Recht auf individuelle **Unvernunft**.[8] Schließlich erhöhe Antidiskriminierungsrecht die Kosten für die Dokumentation von Entscheidungen bei Vertragsschlüssen und behindere so die wirtschaftliche Entwicklung.

328 Diese Einwände übersehen zunächst, dass **alle** Mitgliedstaaten der EU Anti-Diskriminierungsregeln geschaffen haben.[9] Von den Verpflichtungen der euro-

---

4 Höchst kritisch: Adomeit, NJW 2002, 1622; ders., NJW 2003, 1162; Picker, JZ 2003, 540; Säcker, ZRP 2002, 286; aufgeschlossen: Baer, ZRP 2002, 290; Britz, 2005, 355; Eichenhofer, DVBl. 2004, 1078; Neuner, JZ 2003, 57; Rust, 2003; Schiek, 2000; Wendeling-Schröder, NZA 2004, 1320; eingehend und eindrucksvoll: Grünberger, 2013.
5 Säcker, ZRP 2002, 286.
6 Adomeit, NJW 2002, 1622.
7 Ebd.
8 Picker, JZ 2003, 540.
9 Bell, 2002; ibid, 29 Industrial Law Journal (ILJ), 2000, 79; Schiek, 2000; Waddington, 29 ILJ (2000), 176; Fredman, 2002; Kymlicka, 1995; Young, I., 1990; Eichenhofer, AuR 2013, 62.

§ 15 Überwindung der Diskriminierung

päischen Antidiskriminierungsgesetzgebung freikommen zu wollen, zielte also auf eine **Vorzugsstellung** in der EU. Ferner bestehen umfassende Pflichten zur Schaffung von Antidiskriminierungsregeln im **Völkerrecht**.[10] Antidiskriminierungsrecht verletzt auch nicht „die" Vertragsfreiheit, sondern dessen Regeln schützen Arbeitnehmer und Konsumenten vor Zurücksetzungen, nicht um die **Chance auf Vertragsschluss** gebracht werden. Antidiskriminierungsrecht hebt die Vertragsfreiheit also nicht auf, sondern sichert sie für alle Vertragspartner![11]

Das Antidiskriminierungsrecht beruht statt auf einer nicht konsensfähigen, 329
elitären Hochmoral auf dem für menschliches Zusammenleben schlechthin konstitutiven Prinzip der **Rechtsgleichheit**. Dieses legitimiert den Schutz von Gruppen sozial Schwacher gegen Herabsetzung, Benachteiligung und Belästigung. Dieses Bemühen findet seinen Niederschlag im EUV, welcher sich zu Pluralismus, Toleranz, Gleichheit und Nichtdiskriminierung als **Grundwerten** bekennt (Art. 2 EUV).[12] Antidiskriminierungsrecht überwindet jedoch die formale, abstrakte Gleichheit, weil **formale Gleichbehandlung** zumeist historisch tradierte und rechtlich befestigte **Ungleichheiten fortführt**.[13] Es geht ihm also um die Sicherung von Freiheit und Gleichheit als gleiche Freiheit.[14]

Gleiche Freiheit ist nicht angemessen durch die Verabsolutierung eines Zieles auf Kosten eines anderen zu bewältigen. Freiheit begründet kein Vorrecht einzelner gegenüber anderen, sondern ist als gleiche Freiheit aller geschützt und zu verwirklichen. Isaiah Berlin formuliert es treffend: „Both liberty and equality are among the primary goals pursued by human beings through many centuries; but total liberty for wolves is death to the lambs, total liberty of the powerful, the gifted is not compatible with the rights to a decent existence of the weak and the less gifted".[15]

3. Antidiskriminierungsregeln im Sozialrecht
a) Benachteiligungsumstände
Die Regeln über die Antidiskriminierung im Sozialrecht sind in §§ 33c SGB I, 2 Abs. 2 Satz 1 AGG, 19a SGB IV niedergelegt.[16]

aa) Rasse und ethnische Herkunft
Durch die berüchtigten „Nürnberger Gesetze" wurden seit 1935 die **Juden** aus 330
der deutschen Sozialversicherung **ausgeschlossen**:[17] das historisch schändlichste Beispiel einer an Rasse und ethnischer Herkunft orientierten sozial-

---
10 Giegerich, in Rust/Falke, AGG, 2007, Einl. Rn. 14 ff.; Schiek, in dies., Einl., Rn. 8 ff.
11 Eichenhofer, AuR 2013, 62.
12 Grünberger, 2013; Bobbio, in ibid., 2000, p. 103; Flynn, 36 (1999) CMLR, 1127; Geary, in Alston (Ed.), 2001, p. 340; grundlegend: Walzer, 1992; Akandji-Kombé.
13 Fredman, 2002, p. 1 et sequ.
14 Dazu eindrucksvoll Grünberger, 2013.
15 Zit. nach Fredman, 23.
16 Däubler/Bertzbach/Eichenhofer, AGG, 2008 (2. Aufl.), § 2 Rn. 61 ff.
17 Stolleis, 2003, 184 ff.

III. Europäisches harmonisierendes Sozialrecht

rechtlichen Regel. Vergleichbare Vorschriften sind dem geltenden Recht selbstverständlich fremd. Stattdessen sind für Erwerbstätige der Beschäftigungs-[18] oder für Nichterwerbstätige der Wohnort[19] die zentralen Anknüpfungspunkte des deutschen ISR.[20] Die Einbeziehung in das Sozialrecht hängt so von einer ausgeübten Beschäftigung oder innegehabten Wohnsitz ab. Eine Unterscheidung nach der Staatsangehörigkeit ist unter EU-Bürgern dagegen bei Gewährung von Leistungen sozialer Sicherheit[21] wie sonstigen sozialen Leistungen[22] ausgeschlossen (Art. 18 AEUV).[23]

331 Die wichtigste Ausnahme von diesen Grundsätzen findet sich im deutschen **Flüchtlings-** und **Vertriebenenrecht**. Danach werden die aus den (vormaligen) Vertreibungsgebieten nach Deutschland gekommenen Deutschen in die deutsche Sozialversicherung einbezogen. „Deutsche" sind nicht nur die deutschen Staatsangehörigen, sondern auch die Angehörigen deutscher Volkszugehörigkeit (Art. 116 GG, § 20 WGSVG). Diesem Personenkreis gehört an, wer sich im Herkunftsstaat dem deutschen Sprach- und Kulturkreis zugehörig fühlte.[24] Obzwar diese Regelung **soziale Rechte** nach dem Merkmal der Zugehörigkeit zur **deutschen Sprachkultur** und eines ethnischen Merkmals zuweist, diente sie der sozialrechtlichen Bewältigung der Vertreibung Deutscher aus Mittel- und Osteuropa als Gegenreaktion auf die von Deutschland auf diesen Raum erhobenen und brutal eingeforderten Gebietsansprüche. In der Ausgleichsfunktion für eine besondere Benachteiligung liegt eine **objektive Rechtfertigung** im Sinne von Art. 5 RL EG/2000/43, weil das Recht nur scheinbar an ein **ethnisches Merkmal** geknüpft ist, indes in der Verfolgung Deutscher in den Vertreibungsstaaten seinen Rechtsgrund findet. Freilich trägt diese Begründung nur, solange der Verfolgtenstatus andauert. Prekär wird diese Rechtfertigung indes, wenn – wie gegenwärtig – statt kultureller, ökonomische Motive die Übersiedlung leiten. Ferner schwindet die Überzeugungskraft dieser Regeln in internationalen Zusammenhängen. Dies zeigt die Rechtsprechung des EuGH, die im Fremdrentengesetz (FRG) ein gewöhnliches Rentenrecht und entgegen dessen Intention nicht ein Entschädigungsrecht für Vertriebene sieht.[25]

bb) Behinderung

332 Fraglich ist, ob im Sozialrecht eine Diskriminierung wegen einer **Behinderung** untersagt ist. Denn dieses findet im **Schutz** von Menschen mit einer Behinde-

---

18 §§ 3 ff. SGB V überlagert durch Art. 13 ff. VO (EWG) Nr. 1408/71 = Art. 11 ff. VO (EG) Nr. 883/2004.
19 § 30 SGB I, Art. 13 II lit. f) VO (EWG) Nr. 1408/71 = 11 III lit. f) VO (EG) Nr. 883/2004.
20 Eichenhofer, 1994, 119 ff.; Devetzi, 2000, 40 ff.; zur Frage nach einer möglichen Diskriminierung vgl. BSGE 89, 124.
21 Art. 3 VO (EWG) Nr. 1408/71 = 4 VO (EG) Nr. 883/2004.
22 Art. 7 VO (EWG) Nr. 1612/68.
23 Zu einer Einbeziehung von Angehörigen aus Staaten, die mit der EU ein die Nichtdiskriminierung bei Leistungen sozialer Sicherheit vorsehendes Assoziierungsabkommen schlossen (BSGE 89, 129).
24 BSGE 50, 279, 281; BSG SozR 3-5070 § 20 Nr. 1.
25 EuGH Slg. 2007, I-11895 (Habelt, Möser, Wachter).

§ 15 Überwindung der Diskriminierung

rung (§ 10 SGB I) einen zentralen Regelungsgegenstand und im Rehabilitationsrecht (SGB IX) ein eigenes **Teilgebiet**. In diesen Regeln liegt keine Benachteiligung, sondern eine Bevorzugung behinderter Menschen. Sie kompensieren die aus der Behinderung erwachsenden Nachteile und rechtfertigen sie damit objektiv. Wenn die Rechtsprechung behinderten Versicherten bei der Heil- und Hilfsmittelversorgung in der Krankenversicherung einen Anspruch auf die zum Ausgleich der Behinderung dienenden Mittel einräumt,[26] so liegt darin keine gleichheitswidrige Bevorzugung, sondern der zielgerichtete **Ausgleich** einer in der **Behinderung** begründeten Benachteiligung.

Angelehnt an Art. 1 II UN-BRK definiert der EuGH Behinderung als „Einschränkung ... die insbesondere auf physische, geistige oder psychische Beeinträchtigungen zurückzuführen ist, welche sie in Wechselwirkung mit räumlichen Barrieren an der vollen, wirksamen und gleichberechtigten Teilhabe an der Gesellschaft hindern können".[27]

Eine Diskriminierung wegen Behinderung besteht nicht bei Kündigung eines Arbeitsverhältnisses durch den Arbeitgeber wegen Krankheit des Arbeitnehmers.[28] Krankheit ist mit Behinderung nicht gleichzusetzen; diese liegt nur bei einer dauerhaften und langwierigen Erkrankung vor.[29] Falls die gesundheitliche Beeinträchtigung den Menschen an der Erwerbsteilnahme nicht hindere; führe Krankheit nicht zur Beeinträchtigung der Erwerbsfähigkeit – wie die angeborene Unfruchtbarkeit einer Frau[30] – begründet deswegen keine Behinderung. Der EuGH[31] erstreckte das Verbot der Diskriminierung wegen einer Behinderung auf nicht-behinderte Eltern von behinderten Kindern.[32] Das Benachteiligungsverbot wegen einer Behinderung ist deshalb verletzt, falls ein Ausgleich für behinderungsbedingte Benachteiligung durch die Krankenversicherung versagt wird[33] und damit behinderten Menschen die Chancen auf Selbstentfaltung oder Sozialintegration nimmt. Dies kann nicht mit der Erwägung gerechtfertigt werden, Behindertenbetreuung sei nicht Aufgabe der Krankenversicherung; auch die Krankenversicherung ist Trägerin der Rehabilitation und diese zielt auf Überwindung jeglicher Behinderung.

Das Recht behinderter Menschen muss ferner den Zugang zur Arbeit ermöglichen und die Gleichstellung ihrer Beschäftigungs- und Arbeitsbedingungen sichern. Inwieweit dies zutrifft, richtet sich nach dem **arbeitsrechtlichen** 333

---

26 BSG SozR 3-2500 § 33 Nr. 22, 26.
27 EuGH EU:C:2006:456; EuGH EU:C:2008:415; EuGH, Urteil vom 11. April 2013 – C-335/11, C-337/11, Ring, Wrege, EU:C:2013:222; EuGH EU:C:2014:2463; EuGH EU:C:2016:917; EuGH EU:C:2017:198; Colneric; Hellrung, 2017; vgl. Strategie für die Rechte von Menschen mit Behinderung COM(2021)101 endg.
28 EuGH, EU:C:2006:456.
29 EuGH, EU:C:2006:456.
30 EuGH EU:C:2014:159.
31 EuGH EU:C:2013:222.
32 Pieper NDV 2017, 22, 25.
33 BSG – 22.7.2004 – B3 KR 13/03R; BSGE 90, 150, 152 f.

Schutz schwerbehinderter Menschen.³⁴ Danach sind Arbeitgeber gehalten, einen gesetzlich festgelegten Teil der Arbeitsplätze mit Schwerbehinderten zu besetzen. Darüber hinaus hat der Arbeitgeber unter den schwerbehinderten Arbeitsuchenden diejenigen mit besonderen Benachteiligungen **bevorzugt** zu berücksichtigen. Wegen einer Behinderung wird diskriminiert, wenn ein erhöhter Bedarf von Menschen mit Behinderung bei der Leistung unberücksichtigt bleibt und daher angemessene Vorkehrungen also nicht ergriffen werden.³⁵

Arbeitgeber, die dieser Pflicht nicht oder unzureichend nachkommen, schulden eine an das Integrationsamt zu entrichtende **Ausgleichsabgabe**, deren Höhe vom Maß der Unterschreitung der Beschäftigungsquote abhängt. Hinsichtlich der Beschäftigungsbedingungen haben schwerbehinderte Menschen Ansprüche auf **Arbeitsentgelt** ohne Anrechnung ergänzender Sozialleistungen, **Zusatzurlaub** sind von der **Pflicht zur Mehrarbeit** ausgenommen und dürfen wegen ihrer Behinderung bei Beschäftigung und Ausbildung nicht benachteiligt werden. Sie haben ferner Ansprüche auf Beschäftigung, Weiterbildung, behindertengerechte Gestaltung von Arbeitsplätzen sowie die **Berücksichtigung der Behinderung** bei **Ausgestaltung** von Arbeitsorganisation wie Arbeitsplatz. Arbeitgeber und Schwerbehindertenvertretung haben eine Integrationsvereinbarung zu schließen,³⁶ um Einzelheiten einer behindertengerechten Regelung der Arbeit konkret zu bestimmen. Behinderte Menschen genießen **Sonderkündigungsschutz**, auf dass niemand wegen seiner Behinderung aus dem Arbeitsverhältnis entlassen werde.

cc) Religion und Weltanschauung

334 Der auf Bekenntnis- und Glaubensfreiheit der Bürger gründende moderne Staat ist wie dessen sozialrechtliche Hervorbringungen **religiös** und **weltanschaulich neutral**. Obgleich in Deutschland soziale Dienste (z. B. Krankenhausbehandlung, Pflege, Rehabilitation, Sozial- und Jugendarbeit) von kirchlichen (Caritas und Diakonisches Werk) oder gemeinnützigen Trägern bestimmter weltanschaulicher Ausrichtung (z. B. Arbeiterwohlfahrt) erbracht werden, sichern die das gesamte Recht sozialer Dienstleistungserbringung durchziehenden **Wunsch-** und **Wahlrechte** des Empfängers,³⁷ dass dem Berechtigten kein Träger einer bestimmten religiösen oder weltanschaulichen Ausrichtung bei Erbringung sozialer Dienste aufgezwungen wird. Das Tragen eines Kopftuches am Arbeitsplatz darf verboten werden, sofern allen Beschäftigten am Arbeitsplatz religiöse, weltanschauliche oder politische Bekundungen untersagt sind.³⁸

335 Eine Probe auf die Diskriminierungsfestigkeit des Sozialrechts im Hinblick auf Religion und Weltanschauung stellt sich in der **Arbeitslosenversicherung**.

---

34 Quinn, in Alston, 1999, 281 et sequ.; Kohte, in Igl/Welti/Felix (Hg.), 2003, 107 ff.; Joussen, ZESAR 2005, 375.
35 EuGH EU:C:2018:734.
36 Welti, in Rust u. a., 2003, 277.
37 Vgl. §§ 33 SGB I, 9 SGB IX.
38 EuGH EU:C:2017:203; EuGH EU:C:2017:204.

§ 15 Überwindung der Diskriminierung

Dort fragt sich, ob die Mitgliedschaft in einer religiösen Gemeinschaft die Zuverlässigkeit eines privaten Arbeitsvermittlers beeinträchtigt.[39] Die Leistungen der Arbeitslosenversicherung berühren den Zugang zur Erwerbstätigkeit oder beruflicher Weiterbildung (§ 19a SGB IV); namentlich hinsichtlich der Obliegenheiten zur Überwindung von Arbeitslosigkeit (deren Nichterfüllung eine Sperrzeit (§ 144 Abs. 1 SGB III) nach sich zieht) ergeben sich Konflikte zwischen der Glaubens- und Bekenntnisfreiheit des Arbeitslosen einerseits und seinen sozialrechtlichen Loyalitätspflichten gegenüber der Solidargemeinschaft andererseits. Die Frage entzündet sich im Hinblick auf eine Arbeitsmöglichkeit für einen arbeitslosen **Kriegsdienstverweigerer**,[40] der unter Berufung auf seine pazifistische Grundeinstellung eine Arbeitsaufnahme in einem Rüstungsbetrieb verweigert, oder einen **Sieben-Tage-Adventisten**, dessen Religion ihm Samstagsarbeitsruhe einzuhalten aufgibt, im Hinblick auf ein ihn zu Samstagsarbeit anhaltendes Arbeitsangebot.[41] Können gegen sie **Sperrzeiten** verhängt werden, weil die angebotene Arbeit zumutbar ist? Die Thematik könnte auch an der Entscheidung einer Arbeitsagentur erörtert werden, die einer arbeitslosen **Kopftuch** tragenden erwachsenen **Muslima** ein Arbeitsangebot unterbreitete, das sie zur Ausübung der Tätigkeit ohne Kopftuch anhalten würde.[42]

Das **Sozialrecht** folgt bei Bewältigung dieser Problematik denselben Regeln wie das **Arbeitsrecht**. Dies ergibt sich aus der Nähe sozialrechtlicher Gestaltungen zu den arbeitsrechtlich geregelten Institutionen von Arbeitsmarkt und Beschäftigung. § 275 Abs. 3 BGB gibt dem zur persönlichen Dienstleistungserbringung verpflichteten Schuldner ein **Leistungsverweigerungsrecht**, falls ihm die Leistungserbringung unter Abwägung der Schuldner- und Gläubigerbelange unzumutbar ist. Der unbestimmte Rechtsbegriff der „**Unzumutbarkeit**" ist im Einklang mit den verfassungsrechtlichen Wertentscheidungen – namentlich der Glaubens- und Bekenntnisfreiheit (Art. 4 I GG) – und den Anforderungen an eine von Diskriminierungen wegen Religion oder Weltanschauung freien Arbeits- und Sozialrechtsordnung auszulegen. Die Glaubens- und Bekenntnisfreiheit umfasst ein Diskriminierungsverbot. Es untersagt, an den Freiheitsgebrauch nachteilige Rechtsfolgen zu knüpfen. Folglich tritt in den genannten Beispielsfällen eine Sperrzeit wegen Arbeitsaufgabe oder -ablehnung nicht ein, weil die genannten Verhaltensweisen durch das Menschenrecht der Glaubens- und Bekenntnisfreiheit gestützt und getragen sind.

336

---

39 BSGE 87, 208 (Scientology).
40 BSGE 54, 7.
41 BSGE 51, 70, 71.
42 BAG NJW 2003, 1685 ff.

III. Europäisches harmonisierendes Sozialrecht

dd) Alter

337 Die **"Alters-Diskriminierung"** ist bei Diskriminierung aufgrund **jeglichen** Alters erfüllt;[43] nicht nur die Ausgrenzung Älterer, sondern ganz ebenso auch jüngerer Menschen ist untersagt. Zwar sind die sozialen Leistungen nicht Gegenstand der RahmenRL (Art. 3 III RL 2000/78/EG). Weil der soziale Schutz über den **Erwerbszugang** jedoch entscheidet, könnten die Regeln über Versicherungspflicht und -berechtigung an den Diskriminierungsverboten im Hinblick auf den Erwerbszugang zu messen sein. Weil das Sozialrecht die Sicherung für elementare **Lebensrisiken** – namentlich auch bei Krankheit oder Pflegebedürftigkeit – vorsieht, fragt sich, ob ein von Geburt an krankes und pflegebedürftiges Kind durch die Kranken- und Pflegeversicherung gesichert ist. Nach geltendem Recht ist ein Kind von Geburt an gesichert, falls dessen Eltern sozialversichert sind. Die Familienversicherung[44] knüpft den sozialversicherungsrechtlichen Schutz der Kinder an denjenigen ihrer Eltern.

Für andere, von Geburt an behinderte Personen mit Wohnsitz in Deutschland, die nicht der gesetzlichen Pflegeversicherung unterworfen sind, wurde zwar aufgrund eines Urteils des BVerfG[45] ein Beitrittsrecht in die gesetzliche Pflegeversicherung geschaffen.[46] Dem steht ein Beitrittsrecht in die gesetzliche Krankenversicherung jedoch nicht zur Seite. Dieses wird auch nicht aufgrund der für Sozialhilfeempfänger bestehenden Versicherungspflicht in der gesetzlichen Krankenversicherung entbehrlich. Denn die Kinder müssen nicht notwendig sozialhilfebedürftig sein (z. B. bei vorhandenem eigenen Vermögen, dessen Ertrag den Lebensunterhalt des kranken oder behinderten Kindes sichert – Basis der in § 6a SGB XI getroffenen Regelung). Da die Begründung eines die Versicherungspflicht nach sich ziehenden Arbeitsverhältnisses erst ab Vollendung des 15. Lebensjahres – zeitliche Grenze des Jugendarbeitsschutzrechts – möglich ist, könnte im Ausschluss der – kleinen – Gruppe der von Geburt an behinderten, kranken und pflegebedürftigen Kinder deren mittelbare Diskriminierung liegen. Diesen könnte über eine Erstreckung des Beitrittsrechts aus § 7a SGB XI auf die Krankenversicherung jedoch unschwer geholfen werden.

338 Eine Altersdiskriminierung liegt vor, wenn die Erhaltung der Rentenrechte bei Arbeitsplatzaufgabe an Lebensalter gebunden ist.[47] Ausweislich von Art. 4, 6 RL 2000/78/EG sind Unterschiede wegen des Alters gerechtfertigt, wenn sie einen legitimen Zweck verfolgen. Als solche legitimen Zwecke sind anerkannt: Beschäftigungsverbote für Piloten über 65 Jahren im Hinblick auf die Luftbeför-

---

43 Bouquet, 2012; Schmidt, 2001, Tz. III-203; Schiek, 48 (2011) CMLR, 777; EuGH Slg. 2010, I-365 (Kücükdevci); Slg. 2010, I-9343 (Ingeniorforeningen i Danmark); 13.9.2011 – Rs. C-447/09 (Prigge u. a.); Anm. Resch, ZESAR 2011, 138; EuGH Slg. 2005, I-9981 (Mangold ./. Helm); Slg. 2007, I-8531 (Palacios); EuGH Slg. 2009, I-1569 (The Queen); EuGH Slg. 2008, I-9895 (Arcelor).
44 §§ 10 SGB V, 25 SGB XI.
45 BVerfGE 103, 225, 236 ff.
46 Vgl. § 6a SGB XI.
47 EuGH – EU:C:2016:30; EuGH EU:C:2016:550.

derung von Passagieren und Fracht[48] oder von Vertragsärzten[49], welche das 68. Lebensjahr überschritten haben. Es seien legitime Ziele von Arbeitsmarkt – und Beschäftigungspolitik – die Belegschaften zu verjüngen und nachwachsenden Generationen Beschäftigungsmöglichkeiten auf dem Arbeitsmarkt zu eröffnen – wenn dafür für ältere Regelarbeitszeiten bestünden und nach deren Erreichung die Beschäftigung endige.

Keine Altersdiskriminierung[50] besteht für Altersgrenzen bei Anrechnung von Beschäftigungszeiten ohne die Jugend- wie Ausbildungsphase.[51] Die Altersgrenze von 35 Jahren als Einstellungsvoraussetzung in den Polizeidienst ist ebenfalls objektiv gerechtfertigt, weil der Dienst hohe Anforderungen an die körperliche Fitness mit sich bringt.[52] Keine Frage der Altersdiskriminierung stellt sich dagegen im Hinblick auf die Rentenbesteuerung.[53]

Im Hinblick auf das Verbot der Altersdiskriminierung fragt sich ferner, ob eine **Altersgrenze** als Bezugsvoraussetzung für die Altersrente rechtens ist. Diese Frage berührt die Voraussetzungen für die Gewährung einer Sozialleistung wie die Arbeitsbedingungen. Denn von der Altersgrenze hängen die Bedingungen einer sozialverträglichen Aufgabe des Arbeitsplatzes ab. Nach der Systematik der die Versicherungsfälle Erwerbsminderung und Alter umfassenden gesetzlichen Rentenversicherung wird mit Eintritt eines bestimmten Lebensalters[54] der Eintritt der Erwerbsunfähigkeit unwiderleglich vermutet. Ferner wird für eine Verjüngung des Personals und damit die berufliche Mobilität gefördert. Anders als bei den das Vertragsende mit Vollendung eines bestimmten Lebensjahres vorsehenden Tarifregeln, die insoweit einen Eingriff in bestehende, arbeitsvertraglich begründete Rechte darstellen, begründet die Zuerkennung eines **Rentenanspruchs** jedoch **keinen Eingriff**, sondern einen **Rechtsvorteil**. Indes liegt in einer vorzeitigen Altersgrenze vor der allgemeinen gesetzlichen eine Altersdiskriminierung.[55] Vorzeitige Altersgrenzen dürfen daher nicht pauschal, sondern nur aufgrund individuellen Nachweises begründet werden.

Dennoch kann in einem Rechtsvorteil ab einem bestimmten Lebensjahr eine Diskriminierung liegen, falls dessen Nichtinanspruchnahme mit Rechtsnachteilen in der sozialen Sicherung verbunden wäre. Zwar wird kein Rentner mit Vollendung des Rentenalters zum Rentenbezug gezwungen, tritt dieser doch erst mit Rentenantragstellung ein (§ 115 SGB VI). Ferner wird bei Rentenan- 339

---

48 EuGH EU:C:2017:513.
49 EuGH EU:C:2010:4.
50 EuGH – EU:C:2016:416.
51 EuGH – EU:C:20116:955; EuGH EU:C:2016:873.
52 EuGH – EU:C:2014, 2371; EuGH EU:C:2016:873.
53 EuGH – EU:C:2016.391.
54 Das 65. Lebensjahr für den Bezug der Altersrente (§ 35 SGB VI), das 62. Lebensjahr für den Bezug auf die Altersrente für langjährige Versicherte (§ 36 SGB VI), das 63. Lebensjahr für den Bezug auf die Altersrente für behinderte Menschen (§ 37 SGB VI) sowie das 60. Lebensjahr für langjährige Versicherte unter Tage (§ 40 SGB VI).
55 EuGH – 13.9.2011 – Rs. C-447/09 (Prigge u. a.).

tragstellung nach Vollendung des Rentenalters ein die Rentenhöhe steigernder Zugangsfaktor anerkannt (§ 77 Abs. 2 Nr. 2 lit. b) SGB VI), weshalb das Überschreiten des Rentenalters nicht zum Rechtsverlust führt. Bereits heute ist das **Rentenalter** hinreichend flexibilisiert, so dass eine Altersdiskriminierung in der geltenden Rechtslage nicht zu erkennen ist. Im Rentenalter liegt also im Gegensatz zum Tarifrecht, das an den Eintritt des gesetzlichen Rentenalters das Ende des Arbeitsverhältnisses knüpft, keine Rechtsversagung und selbst diese hat der EuGH[56] gebilligt wegen der vom Gesetzgeber erhofften Arbeitsmarktwirkungen.

340 Eine Altersdiskriminierung ist die Bindung einer Abfindung bei Arbeitsplatzaufgabe an das Nicht-Bestehen einer betriebsrentenrechtlichen Berechtigung.[57] Problematisch ist ferner, ob die Beitragsfreiheit ab Vollendung des gesetzlichen Rentenalters (§ 5 Abs. 3 Nr. 3 SGB VI) dem Recht der Altersdiskriminierung standhält. Zugunsten dieser auf vordem Nichtversicherte oder Nutznießer der Beitragserstattung beschränkten Begrenzung mag sprechen, dass ab Vollendung des gesetzlichen Rentenalters die Voraussetzungen einer Alterssicherung nicht mehr begründet werden können. Darin kann jedoch eine Diskriminierung liegen, wenn sie ältere Arbeitnehmer mit **lückenhaften Erwerbsbiographien** die Möglichkeit zum Erwerb eigener Anrechte auf Alterssicherung verschließt.

ee) Sexuelle Identität

341 Seitdem gleichgeschlechtliche, formgemäß begründete **Lebenspartnerschaften** in die **Familienversicherung** der **Kranken- und Pflegeversicherung**,[58] **Hinterbliebenenversorgung**[59] und **Versorgungsausgleich**[60] einbezogen sind, ist deren vormalige Benachteiligung gegenüber der Ehe beseitigt. Dies ist auch bei der **berufsständischen Versorgung** zu beachten; danach ist in der Hinterbliebenenversorgung eine Lebenspartnerschaft der Ehe gleichzustellen – also auch der Lebenspartner in die Versorgung einzubringen.[61] Sonderurlaub und Prämien wegen der Eheschließung stehen auch den Partner(innen) gleichgeschlechtlicher Lebensgemeinschaften bei Eingehung dieser Partnerschaft zu.[62] Das BVerfG hat die bevorzugte Besteuerung von Ehegatten nach dem „Ehegatten"-Splitting auf Lebenspartnerschaften erstreckt[63] und das Adoptionsverbot

---

56 EuGH Slg. 2007, I-8531 (Palacios); Slg. 2008, I-9895 (Arcelor); Slg. 2009, I-1569 (The Queen); Slg. 2010, I-47 (Petersen): Vertragszahnärzte, Slg. 2010, I-9391 (Rosenbladt); EuGH – 21.7.2011 – Rs. C-159/10, C-160/10 (Fuchs und Köhler).
57 EuGH Slg. 2010, I-9343 (Ingeniorforeningen i Danmark).
58 §§ 10 SGB V, 25 SGB XI.
59 BT-Drs. 15/3445, 38: Einbeziehung der Lebenspartner in Hinterbliebenenversorgung und Rentensplitting; anders BR-Drs. 523/04; BT-Drs. 15/2477.
60 BT-Drs. 15/3445, S. 44.
61 EuGH Slg. 2008, I-1757 (Maruko); EuGH – 12.12.2013 – Rs. C-267/12 (Hay).
62 EuGH – EU:C:2013:823.
63 BVerfG – 7.5.2013 – BvR 906/06.

für Lebenspartnerschaften für die eigenen Kinder eines Partners/einer Partnerin aufgehoben.[64]
Keine Ansprüche nach dem AGG stehen Personen zu, die zwar diskriminiert wurden, aber nicht bezweckten, die angestrebte Arbeitsstelle einzunehmen,[65] oder wer Mitwirkungspflichten nicht erfüllt.[66] Der wegen Diskriminierungen zu leistende Schadensersatz darf nicht auf die Person beschränkt werden, die andernfalls den Arbeitsplatz erhalten hätte.[67] Er darf weder in der Höhe begrenzt werden, noch ist es untersagt, mit dem Schadensersatz auch eine Strafe für die Diskriminierung zu verbinden.[68] Zum Ausgleich für Benachteiligungen von Gruppen sind Ausgleichsmaßnahmen erlaubt, soweit sie notwendig und angemessen sind.[69] Da außerdem die gesetzliche Krankenversicherung Leistungen bei **Transsexualität** schuldet, die „Geschlechtsumwandlung" mithin bei Transsexuellen als Heileingriff anerkannt ist,[70] genügt das geltende Recht den Anforderungen an das Verbot einer Diskriminierung wegen der sexuellen Identität. Desgleichen ist die **Frauenaltersrente** auch dem transsexuellen vormaligen Mann und jetziger Frau zu gewähren.[71]

b) Benachteiligung bei Inanspruchnahme sozialer Leistungen

aa) Unmittelbare Diskriminierung
Unproblematisch ist die Feststellung der **unmittelbaren Diskriminierung**. Diese liegt vor, falls an einen Lebensumstand Rechtsnachteile geknüpft werden, welche andere Personen nicht hinzunehmen haben. Wie Sozialrecht die Leistungsgewährung normiert, ist es auf die Begründung von Rechtsvorteilen angelegt. Werden diese an die Zugehörigkeit zum deutschen Sprach- und Kulturkreis, eine Behinderung oder die Verwirklichung des Rentenalters gebunden, so nimmt das Sozialrecht zwar auf einen verbotenen Umstand Bezug. Dies geschieht jedoch regelmäßig ohne diskriminatorische Absicht, sondern versucht im Gegenteil die daraus erwachsenden Nachteile zielgerichtet auszugleichen. Die daran geknüpften sozialrechtlichen Regeln **differenzieren** also grundsätzlich nicht, um zu **diskriminieren**, sondern **bislang wirkmächtige** Diskriminierungen zu **überwinden**. Sie sind als **kompensatorische Maßnahmen** mithin gerechtfertigt. Diese Tendenz salviert das Sozialrecht zwar nicht vom Antidiskriminierungsrecht insgesamt, dessen Regelungen begründen indes die allgemeine Vermutung, zu kompensieren, statt zu diskriminieren.

342

---

64 BVerfG – 19.2.2013 – 1 BvL 1/11.
65 EuGH – EU:C:2016:604.
66 EuGH – EU:C:2015:38.
67 EuGH – EU:C:1997:208.
68 EuGH – EU:C:2015:831.
69 EuGH – EU:C:1995:322; EuGH EU:C:1997:533; EuGH EU:C:2002:183 EuGH EU:C:2004:523.
70 EuGH Slg. 2004, I-541 (K.B.); Slg. 1996, I-2143 (Cornwall).
71 EuGH Slg. 2006, I-6467 (Chacon Navas); EuGH Slg. 2011, I-3591 (Römer).

III. Europäisches harmonisierendes Sozialrecht

bb) Mittelbare Diskriminierung

343 Weit schwieriger, weil an einem Grundsatzproblem des Sozialrechts rührend, ist die Frage zu würdigen: Welche Bedeutung erlangt das Verbot **mittelbarer Diskriminierung** im Sozialrecht? Die mittelbare Diskriminierung[72] **erschließt sich nicht** aus der tatbestandlichen **Struktur** des zu würdigenden Normsatzes, sondern aus seinen **Wirkungen**. Das Sozialrecht beschränkt den Schutz der dessen Bedürftigen. Es ist auf die **Einkommensschwachen** und von den **sozialen Risiken** Gefährdeten begrenzt. Unter dem Verbot mittelbarer Diskriminierung sämtlicher Diskriminierungsumstände ist daher jede sozialrechtliche Norm darauf zu prüfen, inwieweit sie den vom Primärrecht formulierten Zielen gerecht wird. **Behinderte Menschen**, die trotz tendenziell umfassenden Behindertenschutzes nicht geschützt sind, oder alte Menschen, die trotz umfassender sozialrechtlicher Alterssicherung schutzlos blieben, könnten unter Berufung auf das Verbot mittelbarer Diskriminierungen ohne gesetzliche Grundlage sozialrechtlichen Schutz einfordern. Von dem Verbot mittelbarer Diskriminierung wegen einer Behinderung oder des Alters geht insoweit eine **expansive Tendenz** aus, weil sie Lücken im positiven Recht schließen hilft.

344 Dies wächst sich zum **Grundsatzproblem** aus, weil mit jeder Ausweitung von Sozialleistungen – stets und notwendig – konkrete Finanzierungslasten verbunden sind. Deshalb reicht im Interesse der Ausgewogenheit von Leistung und Finanzierung eine Ausweitung des Leistungsprogramms nicht hin, ohne gleichzeitig deren Finanzierung mit zu beschließen. Deswegen kann eine als lückenhaft erscheinende sozialrechtliche Regelung nicht wegen des Verbots mittelbarer Diskriminierung verworfen werden, wenn deren finanzielle **Folgelasten** ökonomisch ins **Gewicht fallen würden**. Vor diesem Hintergrund steht das Antidiskriminierungsrecht vor derselben Fragestellung wie das Verfassungsrecht: Können und sollen die über die Einhaltung des Antidiskriminierungsrechts wachenden Gerichte sozialrechtliche Normen als mittelbar diskriminierend verwerfen und dem Gesetzgeber aufgeben, durch Schaffung entsprechender Begleitregelungen den rechtswidrigen Zustand nach Ablauf einer gerichtlich gesetzten Übergangsfrist an den gesollten Rechtszustand anzupassen? Das geltende Recht kennt solche Gestaltung noch nicht. Die Prüfung sozialrechtlicher Normen am Maß mittelbarer Diskriminierung machte indes die Schaffung solcher Möglichkeiten nötig.

4. Gleichbehandlung von Männern und Frauen im Sozialrecht

345 Die wichtigsten Rechtsgrundlagen zur Sicherung der Gleichbehandlung von **Frauen** und **Männern** finden sich in den „Richtlinien zur schrittweisen Verwirklichung des Grundsatzes zur **Gleichbehandlung** von Männern und Frauen im Bereich der sozialen Sicherheit" (79/7/EWG),[73] zur Verwirklichung des Grundsatzes der Gleichbehandlung von Männern und Frauen, die eine

---

72 Tobler, 2005.
73 Vom 19.12.1978, ABl. EG Nr. L 6 vom 10.1.1979, S. 4.

§ 15 Überwindung der Diskriminierung

selbstständige Erwerbstätigkeit – auch in der Landwirtschaft – ausüben sowie über den Mutterschutz (86/613/EWG)[74] und über die Beweislast bei Diskriminierung aufgrund des Geschlechts (97/80/EG).[75]

Die erstgenannte Richtlinie soll die Gleichberechtigung von Männern und Frauen in der sozialen Sicherheit „**schrittweise**" verwirklichen. Diese Regelung wurde in Ergänzung zu den die Lohn- wie Gleichheit der Arbeitsbedingungen sichernden Richtlinien – namentlich den Zugang zu Beruf und beruflichem Aufstieg betreffend – geschaffen. Die Richtlinien zur Sicherung der **Lohngleichheit**[76] und Gleichheit der **Arbeitsbedingungen**[77] werden durch die die Gleichberechtigung von Männern und Frauen bei den **betrieblichen Systemen** der sozialen Sicherung gewährleistenden Regeln ergänzt.[78]

Geschlechterdiskriminierung wird betrieben durch Nichtberücksichtigung Teilzeitbeschäftigter bei Betriebsrenten[79] oder der Arbeitslosenversicherung.[80] Diese Rechtsetzungsaufträge unterbinden jegliche Diskriminierung zwischen Männern und Frauen im Arbeits- und Sozialrecht. Die Richtlinie 86/613/EWG sucht die Gleichbehandlung von Mann und Frau für die bislang nicht erfassten Selbstständigen zu verwirklichen. Von sozialrechtlichem Belang sind insbesondere das Verbot der „unmittelbaren oder mittelbaren Diskriminierungen aufgrund des Geschlechts, vor allem im Hinblick auf den Ehe- und Familienstand" (Art. 3), die Pflicht zur Ermöglichung des freiwilligen Beitritts für die nicht als Arbeitnehmer oder Gesellschafter selbstständig erwerbstätigen Ehegatten zu den Systemen sozialer Sicherheit (Art. 6) sowie der Schutz der selbstständig erwerbstätigen Frau während der Schwanger- und Mutterschaft und namentlich den Zugang zu Beruf sowie sozialen Diensten zu eröffnen (Art. 8). Die Beweislastrichtlinie (RL 97/80/EG) schließlich regelte, wonach sich die Beweis- und Begründungslast bei der Prüfung einer Diskriminierung wegen des Geschlechts richtet.

a) Richtlinie zur schrittweisen Verwirklichung der Gleichbehandlung von Männern und Frauen in der sozialen Sicherheit
Die Richtlinie 79/7/EWG soll die Gleichberechtigung der Frauen in der sozialen Sicherheit schrittweise verwirklichen. Sie präzisiert zwar das Gebot der **Gleichbehandlung** und fächert dieses auf, gilt aber nicht für alle Zweige der sozialen Sicherheit. Denn die Leistungen der **Hinterbliebenensicherung** sowie die **Familienleistungen** sind ausgenommen (Art. 3 II RL 79/7/EWG). Des Weiteren dürfen die Mitgliedstaaten einzelne, in Art. 7 I RL 79/7/EWG niedergelegte

346

---

74 Vom 11.12.1986, ABl. EG Nr. L 359 vom 19.12.1986, S. 56.
75 Vom 15.12.1997, ABl. EG Nr. L 14 vom 20.1.1998, S. 6.
76 RL 75/117/EWG vom 10.12.1975 (ABl. EG Nr. L 45 v. 19.12.1975, S. 19).
77 RL 76/207/EWG vom 9.2.1976 (ABl. EG Nr. L 39 v. 14.2.1976, S. 40).
78 RL 86/378/EWG vom 24.07.1986, ABl. EG Nr. 11/225/40 vom 12.8.1986, S. 40 sowie RL 96/97/EG vom 20.12.1996, ABl. EG Nr. L 46 vom 17.2.1997, ber. ABl. EG Nr. L 151 vom 18.6.1999, S. 39.
79 EuGH EU:C:2015:215.
80 EuGH EU:C:2017:833.

III. Europäisches harmonisierendes Sozialrecht

gleichheitswidrige Regelungen unverändert fortführen.[81] Die wichtigsten Bestimmungen betreffen den persönlichen und sachlichen Anwendungsbereich der Richtlinie, das Diskriminierungsverbot sowie die einzelnen Ausnahmeregelungen, die im Interesse einer schrittweisen Verwirklichung den Grundsatz der Gleichberechtigung von Männern und Frauen beschränken. Dem nationalen Rechtsanwender ist erlaubt, die Vereinbarkeit nationaler Rechtsetzung mit den in den Richtlinien niedergelegten Anforderungen zu prüfen.[82]

aa) Persönlicher Geltungsbereich

347 Die Richtlinie beschränkt sich auf die **Erwerbsbevölkerung**.[83] Die soziale Sicherung Nichterwerbstätiger wird nicht berührt (vgl. Art. 2 RL 79/7/EWG). Die Regeln beschränken sich **nicht** auf Angehörige der EU-Mitgliedstaaten. Denn sie gestaltet die sozialen Sicherungssysteme der Mitgliedstaaten harmonisierend und damit im Ganzen aus und erstreckt sich **nicht** koordinierend auf einzelne, die **EU-Grenzen überschreitende** Sozialrechtsverhältnisse.[84] Die Beschränkung der Richtlinie auf die Erwerbsbevölkerung erklärt sich aus der die Richtlinie letztlich stützenden Ermächtigung: Auf Art. 352 AEUV gestützt, vermochte die EU vor Schaffung des Amsterdamer Vertrages nur den Gemeinsamen oder Binnenmarkt zu vollenden. Daher konnte auch nur die Erwerbsbevölkerung zur Adressatin der Regelung werden.

348 Zu Erwerbstätigen zählt nach Art. 2 RL 79/7/EWG auch, wer die **Erwerbsarbeit** durch **Krankheit** oder **Unfall** unterbrochen hat, ferner die Arbeitsuchenden, sich im Ruhestand befindlichen und arbeitsunfähigen Arbeitnehmer und Selbstständigen. Auch zu den Erwerbstätigen gehören Personen, die ihre Erwerbstätigkeit unterbrechen, weil Dritte krank, behindert oder pflegebedürftig werden und sie diese Personen pflegen.[85] Dem persönlichen Anwendungsbereich der Richtlinie unterfällt dagegen nicht, wer dem Arbeitsmarkt nicht zur Verfügung stand und ihm auch künftig nicht zur Verfügung stehen will, ohne dass dieses im Eintritt eines sozialen Risikos begründet liegt.[86]

bb) Sachlicher Anwendungsbereich

349 Art. 3 I RL 79/7/EWG formuliert das Gebot der Nichtdiskriminierung für die zum **Schutz** vor Krankheit, Invalidität, Alter, Arbeitsunfall und Berufskrankheiten sowie Arbeitslosigkeit dienenden **Systeme**, ferner die ergänzende oder ersetzende **Sozialhilfe**. Nicht enthalten sind dagegen die **betrieblichen Sys-**

---

81 Pennings, 1998, 245 ff.
82 EuGH Slg. 1991, I-3757 (Verholen).
83 Pennings, 1998, 246 ff.
84 Haverkate/Huster, 1999, Rz. 686; Schmidt am Busch, in Oetker/Preis, EAS B-4300, 8; Fuchs/Marhold, 2018, 190 ff.
85 EuGH Slg. 1986, 1995 (Drake); EuGH Slg. 1991, I-3723 (Johnson).
86 EuGH Slg. 1989, 1963 (Achterberg-te Riele); EuGH Slg. 1996, I-5689 (Züchner); Barnard, 2006, p. 488 et sequ.; Brauer, 2004; Haverkate/Huster, 1999, Rz. 685 ff.; Pennings, 1998, 246 ff.; Schmidt am Busch, EAS B-4300, 6 ff.

teme sozialer Sicherheit (Art. 3 III RL 79/7/EWG). Letztere[87] beruhen auf Individual- oder **Kollektivverträgen** zwischen Arbeitgebern und Arbeitnehmern und ergänzen die öffentliche durch eine private, von Arbeitgebern oder Arbeitnehmern getragene Sicherung. Dagegen werden gesetzliche Systeme vom Staat organisiert, von unternehmens- oder branchenübergreifenden öffentlichen oder privaten Verwaltungen aufrechterhalten und durch staatliche Gesetzgebung in ihrer Begründung und Ausgestaltung geregelt. Über die Abgrenzung entscheidet nicht die gesetzgeberische Absicht, sondern die objektive Ausrichtung des einzelnen Leistungssystems.[88]

Alle unter die Richtlinie 79/7/EWG fallenden Systeme bezwecken den Schutz vor den anerkannten **sozialen Risiken**. Danach dürfen bei der fiktiven Bestimmung der Altersrenten bei Grenzgängern für Männer und Frauen keine unterschiedlichen Pauschalbeträge zugrunde gelegt werden,[89] noch ein unterschiedliches Pensionsalter[90] oder unterschiedliche Voraussetzungen für das Elterngeld[91] vorgesehen werden. Daher gehören dazu **weder** Wohnbeihilfen[92], **noch** Einkommenshilfen bei **Bedürftigkeit**,[93] Fahrpreisermäßigungen für Behinderte oder ältere Menschen,[94] wohl aber Regeln über die Befreiung von Krankenversicherten von der Rezeptgebühr der Richtlinie unterworfen, weil diese die Sicherung bei Eintritt des Risikos betreffen,[95] sowie die Kindererziehungszeiten in der Rentenversicherung.[96] Auch die Leistungen von Pflegeversicherung oder Arbeitsförderung sind als **risikobezogene** Schutzmaßnahmen umfasst.[97] 350

cc) Tatbestand der Diskriminierung

Die RL 79/7/EWG soll jegliche Diskriminierung aufgrund des **Geschlechts** unterbinden. Wie generell unterscheidet auch Art. 4 I RL 79/7/EWG zwischen unmittelbarer und mittelbarer Diskriminierung. Als Diskriminierungsgrund ist der Ehe- und **Familienstand** genannt. Außerdem werden Zugangsvoraussetzungen, Beitragspflichten sowie Leistungsbestimmung wie -ausgestaltung hinsichtlich Umfang und Dauer beispielhaft als mögliche Gegenstände verbotener Diskriminierung bezeichnet. Art. 4 II RL 79/7/EWG nimmt Maßnahmen des Schutzes der Frauen wegen **Mutterschaft** von einem möglichen Verstoß gegen das Gebot der Gleichberechtigung aus, weil sie durch biologische Eigenheiten der Frau bedingt sind. Die Normen bezwecken Schutz und bewirken nicht 351

---

87 EuGH Slg. 1994, I-4471 (Beune).
88 EuGH Slg. 1992, I-4737 (Jackson und Cresswell).
89 EuGH Slg. 2010, I-7489 (Brouwer).
90 EuGH – 12.9.2013 – Rs. C-614/11 (Kuso).
91 EuGH – 19.9.2013 – Rs. C-5/12 (Montull).
92 EuGH Slg. 1992, I-467 (The Queen ./. Secretary of State for Social Security).
93 EuGH Slg. 1992, I-4737 (Jackson und Cresswell).
94 EuGH Slg. 1996, I-3633 (Atkins).
95 EuGH Slg. 1995, I-3407 (Richardson).
96 Prétot, Droit Social 2009, 574.
97 Haverkate/Huster, 1999, Rz. 690 ff.; Pennings, 1998, 265 ff.

III. Europäisches harmonisierendes Sozialrecht

Diskriminierung. Obschon Frauen und Männer unterschiedlich behandelt werden, sind Männer dadurch nicht diskriminiert, weil sie ihre Anwendungsvoraussetzungen nicht erfüllen. Diskriminierend wirkend können also nur Regeln sein, die für beide Geschlechter **effektiv** gelten.

352 Unmittelbar wegen des Geschlechts diskriminieren Regeln der sozialen Sicherheit, welche Männern und Frauen unterschiedliche Rechte hinsichtlich der Einbeziehung in die soziale Sicherung im Hinblick auf die namentlich Beiträge oder Leistungen zumessen. Daher hat der EuGH Regelungen von Mitgliedstaaten als **Verstoß** gegen Art. 4 I RL 79/7/EWG verworfen, die zwar verheirateten Frauen und Witwen, nicht aber verheirateten Männern und Witwern die **Beitragsbefreiung** ermöglichen,[98] den Verheiratetenzuschlag für Männer und Frauen hinsichtlich des Nachweises bestehender **Familienunterhaltspflichten** unterschiedlich ausgestalten[99] oder die Altersgrenze für Männer und Frauen unterschiedlich bestimmen[100] oder die Altersrente für Männer und Frauen **unterschiedlich berechnen**, obgleich das Rentenalter von Männern und Frauen gesetzlich angeglichen wurde.[101] Es ist desgleichen eine unmittelbare Diskriminierung, wenn Invalidenrenten zwar neben der Witwen-, aber nicht der Witwerrente bezogen werden dürfen.[102] Die Angehörigen des benachteiligten Geschlechts sind sozialrechtlich dem bevorzugten Geschlecht **gleichzustellen**.[103]

353 Von einer **mittelbaren Diskriminierung**[104] ist auszugehen, wenn eine Norm zwar nicht nach dem Geschlecht der Normadressaten ausdrücklich differenziert, sich auf die Geschlechter aber tatsächlich **unterschiedlich auswirkt** und dadurch ein Geschlecht gegenüber dem anderen benachteiligt.[105] Das Verbot der mittelbaren Diskriminierung sollte ursprünglich Umgehungen des Verbotes der unmittelbaren Diskriminierung begegnen.[106] Heute sichert es die umfassende rechtliche und tatsächliche Gleichstellung der Geschlechter. Über die förmliche („formale") Gleichstellung hinaus geht es ihm um die Sicherung der **tatsächlichen Chancengleichheit**. Dazu erlaubt Art. 157 IV AEUV gezielte und formal gleichheitswidrige Bevorzugungen des historisch benachteiligten Geschlechts zum Ausgleich vormals erlittener rechtlicher Zurücksetzungen.

354 Der Begriff der mittelbaren Benachteiligung ist demgemäß weit schwieriger als derjenige der unmittelbaren zu fassen. Während diese bereits aus der **formalen**

---

98 EuGH Slg. 1990, I-4243 (Rouvroy).
99 EuGH Slg. 1991, I-1155 (Cotter, Mc Dermott).
100 EuGH Slg. 2010, I-11939 (Kleist).
101 EuGH Slg. 1993, I-3811 (van Cant); Slg. 2008, I-151 (Kommission ./. Italien); Slg. 2009, I-47 (Kommission ./. Hellenische Republik).
102 EuGH Slg. 1993, I-5435 (van Gemert-Derks).
103 EuGH Slg. 1986, 3855 (Vakbeweging); Slg. 1987, 1453 (McDermott/Cotter).
104 Vgl. umfassend Bieback, 1997; Fuchsloch, 1995.
105 Bieback, 1997, 23.
106 Bieback, 1997.

§ 15 Überwindung der Diskriminierung

Struktur des Rechtssatzes: für Frauen gelten andere Regeln als für Männer[107] – erschlossen werden kann, fordert die Feststellung der mittelbaren Diskriminierung die **Wirkungsanalyse** eines geschlechtsneutral formulierten und daher nicht anhand seiner formalen Struktur als diskriminierend erkennbaren Rechtssatzes. Bei dieser Prüfung sind drei Schritte zu unterscheiden: Zunächst eine Differenzierung zwischen zwei **Gruppen** von Normadressaten aufgrund eines geschlechtsneutralen Merkmals. Zeigt sich, dass sich der Rechtssatz auf die Geschlechter unterschiedlich auswirkt, wird eine Diskriminierung widerlegbar vermutet. Diese Vermutung kann jedoch entkräftet werden, sofern der Unterschied aus objektiven – d.h. nicht mit dem Geschlechterunterschied zusammenhängenden – Gründen geboten ist.

Für die mittelbare Diskriminierung anfällige[108] geschlechtsneutrale Merkmale sind etwa das Ausmaß der **Erwerbsbeteiligung** (Voll- und Teilzeitarbeit[109] oder Normalarbeit und geringfügige Tätigkeit)[110], die **Haushaltsführung**, das Ausmaß der **Unterhaltspflicht** oder die **Kontinuität der Beschäftigung**. Ein solches – äußerlich betrachtet – geschlechtsneutral gefasstes Merkmal begründet eine sich auf die Geschlechter unterschiedlich auswirkende Differenzierung, wenn der Anteil eines Geschlechts in der benachteiligten Gruppe den des anderen Geschlechts deutlich übertrifft. 355

Als **objektive Rechtfertigung** werden sozialpolitische Begünstigungen anerkannt. So ist eine Arbeitslosen- und Invaliditätssicherung objektiv gerechtfertigt, die Familien ein bedarfsdeckendes Einkommen gewährleistet und die Leistung daher von der Unterhaltspflicht gegenüber Familienangehörigen und deren Einkünften abhängig macht.[111] Desgleichen ist anerkannt, Ehegattenzulagen vom Erwerbseinkommen abhängig zu machen, damit die Leistung dem Betrag entspricht, den das Ehepaar bei Eintritt des Ruhestandes des anderen Ehegatten erhält.[112] Schließlich wurde der Ausschluss geringfügig Beschäftigter aus der sozialen Sicherung als objektiv gerechtfertigt angesehen,[113] weil dadurch deren Beschäftigungschancen erhöht, illegale Beschäftigung bekämpft und die Sozialversicherungsleistungen auf diejenigen konzentriert würden, die ihren Lebensunterhalt hauptsächlich aus Erwerbsarbeit beziehen. Dagegen darf die Gewährung eines Stillurlaubs nach der Niederkunft nicht danach differenzieren, ob die Berechtigte abhängig oder selbstständig erwerbstätig ist.[114] 356

Dem Verbot mittelbarer Diskriminierung wird häufig entgegengehalten, es sei **vage** und zu **restriktiv**.[115] Es untersagt die nicht explizite Benachteiligung und 357

---

107 Haverkate/Huster, 1999, Rz. 700.
108 Haverkate/Huster, 1999, Rz. 702.
109 EuGH Slg. 1989, 4311 (Ruzius-Wilbrink).
110 EuGH Slg. 1995, I-4625 (Nolte), Slg. 1995, I-4741 (Megner und Scheffel).
111 EuGH Slg. 1991, I-2233 (Kommission ./. Belgien).
112 EuGH Slg. 1992, I-5943 (Molenbroek).
113 EuGH Slg. 1995, I-4625 (Nolte), Slg. 1995, I-4741 (Megner und Scheffel).
114 EuGH Slg. 2010, I-8661 (Roca Alvarez).
115 Bieback, 1997, 50 ff. und passim.

III. Europäisches harmonisierendes Sozialrecht

stellt damit die diskriminierend wirkende Differenzierung der ostentativen Diskriminierung gleich. Dies ist jedoch im Sinne des **effet utile** sachgerecht. Das Verbot der Diskriminierung kann dem zur Sozialpolitik befugten und berufenen Gesetzgeber eines Mitgliedstaates aber dessen sozialpolitische Gestaltungsmacht nicht nehmen. Gleichstellungsgebote sind auf Setzungen durch den Gesetzgeber angewiesen, weil auf diese bezogen wie davon abgeleitet und abhängig. Das Verbot der mittelbaren Diskriminierung darf nicht als Legitimation zu eigenständiger Sozialgestaltung durch die EU missverstanden werden. Art. 157 IV AEUV **erlaubt** zwar den Mitgliedstaaten **kompensatorische Sozialpolitik**, macht sie jedoch nicht zur primärrechtlichen Pflicht. Deshalb begründet auch das Verbot der mittelbaren Diskriminierung **nicht** eine allgemeine **Pflicht** zur kompensatorischen Sozialpolitik.

358 RL 97/80/EG[116] gilt über die **Beweislastverteilung** bei Diskriminierung wegen des Geschlechts über das Arbeitsrecht hinaus auch für das Sozialrecht. Denn das Gebot besteht auch für Verwaltungsverfahren, zu denen die Gewährung von Leistungen der sozialen Sicherheit zählt. Die Richtlinie erlegt die Begründungslast für objektive Rechtfertigungen einer scheinbar mittelbaren Diskriminierung demjenigen auf, dem die diskriminierende Regelung vorteilhaft ist. Dies ist in der sozialen Sicherung stets der Leistungsträger. Er hat objektive Rechtfertigungen für scheinbare Diskriminierungen darzulegen. Bei einer scheinbar mittelbaren Diskriminierung ist dies vorstellbar, weil dem Gesetzgeber bei Ausgestaltung sozialer Sicherung grundsätzlich ein Gestaltungs- wie Differenzierungsspielraum zukommt.

dd) Ausnahmen

359 Da die Richtlinie 79/7/EWG die Gleichbehandlung nur „**schrittweise**" verwirklichen soll, nimmt sie die Hinterbliebenen- und Familienleistungen aus dem Gebot der Gleichbehandlung aus. Daher sind unterschiedliche Leistungen für Witwen und Witwer nach dem Tod eines Versicherten ebenso statthaft wie für Väter und Mütter unterschiedliche Bestimmungen für das Kindergeld. Familienbezogene Zuschläge für die in Art. 3 I RL 79/7/EWG genannten Risiken unterliegen dagegen dem Verbot der Diskriminierung (Art. 3 II RL 79/7/EWG). Denn die traditionelle Rollenverteilung von Mann und Frau wirkt namentlich in der **Hinterbliebenenversorgung** sowie bei der Leistung an Familienangehörige noch über Jahrzehnte nach. Der Richtliniengeber wollte vergangene **Ungleichheiten** nicht ungeschehen machen, die nationalen Gesetzgeber daher auch nicht zur sofortigen Preisgabe dieser Leistungen anhalten. Schließlich hätte die Erstreckung des Grundsatzes der Gleichbehandlung auf alle Gebiete die vormals begründeten Vorteile für Frauen beseitigt, was der Intention der Richtlinie zuwidergelaufen wäre.

360 Art. 7 I RL 79/7/EWG gestattet außerdem die **Aufrechterhaltung** des Geschlechterunterschieds in speziellen sozialpolitischen Zusammenhängen. Art. 7 II

---

116 ABl. EG L 14/6 1998.

RL 79/7/EWG gibt den Mitgliedstaaten allerdings auf, die vom Diskriminierungsverbot freigestellten Regelungen in regelmäßigen Abständen auf ihre **Zeitgemäßheit** und fortwirkende **Angemessenheit** zu überprüfen. Die wichtigsten Tatbestände sind das unterschiedliche Rentenalter von Männern und Frauen, die Zuerkennung von Kindererziehungszeiten, der Schutz der Ehefrau im Alter und bei Invalidität aufgrund der Versicherung des Ehemannes sowie die Gewährung von Zuschlägen einschließlich der für die Realisierung dieser Ziele maßgebenden Begleitregelung.[117]

b) Sonstige Regelungen zur Sicherung der Gleichbehandlung der Geschlechter
Richtlinie 86/613/EWG zielt auf Einbeziehung der Selbstständigen in die für **Mutterschaft, Schwangerschaft** sowie **beitragsfinanzierten Systeme** sozialer Sicherung. Außerdem erstreckt sie das allgemeine Diskriminierungsverbot auf die soziale Sicherung der Selbstständigen. Diese Regelung ist freilich entbehrlich, weil dieses Gebot bereits aufgrund der RL 79/7/EWG auch den Selbstständigen zugutekommt; eine Erstreckung des Diskriminierungsschutzes nach dem Geschlecht zur Sicherung des Zugangs zu Gütern und Dienstleistungen ergänzt die bestehenden Regeln.[118]

361

---

117 EuGH Slg. 2000, I-3625 (Buchner), Slg. 2000, I-3701 (Hepple), Slg. 2004, I-5823 (Bourgard), Slg. 2004, I-2195 (Haackert).
118 Richtlinie 2004/113/EG des Rates vom 13. Dezember 2004 zur Verwirklichung des Grundsatzes der Gleichbehandlung von Männern und Frauen beim Zugang zu und bei der Versorgung mit Gütern und Dienstleistungen, ABl. EG Nr. L 373 vom 21.12.2004, S. 37-43.

§ 16 Sicherung der Betriebsrenten

1. Ausgangspunkt – unterschiedliche Funktionen und Verständnisse von Betriebsrenten

Gøsta Esping-Andersen[1] unterschied unter den wohlfahrtsstaatlichen Grundansätzen in Europa den **kontinentalen, nordischen** und **angelsächsischen Typus**. Diese drei Typen folgen drei unterschiedlichen Idealen der **einkommensproportionalen, egalitären** oder **Mindestsicherung**. Diese Unterscheidung klärt auch die in Europa anzutreffenden Unterschiede von Traditionen, Verständnissen und Ausgestaltungen von Betriebsrenten.

362

In **Mitteleuropa** entwickelten sich die Betriebsrenten in der Nachfolge und nach dem Vorbild der dort seit dem 19. Jahrhundert fest etablierten **Beamtenversorgung**.[2] Sie wurden zunächst Angestellten (als „Betriebsbeamten") und später Arbeitern zuteil, nicht selten durch einen öffentlichen Arbeitgeber ohne Dienstherrneigenschaft (Versicherung, Bank, Staatsunternehmen). Er stellte dem Berechtigten nach Eintritt des „Ruhestandes" ein dem Erwerbseinkommen entsprechendes Einkommen zur Sicherung eines „standesgemäßen" Lebens im Ruhestand in Aussicht. Dieses Betriebsrentenrecht setzte Bestehen und Gewährung einer öffentlichen Altersrente voraus und verpflichtete den Arbeitgeber in einer **Gesamtversorgungszusage**, die **Differenz** zwischen der **öffentlichen Altersrente** und dem in der **Zusage** bestimmten Anteil des vor Eintritt in den Ruhestand innegehabten Durchschnittseinkommens auszugleichen. Ein als Direkt- und Gesamtzusage ausgestaltetes Betriebsrentenversprechen schafft eine einkommensproportionale Sicherung, welche den kontinentalen Wohlfahrtsstaat prägt.

363

Ein Gegenmodell findet sich in der **britischen** Tradition.[3] Danach hat die öffentliche Alterssicherung eine **Mindestsicherung** zu gewähren.[4] Die **Betriebsrenten** (occupational pensions) **treten neben** diese öffentliche Sicherung, welche die Grundbedarfe sichern, wogegen jene eine **einkommensbezogene Zusatzsicherung** bringen soll. Das Versprechen kann **leistungs-** (defined benefit plan) oder **beitragsbezogen** (defined contribution plan) gegeben werden. Typisch ist eine Zusage des Arbeitgebers an den Arbeitnehmer. Die versprochene Sicherung wird einem vom Arbeitgeber unabhängigen selbstständigen Sondervermögen mit eigener Rechtspersönlichkeit (trust) übertragen. Die in der britischen Tradition stehenden Betriebsrentenversprechen finden ihre wirtschaftli-

364

---

1 Ders., The Three Worlds of Welfare Capitalism, 1990.
2 Runggaldier, ZIAS 1988, 37, 42 ff.; Schulin, ZIAS 1988, 10 ff.; Barz, in DRV-Schriften, Band 42, 2003, 111 ff.; Rolfs, in Schlachter/Heinig § 28; Borsjé/van Meerten, ročnik 22, 5/2014, p. 15.
3 Die sich auch in den USA und Kanada findet: vgl. Eichenhofer, 1990, 143 ff.; zum Vereinigten Königreich eingehend Davy, in Schlachter/Becker/Igl, 2005, 35 ff.
4 Vgl. dazu auch Latocha-Bruno/Devetzi, DRV 2001, 486, 490.

III. Europäisches harmonisierendes Sozialrecht

che Basis anders als die mitteleuropäische also statt in der **Ertragskraft** des einzelnen **Arbeitgebers** in der **Leistungsfähigkeit** des **Kapitalmarkts**.

365 Aus unterschiedlichen Grundansätzen entstanden unterschiedliche Schutzkonzepte für die **betriebliche Altersversorgung**. Während die im deutschen BetrAVG niedergelegten Institutionen – Unverfallbarkeit von Anrechten, Auszehrungsverbot, Pflicht zur Anpassung der nominalen Rentenleistungen an die Geldentwertung und Insolvenzsicherung – auf Direktzusage, Gesamtversorgungszusagen und defined benefit plan zugeschnitten sind, rückt die britische Schutzgesetzgebung die Garantie einer vorsorgetauglichen Verwendung der durch contracting out ersparten Sozialversicherungsbeiträge für die betrieblichen Pensionen des Arbeitnehmers und die Kriterien für die Vermögensverwaltung der Vermögensanlage für den pension fund in den Vordergrund der Regulierung. Diese bevorzugt den defined contribution plan und dessen Sicherung durch einen trust.

2. Wege zu einer Europäischen Betriebsrentengesetzgebung

a) Entdeckung der Betriebsrenten als Thema europäischer Rechtsetzung

366 Die betriebliche Alterssicherung ist in Art. 153 AEUV weder eigens aufgeführt, noch als Gegenstand europäischer Sozialpolitik erwähnt. Sie war auch in den frühen 1970er Jahren in der Nachfolge zweier Pariser Gipfelkonferenzen einsetzenden Sozialpolitik der Gemeinschaft zunächst nur ein Randthema. Sie wurde erstmals in der Richtlinie 80/987/EWG zur Angleichung der Rechtsvorschriften der Mitgliedstaaten über den Schutz der Arbeitnehmer bei **Zahlungsunfähigkeit** des Arbeitgebers vom 20.10.1980[5] in der dort vorgesehenen Insolvenzsicherung für Arbeitsentgeltansprüche erwähnt. So erlegte Art. 8 Richtlinie 80/987/EWG den Mitgliedstaaten auf, sich zu vergewissern, „dass die notwendigen Maßnahmen zum Schutz der Interessen der Arbeitnehmer sowie der Personen, die zum Eintritt der Zahlungsunfähigkeit des Arbeitgebers aus dessen Unternehmen und Betrieb bereits ausgeschieden sind, hinsichtlich ihrer erworbenen Rechte oder Anwartschaftsrechte auf Leistungen bei Alter, einschließlich Leistungen für Hinterbliebene, aus betrieblichen oder überbetrieblichen Zusatzversorgungseinrichtungen außerhalb der einzelstaatlichen Systeme sozialer Sicherheit getroffen werden". Die Mitgliedstaaten sollten mit der **Insolvenzsicherung** für Arbeitsentgeltansprüche auch eine zulängliche Sicherung für **Betriebsrentenansprüche** oder -anwartschaften gegen Insolvenz schaffen. Diese Bestimmung lässt aber offen, welche Mittel die Mitgliedstaaten dafür zu ergreifen haben. Ihr kann jedenfalls nicht entnommen werden, die Mitgliedstaaten hätten umlagefinanzierte Garantieeinrichtungen nach Art des deutschen Pensionssicherungsvereins (PSV) zu begründen.[6]

---

5 ABl. EG Nr. L 283/23; Heubeck, BetrAV 1997, 131 ff.; Rihm, 1998.
6 Hanau/Steinmeyer/Wank, 2002, § 18–177 sprechen darin von einer „sehr vagen Verpflichtung".

Zum eigentlichen Thema der EU wurden die Betriebsrenten erst im Zusammenhang mit dem **Binnenmarktvorhaben**.[7] Am 21. Oktober 1991[8] unterbreitete die Kommission erstmals einen Richtlinienvorschlag, welcher die Stellung der Betriebsrententräger bei der Vermögensverwaltung und -anlage EU-weit normieren sollte.[9] Dies sollte die **Dienstleistungsfreiheit** der Betriebsrententräger sichern, insbesondere die in mehreren Mitgliedstaaten belegenden Kapitalanlagen und -verwaltungskommissionen für Betriebsrententräger befördern. Diese Initiative **scheiterte** jedoch. 367

Der Fragenkreis der Betriebsrenten rückte sodann in dem von Simone Veil geleiteten High Level Panel on the Free Movement of Persons erneut ins Blickfeld. Dieser unterbreitet Vorschläge zur Sicherung und Entfaltung der Personenfreiheit. Er gelangte in einem Bericht vom 18. März 1997[10] zu dem Ergebnis, dass in Anbetracht fortbestehender Unterschiede in der Besteuerung wie Sicherung von Anwartschaften und Anrechten der betrieblichen Altersversorgung nach wie vor **Hemmnisse** für die umfassende Wahrnehmung von **Personenfreiheit** und Freizügigkeit bestünden.[11] 1997 legte die Kommission das Grünbuch „Zusätzliche Altersversorgung im Binnenmarkt" vor.[12] Darin gab die Kommission ihrer Überzeugung Ausdruck, dass im Binnenmarkt Personen- und Kapitalverkehrsfreiheit Hand in Hand gehen müssten. Das Grünbuch enthielt Vorschläge zur Sicherung eines auf den Prinzipien der Dienstleistungs- und Kapitalverkehrsfreiheit beruhenden Marktes für die primär auf dem Kapitalmarkt zu platzierenden Produkte betrieblicher Altersversorgung. Das **Betriebsrentenrecht** sollte das Aufsichtsrecht der Mitgliedstaaten vereinheitlichen, damit diese Anliegen gesichert würden. 368

b) Richtlinie 98/49/EG zur Annäherung der Betriebsrentengesetzgebungen der Mitgliedstaaten

Diese Bemühungen mündeten in die 1. Richtlinie zur Annäherung der Betriebsrentengesetzgebungen der Mitgliedstaaten. In dem am 12. November 1997 von der Kommission verabschiedeten Aktionsplan für die Freizügigkeit der Arbeitnehmer[13] wurde das Fehlen eines der öffentlichen Sicherung ebenbürtigen Mechanismus für zusätzliche Betriebsrenten beklagt und eine entsprechende Richtlinie angekündigt. Die Richtlinie 98/49/EG zur „Wahrung ergänzender Rentenansprüche von Arbeitnehmern und Selbstständigen, die innerhalb der 369

---

7 Von den in diesem Zusammenhang stehenden Bemühungen zur Vereinheitlichung der Lebensversicherungen (RL 79/267/EWG v. 5.3.1979, ABl. EG Nr. L 63/1; 90/619/EWG v. 8.11.1990, ABl. EG Nr. L 330/50; RL 92/96/EWG v. 10.11.1992, ABl. EG Nr. L 360/1) wird im weiteren Fortgang abgesehen.
8 COM (91) 301 endg.
9 Kuckelkorn, BetrAV 2000, 619.
10 Report of the High Level Panel on the Free Movement of Persons, chaired by Simone Veil, presented to the Commission on 18 March 1997, p. 104 ff.
11 Vgl. dazu auch Steinmeyer, EuZW 1991, 43; Schavoir-Ysselstein, VersWiss 1996, 1513.
12 Stürmer, BetrAV 1998, 210.
13 KOM (97) 586 endg.

III. Europäisches harmonisierendes Sozialrecht

Europäischen Gemeinschaft zu- und abwandern", wurde am 29. Juni 1998 erlassen.

370 Sie hat ihre zentrale Bedeutung für **grenzüberschreitende** Fälle. Die Mitgliedstaaten haben[14] den durch Wechsel des Beschäftigungsstaates eintretenden Verlust von Anwartschaften auszugleichen, also für die Übertragbarkeit = portability des Anrechts zu sorgen, und zwar so wie dies im Recht des Mitgliedstaates für Berechtigte im zuständigen Staat vorgesehen ist, falls die Beitragszahlung aus einem anderen Grund endigt. Die Mitgliedstaaten haben ferner die grenzüberschreitende Zahlung von Rentenleistungen zu sichern und für die vorübergehend in einen anderen Mitgliedstaat **entsandten** Arbeitnehmer das Recht zur Weiterversicherung in dem bisherigen System vorzusehen. Dafür werden Arbeitnehmer und gegebenenfalls auch Arbeitgeber von der Pflicht zur Beitragszahlung im Staat der vorübergehenden Betätigung **freigestellt.** Schließlich sollen die Mitgliedstaaten alle Beteiligten hinlänglich über die ihnen hieraus erwachsenden Rechte informieren und betriebliche Leistungen aus anderen Mitgliedstaaten wie die betrieblichen Leistungen nach dem Recht des Beschäftigungsstaates **besteuern.**[15, 16] Aus Gründen der Gleichbehandlung von Teil- und Vollzeitbeschäftigten sind Unterscheidungen bei Betriebsrenten unstatthaft.[17] Diese sind durch Insolvenzsicherung bis zur Hälfte ihres Wertes zu erhalten.[18]

c) Pensionsfondsrichtlinie

371 Mit einem Vorschlag für die Richtlinie über „Tätigkeiten von Einrichtungen zur betrieblichen Altersversorgung" vom 11. Oktober 2000[19] legte die Kommission Grundsätze für die gemeinschaftsweite Gestaltung von Regeln für die **Vermögensanlage** und **-verwaltung** von **Pensionsfonds** vor. Unter Ausklammerung der arbeits- und sozialrechtlichen Dimensionen[20] liegt das Hauptanliegen der Vorschläge in der gemeinschaftsweit vereinheitlichten Standardisierung des Asset-liability-management, namentlich dessen Ausrichtung an einer an der prudent man rule orientierten Vermögensanlage und -verwaltungspraxis. Ethische Standards nach dem Vorbild der im Juli 2000 von Amnesty International UK Business Group vorgeschlagenen „Human Rights Guidelines for the Pension Trustees",[21] wonach die sozial, ökologisch und ethisch verantwortliche Vermögensanlage die Voraussetzung für eine ökonomisch solide Anlage sei, werden allerdings nicht verbindlich gemacht.

---

14 Bittner, 2002, 56 f., 114 f.; Steinmeyer, 2002, §§ 26–46 ff.
15 Fuchs, Nomos-Kommentar EuSozR, Einl. Rn. 28 ff.; Schulte, in Carlier/Verwilghen, 2000, 143, 152 ff.
16 ABl. EG Nr. L 209 v. 25.7.1998, S. 46; Steinmeyer, EuZW 1999, 645.
17 EuGH EU:C:2017:539.
18 EuGH EU:C:2019:1128; EuGH EU:C:2016:891; EuGH EU:C:2018:674.
19 KOM (2000) 507 endg.
20 Hessling, BetrAV 2000, 622.
21 Amnesty International UK Business Group, June 2000.

§ 16 Sicherung der Betriebsrenten

Diese Debatte hat auch für das **deutsche** Recht Gewicht, nach dem durch das AVermG der **Pensionsfonds** als **fünfter Durchführungsweg** der betrieblichen Altersversorgung in Deutschland zugelassen wurde,[22] freilich mit der Besonderheit eines nach den Regeln der Unterstützungskasse gebildeten Insolvenzschutzes.[23] Rat und Parlament verabschiedeten zwar 2000 einen gemeinsamen Standpunkt.[24] Die Kommission sah sich zu dieser Initiative veranlasst,[25] weil sich die für betriebliche Altersversorgung vorgehaltenen Vermögenswerte auf ein Viertel des jährlichen Bruttoinlandsprodukts der EU beliefen und 45 % der von Versicherungen gehaltenen Vermögenswerte umfassten,[26] ohne einer diesen vergleichbaren Finanzaufsicht zu unterliegen. Der betrieblichen Altersversorgung werde in Zukunft neue Bedeutung zuwachsen, weil sie die Ersparnisbildung fördern, öffentliche Ausgaben senken und gleichzeitig hohe Altersvorsorgeleistungen sichern helfe.[27] Die Aufsicht über Pensionsfonds solle die bestehende Banken-, Versicherungs- und Wertpapieraufsicht ergänzen und sie an einheitlichen Standards ausrichten.[28] 372

Schutzvorkehrungen seien zwar wichtig. Ein zu weitreichender Schutz sei der Rendite aber abträglich.[29] Es sei deshalb das oberste Gebot, die Ertragskraft der Pensionsfonds zu steigern. Geringe Erträge liefen den Interessen der Gesicherten entgegen, weil sie zu niedrigen Auszahlungen und höheren Beiträgen führten.[30] Im Interesse der Kostensenkung durch sinnvolle Konzentration sei die gemeinschaftsweite Altersvorsorge möglich, welche die Freiheit zur gemeinschaftsweiten Rechtswahl umfassen müsse.[31] Die Vermögensanlage und -verwaltung sei an den qualitativen Werten der Sicherheit, Qualität, Liquidität, Rendite und Risikostreuung auszurichten, mögen auch quantitative Regeln der staatlichen Aufsicht die Arbeit erleichtern. In jedem Falle müsse den Vorsorgeträgern eine Anlage in Aktien, Fremdwährungsverbindlichkeiten oder Risikokapital ermöglicht werden. Gegenstand der Richtlinie seien die aus Beiträgen finanzierten Leistungen der Altersvorsorge, also Leistungen, bei denen der vorzeitige Rückkauf ausgeschlossen sei. Die Leistung dürfe weder an biometrische Indikatoren geknüpft, noch als Annuität ausgestaltet sein. Voraussetzung sei aber eine Finanzierung durch Kapitaldeckung und zwar durch Träger mit eige- 373

---

22 §§ 1b Abs. 3 Satz 1 BetrAVG, 112–114 VAG.
23 § 7 Abs. 1 Satz 2 BetrAVG, vgl. zu diesem Ziel eingehend Bittner, ZIAS 2001, 297, 302; Becker, in Schwarze (Hg.), 2004, 209.
24 Gemeinsamer Standpunkt EG Nr. 62/2002 vom 5.11.2002, ABl. C 299E vom 3.12.2002, S. 16; vgl. Vorschlag der Kommission vom 27.3.2001, ABl. EG C 96/136; G5E/116 vom 14.3.2002; eine Richtlinie wurde jedoch bis zum heutigen Tag nicht verabschiedet.
25 Vgl. dazu und zum folgenden KOM (2002) 507 endg.
26 Ebd., S. 3.
27 Ebd., S. 3.
28 Ebd., S. 4.
29 So seien zwischen 1984 und 1988 die Renditen in Mitgliedstaaten mit niedrigerem Schutzstandard deutlich höher als in Staaten mit hohem Schutzstandard angestiegen (10 % statt 6 %).
30 Ebd., S. 4.
31 Ebd., S. 5.

nen, vom Arbeitgeber getrennten Vermögen. Deshalb sind die im **Umlageverfahren** finanzierten Betriebsrenten (z. B. die VBL oder die obligatorischen Zusatzrenten Frankreichs), die **Direktversicherung** (weil sie in der Insolvenzversicherung ein Funktionsäquivalent bezieht) und **Unterstützungskasse** (wegen fehlenden Rechtsanspruchs und geringer Kapitalausstattung) von den Regeln der **Pensionsfondsrichtlinie auszunehmen.**[32]

3. Grenzüberschreitende Sicherung der Betriebsrentenrechte

374 Das am 12. November 1997 in dem von der Kommission verabschiedeten Aktionsplan für die **Freizügigkeit** der Arbeitnehmer[33] beklagte Fehlen eines der öffentlichen Sicherung gleichwertigen Koordinationsmechanismus für zusätzliche Betriebsrenten wurde überwunden durch die am 29. Juni 1998 erlassene Richtlinie zur Wahrung ergänzender Rentenansprüche von Arbeitnehmern und Selbstständigen, die innerhalb der Europäischen Gemeinschaft zu- und abwandern.[34]

Sie umfasst die **ergänzende betriebliche** Alters-, Invaliditäts- und Hinterbliebenen**sicherung** (Art. 1), einerlei, ob als Direktzusage oder als Leistungsanspruch in einer privaten Versicherung begründet oder im Umlage- oder Kapitaldeckungsverfahren finanziert (Art. 3). Die Mitgliedstaaten haben danach den infolge Wechsels des Beschäftigungsstaates eintretenden Verlust von Anwartschaften in gleicher Weise auszugleichen wie dies nach dem Recht des Mitgliedstaates für Berechtigte im Inland vorgesehen ist, bei dem die Beitragszahlung aus einem anderen Grund endigt (Art. 4). Die Mitgliedstaaten haben die grenzüberschreitende Zahlung von betrieblichen Rentenleistungen zu sichern (portability) (Art. 5) und außerdem für die vorübergehend in einen anderen Mitgliedstaat entsandten Arbeitnehmer die Weiterversicherung in bisherigen Systemen zu ermöglichen. Bei Weiterzahlung werden Arbeitnehmer und gegebenenfalls auch Arbeitgeber von der Pflicht zur Beitragszahlung im Staat der vorübergehenden Betätigung freigestellt (Art. 6). Schließlich sollen die Mitgliedstaaten allen Beteiligten hinlängliche Informationen über die ihnen hieraus erwachsenen Rechte geben und bei der Besteuerung betrieblicher Leistungen aus anderen Mitgliedstaaten die Gleichbehandlung mit der Besteuerung von betrieblichen Leistungen nach dem Recht des Besteuerungsstaates gewährleisten.[35]

---

32 Ebd., S. 10–12.
33 KOM (97) 586 endg.
34 ABl. EG Nr. L 209 v. 25.7.1998, S. 46.
35 EuGH Slg. 2007, I-5701 (Kommission ./. Belgien), Bittner, 2002, 56 f., 114 f.; Fuchs, Nomos-Kommentar EuSozR, Einl. Rn. 28 ff.; Schulte, in Carlier/Verwilghen, 2000, 143, 152 ff.; vgl. die Bemühungen zur Ausweitung der Portabilität von Pensionsrechten (KOM (2005) 507); Beschluss vom 20.6.2007 des Europäischen Parlaments, um zur Förderung der Freizügigkeit die Betriebsrenten zu beseitigen; die Unverfallbarkeit nach 2 Jahren eintreten; das Alter, ab dem dieser Schutz besteht, soll von 30 auf 21 abgesenkt werden; die Vereinheitlichung soll die Mobilität im Binnenmarkt fördern.

§ 16 Sicherung der Betriebsrenten

Darüber hinaus befand der EuGH mit Urteil vom 10. März 2011[36], dass Art. 48 AEUV zwar nicht auf Betriebsrenten zu erstrecken sei, allerdings ein Tarifvertrag die Freizügigkeit (Art. 45 AEUV) behindert, der in einem anderen Mitgliedstaat verbrachte Dienstjahre bei demselben Arbeitgeber nicht berücksichtigt und die Versetzung eines Arbeitnehmers von einem Beschäftigungsort in einen Mitgliedstaat an einen anderen Ort in einen anderen Mitgliedstaat so behandelt, als ob der Beschäftigte dem Arbeitgeber freiwillig verlassen hätte. Durch die EU-Mobilitätsrichtlinie vom 20. Mai 2014[37] wird das Recht grenzüberschreitender Betriebsrentenrechte fortentwickelt. Die Normen sind bis Mai 2018 in das Recht der Mitgliedstaaten zu überführen. Die Richtlinie gilt für alle die Alterssicherung der sozialen Sicherheit (VO (EG) 883/2004) ergänzenden Rentensysteme. Danach sind Betriebsrentenrechte, welche ein Arbeitnehmer nach dem 21. Lebensjahr begründet, nach einer Laufzeit von 3 Jahren unverfallbar. Ruhende Anwartschaft können abgegolten werden. Es bestehen Auskunftsansprüche; Regelungen zur Übertragbarkeit (Portabilität) sind nicht getroffen.

---

36 EuGH Slg. 2011, I-1379 (Casteels).
37 RL 2014/50/EU vom 16.4.2014, ABl. EU L 128 vom 30.4.2014, S. 1.

§ 17 Bedeutung des EU-Wirtschaftsrechts für Sozialleistungen

1. EU-Wirtschaftsrecht und dessen Folgen für das Sozialrecht

a) Primärrechtliche Vorgaben

Die Grundfreiheiten kommen sämtlichen am Wirtschaftsleben Beteiligten zugute: Die **Warenverkehrs-** und **Dienstleistungsfreiheit** allen **Unternehmen**, die **Personenfreiheit** allen **Arbeitnehmern** und **Selbstständigen**, die **Kapitalverkehrsfreiheit** allen Kapitalanlegern und, weil der grenzüberschreitend freie und ungehinderte Konsum von Waren und Dienstleistungen ihr Gegenstand ist, auch deren **Konsumenten**. Dass auch Sozialleistungsträger wie Wirtschaftsunternehmen zu behandeln sind, ist jedenfalls im EU-Lauterkeitsrecht anerkannt.[1] Deshalb unterliegt auch der **Kassenwettbewerb** unter Sozialversicherungen dem EU-Lauterkeitsrecht (RL 2005/29/EG). 375

Adressaten des Wettbewerbs- und Beihilferechts sind **Unternehmen**. Diesen ist die einvernehmliche **Beschränkung des Wettbewerbs** (Art. 101 AEUV) sowie die einseitige Ausnutzung einer **Übermacht gegenüber anderen Wettbewerbern** (Art. 102 AEUV) untersagt. Der Schlüsselbegriff des EU-Wirtschaftsrechts ist daher „Unternehmen". Auch öffentliche Unternehmen sind ihm unterworfen (Art. 106 Abs. 1 AEUV). Selbst **Finanz-** und **Dienstleistungsmonopole** unterliegen dem Wettbewerbsrecht, soweit dies nicht „die Erfüllung der ihnen übertragenen besonderen Aufgaben rechtlich oder tatsächlich verhindert" (Art. 106 Abs. 2 AEUV). So soll der im Binnenmarkt um der Konsumenten willen, entfaltete Wettbewerb gelingen, der die Vielfalt des Angebots mit Kostenvorteilen verknüpft. 376

b) Unternehmensbegriff in der EuGH-Rechtsprechung

Der EuGH versteht den Begriff „**Unternehmen**" im Wettbewerbsrecht „funktional" und nicht „institutionell". Die Unternehmenseigenschaft richtet sich so nicht am Status des Akteurs, sondern am vorgenommen Akt aus:[2] „Im Rahmen des Wettbewerbsrechts umfasst der Begriff des Unternehmens jede eine wirtschaftliche Tätigkeit ausübende Einheit, unabhängig von ihrer **Rechtsform** und der Art ihrer **Finanzierung**. Deshalb stellt etwa die **Arbeitsvermittlung** eine wirtschaftliche Tätigkeit dar. Dass die Vermittlungstätigkeit normalerweise öffentlich-rechtlichen Anstalten übertragen ist, spricht nicht gegen die wirtschaftliche Natur dieser Tätigkeit. Die Arbeitsvermittlung ist nicht immer von öffentlichen Einrichtungen betrieben worden und muss nicht notwendig von solchen Einrichtungen betrieben werden."[3] 377

---

1 EuGH – 3.10.2013 – Rs. C-59/12 (BKK Mobil).
2 EuGH Slg. 1991, I-1979 (Hoefner und Elser), Tz. 21.
3 EuGH Slg. 1991, I-1979 (Hoefner und Elser), Tz. 22 f.; EuGH Slg. 2006, I-2843 (Enirisorse).

III. Europäisches harmonisierendes Sozialrecht

c) Art 106 II AEUV – Beschränkung des Wettbewerbsrechts auf das Erforderliche

378 Des Weiteren bestimmt Art. 106 Abs. 2 Satz 2 AEUV: „Die Entwicklung des Handelsverkehrs darf nicht in einem Ausmaß beeinträchtigt werden, das dem Interesse der Union zuwiderläuft." Diese Regelung privilegiert die **Dienstleistungsunternehmen** von allgemeinem wirtschaftlichem Interesse, ist aber eingeschränkt und an die staatsbezogenen **Vorschriften des EU-Rechts** gebunden – namentlich zur Beachtung der Grundfreiheiten verpflichtet.[4] Dienstleistungsmonopole sind also statthaft,[5] bedürfen aber sachlicher Rechtfertigung.[6] Monopole sind gerechtfertigt, um einen umfassenden, die selektive Wahrnehmung verhindernden Versorgungsauftrag zu erfüllen. Namentlich dürfen **Monopole** errichtet werden, um dem „**Rosinenpicken**" (cream skipping) entgegenzuwirken,[7] soweit sie zur ordnungsgemäßen Berufsausübung erforderlich sind.[8]

379 Der legitime Zweck rechtfertigt aber nicht jedes Mittel. Die Wettbewerbsregeln gelten nicht, falls deren Beachtung die Aufgabenerfüllung verhindern würde.[9] Es ist dagegen unstatthaft, das Monopol über den rechtlich übertragenen Aufgabenkreis auszuweiten,[10] dessen Betätigungen strafbewehrt zu untersagen, obgleich das **Monopol** seine Aufgaben nicht erfüllt[11] oder zu Vorteilen ohne Gegenleistung oder unangemessenen Preisen angehalten wird, wodurch **Quersubventionierungen** ermöglicht oder unwirtschaftliche Strukturen aufrechterhalten werden.[12] Stets ist ein Monopol untersagt, soweit es den **Grundfreiheiten** zuwiderläuft, mithin Marktteilnehmer anderer Mitgliedstaaten gegenüber inländischen Marktteilnehmern **diskriminiert**.[13]

380 Art. 106 Abs. 2 AEUV enthält eine allgemeine Ausnahmevorschrift von den zwingenden **Bestimmungen des Wettbewerbs-, Beihilfe- und Vergaberechts** für sämtliche Unternehmen, welche Dienstleistungen von allgemeinem wirtschaftlichem Interesse erbringen. „Art. 106 Abs. 2 AEUV stellt sicher, dass die von den Mitgliedstaaten verfolgten sozialpolitischen Ziele durch die Anwendung wirtschaftsrechtlicher Normen nicht gefährdet werden".[14] Die Mitgliedstaaten sind befugt, das einzelne wirtschaftliche Interesse zu definieren und haben dafür einen weiten – europarechtlich weder zu kontrollierenden, noch

---

4 Heinemann, 1996, 63.
5 EuGH Slg. 1974, 409 (Sacchi); EuGH Slg. 1991, I-2925 (ERT).
6 Heinemann, 1996, 59.
7 EuGH Slg. 1994, I-1477, 1521, 1523 (Almelo).
8 EuGH Slg. 2002, I-1577 (Wouters), Tz. 109.
9 Vgl. die instruktive Zusammenfassung bei Ehlermann (1993), 2 ECLR, 61, 63 ff.; jetzt Karl, 2005.
10 EuGH Slg. 1989, 803 (Saeed); EuGH Slg. 1991, I-2925 (ERT); EuGH Slg. 1991, I-5941, 5980 (GB-Inno-BM); EuGH Slg. 1994, I-1477, 1521 (Almelo).
11 EuGH Slg. 1991, I-1979 (Hoefner und Elsner); EuGH Slg. 1993, I-2533 (Corbeau).
12 EuGH Slg. 1991, I-5889, 5929 (Merci et Porto di Genova).
13 EuGH Slg. 1991, I-2925 (ERT); EuGH Slg. 1994, I-1783 (Corsica Ferries).
14 Schweitzer, in Deutscher Sozialrechtsverband (Hg.), 2011, 43.

zu verengenden – Beurteilungsspielraum. Voraussetzung für die Anwendung dieser Bestimmung auf ein Unternehmen ist dessen Anerkennung als im **allgemeinen wirtschaftlichen Interesse** liegend. Dies geschieht in Gestalt einer förmlichen Betrauung durch Hoheitsakt.[15] Die Unternehmen erlangen dadurch weitreichende Handlungsbefugnisse, die bis zum vollständigen Ausschluss jeglichen Wettbewerbs reichen können.[16] Die Bestimmung steht im Zusammenhang mit Art. 36 EuGrCH, wonach die EU das Recht auf den Zugang zu Universaldienstleistern achtet.[17]

Die erbrachten Dienste sind von **allgemeinem Interesse**, wenn sie der Öffentlichkeit und nicht einzelnen Personen oder Gruppen dienen.[18] Organisationen, die nicht auf dem Markt antreten, sondern unmittelbar **karitative, fürsorgliche, soziale** oder **kulturelle Dienste** erbringen, fallen mangels eines wirtschaftlichen Charakters ihrer Tätigkeit nicht unter Art. 106 Abs. 2 AEUV.[19]   381

Eine **Betrauung** verlangt mehr als die faktische Wahrnehmung eines **Auftrages**, nämlich die förmliche und in einem Rechtsakt erfolgende Erteilung der betreffenden Aufgabe durch den Auftraggeber.[20] Die Betrauung bedarf einer individualisierten Entscheidung des die Aufgabe übertragenden Trägers von Hoheitsgewalt; aus dem formalisierten Akt muss sich vor allem der Zweck und die Dauer der Betrauung ergeben.[21] Art. 106 Abs. 3 AEUV bestimmt, dass die Kommission auf die Anwendung dieser Regeln achtet und, falls erforderlich, Richtlinien und Beschlüsse an die Mitgliedstaaten richtet. Daraus folgt eine Überwachungs- und Gestaltungsaufgabe, welche die Befugnis der Kommission zur sekundärrechtlichen Ausformung der in Art. 106 Abs. 2 AEUV enthaltenen Anforderungen umfasst.[22] Beispiele für derartige Normen sind die Transparenz-RL 2006/111/EG.[23] Sie schreibt die getrennte **Buchführung** für die gewerbliche und gemeinwirtschaftliche Tätigkeit vor.   382

2. Sozialleistungsträger als Unternehmen?

Die Frage, ob die **Unternehmens**-Eigenschaft auf **Sozialversicherungsträger** zu erstrecken ist, hat die Rechtsprechung des EuGH wiederholt beschäftigt, erstmals in der Rechtssache Poucet.[24] Es war darin zu entscheiden, ob die **französische** Versicherungspflicht für Selbstständige bei **Krankheit, Mutter-**   383

---

15 EuGH Slg. 1974, 313 (BRT II); EuGH Slg. 1981, 2021 (Züchner); EuGH Slg. 1997, I-5815, 5836 (Kommission ./. Frankreich), Rn. 65.
16 EuGH Slg. 1993, I-2533 (Corbeau), Rn. 13; EuGH Slg 2001, I-8089 (Ambulanz Glöckner), Rn. 56.
17 Voet van Vormizeele, in Schwarze (Hg.), 2012, Art. 106 AEUV, Rn. 54.
18 EuGH Slg. 1974 313 (BRT II), Rn. 23.
19 Koenig/Paul, in Streinz, 2012, Art. 106 Abs. 2 AEUV, Rn. 51.
20 Koenig/Paul, in Streinz, 2012, Art. 106 Abs. 2 AEUV, Rn. 61.
21 Jung, in Calliess/Ruffert, 2011, Art. 106 AEUV, Rn. 40 ff.
22 Jung, in Calliess/Ruffert, 2011, Art. 106 AEUV, Rn. 79.
23 ABl. EG L 318 vom 17.11.2006, 17.
24 EuGH Slg. 1993, I-637 (Poucet); zur Problematik umfassend Giesen, 1995.

III. Europäisches harmonisierendes Sozialrecht

schaft sowie Alter mit dem EU-Recht vereinbar sei. In der Rechtssache INAIL[25] ging es um die Zulässigkeit von **Versicherungs- und Beitragspflicht** zur **italienischen gesetzlichen Unfallversicherung.**

384 Der EuGH befand, ein **Unternehmen** sei „jede eine wirtschaftliche Tätigkeit ausübende Einheit, unabhängig von ihrer Rechtsform und der Art ihrer Finanzierung".[26] **Krankenkassen, Rentenversicherungsträger** und sonstige Träger sozialer Sicherheit erfüllten jedoch eine öffentliche Aufgabe ausschließlich **sozialen Charakters.**[27] „Diese Systeme dienen einem sozialen Zweck und beruhen auf dem Grundsatz der **Solidarität.**" Deren Schutz bestehe unabhängig von Vermögen, Gesundheitszustand oder **Beitragszahlung** durch den Gesicherten und sei auf Einkommensumverteilung angelegt. Die Versicherungspflicht sei für die Solidarität sowie das finanzielle Gleichgewicht des Systems daher unerlässlich. Eine gesetzliche Krankenkasse ist auch dann kein Unternehmen (Art. 107 I AEUV), wenn sie Wahlrechte über Kasse gewährt und Zusatzleistungen vorsieht.[28]

385 Dagegen bejahte der EuGH die Unternehmens-Eigenschaft für eine ergänzend zur **Pflichtversicherung** geschaffene **freiwillig** gegründete, dem Kapitaldeckungsprinzip folgende Rentenversicherung oder **obligatorische öffentlich-rechtliche Betriebsrentenversicherung** für freiberuflich Selbstständige **Frankreichs.**[29] Eine solche Versicherung stehe mit anderen Lebensversicherungen im **Wettbewerb.** Zwar wird auch in privatrechtlichen Systemen die Solidarität verwirklicht, weil die Beiträge unabhängig vom individuellen Versicherungsrisiko bestimmt werden und bei Krankheit oder wirtschaftlicher Notlage des Betriebes nicht anfallen. Weil das Versicherungssystem auf Freiwilligkeit beruhe, gelte der Grundsatz der Solidarität in diesem System aber nur eingeschränkt.

386 Der öffentlich-rechtliche Status eines Trägers stehe dessen **Unternehmenseigenschaft** nicht entgegen; eine Versicherungspflicht für eine einzelne Gruppe von **Selbstständigen** schränke aber den Wettbewerb nicht spürbar ein.[30] Des Weiteren befand der EuGH,[31] dass sich zwar nicht die Entscheidung der **Sozialpartner** zur Errichtung eines für alle Arbeitnehmer verpflichtenden **Zusatzrentenfonds**, wohl aber dessen Verwaltung als unternehmerische Tätigkeit darstelle. Der Mitgliedstaat sei auch nicht gehindert, diesem **Fonds** ein **Monopol**

---

25 EuGH Slg. 2002, I-691 (INAIL); dazu Fuchs/Giubboni, BG 2001, 320; ders., NZS 2002, 337; ders./Giubboni, Giornale di Diritto del Lavoro e di Relazioni Industriali, N. 84, 1999, 719; EuGH Slg. 2009, I-1513 (Kattner); vgl. dazu Anm. von Giesen, ZESAR 2009, 343; Fuchs, ZESAR 2009, 365; Penner, ZESAR 2009, 411.
26 EuGH Slg. 1991, I-1979 (Hoefner und Elser).
27 EuGH Slg. 1993, I-637, 668 (Poucet), Tz. 8–11; EuGH Slg. 2002, I-691 (INAIL), Tz. 32; EuGH Slg. 2006, I-6295 (FENIN).
28 EuGH EU:C:2020:450.
29 EuGH Slg. 1995, I-4013, 4028 f. (Fédération française des sociétés d'assurance), Tz. 17–19; EuGH Slg. 2000, I-6451 (Pavlov).
30 EuGH Slg. 2000, I-6451 (Pavlov), Tz. 89, 108.
31 EuGH Slg. 1999, I-6025 (Brentjens).

§ 17 Bedeutung des EU-Wirtschaftsrechts für Sozialleistungen

einzuräumen. Auch ein öffentlich-rechtlich begründetes Monopol zugunsten der **Zusatzrenten** von **Selbständigen** könne als sachgerechtes Monopol nach Art. 106 Abs. 2 AEUV gerechtfertigt werden.[32]

Schließlich befand der EuGH 1991,[33] dass eine „öffentlich-rechtliche Anstalt für Arbeit" dem Verbot der **missbräuchlichen Betätigung** (Art. 102 AEUV) unterfalle, falls sich ihre Tätigkeit auf die Vermittlung von **Führungskräften** der Wirtschaft erstrecke, sie die auftretende Nachfrage nach solchen Vermittlungsleistungen aber offenkundig nicht befriedigen könne, der Marktzugang Privaten dennoch verschlossen und damit auch eine Vermittlung im EU-Rahmen verhindert werde. Daher sei eine öffentlich-rechtliche **Arbeitsvermittlung** als Unternehmen zu qualifizieren. Der vom EuGH gebrauchte **Unternehmens-Begriff** ist „funktional",[34] nicht „institutionell" zu verstehen: Ein Unternehmen bemisst sich nicht nach seinem Rechtsstatus, sondern nach seinen Handlungen. Der „funktionale" Unternehmens-Begriff erklärt mithin, dass einzelne Handlungen eines Sozialleistungsträgers als unternehmerische oder als nicht-unternehmerische qualifiziert werden können. 387

Die Frage, ob Sozialversicherungsträger Unternehmen seien, ist auf der Grundlage dieser das EU-Recht für alle EU-Behörden und die Mitgliedstaaten bindend auslegenden Rechtsprechung des EuGH demgemäß differenziert und differenzierend zu beantworten. Sie ist zu verneinen, soweit sie für die Versicherten obligatorisch und solidarisch Vorsorge betreiben, hingegen zu bejahen, falls sie eine freiwillige Vorsorge im Wettbewerb mit anderen Trägern privater Vorsorge oder eigenständige **Dienstleistungen** erbringen. Werden Dienste durch Sozialversicherungsträger angeboten und Privaten der Marktzugang damit verschlossen, verletzt ein Mitgliedstaat seine Pflichten aus dem EU-Recht, weil diese als von **Unternehmen** erbrachte Dienste anzusehen sind. 388

Sozialversicherungsträger sind nach der Rechtsprechung des EuGH somit nicht als Unternehmen anzusehen, soweit sie im „Kernbereich ihrer Aufgaben" tätig sind. Dies trifft zu, „sofern und soweit sie aufgrund Gesetzes ausschließlich **soziale Aufgaben** wie die **Krankenversicherung** und **Altersversorgung** durchführen."[35] In diesem Zusammenhang ist auch eine Bedarfsplanung gestattet.[36] 389

---

32 EuGH Slg. 2000, I-6451 (Pavlov), Tz. 127.
33 EuGH Slg. 1991, I-1979 (Hoefner und Elser).
34 Haverkate/Huster, Rn. 526; Jung, in Ebsen, 2000, 67, 70 f.; Marhold, in Theurl (Hg.), 2001, 234; ders., in Tomuschat (Hg.), 1995, 451 ff.; Steinmeyer, 2000, 72 f.; Karl, 2005, 32 ff.
35 In der Rechtssache Duphar ist diese Frage nicht beantwortet worden, vgl. EuGH Slg. 1984, 523, 544 (Duphar); anders Knispel, NZS 1998, 563; so Emmerich in seinem Bericht über OLG-Düsseldorf, JuS 1999, 1025; vgl. auch EuGH Slg. 1988, 4769 (van Eycke); ähnlich Pieters/Van den Bogaert, 1997, 19 f.; Steinmeyer, 2000, 46; Bracq, 40 (2004) RTDeur, 33.
36 EuGH – 26.9.2013 – Rs. C-539/11 (Ottica).

3. Freie Träger als Unternehmen?

390 Die Frage, inwieweit die freien **Wohlfahrtsverbände** als Teile der „économie sociale" dem EU-Recht unterworfen sind, wird allgemein verneint.[37] Das EU-Recht gelte nur für die wirtschaftlichen Einheiten, welche in der Absicht der **Gewinnerzielung** tätig würden. Die Träger der freien **Wohlfahrtspflege** wirkten indessen ohne Absicht der Gewinnerzielung und handelten gemeinnützig. Deshalb seien sie grundsätzlich auch vom EU-Wettbewerbsrecht ausgenommen. Ihr Handeln könnte weder am **Wettbewerbs-** noch **Beihilferecht** der EU gemessen werden und sie selbst könnten auch nicht die Grundfreiheiten für sich in Anspruch nehmen.

391 Diese Auffassung steht mit der Rechtsprechung des EuGH im Einklang.[38] Das Gericht befand, ein Gesetz der Region **Lombardei**, welches die Erbringung von Sozialhilfeleistungen gemeinnützigen Organisationen vorbehalte, verletze das EU-Wettbewerbsrecht nicht, wenn die regionale Regelung für die Teilnahme an der **Sozialhilfe** von privaten Leistungserbringern eine gemeinnützige Organisation fordert. Deshalb könnten sich **Kapitalgesellschaften**, die Leistungen für Sozialhilfeträger erbringen wollten, nicht auf das EU-Wirtschaftsrecht berufen. Denn die Mitgliedstaaten seien zur Ausgestaltung ihres Systems sozialer Sicherheit befugt und demgemäß in ihrer Gestaltung frei.

392 Da die Sozialhilfe prinzipiell den öffentlich-rechtlichen Trägern anvertraut sei und die **Solidarität** ausforme, falle sie in die Zuständigkeit des Gesetzgebers jedes Mitgliedstaates. Er dürfe die für Sozialleistungsträger tätigen Organisationen deswegen auch auf den Kreis der ohne **Gewinnerzielungsabsicht** arbeitenden freien Träger der **Wohlfahrtspflege** beschränken. „Beim gegenwärtigen Stand des Gemeinschaftsrechts kann ein Mitgliedstaat im Rahmen der ihm verbliebenen Zuständigkeit für die Ausgestaltung seines Systems der **sozialen Sicherheit** davon ausgehen, dass ein System der **Sozialhilfe** der fraglichen Art seine Ziele nur erreichen kann, wenn es zu diesem System als Erbringer von **Dienstleistungen** der Sozialhilfe nur solche privaten Wirtschaftsteilnehmer zulassen kann, die keinen Erwerbszweck verfolgen."[39]

393 Diesem Urteil ist entgegenzuhalten,[40] dass die Träger **sozialer Sicherheit** zur Förderung von **Chancengleichheit** und bei Privatisierung öffentlicher Aufgaben Unternehmen mit **Gewinnerzielungsabsicht** zur Erledigung ihrer Aufgaben heranziehen dürfen. Sind diese dann auch vom Wettbewerbsrecht freigestellt? Außerdem hat der EuGH entschieden, dass auch **religiöse Vereinigungen** oder **weltanschauliche Gemeinschaften**, die am Wirtschaftsverkehr teil-

---

37 Ipsen, 1997; vgl. auch Luthe, SGb 2000, 505.
38 EuGH Slg. 1997, I-3395 (Sodemare).
39 EuGH Slg. 1997, I-3395, 3434 (Sodemare), Tz. 32.
40 Vgl. auch Benicke, ZfSH/SGB 1998, 22 ff.; Schulte, ArchSozArb 1999, 210; Mitteilung der Kommission über die Förderung und Rolle gemeinnütziger Vereine und Stiftungen in Europa, 1997 (KOM) 241 endg.

nehmen, dem EU-Wirtschaftsrecht unterliegen.[41] Im Zuge des „out-sourcing" werden zunehmend Aufgaben aus den **Verwaltungsträgern** der **sozialen Sicherheit** an erwerbswirtschaftlich tätige Unternehmen übertragen. Sozialleistungsträger ziehen sich aus der Erbringung von Sozialleistungen zurück und überantworten diese der **Privatwirtschaft**. **Gewinnorientierte Unternehmen** erbringen dann **Sozialleistungen** für die Träger.

Im **Gesundheitswesen** sind **Gesundheitshandwerker** und paramedizinische Heilberufe tätig. Daher ist sein Aufgabenfeld möglicher Gegenstand erwerbswirtschaftlicher Betätigung. Daher dringen in wachsendem Maße auch in die Erbringung von sozialrechtlich geschuldeten Dienstleistungen **erwerbswirtschaftlich** tätige Unternehmen ein. Daher fragt sich, ob die Träger der freien Wohlfahrtspflege langfristig für sich einen Sonderstatus beanspruchen können, wenn sie sich auf diesem primär erwerbswirtschaftlich geprägten Feld betätigen.

Die zitierte Rechtsprechung beantwortet auch nicht die Frage, was gilt, wenn ein Mitgliedstaat der Erbringung sozialer Dienste nicht den **gemeinnützigen Trägern** vorbehält, sondern dafür in freier Konkurrenz stehende frei-gemeinnützige und erwerbswirtschaftliche Erbringer zulässt. Stehen freie Träger mit erwerbswirtschaftlich tätigen Unternehmen im **Wettbewerb**, sind nur zwei Möglichkeiten denkbar. Entweder werden die der **Gewinnorientierung** unterliegenden Unternehmen vom EU-Recht freigestellt im Hinblick darauf, dass sie mit nichtgewinnorientierten Unternehmen in Wettbewerb treten. Dann würde sich das EU-Recht freilich weitgehend selbst relativieren; oder aber das EU-Recht wird auf die Träger der freien **Wohlfahrtspflege** erstreckt, soweit diese mit Gewinn orientierten Unternehmen im Wettbewerb stehen, und sich deshalb mit diesen dem EU-Wirtschaftsrecht stellen müssen. Durch Art. 14 AEUV und die Ausweitung der Anwendungsvoraussetzungen des Art. 106 Abs. 2 Satz 2 AEUV besteht aber unübersehbar die Neigung, die gemeinwohlorientierte Wirtschaft als Teil der Universaldienste vom Wettbewerbsrecht generell freizustellen. Die Antwort auf die aufgeworfene Frage ist deshalb differenziert zu geben. 394

Träger der freien **Wohlfahrtspflege** werden ohne Gewinnerzielungsabsicht tätig; das enthebt sie allein jedoch nicht dem Wettbewerbsrecht. Soweit sie sich auf die philanthropische Hilfe beschränken und im Sinne von Caritas unentgeltlich Dienste für Bedürftige erbringen, unterliegen sie zwar nicht dem EU-Wettbewerbsrecht, weil dieses nur für erwerbswirtschaftliche Betätigungen gilt. Es steht den zu sozialpolitischer Gestaltung berufenen Trägern aber frei, mit der Erfüllung sozialpolitischer Aufgaben freie Träger zu betrauen und sie gegen Erstattung der Aufwendungen mit der Leistungserbringung und damit der Wahrnehmung öffentlicher Aufgaben zu betrauen. Eine solche Regelung ist möglich, wenn nur die tatsächlich entstandenen Aufwendungen ersetzt wer- 395

---

41 EuGH Slg. 1988, 6159 (Steymann).

III. Europäisches harmonisierendes Sozialrecht

den.[42] Auch dann ist darin weder eine Beihilfe zu sehen noch ist das Kartellrecht berührt. Etwas anderes gilt, wenn das **Sozialleistungsrecht** eine freie Konkurrenz von gewerblichen und nichterwerbswirtschaftlichen Einrichtungen zulässt; dann kann, muss freilich nicht das EU-**Beihilferecht** berührt sein.

4. Das europäische Beihilferecht und die soziale Daseinsvorsorge

a) Verbot der Beihilfegewährung

396   Das in Art. 107–109 AEUV niedergelegte Recht der staatlichen **Beihilfen** zielt auf Begrenzung und Kontrolle der Subventionsgewährung durch einzelne Mitgliedstaaten an Unternehmen.[43] Um des **Binnenmarktzieles** willen und gestützt auf den Auftrag, „den Wettbewerb innerhalb des Binnenmarktes vor Verfälschungen" zu verwirklichen und zu schützen, besteht für die Mitgliedstaaten ein grundsätzliches Verbot staatlicher Beihilfen. Von diesem bestehen jedoch einzelne gesetzliche **Befreiungen** oder Befreiungsmöglichkeiten seitens der **Kommission**. Um diese Bestimmungen anzuwenden, ist ein Kontrollverfahren vorgesehen. Danach ist die Kommission an jeder mitgliedstaatlichen Beihilfengewährung zu beteiligen. Letztlich hängt von der Entscheidung der Kommission ab, ob der Mitgliedstaat die Beihilfe gewähren darf oder nicht.

b) Was ist eine Beihilfe?

397   Regelungsgegenstand der Art. 107–109 AEUV sind „**Beihilfen**". Dieser Begriff wird nicht definiert. Rechtsprechung[44] und Literatur[45] verstehen darunter eine rechtlich nicht geschuldete, freiwillig gewährte Zuwendung eines Staates an eine selbstständige, privat- oder öffentlich-rechtliche Einrichtung unter Belastung eines **öffentlichen Haushaltes.** Diese Zuwendung muss einem oder mehreren Unternehmen zukommen, wogegen sie anderen Unternehmen desselben Wirtschaftszweiges versagt wird.

Um diesen Ausschlusseffekt aufzuzeigen, ist die Zuwendung dem **Kapitalmarkt-Test** zu unterziehen. Danach ist zu prüfen, ob die Zuwendung unabhängig von ihrer sozialen oder regionalpolitischen Zielsetzung von dem geförderten Unternehmen auf dem Kapitalmarkt zu gleichen Bedingungen zu haben gewesen wäre.[46] Die Zuwendung kann in geldwerten Vorteilen als Geld-, Sach- oder Dienstleistungen gewährt werden (z. B. als verlorener **Zuschuss**, Überlas-

---

42   Vgl. dazu näher Bericht des Europäischen Parlaments vom 26.1.2009 des Ausschusses für Beschäftigung und soziale Angelegenheiten zum Thema Sozialwirtschaft (A6-0015/2009).
43   Borchardt, 2012, 551 ff.; Lehmann, 2008; Oppermann, 2005, Rz. 970 ff.; Schwarze, 1988, 366 ff.; Cremer, ZIAS 2008, 198 ff.; ders./Huster, 2009, 34 ff.; Becker, NZS 2007, 169; Boetticher/Münder, 2009.
44   EuGH Slg. 1980, 2671, 2690 (Philip Morris ./. Kommission), Rn. 16; EuGH, Slg. 1986, 2263 (Belgien ./. Kommission).
45   Götz, in Dauses (Hg.), Handbuch des EU-Wirtschaftsrechts, H.III 10 f.; Müller-Graff, ZHR 1988, 403, 415 ff.; Rengeling, in Börner/Neundörfer, 1984, 23, 25 ff.; Schwarze, 1988, 371; Mederer, in von der Groeben/Schwarze/Hatje, 2015, Rn. 4 ff. zu Art. 107 AEUV.
46   EuGH Slg. 1986, 2263, 2285 f. (Kommission ./. Belgien); EuGH Slg. 1990, I-959, 1011 ff. (Belgien ./. Kommission).

sung von **Liegenschaften, Kapitalbeteiligung, Zinsverbilligung** oder **Kapitalerhöhung** oder in der Verschonung von Lasten), ferner im **Erlass** oder der Reduktion von **Steuern** und **Abgaben**, Begrenzung oder Aufhebung von **Sozialversicherungsbeiträgen** oder **Umlagen** liegen.

c) Legalausnahmen vom Beihilfeverbot
Nach Art. 107 Abs. 1 AEUV sind die den Wettbewerb verfälschenden oder zu verfälschen drohenden Beihilfen mit dem Binnenmarkt unvereinbar, soweit sie den **Handel** zwischen den Mitgliedstaaten beeinträchtigen. Nach dem EuGH gilt dieses Verbot jedoch „weder absolut noch unbedingt",[47] weil es sowohl durch die **Legalausnahmen** (Art. 107 Abs. 2 AEUV), als auch durch **Befreiungsmöglichkeiten** im Einzelfall (Art. 107 Abs. 3 AEUV) eingeschränkt wird. Nicht jede Beihilfe unterfällt dem grundsätzlichen Verbot, sondern nur solche, welche den Binnenmarkt verfälschen. Angesichts der durch den Binnenmarkt ausgelösten Verflechtungen der Volkswirtschaften beeinträchtige zwar jede Beihilfe eines Mitgliedstaates den EU-weiten Handel.[48] Deshalb mag die Aussagekraft dieses Erfordernisses zweifelhaft erscheinen. Der EuGH[49] hält an diesem Erfordernis jedoch fest, legt es allerdings dahin aus, dass angesichts der Verflechtungen der Märkte in der EU die Gewährung einer Beihilfe durch einen Mitgliedstaat regelmäßig als **Wettbewerbsverfälschung** angesehen wird. Außerdem muss zwischen der Wettbewerbsverfälschung und der Beeinträchtigung des EU-weiten Handels ein Zusammenhang bestehen.[50] Das Verbot der Beihilfengewährung gilt nicht nur für Maßnahmen einer absichtsvollen Verfälschung, sondern auch für unbeabsichtigte Maßnahmen, die eine Verfälschung bewirken.[51] Es genügt also die objektive Wettbewerbsverfälschung.

398

d) Befreiungsmöglichkeiten
In Art. 107 Abs. 3 AEUV sind weitere fünf Gattungen von Beihilfen aufgeführt, die von der Kommission im Einzelfall als mit dem Gemeinsamen Markt vereinbar angesehen werden können: Beihilfen zur Förderung

399

- „der wirtschaftlichen Entwicklung von Gebieten, in denen die Lebenshaltung außergewöhnlich niedrig ist oder eine erhebliche **Unterbeschäftigung** herrscht",
- „wichtiger Vorhaben von gemeinsamem europäischem Interesse oder zur Behebung einer **beträchtlichen Störung** im Wirtschaftsleben eines Mitgliedstaats",

---

47 EuGH Slg. 1990, I-307, 361 (Französische Republik ./. Kommission), Rn. 51; vgl. aber auch EuGH Slg. 2005, II-2197 (Corsica Ferries France SAS).
48 So Müller-Graff, ZHR 1988, 403, 433.
49 EuGH Slg. 1986, 2263 (Belgien ./. Kommission); EuGH Slg. 1990, I-959 (Kommission ./. Belgien).
50 So zu Recht Müller-Graff, ZHR 1988, 403, 434.
51 Borchardt, 2012, 551 ff.

III. Europäisches harmonisierendes Sozialrecht

- „der Entwicklung gewisser **Wirtschaftszweige** oder **-gebiete**, soweit sie die Handelsbedingungen nicht in einer Weise verändern, die dem **gemeinsamen Interesse** zuwiderläuft",
- „der **Kultur** und der Erhaltung des kulturellen Erbes, soweit sie die Handels- und Wettbewerbsbedingungen in der Gemeinschaft nicht in einem Maß beeinträchtigen, das dem gemeinsamen Interesse zuwiderläuft";
- ferner können weitere Gattungen von Beihilfen anerkannt werden, soweit dies der Rat mit qualifizierter Mehrheit auf Vorschlag der **Kommission** beschließt.

400　In dieser Aufzählung sind die wesentlichen Rechtfertigungsmöglichkeiten für mitgliedstaatliche Beihilfen enthalten:[52] eine Förderung kann primär **arbeitsmarktpolitisch** gerechtfertigt sein, um Regionen mit niedrigem Lebensstandard und hoher Arbeitslosigkeit zu stützen oder **Unternehmenskrisen** zu bewältigen.[53] Des Weiteren kann die Beihilfe neue Wirtschaftszweige fördern, namentlich eine EU-Initiative ermöglichen. Schließlich sind alle der Denkmalspflege wie Pflege sonstiger kultureller Errungenschaften dienenden Beihilfen grundsätzlich genehmigungsfähig. Über die dargelegten Voraussetzungen hinaus gestattet Art. 108 Abs. 2, 3. Unterabschnitt AEUV, dass eine Beihilfe auch dann als mit dem Binnenmarkt vereinbar ist, wenn dies der Rat auf Antrag eines Mitgliedstaates entscheidet und „außergewöhnliche Umstände" eine solche Entscheidung rechtfertigen.

e) Beteiligung der Kommission an der Beihilfegewährung durch die Mitgliedstaaten

401　Die Mitgliedstaaten haben bei Gewährung von Beihilfen die **Kommission** zu beteiligen.[54] Diese Pflicht besteht bei Vergabe oder Umgestaltung bestehender oder der Einführung neuer Beihilfen. Die Mitgliedstaaten haben vor Bewilligung ein Verfahren zu durchlaufen, das die Wahrung des EU-Rechts bei der Beihilfevergabe sichert. Der die Beihilfe vergebende Mitgliedstaat hat die Kommission über die Absicht einer Beihilfegewährung zu unterrichten. Dadurch soll sie befähigt werden, die Vereinbarkeit der beabsichtigten Beihilfe mit dem grundsätzlichen Beihilfeverbot wie den hiervon bestehenden Ausnahmen sowie Befreiungsmöglichkeiten zu prüfen,[55] um festzustellen, ob deren Gewährung zulässig ist (Art. 108 AEUV). Dafür steht ihr ein weiter **Ermessensspielraum** zu.[56] Hält die Kommission die beabsichtigte Beihilfe für mit dem **Binnenmarkt** unvereinbar, versagt sie dem Mitgliedstaat die Bewilligung. Wurde die Beihilfe bereits gezahlt, kann die Kommission von dem Mitgliedstaat unter

---

52　Martenczuk, in von der Groeben/Schwarze/Hatje, 2015, Rn. 196 ff. zu Art. 107 AEUV.
53　Catalán, in von der Groeben/Schwarze/Hatje, 2015, Rn. 278 ff. zu Art. 107 AEUV.
54　Rengeling, ZHR 1988, 455, 463 ff.; Seidel, in Börner/Neuendörfer, 1984, 55 ff.
55　EuGH Slg. 1990, I-307, 355 (Frankreich ./. Kommission); vgl. auch Götz, in Dauses (Hg.), Handbuch des EU-Wirtschaftsrechts, 1998, H.III Tz. 48.
56　EuGH Slg. 1980, 2671, 2691 (Philip Morris ./. Kommission); EuGH Slg. 1990, I-307, 355 (Frankreich ./. Kommission).

Fristsetzung die Aufhebung oder Umgestaltung der Beihilfe und die **Rückzahlung** fordern. Kommt der Mitgliedstaat dieser Aufforderung nicht fristgemäß nach, kann die Kommission gegen ihn ein **Vertragsverletzungsverfahren** anstrengen.

Beabsichtigt ein Mitgliedstaat, eine bestehende Beihilfe umzugestalten oder eine neue einzuführen, hat er die **Kommission** vorher rechtzeitig zu **unterrichten** (Art. 108 Abs. 3 AEUV). Diese muss innerhalb einer angemessenen Frist Stellung nehmen können. Hält sie die beabsichtigte Maßnahme mit dem Beihilfeverbot für unvereinbar, darf sie dem Mitgliedstaat die Umgestaltung vorgeben oder die neue Beihilfe untersagen. Der Mitgliedstaat kann gegen die Kommissionsentscheidung den **Gerichtshof** anrufen, um deren Vereinbarkeit mit dem EU-Recht zu prüfen. 402

Der Rat kann auf Antrag eines Mitgliedstaates einstimmig von dem grundsätzlichen Beihilfeverbot **Dispens** erteilen, „wenn außergewöhnliche Umstände eine solche Entscheidung rechtfertigen". Diese Entscheidung muss binnen drei Monaten nach Antragstellung durch den Rat getroffen werden; andernfalls erteilt den Dispens die Kommission (Art. 108 Abs. 2, 3. und 4. Unterabschnitt AEUV). 403

Obgleich das angedeutete Verfahren die Mitgliedstaaten zur Vergabe von Beihilfen nur im Einklang mit dem EU-Recht zu veranlassen bezweckt, stellte sich in der Vergangenheit wiederholt die Frage: Können die unter Verletzung der verfahrens- und/oder materiell-rechtlichen Normen des EU-Rechts gewährten **Beihilfen** zurückgefordert werden?[57] Dies ist zulässig, falls die Beihilfe materiell rechtswidrig gewährt wurde. Die Rückforderung richtet sich nach dem Recht des bewilligenden Mitgliedstaates.[58] Darüber hinaus kommt dessen Entscheidungen grundsätzlich **Vertrauensschutz** zu.[59] Allerdings verdient angesichts des zwingenden Charakters des Beihilferechts das Vertrauen eines Beihilfeempfängers in die Ordnungsgemäßheit der Beihilfegewährung keinen Schutz, falls die Beihilfe von einem Mitgliedstaat unter Verstoß gegen die verfahrensrechtlichen Regeln des EU-Rechts bewilligt wurde.[60] Von einem **Unternehmensleiter** sei grundsätzlich das Wissen um die grundsätzliche Genehmigungsbedürftigkeit von Beihilfen durch die Kommission zu erwarten.[61] 404

---

57 Vgl. Beckmann, 1996; Magiera, in Baur, 1992, 213 ff.; Papier, ZHR 1988, 493; Schmidt-Räntsch, EuZW 1990, 376 ff.; Ferrari, 2007.
58 EuGH Slg. 1983, 2633 (Deutsche Milchkontor GmbH ./. Bundesrepublik Deutschland).
59 EuGH Slg. 1990, I-3437 (Kommission ./. Bundesrepublik Deutschland).
60 EuGH Slg. 1990, I-3437 (Kommission ./. Bundesrepublik Deutschland).
61 Magiera, in Baur, 1992, 228.

III. Europäisches harmonisierendes Sozialrecht

5. Bedeutung des Europäischen Beihilferechts für die Träger sozialer Daseinsfürsorge

a) Träger sozialer Daseinsfürsorge als Unternehmen?

405 Nicht als Beihilfe gilt, was ein **Entgelt** für die Inanspruchnahme von Leistungen darstellt. Daher liegt eine Beihilfe nur vor, wenn ein **Sozialleistungsträger** unter Bevorzugung einzelner und Benachteiligung anderer Unternehmen öffentliche **Zuwendungen** erhält. Mit dem Beihilfeverbot zu vereinbaren sind öffentliche Leistungen jedoch, wenn die Zahlung eine konkret erbrachte **Dienstleistung** abgilt oder für den Endabnehmer bestimmt ist, d. h. durch den Sozialleistungsträger hindurch geleitet letztlich dem Sozialleistungsberechtigten zufließen soll.

Ferner stellt sich die Frage, inwieweit in der staatlichen **Subventionierung** von Institutionen, die durch Begründung von Teilhaberechten individuelle Belange fördern, ein an Art. 107–109 AEUV zu messender Akt der Beihilfegewährung liegt. Die Antwort kann nicht durch die Ableitung aus dem Begriff der Beihilfe, sondern nur durch die Würdigung der konkreten Tätigkeit gefunden werden.

406 Unproblematisch und deshalb als gesichert kann aber die Aussage gelten, dass die staatliche Bezuschussung einseitig gewährender Tätigkeit durch Wohlfahrtsverbände und Private nicht als Beihilfengewährung anzusehen ist. Denn das von jeder Gegenleistung unabhängige Geben entbehrt jeglicher erwerbswirtschaftlichen **Zweckrichtung**. **Sozialarbeit, Suppenküchen, Gemeinwesenarbeit**, Schutzgewährung für **Obdachlose, Flüchtlinge, behinderte Menschen** wie andere Initiativen der Wohlfahrtspflege beschränken sich auf das Geben; die einseitig Gebenden handeln also nicht als Unternehmen. In dem Maße, wie sich die genannten Aufgaben aber verstetigen und auf Dauer und routinemäßig vorgehalten werden, ist die gebotene Stetigkeit nur durch eine auf Dauer angelegte Organisation zu sichern. Dann sind die auf den genannten Gebieten tätigen Aktivitäten ihrer Ursprünglichkeit enthoben und regelmäßig Gegenstand unternehmerischer Betätigung geworden.

b) Honorierte gewerbsmäßige Tätigkeit

407 Unproblematisch und deshalb ebenfalls als gesichert kann umgekehrt die Aussage gelten, dass ein mit **Gewinnerzielungsabsicht** oder auf Basis der **Kostenerstattung** tätiges Wirtschaftssubjekt, welches am Markt agiert und Sachen oder Dienste entgeltlich anbietet, auch dann als Unternehmen anzusehen ist, wenn es an Einrichtungen der **Wohlfahrtspflege** leistet. Wer Schuhe für Kranke, Prothesen für Gebrechliche und Gebisse für Zahnkranke serienmäßig oder auf Einzelanweisung erstellt, nimmt als Unternehmen am Wirtschaftsleben teil – einerlei, ob die Vergütung durch den Leistungsempfänger unmittelbar oder einen Träger der **Sozialversicherung** oder **Sozialfürsorge** geschieht. Pflegedienste, Zahntechniker, Krankenhäuser, die für Versicherte gegen marktübliche Leistungsentgelte tätig werden, sind deshalb generell als Unternehmen anzusehen. Dass ihre Tätigkeit der Wohlfahrtspflege dient, steht nicht entgegen.

§ 17 Bedeutung des EU-Wirtschaftsrechts für Sozialleistungen

c) Unklare Tätigkeiten

Wenig gesichert sind dagegen jene Aktivitäten, die im „clair-obscur" zwischen erwerbswirtschaftlicher und gemeinnütziger Tätigkeit anzusiedeln sind: Empfangen **Sozialversicherungsträger**, freie **Wohlfahrtsverbände** oder Träger für Maßnahmen **aktiver Arbeitsmarktpolitik** Beihilfen, wenn sie für ihre Leistungen staatliche **Zuschüsse** erhalten? 408

Zwar kann Risikovorsorge durch **Privatversicherung** und damit **Unternehmen** gewährleistet werden. Sozialversicherungsträger prägen jedoch **soziale Solidarität** und sind daher nicht als Unternehmen, sondern als **hoheitliche Einrichtung** anzusehen. Staatliche Zuwendungen an Sozialleistungsträger gelten die diesen auferlegten **Fremdlasten** ab, d. h. der staatliche Transfer an die Träger geschieht wegen eines im **Allgemeininteresse** liegenden Zwecks.[62] Deshalb ist das Beihilferecht auf Sozialleistungsträger als Erbringer öffentlicher Leistungen grundsätzlich nicht anzuwenden. Des Weiteren ist die auf Kostenerstattung gerichtete Tätigkeit der Träger freier **Wohlfahrtsverbände** nicht als unternehmerische Tätigkeit anzusehen. Denn ihr Handeln verfolgt nicht erwerbswirtschaftliche Zwecke, sondern stellt eine nichterwerbswirtschaftliche, nicht selten **religiöse** Betätigung dar. 409

Schwierig ist schließlich zu beantworten, ob Arbeitgeber als Träger von Maßnahmen der **Berufs-** oder **Beschäftigungsförderung** Beihilfeempfänger werden, falls staatliche Lohnzuschüsse zur Beschäftigung schwer vermittelbarer **Arbeitsloser** an die Arbeitgeber gezahlt werden. Zwar sind die Arbeitgeber die Leistungsempfänger, was für den äußerlichen Tatbestand der Beihilfe als einer einseitigen öffentlichen Gewährung genügt; dadurch sollen jedoch die Arbeitslosen die Chance auf dauerhafte **Wiedereingliederung** in das Erwerbsleben erlangen. Die Leistung an den Arbeitgeber soll dem Arbeitnehmer eine Erwerbstätigkeit sichern. Ein Lohnsubventionen der Arbeitsverwaltung empfangender Arbeitgeber erhielte keine staatlichen Leistungen als Unternehmen und ist mithin nicht Empfänger einer **Beihilfe**. Deshalb unterfällt auch die aktive Arbeitsmarktpolitik nicht den Beihilferegeln, selbst wenn die Arbeitsverwaltung **Transferleistungen** an Unternehmen erbringt. 410

d) Ausgleichsleistungen unter Universaldienstleistern

Nach Art. 14 AEUV nehmen die Dienste von **allgemeinem wirtschaftlichem Interesse** im EU-Wirtschaftsrecht eine Sonderstellung ein. Sie haben eine besondere Bedeutung und erfüllen eine herausragende Aufgabe zur Förderung des sozialen und territorialen Zusammenhalts. Das Recht trägt deren Sonderstellung damit Rechnung, weil sie im Interesse der Allgemeinheit liegende Dienstleistungen für das wirtschaftliche und soziale Leben erbringen. Welche Leistungen diesen Anforderungen genügen, darf jeder Mitgliedstaat selbst bestimmen.[63] 411

---

62 EuGH Slg. 2001, I-9067 (Ferring ./. ACOSS); Boetticher/Münder, 2009.
63 EuGH Slg. 2006, I-6991 (Meca-Medina).

III. Europäisches harmonisierendes Sozialrecht

412 Art. 14 AEUV ermächtigt **Rat** und **Parlament**, durch Verordnung und im Zusammenwirken mit den Mitgliedstaaten dafür zu sorgen, „dass die Grundsätze und Bedingungen, insbesondere jene wirtschaftlicher und finanzieller Art, für das Funktionieren dieser Dienste so gestaltet sind, dass diese ihren Aufgaben nachkommen können." Diese Rechtsetzungsbefugnis beruht auf der Grundvoraussetzung, dass die Erbringung und Finanzierung von **Universaldienstleistungen** in die alleinige Zuständigkeit der Mitgliedstaaten fällt.[64] Für die öffentliche oder mit Ausschließlichkeitsrechten versehenen Unternehmen sind nach Art. 106 Abs. 1 AEUV dem EU-Wirtschafts- und Wettbewerbsrecht unterworfen; allerdings bestimmt Art. 106 Abs. 2 AEUV für Universaldienstleister, dass die **Wettbewerbsregeln** für sie nicht gelten, „soweit die Anwendung dieser Vorschrift ... die Erfüllung der ihnen übertragenen besonderen Aufgabe rechtlich oder tatsächlich verhindert". Im Hinblick auf die Leistungen stellt sich vor allem die Frage, ob und inwieweit das **EU-Beihilferecht** für sie gelten kann und gilt, obgleich sie wesentlich im Wege staatlicher **Zuwendungen** finanziert werden.

413 Diese Thematik war Gegenstand der EuGH-Rechtsprechung in der Leitentscheidung in Sachen **„Altmark-Trans"**.[65] Es ging darin um die Frage, ob das Land Sachsen-Anhalt gegen das Beihilfeverbot des EU-Rechts verstoße, wenn es privaten **Personenbeförderungsunternehmen** für die Unter- wie Aufrechterhaltung des öffentlichen Personennahverkehrs in dünn besiedelten Gegenden des Landes öffentliche Zuwendungen zahle. Der EuGH verneinte diese Frage und bestätigte damit im Ergebnis die öffentliche Bezuschussung privater Busunternehmen im Rahmen des öffentlichen Personennahverkehrs. Denn die gewährte Zahlung sei nicht als Beihilfe, sondern als **„Ausgleichszahlung"** zugunsten der Erbringer von Universaldienstleistungen zu verstehen.

414 Im engen Zusammenhang damit stand die Entscheidung 2005/842/EG vom 28. November 2005,[66] welche die **Universaldienstleister** gemäß Art. 108 Abs. 3 AEUV von der Pflicht zur Anmeldung der erhaltenen öffentlichen Zuwendung bei der **Kommission** freistellte. Diese Regelung war bis 2011 befristet.

Durch die VO (EG) 1370/2007[67] wurde unterdessen die Bezuschussung von Universaldiensten im Personen-, Luft- und **Seeverkehr** geregelt. Gegenwärtig bereitet die Kommission[68] eine Gesamtregelung dieses Komplexes für sämtliche Universaldienstleister vor.

Der von der Kommission vorgeschlagene und inzwischen geschaffene Regelungskomplex sieht im Einzelnen vor:

---

64 Koenig/Paul, in Streinz, 2012, Art. 14 AEUV Rn. 5.
65 EuGH Slg. 2003, I-7747 (Altmark Trans).
66 ABl. L 312 vom 29.11.2005, S. 67.
67 ABl. L 315 vom 3.12.2007, S. 1.
68 SEC (2010), 1545 endg. vom 7.12.2010, 14 ff., 30 ff.; vgl. KOM (2011) 9380, 9381 endg. vom 20.12.2011; KOM (2011) 9404 endg.

- Die Erbringer sozialer Dienstleistungen vom Beihilferecht gänzlich freizustellen,
- die Schwelle beihilferechtlich unschädlicher öffentlicher Zuwendungen neu festzulegen, und
- die Bedingungen wirtschaftsrechtlich statthafter, d.h. dem Beihilfeverbot genügender Ausgleichszahlungen begrifflich zu präzisieren.

6. Vergaberecht

a) Zweck des Vergaberechts

Ob die Sozialleistungsgewährung dem **Vergaberecht** unterliegt, wurde in den vergangenen Jahrzehnten in Rechtsprechung und Literatur eingehend erörtert. Dies kann nicht überraschen angesichts der weiten Verbreitung der für die Vergabe typischen Dreiecksverhältnisse zwischen einem Sozialleistungsträger, welcher dem Leistungsberechtigten eine Sozialleistung schuldet, und einem davon unabhängigen, ihm gegenüber zur Honorierung der erbrachten Leistung berechtigten Leistungserbringer. Beispiele für solche Gestaltungen finden sich in der **Kranken- und Pflegeversicherung, Rehabilitation** wie dem **Arbeitsförderungs-, Jugend- und Sozialhilferecht** (§§ 115 ff., 124 ff., 127, 129 SGB V, § 15 Abs. 2 Satz 1 SGB VI, § 78a SGB VIII und § 75 SGB XII). Auch außerhalb des Vergabeverfahrens ist bei Rabattverträgen (§ 130a VIII SGB V) Nichtdiskriminierung nach Staatsangehörigkeit zu sichern[69]   415

Für alle diese Zweige des **Sozialrechts** ist charakteristisch, dass ein öffentlicher Leistungsträger Dienste dem Berechtigten gegenüber schuldet, deren Erfüllung aber einem selbstständigen Leistungsträger auf der Basis eines dem Berechtigten zustehenden **Wunsch-** und **Wahlrechts** (§ 33 SGB I) übertragen ist. § 17 Abs. 1 Nr. 2 SGB I bestimmt, dass die Leistungsträger „die zur Ausführung von Sozialleistungen erforderlichen **sozialen Dienste** und Einrichtungen rechtzeitig und ausreichend zur Verfügung" stellen müssen. Das Vergaberecht soll die **Wirtschaftlichkeit** der öffentlichen Verwaltung, namentlich die Sparsamkeit öffentlicher Haushalte, und die Gleichbehandlung aller Wettbewerber durch Schaffung von Transparenz gewährleisten.[70]   416

Diese Debatte wurde vor dem Hintergrund des EU-Rechts geführt, welches von den Mitgliedstaaten umfassend die Beachtung vergaberechtlicher Grundsätze fordert. Die elementare Regelung enthält die **Vergabekoordinierungsrichtlinie** 2014/24/EU vom 26. Februar 2014.[71] Das Vergaberecht umfasst die Normen, „die ein Träger öffentlicher Verwaltung bei der Beschaffung von sachlichen Mitteln und Leistungen, die er zur Erfüllung von Verwaltungsaufgaben benötigt".[72] Das EU-Vergaberecht schützt „die Interessen der in einem Mitgliedstaat niedergelassenen Wirtschaftsteilnehmer ..., die den in einem anderen Mitglied-   417

---

69 EuGH EU:C:2016:759.
70 Lange, 2011, 29.
71 ABl. EU L 94 vom 28.3.2014, 65.
72 BVerfG v. 13.6.2006, 1 BvR 1160/03 = NVwZ 2006, 1396.

III. Europäisches harmonisierendes Sozialrecht

staat ansässigen öffentlichen Auftraggebern **Waren** und **Dienstleistungen** anbieten möchten, und zu diesem Zweck die Gefahr einer Bevorzugung einheimischer Bieter bei der Auftragsvergabe und zugleich die Möglichkeit ausschließen, dass ein öffentlicher Auftraggeber sich von anderen als wirtschaftlichen Überlegungen leiten lässt".[73]

418 Das EU-Vergaberecht soll im Binnenmarkt also nicht nur eine diskriminierungsfreie Betrauung mit Leistungserbringern sichern, sondern auch verhindern, dass bei der Entscheidung über die Erteilung von öffentlichen Aufträgen an Leistungserbringer durch die Sozialleistungsträger – wie hergebracht – regional-, industrie-, sozial- und arbeitsmarktpolitische Erwägungen eine tragende Rolle spielen.[74] „Das **Vergaberecht** soll die besondere **Diskriminierungsgefahr** erfassen, die mit der Nachfrage durch öffentliche Auftraggeber verbunden ist"[75] durch „strikte **Verfahrensregulierung** ... zur Sicherung chancengleichen Zugangs im Vertragswettbewerb".[76] Für das Gesundheits-, Veterinär- und Sozialwesen sichern Art. 74 ff. RL 2014/24/EU in Verbindung mit Anhang XIV ein gegenüber den allgemeinen Regeln „modifiziertes Vergabeverfahren".

b) Prinzipien des Vergaberechts

419 Den Anforderungen des Vergaberechts unterliegen alle öffentlichen **Auftraggeber**, soweit sie **Dienstleistungsaufträge** mit Ausschlusswirkung abschließen und dies den Binnenmarkt berührt. Die öffentliche Hand ist in ihrer Entscheidung über die eigene Erbringung einer Dienstleistung oder deren Vergabe an Fremde grundsätzlich frei.[77] Bei der Leistungserbringung durch die öffentliche Hand gilt die RL 2014/24/EU nicht, auch wenn die Erbringung durch eine rechtlich selbstständige Stelle der öffentlichen Einrichtung stattfindet **(In-House-Vergabe)**.[78]

420 Aus Gründen der **Transparenz, Gleichbehandlung** und **Nichtdiskriminierung** sind öffentliche Auftraggeber gehalten, die **Vergabe** von Dienstleistungsaufträgen oder -konzessionen bekannt zu machen. Dazu muss die von den Beauftragten oder Konzessionären zu erbringende Leistung öffentlich ausgeschrieben werden; spätere Änderungen der Vertragsbedingungen sind auf der Basis der **Ausschreibung** statthaft.[79] Grundsätzlich sind alle Wirtschaftsteilnehmer im Vergabeverfahren zu berücksichtigen; bei der Erledigung von sozia-

---

73 EuGH Slg 2001, I-9233, 9267 (Lombardini und Mantovani), Rn. 36; EuGH Slg. 2000, I-8035, 8070 (University of Cambridge), Rn. 16 f.
74 Schweitzer, in Deutscher Sozialrechtsverband (Hg.), 2011, 17 ff.; Becker/Schweitzer, Gutachten B, 69. DJT (2012), B 45; gilt auch für Unterauftragnehmer, die nicht gegen zwingendes Arbeits- und Sozialrechtsverstoßen dürfen EuGH EU:C:2020:58.
75 Becker/Schweitzer, Gutachten B, 69. DJT (2012), B 53.
76 Becker/Schweitzer, Gutachten B, 69. DJT (2012), B 49.
77 SEC (2010), 1545 endg. vom 7.12.2010, 65.
78 EuGH Slg. 2005, I-1 (Stadt Halle); EuGH Slg. 1999, I-8121 (Teckal).
79 EuGH Slg 2004, I-3801 (Kommission ./. CAS Succhi di Frutta SpA).

len Dienstleistungen ist jedoch eine Beschränkung auf nicht gewerbliche Anbieter statthaft.[80]

Auch die Begründung einer **öffentlich-privaten Partnerschaft** unterfällt dem **Vergaberecht**.[81] Ein **Abstand-Nehmen** vom Vergaberecht kommt in Betracht und ist auch rechtlich statthaft, wenn die Vergabebehörden im Voraus Auflagen festlegen, die bei Erbringung einer sozialen Dienstleistung zu beachten sind, falls allen Dienstleistern transparent und frei von Diskriminierungen Lizenzen oder Genehmigungen erteilt werden. „Die Anzahl der Dienstleister unterliegt in diesem Fall weder Beschränkungen noch **Quoten:** Jeder, der die Bedingungen erfüllt, kann die Leistung anbieten".[82]

421

c) Tatbestand des Vergaberechts

Ein im Rahmen des Vergaberechts zu beurteilender **Dienstleistungsauftrag** ist eine **entgeltliche Übertragung einer Dienstleistung** an einen Beauftragten zur selbstständigen Erledigung gegen Abrechnung mit dem öffentlichen Auftraggeber. Dem Begriff öffentlicher Auftraggeber unterfallen unproblematisch die Gebietskörperschaften des **Bundes**, der **Länder und Gemeinden** (Städte und Landkreise). Auch Sozialversicherungsträger sind nach der Rechtsprechung als öffentliche Auftraggeber anzusehen.[83] Diese Stellung führen die Sozialleistungsträger auf ihren sozialen Auftrag, ihre Finanzierung durch öffentliche Abgaben und fehlende unternehmerische Orientierung zurück.[84]

422

Ein **Dienstleistungsauftrag** ist ein primär wirtschaftlich zu bestimmender Tatbestand, dessen rechtliche Einordnung als **Verwaltungsakt**, privat- oder öffentlich-rechtlicher **Vertrag** keine entscheidende Bedeutung zukommt.[85] Der Dienstleistungsauftrag ist dadurch gekennzeichnet, dass zwischen öffentlichem Auftraggeber und Leistungserbringer ein Rechtsverhältnis entsteht, aufgrund dessen der Beauftragte ein Entgelt für die Erbringung einer Leistung an einen Berechtigten erbringt und der Beauftragte als Leistungserbringer dem öffentlichen Auftraggeber als Sozialleistungsträger gegenüber verpflichtet ist.

423

Kein Dienstleistungsauftrag, sondern eine **Dienstleistungskonzession** liegt vor, wenn der Nutzer das Leistungsentgelt selbst festlegt und erhebt oder von einem Sozialleistungsträger erhält.[86] Die Dienstleistungskonzession vermittelt dem Empfänger lediglich die Möglichkeit zum Erwerb der Gegenleistung, ohne dass der öffentliche Auftraggeber dadurch ein eigenes wirtschaftliches Risiko übernehmen würde. Beim Dienstleistungsauftrag hat der öffentliche Träger dagegen ein eigenes wirtschaftliches Interesse an der **Leistungserbringung.** Bei

424

---

80 SEC (2010), 1545 endg. vom 7.12.2010, 75, Rechtsgrundlage Art. 77 RL 2014/24/EU.
81 SEC (2010), 1545 endg. vom 7.12.2010, 77.
82 SEC (2010), 1545 endg. vom 7.12.2010, 81.
83 EuGH Slg 2009, I-4779 (Oymanns).
84 EuGH Slg 2007, I-11173 (Bayerischer Rundfunk).
85 EuGH Slg 2001, I-5409 (Teatro alla Scala); EuGH Slg 2005, I-8831 (Kommission ./. Frankreich); EuGH Slg. 2007, I-385 (Auroux).
86 EuGH Slg 2011, I-1335 (Krankentransport Stadler).

III. Europäisches harmonisierendes Sozialrecht

der Dienstleistungskonzession hingegen trägt dieses vielmehr einzig der **Konzessionär**.[87] Erfolgt dagegen eine Zulassungs-Entscheidung ohne Ausschlusswirkung aufgrund eines Zulassungsanspruchs – wie bei der **Rehabilitation**[88] oder im Rahmen der **Pflegeversicherung**, der **Sozial- und Jugendhilfe**[89] oder in der **Arbeitsförderung**[90] –, so liegt ebenfalls kein Dienstleistungsauftrag vor, weil die Entscheidung keine Ausschlusswirkung entfaltet, sondern eine an subjektive Voraussetzungen geknüpfte und mit der Zulassung als erfüllt angesehene Zulassungs- und Zugangsentscheidung darstellt, die keinen potentiell befähigten Leistungserbringer ausschließt. Auch eine Zahnärztekammer unterliegt in ihren Entscheidungen nicht dem Vergaberecht, weil sie keine Einrichtung des öffentlichen Rechts im Sinne des Vergaberechts sei.[91]

425 Schließlich muss die durch ein unterbleibendes **Vergabeverfahren** eintretende Beschränkung für den **Binnenmarkt** erheblich sein.[92] Dieses Ziel wird erreicht durch die Festlegung von **Schwellenwerten**, unterhalb deren eine Anwendung des Vergaberechts nicht vorgesehen ist.[93] Jüngst kam es tiefgreifenden Neuordnungen des europäischen und deutschen Vergaberechts.[94]

---

87 Kaltenborn, in Deutscher Sozialrechtsverband (Hg.), 2011, 47, 52.
88 Welti, in Deutscher Sozialrechtsverband (Hg.), 2011, 93 ff.
89 Rixen, in Deutscher Sozialrechtsverband (Hg.), 2011, 69 ff.
90 Hänlein, in Deutscher Sozialrechtsverband (Hg.), 2011, 111 ff.
91 EuGH – 12.9.2011 – Rs. C-526/11 (IVD ./. Ärztekammer Westfalen-Lippe).
92 EuGH Slg 2006, I-6295 (FENIN).
93 Becker/Schweitzer, Gutachten B, 69. DJT (2012), B 51.
94 Eichenhofer, Dreiecksverhältnisse, 2017; Gerner NZS 2016, 492; Hantel ZESAR 2016, 159.

§ 18 Europäischer Sozialfonds und europäische Beschäftigungspolitik

Seit ihrer Gründung waren Gemeinschaft und EU gehalten, die **Beschäfti-** 426
gungschancen der Arbeitnehmer zu verbessern. Deshalb wurde ein **Europäischer Sozialfonds (ESF)** errichtet, woraus die Mitgliedstaaten Zuschüsse für ihre **Beschäftigungspolitik** erhalten. Der ESF war bis zum Amsterdamer Vertrag das einzige Instrument einer Beschäftigungsförderung.[1] Anders als noch die Instrumente der Montanindustrie (vgl. Art. 46 f. EGKS-Vertrag) ist er nicht auf einen Wirtschaftssektor beschränkt; ferner ist er in seinen Gestaltungsmöglichkeiten flexibel. Seit Inkrafttreten des Amsterdamer Vertrages sieht das EU-Recht in den Art. 145–150 AEUV ein neues Instrumentarium für eine eigene Beschäftigungspolitik vor.

1. Europäischer Sozialfonds

Der ESF vergibt nach Entscheidung der Kommission Zuschüsse zur **Beschäfti-** 427
gungspolitik der Mitgliedstaaten nach eigenen **Schwerpunkten.** Die Verschränkung[2] von EU- und Mitgliedstaaten-Politik lässt zwei gegensätzliche Deutungen zu: Die eine betont die beschäftigungspolitische Letztverantwortung der Mitgliedstaaten,[3] die andere die EU-rechtliche Autonomie in der Schwerpunktsetzung. Der **ESF** ist das **erste** und **zentral** wichtige Instrument der EU-Beschäftigungspolitik, welche die räumliche und sektorielle **Mobilität** der Beschäftigten fördert.[4]

Seit seiner Gründung wandelte sich der ESF wiederholt in **Ausrichtung** und 428
Ziel und bewies so seine Anpassungsfähigkeit. Dieser Wandel war durch die Verschärfung der Beschäftigungsprobleme ausgelöst; in ihm gelangt die zunehmende **Eigenständigkeit** der EU-Politikziele zum Ausdruck. Bis zur Herstellung der Freizügigkeit 1970 war er auf die von öffentlichen Trägern der Mitgliedstaaten betriebene **Arbeitsmarktpolitik** ausgerichtet. Dessen Vergabeprinzipien bewendeten in 50 % Zuschuss für die von den Mitgliedstaaten betriebenen Förderungsmaßnahmen und waren deshalb starr. Die Gemeinschaft hatte zu fördern, wann immer die Programmvoraussetzungen erfüllt waren. Sie konzentrierte sich auf die **Umschulung** von im **Strukturwandel** arbeitslos gewordenen Beschäftigten.[5]

---

1 Gruber, Rev. Trim. Europ. 1982, 251, 252; Schulz, 1996.
2 Laffan, XXI Journal of Common Market Studies, 1983, 389 ff.; Vandamme, Revue du Marché Commun 1986, 330, 339; Kaluza, 1998.
3 Vollmer, BABl 12/1969, 759, 760.
4 Stabenow, 14 (1977), CMLR, 435, 437; vgl. auch ders., in Börner/Bullinger (Hg.), 1978, 313; ähnlich Gruber, Rev. Trim. Europ. 1982, 251, 252.
5 Vollmer, BABl 12/1969, 759; Gruber, Revue Trim. Europ. 1982, 251, 254 ff.

III. Europäisches harmonisierendes Sozialrecht

429 Seit 1971[6] bezweckt der ESF die Linderung **struktureller** und **regionaler Ungleichgewichte**. Die förderungsfähigen Maßnahmen müssen den EU-Zielen genügen oder eigenen Zielen der Mitgliedstaaten folgen. Die Fondsmittel wurden anfangs auf die durch den wirtschaftlichen Strukturwandel arbeitslos gewordenen Beschäftigten in der **Landwirtschaft** und **Textilindustrie** sowie die Wanderarbeitnehmer konzentriert.[7] Ein weiterer Schwerpunkt lag in Maßnahmen zur Förderung arbeitsloser junger Menschen durch deren Eingliederung in das Erwerbsleben. Die Hilfe sollte nicht auf die schulische Erstausbildung oder allgemeine Berufsausbildung, vielmehr auf die Beschäftigung oder Berufsausbildung konzentriert werden. Des Weiteren wurde die Integration behinderter Menschen, Langzeitarbeitsloser und Arbeitnehmer, die wegen Änderungen in der Produktionsstruktur ihren Arbeitsplatz verloren, bezweckt. Als förderungsfähig galten Umschulungen wie Zuwendungen an öffentliche wie private Träger zur Aufnahme selbstständiger Tätigkeiten.

430 1977[8] wurden neue Prioritäten gesetzt und die Mittel auf **benachteiligte Regionen** (z.B. Grönland, Republik Irland, Nordirland oder Süditalien) konzentriert.[9] Die 1983 verabschiedeten Grundsätze legten ihren Hauptakzent auf die Förderung der beruflichen Bildung von **Jugendlichen**, die ab Beginn der 1980er Jahre bis zu 75 % aus Mitteln des ESF gefördert werden konnten.[10] Maßnahmen zur Verbesserung der Beschäftigungsbedingungen von **Frauen** nach Abschluss der Familienphase[11] und Modelle zur Neugestaltung der **Arbeitsvermittlung**, um die Arbeitsmärkte der Mitgliedstaaten transparent zu machen, kamen hinzu.

431 Eine abermalige Neuorientierung erfuhr der ESF im Rahmen einer Politik des **wirtschaftlichen** und **sozialen Zusammenhalts** (Art. 174–178 AEUV). Es entstand der Kohäsionsfonds und führte die vormals getrennten Fonds zusammen. In diesem Verständnis wurde der ESF zum „Arbeitsmarktstrukturfonds".[12] Im Rahmen von fünf Globalzielen zur Förderung des wirtschaftlichen und sozialen Zusammenhalts ermöglicht der ESF die Förderung von Maßnahmen zur Bekämpfung der **Langzeit-** und **Jugendarbeitslosigkeit** – insbesondere Maßnahmen der beruflichen Bildung, Umschulung, Beschäftigungsförderung und Ein-

---

6 Gruber, Rev. Trim. Europ. 1982, 251, 258 ff.; Händler, BABl 4/1971, 238 ff.; Séché, Cahiers de Droit Européen, 1977, 78; Stabenow, 14 (1977) CMLR, 435, 437 ff., vgl. auch Overkämping, in von der Groeben/Schwarze/Hatje, 2015, Rn. 12 vor Art. 162–164 AEUV.
7 Stabenow, 14 (1977), CMLR, 435, 439 ff.; Gruber, Rev. Trim. Europ. 1982, 261 ff.; Fessier, Revue du Marché Commun, 1980, 304.
8 Ratsbeschlüsse 77/801.
9 Gruber, Rev. Trim. Europ. 1982, 251, 265 ff.; vgl. auch François Vandamme, Revue internationale du travail, 1984, 183.
10 Vandamme, Revue du Marché Commun 1986, 330, 335 ff.
11 Der Anteil dieser Programme am Gesamtvolumen des Europäischen Sozialfonds belief sich jedoch nur auf 1 % der Fördersumme, vgl. Vandamme, Revue du Marché Commun 1986, 330, 337.
12 Carl, EuZW 1992, 301 ff.; Kairath, in von Maydell/Schnapp (Hg.), 1992, 12 ff.; Overkämping, in von der Groeben/Schwarze/Hatje, 2015, Rn. 4 ff. zu Art. 162 AEUV.

gliederung in den Arbeitsmarkt. Die Programme hatten eine Laufzeit von 4–5 Jahren. Die Förderungssätze schwankten zwischen 50 % und 75 % der Gesamtkosten des Programms. Wissenschaftliche Begleitung und Evaluation der Programme durch die Kommission sollen den einheitlichen Standard sichern und eine wechselseitige Abstimmung zwischen Kommission und Mitgliedstaaten ermöglichen.

2. Grundlagen und Ausgestaltung des Europäischen Sozialfonds

Der ESF wird in Art. 162–164 AEUV geregelt. Der EU erwachsen daraus **keine eigenen Rechtsetzungskompetenzen**.[13] Er vergibt seine Mittel nach **autonomen** Maßstäben; sie fließen aber den **Mitgliedstaaten** zu und werden nur auf deren Anforderung eingesetzt. Sie **ergänzen** so die stets eigenständigen Programme der Mitgliedstaaten. Die Beschäftigungspolitik der EU wird so durch die Beschäftigungspolitik der Mitgliedstaaten mediatisiert.[14]   432

Das Primärrecht regelt die **Zwecksetzung des ESF** (Art. 162 AEUV), dessen innere Ordnung und Struktur (Art. 163 AEUV) sowie dessen Verfahren zur näheren Bestimmung seiner Aufgaben (Art. 164 AEUV). Der ESF soll danach einer „Verbesserung der Lebens- und Arbeitsbedingungen" (Art. 151 AEUV) dienen. Die Zielsetzung des **ESF** wird dahin umschrieben, „die berufliche Verwendbarkeit und die örtliche und berufliche Mobilität der Arbeitskräfte zu fördern sowie die Anpassung an die industriellen Wandlungsprozesse und an Veränderungen der Produktionssysteme insbesondere durch berufliche Bildung und Umschulung zu erleichtern". Die Steigerung der regionalen und strukturellen **Mobilität** der Arbeitskräfte flankiert das **Binnenmarktziel**. Es wird durch die in Art. 165 AEUV enthaltene Zuständigkeit zur beruflichen Bildung ergänzt.   433

Die Kommission verwaltet die ESF-Mittel selbstständig und wird dabei durch einen eigenen Ausschuss unterstützt, der sie nach dem Prinzip der **Drittelparität**[15] – Strukturprinzip auch der IAO – zusammengesetzt in ihrer Amtsführung begleitet. Der Ausschuss umfasst je zwei Regierungs-, Arbeitgeber- und Arbeitnehmervertreter aus jedem Mitgliedstaat. Den Vorsitz führt ein Mitglied der Kommission. Nach Art. 164 AEUV haben **Rat** und **Parlament** an der Ausgestaltung des Fonds gemeinsam durch Mehrheitsbeschluss zusammenzuwirken. Vor Verabschiedung der darin enthaltenen Grundsätze ist der Wirtschafts- und Sozialausschuss (Art. 300 II AEUV) zu hören.   434

Seine heutige rechtliche Gestalt fand der ESF als Teil des **Strukturfonds** der Gemeinschaft. Dieser gilt als das hauptsächliche Mittel zur Stärkung des wirtschaftlichen und sozialen Zusammenhalts[16] (Art. 174 AEUV). Der Rechnungshof der Gemeinschaft hatte in seinem Sonderbericht Nr. 1/88 „über die gemein-   435

---

13 Weitergehend Zuleeg, NDV 1991, 21.
14 Laffan, XXI Journal of Common Market Studies, 1983, 389, 406.
15 Laffan, XXI Journal of Common Market Studies, 1983, 389, 397 ff.
16 Oppermann, 2005, § 13 V.

schaftlichen und einzelstaatlichen Verfahren und Systeme zur Verwaltung" des ESF[17] deutliche Kritik an dessen bisheriger Verwaltungs- und Vergabepraxis geübt, namentlich eine klare **Kosten-Nutzen-Analyse** beim Einsatz der Fördermittel verlangt, die zu starke Konzentration auf Maßnahmen der beruflichen Bildung und die zu allgemeine Formulierung der Zielsetzung bemängelt.[18]

436 Daher verabschiedete der Rat am 24. Juni 1988 die VO (EWG) Nr. 2052/88 über „Aufgaben und Effizienz des **Strukturfonds**".[19] Diese führte die bisher getrennt verwalteten Fonds über Regionalpolitik,[20] Agrarstrukturpolitik[21] und den ESF in einen alle Einzelanliegen der **bisherigen Fonds** übergreifend zu fördern bezweckenden **Strukturfonds** zusammen. Dieser soll das wirtschaftliche und soziale Gefälle in Europa einebnen und damit den Binnenmarkt sozialpolitisch flankieren. Im Rahmen von insgesamt fünf regional-, struktur- und **arbeitsmarktpolitischen Zielen** werden die „Bekämpfung der Langzeitarbeitslosigkeit" (Ziel Nr. 3) sowie die „Erleichterung der Eingliederung der Jugendlichen in das **Erwerbsleben**" (Ziel Nr. 4) als förderungswürdige Aufgaben bestimmt (vgl. Art. 1 f. VO (EWG) Nr. 2052/88). Die Förderung soll sich auf Maßnahmen der Berufsbildung sowie Einarbeitungs- und Existenzgründungsdarlehen konzentrieren. Die Projekte sollen von der EU im **Zusammenwirken** mit den Mitgliedstaaten oder den in diesen funktional, regional oder lokal zuständigen Behörden finanziert, getragen und verwaltet werden (vgl. Art. 4 f. VO (EWG) Nr. 2052/88). Die Mittel werden aufgrund von Anträgen und Planungsvorgaben durch den einzelnen Mitgliedstaat vergeben. Diese sollen tunlichst Projekte mit **mehrjähriger Laufzeit** zur Förderung unterbreiten (vgl. Art. 10 VO (EWG) Nr. 2052/88).

437 Diese **Vergabegrundsätze** werden ergänzt durch die deren Vollzug ausgestaltende VO (EWG) Nr. 425/88 vom 19. Dezember 1988.[22] Die **arbeitsmarktpolitischen** Ziele des ESF – Kampf gegen die Langzeitarbeitslosigkeit und Eingliederung Jugendlicher in das Erwerbsleben – sind danach in der gesamten EU zu fördern. Des Weiteren werden die Förderungsmaßnahmen präzisiert. **Berufsausbildung** ist seither sowohl Erstausbildung als auch Weiterbildung und **Umschulung** (vgl. Art. 1 III VO (EWG) Nr. 4255/88). Als langzeitarbeitslos gelten Arbeitnehmer, die das 25. Lebensjahr vollendet haben und länger als 12 Monate ohne Beschäftigung sind; als jugendliche Arbeitsuchende gelten Erwerbslose unter 25 Jahren, die nicht mehr der Vollzeitschulpflicht unterliegen (Art. 2 VO (EWG) Nr. 4255/88). Unter den förderungsfähigen Einzelmaßnahmen befinden sich Kosten für die Organisation von Kursen (hingegen nicht die Vergütung des Lehrpersonals), die Unterbringung der Auszubildenden sowie den Einkommensersatz für Kursteilnehmer. Dieser orientiert sich am Durchschnittsein-

---

17 ABl. EG v. 16.5.1988 Nr. C 126/1.
18 Ebd. S. 6 ff.; vgl. auch Laffan, XXI Journal of Common Market Studies, 1983, 399 ff., 404 ff.
19 ABl. EG v. 15.7.1988 L 185/9.
20 VO (EWG) Nr. 4254/88 (ABl. EG v. 21.12.1988 L 378).
21 VO (EWG) Nr. 4256/88 (ABl. EG v. 31.12.1988 L 378).
22 ABl. EG v. 30.12.1988 Nr. L 374/21.

§ 18 Europäischer Sozialfonds und europäische Beschäftigungspolitik

kommen der Industriearbeiter des betreffenden Mitgliedstaates. Der Zuschuss der Gemeinschaft beläuft sich auf höchstens 30 % des Bruttoeinkommens des Industriearbeiters des betreffenden Mitgliedstaates (Art. 3 VO (EWG) Nr. 4255/88). Die ab 2021 bereit stehenden Mittel gehen zu 25 % in die soziale Inklusion, 5 % für Kinder und 12,5 % für jugendliche Arbeitslose, Die Mittel sind mit dem COVID-19 Aufbauprogramm Next Generation EU (Recovery and Resilience Facility) und der Beschäftigungsstrategie verbunden.

Eine Erweiterung des Aufgabenbereichs des Strukturfonds enthielt die VO (EWG) Nr. 3575/90 vom 4. Dezember 1990[23] über die „Intervention des Strukturfonds im Gebiet der ehemaligen **Deutschen Demokratischen Republik**". Sie wurde mit der Herstellung der deutschen Einheit erlassen und sah die Förderung von regional-, struktur- und arbeitsmarktpolitischen Vorhaben in den **neuen Bundesländern** in einem Gesamtvolumen von 3 Mrd. ECU (Art. 3 VO (EWG) Nr. 3575/90) unabhängig vom Strukturfonds vor. Diese Mittel sollten bis Ende 1993 abgerufen worden sein. Des Weiteren fasste der Rat am 22. Juni 1994[24] einen Beschluss „zur Förderung der Chancengleichheit für Männer und Frauen durch Maßnahmen des Europäischen Strukturfonds". Dadurch soll die Mittelvergabe zugleich der Förderung der Chancengleichheit von Frauen dienen. Danach können aus ESF-Mitteln auch Programme zur Förderung der Chancen von Frauen im Erwerbsleben bezuschusst werden. Die jüngeren Programme[25] differenzieren die Mittelvergabe namentlich nach **regionalen Prioritäten**. Danach sind primär durch Bildungsmaßnahmen lokale Beschäftigungsinitiativen sowie die Förderung der Gleichstellung von Mann und Frau sowie Tätigkeiten der Informationsverarbeitung zu unterstützen. 438

Seit der Entwicklung der **OMK** steht der ESF im Dienste ihrer Ziele,[26] einen substantiellen Beitrag zur **sozialen Eingliederung** zu leisten; er kann daher für Programme zur Einbeziehung von Arbeitslosen und anderen sozial benachteiligten Gruppen verwendet werden. Im Mittelpunkt stehen Maßnahmen zur aktiven Arbeitsmarktintegration, ausgerichtet auf die Stärkung der Beschäftigungsfähigkeit älterer Arbeitnehmer und Frauen; einzelne Mittel wurden auch zur Reform der Gesundheitsleistungen vergeben.

3. Eigene Beschäftigungspolitik der EU

Seit dem Vertrag von Amsterdam steht der EU eine eigene **beschäftigungspolitische Kompetenz**[27] zu. Sie ergänzt nicht nur die Beschäftigungspolitik der 439

---

23 ABl. EG v. 17. 12. 1990 Nr. L 353/19.
24 ABl. EG v. 20. 8. 1994 Nr. C 231/1.
25 VO (EWG) Nr. 1260/1999, ABl. EG 1999, L 161/1 ff.; 1784/1999, ABl. EG 1999, L 213, 5 ff.; Vorschlag für eine „Verordnung des Europäischen Parlaments und des Rates über den Europäischen Sozialfonds" vom 14. 7. 2004, KOM (2004) 493 endg.
26 Joint Report on Social Protection and Social Inclusion, 2008, KOM (2008) 42 endg., pp. 93 et sequ.
27 Dazu umfassend Steinle, 2001; Martin, 36 (2000) RTDeur, p. 47; Szyszcak, in Shaw, 2000, 197 ff.; interessant im Vergleich zu den USA: Quade, 2009.

III. Europäisches harmonisierendes Sozialrecht

Mitgliedstaaten, sondern beansprucht diese zu koordinieren (Art. 145 AEUV). Das Primärrecht gibt Ziele vor, die als „Förderung der Qualifizierung, Ausbildung und Anpassungsfähigkeit der Arbeitnehmer sowie der Fähigkeit der Arbeitsmärkte, auf die Erfordernisse des wirtschaftlichen Wandels zu reagieren" (Art. 145 AEUV) umschrieben sind. Dadurch soll ein hohes Beschäftigungsniveau (Art. 2 EG) oder Vollbeschäftigung (Art. 3 III 2 EUV) gesichert werden. Dazu zählt Art. 5 II AEUV die „Koordinierung der Beschäftigungspolitik".

440 Die **Beschäftigungspolitik** der Mitgliedstaaten ist ebenso wie deren **Wirtschaftspolitik** zu koordinieren – also auf gemeinsam verabredete, mit qualifizierter **Mehrheit** beschlossene Ziele auszurichten (vgl. Art. 146, 121 III AEUV). Als Instrument soll eine Regelung aufgrund eines von **Kommission** und **Rat** gemeinsam erstellten Jahresberichts geschaffen werden. Darauf aufbauend hat der Rat jährlich **beschäftigungspolitische Leitlinien**[28] zu verabschieden (Art. 148 AEUV). Diese sind von den Mitgliedstaaten in ihrer Beschäftigungspolitik zu beachten.

441 Ein wesentliches Element der EU-Beschäftigungspolitik liegt in der Förderung der **zwischenstaatlichen Zusammenarbeit.** Diese kann durch Mittel aus dem ESF gefördert und unterstützt werden (Art. 147 AEUV). Die Beschäftigungspolitik wird als **Querschnittsaufgabe** verstanden. Sie unterliegt dem Mainstreaming:[29] Die Maßnahmen sind am Leitziel eines hohen Beschäftigungsniveaus auszurichten (Art. 147 Abs. 2 AEUV). Eine spezielle Förderung kann und soll „innovativen Ansätzen" – insbesondere durch Rückgriff auf Einzelvorhaben – zuteilwerden (Art. 149 AEUV). So sollen gelungene **Ansätze** in der Beschäftigungspolitik (best-practices-rule) der einzelnen Mitgliedstaaten in der gesamten EU verbreitet werden. Ein vom Rat eingesetzter Beschäftigungsausschuss mit **beratender Funktion** soll die Beschäftigungspolitik koordinieren helfen (Art. 150 AEUV).

442 Die bisherigen beschäftigungspolitischen Maßnahmen der EU vermochten **substantielle Verbesserungen** der Beschäftigungslage in EU-Staaten herbeizuführen. Sie setzte namentlich in den Mitgliedstaaten mit unterdurchschnittlichen beschäftigungspolitischen Erfolgen Reformen in Gang, die auf Übernahme von in anderen Mitgliedstaaten erprobten und bewährten beschäftigungspolitischen Praktiken hinausliefen. Insbesondere die in den 1980er und 1990er Jahren **beschäftigungspolitisch erfolgreichen** Mitgliedstaaten **Niederlande, Vereinigtes Königreich** und **Dänemark** gaben anderen Mitgliedstaaten Beispiele, welche diese übernahmen.

---

28 Vgl. dazu „2005/600/EG: Entscheidung des Rates vom 12. Juli 2005 über Leitlinien für beschäftigungspolitische Maßnahmen der Mitgliedstaaten", ABl. EG Nr. L 205 vom 6. 8. 2005, S. 21.

29 Mainstreaming findet sich als Gestaltungsmittel in vielen Zweigen der EU-Politik: bei der Geschlechtergleichstellung (Art. 8 AEUV), Umwelt (Art. 14 AEUV), Kultur (Art. 167 IV AEUV), Gesundheit (Art. 168 I 1 AEUV), Verbraucherschutz (Art. 12 AEUV), Industrie (Art. 173 AEUV), Kohäsion (Art. 175 I AEUV) und Entwicklungszusammenarbeit (Art. 208 I Unterabschnitt 2, 2 AEUV).

§ 18 Europäischer Sozialfonds und europäische Beschäftigungspolitik

So war die **deutsche Arbeitsmarktreform** der Jahre 2003/2004 die weitgehende Übernahme der in den Niederlanden,[30] dem Vereinigten Königreich und Dänemark[31] geglückten **Reformmodelle**.[32] Im Einklang mit der sozialpolitischen Strategie der EU im Rahmen des Lissabon-Prozesses beförderte sie die Einsicht, dass die Ausweitung der Beschäftigung den Schlüssel auch zur Bewältigung der **Finanzierung** sozialer Sicherheit darstellt.[33] Im Kern bezweckt die Europäische Beschäftigungspolitik die Ausweitung der Beschäftigung durch Flexibilisierung von Arbeitsrecht und Arbeitsmarkt bei gleichzeitiger Bewahrung traditioneller Sicherungen **(Flexicurity)**.[34] Eine Zukunftsvision muss in der Einbettung dieser Politik in den Schutz sozialer Rechte liegen.[35]   443

Im Regelwerk der EU-Beschäftigungspolitik sind das Instrumentarium wie die Zielvorstellungen umrissen, welche die EU inzwischen im Rahmen der **Offenen Methode der Koordinierung (OMK)** auf die zentralen Gebiete **sozialer Sicherheit** (Alterssicherung und Gesundheit) zu erstrecken begriffen ist. Während für diese die Rechtsgrundlage zweifelhaft ist – allenfalls in Art. 151, 153 Abs. 1 lit. k) AEUV eine mögliche Basis findet – ist sie für die Beschäftigungspolitik in Art. 145–150 AEUV in den Zielen und Instrumenten klar und eindeutig verankert.   444

Eine wesentliche Errungenschaft ist die Stärkung **vertraglicher Elemente** in die Arbeitsmarktpolitik. In Umsetzung der im Vereinigten Königreich[36] erprobten Ansätze wuchs das Bestreben, die Beziehungen zwischen **Arbeitslosen** und **Arbeitsverwaltung** auf **Vertragskonstruktionen** zu gründen.[37] So soll die Arbeitsvermittlung durch das aus der Sozialarbeit überkommene und -nommene Modell des Fallmanagements **(case-management)**[38] möglichst passgenaue Vermittlungsstrategien hervorbringen und damit die dem aktivierenden Wohlfahrtsstaat zugrunde liegende Vorstellung verwirklichen, Sozialleistungen nicht primär zur Einkommenssicherung auf Dauer, sondern als Dienstleistungen zu verstehen, die eine möglichst umgehende **Reintegration des Ar-**   445

---

30 Albrecht, 2005; Visser/Hemerijk, 1997; Hartog, in ILO, Paper No. 354 (1999); Pennings, in Sarfati/Bonoli (Ed.), 2002, 285.
31 Madsen, in Sarfati/Bonoli (Ed.), 2002, 243.
32 Bericht der Kommission Moderne Dienstleistungen am Arbeitsmarkt, 2002; vgl. dazu nun eingehend Eichenhofer, 2013; Kretschmer, 2012; Ervik/Kildal/Nilssen, 2009.
33 Vgl. EU Sozialpolitik. Agenda 2000 v. 28.6.2000 KOM (2000) 379 endg.; vgl. die Beschäftigungspolitischen Leitlinien 2002 v. 12.9.2001, KOM (2001) 511 endg.; vgl. auch die komplementäre Sicht der OECD: Labour Ministers Conference April 25–27, 2002, Montréal.
34 Colucci, in Blanpain (Ed.), 1998, 105 ff.; Greve, 2001; Hemerijck/van Kersbergen, in Kuhnle (Ed.), 2000, 106.
35 Klose, 21 (2005) The International Journal of Comparative Labour Law and Industrial Relations, 5 ff.
36 Carney/Ramia, 2002; Fajertag/Pochet, 2001; Millar, in Sarfati/Bonoli, 2002, 266; Castles, in ders. (Ed.), 1993, 3 ff.
37 Andersen/Jensen, in Sarfati/Bonoli (Ed.), 2002, p. 58 ff.; Carney/Ramia, 2002; Friedland/King, 27 (2003) Cambridge Journal of Economics, 465; Measelen, in Argandona/Gual, 2002, 28; Yeatman, in Saunders (Ed.), 2000, 156; Sol/Westerveld (Ed.), 2005.
38 Greene, in Vourlekis/Greene (Eds.), 1992, p. 11; Raiff/Shore, 1993.

III. Europäisches harmonisierendes Sozialrecht

beitslosen in das Erwerbsleben durch die Stärkung von dessen Befähigungen (capabilities, Amartya Sen) bezwecken[39] und sichern. Auch im Hinblick auf die Behindertenpolitik wird dieses Leitbild auf EU-Ebene angestrebt – Rehabilitation soll der dauerhaften Verrentung behinderter Menschen entgegenwirken und dieser deswegen vorgehen (vgl. zu deren Würdigung Rn. 523 ff.).[40]

---

39 Deakin, in Spaventa/Dougan (Ed.), 2005, 3.
40 Eichenhofer, 2013; Becker/Matthäus, DRV 2004, 659; Schulte, in von Maydell/Pitschas/Schulte (Hg.), 2003, 480 ff.

§ 19 Offene Methode der Koordinierung

Im März 2000 beschloss der Rat,[1] die Sozialpolitik der Mitgliedstaaten EU-weit auf ihre **Zukunftstauglichkeit** mittels der „méthode ouverte de la coordination" = „open method of co-ordination" zu überprüfen. Sie fand ihren Ursprung in der Beschäftigungspolitik,[2] die seit der Luxemburger Ratstagung von 1997 zwischen den Mitgliedstaaten verabredet war und im beschäftigungspolitischen Kapitel des Vertrages (Art. 145–150 AEUV) niedergelegt ist. Die **offene Methode der Koordinierung (OMK)** findet in Art. 153 I lit. k) AEUV ihre Rechtsgrundlage. Danach wird die EU zur einvernehmlichen Modernisierung des sozialen Schutzes bestimmt und befähigt. Dieses Bemühen tritt an die Stelle der früheren Bestrebungen nach Angleichung oder Konvergenz der Systeme sozialer Sicherheit.[3] Die OMK wurde auf die **Armutsbekämpfung**,[4] **Alterssicherung** und **Gesundheitspolitik** erstreckt.[5]

446

1. Inhalt

Die OMK bezweckt **nicht** die **Angleichung** der Sozialleistungssysteme der Mitgliedstaaten an abstrakte, normative **Ordnungsprinzipien**. Die Vielfalt historisch gewachsener und auf unterschiedlichen Grundentscheidungen[6] beruhender Sozialleistungssysteme der Mitgliedstaaten wird hingenommen. Auf Basis dieser Unterschiede werden jedoch Zielvorstellungen formuliert, die jedes Sicherungssystem jedes einzelnen Mitgliedstaates zu erfüllen hat. Die zentrale Zielsetzung der OMK[7] in der Alterssicherung ist die Funktionserfüllung, langfristige finanzielle Tragfähigkeit und Anpassung der **Alterssicherung** an gewandelte Erwartungen des Einzelnen sowie der Gesellschaft.[8] Die OMK im

447

---

1 Europäischer Rat Lissabon, Schlussfolgerungen des Vorsitzes vom 23./24. März 2000, Tz. 22 ff., 31; Kommission, vom 11.10.2000 KOM (2000) 622 endg.; Europäischer Rat (Stockholm), 23./24. März 2001, Schlussfolgerungen, Tz. 32; Kommission, 3. Juli 2001, KOM (2001) 362 endg.; Bundesarbeiterkammer, 2001; GVG-Papier, EU-Politik der „offenen Koordinierung", No. 281, Juli 2001; vgl. VDR, DRV-Schriften 2002, Bd. 34; Eichenhofer, 2007, 110 f.; Tiemann, 86 ff.; De Schutter/Deakin (Eds.), 2005; Bongardt/Torres, in Jones/Menon/Weatherill (Ed.), 2012, 469.
2 Devetzi/Schmitt, DRV 2002, 234, 236, erwähnen darüber hinaus die Wirtschafts- und Haushaltspolitik; vgl. auch Ohndorf, in VDR, 2002, 16 ff.
3 ABl. EG Nr. 1145 vom 26.8.1992, S. 49.
4 Devetzi/Schmitt, DRV 2002, 234 ff.; Schulte, ZSR 2002, 1 ff.
5 Hauser, in VDR, 2002, 10 ff.; Briet, in ebd., 21 ff.; Riester, in ebd., 27 ff.
6 Eingehend Esping-Andersen, 1990.
7 Vom 11.10.2001 KOM (2000) 622 endg., S. 4 ff.
8 Die Entwicklung des Sozialrechts in Langzeitperspektiven: Zukunftssichere Renten v. 11.1.2000 (KOM) 2000, 622 endg.; Vgl. Joint Report on Social Protection and Social Inclusion. Social Inclusion pensions, health care and long term care, KOM (2008) 42 endg.; Kommission der Europäischen Gemeinschaften, Die demographische Zukunft Europas – Von der Herausforderung zur Chance, KOM (2006) 571 endg.

III. Europäisches harmonisierendes Sozialrecht

Gesundheitsschutz soll den Zugang zu einer hochwertigen Versorgung aufgrund der Prinzipien Universalität, Qualität und Solidarität sichern.[9]

448 Die im Rahmen der OMK ausgesprochenen Empfehlungen und Anregungen nehmen einen prinzipiellen, programmatischen Charakter an. Sie propagieren „active inclusive policies",[10] heben die Bedeutung der **Chancengleichheit** hervor und fordern Bildungs- und Arbeitsförderung als zentrale Voraussetzungen für einen erfolgreichen Weg aus sozialer Isolation und als Beitrag zu einer auf Arbeit beruhenden **Erwerbsgesellschaft**.[11] Die **Integration** behinderter und älterer Arbeitnehmer habe deshalb Vorrang vor der **Verrentung**; eine egalitäre Gesundheitsversorgung stärke die **Chancengleichheit**.[12] Durch Prävention, Rehabilitation und Aktivierung sollten die Lebenschancen der Menschen verbessert und gleichzeitig die Ausgaben für Sozialleistungen vermindert werden. Dies gereiche den Menschen wie der Gesellschaft zum Vorteil.[13]

449 Diese Methode hat weitreichende Folgen für die Sozialpolitik. Um festzustellen, ob **soziale Sicherung** funktioniert, ist generell deren Funktion zu klären. Ist die Nachhaltigkeit von Alterssicherung zu sichern, wird der **demographische Wandel** durch Neubestimmung des Verhältnisses von Beitragszahlern und Leistungsempfängern eine Herausforderung. Deswegen sind die Ausweitung der Beschäftigung, Einbeziehung von **Frauen** in eine **Vollerwerbstätigkeit** sowie Verlängerung der **Lebensarbeitszeit**, primär durch Verkürzung der Ausbildungszeiten wie Ausweitung der Beschäftigung über das aktuelle Rentenalter hinaus, Bedingungen für die langfristige Sicherung der Alterssicherungssysteme. Deswegen ist auch die fiskalische **Solidität** von Alterssicherung zu garantieren.[14] Dies hat unmittelbare Folgen für die Frage, ob Alterssicherung auf Selbstfinanzierung oder Staatszuschüsse anzulegen ist und welches Mischverhältnis zwischen unterschiedlichen Finanzierungsarten (Beitrag, Steuer, Kapitaldeckung) bestehen soll. In der Gesundheitspolitik ist der entscheidende Maßstab die **Zugänglichkeit** aller Menschen zu gesundheitlicher Versorgung bei hoher Qualität wie angemessener Finanzierung.[15] Die OMK stellt zunächst einen elementaren Vorgang europäischer Rechtsangleichung dar.[16] Er wird auch im Rahmen der Gesundheits- (**WHO**) oder Bildungspolitik (**PISA**) verfolgt.

---

9 Mitteilung der Kommission v. 20.4.2004, (KOM) 2004, 304 endg., 8 ff.
10 Europäische Kommission, Gemeinsamer Bericht über Sozialschutz und soziale Eingliederung 2009, KOM (2009) 58 endg.
11 Ebd., 9; vgl. dazu Eichenhofer, 2013.
12 Ebd., 10 f.
13 Ebd., 13; diese Vorstellungen decken sich mit den Visionen auf UN-Ebene. UN Economic and Social Council, Enhancing Social Protection and Reducing Vulnerability in a Globalizing World, Report of the Secretary-General, Commission for Social Development, 39 session, 13–23.2.2001, ECN 5/2001/2; vgl. auch Eichenhofer, 2007, 139 ff.
14 European Communities, 2003; Unterstützung nationaler Strategien für zukunftssichere Renten durch eine integrierte Vorgehensweise, KOM (2001) 362 endg.
15 Mitteilung vom 20.4.2004, KOM (2004) 304 endg.
16 Karl, in Deutscher Sozialrechtsverband, 2005, 7 ff.

§ 19 Offene Methode der Koordinierung

In der Politik der **Alterssicherung**[17] hat die OMK eine Prioritätenliste entwickelt.[18] So sollen die Leistungen **angemessen** sein, d. h. die Rentner vor **Altersarmut** bewahren, ihre Wohlstandsteilhabe sichern und **Beteiligung** am wirtschaftlichen, kulturellen und sozialen Leben ermöglichen. Das Alterssicherungssystem muss **transparenter** werden, um das Vertrauen der Beteiligten zu stärken. Wegen des **demographischen Wandels** sei die Ausweitung der Beschäftigung geboten, um die Finanzierungslast für Pensionen auf eine möglichst große Zahl von Menschen zu erstrecken.[19] Langfristig finanziell tragfähige Rentensysteme fordern die **Steigerung der Erwerbsbevölkerung** und Anhebung der Gesamtbevölkerung durch **Zuwanderung**.[20] Zum Beschäftigungsaufbau habe ferner das Rentensystem selbst beizutragen.[21] Die Sicherung künftiger Rentner müsse betrieben werden, „ohne dabei zukünftige Generationen übermäßig zu belasten oder die öffentlichen Finanzen zu destabilisieren und dadurch makroökonomisch Stabilität zu gefährden".[22] **Vollbeschäftigung** sei deswegen Voraussetzung für die langfristige Sicherung der Finanzen des Rentensystems.[23] Die Alterssicherung solle auf den drei **Säulen**[24] der öffentlichen, betrieblichen und privaten Alterssicherung beruhen. Von den Rentensystemen der Zukunft dürften nicht mehr Anreize zur vorzeitigen Aufgabe der Erwerbstätigkeit ausgehen.[25]

450

Renten müssten wie in der Vergangenheit auch in Zukunft **armutsfest** sein[26]. Altersarmut sei heute aber niedriger als die Jugendarmut;[27] um sie auch künftig zu vermeiden, soll die öffentliche Alterssicherung in strenger Abhängigkeit von **Beitrag** und **Leistung** vorgesehen, **Mindestsicherungen** für alle Beschäftigten geschaffen und beitragslose Zeiten bei **Arbeitslosigkeit** und **Elternschaft** eingeführt werden.[28] Es sollte eine die Nachhaltigkeit fördernde Balance zwischen der **Belastung** von Arbeit wie anderen Einkommen, auch aus Kapitalertrag, **gefunden** werden.[29] Effektive **Kapitalmarktaufsicht** und Vermögensverwaltung sollten die finanzielle Nachhaltigkeit kapitalgedeckter Anlagen sichern

451

---

17 Devetzi, in Deutscher Sozialrechtsverband, 2005, 67 ff.; vgl. Weißbuch „Eine Agenda für angemessene, sichere und nachhaltige Pensionen und Renten" vom 16.2.2012, COM (2012) 55 final; dazu Rische, RVaktuell 2013, 2.
18 European Communities, Adequate and sustainable pensions – Joint report by the Commission and the Council, 2003.
19 Ebd., 7.
20 Ebd., 6.
21 Ebd., 8.
22 Ebd., 11.
23 Ebd., 16.
24 KOM (2000) 622 endg.
25 Ebd., 10.
26 Ebd., 11.
27 Joint Report by the Commission and the Council on adequate and sustainable pensions, 2004, 6.
28 Ebd., 7.
29 Ebd., 8.

III. Europäisches harmonisierendes Sozialrecht

helfen.[30] Durch Anreize für die Ausweitung der **Beschäftigung Älterer**[31] sollte auch das Verhältnis von Leistungsbeziehern und Beschäftigten gebessert werden.[32] Länger zu arbeiten als bisher, ist das Gebot für die **langfristige Tragfähigkeit** des **Rentensystems**.[33] Eine Schlüsselfunktion für die Sicherung der Nachhaltigkeit der Renten liege daher in einer auf späteren Renteneintritt gerichteten Politik.[34] Dafür sind gleichzeitig Anreize zum **früheren Eintritt** in das und zum **späteren Austritt** aus dem **Erwerbsleben** zu geben.[35]

452 Unter der **Finanzierung** der Sozialversicherung sollte das wirtschaftliche Wachstum **nicht leiden**; deshalb sollte gleichzeitig die **Nachhaltigkeit** aller Sozialleistungszweige und die Beschäftigung gefördert werden.[36] Von der Finanzierung der Systeme sozialer Sicherheit dürften deswegen **keine der Beschäftigung abträglichen Folgen** ausgehen.

Sämtliche Mitgliedstaaten betreiben seither eine Politik der **Alterssicherung**, welche Anreize auf einen späteren Renteneintritt und die Verlängerung der Lebensarbeit setzt.[37] Die aktuelle Herausforderung in der Alterssicherung liege in der Zurückdrängung der gegenwärtig niedrigen Rate der Beschäftigung älterer Menschen. Diese liege sogar unter der vor einigen Jahrzehnten, obgleich sich die gesundheitliche Lage verbessert und die Lebenserwartung der über 60-Jährigen erhöht hat.[38] Die wirksamsten Instrumente zur Erreichung des Ziels seien deshalb der **Abbau von Vorteilen beim vorzeitigen Renteneintritt** wie der Ausbau der **Anreize zum späteren Renteneintritt** und Regeln zur abgestimmten **Kombination** von Pensions- und Erwerbseinkommen.[39] Nach wie vor halte der Trend zur Frühverrentung an. Ein vorzeitiger Rentenbeginn beruhe nicht auf einem direkten Übergang aus der Arbeit in die Altersrente, sondern trete ein nach Zwischenphasen des Krankengeld-, Arbeitslosengeld- oder Invalidenrentenbezuges.[40] Viele Länder haben zwar flexible Rentenmodelle, sie erreichten aber nicht Menschen mit manuell ausgerichteter Tätigkeit.[41] Ferner müsse die Beschäftigungsrate in allen Altersgruppen ausgeweitet werden. Auch eine hohe Arbeitszufriedenheit erhöhe die Bereitschaft zur Ausdehnung von Arbeit.[42]

---

30 Ebd., 8.
31 Ebd., 51.
32 Ebd., 44.
33 Ebd., 61.
34 Angemessene und nachhaltige Renten – Arbeitspapier der Kommission vom 10.4.2006, SEK (2006) 304.
35 Ebd., 9 ff.
36 Ebd., 38.
37 Ebd., 50.
38 Ebd.
39 Ebd.
40 Ebd., 54.
41 Ebd., 55.
42 Ebd., 61.

§ 19 Offene Methode der Koordinierung

Die Ausweitung der privaten Alterssicherung infolge der **Teilprivatisierung** der öffentlichen Alterssicherung in vielen mittel- und osteuropäischen Staaten wirft inzwischen europaweit die Frage auf, wie dauerhaft ertragreiche **private Renten** gesichert werden könnten. Denn jede **privatrechtliche** Alterssicherung bringe notwendig eine Fülle von **öffentlichen Gestaltungsaufgaben** mit sich. Namentlich sind die privaten Träger in ihrer Vermögensanlage zu überwachen und zu regulieren.[43] Ferner hat der Übergang von der öffentlichen zur privaten Alterssicherung für die Gesellschaft und jeden Einzelnen zunächst Transaktionsverluste gebracht.[44] 453

Die Fähigkeit des Einzelnen, **Kapitalmarktvorgänge zu durchschauen (financial literacy)**, sei unterentwickelt. Außerdem verlagerten private Altersvorsorgesysteme das Risiko der wachsenden **Langlebigkeit** auf die Rentner.[45] Die langfristige Renditeerwartung bei privaten Altersvorsorgesystemen sei bei 2,5 % jährlich anzusiedeln.[46] Außerdem hätten manche Staaten (Schweden, Polen, Lettland und Estland) für Zeiten der **Kindererziehung** und Arbeitslosigkeit in den privaten Altersvorsorgesystemen öffentlich finanzierte Ausfallzeiten eingeführt.[47] Besonders schwierige Aufgaben stellen sich im Hinblick auf die Erbringung **privatrechtlicher** Versicherungsleistungen im Alter, falls die Rentenberechtigten vor die Wahl zwischen einer **Kapitalabfindung** und einer Leibrente gestellt würden. Die **Leibrente** sei zwar sozialpolitisch wünschenswert, die Privatversicherungen zögerten aber, denn sie trügen in der Folgezeit das Risiko der Langlebigkeit ihrer Versicherten. Dieser Gefahr entgehen sie durch großzügige Kapitalzahlungen, die im Leistungszeitpunkt dem Versicherten besonders attraktiv erschienen. 454

Neben dem Ausbau der **öffentlichen Gesundheitspolitik**,[48] in deren Mittelpunkt die Information und grenzüberschreitende Bekämpfung **ansteckender Krankheiten** steht, bemüht sich die EU auch um eine Modernisierung des **Gesundheitsschutzes**. Sie strebt die Entfaltung und Erhaltung einer hochwertigen, jedermann zugänglichen und zukunftsfähigen Gesundheitsversorgung auf hohem medizinischem Niveau an.[49] Dem Ausbau oder der Fortentwicklung der Pflege gilt besondere Aufmerksamkeit.[50] Im Rahmen des Versuches einer **Straffung** („stream lining") der wirtschafts-, finanz- und sozialpolitischen Koordinierungsbestrebungen wird damit die gesamte Politik eines Staates zum 455

---

43 Ebd., 62.
44 Ebd.
45 Ebd., 64.
46 Ebd., 65.
47 Ebd., 64.
48 Mitteilungen über die gesundheitspolitische Strategie der EG v. 16. 5. 2000, KOM (2000) 285 endg.
49 Mitteilung v. 20. 4. 2004 KOM (2004) 304 endg.; vgl. auch KOM (2001) 723 endg.; GVG, 2004; Erbrich, KrV 2004, 149; Danner, in Deutscher Sozialrechtsverband (Hg.), 2005, 81 ff.
50 European Commission, Long-term care in the European Union, April 2008; vgl. auch Bundesministerium für Arbeit und Soziales, Nationaler Strategiebericht Sozialschutz und soziale Eingliederung, 2008–2010, vom 30. 7. 2008, 91 ff.

III. Europäisches harmonisierendes Sozialrecht

Gegenstand des Vergleichs.[51] Von der Politik sozialen Schutzes sollen auch **Beschäftigungseffekte** aufgrund sozialrechtlicher Gestaltungen ausgehen. Arbeit als Basis sozialer Sicherheit taugt nur, wenn deren Lohn zugleich für die Beschäftigten existenzsichernd und die Arbeitgeber wie Verbraucher bezahlbar ist (make work pay). Geringere Beitragslasten sind danach eine Voraussetzung für die nachhaltige soziale Sicherung.

456 Im Prozess der OMK werden zunächst EU-weit gemeinsam verabredete **Indikatoren** gebildet, um den Vergleich der Sicherungssysteme der Mitgliedstaaten zu ermöglichen. Dies geschieht mittels sozialökonomischer Indikatoren – namentlich demographischer und beschäftigungsbezogener, finanzieller und struktureller, in Sozialstatistiken typischerweise aufgeführter **Daten**. Auf dieser Basis werden sodann nationale Berichte über die Eigenheiten der Sicherungssysteme der Mitgliedstaaten einer **Evaluation** unterzogen. Auf dieser Basis werden Empfehlungen verabschiedet, die an den besten Praktiken einzelner Mitgliedstaaten ausgerichtet sind.[52]

457 Die bisherigen Schwerpunkte wurden in der OMK vereinheitlicht,[53] an den neu formulierten Zielen **Chancen, Zugänglichkeit** und **Solidarität** ausgerichtet und stärker mit der Wirtschafts- und Beschäftigungspolitik verknüpft, die im Gegenzug an ihren sozialen Wirkungen zu messen und auch auf soziale Ziele auszurichten sein wird. In ihrem, im März 2008 unter dem Titel „Joint Report on Social Protection and Social Inclusion 2008. Social inclusion, pension, health care and long-term care"[54] erschienenen Bericht werden aufgrund der eingereichten Aktionspläne der Mitgliedstaaten Prioritäten formuliert.

458 Der Vorrang gebührt den Maßnahmen zur schnellen und merklichen Senkung der **Kinderarmut**. Alle Kinder, unbesehen ihrer sozialen Herkunft, sollen gleiche Chancen haben. In der EU von heute seien dagegen am stärksten die Kinder von Armut betroffen. Armut im Kindesalter hat langfristig abträgliche Folgen und führt damit auch zu dauerhaften Schwierigkeiten bei deren **Integration** in die Arbeitsgesellschaft.[55] Das größte Verarmungsrisiko haben derzeit Alleinerziehende und große Familien.[56] Die **Kinderarmut** hängt ab vom Einkommen, dem Arbeitsmarkt, der Kinderbetreuung und den Maßnahmen zur Vereinbarkeit von Erwerbsarbeit und Familienarbeit.[57] „Die Arbeitsmarktlage ist eine

---

51 Mitteilung Stärkung der sozialen Diskussion der Lissabonner Strategie: Straffung der offenen Koordinierung im Bereich Sozialschutz, KOM (2003) 261 endg.
52 De la Porte/Pochet (Eds.), 2002; Hodson/Maher, Vol. 39 (2001), Journal of Common Market Studies, p. 719; Heidel, DAngVers 2003, 370; Schulte, ZSR 2002, 1; Bauer/Knöll, in Aus Politik und Zeitgeschichte (APuZ), Nrn. 1–2, 2003, 33 ff.
53 Eine erneuerte Sozialagenda: Chancen, Zugangsmöglichkeiten und Solidarität im Europa des 21. Jahrhunderts, KOM (2008) 412 endg.; Ein erneuertes Engagement für ein soziales Europa: Verstärkung der offenen Koordinierungsmethode für Sozialschutz und soziale Eingliederung, KOM (2008) 418 endg.
54 KOM (2008) 42 endg.
55 Ebd., 6.
56 Ebd., 10.
57 Ebd., 10.

Schlüsselgröße für die Bedingungen, unter denen Kinder leben und sich entwickeln. Einkünfte aus Arbeit sind normalerweise die hauptsächliche Quelle für das Einkommen der Eltern in den ersten Lebensjahren der Kinder und Arbeitslosigkeit ist das hauptsächliche Armutsrisiko für Haushalte mit Kindern".[58]

In der EU konzentriert sich das Armutsrisiko auf die Alleinerziehenden, weil sie es besonders schwer haben, Erwerbs- mit **Familienarbeit** in Einklang zu bringen.[59] Dies erklärt sich daraus, dass in der EU zwei Drittel der Eltern **Doppelverdiener** sind.[60] Eine weitere Bestimmungsgröße für das Ausmaß der Kinderarmut ist auch der Umfang der Familienleistungen.[61] Dabei verfolgen die Mitgliedstaaten eine Politik der **aktiven Eingliederung** von Eltern in den Arbeitsmarkt durch Einkommensersatz mit Aktivierungsmaßnahmen und Anreize für Eltern, eine Arbeit aufzunehmen, darin zu verbleiben oder mehr zu arbeiten.[62] Der Auf- und Ausbau öffentlicher Kinderbetreuung erhöhe nicht nur die **Vereinbarkeit** von **Erwerbs- und Familienarbeit**, sondern fördere auch die **Chancengleichheit** für alle Kinder.[63] 459

In einer Mitteilung „Ein erneutes Engagement für ein soziales Europa: Verstärkung der OMK für Sozialschutz und **soziale Eingliederung**"[64] wird die OMK „als freiwillige Selbstbestimmung auf Basis gemeinsamer Zielvorgaben" bestimmt und im Hinblick auf nicht zureichende Wirkungen[65] eine Verbesserung angekündigt. Um weiterhin ein „Instrument zur Förderung des Fortschritts" und ein „innovatives Werkzeug Europäischen Regierens"[66] zu sein, sollen künftig die bisher getrennten Themen soziale Eingliederung, Alters- und Gesundheitssicherung zusammengeführt und gemeinsam behandelt werden. 460

2. Würdigung

Die OMK **überwindet jede Selbstgerechtigkeit** einzelner Staaten. Sie hatte in der Sozialpolitik über Jahrzehnte hinweg Tradition. Sozialleistungssysteme der Mitgliedstaaten werden in ihr zum Gegenstand systematischen internationalen **Vergleichs**. Dies sichert Transparenz und erlaubt die Bewertung unterschiedlicher Ansätze und Ausgestaltungen. Die Sozialpolitik jedes Mitgliedstaats wird so in einen **europäischen Zusammenhang** gestellt und damit der alleinigen Zuständigkeit des Mitgliedstaats entrückt. 461

Anders als ein konventioneller **Rechtsvergleich** stehen im Mittelpunkt nicht die Systeme und die sie prägenden rechtlichen Strukturen, sondern deren **öko-** 462

---

58 Ebd., 11.
59 Ebd., 12.
60 Ebd., 14.
61 Ebd., 16.
62 Ebd., 21.
63 Ebd., 22.
64 KOM (2008) 418 endg.
65 OMK „bleibt jedoch eine Herausforderung", ebd., 2.
66 Ebd., 3.

III. Europäisches harmonisierendes Sozialrecht

nomische Wirkung.[67] Es sollen Kriterien für die **effiziente** Zielerreichung und Identifikation sozialpolitischer Effekte durch den an ökonomischen Größen orientierten Vergleich gefunden werden.[68] Dieser soll in Respekt vor den unterschiedlichen Traditionen und Grundwerten geschehen. Wegen der gewählten ökonomischen Indikatoren ist dies auch möglich, obgleich in sie sozialpolitische Grundentscheidungen eingehen.

463 Die ökonomischen Effekte eines Sicherungssystems sind nicht ohne dessen **Zielvorstellungen** zu erklären. Werden insbesondere die Indikatoren zu Mess- und gar Richtgrößen für Empfehlungen erhoben, wirken deskriptive Indikatoren zugleich normativ. So ist der Anteil der öffentlichen Alterssicherung in Staaten mit Grundrente niedriger als in solchen mit Lebensstandardsicherung. Die Diskussion um die Sachgerechtigkeit einzelner Sicherungssysteme kann also Grundsatzfragen sozialer Sicherung nicht umgehen.

3. Probleme

464 Die OMK erschließt der **EU Handlungsmöglichkeiten** in Materien, die bislang den Mitgliedstaaten zu eigener Gestaltung überlassen waren. Auch soweit die EU sozialpolitisch handeln kann, wird jedenfalls noch für einige Zeit deren Gebrauch dem Einstimmigkeitserfordernis unterliegen (vgl. Art. 153 AEUV). Der Ausschuss für Sozialschutz (Art. 160 AEUV) soll die enge Abstimmung von EU- und **Mitgliedstaaten** sichern.[69] Führt diese Methode also zur **Auszehrung** mitgliedstaatlicher Zuständigkeiten? Wird das **Parlament** entmündigt – auf der Ebene der Mitgliedstaaten wie der EU? Grundsätzlicher: Was bleibt von der Sozialpolitik der Mitgliedstaaten, wenn der Staat nicht mehr wie bisher der Bezugs- und Fluchtpunkt aller ihrer Bestrebungen ist?

465 Ausweislich ihrer Aufgaben- und Zielbestimmung (vgl. Art. 3 III EUV) ist ein hohes Niveau **sozialen Schutzes** ein anerkanntes Ziel der EU. Außerdem hat die Grundrechte-Charta neue Grundrechte formuliert – namentlich ein Recht auf Alters- und Gesundheitssicherung (Art. 34 f. GRCh). Dieses muss künftig unmittelbar verwirklicht werden. **Sozialpolitik** prägt auch zahlreiche eindeutig **supranational** geregelte Materien, so die Finanz- und Währungspolitik, aber auch die Grundfreiheiten. Wegen dieser **Interdependenzen** wird es in Zukunft immer schwieriger, die Sozialpolitik als eine zentrale Dimension mitgliedstaatlichen Handelns aus jeglicher EU-Intervention auszunehmen. Außerdem hat bereits Art. 151 AEUV der Kommission die Rolle zugewiesen, im **Zusammenwirken** mit den Mitgliedstaaten auch sozialpolitisch zu handeln. Die OMK greift damit auf, was in der ursprünglichen Fassung des Gemeinschaftsrechts (Art. 117 EWGV) bereits angelegt war: durch abgestimmtes Verhalten von EU

---

67 Vgl. dann auch Husmann, in VDR, 2002, 99 ff.; Standfest, in ebd., 104 ff. und Schmähl, in ebd., 108 ff.: „The OMC is aimed at the harmonization of ideas, visions and norms of action, rather than on institutions and legislation, in order to define goals that can converge towards a common political vision"; Jepsen/Pascual, in ibid. (Ed.), 2006, 25, 35.
68 Kohl/Vahlpahl, 6 (2004) EurJofSocSec, 363 ff.; Hauser, ZSR 2002, 251; Schmähl, 2005, 14 ff.
69 Hocquet, Droit Social 2005, p. 21.

und Mitgliedstaaten eine weitgehende Übereinstimmung in den zentralen sozialpolitischen Zielvorstellungen zu erreichen.[70] Dies wird durch die EU in der OMK moderiert, nicht diktiert, weil deren Durchführung und Erfolg auf Konsens der Mitgliedstaaten beruhen und danach verlangen.

Gewiss lässt sich gegen die OMK manches einwenden. Ihre **Maximen** bleiben **vage** und **offen** und sind für Verabsolutierungen anfällig. Jede vorgeschlagene Strategie birgt die Gefahr des Scheiterns. Manche Einsicht erscheint durchaus als **Trivialität**: gewiss, der Umfang der Kinderarmut hängt auch vom Umfang der Transfers an Kinder ab – wovon sonst? Aber die Folgen aus dieser Erkenntnis sind alles andere als trivial. 466

Diese **Bedenken** wiegen jedoch angesichts ihrer **Vorteile** nicht schwer: Sind je zuvor die Wirkungen wie Veränderungen der **Sozialpolitik jedes Mitgliedstaates** zu ein und demselben **Zeitpunkt** auf der Grundlage **einheitlicher Fragestellungen** anhand eines **einheitlichen Datensatzes** und im Lichte einheitlich erarbeiteter sozialpolitischer **Prioritäten** erhoben worden? Sind je zuvor die zentralen und aktuellen Probleme sämtlicher Sozialstaaten der EU ähnlich **zeitnah**, in der Wahrnehmung **übereinstimmend**, **pragmatisch** und zugleich **reformorientiert** behandelt worden? 467

Genau darin liegt der Fortschritt der OMK für die Sozialpolitik sämtlicher Mitgliedstaaten der EU. Die Berichte zeichnen das Bild einer EU, die wirtschaftlich und sozial durchaus von markanten Unterschieden in ihrer sozialpolitischen Grundausrichtung geprägt wird. Aber die Berichte befördern die sozialpolitische **Prioritätensetzung** EU-weit und stimmen die Lösungsansätze ab. Dies fördert kurzfristig die Annäherung der Sozialpolitik der einzelnen Mitgliedstaaten und führt auf mittlere und längere Sicht zur Annäherung der Systeme sozialer Sicherheit innerhalb der EU jenseits aller wirtschaftlichen, sozialen und politischen Unterschiede. Die Gefahr der **Einseitigkeit** und des Scheiterns besteht bei jedem Handlungsvorschlag; darin liegt also ein Risiko jeden politischen Handelns und nicht etwa nur der OMK. 468

Je weiter die europäische Integration voranschreitet, desto mehr werden auch die Systeme sozialer Sicherheit der Mitgliedstaaten auf **gemeinsame Ziele** ausgerichtet. Sie weisen infolge dessen zunehmend übereinstimmende Bauelemente auf. Die sich auf die überkommenen Elemente gründenden Institutionen in der Sozialpolitik jedes Mitgliedstaates entwickeln sich damit EU-weit einheitlich fort. Dieses Vorhaben überwindet nicht überkommene Unterschiede, vergrößert aber Ausmaß und Raum gemeinsamer Lösungen. 469

Die OMK stiftet einen **dezentralisierten**, prinzipienorientierten **Steuerungsmechanismus**.[71] Sie strebt eine wachsende Konvergenz der Systeme sozialer Sicherheit durch wechselseitiges Lernen an.[72] Die EU ist dabei als mehrschich- 470

---
70 Streinz, in Deutscher Sozialrechtsverband (Hg.), 2005, 29 ff.; Terwey, DRV 2003, 320.
71 Chalmers/Lodge, in Pierson/Castles (Ed.), 2007, 289, 291.
72 Ebd., 293.

III. Europäisches harmonisierendes Sozialrecht

tige Verknüpfung mitgliedstaatlicher und supranationaler Regierung zu verstehen.[73] Sie wird zur treibenden Kraft, weil sie auf die Einbettung – „engrenage" *(frz.)* – der EU-Sozialpolitik in die Strukturen des jeweiligen Mitgliedstaates zielt. Dabei nimmt die EU vor allem das Recht auf Themensetzung (**agenda setting**) in Anspruch. Die OMK zielt dabei mehr auf die Harmonisierung von Ideen, Sichtweisen und Handlungsweisen als von Institutionen und Gesetzen.[74] Die OMK stellt eine neue, deliberative EU-Regulierung dar, die den nicht-verpflichtenden Charakter von Regeln und deren Flexibilität und Offenheit betont. Sie sucht dadurch nach einem Gegengewicht zur Zunahme wirtschaftlicher Integration. Ihre thematische Spannweite wird gerade durch den geringen Grad an Verbindlichkeit möglich.[75]

471 Die **Indikatoren** dienen der Handlungsorientierung und umschreiben Bewertungsmaßstäbe und Richtgrößen für künftige Politik. Sie sind deshalb nicht nur **deskriptiv**, sondern wirken immer auch präskriptiv und können daher nicht neutral gegenüber den unterschiedlichen Grundsätzen sozialer Sicherung formuliert werden. Die ökonomischen Indikatoren verlangen nach einer Klärung von Grundansatz und -funktion[76] sozialer Sicherung überhaupt.

472 Die OMK soll den Mitgliedstaaten bindende **Handlungsempfehlungen** geben. Sie unterstellt damit, dass sozialpolitische Herausforderungen beliebig politisch gestaltbar seien. Schon in der **Beschäftigungspolitik** zeigte sich jedoch, dass die Mitgliedstaaten keineswegs einheitliche Effekte der Beschäftigungssicherung erzielten. Die ökonomischen Voraussetzungen von und für Arbeitsmarktpolitik sind in den Mitgliedstaaten **unterschiedlich** beschaffen. Entsprechendes lässt sich für die Politik der Alters- und Gesundheitssicherung sagen. Gewiss stehen alle Mitgliedstaaten vor den bekannten demographischen Herausforderungen und dem Wandel der Arbeitswelt. Aber die Folgen dieses Wandels wirken sich auf die einzelnen Mitgliedstaaten unterschiedlich aus. So sind Altersquotient und Geburtenrate wie die Ausgestaltung der medizinischen Versorgung in den einzelnen Mitgliedstaaten unterschiedlich, woraus unterschiedliche ökonomische Belastungen für die soziale Sicherung der Mitgliedstaaten erwachsen. Dennoch können sie angesichts der sie gemeinsam prägenden Herausforderungen einer Modernisierung ihrer Systeme nicht entgehen. Die OMK hilft, diese Anpassungen besser als in Vereinzelung vorzunehmen.

4. Folgerungen

473 Die OMK überwindet endgültig die tradierte, seit jeher fragwürdige **Verengung von Sozialpolitik** auf den Gesichtskreis eines Mitgliedstaates. Aus Art. 153 IV AEUV folgt nur, dass die Mitgliedstaaten in der Verwaltung und Finanzierung ihrer Einrichtungen sozialer Sicherheit zuständig sind; indessen wird die Pro-

---

73 Teague, in 7 (2001) European Journal of Industrial Relations, pp. 7–26.
74 Jepsen/Pascual, in dies., 2006, 25–45 (35).
75 Goetschy, in Jepsen/Pascual (Ed.), pp. 47–72, 57–59, 70.
76 Dazu grundlegend Esping-Andersen, 1990; vgl. auch Goodin/Headey, 2001, p. 37.

§ 19 Offene Methode der Koordinierung

grammatik sozialer Sicherheit zunehmend in geteilter Verantwortung von EU und Mitgliedstaaten bestimmt. Dabei kommt der OMK eine Schlüsselstellung zu.

Die ökonomischen Auswirkungen von Sozialpolitik auf nahezu alle wirtschaftlichen Sektoren wiegen so schwer, dass im Binnenmarkt mit einheitlicher Währung auch die Sozialpolitik der europäischen Regelung bedarf. Die OMK wird daher in den nächsten Jahren zu einer Realität, an der eine verantwortungsbewusste Sozialpolitik einzelner Mitgliedstaaten nicht mehr vorbeikommt. 474

Sie repräsentiert einen auf Abstimmung von Zielen und Instrumenten angelegten kooperativen Stil der Leitung und Steuerung in einem **Mehr-Ebenen-System.**[77] **EU-Handeln** wird durch die Erfahrungen der **Mitgliedstaaten** beeinflusst und diese ziehen umgehend Folgerungen aus den in anderen Mitgliedstaaten gesammelten **Erfahrungen.** Sie hat einen **experimentellen** Charakter, da sie Lernprozesse durch Messung **(monitoring)** und Zielvorgaben **(benchmarking)** steuert.[78] 475

In ihr werden – entgegen den bekundeten Absichten ihrer Urheber – die Grundfragen nach Gestaltung einzelner Zweige sozialer Sicherung zu einem **EU-Thema** ersten Ranges. Denn die jegliche OMK leitende Frage, wie einzelne Mitgliedstaaten ihre sozialpolitischen Funktionen erfüllt haben, wird unausweichlich die **Grundsatzfrage** nach den **Grundfunktionen** von Alterssicherung, Gesundheitsversorgung oder **Arbeitsmarktpolitik** aufwerfen. Die Bindungswirkungen der so getroffenen Verabredungen haben auf die Verpflichteten eine Wirkung, weil diese an dessen Formulierung doppelt teilhaben – als Mitgliedstaat wie Teil der EU.[79] Die Verpflichtungskraft der OMK beruht auf einem **psychologischen Effekt:** wer sich ihren Regeln unterwirft, kann sich von ihren Wirkungen schwerlich lösen. In der schwach ausgebildeten Rechtsetzungszuständigkeit der EU liegt also deren eigentliche politische Stärke.[80] Die Richtung wird dann von der EU bestimmt werden. Dies sollte den politischen Akteuren möglichst frühzeitig bewusst sein, auf dass sie ihr Denken, Reden und Handeln darauf einstellen und daran ausrichten! 476

Die OMK ist daher **weder Allheilmittel noch Unheil**, sondern ein wichtiges neues Instrument, um mit **mitgliedstaatlicher Vielfalt** umzugehen. Mit ihr wird primär die **Einheitlichkeit** in den **wirtschaftlichen** Wirkungen von Sozialpolitik angestrebt, **ohne Rechtsvereinheitlichung** im konventionellen Sinne zu betreiben. Beste Praktiken werden einen Prozess der **Modernisierung** in den einzelnen Mitgliedstaaten anstoßen, der mittelfristig zur Angleichung der Systeme sozialer Sicherheit führen wird. Die OMK stellt so die **ökonomische Ana-** 477

---

77 Teague, in 7 (2001) EU Journal of Industrial Relations, p. 7–26.
78 Zeitlin, in de Burca (Ed.), 2005, p. 213 et sequ.; Berghman/Okma, 4 (2002) European Journal of Social Security, p. 331, 333.
79 Bauer/Knöll, APuZ, Nrn. 1–2, 2003, 33 ff.
80 Kohler-Koch, in Gustavsson/Lewin (Ed.), 1996, p. 169 et sequ.

III. Europäisches harmonisierendes Sozialrecht

lyse des Rechts in den Dienst der Angleichung von Sozialrecht, die zugleich eine Anpassung an EU-weit geltende Standards bedeutet.

IV. Ausblick

§ 20 Zukunftsperspektiven des Sozialrechts der EU

1. Weitere Vereinfachung des koordinierenden Sozialrechts?

Die **Koordination** der Systeme sozialer Sicherheit prägt das Sozialrecht aller Mitgliedstaaten,[1] sie vereinheitlicht dessen internationalen Anwendungsbereich und legt ihm umfassende **Koordinationsziele** auf. Die in der VO (EG) 883/2004 niedergelegte Koordination der sozialen Sicherheit ist der **weitest fortgeschrittene** Teil der EU-Sozialpolitik. Ihr Erfolg ist höchst bemerkenswert, weil deren **Effektivität** kaum **merklich** ist: Seit Jahrzehnten werden in jedem Mitgliedstaat Renten exportiert, medizinische Behandlungen für Versicherte aus allen Mitgliedstaaten erbracht und anteilige Pensionen bezahlt, so als ob dies selbstverständlich wäre. Erst die genauere Betrachtung zeigt: die Sicherung der **internationalen Wirkungen nationalen Sozialrechts** ist an komplexe und anspruchsvolle Voraussetzungen gebunden.

478

a) Schrittweise Reform

Die VO (EG) Nr. 883/2004 ist ein Beispiel für die **schrittweise** Reform. Sie erneuert das in der VO (EWG) Nr. 1408/71 enthaltene Recht aufgrund seiner überkommenen Struktur und vereinfacht es dabei. Aus 100 wurden 90 schlankere Artikel. Die wichtigsten Veränderungen sind die **Tatbestandsgleichstellung** und die allgemeine Regelung über die **Zusammenrechnung** von Zeiten (Art. 5, 6 VO (EG) Nr. 883/2004); Vereinfachung gelingt durch eine wachsende Abstraktion rechtlicher Regelungen. Drittstaatsangehörige sind in das Koordinationsrecht wie EU-Bürger einbezogen worden; **Vorruhestandsregelungen** zu qualifizieren, fällt dagegen bis heute schwer. Denn deren Status ist **unklar**, da sie weder Leistungen bei Arbeitslosigkeit (denn die Empfänger sind nicht zur Arbeitsuche angehalten), noch Pensionen sind (weil die Empfänger noch zu jung sind, um Ansprüche auf Altersleistungen zu erwerben). Was hat der vorgebliche Einbezug dieser Leistungsgattung bezweckt, wenn für sie die Koordinierungsregeln **nicht** umfassend **gelten** sollen? Schließlich sind das den Grenzgängern bei Vollarbeitslosigkeit eingeräumte Wahlrecht zwischen den Leistungen des Beschäftigungs- und Wohnstaates und die Erweiterung des Zeitraums für den Export von Leistungen bei Arbeitslosigkeit von drei auf sechs Monate substantielle Verbesserungen, ganz ebenso wie die einheitliche Bestimmung des Staates der letzten Beschäftigung als der für **sämtliche Berufskrankheiten** zuständige Staat und der konzeptionelle Neuansatz bei der Koordinierung von Leistungen der Invaliditätssicherung – namentlich die Differenzierung der Invaliditätspensionen in die **Typen A und B**. Das geltende Recht behält die über-

479

---

1 Cornelissen, in Swedish National Insurance Board (Ed.), 1997, p. 25; Pennings, 1998, p. 45.

IV. Ausblick

kommene Struktur der VO (EWG) Nr. 1408/71 bei, für die einzelnen Leistungszweige je einzelne Koordinationsregeln vorzusehen.

b) Ein europäisches Modell der sozialen Sicherung für Wanderarbeitnehmer

480 Zu dem in VO (EG) Nr. 883/2004 verwirklichten Ansatz bestehen radikale **Alternativen**. Einen prinzipiell anderen Ansatz formulierte 1993, zu Zeiten als die EU noch aus zwölf Mitgliedstaaten bestand, **Danny Pieters** und **Steven Vansteenkiste** unter dem Titel „The Thirteenth State".[2] Er bedeutet eine **Alternative** zu den bestehenden Koordinationsregeln:[3] „Es wird ein **europäisches Sozialversicherungssystem** mit einer eigenen Dynamik geschaffen, das die Harmonisierung der nationalen Sozialversicherungssysteme bezweckt."[4] Der Plan möchte die als zu kompliziert kritisierte bestehende Koordination überwinden: „Eines der zentralen Ziele hinter der Bildung eines 13. Staates ist, eine einfachere Alternative zu den bestehenden Verordnungen über die Koordination zu schaffen. Diese sind bis zum Äußersten kompliziert und werden deshalb nur von einer Hand voll von Experten beherrscht. Es ist deshalb außerordentlich schwierig, wenn nicht unmöglich, künftige Wanderarbeitnehmer über die Folgen ihres Schrittes in ein fremdes System sozialer Sicherheit zu unterrichten."[5]

481 Dieser Ansatz zielt auf ein, auf **Wanderarbeitnehmer** beschränktes, eigenes **Europäisches System** sozialer Sicherheit. In der ersten Phase den Wanderarbeitnehmern vorbehalten, sollten sich ihm nach seiner Einführung auch sonstige Arbeitnehmer an Stelle desjenigen ihres Beschäftigungsstaates **anschließen** dürfen. Nach der Einführungsphase käme es also zu einem Wettbewerb zwischen dem vorgeschlagenen EU-System und denjenigen der **Mitgliedstaaten**. Das europäische System sollte durch Arbeitgeber- und Arbeitnehmerbeiträge nach EU-Recht verwaltet werden. In dem Koordinationsauftrag (Art. 48 AEUV) liege eine zureichende Kompetenzgrundlage für die Errichtung eines eigenen Systems für Wanderarbeitnehmer. Als solcher gelte jedermann, der den Regeln über die Koordination sozialer Sicherheit wegen eines grenzüberschreitenden Verhaltens unterliege.[6]

c) Einheitliche Koordination sämtlicher Leistungszweige

482 Weitere Vorschläge zur Reform der Bestimmungen über die Koordination setzen das Fortbestehen verschiedener Systeme sozialer Sicherheit voraus; sie suchen indes die Instrumente der **Koordination zu verbessern**. Um Doppelsicherungen wie Sicherungslücken zu vermeiden und im Recht eines Staates begründete Berechtigungen **international wirksam** werden zu lassen, sollten die Ausdrucks- und Darstellungsformen der Koordination verbessert werden.

---

2 Pieters/Vansteenkiste, 1993; nun aktualisiert im Hinblick auf die „Forscher": Pieters/Schoukens, 2010.
3 Ibid, p. 14, Übersetzungen aus dem Englischen, E.E.
4 Ibid, p. 15.
5 Ibid.
6 Ibid, p. 10.

§ 20 Zukunftsperspektiven des Sozialrechts der EU

Diese Reform zielt auf mehr Verständlichkeit von Koordinierung. Solche Vorschläge wurden von **Danny Pieters**[7] und **Eberhard Eichenhofer**[8] unterbreitet. Die Reform sollte die Koordinationsnormen auf das **absolute Minimum** zurückführen. Dieses gelänge, wenn die gegenwärtig differenzierte Regelung für einzelne Zweige überwunden und Koordination möglichst allgemein und umfassend definiert würde. Eine diesen Maßstäben genügende Regelung sollte die Funktion der Koordination bestimmen, den persönlichen und sachlichen Geltungsbereich der Sozialleistungssysteme umreißen, das Prinzip der **Gleichbehandlung** in allen Facetten festhalten, den Vorrang des EU-Rechts im Verhältnis zu den zwei- und mehrseitigen, von den Mitgliedstaaten geschaffenen, Sozialversicherungsabkommen bekräftigen, die Grundsätze des **Exports der Geldleistungen**, der **Zusammenrechnung** von Versicherungszeiten und das Recht auf Sachleistungsgewährung in den Mitgliedstaaten auf Kosten des zuständigen Staates ausformen. **Mehr nicht!**

483

d) Würdigung der vorliegenden Reformvorschläge

Die Errichtung eines eigenständigen Europäischen Systems sozialer Sicherheit für **Wanderarbeitnehmer** fasziniert auf den ersten Blick, erlaubt es doch, aus den **besten Erfahrungen** aller Mitgliedstaaten ein neues System sozialer Sicherheit zu errichten. Welche **Phantasien** könnten freigesetzt und welche Innovationen Wirklichkeit werden? Ein **neuer Anfang** hätte den zusätzlichen Vorteil, dass dieses System nicht die implizite Sozialversicherungsschuld früherer Generationen zu tragen hätte, die sämtliche alten Systeme sozialer Sicherheit aller Mitgliedstaaten schwer belasten und mit sich schleppen. Deshalb sind neue Systeme immer höchst attraktiv. Weil die Reifung (maturation)[9] des Systems erst in der fernen Zukunft liegen würde, kann es **vergleichsweise** attraktive Bedingungen für die Gegenwart in Aussicht stellen. Dem Wettbewerb mit den bestehenden Systemen der Mitgliedstaaten ausgesetzt, würde es sich deshalb immer als die vorzugswürdige Alternative erweisen.

484

Es ist jedoch fraglich, ob für die Errichtung eines solchen Systems eine tragfähige **rechtliche Grundlage** besteht. Das **Primärrecht** fordert, Geldleistungen zu exportieren und Versicherungsleistungen zusammenzurechnen (Art. 48 AEUV). Diese Verpflichtungen setzen, wie von Art. 153 IV AEUV gefordert, von europäischer Gesetzgebung unabhängige und den Mitgliedstaaten geschaffene und unterhaltende Sicherungssysteme voraus. Die **Koordinationspflicht** wird aber nicht durch deren Ersatz erfüllt. Genau darauf läuft der Vorschlag aber hinaus. Ein neues System schüfe einen Ersatz der Systeme der Mitgliedstaaten durch ein EU-System.

485

---

7   Pieters, in Schoukens, 1997, p. 177.
8   Eichenhofer, in Schulte/Barwig, 1999, 411.
9   Ein Schlüsselbegriff der World Bank, 1994, ganz ebenso wie der Begriff der „implicit social security debt" – einer durch das Umlageverfahren begründeten Schuld – basierend auf dem Prinzip, dass der Beitragszahler auch Leistungen beanspruchen können muss, falls sich ein soziales Risiko künftig in eigener Person realisiert.

IV. Ausblick

486 Im Vorschlag ist auch die Definition des **Wanderarbeitnehmers** unklar. Wäre Wanderarbeitnehmer nur, wer als **Grenzgänger** tätig ist oder bereits zuvor in mehr als in einem Mitgliedstaat beschäftigt war, würde der personelle Anwendungsbereich für ein europäisches System zwar klar definiert, aber auf den **geringstmöglichen Kreis** von Berechtigten beschränkt. Dann wären **Touristen**, die ein paar Wochen des Jahres in anderen Mitgliedstaaten verbringen, nicht in dieses System einbezogen. So bliebe die Koordination für diesen Personenkreis auf der Grundlage des gegebenen Koordinationsrechts weiter **nötig**. Um solche **Verdoppelungen** zu vermeiden, müssten für das EU-System alle optieren dürfen, die nur gelegentlich grenzüberschreitend tätig werden. Dann wäre der Adressatenkreis des europäischen Systems nicht mehr klar umrissen. Denn **jeder** Versicherte wäre in einem die umfassende Mobilität ermöglichenden und fördernden Binnenmarkt ein **potentieller Wanderarbeitnehmer**.

487 Außerdem könnte die Errichtung eines neuen Systems sozialer Sicherheit für Wanderarbeitnehmer den Bedarf zu Koordination keineswegs **beseitigen**. In der Einführungsphase des neuen Systems müssten die Beziehungen zwischen den früheren Systemen der Mitgliedstaaten und dem künftig europäischen System durch intertemporale Koordinierung neu normiert werden. Sobald das **übernationale System** innerhalb des Binnenmarktes errichtet ist, werden die **Wechselbeziehungen** zu den **Systemen der Mitgliedstaaten** nicht vermindert, sondern vermehrt. Dann würden sich die **Koordinationsanlässe** also **nicht etwa erübrigen, sondern** umgekehrt **vervielfachen**.

e) Eigener Vorschlag

488 Alle Pläne, die bestehende Koordination zu vereinfachen, müssen die bestehenden Unterschiede im Koordinationsrecht zwischen den Zweigen **überwinden**. Jene Vereinfachung ist möglich, weil die zwischen einzelnen Zweigen fortbestehenden Unterschiede **nicht länger gerechtfertigt** sind. **Vereinfachung** bedeutet also **Vereinheitlichung** der Koordinationsregeln – unter Beseitigung noch bestehender Einzelregeln für einzelne Zweige. Koordination fände ihren Gegenstand dann nicht mehr in einem Leistungszweig, sondern wäre stattdessen auf sämtliche Zweige zu erstrecken und auf einheitlich geltende Prinzipien gegründet: dem Export von Geldleistungen, der Zusammenrechnung von Versicherungszeiten und der Eröffnung des Zuganges zu Sachleistungen innerhalb der EU sowie der internationalen Amtshilfe bei Verwaltung sozialer Sicherheit. In ihrer letzten Konsequenz beruht Koordination auf dem Grundsatz der allgemeinen Tatbestandsgleichstellung. Dieses Prinzip ist inzwischen auch als Basis der Koordination förmlich anerkannt.

489 In der Entscheidung Pinna I[10] betonte der EuGH, EU-Recht dürfe **nicht zusätzliche Unterschiede** in der Koordination einführen, die zu den bereits bestehenden Unterschieden der Systeme sozialer Sicherheit infolge fehlender Harmonisierung hinzutreten. Aus dieser Perspektive ist die Vereinfachung ein unver-

---

10 EuGH Slg. 1986, 1, Tz. 21 (Pinna I).

§ 20 Zukunftsperspektiven des Sozialrechts der EU

zichtbarer Bestandteil jeden Bemühens um Koordination. **Vereinfachung** ist deshalb **nicht nur** ein **ästhetisches Ideal**, sondern ein **unabweisbares rechtliches Gebot**, das in dem die Grundfreiheiten ausformenden und sichernden Anspruch von Koordination unmittelbar beschlossen liegt.

Es sollen deshalb **vier** Prinzipien formuliert werden, die eine Vereinfachung der Koordination durch eine Leistungszweige übergreifende Formulierung allgemeiner Koordinationsprinzipien ermöglichen: 490

1. Der persönliche Geltungsbereich der Koordination ist auf **jede Person** zu erweitern, die vom Sozialleistungssystem eines Mitgliedstaates erfasst ist. Dieser Grundsatz ist seit 2003 rechtlich anerkannt. Er muss klar und eindeutig zum Ausdruck gebracht werden. 491

2. Der **sachliche** Geltungsbereich der Koordination ist die **soziale Sicherheit**. Deren Umschreibung sollte mit den Entwicklungen der Sozialgesetzgebungen der verschiedenen Mitgliedstaaten Schritt halten. Die Einrichtungen für neue **soziale Risiken**[11] sollten bei der Definition der sozialen Sicherung im Koordinationsrechts Berücksichtigung finden. An die Stelle der in Art. 3 VO (EG) Nr. 883/2004 enthaltenen Liste sollte eine abstrakte Definition der sozialen Sicherung als System „bedürftigkeitsunabhängiger, risikobezogener, öffentlicher oder privater Leistungen" gestellt werden. 492

3. Der weitestreichende Reformschritt besteht in der Formulierung einheitlicher Prinzipien der **Koordination** sozialer Sicherung für sämtliche Zweige. Es besteht ein dringendes Bedürfnis, das bestehende System der Koordination entsprechend den EuGH-Entscheidungen Decker[12] und Kohll[13] so umzugestalten, dass die **Grundfreiheiten** auch für diejenigen effektiv werden, die zu Sach- und Dienstleistungen nach dem Sozialrecht eines Mitgliedstaates berechtigt sind. 493

4. In einer auf sämtlichen Grundfreiheiten beruhenden wirtschaftlichen und rechtlichen Ordnung hat das Koordinationsrecht vereinfacht zu werden, indem es auf **elementare Prinzipien zurückgeführt** wird, die zwar allgemein formuliert, aber auch einfach zu verstehen und zu identifizieren und daher bereits seit Langem anerkannt sind. Dies sind die Prinzipien des Exports von Geldleistungen, des freien Zugangs zu Dienstleistungen, der proportionalen Tragung von Leistungen, die auf einer langen Phase des Erwerbs beruhen, und der Zusammenrechnung der Versicherungszeiten. Schließlich sollte dem Staat der letzten Beschäftigung für alle Leistungen, die auf einer kurzen Erwerbsphase beruhen, die umfassende ungeteilte Leistungspflicht auferlegt sowie die wechselseitige Hilfe in der Verwaltung sozialer Sicherheit gewährleistet werden. 494

---

11 EISS, 1996; Igl, in Swedish National Insurance Board, 1997, p. 91; vgl. auch die Rechtsprechung: EuGH Slg. 1987, 2387 (Campana): Maßnahmen aktiver Arbeitsmarktpolitik; Slg. 1976, 1901 (Mouthaan): Konkursausfallsicherung; Slg. 1998, I-843 (Molenaar): Pflegeleistungen.
12 EuGH Slg. 1998, I-1831 (Decker).
13 EuGH Slg. 1998, I-1931 (Kohll).

2. Dienstleistungsfreiheit und soziale Sicherheit

495 Die **Dienstleistungsfreiheit** (Art. 56 AEUV) beseitigt sämtliche Beschränkungen des Dienstleistungsverkehrs für die Angehörigen aller Mitgliedstaaten. Dienstleistungen sind regelmäßig entgeltlich erbrachte gewerbliche, kaufmännische, handwerkliche oder freiberufliche Tätigkeiten, sofern diese nicht den Regeln über den Waren-, Kapital- oder Personenverkehr unterliegen (Art. 57 AEUV).

496 Diese Definition erlaubt die Deutung, dass die **Dienstleistungsfreiheit** die **elementare** unter den vier **Grundfreiheiten** darstellt und die drei anderen eigenständige Ausformungen der Dienstleistungsfreiheit bedeuten. Seit der Entscheidung in der Rechtssache Luisi und Carbone[14] berechtigt die Dienstleistungsfreiheit nicht mehr nur die **Erbringer**, sondern auch die **Nachfrager** von Dienstleistungen. Ihre Wahrnehmung ist in der **Dienstleistungsrichtlinie** 2006/123/EG[15] geregelt.

497 Über Jahrzehnte hinweg blieb der Zusammenhang zwischen Dienstleistungsfreiheit und sozialer Sicherheit weithin **unbeachtet**.[16] Als gesichert galt lediglich, dass die EU zur Gewährleistung der Freizügigkeit der Arbeitnehmer gemäß Art. 48 AEUV berufen und gehalten war und ist, die Sozialrechte der Mitgliedstaaten zu koordinieren. Der Pflicht kam die EWG durch die VO (EWG) Nr. 3/58 bereits unmittelbar nach ihrer Gründung nach. Sie wurde durch die VO (EWG) Nr. 1408/71 verdrängt, die ihrerseits durch die VO (EG) Nr. 883/2004 ersetzt wurde. Es ist indes eine **neue Entdeckung**, dass das EU-Recht darüber hinaus für die Sicherung der Dienstleistungsfreiheit eine entsprechende Gestaltung der Systeme sozialer Sicherheit fordert. Dank einiger Entscheidungen des EuGH gelangte die Problematik spät, aber zunehmend in das Bewusstsein der Öffentlichkeit.[17]

498 Die Problematik wurde erstmals 1989 in der Rechtssache Cowan[18] sichtbar. Ein britischer Staatsangehöriger reiste nach **Paris**, fuhr Métro und wurde beim Verlassen einer dortigen **Métro**-Station von Jugendlichen überfallen, seiner Barschaft beraubt und körperlich misshandelt. Sein Gesuch auf staatliche Entschädigung für die Opfer von Gewaltverbrechen wurde zurückgewiesen, weil das **französische** Strafprozessrecht (Art. 706-15 Code de procédure pénale) eine **Gewaltopferentschädigung** den **französischen Staatsbürgern** vorbehielt und Cowan als Brite dieser Regelung also nicht unterfiel. Die zuständige Commission beim Tribunal de Grande Instance Paris legte dem EuGH die Frage vor, ob die Beschränkung der Gewaltopferentschädigung auf Franzosen vor dem Ge-

---

14 EuGH Slg. 1984, 377 (Luisi and Carbone).
15 ABl. EG L 376 vom 27.12.2006, 36 ff.
16 Verschueren, in 24 (2008) International Journal of Comparative Labour Law and Industrial Relations, Issue 2, 167.
17 Ebsen, 2000; Langer, NZS 1999, 537; Schulte, BayVBl 2000, 362 ff.; ders., in Ebsen, 2000, 13 ff.; Tiemann, 2005, 169 ff.; Windisch-Graetz, 2003, 37 ff.
18 EuGH Slg. 1989, 195 (Cowan).

meinschaftsrecht – namentlich dem Verbot der Diskriminierung wegen der Staatsangehörigkeit (Art. 18 AEUV) – standhalte.

Zwar konnte an der allgemeinen Gültigkeit des Diskriminierungsverbots unter EU-Bürgern wegen der Staatsangehörigkeit kein Zweifel bestehen, jedoch fragte sich, ob die Entschädigung von **Gewaltopfern** eine **EU-Materie** sei. Der EuGH berief sich auf die Entscheidung Luisi und Carbone, wonach der freie Dienstleistungsverkehr das Recht der Leistungsempfänger umschließe, sich unbeschränkt zur **Inanspruchnahme** einer **Dienstleistung** in einen anderen Mitgliedstaat zu **begeben**. Daher seien auch **Touristen** als Empfänger von Dienstleistungen anzuerkennen.[19] Daraus folgerte das Gericht, „dass das Diskriminierungsverbot gegenüber Dienstleistungsempfängern ... gilt, soweit es um den Schutz vor möglichen Gewalttaten und, falls eine Gewalttat verübt wird, um den in nationalem Recht vorgesehenen Anspruch auf Geldersatz geht".[20] Dieses Urteil gewährte einem Dienstleistungsempfänger prinzipiell denselben Schutz für seine Lebensgüter wie den Bewohnern und Staatsangehörigen des Staates der Dienstleistungsnachfrage. Namentlich führt das Urteil zu einer Einbeziehung aller Touristen in das System sozialer Entschädigung der Mitgliedstaaten. Die **soziale Entschädigung** wird als Teil der **Dienstleistungsgewährung** gedeutet. Die soziale Entschädigung nimmt darum auch an den rechtlichen Garantien durch die EU teil.

499

Eine weitere Dimension der Problematik illustrieren die Entscheidungen in den Rechtssachen Rush Portuguesa[21] und Vander Elst[22]. Es war fraglich, ob **Arbeitnehmer** eines **Unternehmers**, die in einem anderen Mitgliedstaat Bauten errichten wollten, dafür der **Arbeitserlaubnis** im Staat der Arbeitsausübung bedürfen. Der EuGH verneinte dies, weil der Arbeitgeber die **Dienstleistungsfreiheit** in Anspruch nehme. Diese Freiheit umfasse das Recht, die Dienstleistung mit eigenem Personal zu erbringen. Durch **Genehmigungserfordernisse** für Arbeitnehmer aus **Drittstaaten** würde dies erschwert. Der soziale Schutz rechtfertigt zwar Beschränkungen der **Dienstleistungsfreiheit**,[23] gestattet aber nicht, dass sie die Ausgestaltung dieses Schutzes an das in ihrem Staat geltende Tarifrecht binden, sofern dieses nicht für allgemeinverbindlich erklärt ist.[24] Als Ausprägung der Garantie der Dienstleistungsfreiheit ist auch die Anerkennung der Bindungswirkung einer **Entsendebescheinigung** (A1) zu verstehen,[25] weil dadurch dem Dienstleistungserbringer die extraterritoriale Beschäftigung und Betätigung unter seinem Arbeits- und Sozialrecht ermöglicht wird.

500

---

19 EuGH Slg. 1989, 195, 220 f. (Cowan), Tz. 15.
20 Ebd., Tz. 17.
21 EuGH Slg. 1990, I-1417 (Rush Portuguesa).
22 EuGH Slg. 1994, I-3803 (Vander Elst); Slg. 2006, I-885 (Kommission ./. Deutschland).
23 EuGH Slg. 2002, I-787 (Portagaia); Eichenhofer, JZ 2007, 425.
24 EuGH Slg. 2008, I-1989 (Dirk Rüffert).
25 Verschueren, in 24 (2008) International Journal of Comparative Labour Law and Industrial Relations, Issue 2, 167.

IV. Ausblick

501 Diese Rechtsprechung hat zunächst eine weitreichende Bedeutung für die Abgrenzung der **Grundfreiheiten**. Sie klärt, dass nicht jede grenzüberschreitende Arbeitsleistung den Gebrauch der **Freizügigkeit** bedeutet, obgleich die Praxis wegen der aufenthaltsrechtlichen Implikationen zu dieser Sichtweise neigt. Arbeitnehmer gebrauchen die **Freizügigkeit** aber nicht, wenn sie in einem anderen Mitgliedstaat eine abhängige Beschäftigung auf **Geheiß** des Arbeitgebers ausüben. Denn sie genügen einer arbeitsvertraglichen **Pflicht** und der **Freiheitsgebrauch** liegt einzig auf Seiten des Arbeitgebers. Freizügigkeit als Grundfreiheit meint dagegen die Ausübung eigener Rechte zur grenzüberschreitenden Arbeit – regelmäßig durch die originäre Begründung eines Arbeitsverhältnisses außerhalb des Staates der bisherigen Beschäftigung.[26]

502 Der EuGH postulierte in den Rechtssachen Kohll[27] und Decker,[28] die Mitgliedstaaten seien in der Ausgestaltung ihrer Systeme sozialer Sicherheit zwar frei, hätten bei Wahrnehmung dieser Befugnis aber das EU-Recht zu beachten. Soweit Maßnahmen sozialer Sicherheit die Freiheiten des **Dienstleistungs-** und **Warenverkehrs** berührten, seien die Mitgliedstaaten daher auch an die Dienstleistungs- und Warenverkehrsfreiheit gebunden. Zwar sehe auch das Koordinationsrecht in Art. 20 VO (EG) Nr. 883/2004 vor, dass ein nach dem Recht eines Mitgliedstaates Gesicherter in dem anderen Mitgliedstaat Behandlungsleistungen **nur unter** der **Voraussetzung** erlangen könne, dass der zuständige Träger zuvor die Inanspruchnahme dieser Leistungen ausdrücklich **gebilligt** habe.

Der EuGH formuliert dann aber weiter, diese Bestimmung regele „hingegen nicht den Fall, dass die Kosten für eine in einem anderen Mitgliedstaat ohne vorherige Genehmigung erbrachte Behandlung zu den Sätzen erstattet werden, die im Versicherungsstaat gelten, und hindert die Mitgliedstaaten daher nicht an einer solchen Erstattung".[29] Das Genehmigungserfordernis hindere den freien Waren- und Dienstleistungsverkehr, weil es die Inanspruchnahme einer Sach- und Dienstleistung in einem anderen als dem zuständigen Mitgliedstaat unter ein Verbot mit Erlaubnisvorbehalt stelle, wogegen die Dienstleistungsfreiheit geböte, dass jede Inanspruchnahme von Sach- und Dienstleistungen im zuständigen Staat **von jeglicher Erlaubnis frei** sein müsse. Das **Genehmigungserfordernis beeinträchtige** die Freiheit des **Waren-** wie **Dienstleistungsverkehrs**.

503 Träger der freien Wohlfahrtspflege sind nicht mit **Gewinnerzielungsabsicht** gegründet worden. Soweit sie sich auf die philanthropische Hilfe beschränken und im Sinne von **Caritas** unentgeltlich Dienste für Bedürftige erbringen, unterliegen sie nicht dem EU-Wirtschaftsrecht, weil dieses nur auf erwerbswirtschaftliche Betätigungen anzuwenden ist. Es steht den zu sozialpolitischer Ge-

---

26 Franzen, in Streinz, EUV/AEUV, Art. 45 AEUV Rn. 1 ff.; Müller-Graff, in Streinz, EUV/AEUV, Art. 56 AEUV Rn. 26; Prieto, 40 (2004), RTDeur, p. 533 ff.
27 EuGH Slg. 1998, I-1931 (Kohll).
28 EuGH Slg. 1998, I-1831 (Decker).
29 EuGH Slg. 1998, I-1931 (Kohll), Tz. 27.

staltung berufenen Trägern auch frei, mit der Erfüllung sozialpolitischer Aufgaben freie Träger zu betrauen und sie womöglich gegen **Kostenerstattung** zur Wahrnehmung öffentlicher Aufgaben zu befähigen. Eine solche Regelung ist möglich, wenn die Aufwendungen nur ersetzt werden, soweit sie tatsächlich erbracht worden sind, indes weder Gewinne noch sonstige Zuwendungen an den Träger gezahlt würden.

Öffnet ein Mitgliedstaat für Sozialleistungsträger die Tätigkeit jedoch für unternehmerische Leistungserbringung und wird der Erstattungsbetrag durch Fallpauschalen festgelegt, bedient er sich des Marktes als Steuerungsinstrument für Sozialleistungen. Nehmen an diesem **Markt** neben **freien Trägern** auch **erwerbswirtschaftliche** Leistungserbringer teil, unterliegen auch die freien Träger dem EU-Wirtschaftsrecht. Dieses erlaubt wegen des Charakters der Sozialleistungen als **Universaldienstleistungen** zwar Ausnahmen vom Wettbewerbsrecht (Art. 106 II AEUV). Die Beschränkungen stellen indes den Mitgliedstaat nicht frei von der Beachtung des EU-Rechts – zumal der Grundfreiheiten (Art. 106 II 2 AEUV). Die Mitgliedstaaten müssen diese auch im Rahmen der Erbringung von Sozialleistungen als Teil der Universaldienstleistungen, namentlich das Recht zur grenzüberschreitenden Dienstleistungserbringung respektieren; ferner gilt unter den Leistungserbringern das Wettbewerbs- und Beihilferecht.

3. Überwindung des Sozial„staates" durch eine europäische Sozial„gemeinschaft" auf der Basis des „Europäischen Sozialmodells"?

Der **Binnenmarkt** entfaltet sich als Raum ohne sichtbare **Binnengrenzen**. Er ist jedoch von zahlreichen Grenzen der Mitgliedstaaten durchzogen, welche die fortbestehenden unterschiedlichen Jurisdiktionen markieren. Der moderne Wohlfahrtsstaat war in seiner Entstehungsphase die Antwort des 19. und 20. Jahrhunderts auf die im 18. und zu Beginn des 19. Jahrhunderts im **nationalstaatlichen** Rahmen entstandene bürgerliche Gesellschaft.[30] **Anthony Giddens**[31] bemerkt: „From the 17th century onwards the ‚discourse of the poor' in the industrialized countries was oriented towards national integration and the development of **national** wealth ... From early days to late on, welfare systems were constructed as a part of a more generalized process of **state building. Who says welfare state says nation-state."**[32] Der Wohlfahrtsstaat brachte so in Ordnung, was die bürgerliche Gesellschaft als unbewältigte soziale Frage hinterlassen hatte und selbst weder bewältigen konnte, noch wollte. Der Wohlfahrtsstaat vollendete den **Nationalstaat**, indem er diesen auf die Prinzipien des **sozialen Schutzes** und Ausgleichs verpflichtete und damit in einen Solidarverband überführte. Dieser Nationalstaat lebt in den vielgestaltigen Schutz- und

---

30 Zacher, 1979.
31 Giddens, 1994, p. 135 et sequ.
32 Ebd., p. 137.

IV. Ausblick

Ausgleichssystemen in der EU noch heute fort, wird durch diese aber seinerseits fundamental verändert.

505 Der Binnenmarkt findet nicht etwa in einem einheitlichen institutionellen Rahmen statt. Vielmehr prägen ihn unterschiedliche privat-, arbeits-, sozial- und steuerrechtliche Regeln der einzelnen Mitgliedstaaten.[33] Dieser wird heute inzwischen zwar durch ein einheitliches europäisches Kollisions- und Koordinationsrecht geregelt,[34] welches das Recht der grenzüberschreitenden Sachverhalte harmonisiert. Dieses Recht lässt die historisch gewachsenen, materiellrechtlichen **Unterschiede** der **Rechtsordnungen** aber unberührt, weil es nicht die Sachrechte harmonisiert.

Das EU-Recht nimmt diese Vielfalt grundsätzlich an und hin. Kein Unternehmer wird je daran gehindert, seinen Sitz von einem Mitgliedstaat mit hohen Löhnen, Abgaben oder Steuern in einen anderen mit Löhnen, Sozialabgaben und Steuern unterhalb des EU-Durchschnitts zu verlegen. Selbst eine in der Absicht vorgenommene Verlagerung, damit die arbeits-, sozial- oder steuerrechtlich induzierten Kostenbelastungen zu mindern, wäre durch die **Niederlassungsfreiheit** gedeckt.[35] Kein Arbeitnehmer ist im Binnenmarkt gehindert und daran zu hindern, einem Mitgliedstaat den Rücken zu kehren, in dem niedrige Löhne und hohe Steuern verbreitet sind und hohe Sozialabgaben mit geringen Sozialleistungen einhergehen, und in einem Mitgliedstaat zu arbeiten und zu leben, dessen Löhne höher, dessen Steuern niedriger und dessen Sozialleistungssysteme attraktiver sind. Denn eine solche Entscheidung ist durch die **Freizügigkeit** getragen.[36] Kein Bauherr wird durch das Gemeinschaftsrecht daran gehindert, eine Dienstleistung von einem Unternehmen zu beziehen, der in seinem Niederlassungsstaat niedrigere Löhne oder öffentliche Lasten zu tragen hat und deshalb günstiger als einheimische Unternehmer anbieten kann.[37] Denn auch dem Nachfrager von **Dienstleistungen** steht die negative Dienstleistungsfreiheit[38] zu.

506 Wer die aus **unterschiedlichen Sozialstandards** erwachsenden Unterschiede als Marktteilnehmer nutzt, begeht auch kein „social dumping".[39] In der Außenwirtschaftstheorie bedeutet dumping, dass der auswärts geforderte Preis unter den Gestehungskosten des Anbieters liegt. In den Fällen des „social dumping" ziehen die Marktteilnehmer ihre Vorteile jedoch gerade aus den kostengünstigeren Bedingungen ihres heimischen Marktes gegenüber den zu höheren Kosten produzierenden Anbietern aus anderen Standorten. Die angesichts

---

33 Oppermann, 2005, Rn. 928 ff.
34 Vgl. insbesondere die VO (EWG) Nr. 1408/71; dazu Fuchs, 2002; Haverkate/Huster, 1999; Borchhardt, in Dauses (Hg.), D.II; zum Arbeitsrecht vgl. insbesondere Art. 6 EVÜ.
35 Roth, in Dauses (Hg.), Anm. 7, E.I Rn. 34 ff.
36 Hailbronner, in Dauses, Anm. 7, D.I Rn. 2 ff.
37 Roth, in Dauses, E.I Rn. 96 ff.
38 Grundlegend: EuGH Slg. 1984, 377 (Luisi & Carbone).
39 Eichenhofer, Sozialer Schutz, 2009; Graser, ZIAS 2000, 336; Schulte, in EurJofSocSec 1999, 7, 35; ders., ZfSH/SGB 2001, 3, 20, 67.

§ 20 Zukunftsperspektiven des Sozialrechts der EU

günstigerer Herstellungskosten erfolgreicheren Marktteilnehmer fordern deshalb nicht niedrigere Preise als auf ihrem heimischen Markt, sondern gerade umgekehrt regelmäßig höhere. Ihr Verhalten ist also **nicht moralisch verwerflich**, sondern beruht auf den vom einzelnen Marktteilnehmer nicht zu verantwortenden **unterschiedlichen Arbeitslöhnen** und **Kosten sozialen Schutzes**.

Das EU-Recht garantiert die Grundfreiheiten um des Binnenmarkts willen, nimmt die angedeuteten wirtschaftlichen Folgen allesamt hin und beschränkt sich darauf, den Gebrauch der Grundfreiheiten näher auszuformen. So setzt eine EU-rechtliche Verlagerung des Unternehmenssitzes die Verlagerung der in einem Unternehmen gebündelten wirtschaftlichen Aktivitäten voraus.[40] Ändert ein Unternehmen die Adresse nur pro forma, verlegt es aber nicht seinen Sitz. Der Wechsel des Beschäftigungsstaates tritt nur ein, falls ein Beschäftigter für einen nicht nur vorübergehenden Zeitraum den Schwerpunkt seiner Beschäftigung von einem Mitgliedstaat in den anderen verlagert.[41] Eine kurzzeitige **Auslandsbeschäftigung** führt aber nicht zum **Wechsel** des **Beschäftigungsstaates**. Für den **Dienstleistungswettbewerb** bewirkt die **Entsenderichtlinie**[42] immerhin, dass die in einem Mitgliedstaat auch nur vorübergehend beschäftigten Arbeitnehmer zumindest den in dem Staat der vorübergehenden Beschäftigung üblichen Mindestlohn als Vergütung beziehen müssen. Diese gemeinschaftsrechtlichen Regeln konkretisieren zwar den Gebrauch der Grundfreiheiten, eliminieren ihn aber prinzipiell nicht. Der auf unterschiedlichen Arbeits-, Sozial- und Steuerrechten beruhende **Wettbewerb** wird im **Binnenmarkt** also vom EU-Recht nicht unterbunden, sondern rechtlich **geformt** und geschützt. 507

Bleibt deshalb der soziale Schutz im Binnenmarkt auf der Strecke, ist mithin das „social dumping" der Preis für das Funktionieren des Binnenmarktes? Jürgen Habermas[43] beschreibt das Dilemma wie folgt: „Wenn nun die Mitgliedstaaten infolge der Währungsunion auf der Grundlage einer einheitlichen europäischen Geldpolitik weiteren makroökonomischen Steuerungsspielraum verlieren, während sich der innereuropäische Wettbewerb nochmals verstärkt, sind Probleme einer neuen Größenordnung zu erwarten. Länder mit **hohen sozialen Standards** fürchten die Gefahr einer **Angleichung** nach unten; Länder mit einem vergleichsweise schwachen Sozialschutz fürchten, durch die Einführung höherer Standards ihrer **Kostenvorteile** beraubt zu werden. Europa wird vor der Alternative stehen, entweder den Problemdruck über den 508

---

40 EuGH Slg. 1991, I-3905 (Factortame); Slg. 1995, I-4165 (Gebhard): Niederlassung ist die tatsächliche Ausübung einer wirtschaftlichen Tätigkeit mittels einer festen Einrichtung in einem anderen Mitgliedstaat auf unbestimmte Zeit.
41 Jedenfalls ist dies die sozialrechtliche Regelung, vgl. Art. 13 ff. VO (EWG) Nr. 1408/71; weitergehend die Rechtspraxis, die auch die vorübergehende Beschäftigung in einem anderen Mitgliedstaat der Freizügigkeit unterwirft, Hailbronner, in Dauses, D. I Rn. 23 a; kritisch gegen diese Sicht: Eichenhofer, ZIAS 1996, 55, 60 ff.
42 RL 96/71/EG v. 16.12.1996, ABl. 21.1.1997, L 1/1.
43 Habermas, 1998, S. 146 f.; Eichenhofer, Sozialer Schutz, 2009.

IV. Ausblick

Markt – als Wettbewerb zwischen unterschiedlichen sozialpolitischen Regimen, die in nationaler Zuständigkeit bleiben – abzuwickeln oder dem Problemdruck politisch zu begegnen mit dem Versuch, in wichtigen Fragen der **Sozial-, Arbeitsmarkt- und Steuerpolitik zu einer Harmonisierung** zu gelangen."

509 Den Initiatoren des Gemeinsamen Marktes stand jedenfalls diese Problematik klar vor Augen. **Wettbewerb** heißt, die vorhandene **Vielfalt belassen** und den Marktteilnehmer im Angesicht solcher Vielfalt **wählen** zu lassen. Wettbewerb ohne Vielfalt ist nicht zu haben. Aber der Wettbewerb soll auf der Basis von **Fairness** stattfinden. Deshalb schützt das EU-Recht den Wettbewerb vor den Folgen wirtschaftlicher Macht ganz ebenso wie es eine Ordnung zu schaffen hat, in der Wettbewerbsvorteile nicht auf Kosten ökologischer, humanitärer, sozialer oder kultureller Belange gezogen werden dürfen.

In der Diskussion um Sinn und Grenzen europäischer Sozialpolitik wird daher behauptet, der Binnenmarkt stärke den Wettbewerb unter den Mitgliedstaaten und dadurch die „negative Integration"; dieser befördere die Absenkung der sozialen Standards in den Mitgliedstaaten und schwäche damit die „positive Integration".[44] Auf eine Formel gebracht, bedeute mehr Europa daher: mehr Wettbewerb und zugleich weniger Sozialschutz!

510 Jeder **faire Wettbewerb** verlangt nach einem **Rechtsrahmen**, der die Allgemeinheit oder Dritte sichert. Vor mehr als vier Jahrzehnten ging die EU deshalb dazu über, auch den sozialpolitischen Teil dieser Rahmenordnung für einen fairen Wettbewerb zu gestalten. Dieser Prozess ist in vollem Gange. Er steht im Zeichen eines **„europäischen Sozialmodells"**[45] und wird angeregt von dem Gedanken, Europa zu einem **„Sozialraum"** (espace social) zu formen. Dieses Modell lebt aus der Hoffnung, die Friedhelm Hengsbach[46] so umschrieb: „In der regionalen Integration Europas liegt eine Chance, den Binnenmarkt zu einem europäischen ‚Sozialraum' auszugestalten. Soziale Sicherungssysteme konkurrieren nicht erst seit der ‚Globalisierung', solange Länder mit sehr hohen sozialen Standards zu den am meisten weltwirtschaftlich verflochtenen Ländern gehören und solange die sozialstaatliche Absicherung individuell nicht verursachter Lebensrisiken die Alternative zum Perfektionismus und zum globalen Chaos ist."

511 Diese Aufgabenstellung war bereits seit Anbeginn im **Primärrecht** angelegt.[47] So gehörte schon seit Beginn „eine beschleunigte **Hebung der Lebenshaltung**" (Art. 2 EWGV) zur Aufgabe der EWG. Und zu den Tätigkeiten der EWG gehörte

---

44 Scharpf, 40 (2002) Journal of Common Market Studies, 645; Rodiere, Droit Social 2010, 573; Giubboni, 2006; ders., 2012.
45 Vgl. z. B. das Dokument der Kommission: Eine konzentrierte Strategie zur Modernisierung des Sozialschutzes (1999), KOM/99/0347 endg.
46 Hengsbach, in Döring, 1999, 76; Kaelble/Schmid (Hg.), 2004; von Maydell, 2005; Scharpf, 40 (2002) Journal of Common Market Studies, 645; Sapir, 44 (2006) Journal of Common Market Studies, 369; Ferrera/Hemerijck/Rhodes, 3 (2001) Journal of Comparative Policy Analysis, 163.
47 Oppermann, 2005, § 27 Rn. 11 f.

seit jeher „die Schaffung eines **Europäischen Sozialfonds**, um die **Beschäftigungsmöglichkeiten** der **Arbeitnehmer** zu verbessern, um zur **Hebung ihrer Lebenshaltung** beizutragen." Schon bei Begründung der EWG war im Primärrecht ferner bestimmt: „Die Mitgliedstaaten sind sich über die Notwendigkeit einig, auf eine Verbesserung der Lebens- und Arbeitsbedingungen der Arbeitskräfte hinzuwirken und dadurch auf dem Wege des Fortschritts ihre Angleichung zu ermöglichen. Sie sind der Auffassung, dass sich eine solche Entwicklung sowohl aus dem eine Abstimmung der Sozialordnung begünstigenden Wirken des Gemeinsamen Marktes als auch ... aus der Angleichung ihrer Rechts- und Verwaltungsvorschriften ergeben wird" (Art. 117 EWGV).

Nicht die **Absenkung**, sondern die **Anhebung sozialer Standards** ist eine wichtige Zielvorstellung der EU. Diese sollte durch den Markt einerseits und die Rechtsangleichung andererseits verwirklicht werden. Der **Wettbewerb vertieft nicht ökonomische Unterschiede**, sondern wird – ganz im Gegenteil – vorhandene ökonomische und soziale Unterschiede **egalisieren.** In einem funktionierenden Binnenmarkt werden **Billiglöhne** daher verschwinden, weil der Markt gerade deren Beziehern **Verteilungsspielräume** für Lohnerhöhungen bietet. Der Markt vertieft nicht ökonomische Unterschiede, sondern ebnet sie ein. Dies kommt gerade den gering Entlohnten zugute.

Mit dem **Vertrag von Amsterdam** haben sich die primärrechtlichen Grundlagen für eine genuine Sozialpolitik der EU entscheidend **erweitert.**[48] Dieser kommt seither nicht nur eine originäre Rechtsetzungskompetenz bei der Gestaltung nahezu sämtlicher sozialpolitischer Materien zu. Darüber hinaus wird sie zum **unmittelbaren Garanten** der erstmals umfassend niedergelegten und proklamierten sozialen Grundrechte bestimmt. In der in Art. 3 III EUV umrissenen neu gefassten Aufgabenstellung der Gemeinschaft, wird „eine **harmonische, ausgewogene** und **nachhaltige Entwicklung** des Wirtschaftslebens, ein hohes Beschäftigungsniveau und ein **hohes Maß an sozialem Schutz**" als neue „raison d'être" der Gemeinschaft bestimmt.[49]

512

Die **Gemeinschaftscharta** der sozialen Grundrechte wird nachträglich in den Rang eines konstitutionellen Akts des Primärrechts erhoben[50] und die vom Europarat in der Europäischen Sozialcharta statuierten sozialen Grundrechte erlangen wie die Geschwisterkodifikation der EMRK (vgl. Art. 6 EUV) durch Inkorporation in das EU-Recht den Status von Primärrecht.[51] Die Schaffung eines Grundrechtekatalogs für die EU hat auch zu sozialen Grundrechten geführt – schon um nicht Zweifelsfragen nach der Legitimation der Gemeinschaftscharta aufkommen zu lassen und dem Europarat weiterhin das Feld der

---

48 Langer, in Bergmann/Lenz, 1998, 93.
49 Coen, in Lenz/Borchardt, 2010, Art. 153 Rn. 3 bemerkt zu Recht, dass unter den Bedingungen einer Währungsunion die sozialpolitische Intervention durch die EU an Gewicht zunehmen wird.
50 Ebd., Rn. 6 vor Art. 136–145.
51 Oppermann, 2005, § 6 II.

IV. Ausblick

sozialen Grundrechte zu überlassen. Im Grundlagenvertrag werden sie zum Primärrecht. Mit welchen Folgen?

513 Darüber hinaus ermächtigt Art. 153 AEUV die EU zum Erlass von **Mindestnormen** zur Verbesserung der Arbeitsumwelt, Arbeitsbedingungen, Unterrichtung und Anhörung der Arbeitnehmer, beruflichen Eingliederung der aus dem Arbeitsmarkt Ausgegrenzten sowie zur Chancengleichheit von Männern und Frauen im Arbeitsleben. Durch Ratsbeschluss können die **soziale Sicherheit** und der **soziale Schutz** der Arbeitnehmer, der Schutz der Arbeitnehmer bei Beendigung des Arbeitsverhältnisses sowie die kollektive Wahrnehmung der Arbeitnehmer- und Arbeitgeberinteressen europaweit geregelt werden. Schließlich bekräftigen Art. 145–150 AEUV die der EU zugewachsene umfassende beschäftigungspolitische Kompetenz, die freilich zentral die nationalen Beschäftigungspolitiken zu koordinieren hat; ergänzt um die Zuständigkeit zur Modernisierung der Systeme sozialen Schutzes (Art. 153 I lit. k) AEUV). Eine im Rahmen der OMK angestoßene grundlegende Reflexion wird dadurch angeregt.

Im „Reflexionspapier der Kommission zur sozialen Zukunft Europas"[52] stellte die Kommission den Zusammenhang zwischen der wirtschaftlichen, sozialen und kulturellen Entwicklung der EU heraus. Die EU dürfe nicht nur als Wirtschaftsraum wahrgenommen werden, sondern müsse und lasse sich auch an ihren sozialpolitischen Errungenschaften messen. Im „Weißbuch zur Zukunft Europas"[53] verwirft die Kommission zwei Wege, zum einen das Europa der unumschränkten Marktfreiheiten ohne sozialpolitische Begleitung und Begrenzung und zum anderen die Vorstellung, dass zwar die Wirtschaft europäischen Regeln folge, das Soziale dagegen ausschließlich von den Mitgliedstaaten gesetzt und deshalb durch diese auch bestimmt werde. Darin liegt eine wichtige und folgenreiche Aussage.

Anlässlich des 60jährigen Bestehens der EU verabschiedeten die Staats- und Regierungschefs der Mitgliedstaaten am 25.3.2017 die „Erklärung von Rom". Darin erinnerten sie an deren ursprüngliches Versprechen, durch internationale Arbeitsteilung wirtschaftliches Wachstum zu schaffen und dadurch den „sozialen Fortschritt" zu befördern. Darin liegt das Wohlstands- und Wohlfahrtsversprechen der EU, das sie seither und seit jeher trägt und bewegt. Sie will und soll Prosperität durch Förderung wirtschaftlicher Produktivität schaffen und daran möglichst alle Menschen möglichst umfassend teilhaben lassen. Dafür ist auch die Sozialpolitik unverzichtbar nötig und hilfreich.

514 Allerdings sind die **Gefahren** einer **sozialpolitischen Rechtsvereinheitlichung** ebenso zu benennen: Rechtsvereinheitlichung stellt zweifellos die klassische Legitimation von Sozialpolitik von Grund auf in Frage. Wolfgang Streek[54] weist mit Recht darauf hin: „Demokratie und Wohlfahrtsstaat sind auf die Zukunft

---

52 Ratsdokument 8171/17 vom 26. April 2017, KOM(2017) 206 endg.
53 Kommission, Weißbuch zur Zukunft Europas. Die EU im Jahr 2025 – Überlegungen und Szenarien, vom 1.3.2017 COM(2017) 2025.
54 Streek, in Streek (Hg.), 1998, 99, 105.

von verpflichtenden Medien angewiesen, die ihrerseits an die nationalstaatliche Form der politischen Integration gebunden sind." Die EU steht daher vor einer neuen Aufgabe. Legte sie bisher ihr Augenmerk auf die wechselseitige **Öffnung** der Volkswirtschaften füreinander (**„negative Integration"**[55]), so steht sie mit den im Vertrag von Amsterdam enthaltenen Möglichkeiten vor der Schwierigkeit, eine dem entgrenzten Binnenmarkt **kongeniale** politische **Rahmenordnung** ergänzend zur Seite zu stellen (**„positive Integration"**).

Bei Schaffung dieser Ordnung steht die europäische Integration vor der Alternative zwischen einer weiteren **Angleichung der nationalen Sozialordnungen** bei gleichzeitiger Wahrung ihrer nationalen Letztzuständigkeit oder der Überführung der nationalen Systeme sozialen Schutzes in eine überstaatliche, letztlich EU-weite Zuständigkeit.[56] **Jürgen Habermas**[57] formuliert das Leitbild der letztgenannten Strategie: „Die bisher auf den Nationalstaat beschränkte staatsbürgerliche Solidarität muss sich auf den Bürger der Union derart ausdehnen, dass beispielsweise Schweden und Portugiesen, Deutsche und Griechen bereit sind, füreinander einzustehen." Dies bedeutet die „Übertragung von Funktionen, die bisher Sozialstaaten im nationalen Rahmen wahrgenommen haben, auf supranationale Instanzen."[58] Oder aber es bleibt – jedenfalls im Grundsatz – noch für geraume Zeit bei der von Wolfgang Streek[59] formulierten Sicht: „Wohlfahrtsstaat und Demokratie (aber ebenso auch korporatistische Systeme einer umfassenden und ‚mitbestimmenden' Interessenvertretung) sind nur ‚in Grenzen' möglich, das heißt in einem nationalen staatlich begrenzten Modus der Vergesellschaftung, in dem sich die Akteure als ‚Ihresgleichen', vor allem als Teilnehmer einer für alle maßgeblichen und dauerhaft feststehenden Rechtsgemeinschaft anerkennen."

Gerade das **„europäische Sozialmodell"**, welches **Marktfreiheiten** mit **sozialem Ausgleich** verbindet, ist auf eine **eigene Sozialpolitik der EU** angewiesen. Diese wird sich nicht mehr auf die nach wie vor wichtige Aufgabe der **zwischenstaatlichen Sozialrechtskoordination** beschränken können, sondern sich Schritt für Schritt auch der **Angleichung der Arbeits- und Sozialrechte** der Mitgliedstaaten annehmen, um schließlich auf mittlere Sicht zu einer **Harmonisierung** jedenfalls von Teilgebieten der Sozialpolitik zu gelangen. Dieser Prozess ist längst im Gange – freilich in den sozialpolitischen Öffentlichkeiten der Mitgliedstaaten noch nicht in der gebotenen Klarheit erkannt. 515

Davon sind freilich nicht sämtliche Materien der Sozialpolitik gleichermaßen erfasst. Regelungen des **Arbeits-** und **Gesundheitsschutzes** eignen sich eher für eine Harmonisierung als die Materien der **Einkommenssicherung** und der personengebundenen sozialen Dienste.[60] Auch die Annahme, die EU befinde 516

---

55 Ebd., 109.
56 Syrpis, 2007, 17 et sequ.
57 Habermas, 1998, S. 67, 74.
58 Ebd., 75.
59 Streek, 1998, 134.
60 Kaufmann, 1998, 133.

IV. Ausblick

sich auf dem Weg zu einem **Europäischen Wohlfahrtsstaat**,[61] wäre beim gegenwärtigen Stand des EU-Rechts allenfalls die Umschreibung eines **Traums** – so dass dahinstehen kann, ob dies eher ein **Albtraum** wäre. Märkte bedürfen der öffentlichen Rahmenordnung. Die Erfolgsgeschichte des Gemeinsamen Marktes seit 1957 zeigt, dass diese Rahmenordnung durchaus institutionelle Verschiedenheiten verträgt.[62] Außerdem bleibt die Zuständigkeit der Mitgliedstaaten als Verwalter der öffentlichen Systeme sozialer Sicherheit ebenso unberührt (Art. 153 IV AEUV) wie deren zentrale Zuständigkeit zur Kontrolle der privaten Vorsorgeträger.

517 Trotz fortschreitender Integration in der EU bleibt auch künftig der **Mitgliedstaat weiterhin Akteur** in der Sozialpolitik. Die EU wird auch in Zukunft eine Gemeinschaft von **Sozialstaaten** bleiben und nicht in eine „**europäische Sozialgemeinschaft**" überführt werden. Die EU wird den gestaltenden Einfluss namentlich durch Formulierung sozialer Rechte auf der Grundlage europäischer Rechtsetzungsakte entfalten.[63] Doch diese durch die EU unmittelbar verbundenen Sozialstaaten schließen sich voneinander nicht länger ab oder schlössen gar Bürger aus anderen Mitgliedstaaten aus. Im Gegenteil, schon immer standen etwa Italiener und Griechen, Schweden und Franzosen für die soziale Sicherheit der Deutschen ein – nämlich sofern sie in Deutschland beschäftigt waren. Dies war bekanntlich keineswegs auf seltene Ausnahmefälle beschränkt. Die soziale Sicherheit war – allem Gerede von social citizenship zum Trotz – von der Staatsangehörigkeit stets unabhängig, hing indes stets von der Zugehörigkeit zu einer nationalen Erwerbsgesellschaft ab. Dies hat sich durch die Schaffung der EU nicht geändert – auch dies gehört vielmehr gerade umgekehrt bereits seit Jahrzehnten zum europäischen Sozialmodell.

518 Der **Binnenmarkt** war und ist nicht Ort **grenzenloser Marktfreiheiten**, sondern jener Freiheiten, die im Recht von Mitgliedstaaten und EU ihren **Grund** wie ihre **Grenze** finden. Dessen Definition enthüllt dies klar und eindeutig. Art. 3 III EUV lautet: „Die Union errichtet einen Binnenmarkt. Sie wirkt auf die nachhaltige Entwicklung Europas auf der Grundlage eines ausgewogenen Wirtschaftswachstums und von Preisstabilität, eine in hohem Maße wettbewerbsfähige soziale Marktwirtschaft, die auf Vollbeschäftigung und sozialen Fortschritt abzielt, sowie ein hohes Maß an Umweltschutz und Verbesserung der Umweltqualität hin. Sie fördert den wissenschaftlichen und technischen Fortschritt. Sie bekämpft soziale Ausgrenzung und Diskriminierung und fördert soziale Gerechtigkeit und sozialen Schutz, die Gleichstellung von Frauen und Männern, die Solidarität zwischen den Generationen und den Schutz der Rechte des Kindes. Sie fördert den wirtschaftlichen, sozialen und territorialen Zusammenhalt und die Solidarität zwischen den Mitgliedstaaten. Sie wahrt den Reichtum

---

61 Zacher, NDV 2001, 9; ders., Der europäische Sozialstaat, SZS 2007, 1; Prunzel, 2007; Schulte, ZIAS 2003, 391.
62 Streek, in Leibfried/Pierson, 1995, p. 410.
63 Betten/Mac Devitt, 1996; Skallaropoulos/Berghman, 2004.

ihrer kulturellen und sprachlichen Vielfalt und sorgt für den Schutz und die Entwicklung des kulturellen Erbes Europas."

Darin drückt sich eine – zu selten wahrgenommene[64] – Verknüpfung einer wirtschaftlichen mit einer sozialen Zielsetzung als der letztlich zentrale Daseinsgrund der EU aus. Liegt es an der Wucht der Bestimmung oder der Unvertrautheit mit den darin aufgeführten und vorkommenden sozialpolitischen Postulaten oder schließlich an den landläufigen Vorstellungen über den vorgeblichen Gegensatz von Wirtschaft und Sozialstaat, dass der normative Gehalt der in dieser Bestimmung hergestellten folgenreichen Verbindung von Wirtschafts- und Sozialpolitik nicht auch nur annähernd klar erkannt wird? Denn Art. 3 III EUV zeigt eindeutig: Der **Binnenmarkt** ist nicht Selbstzweck, sondern ein Mittel zur Erreichung wirtschaftlicher (Preisstabilität und Wachstum) und sozialer Ziele (**Vollbeschäftigung** und **sozialen Fortschritt**)!

519

Die Bestimmung umreißt somit in klarer Sprache, dass der Binnenmarkt die Wirtschaft in den Dienst sozialer Ziele stellt. Wirtschaften möge deshalb im Binnenmarkt um sozialer Zwecke willen geschehen – konkret, um die Vollbeschäftigung und **Massenwohlstand** zu schaffen und sozialen Ausgleich zu befördern und die gesellschaftliche Integration aller Bevölkerungsgruppen anzustreben. Die wirtschaftlichen und sozialen Aufgabenbestimmungen sind nicht nur aufeinander bezogen, sondern die wirtschaftliche Integration ist als ein bloßes Mittel für den letztlich angestrebten sozialen Fortschritt zu verstehen.

520

Die ebenfalls von Art. 3 III EUV angesprochene **soziale Marktwirtschaft** steht ebenfalls im Dienst primär sozialer Ziele: soziale Gerechtigkeit, sozialer Schutz, Bekämpfung sozialer Ausgrenzung durch soziale Inklusion. Der Binnenmarkt soll also nicht um seiner selbst Willen etabliert werden, sondern wird entscheidendes Instrument für ein zugleich wirtschaftlich integriertes und soziales Europa. Dieses baut auf den Wettbewerb im Binnenmarkt und ist durch Rechtsangleichung und Sozialpolitik hervorzubringen.

521

Auch der Übergang zum **aktivierenden Wohlfahrtsstaat**[65] gehört in diesen Zusammenhang. Der Binnenmarkt ist deshalb nicht ein wirtschaftliches Vorhaben, welches die Sozialstandards in den Mitgliedstaaten senkt, weil der vom Binnenmarkt geforderte und beförderte Wettbewerb nach der Abschaffung oder jedenfalls der Senkung sozialer Standards verlangte – wie dies die weit

522

---

64 Vgl. die Kommentierungen bei Bitterlich, in Lenz/Borchardt, 2010, Art. 3 EUV Rn. 5: „soziale Agenda"; Geiger, in Geiger/Khan/Kotzur, EUV/AEUV, 2010, Art. 3 EUV Rn. 8: „Aspekte der sozialen Gerechtigkeit und des sozialen Schutzes"; Ruffert, in Callies/Ruffert, EUV/AEUV, Art. 3 EUV Rn. 25 ff. oder Becker, in Schwarze (Hg.), EU-Kommentar, Art. 3 EUV Rn. 14 „schöne Traum der Menschheit" (Hans Kelsen); Pechstein, in Streinz (Hg.), EUV/AEUV, Art. 3 EUV Rn 7: er sieht in der Norm den Binnenmarkt umschrieben, der durch diverse Zielsetzungen ergänzt wird; das Bekenntnis zu sozialer Marktwirtschaft soll keine eigenständige Bedeutung haben. Warum nicht?; Müller-Graff, in Müller-Graff/Schmahl/Skouris (Hg.), FS Scheuing, 2011, 600; Aubin, Droit Social 2007, 618; Schmitt, Droit Social 2010, 682.
65 Dazu Eichenhofer, 2013.

IV. Ausblick

verbreitete Doktrin vom angeblichen Vorrang der „negativen" gegenüber der „positiven" (d. h. auf Rechtsangleichung gerichteten) Integration[66] nicht müde wird zu propagieren. Er ist vielmehr primär ein Instrument, um damit Prosperität und so die wirtschaftlichen Voraussetzungen für den sozialen Schutz und Ausgleich hervorzubringen. Der Binnenmarkt steht aus diesem Grund zentral im Dienst sozialpolitischer Zwecke und Ziele.

4. Europäische Beschäftigungsstrategie: Aktivierung

523 Diese Grundhaltung lässt sich auch an der **Europäischen Beschäftigungsstrategie** erkennen. Sie setzt auf die **Aktivierung** der Arbeitslosen und anderer von sozialen Benachteiligungen – wie Krankheit oder Behinderung – in ihrer Arbeitsmarktposition beeinträchtigter Menschen und vermochte dadurch einem umfassenden Umbau der sozialpolitischen Institutionen der Mitgliedstaaten wesentliche Impulse zu geben. Ein entscheidendes Element der EU-Beschäftigungspolitik liegt in der Förderung der zwischenstaatlichen Zusammenarbeit. Jene kann durch Mittel des **Europäischen Sozialfonds** (Art. 162 ff. AEUV) „innovative Ansätze" fördern.[67] Damit soll ein Beitrag zur Verbreitung besonders gelungener Ansätze in der Beschäftigungspolitik einzelner Mitgliedstaaten: „best practices" erreicht werden. Einige der herausragenden Innovationen waren Schritte zur Herausbildung von Beschäftigungsbedingungen im Einklang mit den Grundmaximen des „aktivierenden Wohlfahrtsstaates". 1997 – beginnend mit dem Luxemburger Gipfel – fällte der Europäische Rat fortgesetzt Entscheidungen und fasste Beschlüsse, um in der EU zur Vollbeschäftigung wieder zurückzufinden. Gestützt auf Art. 129 EG entstand die Europäische Beschäftigungsstrategie. Sie bezweckt, die von den Mitgliedstaaten betriebene Beschäftigungspolitik zu koordinieren, zu analysieren, zu überprüfen und an gemeinsamen Zielen auszurichten.[68]

524 Die **Europäische Beschäftigungsstrategie** steht im Dienst der in Art. 3 III EUV formulierten Zielsetzungen. Sie soll die soziale Marktwirtschaft ausformen und Vollbeschäftigung sichern.[69] Sie strebt die Flexibilität der Arbeitsplätze bei gleichzeitiger sozialer Sicherung der Beschäftigten (**Flexicurity**) an. Sie versucht damit die Bedingungen zu umschreiben, unter denen Arbeitsplatzverluste vermindert oder verhindert werden und neue Beschäftigung entstehen kann. Ihre Ziele sind ausgerichtet auf eine Senkung der Jugendarbeitslosigkeit, Reformen des Sozialleistungs-, Steuer- und Bildungssystems hin zu mehr Beschäftigung, Förderung aktiven Alterns und lebenslangen Lernens, Ausgleich von Arbeitsmarktverwerfungen – namentlich dem fehlenden Ausgleich von

---

66 Scharpf, MPIfG Working Paper 97/8; Giubboni, 2012; ders., 2006.
67 Vgl. dazu Eichenhofer, in Streinz (Hg.), EUV/AEUV, Art. 162 AEUV Rn. 1 ff.; Servais, 2008.
68 Windhoff-Héritier, 2005; Steinle, 2001; Abig, SF 2005, 113; Erhag, in Stendahl/Erhag/Devetzi (Eds.), 2008, 11; Devetzi, in Stendahl/Erhag/Devetzi (Eds.), ibid, 31 ff.
69 Steinle, 2001, 237, 243; Niedobitek, in Streinz (Hg.), EUV/AEUV, Art. 145 AEUV, Rn. 10; Devetzi, in Stendahl/Erhag/Devetzi (Eds.), 2008, 31 ff.; Erhag, in Stendahl/Erhag/Devetzi (Eds.), ibid, 11.

Arbeitsangebot und -nachfrage (**Job Matching**) –, Anregung von Unternehmensgründungen, Ausbau neuer wissensbasierter Arbeitsplätze, die Förderung einer flexibleren Arbeitsorganisation durch befristete Arbeitsverhältnisse, Projekt-, Teilzeit- und Leiharbeit und die Erhöhung der Chancengleichheit für Männer und Frauen. Konkrete Folgerungen aus einer solchen Strategie sind die Bestrebungen zur Ausweitung der Beschäftigung älterer Arbeitnehmer, die Erhöhung der Zahl der Arbeitsmarktbeteiligten mit Schulabschluss sowie die Bekämpfung der Armut durch Integration der aus der Beschäftigung ausgeschlossenen Personen in den Arbeitsmarkt. In einer solchen Strategie nimmt die Aktivierung von Menschen mit sozialen Nachteilen aufgrund von Arbeitslosigkeit, Krankheit, Behinderung oder unzureichender Bildung eine zentrale Stellung ein. Die bisherigen Bemühungen aufgrund der Europäischen Beschäftigungsstrategie konzentrieren sich auf die Erhöhung der Beschäftigungsfähigkeit der Arbeitnehmer (**employability**), Stärkung des Unternehmergeistes (**entrepreneurship**), Verbesserung der Anpassungsfähigkeit von Unternehmen und Arbeitnehmern an gewandelte wirtschaftliche und soziale Verhältnisse (**adaptability**) und auf die Erhöhung der Beschäftigungschancen für am Arbeitsmarkt unterrepräsentierte Gruppen (Frauen, Familien, ältere und behinderte Arbeitnehmer).[70]

In der EU-Agenda zur Sozialpolitik vom 28.6.2000 (**Lissabon-Strategie**)[71] wurde die Ausweitung der Beschäftigung als zentrales wirtschafts- und sozialpolitisches Ziel formuliert. Ferner wurden verbindliche Richtgrößen zur Ausweitung der Beschäftigung sämtlicher erwerbsfähiger Personen, insbesondere von Frauen und Älteren vorgesehen. **Lebenslanges Lernen** (life long learning) sollte gefördert und ein Steuer- und Sozialleistungssystem geschaffen werden, von dem Anreize zur Erwerbsaufnahme und -ausweitung ausgehen (**make work pay**). Es sollte so verhindert werden, dass es wirtschaftlich attraktiver ist, statt einer Erwerbsarbeit nachzugehen, Sozialleistungen zu beziehen.[72]

Die Europäische Beschäftigungspolitik klärt also das Verhältnis von **Wirtschaft** und **Sozialpolitik.** Sie bezog ihre Impulse aus der **OECD**[73] sowie der Sozialpolitik der beschäftigungspolitisch erfolgreichen Mitgliedstaaten – namentlich der Niederlande, Dänemarks, des Vereinigten Königreichs und Frankreichs. Sie alle vollzogen in den vergangenen Jahrzehnten in technischer Vielfalt aber konzeptioneller Übereinstimmung den Wechsel zum aktivierenden Wohlfahrtsstaat. In ihm soll die Wirtschaft die soziale Wohlfahrt fördern, namentlich die Beschäftigung als Basis aller Produktivität und daraus erwachsendem Wohlstand verbreiten. Im Einklang mit Art. 3 III EUV verbindet die Europäische Beschäfti-

---

70 Ashiagbor, 2005; Steinle, 2001, 163 ff.
71 KOM (2000) 379 endg., Leitlinien für beschäftigungspolitische Maßnahmen der Mitgliedstaaten im Jahr 2002 vom 12.9.2001, KOM (2001) 511 endg.; Bongardt/Torres, in Jones/Menon/Weatherill (Ed.), 2012, 469.
72 Abig, SF 2005, 113; Ratsdokument 2003/578/EG v. 22.7.2003, ABl. L 197 v. 5.8.2003, 13 ff.
73 Dingeldey, 2011, 18; Spindler, in Berlit/Conradis/Sartorius, 2013, Kap. 6, 72 ff; Eichenhofer, Recht des aktivierenden Wohlfahrtsstaates, 2013.

IV. Ausblick

gungsstrategie auf diese Weise die wirtschaftliche **Effizienz** mit sozialem **Ausgleich**.

526 Eine dieser Grenzen wird durch die Sozialpolitik zu ziehen sein, auf dass das sogenannte social dumping nicht eine unumgängliche Begleiterscheinung des Binnenmarktes werden möge. Dieses Bemühen, **Sozialstandards** auf EU-Ebene in weitgehender Abstimmung mit den Mitgliedstaaten und unter weitgehender Wahrung des **Gestaltungsspielraums** der Mitgliedstaaten zu setzen, ist dann alles andere als ein Grund zur Sorge. Denn die EU ist den Mitgliedstaaten ja beileibe keine **fremde Macht** – sondern nichts anderes als die **organisierte Gesamtheit** aller Mitgliedstaaten selbst, die in der EU zu wechselseitigem Handeln miteinander verbunden sind! Diese nimmt jedoch vielfältig und vielgestaltig auf die Sozialpolitik der Mitgliedstaaten Einfluss[74] und zwar nicht nur **instrumentell**, sondern zunehmend auch programmatisch.[75] Die Sozialstaaten in der EU nähern sich damit einander an.

5. Europäische Arbeitslosenversicherung

527 Wegen der in vielen EU-Staaten vorherrschenden hohen Arbeitslosigkeit wird von Rat, Kommission und Öffentlichkeit eingehend die Einführung einer **Europäischen Arbeitslosenversicherung** erwogen. Deren Verfechter erhoffen sich, dass sie den wirtschaftlichen und sozialen Zusammenhalt in der EU festige und so eine konkrete Antwort auf die von der Kommission unterbreiteten Vorschläge zur Stärkung der **sozialen Dimension** der Wirtschafts- und **Währungsunion** gibt.[76] Die Vorschläge zielen auf die Stärkung der Europäischen Beschäftigungspolitik und die Einfügung makroökonomischer „**automatischer Stabilisatoren**" in den Binnenmarkt. Namentlich der für soziale Angelegenheiten zuständige Kommissar László Andor sprach sich für eine **europäische Arbeitslosenversicherung** aus.[77] Er soll die Beschäftigung als den zentralen Katalysator sozialer Entwicklung stärken[78] und die Beschäftigungs- und Sozialpolitik tiefer koordinieren.[79]

528 Die Europäische Arbeitslosenversicherung soll die **Arbeitslosenversicherungen** der Mitgliedstaaten nicht ablösen, sondern auf deren Grundlage und in Ergänzung zu ihnen errichtet werden. Deshalb sollten unter den Mitgliedstaaten des Euro-Raumes die mit zyklischer Arbeitslosigkeit verbundenen Risiken gemeinsam getragen werden. Denn „eine Währung teilen, heißt dasselbe

---

74 Eichenhofer, Geschichte des Sozialstaats, 2007; Zacher, SZS 2007, 1.
75 Eingehender Eichenhofer, 2007, 139 ff.
76 European Commission, Strengthening the social dimension of the economic and monetary Union, COM (2013) 690 prov.
77 Andor, Basic European unemployment insurance: Vienna University of Economics and Business, 29 September 2014; ders., Intereconomics 2014, 184.
78 European Commission, Strengthening the social dimension of the economic and monetary Union, COM (2013) 690 prov., 5.
79 Ebd., 7.

Schicksal teilen":[80] Den Arbeitslosenversicherungen der Mitgliedstaaten sollten auch im Rahmen der Europäischen Arbeitslosenversicherung die zentrale administrative Aufgabe der Erhebung von Beiträgen wie der Auszahlung von Leistungen zufallen. Allerdings sollten die Arbeitslosenversicherungen der Mitgliedstaaten einen einheitlichen Satz als Beitrag an die Europäische Arbeitslosenversicherung abführen. Im Gegenzug soll diese an die Mitgliedstaaten die nach EU-weit gleichen Grundsätzen bestimmten Leistungen auszahlen.

Die Höchstleistungsdauer für Ansprüche aus der **Europäischen Arbeitslosenversicherung** soll mit sechs Monaten knapp bemessen sein; auch die angestrebte Rate des Einkommensersatzes sollte mit 40 % niedrig ausfallen. Allein aufgrund dieser Bedingungen würde der gesamtwirtschaftliche Anteil der Europäischen Arbeitslosenversicherung bei rund 1 % des Bruttoinlandsprodukts der an der Versicherung beteiligten Staaten liegen. Als die primären Anwärter auf Beteiligung an der Europäischen Arbeitslosenversicherung gelten die in der Währungsunion zusammengeschlossenen Mitgliedstaaten. Die daraus erwachsene Verbindung ist in vielfacher Weise als nicht mehr umkehrbar anzusehen. 529

Ein solcher Vorschlag versucht, eine Antwort auf die **Arbeitslosigkeit** durch europäisches Recht zu geben. Denn in der Wirtschafts- und Währungsunion kommt Arbeitslosigkeit nicht mehr aufgrund der Wirkungen einzelner Mitgliedstaaten, sondern europäisch bedingt zustande und sollte deshalb auch in europäischer Solidarität getragen werden. Diese Innovation brächte eine **Europäische Arbeitslosenversicherung** hervor. Allerdings sehen die Vorschläge auch vor, dass durch **experience-rating** und **clawbacks** der europäische Effekt durch Transfers in einzelne Mitgliedstaaten wieder ausgeglichen werden soll. 530

Dieser Vorschlag bezweckt, den Folgen einer Europäisierung der Risikotragung zu entgehen, indem unter den Mitgliedstaaten Ausgleichsmechanismen begründet werden, die eine „Transferunion" vermeidet. Wenn auch unter den Bedingungen einer **Europäischen Arbeitslosenversicherung** die Mitgliedstaaten als bestimmende Arbeitsmarktakteure verstanden werden, fehlt für eine europäische Arbeitslosenversicherung das konzeptionelle Fundament. Ist Arbeitslosigkeit Folge des **Europäischen Binnenmarkts**, so ist darauf die Europäische Arbeitslosenversicherung die angemessene Reaktion. Wer sie aber will, muss sich entscheiden, ob das Risiko Arbeitslosigkeit europäisch getragen werden soll oder nicht. 531

---

80 Ebd., 1: „sharing a currency means sharing the same destiny".

§ 21 Das Europäische Sozialmodell

„Europäisches Sozialmodell" bezeichnet **keinen Rechtsbegriff**, sondern steht für ein **politisches Konzept**. Erstmals von **Jacques Delors**[1] formuliert und seither Grundkategorie im Selbstverständnis der EU soll es dessen Eigenheiten im Verhältnis zu **nordamerikanischen** und **asiatischen** Industriegesellschaften bezeichnen.[2] Der Begriff wurde von Juristen bisher gemieden. Dennoch hat er auch für die rechtliche Deutung der sozialpolitischen Gestaltungen in der EU erhebliches Gewicht. Denn er benennt abstrakt, dass die Mitgliedstaaten und als deren gemeinschaftliche Hervorbringung und gemeinsam entwickelte Regierungs- und Handlungsform die EU selbst einen sozialen Anspruch erheben und dafür einem umfassend verstandenen sozialpolitischen Handlungsauftrag nachkommen. Er leitet damit gesetzgeberisches Handeln, dessen Einzelakte Gegenstand rechtswissenschaftlicher Analysen sind.

532

Für die einen steht der Begriff für die Politik des **„Dritten Weges"**,[3] für die anderen für die **„soziale Marktwirtschaft"**.[4] In der sozialpolitischen Debatte wird **„Europäisches Sozialmodell"** analytisch und normativ gebraucht. Als analytischer Begriff hat er einen doppelten – nämlich sozialrechtshistorischen wie vergleichenden Gehalt. Als normatives Modell weist er wiederum eine doppelte, nämlich programmatische wie kompetenzrechtliche Dimension auf. Jene beschreibt mit zunehmender Konkretheit das Leitbild für einen weitreichenden und tiefgreifenden Umbau des Sozialstaats von sämtlichen Mitgliedstaaten; diese bezeichnet für die EU eine die Sozialpolitik der Mitgliedstaaten nicht nur koordinierende, flankierende und ergänzende Rolle. Denn die EU steht im Begriff, die Sozialpolitik der Mitgliedstaaten nicht nur programmatisch zu inspirieren, sondern auch zu motivieren.

Das Europäische Sozialmodell ist gegen die weit verbreitete und nach wie vor erstaunlich hartnäckig verfochtene Annahme von der vorgeblichen Einzigartigkeit des sozialen Modells der einzelnen Staaten gerichtet. Thomas Mann meinte in seinen „Betrachtungen eines Unpolitischen" mit Bezug auf Deutschland: „Denn lebendiger am Werke als sonst überall, war hier der Glaube an die Würde des Staates, an seine sittliche Berufenheit, die Auffassung des Staates als einer Anstalt zum Schutz sozialer Gerechtigkeit." Ganz anders das Denken in Frankreich, wo sich die eigene Nation im Einklang mit der Entwicklung des Weltgeschehens weiß, von Romain Rollain auf den Punkt gebracht „Je n'ai jamais pu distinguer la cause de la France de celle de l'humanité". Der Sozial-

---

1   Als Schlüsseldokument gilt das Weißbuch über Wachstum, Wettbewerbsfähigkeit, Beschäftigung – Herausforderungen der Gegenwart und Wege ins 21. Jahrhundert, 1993, KOM (1993) 700 endg.; vgl. auch Prunzel, 2007.
2   Ebbinghaus, in Huemer/Mesch/Traxler (Hg.), 1999, 1 f.; Jepsen/Pascual, in dies., 2006, pp. 25.
3   Jepsen/Pascual, 15 (2005) Journal of European Social Policy, 231, 232.
4   Vgl. Art. 3 III EUV in der Fassung des Vertrages von Lissabon; Barbier, in Jepsen/Pascual (Ed.), 2006, p. 123 et sequ.

IV. Ausblick

staat bedeutet deshalb nicht die Vollendung des Nationalstaates, sondern die Vollendung des Schutzes der Menschenrechte für die in den Staaten lebenden Bewohner und Beschäftigten!

Soziales Europa heißt nicht: Europa zahlt für alle Bedürftigen und Berechtigten unter Belastung aller Leistungsfähigen! Sondern Europa gründet auf soziale Sicherheit und sozialen Ausgleich in allen seinen Staaten und standardisiert deshalb die mitgliedstaatlichen Systeme und koordiniert sie. Der soziale Schutz beruht auf weltweit verbreiteten und durch die IAO und die EU beförderten Regeln. Die Unterschiede zwischen ihnen sind für die historisch und rechtsvergleichend halbwegs Bewanderten nicht h gravierend, sondern oft gering.

533 In seiner ersten, ganz und gar elementaren Bestimmung ruft „**Europäisches Sozialmodell**" in Erinnerung, dass alle EU-Staaten heute über eine **universelle** und **ausgebaute soziale Sicherung** verfügen, die verbunden mit **hoher Qualifikation** der **Erwerbstätigen** und gutem Gesundheitszustand und Lebensqualität der Wohnbevölkerung nicht nur ihre ökonomische Leistungskraft stützt und stärkt, sondern auch die Nachhaltigkeit des **wirtschaftlichen Wachstums**, die **europäische Konkurrenzfähigkeit** auf dem Weltmarkt und die **Attraktivität** für hochqualifizierte **Arbeitskräfte** zu gewährleisten vermag.[5] Wer nach den Bestimmungsgründen des **Europäischen Sozialmodells** sucht, fragt damit nach einer sozialen **Wertegemeinschaft Europas**.[6] So auch die Kommission: „Die gemeinsamen sozialen Werte sind ein maßgebender Bestandteil der europäischen Identität, da sich der europäische Einigungsprozess von Anfang an auf diese Werte gestützt hat."[7] Diese Feststellung lenkt den Blick zunächst auf die Entstehung des **Wohlfahrtsstaats** in **Europa**, der dort seit **Jahrhunderten verankert** war und in den vielen Epochen seiner Geschichte eine eigene und für Jahrhunderte institutionell wie rechtlich einheitliche Ausprägung gefunden hat.

534 Die Geschichte des **europäischen Wohlfahrtsstaats** erscheint über die weitaus längste Epoche seiner Herausbildung als ein allen Mitgliedstaaten gemeinsames Anliegen, das über die Jahrhunderte hinweg bis hin zur entfalteten Nachkriegsgesellschaft auf weitgehend **übereinstimmenden Mustern** beruht. Sie wurde indessen im Zuge der nationalstaatlichen Entwicklung von drei unterschiedlichen und von Grund auf verschiedenen Ansätzen bestimmt. **Öffentliche Wohlfahrt** und **Nationalstaat** sind deshalb **keine Synonyme**. Jene ist älter als dieser und weder an diesen gebunden, noch setzt jene diesen voraus! Deshalb mag das europäische Sozialmodell zwar einen gemeinsamen Ausgangspunkt bezeichnen; in der reifen Phase der Herausbildung moderner Wohlfahrtsstaa-

---

5 Kaelble/Schmid (Hg.), 2004, 11; Schulte, 2015.
6 Ebd., 13; Bach, in Kadelbach (Hg.), 2008, 17 ff.
7 Eine erneuerte Sozialagenda: Chancen, Zugangsmöglichkeiten und Solidarität im Europa des 21. Jahrhunderts, KOM (2008) 412 endg.

§ 21 Das Europäische Sozialmodell

ten erschien dieser jedoch aufgrund unterschiedlicher nationaler Eigenentwicklungen endgültig überholt und damit überwunden.[8]

Doch selbst die Unterschiede im Detail sind mit der Aussage von **Jeremy Rifkin** vereinbar: „Der **Europäische Traum** stellt **Gemeinschaftsbeziehungen** über individuelle Autonomie, kulturelle Vielfalt über Assimilation, Lebensqualität über die Anhäufung von Reichtum, nachhaltige Entwicklung über unbegrenztes materielles Wachstum, spielerische Entfaltung über ständige Plackerei, universelle Menschenrechte und die Rechte der Natur über Eigentumsrechte und globale Zusammenarbeit über einseitige Machtausübung".[9] Darin liegt eine durchaus bündige Formulierung für zahlreiche, dauerhafte, alle Unterschiede überwindende Gemeinsamkeiten – eben das **Europäische Sozialmodell!** 535

Der Begriff des **Europäischen Sozialmodells** enthält ferner eine **international vergleichende** Aussage, bezeichnet genau jene Eigenheit, die **Europa** von **Nordamerika** und **Asien** unterscheidet.[10] Freilich liegt darin eine anspruchsvolle und nicht über jeden Zweifel erhabene Gegenüberstellung. Denn Fürsorge, soziale Sicherheit und kollektive Arbeitsbeziehungen gibt es auch in **Nordamerika**[11] und gerade in **Lateinamerika** und **Asien** ist seit langem ein Prozess der Entfaltung von **Wohlfahrtsstaatlichkeit** im Gange.[12] Der Begriff **soziale Sicherheit** ist sogar ein **unmerklicher Amerikanismus.**[13]

Der seit einem halben Jahrhundert wirksame EU-rechtliche Einfluss fördert die Annäherung[14] in der sozialen Entwicklung der Mitgliedstaaten weiter und zwar im Einklang mit dem **Primärrecht** (Art. 118 E(W)GV, 136 EG, 151 AEUV) doppelt – im Sinne der **ökonomischen Angleichung** einerseits und der **Rechtsvereinheitlichung** andererseits. Denn unterdessen sind die Systeme sozialer Sicherheit der EU-Staaten vielfältig zu Gegenständen EU-rechtlicher Einwirkungen geworden. Diese haben, wenn nicht eine Angleichung, so jedenfalls eine Annäherung der Sozialleistungsrechte zur Folge. Seit 50 Jahren besteht unter den Mitgliedstaaten in Gestalt des **europäischen koordinierenden Sozialrechts** ein durch EU-Recht vereinheitlichtes Internationales Sozialrecht,[15] das nicht nur die internationalrechtlichen Standards für die international anerkannten Systeme sozialer Sicherheit[16] einheitlich regelt. Auch das weite Feld „sozialer Vergünstigungen" (Art. 7 II VO (EU) Nr. 492/2011) ist einer Differenzierung nach der Staatsangehörigkeit entzogen. Die Unionsbürgerschaft beför- 536

---

8 Scharpf, 40 (2002) Journals of Common Market Studies (JCMS), pp. 645–670.
9 Rifkin, 2004, 9 f.
10 Ebbinghaus, in Huemer/Mesch/Traxler (Ed.), 1999, 1.
11 Eichenhofer, Sozialrecht Kanadas, 1984; ders., Recht der sozialen Sicherheit in den USA, 1991.
12 Vgl. Fiszbein/Schady, 2009.
13 Eichenhofer, Sozialrecht, 2010, Rn. 8.
14 Van Gerven, 10 (2008) European Journal of Social Security, p. 207; Eichhorst/Kaufmann/Konle-Seidl (Eds.), 2008; Stendahl/Erhag/Devetzi (Eds.), 2008.
15 Vgl. dazu Devetzi, in Deutscher Sozialrechtsverband (Hg.), 2009; Eichenhofer (Hg.), 50 Jahre nach ihrem Beginn, 2009.
16 In der Definition des IAO-Übereinkommen Nr. 102; vgl. Nußberger, 2005.

IV. Ausblick

dert die EU-weite Zugänglichkeit von Sozialleistungen.[17] Gewiss, die Koordinierung der Systeme sozialer Sicherheit ist die eine Seite und deren Harmonisierung die andere und von dieser sind die Mitgliedstaaten der EU nach wie vor weit entfernt, weil diese anders als jene Aufgabe nicht in die originäre Zuständigkeit der EU fällt.

537 Aber die Mitgliedstaaten sind in der Wahrnehmung ihrer angestammten sozialpolitischen Gestaltung immer häufiger den **EU-rechtlichen Einflüssen** ausgesetzt.[18] Die **Gleichbehandlung** von **Mann und Frau** (Art. 157 AEUV, 3 III EUV) hat sich längst zu einem **materialen Grundanliegen** des EU-Rechts fortentwickelt, das auch auf die soziale Sicherheit ausstrahlt.[19] Die **Grundfreiheiten** wirken heute über die Koordination der Systeme sozialer Sicherheit hinaus. Sie prägen den Binnenmarkt und fordern durch Kartell-, Beihilfe- und Vergaberecht auch das auf diesen bezogene sozialstaatliche Handeln.[20] Seit mehr als einem Jahrzehnt sind die Mitgliedstaaten zu **wechselseitigem Lernen** auch in der **Sozialpolitik** aufgerufen (Art. 153 I lit. k) AEUV). **Sozialpolitische Integration** über die **Europäische Beschäftigungsstrategie** (Art. 145–150 AEUV) bis hin zur **OMK** sind die Handlungsformen, in deren Rahmen sich die allmähliche Annäherung der EU-Staaten manifestiert. Gelungene sozialpolitische Ansätze **(best practices)** sind in der Vergangenheit etwa hinsichtlich der Insolvenzsicherung für nichtbefriedigte Arbeitsentgeltansprüche bis hin zu **Antidiskriminierungsregeln** (Art. 19 AEUV) auf EU-rechtlicher Grundlage ergangen. In dem Maße, wie die **europäische Integration** voranschreitet, weisen die Systeme sozialer Sicherheit der Mitgliedstaaten zunehmend übereinstimmende rechtliche Bauelemente auf.

Die sich auf die historisch überkommenen Elemente gründenden Institutionen in der Sozialpolitik jedes Mitgliedstaates entwickeln sich damit gleichsinnig in eine EU-weit einheitliche Richtung. **Europäische Sozialstandards** wandeln sich von einer Vision zu einer mehr und mehr Gestalt annehmenden gesamteuropäischen, eben EU-rechtlichen Wirklichkeit.[21] Dieser Prozess vermindert die überkommenen Unterschiede und vergrößert gleichzeitig das Ausmaß gemeinsamer Lösungen. Obgleich auch schon vor Schaffung der EU ein **wechselseitiges Lernen** unter den Sozialpolitik betreibenden Staaten praktiziert wurde – ja die Geschichte des Sozialstaats eine Geschichte fortgesetzter Rezeptionsprozesse ist – hat das im EU-Kontext stattfindende Lernen eine andere Qualität. Denn die Rezeption wird organisiert, systematisiert und koordiniert.

538 Bereits im Zusammenhang mit den Binnenmarktvorhaben[22] – und beschleunigt in der konkreten Vorbereitung und Verwirklichung der Wirtschafts- und

---

17 Art. 34, 35 EU-Grundrechtecharta.
18 Vgl. Pitschas und Becker, in Deutscher Sozialrechtsverband (Hg.), 2010.
19 Vgl. RL 79/7/EWG.
20 Rixen, in Deutscher Sozialrechtsverband (Hg.), 2010.
21 Vgl. Nußberger, Rixen, in Deutscher Sozialrechtsverband (Hg.), 2010.
22 Eichenhofer, Geschichte des Sozialstaats, 2007, 80 ff.

§ 21 Das Europäische Sozialmodell

Währungsunion[23] und schließlich heute in der Staatsschulden- und Währungskrise – war und ist die EU darum bemüht – als **Alternative** zum intergouvernementalen Ansatz früherer Jahrzehnte –, eine eigenständige sozialpolitische Tagesordnung zu entwickeln und innerhalb dieses Rahmens Prioritäten zu setzen. Diese Agenda hat sich inzwischen auch in zentralen sozialrechtlichen **Reformvorhaben** zahlreicher Mitgliedstaaten vergegenständlicht. Namentlich im Kontext des 2000 beschlossenen **Lissabon-Prozesses** – der die EU binnen eines Jahrzehnts zum fortgeschrittensten Raum einer wissensbasierten Wirtschaft entwickeln sollte – verstand diese sich als Akteurin einer **globalen sozialökonomischen Politik**, welche sich um die Integration ihrer wirtschafts-, sozial- und beschäftigungspolitischen Elemente bemüht.[24] In ihrem auf Ausweitung der Beschäftigung gerichteten Bemühungen sieht sie zugleich einen Beitrag zur Entwicklung des **Arbeitskräftepotentials**[25] wie zur Veränderung der gesamtwirtschaftlichen Belastungen, weil die Inanspruchnahme von **Sozialleistungen** vermieden und gleichzeitig die Armut zurückgeführt und schließlich **soziale Exklusion** vermieden wird.[26]

In diesem Kontext wird die **Sozialpolitik** stark aufgewertet. Der soziale Schutz als die „Gesamtheit kollektiver Transfersysteme, die dem Zweck dienen, Menschen vor sozialen Risiken zu schützen" wird nun als die „zentrale Komponente des europäischen Gesellschaftsmodells" verstanden.[27] „In zunehmendem Maße wird der **Sozialschutz** als wichtiger **Produktivfaktor** gesehen, der die Gewähr dafür bietet, dass entscheidungsfähige, dynamische und moderne Volkswirtschaften auf einem soliden Fundament auf sozialer Gerechtigkeit basieren".[28] Die Bemühungen um die Vertiefung des sozialen Schutzes werden damit als Teil eines wirtschafts-, beschäftigungs- und sozialpolitischen Koordinierungsprozesses der **sozialökonomischen Governance** begriffen.[29] In seinen auf Begrenzung der Ausgaben für den sozialen Schutz gerichteten Bestrebungen im Sinne des make work pay sei das Bemühen zu verstehen, dass vom Sozialleistungssystem zugleich auch ein Beitrag zum Aufbau der Beschäftigung auszugehen habe.[30] 539

Nur deshalb kann die EU-Kommission heute formulieren: „Die gemeinsamen **sozialen Werte** sind ein maßgebender Bestandteil der **europäischen Identität**, da sich der europäische Einigungsprozess von Anfang an auf diese Werte gestützt hat."[31] Eine Schlüsselstellung nahm dabei die **OMK** ein. Sie bezweckt „die **Modernisierung der Systeme des sozialen Schutzes**" (Art. 153 I lit. k) AEUV). 540

---

23 Falkner, 1998, 166 et sequ.
24 KOM (2003) 261 endg., 4.
25 Employment Guidelines 2002 vom 12. 9. 2001, KOM (2001) 511 endg.
26 Social Policy Agenda vom 28. 6. 2000, KOM (2000), 579 endg.
27 KOM (2003) 261 endg., 3.
28 Ebd., 4.
29 Ebd., 4 f.; vgl. dazu auch Ferrera/Hemerijck/Rhodes, 3 (2001) Journal of Comparative Policy Analysis, pp. 163–190, 175 et sequ; Supiot; Schulte, 2015.
30 Ebd., 8.
31 KOM (2008) 412 endg., 4.

IV. Ausblick

Das ist kein leeres Wort, sondern enthält den Auftrag an die EU, für ein **zeitgemäßes** und **zukunftssicheres** Sozialrecht zu sorgen – nichts weniger! Sie bedeutet den Versuch zur einvernehmlichen Abstimmung der Sozialpolitik der Mitgliedstaaten. Sie hat – nach Ansicht der Kommission – „dazu beigetragen, dass die Mitgliedstaaten ein gemeinsames Verständnis der sozialen Herausforderungen entwickeln. Sie hat den Willen zur **Zusammenarbeit** und die **Bereitschaft** gefördert, von den Erfahrungen der anderen Mitgliedstaaten zu lernen. Sie hat eine neue Dynamik bei der Weiterführung und Umsetzung von Reformen geschaffen und sie durch eine wissensbasierte praktische Entscheidungsfindung unterstützt, die von Offenheit, Transparenz und Partizipation gekennzeichnet ist".[32]

541 Mit dem Dokument „Eine **erneuerte Sozialagenda:** Chancen, Zugangsmöglichkeiten und Solidarität im Europa des 21. Jahrhunderts"[33] von 2008 wurde die Sozialpolitik schon selbst reflexiv und damit historisch. Habe das **sozialpolitische Bestreben** der 1980er/1990er Jahre noch der gemeinschaftlichen Bewältigung der **Globalisierung** für das Arbeits- und Sozialrecht gegolten, so sei die EU-Sozialpolitik heute auf die Nutzung der Chancen auszurichten, die sich Europa in Zukunft bieten werden.[34]

Zu diesem Zweck werden **Chancen, Zugangsmöglichkeiten** und **Solidarität** als die drei Leitideen einer insgesamt auf Teilhabegerechtigkeit zielenden Sozialpolitik formuliert.[35] „Die soziale Solidarität ist ein gemeinsames Anliegen aller Europäer – Solidarität zwischen Generationen, Regionen, Wohlhabenden und weniger Wohlhabenden sowie zwischen reicheren und ärmeren Mitgliedstaaten".[36] Daraus folge die Maxime: „**In Menschen investieren**, mehr und bessere **Arbeitsplätze** schaffen, neue Kenntnisse und Fertigkeiten entwickeln".[37] Integration gelinge über die Ausweitung der Erwerbsbeteiligung und nicht ohne sie oder gar an deren Stelle.[38]

Ihre programmatische Wirkung zeigt sich in den in allen Mitgliedstaaten beobachtbar sich vollziehenden **Reformprozessen** in der Alters- und Gesundheitssicherung, die sich auf die **OMK** stützt.

542 Dieser Gedanke wird von **Anthony Giddens** mit dem Begriff „**positive Wohlfahrt**" umschrieben. „Der Sozialstaat entstand als Schutz gegen die den Menschen zustoßenden Schicksalsschläge: er wandte sich dem Einzelnen zu, nachdem das Missgeschick eingetreten war. Positive Wohlfahrt legt im Gegensatz mehr Nachdruck auf die Ingangsetzung von lebenslangen Maßnahmen, die ihrerseits darauf zielen, Selbstständigkeit mit persönlicher und kollektiver Ver-

---

32 KOM (2008) 412 endg., 19.
33 KOM (2008) 412 endg.
34 Ebd., 5.
35 Ebd., 4.
36 Ebd., 7.
37 Ebd., 9.
38 Ebd., 15.

§ 21 Das Europäische Sozialmodell

antwortlichkeit zu verbinden".[39] Sozialpolitisches Handeln im Sinne positiver Wohlfahrt soll danach seinen Hauptakzent auf die Schaffung, Vermittlung oder Befähigung zur Wahrnehmung von Arbeitsplätzen durch Bildung und die Beseitigung von Hindernissen bei der Aufnahme von Arbeit oder die Veränderung der Anreize zur Inanspruchnahme von Sozialleistungen beruhen. Es gilt der Grundsatz: Wer **Solidarität fordert**, muss seinerseits **solidarisch sein!** Case und contract management sind die Darstellungsformen eines Sozialstaats, der auf der einst von **John F. Kennedy** formulierten Maxime beruht: „**Give a hand, not a handout**" – Gib also eine **Chance** auf **Teilhabe** statt eines **Almosens!**

Wenn das in solchen Bekundungen sichtbar werdende europäische Sozialmodell weniger auf den Schutz erworbener Rechte und mehr auf **Prävention** und die aktive Überwindung von **Notlagen** setzt, so befindet es sich im Einklang mit seiner Geschichte und der den Wohlfahrtsstaat seit jeher prägenden erzieherischen Komponente.[40] In ihm kommt den privatrechtlichen Elementen eine eigene Bedeutung zu.[41] Es deutet sich damit ein Paradigmenwechsel vom welfare state zur welfare society an,[42] der statt vom Ziel der Verteilungsgerechtigkeit vom Ideal der Teilhabegerechtigkeit bestimmt wird. 543

Dieser Wandel beruht **ideengeschichtlich** keineswegs auf einer Hinwendung zum **Neoliberalismus**, in dem die Sozialpolitik jenseits einer Mindestsicherung (deren Realisierung technisch unterschiedliche Rechtsformen annimmt) keinen Ort hätte. Dieses Konzept entstammt vielmehr dem **Kommunitarismus**, der eine prinzipielle Alternative zum Neoliberalismus formuliert, in der Sozialphilosophie der Gegenwart durchaus prominent vertreten durch **Amitai Etzioni**,[43] **Michael Walzer**,[44] **John Rawls**,[45] **Martha Nussbaum**,[46] **Amartya Sen**[47] und **Avishai Margalit**.[48] 544

Im kommunitaristischen Deutungshorizont **relativieren** sich auch die traditionellen Unterschiede zwischen den **drei Welten des Wohlfahrtsstaates (Esping-Andersen)**. Denn in ihm hat Sozialstaatlichkeit soziale Gleichheit zu fördern, was universalistischen Lösungen entgegenkommt. Freilich darf Gleichheit nicht primär Unterschiede egalisieren, sondern entsprechend ihrer Eigen-

---

39 Giddens, 1994, p. 18: „The Welfare State grew up as a mode of protecting against misfortune that ‚happen' to people ... it essentially picks up pieces after mishaps have occurred. Positive welfare, by contrast, places much greater emphasis on the mobilising of life-political measures, aimed once more at connecting autonomy with personal and collective responsibilities."
40 De Swaan, 1988.
41 Eichenhofer, VSSR 2004, 93.
42 Rodger, 2000; Handler, in Jepsen/Pascual, 93 ff.; Eichhorst/Kaufmann/Konle-Seidl (Ed.), 2008; Stendahl/Erhag/Devetzi, 2008.
43 Etzioni, 1997.
44 Walzer, 1992.
45 Rawls, 1972.
46 Nussbaum, in Nussbaum/Sen, 1993, p. 35.
47 Sen, 1992.
48 Margalit, 2005.

IV. Ausblick

heiten unterschiedlich ausgleichen – ein konventionelles Argument konservativer Wohlfahrtsstaatlichkeit. Und schließlich darf der **Sozialstaat nicht verabsolutiert**, sondern als unverzichtbares Mittel zur Sicherung der **Freiheit** aller gedacht werden, was seine Selbstbegrenzung nicht nur zu einem Effizienz-, sondern auch normativen Gebot macht.

545 Gelangt in diesem Versuch, die EU auf ein seine Mitgliedstaaten verpflichtendes und orientierendes Leitbild von Sozialstaatlichkeit zu gründen, zum Ausdruck und zur Vollendung, was dieser – in den Worten des Vertrags von Lissabon – aufgetragen ist, nämlich „**soziale Ausgrenzung und Diskriminierung**" zu bekämpfen und „**soziale Gerechtigkeit** und **sozialen Schutz** zu fördern" (Art. 3 III 3 EUV)? Oder kollidiert dieses alles mit der in Art. 153 IV AEUV anerkannten Befugnis der Mitgliedstaaten, „die Grundprinzipien ihres Systems der sozialen Sicherheit festzulegen"?

546 Für die einen enthüllt schon die Frage selbst ein europarechtliches Unverständnis. Denn soll nicht erlaubt sein, was die EU-Institutionen seit Jahrzehnten mit wachsender Intensität betreiben? Für die anderen scheint dagegen ausgemacht zu sein, dass angesichts der Postulate von Subsidiarität und begrenzter Einzelermächtigung (Art. 4, 5 EUV) der Versuch einer umfassenden Bestimmung sozialpolitischer Leitbilder der primär auf den Binnenmarkt ausgerichteten Zwecksetzung der EU zutiefst zuwiderlaufen würde.

547 Das Verhältnis von EU und ihren Mitgliedstaaten wird seit geraumer Zeit als **Mehrebenen-System** bestimmt.[49] Dessen wesentliches Ergebnis ist die Politikverflechtung.[50] Das Mehrebenen-System gestattet den Umgang mit Systemen sozialer Sicherheit, die in mitgliedstaatlicher Vielfalt entwickelt sind und gleichzeitig unter supranationaler Abstimmung und Anleitung auf gemeinsame Zielsetzungen ausgerichtet werden. Im Hinblick auf diese Zuständigkeitsverknüpfung mehrerer Ebenen von Rechtsetzung wird die EU auch als „de facto die erste **postmoderne Regierungsinstitution**"[51] verstanden. Netzwerke und Kooperative treten an die Stelle von klaren Zuständigkeiten, so dass die Suche danach geradewegs anachronistisch, jedenfalls müßig erscheint.[52]

548 Namentlich im Kontext der **OMK** werden die **Grenzen** zwischen EU und Mitgliedstaat unklar, ja ganz unscharf, weil EU und Mitgliedstaaten durch Netzwerke verbunden sind; es kommt zu einem klare Zuständigkeiten verwischenden Regieren in gespaltener Verantwortung.[53] Jedenfalls zielt die OMK eher auf die Harmonisierung von Ideen, Visionen und Handlungsnormen als auf die

---

49 Scharpf, Leviathan 2002, 65 ff.
50 Ebd., 79.
51 Rifkin, 218.
52 Ebd., 242 ff.
53 Teague, 7 (2001) EU Journal of Industrial Relations, pp. 7–26 „patchwork government regime"; Chalmers/Lodge, in Pierson/Castles (Ed.), 2006, pp. 289 et sequ.

§ 21 Das Europäische Sozialmodell

Institutionen und die Gesetzgebung, um Ziele zu definieren, die sich zu einer gemeinsamen politischen Vision verbinden lassen.⁵⁴

Das Sozialrecht der EU – das Gleichheit und gleiche Mindeststandards fordert – hilft auch sozialpolitisch aktiven Mitgliedstaaten, weil es verhindert, dass Länder mit schwachen Sozialstandards auf Kosten von Ländern mit höheren Sozialstandards für die in ihren Staaten niedergelassenen Unternehmen Wettbewerbsvorteile auf Kosten von Beschäftigten in anderen Ländern ziehen. Das soziale Europa gelingt nur im Zusammenwirken von EU und ihren Mitgliedstaaten. Beide sind weder voneinander getrennt, noch zu trennen. Sie stehen deshalb auch nicht gegeneinander, sondern EU und deren Mitgliedstaaten sind miteinander identisch. Denn die EU ist nichts anderes als die Gesamtheit ihrer Mitgliedstaaten. 549

Die EU ist für die Mitgliedstaaten keine ihnen als fremd gegenübertretende Macht. Denn die EU ist nichts anderes als die Gesamtheit aller Mitgliedstaaten in ihrer Verbundenheit und Verbindung. Was die EU macht, müssen die Mitgliedstaaten entweder einstimmig oder in ihrer Mehrheit gutheißen. Die EU kann also von den Mitgliedstaaten nichts verlangen, was diese nicht vorher – jedenfalls in ihrer qualifizierten Mehrheit – beschlossen haben. 550

Die EU hindert die Mitgliedstaaten nicht, neue soziale Regeln zu schaffen; sie bindet die Mitgliedstaaten dabei lediglich daran, dies ohne Diskriminierung zu tun. So überwand das soziale Europa die Grenzen für Menschen, weil es die Sozialrechte der Mitgliedstaaten miteinander verband. Verknüpft EU-Recht die Mitgliedstaaten miteinander, hilft das den in den Grenzregionen (Euregios) lebenden Menschen.

Einheitliche EU-Regeln sollen vor allem sicherstellen, dass Unterschiede in der Arbeits- und Sozialrechtsgestaltung in einzelnen Mitgliedstaaten nicht Wettbewerbsvorteile für einzelne Staaten darstellen, wenn sie weniger Schutz bieten als andere. Der Gefahr einer Abwärtsspirale durch Zunahme der Schäbigkeit bei der Sozialgesetzgebung Schutz sucht die EU mit eigenen Regeln zu begegnen. In einem Binnenmarkt ist solches social dumping unstatthaft. 551

Die Sozialpolitik ist nicht das Einzige, was die EU hervorgebracht, aber sie ist ein wichtiges Element, an dem sich der Vorteil europäischer Politik veranschaulichen lässt. Die EU würde aber verkürzt oder gar verfälscht wahrgenommen, wird ihre sozialpolitische Ausrichtung nicht registriert. Die These, EU vergemeinschafte das Wirtschaftliche und lasse aber das Soziale den Staaten, verkennt, dass Wirtschaft und Soziales nicht verschiedene Gegenstände darstellen oder unterschiedliche Welten betreffen, sondern unterschiedliche Blickrichtungen auf dieselben Gegenstände bezeichnen. Soziale Sicherheit ist auf internationalen Grundannahmen aufgebaut, verwirklicht internationale rechtliche Gewährleistungen. Sie beruhen auf wechselseitigem Lernen – gegenteiliger Position fehlt Blick auf und fürs Ganze.

---

54 Jepsen/Pascual, in Jepsen/Pascual, 2006, p. 25, 35.

IV. Ausblick

552 Aufgrund der Zuständigkeit zur zwischenstaatlichen Modernisierung der Systeme sozialen Schutzes durch die OMK, gestützt auf den originären Auftrag der EU zur Beförderung der sozialen Gerechtigkeit als einer eigenständigen Aufgabe wächst die EU jedoch zunehmend in die Rolle einer die **Sozialpolitik** der Mitgliedstaaten zunehmend bestimmenden und **prägenden Instanz**. Angesichts dessen bleibt es nur, der Hoffnung Ausdruck zu geben: „Da eine (zukünftige) europäische Sozialpolitik der Integration „nach innen" dient, führt eine solche Besinnung auf europäische Traditionen und Vorstellungen auch nicht zu einer negativen Abgrenzung nach außen, wie sie mit der Bildung der nationalen Identitäten einherging".[55] Dank EU-Einflusses änderte sich auch das Denken über die Ausrichtung und Zweck von Sozialpolitik. Vielfalt, Chancengleichheit, Teilhabe durch Befähigung und Ermächtigung – Enabling und Empowerment – führten zu einer neuen, auf Anerkennung von Menschen und ihrer elementaren Menschenrechte gründenden Sozialpolitik.

Die Reform des Sozialstaats im Zeichen einer Stärkung von Arbeitsvermittlung (Job Matching), Erhöhung der Beschäftigungsfähigkeit (Employability), Ausweitung des Unternehmertums (Entrepreneurship) und die Stärkung der Anpassungsfähigkeit von Arbeitnehmern und Unternehmern an gewandelte technische, wirtschaftliche und soziale Gegebenheiten ließen in ganz Europa neue Arbeitsmarktpolitiken reifen, die den Sozialstaat zum aktivierenden Wohlfahrtstaat machten.

Die Harmonisierung von Arbeits- und Sozialrecht ist EU-weit unterdessen vorangekommen. Der Arbeitsschutz liegt heute praktisch in der Zuständigkeit der EU. Diskriminierungen sind wegen des Rechts der EU von vorgeblicher „Normalität" über das Skandalon zum definierten und sanktionierten Rechtsverstoß geworden. Manche Sozialreform wurde durch das EU-Recht in Gang gesetzt.

553 Das soziale Europa gelingt nur im Zusammenwirken von EU und ihren Mitgliedstaaten. Beide sind weder voneinander getrennt, noch zu trennen. Sie stehen deshalb auch nicht gegeneinander, sondern EU und deren Mitgliedstaaten sind miteinander identisch. Denn die EU ist nichts anderes als die Gesamtheit ihrer Mitgliedstaaten. Europa verband und verbindet die es formenden Staaten und die darin lebenden und arbeitenden Menschen, die Täler und sie umgebenden Berge, die Landschaften und zwar als Kultur- wie Sozialräume. In einem solchen Verbinden von Menschen liegt auch der Sinn aller Sozialpolitik. Europa ist deshalb als soziales Projekt zu verstehen!

554 Die EU, welche den Gemeinsamen Markt oder **Binnenmarkt** errichten sollte, entwickelt sich darüber hinaus zunehmend zu einer eigenständigen **sozialpolitischen Institution**. Die Programmatik in der Sozialpolitik wird immer mehr durch die EU bestimmt. Erschien das **Europäische Sozialmodell** anfangs eher als gedankliches Konstrukt denn als Realität,[56] so hat es sich unterdessen als

---

55 Herz/Jetzlsperger, 2008, 131.
56 Zweynert, in Bach, 2008, 25, 26.

§ 21 Das Europäische Sozialmodell

eine belastbare **Institution** erwiesen. Sich auf die **gesamteuropäische Tradition** stützend, nähert sich trotz der Aufteilung der Mitgliedstaaten in unterschiedliche Welten des Wohlfahrtskapitalismus deren Sozialpolitik im Zuge der **europäischen Rechtsvereinheitlichung** durch die OMK in ihren Ausrichtungen und Auswirkungen einander an.

Je mehr dieser Angleichungsprozess voranschreitet, desto mehr prägt die EU auch die **sozialpolitische Programmatik** aller Mitgliedstaaten. Das Europäische Sozialmodell ist den Mitgliedstaaten aus der **europäischen Geschichte** daher mitgegeben und ihre auch vorgegeben; zugleich und vor allem ist es ihnen zur gemeinsamen Verwirklichung aufgegeben!

Es steht für eine **rechtliche Realität** und verkörpert zugleich eine **sozialpolitische Idee!** Der daher potentiell weiter wachsende EU-Einfluss wird durch die sozialen Grundrechte und die von der EU entwickelten sozialpolitischen Leitbilder bestimmt, welche den Mitgliedstaaten zunehmend die Programmatik ihres eigenen Handelns vorgeben. Das Europäische Sozialmodell gilt in letzter Konsequenz freilich **nicht ratione imperii, sondern imperio rationis!**

Verzeichnis der EuGH – Entscheidungen

EuGH – 18.05.1962 – Rs. 13/60 – EU:C:1962:15 Geitling ./. EGKS
EuGH – 05.02.1963 – Rs. 26/62 – EU:C:1963:1 Van Gend & Loos
EuGH – 15.07.1964 – Rs. 100/63 – EU:C:1964:65 van der Veen
EuGH – 02.12.1964 – Rs. 24/64 – EU:C:1964:86 Dingemans
EuGH – 11.03.1965 – Rs. 33/64 – EU:C:1965:19 Heseper
EuGH – 13.07.1966 – Rs. 4-66 – EU:C:1966:43 Hagenbeek
EuGH – 05.07.1967 – Rs. 1/67 – EU:C:1967:27 Ciechelski
EuGH – 05.07.1967 – Rs. 2/67 – EU:C:1967:28 De Moor
EuGH – 30.11.1967 – Rs. 22/67 – EU:C:1967:47 Goffart
EuGH – 05.12.1967 – Rs. 14-67 – EU:C:1967:48 Welchner
EuGH – 05.12.1967 – Rs. 19/67 – EU:C:1967:49 Van der Vecht
EuGH – 12.11.1969 – Rs. 27/69 – EU:C:1969:56 C.F.L.
EuGH – 17.12.1970 – Rs. 35/70 – EU:C:1970:120 Manpower
EuGH – 25.05.1971 – Rs. 80/70 – EU:C:1971:55 Defrenne I
EuGH – 10.11.1971 – Rs. 27/71 – EU:C:1971:105 Keller
EuGH – 16.11.1972 – Rs. 14/72 – EU:C:1972:98 Heinze
EuGH – 16.11.1972 – Rs. 16/72 – EU:C:1972:100 AOK Hamburg
EuGH – 11.04.1973 – Rs. 76/72 – EU:C:1973:46 Michel
EuGH – 07.06.1973 – Rs. 82/72 – EU:C:1973:62 Walder
EuGH – 12.07.1973 – Rs. 13/73 – EU:C:1973:92 Angenieux/Hakenberg
EuGH – 07.11.1973 – Rs. 51/73 – EU:C:1973:116 Smieja
EuGH – 30.04.1974 – Rs. 155/73 – EU:C:1974:40 Sacchi
EuGH – 27.03.1974 – Rs. 127/73 – EU:C:1974:25 Belgische Radio
EuGH – 03.07.1974 – Rs. 9/74 – EU:C:1974:74 Casagrande
EuGH – 09.07.1975 – Rs. 20/75 – EU:C:1975:119 D'Amico
EuGH – 10.07.1975 – Rs. 27/75 – EU:C:1975:106 Bonaffini
EuGH – 30.09.1975 – Rs. 32/75 – EU:C:1975:120 Christini
EuGH – 21.10.1975 – Rs. 24/75 – EU:C:1975:129 Petroni
EuGH – 29.09.1976 – Rs. 17/76 – EU:C:1976:130 Brack
EuGH – 23.11.1976 – Rs. 40/76 – EU:C:1976:157 Kermaschek
EuGH – 15.12.1976 – Rs. 39/76 – EU:C:1976:181 Mouthaan
EuGH – 16.12.1976 – Rs. 63/76 – EU:C:1976:192 Inzirillo
EuGH – 17.02.1977 – Rs. 76/76 – EU:C:1977:32 Di Paolo
EuGH – 05.05.1977 – Rs. 102/76 – EU:C:1977:71 Perenboom
EuGH – 13.10.1977 – Rs. 112/76 – EU:C:1977:152 Manzoni
EuGH – 09.11.1977 – Rs. 41/77 – EU:C:1977:177 Warry

Verzeichnis der EuGH – Entscheidungen

EuGH – 29.11.1977 – Rs. 35/77	– EU:C:1977:194 Beerens
EuGH – 01.12.1977 – Rs. 66/77	– EU:C:1977:201 Kuyken
EuGH – 14.02.1978 – Rs. 27/76	– EU:C:1978:22 United Brands
EuGH – 15.03.1978 – Rs. 126/77	– EU:C:1978:64 Frangiamore
EuGH – 16.03.1978 – Rs. 117/77	– EU:C:1978:72 Pierik I
EuGH – 28.06.1978 – Rs. 1/78	– EU:C:1978:224 Kenny
EuGH – 06.07.1978 – Rs. 9/78	– EU:C:1978:152 Gillard
EuGH – 20.03.1979 – Rs. 139/78	– EU:C:1979:75 Coccioli
EuGH – 29.05.1979 – Rs. 173, 174/78	– EU:C:1979:134 Villano/Barion
EuGH – 31.05.1979 – Rs. 207/78	– EU:C:1979:144 Even
EuGH – 31.05.1979 – Rs. 182/78	– EU:C:1979:142 Pierik II
EuGH – 12.07.1979 – Rs. 237/78	– EU:C:1979:197 CRAM/Toia
EuGH – 10.01.1980 – Rs. 69/79	– EU:C:1980:7 Jordens-Vosters
EuGH – 28.02.1980 – Rs. 67/79	– EU:C:1980:59 Fellinger
EuGH – 24.04.1980 – Rs. C-110/79	– EU:C:1980:112 Coonan
EuGH – 22.05.1980 – Rs. 143/79	– EU:C:1980:134 Walsh
EuGH – 12.06.1980 – Rs. 733/79	– EU:C:1980:156 Laterza
EuGH – 19.06.1980 – Rs. 41, 121 und 796/79	– EU:C:1980:163 Testa, Maggio, Vitale
EuGH – 17.09.1980 – Rs. 730/79	– EU:C:1980:209 Philip Morris ./. Kommission
EuGH – 18.09.1980 – Rs. 818/79	– EU:C:1980:216 AOK Mittelfranken
EuGH – 08.10.1980 – Rs. 810/79	– EU:C:1980:228 Überschär
EuGH – 27.01.1981 – Rs. 70/80	– EU:C:1981:19 Vigier
EuGH – 31.03.1981 – Rs. 99/80	– EU:C:1981:81 Galinsky
EuGH – 14.01.1982 – Rs. 65/81	– EU:C:1982:6 Reina
EuGH – 02.02.1982 – Rs. 7/81	– EU:C:1982:24 Sinatra
EuGH – 27.02.1982 – Rs. 227/81	– EU:C:1982:209 Aubin
EuGH – 23.03.1982 – Rs. 79/81	– EU:C:1982:106 Baccini I
EuGH – 27.05.1982 – Rs. 227/81	– EU:C:1982:209 Aubin
EuGH – 10.06.1982 – Rs. 92/81	– EU:C:1982:219 Caracciolo
EuGH – 23.09.1982 – Rs. 276/81	– EU:C:1982:317 Kuijpers
EuGH – 23.09.1982 – Rs. 274/81	– EU:C:1982:315 Besem
EuGH – 10.03.1983 – Rs. 232/82	– EU:C:1983:70 Baccini II
EuGH – 05.05.1983 – Rs. 139/82	– EU:C:1983:126 Piscitello
EuGH – 05.07.1983 – Rs. 171/82	– EU:C:1983:189 Valentini
EuGH – 21.09.1983 – Rs. 205-215/82	– EU:C:1983:233 Milchkontor
EuGH – 31.01.1984 – Rs. 286/82 und 26/83	– EU:C:1984:35 Luisi and Carbone
EuGH – 07.02.1984 – Rs. 238/82	– EU:C:1984:45 Duphar
EuGH – 15.03.1984 – Rs. 313/82	– EU:C:1984:107 N.V. Tiel – Utrecht
EuGH – 17.05.1984 – Rs. 101/83	– EU:C:1984:312 Raad van Arbeid

EuGH – 11.10.1984 – Rs. 128/83	– EU:C:1984:312 Guyot
EuGH – 13.11.1984 – Rs. 191/83	– EU:C:1984:343 Salzano
EuGH – 07.03.1985 – Rs. 145/84	– EU:C:1985:448 Cochet
EuGH – 27.03.1985 – Rs. 249/83	– EU:C:1985:139 Hoeckx
EuGH – 04.06.1985 – Rs. 117/84	– EU:C:1985:233 Salanes
EuGH – 06.06.1985 – Rs. 157/84	– EU:C:1985:243 Frascogna I
EuGH – 20.06.1985 – Rs. 94/84	– EU:C:1985:264 Deak
EuGH – 04.07.1985 – Rs. 104/84	– EU:C:1985:296 Kromhout
EuGH – 15.01.1986 – Rs. 41/84	– EU:C:1986:1 Pinna I
EuGH – 25.02.1986 – Rs. C-284/84	– EU:C:1986:79 Spruyt
EuGH – 11.03.1986 – Rs. 28/85	– EU:C:1986:113 Deghillage
EuGH – 23.04.1986 – Rs. 153/84	– EU:C:1986:168 Ferraioli
EuGH – 12.06.1986 – Rs. 302/84	– EU:C:1986:242 Ten Holder
EuGH – 12.06.1986 – Rs. 1/85	– EU:C:1986:243 Miethe
EuGH – 24.06.1986 – Rs. 150/85	– EU:C:1986:257 Drake
EuGH – 10.07.1986 – Rs. 234/84	– EU:C:1986:302 Kommission ./. Belgien
EuGH – 10.07.1986 – Rs. 79/85	– EU:C:1986:465 Segers
EuGH – 23.10.1986 – Rs. 300/84	– EU:C:1987:98 van Roosmaalen
EuGH – 04.12.1986 – Rs. 71/85	– EU:C:1986:465 Vakbeweging
EuGH – 24.02.1987 – Rs. 379–381/85, 86/86	– EU:C:1987:98 Giletti
EuGH – 12.03.1987 – Rs. 22/86	– EU:C:1987:130 Rindone
EuGH – 24.03.1987 – Rs. 286/85	– EU:C:1987:154 McDermott/Cotter
EuGH – 04.06.1987 – Rs. 375/85	– EU:C:1987:253 Campana
EuGH – 09.07.1987 – Rs. 377/85	– EU:C:1987:354 Burchell
EuGH – 09.07.1987 – Rs. 82, 103/86	– EU:C:1987:356 Laborero/Sabato
EuGH – 09.07.1987 – Rs. 256/86	– EU:C:1987:359 Frascogna II
EuGH – 30.09.1987 – Rs. 12/86	– EU:C:1987:400 Demirel
EuGH – 06.10.1987 – Rs. 197/85	– EU:C:1987:422 Staffanuti
EuGH – 17.12.1987 – Rs. 147/87	– EU:C:1987:576 Zaoui
EuGH – 07.06.1988 – Rs. C-20/85	– EU:C:1988:283 Roviello
EuGH – 21.06.1988 – Rs. 39/86	– EU:C:1988:322 Lair/Universität Hannover
EuGH – 07.07.1988 – Rs. C-154/87	– EU:C:1988:379 Wolf
EuGH – 29.06.1988 – Rs. 58/87	– EU:C:1988:344 Rebmann
EuGH – 21.09.1988 – Rs. 267/86	– EU:C:1988:205 van Eycke
EuGH – 22.09.1988 – Rs. 236/87	– EU:C:1988:443 Bergemann
EuGH – 05.10.1988 – Rs. 196/87	– EU:C:1988:475 Steymann
EuGH – 02.02.1989 – Rs. 186/87	– EU:C:1989:47 Cowan
EuGH – 15.03.1989 – Rs. 389/87	– EU:C:1988:130 Echternach
EuGH – 11.04.1989 – Rs. 66/86	– EU:C:1988:140 Saeed

Verzeichnis der EuGH – Entscheidungen

EuGH – 18.04.1989 – Rs. 128/88	– EU:C:1989:153 Di Felice
EuGH – 12.05.1989 – Rs. 388/87	– EU:C:1989:196 Warmerdam-Steggerda
EuGH – 30.05.1989 – Rs. C-33/85	– EU:C:1989:222 Allué und Coonan
EuGH – 27.06.1989 – Rs. 48/88, 106 und 107/88	– EU:C:1989:261 Achterberg-Te Riele
EuGH – 13.12.1989 – Rs. 102/88	– EU:C:1989:639 Ruzius-Wilbrink
EuGH – 14.02.1990 – Rs. 301/87	– EU:C:1990:67 Frankreich ./. Kommission
EuGH – 22.02.1990 – Rs. C-228/88	– EU:C:1990:85 Bronzino
EuGH – 22.02.1990 – Rs. C-12/89	– Slg. 1990, I-557 Gatto
EuGH – 21.03.1990 – Rs. C-142/87	– EU:C:1990:125 Belgien ./. Kommission
EuGH – 27.03.1990 – Rs. C-113/89	– EU:C:1990:142 Rush Portuguesa
EuGH – 27.03.1990 – Rs. C-9/89	– EU:C:1990:141 Spanien ./. Rat
EuGH – 05.04.1990 – Rs. C-108/89	– EU:C:1990:167 Pian
EuGH – 05.04.1990 – Rs. C-109/89	– Slg. 1990 I 1619 Bianchin
EuGH – 02.05.1990 – Rs. 293/88	– EU:C:1990:167 Winter-Lutzins
EuGH – 03.05.1990 – Rs. C-2/89	– EU:C:1990:183 Kits van Heijningen
EuGH – 10.05.1990 – Rs. C-163/89	– EU:C:1990:190 Di Conti
EuGH – 04.07.1990 – Rs. C-117/89	– EU:C:1990:279 Kracht
EuGH – 12.07.1990 – Rs. C-236/88	– EU:C:1990:303 Kommission ./. Frankreich
EuGH – 20.09.1990 – Rs. C-5/89	– EU:C:1990:320 Kommission ./. Deutschland
EuGH – 13.11.1990 – Rs. C-99/89	– EU:C:1990:394 Campoy
EuGH – 13.11.1990 – Rs. C-216/89	– EU:C:1990:268 Reibold
EuGH – 13.11.1990 – Rs. C-308/89	– EU:C:1990:400 Di Leo
EuGH – 14.11.1990 – Rs. C-105/89	– EU:C:1990:402 Haji
EuGH – 21.11.1990 – Rs. C-373/89	– EU:C:1990:414 Rouvroy
EuGH – 07.02.1991 – Rs. C-227/89	– EU:C:1991:375 Rönfeldt
EuGH – 21.02.1991 – Rs. C-140/88	– EU:C:1991:64 Noij
EuGH – 26.02.1991 – Rs. C-282/92	– EU:C:1991:80 Antonissen
EuGH – 07.03.1991 – Rs. C-10/90	– EU:C:1991:107 Masgio
EuGH – 13.03.1991 – Rs. C-377/89	– EU:C:1991:116 Cotter, McDermott
EuGH – 20.03.1991 – Rs. C-93/90	– EU:C:1991:136 Cassamali
EuGH – 23.04.1991 – Rs. C-41/90	– EU:C:1991:161 Hoefner und Elser
EuGH – 07.05.1991 – Rs. C-287/89	– EU:C:1991:188 Kommission ./. Belgien
EuGH – 15.05.1991 – Rs. C-201/90	– Slg. 1991 I -2453 Buton
EuGH – 16.05.1991 – Rs. C-272/90	– EU:C:1991:219 van Noorden
EuGH – 11.06.1991 – Rs. C-251/89	– EU:C:1991:242 Athanasopoulos
EuGH – 18.06.1991 – Rs. C-260/89	– EU:C:1991:254 ERT
EuGH – 20.06.1991 – Rs. C-356/89	– EU:C:1991:265 Newton
EuGH – 11.07.1991 – Rs. C-87/90	– EU:C:1990:314 Verholen
EuGH – 11.07.1991 – Rs. C-31/90	– EU:C:1991:311 Johnson

Verzeichnis der EuGH – Entscheidungen

EuGH – 25.07.1991 – Rs. C-221/89	–	EU:C:1991:320 Factortame u. a.
EuGH – 04.10.1991 – Rs. C-349/87	–	EU:C:1991:372 Paraschi
EuGH – 04.10.1991 – Rs. C-196/90	–	EU:C:1991:381 De Paep
EuGH – 10.12.1991 – Rs. C-179/90	–	EU:C:1991:464 Merci et Porto di Genova
EuGH – 21.11.1991 – Rs. C-27/91	–	EU:C:1991:441 Le Manoir
EuGH – 13.12.1991 – Rs. C-18/88	–	EU:C:1991:474 GB-Inno-BM
EuGH – 16.01.1992 – Rs. C-57/90	–	EU:C:1992:10 Kommission/Frankreich
EuGH – 04.02.1992 – Rs. C-243/90	–	EU:C:1992:54 The Queen ./. Secretary of State for Social Security
EuGH – 06.02.1992 – Rs. C-253/90	–	EU:C:1992:58 Kommission/Belgien
EuGH – 18.02.1992 – Rs. C-5/91	–	EU:C:1992:76 Di Prinzio
EuGH – 26.02.1992 – Rs. C-3/90	–	EU:C:1992:89 Bernini
EuGH – 19.03.1992 – Rs. C-188/90	–	EU:C:1992:137 Doriguzzi Zordanin
EuGH – 08.04.1992 – Rs. C-62/91	–	EU:C:1992:177 Gray
EuGH – 03.06.1992 – Rs. C-45/90	–	EU:C:1992:236 Paletta I
EuGH – 11.06.1991 – Rs. C-90/91 und C-91/91	–	EU:C:1992:258 Di Crescenzo
EuGH – 07.07.1992 – Rs. C-369/90	–	EU:C:1992:295 Micheletti
EuGH – 08.07.1992 – Rs. C-243/91	–	EU:C:1992:306 Taghavi
EuGH – 08.07.1992 – Rs. C-102/91	–	EU:C:1992:329 Knoch
EuGH – 16.07.1992 – Rs. C-63/91	–	EU:C:1992:381 Jackson und Cresswell
EuGH – 16.07.1992 – Rs. C-78/91	–	EU:C:1992:331 Hughes
EuGH – 22.09.1992 – Rs. C-153/91	–	EU:C:1992:354 Petit
EuGH – 01.10.1992 – Rs. C-201/91	–	EU:C:1992:368 Grisvard + Kreitz
EuGH – 10.11.1992 – Rs. C-326/90	–	EU:C:1992:491 Kommission ./. Belgien
EuGH – 19.11.1992 – Rs. C-226/91	–	EU:C:1992:451 Molenbroek
EuGH – 09.12.1992 – Rs. C-119/91	–	EU:C:1992:503 McMenamin
EuGH – 17.02.1993 – Rs. C-159/91	–	EU:C:1993:63 Poucet
EuGH – 18.02.1993 – Rs. C-218/91	–	EU:C:1993:72 Gobbis
EuGH – 10.03.1992 – Rs. C-111/91	–	EU:C:1993:92 Kommission ./. Luxemburg
EuGH – 19.05.1993 – Rs. C-320/91	–	EU:C:1993:198 Corbeau
EuGH – 01.07.1993 – Rs. C-154/92	–	EU:C:1993:282 van Cant
EuGH – 02.08.1993 – Rs. C-23/92	–	EU:C:1993:339 Grana-Novoa
EuGH – 13.10.1993 – Rs. C-121/92	–	EU:C:1993:840 Zinnecker
EuGH – 27.10.1993 – Rs. C-337/91	–	EU:C:1993:856 van Gemert-Derks
EuGH – 09.12.1993 – Rs. C-45/92, C-46/92	–	EU:C:1993:921 Lepore und Scamuffa
EuGH – 16.12.1993 – Rs. C-28/92	–	EU:C:1993:942 Leguaye-Neelsen
EuGH – 27.01.1994 – Rs. C-287/92	–	EU:C:1994:120 Van Poucke
EuGH – 27.04.1994 – Rs. C-393/92	–	EU:C:1994:171 Almelo
EuGH – 17.05.1994 – Rs. C-18/93	–	EU:C:1994:195 Corsica Ferries

Verzeichnis der EuGH – Entscheidungen

EuGH – 02.06.1994 – Rs. C-428/92	– EU:C:1994:222 DAK
EuGH – 29.06.1994 – Rs. C-60/93	– EU:C:1994:310 Vander Elst
EuGH – 09.08.1994 – Rs. C-406/93	– EU:C:1994:320 Reichling
EuGH – 22.09.1994 – Rs. C-301/93	– EU:C:1994:341 Bettaccini
EuGH – 28.09.1994 – Rs. C-7/93	– EU:C:1994:350 Beune
EuGH – 05.10.1994 – Rs. C-355/93	– EU:C:1994:369 Eroglu
EuGH – 16.02.1995 – Rs. C-425/93	– EU:C:1995:37 Calle Grenzshop Andresen
EuGH – 08.06.1995 – Rs. C-451/93	– EU:C:1995:176 Delavant
EuGH – 29.06.1995 – Rs. C-454/93	– EU:C:1995:205 van Gestel
EuGH – 13.07.1995 – Rs. C-391/93	– EU:C:1995:240 Perrotta
EuGH – 11.08.1995 – Rs. C-98/94	– EU:C:1995:273 Schmidt
EuGH – 05.10.1995 – Rs. C-321/93	– EU:C:1995:306 Imbernon Martinez
EuGH – 17.10.1995 – Rs. C-450/93	– EU:C:1995:322 Kalanke
EuGH – 17.10.1995 – Rs. C-227/94	– EU:C:1995:352 Olivieri-Coenen
EuGH – 19.10.1995 – Rs. C-137/94	– EU:C:1995:332 Richardson
EuGH – 26.10.1995 – Rs. C-481/93	– EU:C:1995:348 Moscato
EuGH – 09.11.1995 – Rs. C-475/93	– EU:C:1995:371 Thévenon
EuGH – 16.11.1995 – Rs. C-244/94	– EU:C:1995:392 Féderation françaises des sociétés d'assurance
EuGH – 22.11.1995 – Rs. C-443/93	– EU:C:1995:381 Vougioukas
EuGH – 23.11.1995 – Rs. C-394/93	– EU:C:1995:400 Perez
EuGH – 30.11.1995 – Rs. C-55/94	– EU:C:1995:411 Gebhard
EuGH – 14.12.1995 – Rs. C-317/93	– EU:C:1995:438 Nolte
EuGH – 14.12.1995 – Rs. C-444/93	– EU:C:1995:442 Megner und Scheffel
EuGH – 01.02.1996 – Rs. C-308/94	– EU:C:1996:28 Naruschawicus
EuGH – 28.03.1996 – Rs. C-243/94	– EU:C:1996:146 Moreno
EuGH – 30.04.1996 – Rs. C-308/93	– EU:C:1996:169 Cabanis-Issarte
EuGH – 30.04.1996 – Rs. C-13/94	– EU:C:1996:170 Cornwall
EuGH – 02.05.1996 – Rs. C-206/94	– EU:C:1996:182 Paletta II
EuGH – 23.05.1996 – Rs. C-237/94	– EU:C:1996:321 O'Flynn
EuGH – 13.06.1996 – Rs. C-170/95	– EU:C:1996:236 Spataro
EuGH – 11.07.1996 – Rs. C-228/94	– EU:C:1996:288 Atkins
EuGH – 10.09.1996 – Rs. C-277/94	– EU:C:1996:315 Taflan-Met
EuGH – 12.09.1996 – Rs. C-278/94	– EU:C:1996:22 Kommission ./. Belgien
EuGH – 10.10.1996 – Rs. C-278/94	– EU:C:1996:425 Züchner
EuGH – 30.01.1997 – Rs. C-340/94	– EU:C:1997:43 de Jaeck
EuGH – 30.01.1997 – Rs. C-221/95	– EU:C:1997:47 Hervein und Hervillier
EuGH – 30.01.1997 – Rs. C-4/95, C-5/95	– EU:C:1997:44 Stöber, Pereira
EuGH – 20.02.1997 – Rs. C-88/95	– EU:C:1997:69 Losada
EuGH – 20.02.1997 – Rs. C-88/95	– EU:C:1997:88 Moriana

Verzeichnis der EuGH - Entscheidungen

EuGH – 22.04.1997 – Rs. C-180/95	– EU:C:1997:208 Draemphal
EuGH – 12.06.1997 – Rs. C-266/95	– EU:C:1997:292 Merino Garcia
EuGH – 17.06.1997 – Rs. C-70/95	– EU:C:1997:381 Sodemare
EuGH – 25.06.1997 – Rs. C-131/96	– EU:C:1997:317 Mora Romero
EuGH – 10.07.1997 – Rs. C-261/95	– EU:C:1997:351 Palmisani
EuGH – 17.09.1997 – Rs. C-322/95	– EU:C:1997:410 Iurlaro
EuGH – 25.09.1997 – Rs. C-307/96	– EU:C:1997:442 Baldone
EuGH – 02.10.1997 – Rs. C-144/96	– EU:C:1997:459 Cirotti
EuGH – 04.11.1997 – Rs. C-20/96	– EU:C:1997:381 Snares
EuGH – 27.11.1997 – Rs. C-57/96	– EU:C:1997:564 Meints
EuGH – 11.11.1997 – Rs. C-409/95	– EU:C:1997:533 Marshall
EuGH – 02.12.1997 – Rs. C-336/94	– EU:C:1997:579 Dafeki
EuGH – 15.01.1998 – Rs. C-15/96	– EU:C:1998:3 Schöning-Kougebetopoulou
EuGH – 12.02.1998 – Rs. C-366/96	– EU:C:1998:57 Cordel
EuGH – 05.03.1998 – Rs. C-194/96	– EU:C:1998:85 Kulzer
EuGH – 05.03.1998 – Rs. C-160/96	– EU:C:1998:84 Molenaar
EuGH – 28.04.1998 – Rs. C-120/95	– EU:C:1998:167 Decker
EuGH – 28.04.1998 – Rs. C-158/96	– EU:C:1998:171 Kohll
EuGH – 07.05.1998 – Rs. C-113/96	– EU:C:1998:203 Rodriguez
EuGH – 12.05.1998 – Rs. C-85/96	– EU:C:1998:217 Sala
EuGH – 11.06.1998 – Rs. C-297/96	– EU:C:1998:280 Partridge
EuGH – 11.06.1998 – Rs. C-275/96	– EU:C:1998:279 Kuusijärvi
EuGH – 18.06.1998 – Rs. C-266/96	– EU:C:1998:306 Porto di Genova
EuGH – 02.07.1998 – Rs. C-225/95 – C-226/95 und C-227/95	– EU:C:1998:332 Kapasakalis, Skiathitis, Kougiagkas
EuGH – 22.10.1998 – Rs. C-143/97	– EU:C:1998:501 Conti
EuGH – 15.09.1998 – Rs. C-231/96	– EU:C:1998:401 Edilizia
EuGH – 26.11.1998 – Rs. C-1/97	– EU:C:1998:568 Birden ./. Stadtgemeinde Bremen
EuGH – 17.12.1998 – Rs. C-244/97	– EU:C:1998:691 Lustig
EuGH – 26.01.1999 – Rs. C-18/95	– EU:C:1999:22 Terhoeve
EuGH – 25.02.1999 – Rs. C-320/95	– EU:C:1999:90 Alvite
EuGH – 25.02.1999 – Rs. C-90/97	– EU:C:1999:96 Swaddling
EuGH – 04.05.1999 – Rs. C-262/96	– EU:C:1999:228 Sürül
EuGH – 21.09.1999 – Rs. C-67/96	– EU:C:1999:430 Albany
EuGH – 21.09.1999 – Rs. C-397/96	– EU:C:1999:432 Kordel
EuGH – 21.09.1999 – Rs. C-115/97 bis C-117/97	– EU:C:1999:434 Brentjens
EuGH – 21.09.1999 – Rs. C-219/97	– EU:C:1999:437 Drijvende Bokken
EuGH – 18.11.1999 – Rs. C-442/97	– EU:C:1999:560 van Coile
EuGH – 18.11.1999 – Rs. C-161/98	– EU:C:1999:564 Platbrood
EuGH – 18.11.1999 – Rs. C-107/98	– EU:C:1999:562 Teckal

EuGH – 10.02.2000 – Rs. C-202/97	– EU:C:2000:75 Fitzwilliam
EuGH – 15.02.2000 – Rs. C-34/98 und C-169/98	– EU:C:2000:84 Kommission ./. Frankreich
EuGH – 14.03.2000 – Rs. C-102/98	– EU:C:2000:119 Kocak
EuGH – 30.03.2000 – Rs. C-178/97	– EU:C:2000:169 Banks
EuGH – 23.05.2000 – Rs. C-104/98	– EU:C:2000:276 Buchner
EuGH – 23.05.2000 – Rs. C-196/98	– EU:C:2000:278 Hepple
EuGH – 15.06.2000 – Rs. C-302/98	– EU:C:2000:322 Sehrer
EuGH – 06.07.2000 – Rs. C-73/99	– EU:C:2000:369 Movrin
EuGH – 12.09.2000 – Rs. C-180/98 bis C-184/98	– EU:C:2000:478 Pavlov
EuGH – 21.09.2000 – Rs. C-222/98	– EU:C:2000:475 van der Woude
EuGH – 21.09.2000 – Rs. C-124/99	– EU:C:2000:485 Borawitz
EuGH – 26.09.2000 – Rs. C-262/97	– EU:C:2000:492 Engelbrecht
EuGH – 03.10.2000 – Rs. C-380/98	– EU:C:2000:529 University of Cambridge
EuGH – 03.10.2000 – Rs. C-411/98	– EU:C:2000:530 Ferlini
EuGH – 20.10.2000 – Rs. C-242/99	– EU:C:2000:582 Vogler
EuGH – 09.11.2000 – Rs. C-404/98	– EU:C:2000:607 Plum
EuGH – 09.11.2000 – Rs. C-75/99	– EU:C:2000:608 Thelen
EuGH – 23.11.2000 – Rs. C-135/99	– EU:C:2000:647 Elsen
EuGH – 22.02.2001 – Rs. C-52/99, C-53/99	– EU:C:2001:112 Camarotto Vignone
EuGH – 08.03.2001 – Rs. C-68/99	– EU:C:2001:137 Kommission ./. Deutschland
EuGH – 08.03.2001 – Rs. C-215/99	– EU:C:2001:139 Jauch
EuGH – 15.03.2001 – Rs. C-444/98	– EU:C:2001:165 de Laat
EuGH – 15.03.2001 – Rs. C-85/99	– EU:C:2001:166 Offermanns
EuGH – 20.03.2001 – Rs. C-33/99	– EU:C:2001:176 Fahmi
EuGH – 03.05.2001 – Rs. C-347/98	– EU:C:2001:236 Kommission ./. Belgien
EuGH – 10.05.2001 – Rs. C-389/99	– EU:C:2001:264 Rundgren
EuGH – 31.05.2001 – Rs. C-43/99	– EU:C:2001:303 Leclere
EuGH – 28.06.2001 – Rs. C-118/00	– EU:C:2001:368 Larsy
EuGH – 12.07.2001 – Rs. C-368/98	– EU:C:2001:400 Vanbraekel
EuGH – 12.07.2001 – Rs. C-399/98	– EU:C:2001:401 Teatro alla Scala
EuGH – 12.07.2001 – Rs. C-157/99	– EU:C:2001:404 Geraets-Smits und Peerbooms
EuGH – 20.09.2001 – Rs. C-184/99	– EU:C:2001:458 Grzelczyk
EuGH – 11.10.2001 – Rs. C-95/99	– EU:C:2001:532 Khalil
EuGH – 16.10.2001 – Rs. C-212/00	– EU:C:2001:548 Stallone
EuGH – 25.10.2001 – Rs. C-475/99	– EU:C:2001:577 Ambulanz Glöckner
EuGH – 25.10.2001 – Rs. C-189/00	– EU:C:2001:583 Ruhr
EuGH – 22.11.2001 – Rs. C-53/00	– EU:C:2001:112 Ferring ./. ACOSS

Verzeichnis der EuGH – Entscheidungen

EuGH – 27.11.2001 – Rs. C-285/99, C-286/99 — EU:C:2001:627 Lombardini und Mantovani
EuGH – 15.01.2002 – Rs. C-55/00 — EU:C:2002:16 Gottardo
EuGH – 22.01.2002 – Rs. C-218/00 — EU:C:2002:36 INAIL
EuGH – 05.02.2002 – Rs. C-277/99 — EU:C:2002:74 Kaske
EuGH – 05.02.2002 – Rs. C-255/99 — EU:C:2002:73 Humer
EuGH – 07.02.2002 – Rs. C-128/00 — EU:C:2002:82 Kauer
EuGH – 19.02.2002 – Rs. C-309/99 — EU:C:2002:98 Wouters
EuGH – 21.02.2002 – Rs. C-215/00 — EU:C:2002:111 Rydergard
EuGH – 04.03.2002 – Rs. C-175/00 — EU:C:2002:133 Verwayen-Boelen
EuGH – 07.03.2002 – Rs. C-107/00 — EU:C:2002:147 Insalaca
EuGH – 18.04.2002 – Rs. C-290/00 — EU:C:2002:234 Duchon
EuGH – 11.07.2002 – Rs. C-224/98 — EU:C:2002:432 D'Hoop
EuGH – 17.09.2002 – Rs. C-413/99 — EU:C:2002:493 Baumbast
EuGH – 19.03.2002 – Rs. C-476/99 — EU:C:2002:183 Lommers
EuGH – 30.09.2004 – Rs. C-319/03 — EU:C:2004:574 Briheche –
EuGH – 24.09.2002 – Rs. C-471/99 — EU:C:2002:523 Dominguez
EuGH – 03.10.2002 – Rs. C-347/00 — EU:C:2002:430 Barreira Pérez
EuGH – 07.11.2002 – Rs. C-333/00 — EU:C:2002:641 Maaheimo
EuGH – 25.02.2003 – Rs. C-326/00 — EU:C:2003:101 IKA ./. Ioannidis
EuGH – 04.03.2003 – Rs. T-319/99 — EU:T:2003:50 FENIN
EuGH – 13.05.2003 – Rs. C-385/99 — EU:C:2003:270 Müller-Fauré
EuGH – 19.06.2003 – Rs. C-34/02 — EU:C:2003:366 Pasquini
EuGH – 23.10.2003 – Rs. C-56/01 — EU:C:2003:578 Inizan
EuGH – 06.11.2003 – Rs. C-311/01 — EU:C:2003:598 Kommission ./. Niederlande
EuGH – 06.11.2003 – Rs. C-413/01 — EU:C:2003:600 Ninni-Orasche
EuGH – 11.12.2003 – Rs. C-322/01 — EU:C:2003:664 DocMorris
EuGH – 07.01.2004 – Rs. C-117/01 — EU:C:2004:7 K.B.
EuGH – 23.02.2004 – Rs. C-138/02 — EU:C:2004:172 Collins
EuGH – 04.03.2004 – Rs. C-303/02 — EU:C:2004:128 Haackert
EuGH – 16.03.2004 – Rs. C-264/01, C-306/01, 354/01, 355/01 — EU:C:2004:130 AOK
EuGH – 18.03.2004 – Rs. C-8/02 — EU:C:2004:161 Leichtle
EuGH – 23.03.2004 – Rs. C-138/02 — EU:C:2004:269 Collins
EuGH – 28.04.2004 – Rs. C-373/02 — EU:C:2004:232 Öztürk
EuGH – 29.04.2004 – Rs. C-160/02 — EU:C:2004:269 Skalka
EuGH – 30.04.2004 – Rs. C-172/02 — EU:C:2004:283 Bourgard
EuGH – 08.07.2004 – Rs. C-502/01, C-31/02 — EU:C:2004:413 Barth Gaumain Cerri
EuGH – 07.09.2004 – Rs. C-456/02 — EU:C:2004:488 Trojani
EuGH – 16.09.2004 – Rs. C-386/02 — EU:C:2004:535 Baldinger

Verzeichnis der EuGH – Entscheidungen

EuGH – 14.10.2004 – Rs. C-193/03	– EU:C:2004:630 Robert Bosch
EuGH – 19.10.2004 – Rs. C-200/02	– EU:C:2004:639 Zhu, Chen
EuGH – 11.11.2004 – Rs. C-372/02	– EU:C:2004:705 Adanez-Vega
EuGH – 16.12.2004 – Rs. C-293/03	– EU:C:2004:821 My
EuGH – 11.01.2005 – Rs. C-26/03	– EU:C:2005:5 Stadt Halle
EuGH – 20.01.2005 – Rs. C-302/02	– EU:C:2005:36 Effing
EuGH – 15.03.2005 – Rs. C-209/03	– EU:C:2005:169 Bidar
EuGH – 12.04.2005 – Rs. C-145/03	– EU:C:2005:211 Keller
EuGH – 26.05.2005 – Rs. C-249/04	– EU:C:2005:329 Allard
EuGH – 07.06.2005 – Rs. C-543/03	– EU:C:2005:364 Dodl Oberhollenzer
EuGH – 15.06.2005 – Rs. T-349/03	– EU:T:2005:221 Corsica Ferries France SAS
EuGH – 07.07.2005 – Rs. C-227/03	– EU:C:2005:431 van Pommeren Bourgondiën
EuGH – 07.07.2005 – Rs. C-153/03	– EU:C:2005:428 Weide
EuGH – 07.07.2005 – Rs. C-147/03	– EU:C:2005:620 Kommission ./. Österreich
EuGH – 21.07.2005 – Rs. C-30/04	– EU:C:2005:465 Koschitzki
EuGH – 15.09.2005 – Rs. C-258/04	– EU:C:2005:559 Ioannidis
EuGH – 20.10.2005 – Rs. C-264/03	– EU:C:2005:620 Kommission ./. Frankreich
EuGH – 08.11.2005 – Rs. C-443/03	– EU:C:2005:665 Leffler
EuGH – 22.11.2005 – Rs. C-144/04	– EU:C:2005:709 Mangold ./. Helm
EuGH – 26.01.2006 – Rs. C-2/05	– EU:C:2006:69 Herbosch Kiere
EuGH – 16.02.2006 – Rs. C-502/04	– EU:C:2006:112 Torun
EuGH – 16.02.2006 – Rs. C-137/04	– EU:C:2006:106 Rockler
EuGH – 16.02.2006 – Rs. C-185/04	– EU:C:2006:107 Öberg
EuGH – 21.02.2006 – Rs. C-286/03	– EU:C:2006:125 Silvia Hosse
EuGH – 09.03.2006 – Rs. C-493/04	– EU:C:2006:167 Piatkowski
EuGH – 23.03.2006 – Rs. C-408/03	– EU:C:2006:192 Kommission ./. Belgien
EuGH – 30.03.2006 – Rs. C-10/05	– EU:C:2006:260 Mattern und Cikotic
EuGH – 16.05.2006 – Rs. C-372/04	– EU:C:2006:325 Watts
EuGH – 15.06.2006 – Rs. C-466/04	– EU:C:2006:405 Herrera
EuGH – 23.06.2006 – Rs. C-237/04	– EU:C:2006:197 Enirisorse
EuGH – 27.06.2006 – Rs. C-540/03	– EU:C:2006:429 Parlament ./. Rat
EuGH – 06.07.2006 – Rs. C-154/05	– EU:C:2006:449 Kersbergen-Lap/Dams-Schipper
EuGH – 11.07.2006 – Rs. C-205/03	– EU:C:2006:453 FENIN
EuGH – 11.07.2006 – Rs. C-13/05	– EU:C:2006:456 Navas
EuGH – 18.07.2006 – Rs. C-50/05	– EU:C:2006:493 Nikula
EuGH – 18.07.2006 – Rs. C-406/04	– EU:C.2006:491 de Cuyper
EuGH – 21.09.2006 – Rs. C-168/04	– EU:C:2006:595 Kommission ./. Österreich
EuGH – 26.10.2006 – Rs. C-192/05	– EU:C:2006:676 Tas Hagen
EuGH – 09.11.2006 – Rs. C-346/05	– EU:C:2006:711 Chateignier
EuGH – 09.11.2006 – Rs. C-205/05	– EU:C:2006:705 Nemec

Verzeichnis der EuGH – Entscheidungen

EuGH – 09.11.2006 – Rs. C-520/04	– EU:C:2006:703 Turpeinen
EuGH – 14.12.2006 – Rs. C-97/05	– EU:C:2006:780 Gattoussi
EuGH – 19.12.2006 – Rs. C-244/04	– EU:C:2006:49 Kommission ./. Deutschland
EuGH – 11.01.2007 – Rs. C-208/05	– EU:C:2007:16 ITC Innovative Technology Center
EuGH – 16.01.2007 – Rs. C-265/05	– EU:C:2007:26 Naranjo
EuGH – 18.01.2007 – Rs. C-332/05	– EU:C:2007:35 Celozzzi
EuGH – 18.01.2007 – Rs. C-220/05	– EU:C:2007:31 Auroux
EuGH – 17.04.2007 – Rs. C-276/06	– EU:C:2007:215 El Youssfi
EuGH – 19.04.2007 – Rs. C-444/05	– EU:C:2007:231 Stamatelaki
EuGH – 05.07.2007 – Rs. C-522/04	– EU:C:2007:405 Kommission ./. Belgien
EuGH – 18.07.2007 – Rs. C-212/05 – Rs. C-265/05	– EU:C:2007:437 Hartmann
EuGH – 18.07.2007 – Rs. C-213/05	– EU:C:2007:438 Geven
EuGH – 18.07.2007 – Rs. C-325/05	– EU:C:2007:442 Derin
EuGH – 11.09.2007 – Rs. C-287/05	– EU:C:2007:494 Hendrix
EuGH – 16.10.2007 – Rs. C-411/05	– EU:C:2007:604 Palacios
EuGH – 23.10.2007 – Rs. C-11/06, C-12/06	– EU:C:2007:626 Morgan, Bucher
EuGH – 06.12.2007 – Rs. C-456/05	– EU:C:2007:755 Kommission ./. Deutschland
EuGH – 11.12.2007 – Rs. C-291/05	– EU:C:2007:771 Eind
EuGH – 13.12.2007 – Rs. C-337/06	– EU:C:2007:786 Bayerischer Rundfunk
EuGH – 18.12.2007 – Rs. C-341/05	– EU:C:2007:809 Laval
EuGH – 18.12.2007 – Rs. C-396/05, C-419/05, C-450/05	– EU:C:2007:810 Habelt, Möser, Wachter
EuGH – 21.02.2008 – Rs. C-507/06	– EU:C:2008:110 Klöppel
EuGH – 01.04.2008 – Rs. C-212/06	– EU:C:2008:178 Gouvernement de la Communauté française
EuGH – 01.04.2008 – Rs. C-267/06	– EU:C:2008:179 Maruko
EuGH – 03.04.2008 – Rs. C-103/06	– EU:C:2008:185 Derouin
EuGH – 03.04.2008 – Rs. C-331/06	– EU:C:2008:188 Chuck
EuGH – 03.04.2008 – Rs. C-346/06	– EU:C:2008:189 Dirk Rüffert
EuGH – 10.04.2008 – Rs. C-398/06	– EU:C:2008:214 Kommission ./. Niederlande
EuGH – 20.05.2008 – Rs. C-352/06	– EU:C:2008:290 Bosmann
EuGH – 05.06.2008 – Rs. C-164/07	– EU:C:2008:321 James Wood
EuGH – 17.07.2008 – Rs. C-303/06	– EU:C:2008:179 Coleman
EuGH – 11.09.2008 – Rs. C-228/07	– EU:C:2008:494 Petersen
EuGH – 13.11.2008 – Rs. C-46/07	– EU:C:2008:618 Kommission ./. Italien
EuGH – 18.11.2008 – Rs. C-158/07	– EU:C:2008:630 Förster
EuGH – 16.12.2008 – Rs. C-127/07	– EU:C:2008:728 Arcelor
EuGH – 17.02.2009 – Rs. C-465/07	– EU:C:2009:94 Elgafaji
EuGH – 05.03.2009 – Rs. C-350/07	– EU:C:2009:127 Kattner

319

Verzeichnis der EuGH – Entscheidungen

EuGH – 05.03.2009 – Rs. C-388/07	– EU:C:2009:128 The Queen
EuGH – 10.03.2009 – Rs. C-169/07	– EU:C:2009:141 Hartlauer
EuGH – 26.03.2009 – Rs. C-559/07	– EU:C:2009:198 Kommission ./. Hellenische Republik
EuGH – 23.04.2009 – Rs. C-544/07	– EU:C:2009:258 Rüffler
EuGH – 04.06.2009 – Rs. C-22/08, 23/08	– EU:C:2009:344 Vatsouras Koupatantze
EuGH – 11.06.2009 – Rs. C-300/07	– EU:C:2009:358 Oymanns
EuGH – 16.07.2009 – Rs. C-208/07	– EU:C:2009:455 Chamier-Glisczinski DAK
EuGH – 10.09.2009 – Rs. C-269/07	– EU:C:2009:527 Kommission ./. Deutschland
EuGH – 01.10.2009 – Rs. C-567/07	– EU:C:2009:593 Woningstichting
EuGH – 01.10.2009 – Rs. C-3/08	– EU:C:2009:595 Leyman
EuGH – 01.10.2009 – Rs. C-103/08	– EU:C:2009:597 Gottwald
EuGH – 12.01.2010 – Rs. C-341/08	– EU:C:2010:4 Petersen
EuGH – 19.01.2010 – Rs. C-555/07	– EU:C:2010:21 Kücükdeveci
EuGH – 21.01.2010 – Rs. C-546/07	– EU:C:2010:25 Kommission ./. Deutschland
EuGH – 04.02.2010 – Rs. C-14/09	– EU:C:2010:57 Genc
EuGH – 23.02.2010 – Rs. C-310/08	– EU:C:2010:80 Ibrahim
EuGH – 23.02.2010 – Rs. C-480/08	– EU:C:2010:83 Teixeira
EuGH – 02.03.2010 – Rs. C-175-179/08	– EU:C:2008:364 Aydin Salahadin
EuGH – 15.04.2010 – Rs. C-542/08	– EU:C:2010:193 Barth
EuGH – 15.06.2010 – Rs. C-211/08	– EU:C:2010:340 Kommission ./. Spanien
EuGH – 17.06.2010 – Rs. C-31/09	– EU:C:2010:351 Bolbol
EuGH – 09.07.2010 – Rs. C-286/09, C-287/09	– EU:C:2010:420 Ricci, Pisaneschi
EuGH – 29.07.2010 – Rs. C-577/08	– EU:C:2010:449 Brouwer
EuGH – 30.09.2010 – Rs. C-104/09	– EU:C:2010:561 Roca Alvarez
EuGH – 05.10.2010 – Rs. C-512/08	– EU:C:2010:570 Kommission ./. Frankreich
EuGH – 05.10.2010 – Rs. C-173/09	– EU:C:2010:581 Elchinov
EuGH – 12.10.2010 – Rs. C-499/08	– EU:C:2010:600 Ingeniorforeningen i Danmark
EuGH – 12.10.2010 – Rs. C-45/09	– EU:C:2010:601 Rosenbladt
EuGH – 14.10.2010 – Rs. C-345/09	– EU:C:2010:610 van Delft
EuGH – 14.10.2010 – Rs. C-16/09	– EU:C:2010:605 Schwemmer
EuGH – 09.11.2010 – Rs. C-101/09, C-57/09	– EU:C:2010:285 B, D
EuGH – 18.11.2010 – Rs. C-356/09	– EU:C:2010:703 Kleist
EuGH – 03.03.2011 – Rs. C-437/09	– EU:C:2011:112 AG2R Prévoyance
EuGH – 03.03.2011 – Rs. C-440/09	– EU:C:2011:114 Tomaszewska
EuGH – 08.03.2011 – Rs. C-34/09	– EU:C:2011:124 Ruiz Zambrano
EuGH – 10.03.2011 – Rs. C-516/09	– EU:C:2011:4 Borger
EuGH – 10.03.2011 – Rs. C-274/09	– EU:C:2011:130 Stadler
EuGH – 10.03.2011 – Rs. C-379/09	– EU:C:2011:131 Casteels

EuGH – 05.05.2011 – Rs. C-537/09	– EU:C:2011:278 Bartlett
EuGH – 05.05.2011 – Rs. C-206/10	– EU:C:2011:283 Kommission ./. Deutschland
EuGH – 10.05.2011 – Rs. C-147/08	– EU:C:2011:286 Römer
EuGH – 26.05.2011 – Rs. C-485/07	– EU:C:2011:346 Akdas
EuGH – 22.06.2011 – Rs. C-399/09	– EU:C:2011:415 Landtova
EuGH – 30.06.2011 – Rs. C-388/09	– EU:C:2011:130 da Silva Martins
EuGH – 21.07.2011 – Rs. C-159/10, C-160/10	– EU:C:2011:508 Fuchs und Köhler
EuGH – 21.07.2011 – Rs. C-503/09	– EU:C:2011:733 Stewart
EuGH – 13.09.2011 – Rs. C-447/09	– EU:C:2011:573 Prigge
EuGH – 20.10.2011 – Rs. C-225/10	– EU:C:2011:678 Perez Garcia
EuGH – 27.10.2011 – Rs. C-255/09	– EU:C:2011:130 Kommission ./. Portugal
EuGH – 15.11.2011 – Rs. C-256/11	– EU:C:2011:734 Dereci
EuGH – 15.12.2011 – Rs. C-257/10	– EU:C:2011:839 Bergström
EuGH – 17.01.2012 – Rs. C-347/10	– EU:C:2012:17 Salemink
EuGH – 07.06.2012 – Rs. C-106/11	– EU:C:2012:328 Bakker
EuGH – 12.06.2012 – Rs. C-611/10, C-612/10	– EU:C:2012:339 Hudzinski, Wawrzyniak
EuGH – 28.06.2012 – Rs. C-172/11	– EU:C:2012:157 Erny
EuGH – 12.07.2012 – Rs. C-562/10	– EU:C:2012:442 Kommission ./. Deutschland
EuGH – 19.07.2012 – Rs. C-451/11	– EU:C:2012:504 Dülger
EuGH – 19.07.2012 – Rs. C-522/10	– EU:C:2012:475 Reichel – Albert
EuGH – 06.09.2012 – Rs. C-147/11, C-148/11	– EU:C:2012:538 Czop und Punakova
EuGH – 27.09.2012 – Rs. C-137/11	– EU:C:2012:593 Partena
EuGH – 04.10.2012 – Rs. C-115/11	– EU:C:2012:606 Fortmat Urzadzenia
EuGH – 08.11.2012 – Rs. C-268/11	– EU:C:2012:695 Gülbahce
EuGH – 08.11.2012 – Rs. C-461/11	– EU:C:2012:704 Radziejewski
EuGH – 13.12.2012 – Rs. C-379/11	– EU:C:2012:798 Caves Krier
EuGH – 19.12.2012 – Rs. C-364/11	– EU:C:2012:826 Mostafa El Karem Abden El Kott
EuGH – 21.02.2013 – Rs. C-282/11	– EU:C:2013:86 Salgado González
EuGH – 21.02.2013 – Rs. C-619/11	– EU:C:2013:92 Dumont de Chassart
EuGH – 21.02.2013 – Rs. C-46/12	– EU:C:2013:97 N
EuGH – 07.03.2013 – Rs. C-127/11	– EU:C:2013:140 van den Booven
EuGH – 11.04.2013 – Rs. C-335/11, C-337/11	– EU:C:2013:222 Ring, Wrege
EuGH – 11.04.2013 – Rs. C-443/11	– EU:C:2013:224 Jeltes
EuGH – 18.04.2013 – Rs. C-548/11	– EU:C:2013:249 Mulders
EuGH – 08.05.2013 – Rs. C-529/11	– EU:C:2013:290 Alarape
EuGH – 16.05.2013 – Rs. C-589/10	– EU:C:2013:303 Wencel
EuGH – 13.06.2013 – Rs. C-45/12	– EU:C:2013:390 Hadj Ahmed

Verzeichnis der EuGH - Entscheidungen

EuGH - 20.06.2013 - Rs. C-20/12 — EU:C:2013:411 Giersch
EuGH - 27.06.2013 - Rs. C-575/11 — EU:C:2013:430 Nasiopoulos
EuGH - 04.07.2013 - Rs. C-233/12 — EU:C:2013:449 Gardella
EuGH - 12.09.2013 - Rs. C-526/11 — EU:C:2013:543 IVD
EuGH - 12.09.2013 - Rs. C-614/11 — EU:C:2013:544 Kuso
EuGH - 19.09.2013 - Rs. C-216/12, C-217/12 — EU:C:2013:568 Hliddal, Bornand
EuGH - 19.09.2013 - Rs. C-140/12 — EU:C:2013:565 Brey
EuGH - 19.09.2013 - Rs. C-5/12 — EU:C:2013:571 Montull
EuGH - 26.09.2013 - Rs. C-539/11 — EU:C:2013:591 Ottica
EuGH - 03.10.2013 - Rs. C-59/12 — EU:C:2013:634 BKK Mobil
EuGH - 10.10.2013 - Rs. C-321/12 — EU:C:2013:648 van der Helder, Farrington
EuGH - 24.10.2013 - Rs. C-177/12 — EU:C:2013:689 Lachheb
EuGH - 25.10.2013 - Rs. C-367/11 — EU:C:2013:668 Prete
EuGH - 07.11.2013 - Rs. C-199/12, C-201/12 — EU:C:2013:720 X, Y
EuGH - 12.12.2013 - Rs. C-267/12 — EU:C:2013:823 Hay
EuGH - 27.02.2014 - Rs. C-79/13 — EU:C:2014:103 Saciri
EuGH - 27.02.2014 - Rs. C-32/13 — EU:C:2014:107 Würker
EuGH - 18.03.2014 - Rs. C-362/13 — EU:C:2014:159 Z
EuGH - 18.03.2014 - Rs. C-603/12 — EU:C:2014:203 Braun
EuGH - 08.05.2014 - Rs. C-347/12 — EU:C:2014:300 Wiering
EuGH - 05.06.2014 - Rs. C-255/13 — EU:C:2014:1239 I
EuGH - 19.06.2014 - Rs. C-507/12 — EU:C:2014:2007 Jessy Saint Prix
EuGH - 11.09.2014 - Rs. C-394/13 — EU:C:2014:2199 B
EuGH - 09.10.2014 - Rs. C-268/13 — EU:C:2014:2271 Petru
EuGH - 05.11.2014 - Rs. C-103/13 — EU:C:2014:2334 Somova
EuGH - 06.11.2014 - Rs. C-4/13 — EU:C:2014:2344 Fassbender-Firman
EuGH - 11.11.2014 - Rs. C-333/13 — EU:C:2014:2358 Dano
EuGH - 13.11.2014 - Rs. C-416/13 — EU:C:2014:2371 Perez
EuGH - 11.12.2014 - Rs. C-249/13 — EU:C:2014:2431 Bandjlida
EuGH - 18.12.2014 - Rs. C-562/13 — EU:C:2014:2453 Abdida
EuGH - 18.12.2014 - Rs. C-354/13 — EU:C:2014:2463 FAO ./. KL
EuGH - 18.12.2014 - Rs. C-81/13 — EU:C:2014:2449 Vereinigtes Königreich ./. Rat
EuGH - 18.12.2014 - Rs. C-523/13 — EU:C:2014:2458 Larcher
EuGH - 14.01.2015 - Rs. C-171/13 — EU:C:2015:8 Demirci
EuGH - 15.01.2015 - Rs. C-179/13 — EU:C:2015:12 Evans
EuGH - 22.01.2015 - Rs. C-401/13 — EU:C:2015:26 Balaczs
EuGH - 28.01.2015 - Rs. C-417/13 — EU:C:2015:38 Starjakob
EuGH - 04.02.2015 - Rs. C-647/13 — EU:C:2015:54 Melchior
EuGH - 05.02.2015 - Rs. C-655/13 — EU:C:2015:62 Mertens

Verzeichnis der EuGH – Entscheidungen

EuGH – 24.02.2015 – Rs. C-512/13	–	EU:C:2015:108 Sopora
EuGH – 12.02.2015 – Rs. C-114/13	–	EU:C:2015:81 Bouman
EuGH – 26.02.2015 – Rs. C-623/13	–	EU:C:2015:123 de Ruyter
EuGH – 26.02.2015 – Rs. C-462/13	–	EU:C:2015:117 Shepherd
EuGH – 19.03.2015 – Rs. C-266/13	–	EU:C:2015:188 Kik
EuGH – 14.04.2015 – Rs. C-527/13	–	EU:C:2015:215 Cachaldora Fernandez
EuGH – 23.04.2015 – Rs. C-382/13	–	EU:C:2015:261 Franzen
EuGH – 05.06.2015 – Rs. C-543/13	–	EU:C:2015:359 Fischer Lintjes
EuGH – 18.06.2015 – Rs. C-9/14	–	EU:C:2015:406 Kieback
EuGH – 15.09.2015 – Rs. C-67/14	–	EU:C:2015:597 Alimanovic
EuGH – 10.09.2015 – Rs. C-408/14	–	EU:C:2015:591 Wojciechowski
EuGH – 22.01.2015 – Rs. C-401/13	–	EU:C:2015:26 Balacz
EuGH – 05.02.2015 – Rs. C-655/13	–	EU:C:2015:62 Mertens
EuGH – 26.05.2015 – Rs. C-623/13	–	EU:C:2015:123 de Ruyter
EuGH – 16.09.2015 – Rs. C-361/13	–	EU:C:2015:601 Kommission ./. Slowakei
EuGH – 16.09.2015 – Rs. C-433/12	–	EU:C:2015:602 Kommission ./. Slowakei
EuGH – 01.10.2015 – Rs C-201/14	–	EU:C:2015:638 Smaranda Bara
EuGH – 01.10.2015 – Rs. C-432/14	–	EU:C:2015:643 O
EuGH – 22.20.2015 – Rs. C-378/14	–	EU:C:2015:720 Trapowski
EuGH – 17.12.2015 – Rs C-407/14	–	EU:C:2015:831 Camacho
EuGH – 17.12.2015 – Rs. C-239/14	–	EU:C:2015:824 Tall
EuGH – 21.01.2016 – Rs. C-453/14	–	EU:C:2016:37 Knauer
EuGH – 21.01.2016 – Rs. C-515/14	–	EU:C:2016:30 Kommission ./. Zypern
EuGH – 25.02.2016 – Rs. C-299/14	–	EU:C:2016:114 García-Nieto
EuGH – 01.03.2016 – Rs. C-443-444/14	–	EU:C:2016:127 Alo, Osso
EuGH – 03.03.2016 – Rs. C-127/14	–	EU:C:2016:35 Kommission ./. Malta
EuGH – 07.04.2016 – Rs. C-284/15	–	EU:C:2016:220 ONem
EuGH – 26.05.2016 – Rs. C-300/15	–	EU:C:2016:361 Kohll und Kohll-Schlesser
EuGH – 02.06.2016 – Rs. C-122/15	–	EU:C:2016:391 C
EuGH – 02.06.2016 – Rs. C-410/14	–	EU:C:2016:399 Falk ./. DAK
EuGH – 14.06.2016 – Rs. C-308/14	–	EU:C:2016:436 Kommission ./. Vereinigtes Königreich
EuGH – 16.06.2016 – Rs. C-159/15	–	EU:C:2016:451 Lesar
EuGH – 13.07.2016 – Rs. C-187/15	–	EU:C:2016:550 Pöpperl
EuGH – 28.07.2016 – Rs. C-423/15	–	EU:C:2016:604 Kratzer
EuGH – 13.09.2016 – Rs. C-165/14	–	EU:C:2016:675 Rendón Marin
EuGH – 06.10.2016 – Rs. C-466/15	–	EU:C:2016:749 Adrian
EuGH – 26.10.2016 – Rs. C-269/15	–	EU:C:2016:802 Hoogstad
EuGH – 11.10.2016 – Rs. C-601/14	–	EU:C:2016:759 Kommission ./. Italien
EuGH – 15.11.2016 – Rs. C-258/15	–	EU:C:2016:873 Sorondo

Verzeichnis der EuGH – Entscheidungen

EuGH – 24.11.2016 – Rs. C-454/15	– EU:C:2016:891 Webb-Säman
EuGH – 01.12.2016 – Rs. C-395/15	– EU:C:2016:917 Daouidi
EuGH – 14.12.2016 – Rs. C-238/15	– EU:C:2016:949 Verruga
EuGH – 15.12.2016 – Rs. C-401/15	– EU:C:2016:955 Depesne
EuGH – 21.12.2016 – Rs. C-539/15	– EU:C:2016:977 Bouman
EuGH – 31.01.2017 – Rs. C-573/14	– EU:C:2017:71 Lounani
EuGH – 01.02.2017 – Rs. C-430/15	– EU:C:2017:74 Tolley
EuGH – 16.02.2017 – Rs. C-578/16	– EU:C:2017:127 C.K., H.F., A.
EuGH – 09.03.2017 – Rs. C-406/15	– EU:C:2017:198 Milkova
EuGH – 14.03.2017 – Rs. C-157/15	– EU:C:2017:203 Secure Solutions
EuGH – 14.03.2017 – Rs. C-188/15	– EU:C:2017:204 Bougnaoui
EuGH – 02.03.2017 – Rs. C-496/15	– EU:C:2017:152 Eschenbrunner
EuGH – 27.04.2017 – Rs. C-620/15	– EU:C:2017:309 A-Rosa Flussschiff
EuGH – 10.05.2017 – Rs. C-133/15	– EU:C:2017:354 Chavez-Vildez
EuGH – 10.05.2017 – Rs. C-690/15	– EU:C:2017:355 Lobkowicz
EuGH – 21.06.2017 – Rs. C-449/16	– EU:C:2017:485 Martínez Silva
EuGH – 05.07.2017 – Rs. C-190/16	– EU:C:2017:513 Fries gegen Lufthansa Cityline
EuGH – 13.07.2017 – Rs. C-89/16	– EU:C:2017:538 Szoja
EuGH – 13.07.2017 – Rs. C-354/16	– EU:C:2017:539 Kleinsteuber
EuGH – 26.07.2017 – Rs. C-670/16	– EU:C:2017:587 Mengesteab
EuGH – 13.09.2017 – Rs. C-569/15	– EU:C:2017:673 X
EuGH – 09.11.2017 – Rs. C-98/15	– EU:C:2017:833 Espadas Recio
EuGH – 07.12.2017 – Rs. C-189/16	– EU:C:2017:946 Zaniewicz-Dybeck
EuGH – 20.12.2017 – Rs. C-442/16	– EU:C:2017:1084 Gusa
EuGH – 18.01.2018 – Rs. C-45/17	– EU:C:2018:18 Jahin
EuGH – 06.02.2018 – Rs. C-359/16	– EU:C:2018:63 Altun
EuGH – 07.03.2018 – Rs. C-651/16	– EU:C:2018:1623 DW
EuGH – 15.03.2018 – Rs. C-431/16	– EU:C:2018:189 Planco Margés
EuGH – 21.03.2018 – Rs. C-551/16	– EU:C:2018:200 Klein Schiphorst
EuGH – 30.05.2018 – Rs. C-517/16	– EU:C:2018:350 Czerwinski
EuGH – 28.06.2018 – Rs. C-2/17	– EU:C:2018:511 Crespo Rey
EuGH – 11.07.2018 – Rs. C-356/15	– EU:C:2018:555 Kommission ./. Belgien
EuGH – 25.07.2018 – Rs. C-679/16	– EU:C:2018:601 A
EuGH – 06.09.2018 – Rs. C-17/17	– EU:C:2018:674 Hampshire
EuGH – 06.09.2018 – Rs. C-527/16	– EU:C:2018:669 Alpenrind
EuGH – 19.09.2018 – Rs. C-312/17	– EU:C:2018:734 Bedi
EuGH – 25.10.2018 – Rs. C-451/17	– EU:C:2018:86 Walltopia
EuGH – 21.11.2018 – Rs. C-713/17	– EU:C:2018:929 Ayubi
EuGH – 23.01.2019 – Rs. C-272/17	– EU:C:2019:49 Zyla
EuGH – 24.01.2019 – Rs. C-477/17	– EU:C:2019:60 Balandin

Verzeichnis der EuGH – Entscheidungen

EuGH – 07.02.2019 – Rs. C-322/17 – EU:C:2019:102 Bogatu
EuGH – 13.02.2019 – Rs. C-179/18 – EU:C:2019:111 Rohart
EuGH – 28.02.2019 – Rs. C-579/17 – EU:C:2019:162 BUAK
EuGH – 08.03.2019 – Rs. C-161/18 – EU:C.2019:382 Láiz
EuGH – 08.03.2019 – Rs. C-631/17 – EU:C:2019:38 SF/Inspecteur van de Belastingdienst
EuGH – 14.03.2019 – Rs. C-372/17 – EU:C:2019:206 Dreyer
EuGH – 14.03.2019 – Rs. C-134/18 – EU:C:2019:212 Vester
EuGH – 19.03.2019 – Rs. C-163/17 – EU:C:2019:218 Jawo
EuGH – 19.03.2019 – Rs. C-297/17, C-318/17, C-319/17 – EU:C:2019:219 Ibrahim
EuGH – 11.04.2019 – Rs. C-483/17 – EU:C:2019:309 Tarola
EuGH – 14.05.2019 – Rs. C-55/18 – EU:C:2019:402 CCOO
EuGH – 15.05.2019 – Rs. C-677/17 – EU:C:2019:408 Coban
EuGH – 06.06.2019 – Rs. C-33/18 – EU:C:2019:470 V
EuGH – 10.07.2019 – Rs. C-410/18 – EU:C:2019:582 Aubriet
EuGH – 04.09.2019 – Rs. C-473/18 – EU:C:2019:662 GP
EuGH – 12.09.2019 – Rs. C-64/18, C-140/18, C-146/18, C-148/18 – EU:C:2019:723 Maksimovic
EuGH – 18.09.2019 – Rs. C-32/18 – EU:C:2019:752 Moser
EuGH – 19.09.2019 – Rs. C-95/18 – EU:C:2019:767 Van den Berg, Giessen, Franzen
EuGH – 03.10.2019 – Rs. C-302/18 – EU:C:2019:830 X
EuGH – 12.11.2019 – Rs. Rs. C-233/18 – EU:C:2019:956 Haqbin ./. Belgien
EuGH – 05.12.2019 – Rs. C-398/18, C-428/18 – EU:C:2019:1050 Bocero Torrico
EuGH – 18.12.2019 – Rs. C-447/18 – EU:C:2019:1098 Generálny riaditief Sociálnej poist'ovne Bratislava
EuGH – 19.12.2019 – Rs. C-168/18 – EU:C:2019:1128 PSV/Günter Bauer
EuGH – 22.01.2020 – Rs. C-32/19 – EU:C:2020:25 Pensionsversicherungsanstalt
EuGH – 30.01.2020 – Rs. C-395/18 – EU:C:2020:58 Tim
EuGH – 23.01.2020 – Rs. C-29/19 – EU:C:2020:36 Bundesagentur für Arbeit
EuGH – 05.03.2020 – Rs. C-135/19 – EU:C:2020:77 Pensionsversicherungsanstalt Reha
EuGH – 12.03.2020 – Rs. C-769/18 – EU:C:2020:203 Caisse d'assurance retraite et de la santé au travail d'Alsace-Moselle ./. SJ
EuGH – 02.04.2020 – Rs. C-370/18 – EU:C:2020:260 CRPNPAC
EuGH – 02.04.2020 – Rs. C-802/18 – EU:C:2020:269 Caisse pour l' avenir des enfants
EuGH – 14.05.2020 – Rs. C-17/19 – EU:C:2020:379 Bouygues travaux publics
EuGH – 05.03.2020 – Rs. C-135/19 – EU:C:2020:177 Pensionsversicherungsanstalt
EuGH – 12.05.2020 – Rs. C-27/20 – EU:C:2021:383 CAF
EuGH – 11.06.2020 – Rs. C-262/18 – EU:C:2020:450 Kommission ./. Dovera zdavotna poist'ovno
EuGH – 16.07.2020 – Rs. C-610/18 – EU:C:2020:565 AFMB

Verzeichnis der EuGH – Entscheidungen

EuGH – 23. 09. 2020 – Rs. C-777/18 – EU:C:2020:745 WO
EuGH – 06. 10. 2020 – Rs. C-191/19 – EU:C:2020:377 Jobcenter Krefeld
EuGH – 29. 10. 2020 – Rs. C-243/19 – EU:C:2020:872 Vesilibas
EuGH – 25. 11. 2020 – Rs. C-302/19 – EU:C:2020:957 INPS ./. WS.

Verzeichnis der EuGMR – Entscheidungen

EuGMR – 09.10.1979 – Application no.	6289/73 (Airey ./. Ireland)
EuGMR – 26.03.1985 – Application no.	8978/80 (X. and Y. ./. The Netherlands)
EuGMR – 29.05.1986 – Application no.	8562/79 (Feldbrugge ./. The Netherlands)
EuGMR – 26.02.1993 – Application no.	13023/87 (Salesi ./. Italien)
EuGMR – 09.12.1994 – Application no.	19005/91, 19006/91 (Schouten and Meldrum ./. The Netherlands)
EuGMR – 31.01.1995 – Application no.	14518/89 (Schuler-Zgraggen ./. Switzerland)
EuGMR – 16.09.1996 – Application no.	17371/90 (Gaygusuz ./. Austria)
EuGMR – 27.03.1998 – Application no.	20458/92 (Petrovic ./. Austria)
EuGMR – 05.10.2000 – Application no.	33804/96 (Mennitto ./. Italy)
EuGMR – 10.05.2001 – Application no.	29392/95 (Z and others ./. United Kingdom)
EuGMR – 30.04.2002 – Application no.	13444/04 (Glor ./. Schweiz)
EuGMR – 07.05.2002 – Application no.	59498/00 (Burdov ./. Russia)
EuGMR – 04.06.2002 – Application no.	34462/97 (Wessels-Bergervoet ./. The Netherlands)
EuGMR – 11.06.2002 – Application no.	36042/97 (Willis ./. United Kingdom)
EuGMR – 30.09.2003 – Application no.	40892/98 (Koua Poirrez ./. Frankreich)
EuGMR – 05.10.2004 – Application no.	455508/99 (H.L. ./. Vereinigtes Königreich)
EuGMR – 12.10.2004 – Application no.	60669/00 (Kjartan Asmundsson ./. Iceland)
EuGMR – 25.10.2005 – Application no.	69341/01 (Yuriy Romanov ./. Russia)
EuGMR – 12.04.2006 – Application no.	65731/01, 65900/01 (Stec and others ./. United Kingdom)
EuGMR – 09.05.2006 – Application no.	60255/00, (Pereira Henriques ./. Luxembourg)
EuGMR – 03.04.2008 – Application no.	3236/03 (Ponomaryov ./. Ukraine)
EuGMR – 18.02.2009 – Application no.	55707/00 (Andrejeva ./. Latvia)
EuGMR – 10.03.2009 – Application no.	45413/07 (Anakomba Yula ./. Belgium)
EuGMR – 15.09.2009 – Application no.	10373/05 (Moskal ./. Poland)
EuGMR – 16.03.2010 – Application no.	42184/05, (Carson and others ./. The United Kingdom)
EuGMR – 08.01.2013 – Application no.	9134/06 (Efe ./. Austria)
EuGMR – 03.03.2011 – Application no.	57028/00 (Klein ./. Austria)
EuGMR – 26.07.2011 – Application no.	30614/06 (Iwaszkiewicz ./. Poland)
EuGMR – 27.09.2011 – Application no.	56328/07, (Bah ./. The United Kingdom)
EuGMR – 25.10.2011 – Application no.	2033/04, 171/05, 19125/04, 19475/04, 19490/04, 19495/04, 19497/04, 2041/05, 24729/04 (Valkov and others ./. Bulgaria)
EuGMR – 17.01.2012 – Application no.	13469/06 (Stanev ./. Bulgarien)

Verzeichnis der EuGMR – Entscheidungen

EuGMR – 24.07.2012 – Application no.	13178/03 (Dordevic ./. Kroatien)
EuGMR – 16.04.2013 – Application no.	17299/12 (Aswat ./. Vereinigtes Königreich)
EuGMR – 18.06.2013 – Application no.	48609/06 (Nencheva ./. Bulgarien)
EuGMR – 24.10.2013 – Application no.	52943/10 (Damjanac ./. Croatia)
EuGMR – 08.10.2013 – Application no.	34799/07 (Pej i ./. Serbia)
EuGMR – 07.11.2013 – Application no.	10441/06 (Pichkur ./. Ukraine)
EuGMR – 12.03.2014 – Application no.	26828/06 (Kuri and others ./. Slovenia)
EuGMR – 17.07.2014 – Application no.	47848/08 (Câmpeauce ./. Rumänien)
EuGMR – 02.02.2016 – Application no.	7186/09 (Di Trizio ./. Schweiz)
EuGMR – 23.02.2016 – Application no.	51500/08 (Cam ./. Türkei)
EuGMR – 02.06.2016 – Application no.	23646/09 (Kancev ./. Deutschland)
EuGMR – 27.12.2017 – Application no.	4086/18 (Oleynik ./. Russland)
EuGMR – 05.03.2020 – Application no.	60477/12 (Grobelny ./. Polen)
EuGMR – 12.03.2019 – Application no.	34299/14 (Said ./. Niederlande)
EuGMR – 11.02.2020 – Application no.	82968/17 (Seiko ./. Litauen)

Verzeichnis der zitierten selbstständigen Literatur

Abig, Constanze, Die Europäische Beschäftigungsstrategie im Lichte des Förderns und Forderns, SF 2005, 113

Adomeit, Klaus, Diskriminierung – Inflationierung eines Begriffs, NJW 2002, 1622

Adomeit, Klaus, Schutz gegen Diskriminierung – eine neue Runde, NJW 2003, 1162

Akandji-Kombé, Jean-François, Droit constitutionnel, droit international et droit européen des droits de l'homme: concurrence, confusion, complémentarité?, Droit social 2014, 301

Akandji-Kombé, Jean-François, Egalité et Droit Social, Paris 2014

Albrecht, Grit, Das Recht der Arbeitsförderung in den Niederlanden, Baden-Baden 2005

Albrecht, Jan Philipp/Putzko, Florian, Das neue Datenschutzrecht der EU, Baden-Baden, 2013;

Ales, Edoardo/Jaspers, Teun/Lorber, Pascale/Sachs-Durand, Corinne/Wendeling-Schröder, Ulrike (Ed.), Fundamental Social Rights in Europe: Challenges and Opportunities, Antwerp 2009

Ales, Edoardo, Der transnationale Kollektivvertrag zwischen Vergangenheit, Gegenwart und Zukunft, ZESAR 2007, 150

Alston, Philip (Ed.), L'Union Européenne et les Droits de l'Homme, Bruxelles 2001

Alston, Philip (Ed.), The EU and human rights, Oxford 1999

Andor, László, Basic European Unemployment Insurance – The Best Way Forward in Strengthening the EMUs Resilience and Europe's recovery, Intereconomics 4, 2014, 184

Apelles Conceicao Organizacao, Direito internacional e europeu de seguranca social, Lisboa, 1997

Argandona, Antonio/Gual, Jordi, The Social Dimensions of Employment, Cheltenham 2002

Armbrecht, Stefanie, Ausbildungsförderung für Studenten – Gleicher Zugang für Unionsbürger? ZeuS 2005, 175

Arts, Wil/Gelissen, John, Three Worlds of Welfare Capitalism or more?, 12 (2002) Journal of European Social Policy, 137

Ashiagbor, Diamond, The European Employment Strategy, Oxford 2005

Asscher-Vonk, Irene Petronella/Groenendijk, Cornelis Arnoldus, Gelijke-behandeling: regels en realiteit, Den Haag 1999

Atkinson, Anthony Barnes, The Economic Consequences of Rolling Back the Welfare State, Massachusetts 1990

Aubin, Claire, L'Europe sociale entre mythe et réalité, Droit Social 2007, 618

Verzeichnis der zitierten selbstständigen Literatur

Axer, Peter, Europäisierung des Sozialversicherungsrechts, Die Verwaltung, Beiheft 10, 2010, 123

Axer, Peter, Europäisches Kartellrecht und nationales Krankenversicherungsrecht, NZS 2002, 57

Bade, Klaus J., Europa in Bewegung: Migration vom späten 18. Jahrhundert bis zur Gegenwart, München 2000

Bader, Markus, Die Rechtmäßigkeit der Künstlersozialabgabe unter besonderer Berücksichtigung der Auslandshonorare, Frankfurt/Main 2004

Baer, Susanne, „Ende der Privatautonomie" oder grundrechtlich fundierte Rechtssetzung?, Zeitschrift für Rechtspolitik 2002, 290

Barnard, Catherine C., EC Employment Law, 3rd Ed., Oxford 2006

Barwig, Klaus/Beichel-Benedetti, Stephan/Brinkmann, Gisbert (Hg.), Solidarität, Hohenheimer Tage zum Ausländerrecht 2012, Baden-Baden 2013

Barwig, Klaus/Rainer Dobbelstein (Hg.), Den Fremden akzeptieren: Festschrift für Gisbert Brinkmann, Baden-Baden 2012

Barwig, Klaus/Beichel-Benedetti, Stephan/Brinkmann, Gisbert (Hg.), Gleichheit. Hohenheimer Tage zum Ausländerrecht 2011, Baden-Baden 2012

Barwig, Klaus/Beichel-Benedetti, Stephan/Brinkmann, Gisbert (Hg.), Hohenheimer Tage zum Ausländerrecht 2009, Baden-Baden 2010

Barwig, Klaus (Hg.), Perspektivwechsel im Ausländerrecht?, Baden-Baden 2007

Barwig, Klaus/Davy, Ulrike (Hg.), Auf dem Weg zur Rechtsgleichheit?, Baden-Baden 2004

Barwig, Klaus/Sieveking, Klaus/Brinkmann, Gisbert/Lörcher, Klaus/Röseler, Sybille (Hg.), Sozialer Schutz von Ausländern in Deutschland, Baden-Baden 1997

Basedow, Jürgen/Meyer, Ulrich/Rückle, Dieter/Schwintkowski, Hans-Peter (Hg.), Lebensversicherung – betriebliche Altersversorgung – VVG-Reform, grenzüberschreitende Versicherungsleistungen in der Krankenversicherung. Der Handel mit gebrauchten Versicherungspolicen, Baden-Baden 2004

Bauer, Hartmut/Kahl, Wolfgang, Europäische Unionsbürger als Träger von Deutschen Grundrechten?, JZ 1995, 1077

Bauer, Michael W./Knöll, Ralf, Die Methode der offenen Koordinierung, Zukunft europäischer Politikgestaltung oder schleichende Zentralisierung?, in Aus Politik und Zeitgeschichte (APuZ) 1–2/2003, 33 ff.

Baur, Jürgen F., Europarecht, Energierecht, Wirtschaftsrecht: Festschrift für Bodo Börner, Köln 1992

Beck, Ulrich/Grande, Edgar, Das kosmopolitische Europa, Frankfurt am Main 2004

Becker, Ulrich/Schweitzer, Heike, Wettbewerb im Gesundheitswesen: welche gesetzlichen Regelungen empfehlen sich zur Verbesserung eines Wettbewerbs der Versicherer und Leistungserbringer im Gesundheitswesen?, Gutachten B zum 69. Deutschen Juristentag, München 2012

Verzeichnis der zitierten selbstständigen Literatur

Becker, Ulrich, Die Bedeutung des gemeinschaftsrechtlichen Diskriminierungsverbots für die Gleichstellung von Sachverhalten im koordinierenden Sozialrecht, VSSR 2000, 221

Becker, Ulrich, Unionsbürgerschaft und soziale Rechte, ZESAR 2002, 8

Becker, Ulrich, Gesetzliche Krankenversicherung im Europäischen Binnenmarkt, NJW 2003, 2272

Becker, Ulrich, Migration und soziale Sicherheit – die Unionsbürgerschaft im Kontext, in Hatje, Armin/Huber, Peter M. (Hg.), Unionsbürgerschaft und soziale Rechte, Europarecht, Beiheft 1/2007, 95

Becker, Ulrich, Sozialrecht in der europäischen Integration – eine Zwischenbilanz, ZfSH/SGB 2007, 134

Becker, Ulrich, EU-Beihilferecht und soziale Dienstleistungen, NZS 2007, 169

Becker, Ulrich, Migration und soziale Rechte, ZESAR 2017, 101

Becker, Ulrich/Matthäus, Claudia, Rehabilitation in der Europäischen Union, DRV 2004, 659

Becker, Ulrich/von Maydell, Bernd Baron von/Nußberger, Angelika (Hg.), Die Implementierung internationaler Sozialstandards, Baden-Baden 2006

Beckmann, Sabine, Die Rückforderung gemeinschaftsrechtswidriger staatlicher Beihilfen, Frankfurt a. M. 1996

Beitzke, Günter, Gastarbeiterunfall im Drittland, IPRax 1989, 250

Bell, Mark, Anti-Discrimination Law and the European Union, Oxford 2002

Bell, Mark, European developments. Article 13 EC: the European Commission's anti-discrimination proposals, Industrial Law Journal (ILJ), 29, 2000, 79

Below, Georg von, Der Ursprung der deutschen Stadtverfassung, Düsseldorf 1892

Benedict, Jörg, Die Liberalisierung der Gesundheitsversorgung in Europa, VuR 2008, 441

Benedict, Jörg/Reich, Anke, Zum Vorschlag für eine Richtlinie über die Ausübung der Patientenrechte in der grenzüberschreitenden Gesundheitsversorgung, VuR 2008, 448

Benicke, Christoph, EG-Wirtschaftsrecht und die Einrichtungen der freien Wohlfahrtspflege, ZfSH/SGB 1998, 22

Benvenisti, Eyal (Ed.), The Welfare State, Globalization and International Law, Berlin 2004

Berghman, Jos/Okma, Kieke, The Method of Open Co-ordination: Open procedures or closed Circuit?, European Journal of Social Security, 4 (2002), p. 331

Bergmann, Jan Michael, Grundstrukturen der Europäischen Gemeinschaft und Grundzüge des gemeinschaftlichen Sozialrechts, SGb 1998, 449

Bergmann, Jan/Lenz, Christofer, Der Amsterdamer Vertrag, Köln 1998

Berlit, Uwe/Conradis, Wolfgang/Sartorius, Ulrich (Hg.), Existenzsicherungsrecht, Baden-Baden 2013, 2. Aufl.

Verzeichnis der zitierten selbstständigen Literatur

Berlit, Uwe, Die Regelung der Ansprüche ausländischer Personen in der Grundsicherung für Arbeitsuchende und in der Sozialhilfe, NDV 2017, 677

Betten, Lammy/Mac Devitt, Delma, The Protection of Fundamental Social Rights in the European Union, The Hague 1996

Beuthien, Volker, Krankenkassen zwischen Wirtschaftlichkeitsangebot und Wettbewerbsrecht, MedR 1994, 253

Bieback, Karl-Jürgen, Abgrenzung der grenzüberschreitenden Nachfrage nach Gesundheitsleistungen auf Grund der Patienten-Richtlinie und auf Grund der VO (EG) Nr. 883/2004, ZESAR 2013, 143

Bieback, Karl-Jürgen, Die Kranken- und Pflegeversicherung im Wettbewerbsrecht der EG, EWS 1999, 361

Bieback, Karl-Jürgen, Die mittelbare Diskriminierung wegen des Geschlechts, Baden-Baden 1997

Bieback, Karl-Jürgen, Etablierung eines Gemeinsamen Marktes für Krankenbehandlung durch den EuGH, NZS 2001, 561

Bieback, Karl-Jürgen, Sozialrechtliche Förderung grenzüberschreitender Aktivitäten und Europarecht, NZS 2017, 801

Bieback, Karl-Jürgen, Sozialleistungen mit Berechnung des Nettoentgelts an französische Grenzgänger unter Geltung des EU-Rechts, ZESAR 2021,10*Bieresborn, Dirk*, Sozialdatenschutz nach Inkrafttreten der EU-Datenschutzgrundverordnung, NZS 2017, 887; 926

Birk, Rolf, Vereinbarungen der Sozialpartner im Rahmen des Sozialen Dialogs und ihre Durchführung, EuZW 1997, 453

Bittner, Claudia, Deutsche Pensionsfonds als Einrichtungen zur betrieblichen Altersversorgung nach europäischem Recht, ZIAS 2001, 297

Bittner, Claudia, Europäisches und internationales Betriebsrentenrecht, Tübingen 2000

Blanpain, Roger (Ed.), Institutional Changes and European Social Policies after the Treaty of Amsterdam, The Hague 1998

Blickle, Peter, Das Alte Europa. Vom Hochmittelalter bis zur Moderne, München 2008

Bobbio, Norberto, In praise of meekness: essays on ethics and politics, Cambridge 2000

Boecken, Winfried/Ruland, Franz/Steinmeyer, Heinz-Dietrich, Sozialrecht und Sozialpolitik in Deutschland und Europa: Festschrift für Bernd Baron von Maydell, Neuwied 2002

Boetticher, Arne von/Münder, Johannes, Kinder- und Jugendhilfe und europäischer Binnenmarkt, Baden-Baden 2009

Bokeloh, Arno, Die Einbindung des deutschen Sozialrechts in das Europäische Sozialrecht – insbesondere am Beispiel der gesetzlichen Rentenversicherung, DRV 2013, 155

Bokeloh, Arno, Das Abkommen zwischen dem Deutschen Reich und dem Königreich Italien über die Arbeiterversicherung aus dem Jahr 1912, DRV 2012, 120

Verzeichnis der zitierten selbstständigen Literatur

Bokeloh, Arno, Das Petroni-Prinzip des Europäischen Gerichtshofes, ZESAR 2012, 121

Bokeloh, Arno, Die Übergangsregelungen in den Verordnungen (EG) Nr. 883/04 und 987/09, ZESAR 2011, 18

Bokeloh, Arno, Die Verwaltungskommission für die soziale Sicherheit der Wanderarbeitnehmer, DRV 2001, 500

Bokeloh, Arno, Die zwischen den Mitgliedstaaten abgeschlossenen Sozialversicherungsabkommen und ihr Verhältnis zum Europäischen koordinierenden Sozialrecht, NZS 2015, 321

Bokeloh, Arno, Der Europäische Gerichtshof und die Koordinierung der Familienleistungen, ZESAR 2016, 358

Bokeloh, Arno, Die Rechtsstellung Drittstaatsangehöriger im Europäischen Sozialrecht, ZESAR 2016, 69.

Bollinger/Schaumberg/Langer, Sozialhilfe für Asylsuchende und Flüchtlinge, Köln 2017

Bonvin, Jean-Michel, L'organisation Internationale du Travail, Paris 1998

Borchardt, Klaus-Dieter, Die rechtlichen Grundlagen der Europäischen Union, Wien/Köln/Weimar, 2016 (6. Aufl.)

Börner, Andreas, Rückgriff für personenschadenbedingte Drittleistungen im deutschen, französischen und europäischen Recht, ZIAS 1995, 369

Börner, Bodo/Bullinger, Martin (Hg.), Subventionen im Gemeinsamen Markt, Köln 1978

*Börner, Bodo/*Neundörfer (Hg.), Recht und Praxis der Beihilfen im Gemeinsamen Markt, Köln 1984

Borries, Melchior von, Das Europäische Abkommen über die Soziale Sicherheit der Wanderarbeitnehmer, BABl 1958, 117

Borsjé, Pascal/van Meerten, Hans, A European Pensions Union, ročnik 22, 5/2014, p. 15

Bosniak, Linda, The citizen and the alien: dilemmas of contemporary membership, Princeton 2008

Böttiger/Schaumberg/Langer, Sozialleistungen für Asylsuchende und Flüchtlinge, Sozialrecht und Ausländerrecht, auf einen Blick, Köln 2017

Bouquet, Stefanie, La réglementation européenne relative à la discrimination fondée sur l'âge: conséquences sur le droit du travail français, Bern 2012

Bourrinet, Jacques (Hg.), Union Européenne et protection sociale, Paris 2002

Bracq, Stéphane, Droit communautaire matériel et qualification juridique: le financement des obligations de service public au coeur de la tourmente. (à propos de la décision: CJCE 24 juill. 2003, Altmark Trans GmbH, aff. C-280/00), 40 (2004) RTDeur, p. 33–70

Brameshuber, Elisabeth/Prassl, Jeremias, Die „europäische Säule sozialer Rechte", in dies./Paula Aschauer (Hg.), Jahrbuch Sozialversicherungsrecht 2017, 85

Brauer, Bianca, Das Verbot der mittelbaren Diskriminierung und seine Anwendung auf die gesetzliche Rentenversicherung, Baden-Baden 2004

Verzeichnis der zitierten selbstständigen Literatur

Breidenbach, Wolfgang, Die neuere Rechtsprechung zum Arbeitsmarktzugang von Drittstaatsangehörigen, ZAR 2010, 385

Breitenmoser, Stephan (Hg.), Human rights, democracy and the rule of law. Liber amicorum Luzius Wildhaber, Zürich/St. Gallen 2007

Brenner, Michael/Huber, Peter M./Möstl, Markus (Hg.), Der Staat des Grundgesetzes – Kontinuität und Wandel. Festschrift für Peter Badura zum siebzigsten Geburtstag, Tübingen 2004

Brinkmann, Gisbert, EuGH: Gleichbehandlung von Unionsbürgern, In Devetzi, Stamatia/Janda, Constanze (Hg.), Freiheit – Gerechtigkeit – Sozial(es) Recht, Festschrift für Eberhard Eichenhofer, Baden-Baden, 2015, 82

Britz, Gabriele, Diskriminierungsschutz und Privatautonomie, Veröffentlichungen der Vereinigung der Deutschen Staatsrechtslehrer, Bd. 64, Berlin 2005

Brunn, Georg, Die Europäische Einigung, Stuttgart 2002

Bucher, Silvia, Die Rechtsprechung des Eidgenössischen Versicherungsgerichts zum Freizügigkeitsabkommen (FZA). Ein Überblick über einige Urteile, SZS 2006, 49–65

Bucher, Silvia, Die sozialrechtliche Rechtsprechung des Bundesgerichts zum FZA und zu Anhang K des EFTA-Übereinkommens, SZS 2007, 308–325 und 434–451

Bucher, Silvia, Soziale Sicherheit, beitragsunabhängige Sonderleistungen und soziale Vergünstigungen, Freiburg/Schweiz 2000

Bucher, Silvia, Soziale Sicherheit, beitragsunabhängige Sonderleistungen und soziale Vergünstigungen, SZS 2000, 340

Buchner, Herbert, Die sozialpolitische Entwicklung der Europäischen Gemeinschaft im Spannungsfeld von hoheitlicher Regelung und tarifautonomer Gestaltung, RdA 1993, 193

Buergenthal, Thomas, International human rights in a nutshell, St. Paul (Minn.) 1995 (2nd ed.)

Bundesärztekammer, Stellungnahme der Zentralen Kommission zur Wahrung ethischer Grundsätze in der Medizin und ihren Grenzgebieten (Zentrale Ethikkommission) bei der Bundesärztekammer „Versorgung von nicht regulär krankenversicherten Patienten mit Migrationshintergrund", Deutsches Ärzteblatt, Jg. 110 (18), 2013, A-899

Bundesarbeiterkammer, Strategie von Lissabon, Wien, November 2001

Bundesministerium für Arbeit und Sozialordnung (BMA) (Hg.), Weltfriede durch soziale Gerechtigkeit, 75 Jahre Internationale Arbeitsorganisation, Baden-Baden 1994

Bundesministerium für Gesundheit und Soziale Sicherung/Bundesarchiv (Hg.), Geschichte der Sozialpolitik in Deutschland seit 1945, Baden-Baden, Band 5 (2001), Band 6 (2008), Band 7 (2005), Band 11 (2007)

Buschermöhle, Ulrich, Grenzüberschreitende Beschäftigung in der EU – Koordinierung der Systeme der sozialen Sicherheit ab 1.5.2010, DStR 2010, 1845

Verzeichnis der zitierten Selbstständigen Literatur

Caflisch, Lucius (et al) (Ed), Liber amicorum Luzius Wildhaber: Human rights – Strasbourg views, 2007

Calliess, Christian/Ruffert, Matthias (Hg.), EUV/AEUV, Kommentar, 5. Auflage, München 2016

Cantillon, Bea/Marx, Ive (Hg.), International Cooperation in Social Security, Antwerpen 2005

Carl, Dieter, Hilfen der Europäischen Gemeinschaft für Problemregionen, EuZW 1992, 301

Carlier, Jean-Yves/Verwilghen, Michel, Thirty years of free movement of workers in Europe, Luxembourg 2000

Carney, Tory/Ramia, Gaby, From Rights to Management: Contract, New Public Management and Employment Service, The Hague 2002

Castles, Francis G. (Ed.), Families of Nations. Patterns of Public Policy in – Western Democracies, Dartmouth 1993

Castles, Francis G., The European Social Policy Model: Progress since the Early 1980s, EurJofSocSec 2002, 299

Catala, Nicole/Bonnet, René, Droit social européen, Paris 1991

Cesaro, Jean-François, L'egalité en droit social, Paris 2012

Cholewinski, Ryszard/Perruchoud, Richard/MacDonald, Euan, International Migration Law, The Hague 2007

Christensen, Anna/Malmstedt, Mattias, Lex Loci Laboris versus Loci Domicilii – an Inquiry into the Normative Foundations of European social security law, EurJofSocSec 2 (2000), 69

Clasen, Jochen (Ed.), Social Insurance in Europe, Bristol 1997

Clasen, Jochen/Van Oorschot, Wim, Changing Principles in European Social Security, EurJofSocSec 2002, 89

Collegium Europaeum Jenense (Hg.), Soziales Europa – Testfall Polen und Tschechien, Jena 2008

Colneric, Ninon, Das Verbot der Diskriminierung wegen einer Behinderung in der Rechtsprechung des EuGH, in Faber, Ulrich/Feldhoff, Kerstin/Nebe, Katja/Schmidt, Kristina/Waßer, Ursula (Hg.), Gesellschaftliche Bewegungen – Recht unter Beobachtung und in Aktion, Festschrift für Wolfhard Kothe, Baden-Baden, 2016, 243

Commission of the European Communities/Departamento de relaçoes Internaçonaise Convençoes de Segorança Social (Ed.), Social Security in Europe. Equality between Nationals and Non-Nationals, Lisbon 1995

Cornelissen, Rob, Les axes de réforme et les principes généraux du règlement n°883/2004, Revue de Droit Sanitaire et Social (RDSS) 2010, 5

Cornelissen, Rob, The new EU coordination system for workers who become unemployed, 9 (2007) EurJourSocSec, p. 187

Cornelissen, Rob, 60 Years of European Social Security Coordination, in Marhold/Becker/Eichenhofer/Igl/Prosperetti (Hg.), Arbeits- und Sozialrecht für Europa, Festschrift für Maximilian Fuchs, Baden-Baden 2020, 417

Verzeichnis der zitierten selbstständigen Literatur

Council of Europe, Social protection in the European Social Charter, Strasbourg 2000 (2nd ed.)

Cousins, Mel, The European Convention on Human Rights and Social Security Law, Antwerp 2008

Cremer, Wolfram, Europäisches Beihilfenrecht und seine Auswirkungen auf das deutsche Krankenhauswesen, ZIAS 2008, 198

Cremer, Wolfram/Huster, Stefan, Die Rentenauszahlung durch die Deutsche Post AG, Baden-Baden 2009

Crotti, Renata, Il sistema caritativo – assistenziale nella Lombardia medievale, Pavia 2002

Curtin, Deirdre, The Constitutional Structure of the Union: a Europe of Bits and Pieces, 30 (1993) CMLR, 17

Danesch, Keyvan, Justitia und andere Blinde, in: DIE ZEIT 9.10.2003, 20

Daugareilh, Isabelle, La Convention européenne de sauvegarde des droits de l'homme et des libertés fondamentales et la protection sociale, 37 (2001) RTDeur, p. 123–137

Dauses, Manfred A. (Hg.), Handbuch des EU-Wirtschaftsrechts, München 1998

Dauvergne, Alain, L'Europe en otage?: histoire secrète de la Convention, Paris 2004

David, Franck, Jurisprudence – Cour de justice des Communautés européennes – Arrêt du 20 septembre 2001 (aff. C-184/99), Rudy Crzelczyk/Centre public d'aide sociale d'Ottignies-Louvain-la-Neuve, 39 (2003) RTDeur, p. 553–578

Davy, Ulrike, How Human Rights Shape Social Citizenship: On Citizenship and the Understanding of Economic and Social Rights, Washington University Global Studies Law Review, vol. 13 (2014), 201

Davy, Ulrike, Arbeitslosigkeit und Staatsangehörigkeit, ZIAS 2001, 221

Davy, Ulrike, Die Integration von Einwanderern, Frankfurt/Main 2001

Davy, Ulrike/Axer, Peter, Soziale Gleichheit – Voraussetzung oder Aufgabe der Verfassung?, VVDStRL 68 (2009), 122 ff., 177 ff.

Davy, Ulrike, Für Drittstaatsangehörige weniger Sicherheit? Zum eigeschränktem Zugang zu sozialen Rechten für langfristige Aufenthaltsberechtigte im Unionsrecht, in Devetzi, Stamatia/Janda, Constanze (Hg.), Freiheit – Gerechtigkeit – Sozial(es) Recht, Festschrift für Eberhard Eichenhofer, Baden-Baden, 2015, 123

De Burca, Grainne (Ed.), EU Law and the Welfare State, Oxford 2005

De Cortazar, Carlos Garcia/Rentola, Essi/Fuchs, Maximilian/Klosse, Saskia (Ed.), Coordination of Unemployment Benefits, tr-ESS Think Tank Report 2012, Ghent University 2012

De Muinck Keizer, W.P./van Overbeek, W.B.J., De toepassing van de detacheringsregels in Nederland, enkele Europeesrechtelijke beschouwingen, Sociaal Mandblad Arbeid 1995, 9

Verzeichnis der zitierten selbstständigen Literatur

De Pauw, Bruno/Kessler Francis, La coordination des prestations de chômage dans les nouveaux règlements, Revue de Droit Sanitaire et Social (RDSS) 2010, 53

De Schutter, Olivier/Deakin, Simon F., Social rights and market forces: is the open coordination of employment and social policies the future of social Europe?, Bruxelles 2005

Deacon, Bob, Global Social Policy: International Organizations and the Future of Welfare, London 1997

Degener, Theresia, Verfassungsrechtliche Probleme mit der Behindertendiskriminierung in Deutschland, KJ 2000, 425

Deutsche Rentenversicherung Bund (Hg.), Die Reform des Europäischen koordinierenden Sozialrechts, DRV-Schriften, Band 71, Berlin 2007

Deutscher Sozialrechtsverband (Hg.), Die Behinderten in der sozialen Sicherung, Wiesbaden 2002

Deutscher Sozialrechtsverband (Hg.), Die sozialrechtliche Stellung der Ausländer in der Bundesrepublik Deutschland, Wiesbaden 1983

Deutscher Sozialrechtsverband (Hg.), Europäisches Sozialrecht, Wiesbaden 1992

Deutscher Sozialrechtsverband (Hg.), Institutionelle Förderung im Sozialrecht, Wiesbaden 1997

Deutscher Sozialrechtsverband (Hg.), Offene Methode der Koordinierung im Sozialrecht, Wiesbaden 2005

Deutscher Sozialrechtsverband (Hg.), Sozialrechtsgeltung in der Zeit, Berlin 2007

Deutscher Sozialrechtsverband (Hg.), Sozialrecht in Europa, Berlin 2010

Deutscher Sozialrechtsverband (Hg.), Beschaffung von Sozialleistungen durch Vergabe, Berlin 2011

Deutscher Sozialrechtsverband (Hg.), 50 Jahre Deutscher Sozialrechtsverband. – Inklusion behinderter Menschen als Querschnittsaufgabe, Berlin, 2016

Deutscher Verein für öffentliche und private Fürsorge, Europa sozial gestalten. Dokumentation des 75. Deutschen Fürsorgetages 2000, Stuttgart/Berlin/Köln 2001

Devetzi, Stamatia, Die „Verbindung" zu einem (Sozial-)Staat: Wann ist der Bund stark genug?, EuR 2014, 638

Devetzi, Stamatia, Von „Bosman" zu „Hudzinski" und „Wawrzyniak" – Deutsches Kindergeld in Europa, ZESAR 2012, 447

Devetzi, Stamatia, Auswirkungen der Wohnsitzverlegung auf den sozialrechtlichen Leistungsexport in Europa, ZESAR 2009, 63

Devetzi, Stamatia, Die Kollisionsnormen des Europäischen Sozialrechts, Berlin 2000

Devetzi, Stamatia, Mobile Studenten und ihre Studienfinanzierung in Europa, Devetzi, Statamtia/Janda, Constanze (Hg.), Freiheit – Gerechtigkeit – Sozial(es) Recht. Festschrift für Eberhard Eichenhofer, Baden-Baden, 2015, 146

Devetzi, Stamatia, Familienleistungen im Kontext der Freizügigkeit, NZS 2017, 881

Verzeichnis der zitierten selbstständigen Literatur

Devetzi, Stamatia/Mc Hale, John, Health and Long-Term Care and the Proposal Revised Coordination Regulation: A Brave New World or Much Ado about Nothing? EurJofSocSec 2020, 180

Devetzi/Janda, Das Gesetz zur Regelung von Ansprüchen ausländischer Personen in der Grundsicherung für Arbeitssuchende und in der Sozialhilfe, ZESAR 2017, 197

Devetzi, Stamatia/Schmitt, Volker, Die offene Methode der Koordinierung im Bereich Alterssicherung in der EU – eine kritische Bestandsaufnahme, DRV 2002, 234

Devetzi/Schreiber, Diskriminierungsfreier Zugang zu Sozialleistungen, ZESAR 2016, 15

Diakonie, European Union citizens in Germany: the right to move freely and claim social benefits, Diakonie Texte 6.2014, 2014

Dingeldey, Irene, Der aktivierende Wohlfahrtsstaat, Frankfurt/Main 2011

Döring, Dieter (Hg.), Sozialstaat in der Globalisierung, Frankfurt/Main 1999

Dumont, Jean Pierre, Les systèmes de protection sociale en Europe, 1998 (4ème ed)

Dupiré, Rémi, Légitimiité et efficacité de la loi sociale transnationale, La semaine juridique Social 2013, 1230

Ebsen, Ingwer (Hg.), Vergaberecht und Vertragswettbewerb in der Gesetzlichen Krankenversicherung, Frankfurt/Main 2009

Ebsen, Ingwer (Hg.), Europarechtliche Gestaltungsvorgaben für das deutsche Sozialrecht, Baden-Baden 2000

Ebsen, Ingwer, Öffentlich-rechtliches Handeln von Krankenkassen als Gegenstand des Wettbewerbsrechts? Probleme materiellrechtlicher und kompetenzrechtlicher Koordinierung, ZSR 2000, 298

Egger, Johann, Das Arbeits- und Sozialrecht der EU und die österreichische Rechtsordnung, Wien 2005 (2. Aufl.)

Ehlermann, Claus Dieter, Managing Monopolies: The Role of the State in Controlling Market in Dominance in the European Community, (1993) 2 ECLR, 61

Ehlers, Dirk (Hg.), Europäische Grundrechte und Grundfreiheiten, Berlin 2014, 4. Auflage

Eichenhofer, Eberhard (Hg.), 50 Jahre nach ihrem Beginn – Neue Regeln für die Koordinierung sozialer Sicherheit, Berlin 2009

Eichenhofer, Eberhard, Sozialer Schutz unter den Bedingungen der Globalisierung, Berlin 2009

Eichenhofer, Eberhard (Hg.), Reform des Europäischen koordinierenden Sozialrechts, Köln 1993

Eichenhofer, Eberhard, Gesundheitsleistungen für Flüchtlinge, ZAR 2013, 169

Eichenhofer, Eberhard, Diskriminierungsverbote und Vertragsfreiheit, AuR 2013, 62

Eichenhofer, Eberhard, Neuregelung der Ausfuhr von Renten an Drittstaatsangehörige, SGb 2013, 613

Eichenhofer, Eberhard, Auslandsarbeit – Anknüpfung im Internationalen Arbeitsrecht und im Internationalen Sozialrecht, EuZA 2012, 140

Eichenhofer, Eberhard, Soziale Sicherung nichterwerbstätiger Bürger, ZESAR 2012, 357

Eichenhofer, Eberhard, Anknüpfungen im internationalen Sozialrecht, ZESAR 2002, 21

Eichenhofer, Eberhard, Arbeitsbedingungen bei Entsendung von Arbeitnehmern, ZIAS 1996, 55

Eichenhofer, Eberhard, Das Europäische koordinierende Krankenversicherungsrecht nach den EuGH-Urteilen Kohll und Decker, VSSR 1999, 101

Eichenhofer, Eberhard, Das neue Recht europäischer Sozialrechtskoordination, DRdA 2005, 88

Eichenhofer, Eberhard, Der aktuelle Stand europäischer Sozialpolitik, DRV 2002, 322

Eichenhofer, Eberhard, Deutsches Erziehungsgeld und Europäisches Sozialrecht, SGb 1997, 449

Eichenhofer, Eberhard, Deutsches Sozialhilferecht und europäisches Gemeinschaftsrecht, ZfF 5/1999, 109

Eichenhofer, Eberhard, Diskriminierungsschutz und Privatautonomie, DVBl 2004, 1078

Eichenhofer, Eberhard, Eigentum – Vertrag – Verschulden, Privatrechtsbegriffe als Sozialrechtskonstrukte, VSSR 2004, 93

Eichenhofer, Eberhard, Erstattungsansssprüche bei Leistungsaushilfe unter den Mitgliedstaaten nach dem Sozialrecht der EU, ZESAR 2020, 106

Eichenhofer, Eberhard, Europarechtliche Einwirkungen auf die Rentenversicherung, MittLVA Bayern 2005, 197

Eichenhofer, Eberhard, Freizügigkeit und Europäisches Arbeitsförderungsrecht, ZIAS 1991, 161

Eichenhofer, Eberhard, Funktionen des Wohnsitzes/gewöhnlichen Aufenthalts im Internationalen Sozialrecht (ISR), IPRax 1990, 378

Eichenhofer, Eberhard, Geschichte des Sozialstaats in Europa, München 2007

Eichenhofer, Eberhard, Grenzüberschreitender Einzug von Sozialversicherungsbeiträgen im Rahmen der Verordnung (EWG) Nr. 1408/71, DRV 1999, 48

Eichenhofer, Eberhard, Internationales Sozialrecht und Internationales Privatrecht, Baden-Baden 1987

Eichenhofer, Eberhard, Internationales Sozialrecht, München 1994

Eichenhofer, Eberhard, Nationales und supranationales Sozialrecht, VSSR 1996, 187

Eichenhofer, Eberhard, Recht der sozialen Sicherheit in den USA, Baden-Baden 1990

Eichenhofer, Eberhard, Rentenrechtliche Berücksichtigung von Zeiten der Vollarbeitslosigkeit von Wanderarbeitnehmern, SGb 1989, 514

Eichenhofer, Eberhard, Sozialrecht Kanadas, 1984

Eichenhofer, Eberhard, Sozialrecht, Tübingen 2015 (9. Aufl.)

Eichenhofer, Eberhard, Soziale Menschenrechte im Völker-, europäischen und deutschen Recht, Tübingen 2012

Eichenhofer, Eberhard, Recht des aktivierenden Wohlfahrtsstaates, Baden-Baden 2013

Eichenhofer, Eberhard, Umsetzung europäischer Antidiskriminierungsrichtlinien in deutsches Sozialrecht, NZA Sonderbeilage, Heft 22/2004, 26–31

Eichenhofer, Eberhard, Unionsbürgerschaft – Sozialbürgerschaft?, ZIAS 2003, 404

Eichenhofer, Eberhard, Verbot der indirekten Diskriminierung wegen der Staatsangehörigkeit – Rechtsfigur zur Lückenschließung im Europäischen Sozialrecht, DRdA 2002, 79

Eichenhofer, Eberhard, Zum internationalen Geltungsbereich des Unfallversicherungsschutzes für Arbeitslosengeldbezieher (§§ 165 AFG, 539 Abs. 1 Nr. 4 RVO), SGb 1985, 97

Eichenhofer, Eberhard, Sozialrechtliche Dreiecksverhältnisse im Europäischen Wirtschaftsrecht, in Welti/Fuchs/Fuchsloch/Naegele/Udsching (Hg.), Gesundheit, Alter, Pflege, Rehabilitation – Recht und Praxis im interdisziplinären Dialog, Festschrift für Gerhard Igl, Baden-Baden 2017, 513

Eichenhofer, Eberhard, Kindergeld für EU-Ausländer, Soziale Sicherheit 2017, 163

Eichenhofer, Eberhard, Vorschläge der Kommission im Hinblick auf Pflegeleistungen, ZESAR 2017, 371

Eichenhofer, Eberhard, Vorschläge der Kommission vom 13. Dezember 2016 zur Revision der VO (EG) 883/2004 und 987/2009, SGb 2017, 605

Eichenhofer, Eberhard, Kindergeld für EU-Ausländer, Soziale Sicherheit 2017, 163

Eichenhofer, Eberhard, Vorschläge der Kommission zur Revision der VO (EG) 883/2004, Soziale Sicherheit 2017, 244

Eichenhofer, Eberhard, Tatbestandsgleichstellung – Grundsatz europäischen Sozialrechts, ZESAR 2018, 3

Eichenhofer, Eberhard/Abig, Constanze, Zugang zu steuerfinanzierten Sozialleistungen nach dem Staatsangehörigkeitsprinzip?, Münster 2004

Eichenhofer, Eberhard/Wenner, Ulrich (Hg.), Kommentar zum Sozialgesetzbuch I, IV, X, Köln 2012

Eichenhofer, Eberhard/Zuleeg, Manfred (Hg.), Die Rechtsprechung des Europäischen Gerichtshofes zum Arbeits- und Sozialrecht im Streit, Köln 1995

Eichhorst, Werner/Kaufmann, Otto/Konle-Seidl, Regina (Eds.), Bringing the Jobless into Work? Berlin/Heidelberg 2008

Einem, Hans-Jörg von, „Gewöhnlicher Aufenthalt" i. S. des § 56 Abs. 3 Satz 1 SGB VI, SGb 1993, 204

Emmerich, Volker, Kartellrecht, München 1998 (8. Aufl.)

Emmerich, Volker, Rechtssprechungsübersicht – Verstoß der Festbetragsregelung in der gesetzlichen Krankenversicherung gegen Art. 85 EWGV (= Art. 84 EGV n. F.), JuS 1999, 1025

Emmerich, Volker, Staatliche Interventionen, Arzneimittelmarkt und EWG-Vertrag, Baden-Baden 1980

Emminghaus, Arwed (Hg.), Das Armenwesen und die Armengesetzgebung in europäischen Staaten, Berlin 1870

Engelhard, Wolfgang, Änderung des Geburtsdatums bei im Ausland geborenen Versicherten, NZS 1997, 218

Epiney, Astrid, Umgekehrte Diskriminierungen, Köln u. a. 1995

Epiney, Astrid/Gordzielik, Teresia (Hg.), Personenfreizügigkeit und Zugang zu staatlichen Leistungen, Freiburg (Schweiz) 2015

Erbrich, Malte, Wege zu einer europäischen Gesundheitspolitik, KrV 2004, 149

Erd, Reiner/Fabian, Rainer/Kocher, Eva/Schmidt, Eberhard (Hg.), Passion Arbeitsrecht. Erfahrungen einer unruhigen Generation, Liber amicorum Thomas Blanke, Baden-Baden 2009

Ervik, Rune/Kildal, Nanna/Nilssen, Even (Eds.), The role of international organizations in social policy. Idea, actors and impact, Cheltenham 2009

Esping-Andersen, Gøsta, Social Foundations of Postindustrial Economics, Oxford University Press, 1999

Esping-Andersen, Gøsta, The three Worlds of Welfare Capitalism, Cambridge 1990

Etzioni, Amitai, Die Verantwortungsgesellschaft, Frankfurt/Main 1997

Europäische Kommission, Soziale Sicherheit für entsandte Arbeitnehmer aus der Europäischen Union, Norwegen, Island und Lichtenstein, Luxemburg 1998

Europäischer Juristentag (Hg.), 4. Europäischer Juristentag, Sammelband, Wien 2008

Europarat (Hg.), Die Europäische Sozialcharta: Ein Leitfaden, Berlin 2002

European Commission, Compendium of Community provisions on social security, Luxembourg 1995

European Commission, Judgments of the Court of Justice of the European Communities related to social security for migrant workers. A systematic survey, Luxembourg 1995

European Commission, Your social security rights when moving within the European Union, A practical guide, Luxembourg 1997

European Communities, Adequate and sustainable pensions – Joint report by the Commission and the Council, 2003

European Institute of Social Security (EISS) (Ed.), The new social risks, The Hague/Boston/London 1996

Everling, Ulrich, Reflection on the structure of the European Union, 29 (1992) CMLR, 1053

Fabbrini, Federico, Fundamental Rights in Europe, Oxford 2014

Verzeichnis der zitierten selbstständigen Literatur

Fajertag, Giuseppe/Pochet, Philippe (Ed.), La nouvelle dynamique des pactes sociaux en Europe, Bruxelles 2001

Falge, Christiane/Fischer-Lescano, Andreas/Sieveking, Klaus (Hg.), Gesundheit in der Illegalität, Rechte von Menschen ohne Aufenthaltsstatus, Baden-Baden 2009

Falkner, Gerda, EU social Policy in the 1990s, Towards a Corporatist Policy Community, London u.a. 1998

Falkner, Gerda, European Union, in Castles, Francis G./Leibfried, Stephan/Lewis, Jane/Obinger, Herbert/Pierson, Christopher (Eds.), The Oxford Handbook of the Welfare State, Oxford, 2010, part 20

Faßmann, Heinz (Hg.), „Arbeitsmarkt Mitteleuropa": Die Rückkehr historischer Migrationsmuster, ISR-Forschungsberichte, Heft 18, Wien 1999

Fasshauer, Stephan/Scheewe, Uwe, Migrationsbewegungen zwischen Deutschland und Polen – Auswirkungen der aktuellen Rechtsentwicklungen auf nationaler und europäischer Ebene, RV aktuell 2014, 260

Felten, Elias, Zum Kommissionsvorschlag einer Änderung des Gleichbehandlungsgebotes gemäß Art. 4 VO 883/2004, ZESAR 2017, 364

Ferrari, Erminio, Attività economiche ed attività sociali nei servizi di interesse generale, Torino 2007

Ferrera, Maurizio, Le Trappole del welfare, Bologna 1998

Ferrera, Maurizio, The ‚Southern Model' of Welfare in Social Europe, 6 (1996) Journal of European Social Policy, pp. 17

Ferrera, Maurizio/Hemerijck, Anton/Rhodes, Martin, The Future of the European „Social Model" in the Global Economy, 2 (2001) Journal of Comparative Policy Analysis, 163

Fessier, Jacques, La communauté Européenne Face au chômage des jeunes, Revue du Marché Commun, 1980, 304

Fischer, Klemens H., Der Vertrag von Lissabon, Baden-Baden/Wien/Bern 2008

Fischer, Reinhard, Der neue Art. 73 der VO (EWG) Nr. 1408/71, SGb 1990, 536

Fischer, Reinhard, Der neue Art. 76 der VO (EWG) Nr. 1408/71, SGb 1991, 432

Fischer, Wolfram, Armut in der Geschichte, Göttingen 1982

Fischer-Lescano, Andreas/Kocher, Eva/Nassibi, Ghazaleh (Hg.), Arbeit in der Illegalität, Frankfurt/Main 2012

Fischer-Lescano, Andreas, Human rights in times of austerity policy, Baden-Baden 2014

Fiszbein, Ariel/Schady, Norbert, Conditional Cash Transfers, Washington D.C. 2009

Flynn, Leo, The implications of Article 13 EC, 36 (1999) CMLR, 1127

Frank, Lothar, Enthalten die Artikel 13 bis 17 VO Nr. 1408/71 (EWG) allseitige Kollisionsnormen?, DAngVers 1996, 132

Frank, Lothar, Noch einmal – Zur multilateralen Zusammenrechnung von Versicherungszeiten, SGb 1981, 291

Verzeichnis der zitierten selbstständigen Literatur

Franssen, Edith, Legal Aspects of the European Social Dialogue, Antwerpen 2002

Fredman, Sandra, Discrimination Law, Oxford 2002

Fredman, Sandra, Human Rights Transformed, Oxford 2008

Friedland, Mark/King, Desmond, Contractual government and illiteral contracts, 27 (2003) Cambridge Journal of Economics, 465

Frings, Dorothee, Grundsicherungsleistungen für Unionsbürger unter dem Einfluss der VO (EG) Nr. 883/2004, ZAR 2012, 317

Fröhlich, Sigrid, Die soziale Sicherung bei Zünften und Gesellenverbänden, Darstellung, Analyse, Vergleich, Berlin 1976

Fuchs, Maximilian, Ist die Pflichtmitgliedschaft in einer berufsständischen Versorgungseinrichtung mit dem EU-Binnenmarktrecht vereinbar, o. J.

Fuchs, Maximilian, Der rechtliche Status von Pflegekräften aus den neuen EU-Staaten, NZA 2010, 980

Fuchs, Maximilian (Hg.), Nomos-Kommentar zum Europäischen Sozialrecht, Baden-Baden 2013 (6. Auflage)

Fuchs, Maximilian, Das Monopol der gesetzlichen Unfallversicherung auf dem Prüfstand des Europäischen Gerichtshofs, BG 2001, 320

Fuchs, Maximilian, Deutsche Grundsicherung und europäisches Koordinationsrecht, NZS 2007, 1

Fuchs, Maximilian, Generalanwalt erklärt Pflichtversicherung von Unternehmen in der gesetzlichen Unfallversicherung für europarechtskonform, ZESAR 2009, 59

Fuchs, Maximilian, Unfallversicherungsmonopol und EG-Vertrag, ZESAR 2009, 365

Fuchs, Maximilian, Luxemburg locuta – causa finita – quaestio non soluta, NZS 2002, 337

Fuchs, Maximilian, Die Bedeutung und der Einfluss der Arbeitnehmerfreizügigkeit auf das Arbeits-, Sozial- und Steuerrecht, Devetzi, Stamatia/Janda, Constanze (Hg.), Freiheit – Gerechtigkeit – Sozial(es) Recht. Festschrift für Eberhard Eichenhofer, Baden-Baden, 2015, 172

Fuchs, Maximillian, Die europarechtliche Koordinierung von Pflegeleistungen in Welti/Fuchs/Fuchsloch/Naegele/Udsching (Hg.), Gesundheit, Alter, Pflege, Rehabilitation – Recht und Praxis im interdisziplinären Dialog, Festschrift für Gerhard Igl, Baden-Baden 2017, 526

Fuchs, Maximilian (Hg.), Europäisches Sozialrecht, Baden-Baden, 2017 (7. Auflage)

Fuchs, Maximilian, Der Kommissionsvorschlag zur Zusammenrechnung der Leistungen bei Arbeitslosigkeit, ZESAR 2017, 514

Fuchs, Maximilian/Cornelissen, Rob (Eds.), EU Social Security Coordination Law, Baden-Baden, 2015

Fuchs, Maximilian/Giubboni, Stefano, Das Monopol der gesetzlichen Unfallversicherung auf dem Prüfstand des Europäischen Gerichtshofs, BG 2001, 320

Verzeichnis der zitierten selbstständigen Literatur

Fuchs, Maximilian/Giubboni, Stefano, Monopolio dell'Inail e Antitrust: profili di diritto interno e di diritto comunitario, in Giornale di Diritto del Lavoro e di Relazioni Industriali, N. 84, 1999, p. 719

Fuchs, Maximilian/Marhold, Franz, Europäisches Arbeitsrecht, Wien 2018 (5. Aufl.)

Fuchsloch, Christine, Das Verbot der mittelbaren Geschlechtsdiskriminierung, Baden-Baden 1995

Fuchsloch, Christine/Niewald, Stephan, NS-Zwangsarbeit im Rentenversicherungsrecht, NZS 1997, 444

Funk, Winfried, Ausland und Ausländer im Recht der Kindererziehungszeiten, VSSR 1994, 119

Ganshof, Francois Louis, Einwohnergenossenschaft und Graf in den flandrischen Städten des 12. Jahrhunderts, in: Zeitschrift der Savigny-Stiftung für Rechtsgeschichte, 1957

Gassner, Ulrich M., Nationaler Gesundheitsmarkt und europäisches Kartellrecht, VSSR 2000, 121

Geiger, Rudolf/Khan, Daniel-Erasmus/Kotzur, Markus, EUV/AEUV, 5. Aufl., München 2010

Geiger, Andreas, Pflegeversicherung besteht europaweit, NJW 2001, 2772

Geremek, Bronislaw, Geschichte der Armut, München/Zürich 1988

Gerner, Thomas, Die neue EU-Richtlinie über die öffentliche Auftragsvergabe im Bereich der sozialen Dienstleistungen und deren Umsetzung in nationales Recht; NZS 2016, 492

Geyer, Robert R., Exploring European Social Policy, Cambridge 2000

Giddens, Anthony, Beyond Left and Right – The Future of Radical Politics, Cambridge 1994

Giesen, Richard, Arbeitsmarktpolitische Aktivierungsmaßnahmen und EU-Sozialrechtskoordinierung, ZESAR 2015, 193

Giesen, Richard, Die Vorgaben des EG-Vertrages für das Internationale Sozialrecht, Köln 1999

Giesen, Richard, Sozialversicherungsmonopole und EG-Vertrag, Baden-Baden 1995

Giesen, Thomas, Die rechtliche Sonderstellung der Berufskrankheiten – Teil V – Das Internationale/Europäische BK-Recht (8), ZblArbeitsmed 2008, 362

Gilbert, Neil, Targeting Social Benefits, New Brunswick (u. a.) 2001

Giscard d'Estaing, Valéry, La Constitution pour l'Europe, Paris 2003

Gitter, Wolfgang (Hg.), Festschrift für Otto Ernst Krasney zum 65. Geburtstag, München 1997

Giubboni, Stefano, Diritti e solidarietà in Europa: i modelli sociali nazionali nello spazio giuridico europeo, Bologna 2012

Giubboni, Stefano, Social Rights and Market Freedom in the European Constitution. A Labour Law Perspective, Cambridge 2006

GKV-Spitzenverband, Gesundheit gemeinsam gestalten in Europa, Berlin 2014

Gold, Michael, The Social Dimension Employment Policy in the European Community, Basingstoke 1993

Gomez Heredo, Ana, La sécurité sociale comme droit de l'homme: la protection offerte par la Convention européenne des Droits de l'Homme, Strasbourg 2007

Goodin, Robert E./Headey, Bruce, The Real Worlds of Welfare Capitalism, Cambridge 2001

Goodwin-Gill, Guy The international law of refugee migration, in Qasmiyeh/Loescher/Long/Sigona (Eds), The Oxford Handbook of Refugee and Forced Migration Studies, Oxford University press, 2014, 36 et sequ

Goodwin-Gill/Jane Mc Adam, The Refugee in International Law, Oxford University Press, 2011 (3rd edition)

Goudappel, Flora, The Effects of EU Citizenship, The Hague 2010

Goth, Andy, Europäische Sozialpolitik in der Defensive? Die Begrenzung existenzsichernder Leistungen für Unionsbürger durch das Gesetz vom 22. Dezember 2016, in, in Welti/Fuchs/Fuchsloch/Naegele/Udsching (Hg.), Gesundheit, Alter, Pflege, Rehabilitation – Recht und Praxis im interdisziplinären Dialog, Festschrift für Gerhard Igl, Baden-Baden 2017, 539

Grabitz, Eberhard/Hilf, Meinhard/Nettesheim, Martin, Das Recht der Europäischen Union, Loseblattwerk, München

Grams, Harald, Künstlersozialversicherung und Europarecht, IStR 1999, 728

Graser, Alexander, Auf dem Weg zur Sozialunion – Wie „sozial" ist das europäische Sozialrecht?, ZIAS 2000, 336

Greiner/Kock, Sozialleistungsansprüche für Unionsbürger im Spannungsfeld von Missbrauchsprävention und Arbeitnehmerfreizügigkeit, NZS 2017, 201

Greve, Bent, Labour Market Issues in the EC, Roskilde 2001

Grewe, Constance, Beitritt der EU zur EMRK und ZP 14: Wirksame Durchsetzung einer gesamteuropäischen Grundrechteverfassung?, EuR 2012, 285

Grgic, Aida/Mataga, Zvonimir/Longar, Matija/Vilfan, Ana, The right to property under the European Convention on Human Rights, Human rights handbooks, No. 10, Strasbourg 2007

Groenendijk, Kees/Hoffmann, Holger/Luiten, Maaike (Hg.), Das Assoziationsrecht EWG/Türkei, Rechte türkischer Staatsangehöriger in der EuGH-Rechtsprechung, Baden-Baden 2013

Grotzer, Werner, Wichtige Regelungen des SGB VI aus der Sicht der VO (EWG) Nr. 1408/71, DRV 1993, 67

Gruber, Annie, Le fonds social europeén à la vielle d'un bilan, Rev. Trim. Europ. 1982, 251

Gruber/Ascher, Die Leistungsausschlüsse von EU-Bürgern im SGB II und SGB XII, VSSR 2016, 61

Grünberger, Michael, Personale Gleichheit, Baden-Baden 2013

Guggenbühl, Alain G./Leclerc, Stéphane, Droit social européen des travailleurs salariés et indépendants. Recueil de la legislation et de la jurisprudence de l'Union européenne, Bruxelles 1995

Verzeichnis der zitierten selbstständigen Literatur

Guibentif, Pierre, La pratique du droit international et communautaire de la sécurité sociale. Etude de sociologie du droit de la coordination – à l'exemple du Portugal, Bâle 1997

Guild, Elspeth/Gortazar Rotaeche, Cristina/Kostakopoulou, Dora (Ed.), The Reconceptualization of European Union Citizenship, Leiden 2014

Guild, Elspeth/Carrera, Sergio/Eisele, Katharina (Ed.), Social benefits and migration, Brussels 2014

Gustavsson, Sverker/Lewin, Leif (Ed.), The Future of the Nation State. Essays on Cultural Pluralism and Political Integration, London 1996

Gutmann, Rolf, Europarechtlicher Diskriminierungsschutz für türkische Arbeitnehmer, AuR 2000, 81

Gutton, Jean-Pierre, La société et les pauvres en Europe (XVIe–XVIIIe siècles), Paris 1974

GVG, Offene Methode der Koordinierung im Gesundheitswesen. Zuschauen oder Gestalten?, Köln 2004

Haase, Carl (Hg.), Die Stadt des Mittelalters, Bd. 2, Darmstadt 1987 (3. Aufl.)

Häberle, Peter, Europäische Verfassungslehre, Baden-Baden 2009 (6. Aufl.)

Habermas, Jürgen, Die postnationale Konstellation, Frankfurt/Main 1998

Hailbronner, Kay, European Immigration and Asylum Law, München 2010

Hailbronner, Kay, Asyl- und Ausländerrecht, Stuttgart 2006

Hailbronner, Kay, Die Richtlinie zur Familienzusammenführung, FamRZ 2005, 1

Hailbronner, Kay, Neue Richtlinie zur Freizügigkeit der Unionsbürger, ZAR 2004, 259

Hallstein, Walter, Die Europäische Gemeinschaft, 5. Aufl., Düsseldorf 1979

Hanau, Peter/Steinmeyer, Heinz-Dietrich/Wank, Rolf, Handbuch des europäischen Arbeits- und Sozialrechts, München 2002

Händler, Kurt, Die Reform des Europäischen Sozialfonds, BABl. 4/1971, 238

Hänlein, Andreas, Sozialrechtliche Probleme türkischer Staatsangehöriger in Deutschland, Münster 2000

Hänlein, Andreas, Übergangsregelungen beim EU-Beitritt der MOE-Staaten im Bereich der Arbeitnehmerfreizügigkeit und der sozialen Sicherheit, EuZW 2001, 165

Hänlein, Andreas/Kruse, Jürgen, Einflüsse des Europäischen Wettbewerbsrechts auf Leistungserbringung in der gesetzlichen Krankenversicherung, NZS 2000, 165

Hantel, Peter, Die öffentliche Auftragsvergabe und unionsrechtliche Mindestarbeitsbedingungen; ZESAR 2016, 159

Harris, David John, The European Social Charter, Virginia 1984

Harris, Neville, Social Security Law in Context, Oxford 2000

Hartog, Joop, The Netherlands. So what's so special about the Dutch model?, in ILO, Employment and Training, Paper No. 354 (1999);

Hauck-Haines, Sozialgesetzbuch VI – Kommentar, o.J., Loseblattwerk

Verzeichnis der zitierten selbstständigen Literatur

Hauschild, Matthias, Die aktuellen Herausforderungen der europäischen Sozialrechtskoordinierung, DRV 2012, 176

Hauschild, Matthias, Koordinierung, die europäische Sachverhaltsgleichstellung in der gesetzliche Unfallversicherung, DGUV Forum 2017, 30

Hauser, Richard, Soziale Indikatoren als Element der offenen Methode der Koordinierung zur Bekämpfung von Armut und sozialer Ausgrenzung in der Europäischen Union, ZSR 2002, 251

Haverkate, Görg/Huster, Stefan, Europäisches Sozialrecht, Baden-Baden 1999

Heidel, Susanne, Die Offene Methode der Koordinierung, DAngVers 2003, 370

Heiduck, Günter/Emmerich, Volker, Arzneimittelmarkt und europäisches Wettbewerbsrecht, Baden-Baden 1985

Heinemann, Andreas, Grenzen staatlicher Monopole im EG-Vertrag, München 1996

Heinig, Hans Michael, Art 18 i.V.m. Art 12 EG als Schlüssel zur Teilhabe von arbeitsuchenden Unionsbürgern aus anderen Mitgliedstaaten an steuerfinanzierten Sozialleistungen in Deutschland, ZESAR 2008, 465

Heinze, Meinhard (Hg.), Arbeitsrecht in der Bewährung: Festschrift für Otto Rudolf Kissel, München 1994

Heinze, Meinhard (Hg.), Festschrift für Wolfgang Gitter, Wiesbaden 1995

Hellrung, Christina, Die Inklusion von Kindern mit Behinderungen als sozialrechtlicher Anspruch, Wiesbaden 2017

Hemerijck, Anton, Deepening social Europe through open co-ordination, Revue Belge de Sécurité Sociale, 3/2002, 451

Hervey, Tamara K./Kenner, Jeff, Economic and social rights under the EU charter of fundamental rights: a legal perspective, Oxford 2003

Herz, Dietmar/Jetzlsperger, Christian, Die Europäische Union, 2008 (2. Aufl.)

Hessling, Michael, Die Pensionsfondsrichtlinie und ihr Einfluß auf Deutschland, BetrAV 2000, 622

Heubeck, Klaus, Die betriebliche Altersversorgung in Europa, BetrAV 1997, 131 ff.

Hillen, Werner, Versicherungslastregelungen im Rahmen zwischenstaatlicher Verträge über Soziale Sicherheit, DRV 1987, 172

Hinterberger, Kevin-Fredy, Regularisierung irregulär aufhältiger Migrantinnen und Migranten in Deutschland,Österreich und Spanien, Nomos-Verlag, Baden-Baden 2020.

Hochschulrektorenkonferenz (Hg.), Mobilität ohne Netz und doppelten Boden, Bonn 2009

Höch, Dorothee, Beschäftigungspolitik im Gemeinschaftsrecht, Frankfurt/Main 2009

Hocquet, Jean-Yves, Le comité de la protection sociale: une instance communautaire pour quoi faire?, Droit Social 2005, p. 91

Verzeichnis der zitierten selbstständigen Literatur

Hodson, Dermot/Maher, Imelda, The Open Method as a New Mode of Governance: The Case of a Soft Economic Policy Co-ordination, Vol. 39 (2001), Journal of Common Market Studies, p. 719

Höfler, Rosemarie, Die Unionsbürgerfreiheit, Berlin 2009

Hofmann, Rainer/Löhr, Tillman (Hg.), Europäisches Flüchtlings- und Einwanderungsrecht, Baden-Baden 2008

Hohnerlein, Eva-Maria, Soziale Rechte für Drittstaatsangehörige. Zugang zu Sozialleistungen aus menschenrechtlicher Perspektive, ZIASD 2016, 547

Höller, Edlyn, Soziale Rechte Drittstaatsangehöriger nach europäischem Gemeinschaftsrecht, Baden-Baden 2005

Horn, Jan, Die Kollisionsnormen der Verordnung (EWG) 1408/71 und die Rechtsprechung des EuGH, ZIAS 2002, 120

Hrbek, Rudolf/Nettesheim, Martin (Hg.), Europäische Union und mitgliedstaatliche Daseinsvorsorge, Baden-Baden 2002

Huber/Eichenhofer, Johannes/Endres de Olivera, Aufenthaltsrecht, München 2017

Huber, Evelyne/Stephens, John D., Development and Crisis of the Welfare State, Parties and Policies in Global Markets, Chicago 2001

Huemer, Gerhard/Mesch, Michael/Traxler, Franz (Hg.), The Role of Employer Associations and Labour Unions in the EMU, Ashgate 1999

Hug, Sabine, Substitution im Internationalen Privatrecht, München 1983

Hummer, Waldemar, Die Europäische Union nach dem Vertrag von Amsterdam, Wien 1998

Husmann, Manfred, Zur Exportierbarkeit von Leistungen nach dem deutschen Unterhaltsvorschussgesetz im Lichte der VO 883/2004/EG, NZS 2013, 121

Husmann, Manfred, Diskriminierungsverbot und Gleichbehandlungsgebot des Art. 3 VO 1408/71 und der Art. 4 und 5 VO 883/2004, ZESAR 2010, 97

Husmann, Manfred, Auswirkungen des EG-Primärrechts auf den Erwerb von Sozialleistungen, NZS 2009, 547

Husmann, Manfred, Koordinierung der Leistungen bei Arbeitslosigkeit durch EG-Recht, SGb 1998, 291

Huster, Stefan, Grundfragen der Exportpflicht im europäischen Sozialrecht, NZS 1999, 102

ICF GHK milieu, A fact finding analysis on the impact of the Member States' social security systems on the entitlements of non-active intern EU-migrants to special non-contributory cash benefits and health care granted on the basis of residence, October 14, 2013.

Igl, Gerhard (Hg.), Europäische Union und gesetzliche Krankenversicherung, Wiesbaden 1999

Igl, Gerhard/Welti, Felix (Hg.), Die Verantwortung des sozialen Rechtsstaats für Personen mit Behinderung und für die Rehabilitation, Wiesbaden 2001

Igl, Gerhard/Welti, Felix/Felix, Dagmar (Hg.), Gesundheitliche Prävention im Sozialrecht, Wiesbaden 2003

Verzeichnis der zitierten selbstständigen Literatur

Iliopoulos-Strangas, Julia, Soziale Grundrechte in Europa, Baden-Baden 2010

ILO, International Labour Conventions and Recommendations, 1919-1991, Geneva 1992, 2 volumes

Institut voor Sociaal Recht (ed.), Vreemdelingen en Sociale Zekerheid, Gent 1996

International Social Security Association, Migration: a worldwide challenge for social security, Geneva 1994

Internationale Vereinigung für soziale Sicherheit (IVSS), Arbeitswelt in Veränderung und soziale Sicherheit, Dokumentation Soziale Sicherheit No. 28, Genf 2002

Internationale Vereinigung für soziale Sicherheit (IVSS), Modernisierung und Verbesserung des Sozialschutzes durch Neuverteilung der Verantwortung, Dokumentation Soziale Sicherheit No. 27, Genf 2000

Ipsen, Knut, Soziale Dienstleistungen und EG-Recht, Berlin 1997

Isensee, Josef, Die staatsrechtliche Stellung der Ausländer in der Bundesrepublik Deutschland, VVDStRL 32 (1974)

Isensee, Josef/Kirchhof, Paul (Hg.), Handbuch des Staatsrechts der Bundesrepublik in Deutschland, Bd. VI, Heidelberg 1989

Isensee, Josef/Kirchhof, Paul (Hg.), Handbuch des Staatsrechts der Bundesrepublik Deutschland, Band IX Allgemeine Grundrechtslehren, 3. Aufl., Heidelberg 2011

Isensee, Josef, Soziale Sicherheit im europäischen Markt, VSSR 1996, 169

Jacobs, Francis G. & White, Robin C.A., The European Convention on Human Rights, Oxford 2002, 3rd ed.

Janczyk, Stefanie, Prekarität vermeiden – Perspektiven für alle schaffen, Soz Sich 2015, 394

Janda, Constanze, Migranten im Sozialstaat, Tübingen 2012

Janda, Constanze, Quo vadis, AsylbLG? Möglichkeiten der Neugestaltung der existenzsichernden Leistungen für Personen mit vorübergehendem Aufenthalt nach dem Urteil des BVerfG, EuR 2013, 175

Janda, Constanze, Vor dem Gesetz. Der Ausschluss von Migrantinnen und Migranten vom Sozialleistungsbezug, in Devetzi, Stamatia/Janda, Constanze (Hg.), Freiheit – Gerechtigkeit – Sozial(es) Recht. Festschrift für Eberhard Eichenhofer, Baden-Baden, 2015, 226

Janda, Constanze, Der Kindergeldanspruch unbegleiteter minderjähriger Flüchtlinge, SGb 2016, 117

Janda, Constanze, Der Export der Leistungen der Verhinderungspflege nach § 39 SGB XI, ZESAR 2016, 327

Janda, Constanze, Die Autonomie der Freizügigkeitsverordnung und das „Gespenst des Sozialtourismus", ZESAR 2021, 3

Jaspers, Teun, Freedom of service and freedom of social policy. The impact of crossborder economic activities on national social policy, in Faber, Ulrich/Feldhoff, Kerstin/Nebe, Katja/Schmidt, Kristina/Waßer, Ursula (Hg.), Gesellschaftliche Bewegungen – Recht unter Beobachtung und in Aktion. Festschrift für Wolfhard Kothe, Baden-Baden, 2016, 891

Verzeichnis der zitierten selbstständigen Literatur

Jarass, Hans D./Pieroth, Bodo (Hg.), Grundgesetz für die Bundesrepublik Deutschland, Kommentar, 13. Aufl., München 2014

Jenks, The Maintenance of Migrant's Pension Right Convention, 51 (1936), Political Science Quarterly, p. 215 ff.

Jepsen, Maria/Pascual, Amparo Serrano, The European Social Model: an exercise in deconstruction, 15 (2005) Journal of European Social Policy, 231

Jepsen, Maria/Pascual, Amparo Serrano, Unwrapping the European social model, Bristol 2006

Jessup, Philip, Transnational Law, Yale University Press, New Haven, 1956

Jones, Erik/Menon, Anand/Weatherill, Stephen (Ed.), The Oxford Handbook of the European Union, Oxford 2012

Jorens, Yves (Ed.), Grensarbeid, Sociaalrechtelijke en fiscaalrechtelijke aspecten, Brugge 1997

Jorens, Yves/Schulte, Bernd (Ed.), Coordination of Social Security Schemes in Connection with the Accession of Central and Eastern European States („The Riga Conference"), Bruxelles 1999

Jorens, Yves/Schulte, Bernd (Ed.), European Social Security Law and Third Country Nationals, Brugge 1998

Jorens, Yves/Schulte, Bernd (Hg.), Grenzüberschreitende Inanspruchnahme von Gesundheitsleistungen im Gemeinsamen Markt, Baden-Baden 2003

Jorens, Yves (Hg.), 50 Jahre Koordinierung der sozialen Sicherheit. Vergangenheit – Gegenwart – Zukunft, Brüssel 2010

Jorens, Yves/Schulte, Bernd/Schumacher, Christoph, Co-ordination of the Social Security Systems and the Accession of Central and Eastern European Countries to the European Union, EurJofSocSec 1999, 269

Joussen, Jacob, Altersabhängige Rechte und Pflichten gemäß § 33a SGB I, NZS 2004, 120

Joussen, Jacob, Die Diskriminierung behinderter Arbeitnehmer, ZESAR 2005, 375

Joussen, Jacob, Die Stellung europäischer Sozialpolitik nach dem Vertrag von Amsterdam, ZIAS 2000, 191

Kadelbach, Stefan (Hg.), Europäische Identität, Baden-Baden 2008

Kaelble, Hartmut/Schmid, Günther (Hg.), Das europäische Sozialmodell. Auf dem Weg zum transnationalen Sozialstaat, Berlin 2004

Kahil, Bettina, Europäisches Sozialrecht und Subsidiarität, Baden-Baden 1996

Kahil-Wolff, Bettina/Greber, Pierre-Yves/Çaçi, Mirela (Ed.), Mélanges en l'honneur de Jean-Louis Duc, Lausanne 2001

Kahil-Wolff, Bettina, Droit social européen – Union européenne et pays associés, Genève/Zurich/Bâle, 2017

Kahil-Wolff, Bettina, Familienleistungen im Vorschlag COM(2016)815; ZESAR 2017, 381

Kaluza, Hildegard, Der Europäische Sozialfonds, Baden-Baden 1998

Verzeichnis der zitierten selbstständigen Literatur

Kampmeyer, Eva, Protokoll und Abkommen über die Sozialpolitik der Europäischen Union, Köln 1998

Kanalaan, Ibrahim, Gilt das Grundrecht auf ein menschenwürdiges Existenzminimum auch für Unionsbürger?, ZESAR 2016, 365; 414

Kanalaan, Ibrahim/Krajewski, Markus, Medizinische Versorgung irregulärer Migranten aus menschenrechtlicher Sicht; ZESAR 2017, 418

Kapuy, Klaus, The social security position of irregular migrant workers, Cambridge 2011

Karl, Beatrix, Auswirkungen des europäischen Wettbewerbsrechts und des freien Waren- und Dienstleistungsverkehrs auf die Leistungserbringung in der Krankenversicherung, Wien 2005

Karl, Beatrix, Die Auswirkungen des freien Waren- und Dienstleistungsverkehrs auf die Kostenerstattung, DRdA 2002, 15

Katrougalos, George S., The South European Welfare Model: The Greek Welfare State, in Search of Identity, 6 (1996) Journal of European Social Policy, p. 39

Kaufmann, Franz-Xaver, Herausforderungen des Sozialstaats, Frankfurt/Main 1998

Kaupper, Helmut, Die soziale Sicherheit der Wanderarbeitnehmer in der Neuner-Gemeinschaft, BABl 1973, 489

Kennett, Patricia/Lendvai-Breton, Noemi, Handbook of European Social Policy, Cheltenham, 2017

Kerschen, Nicole, Europe – Vers une individualisation des droits sociaux: approche européenne et modèles nationaux, Droit Social 2003, 216

Kessler, Francis, Les nouvelles règles de détermination de la législation applicable, Revue de Droit Sanitaire et Social (RDSS) 2010, 14

Kilian/Schütte, Rein oder Raus? Existenzsicherung für Unionsbürgerinnen und Unionsbürger, NDV 2017, 265

Kingreen, Thorsten, Das Sozialstaatsprinzip im europäischen Verfassungsverbund, Tübingen 2003

Kingreen, Thorsten, Die Universalisierung sozialer Rechte im europäischen Gemeinschaftsrecht, EuR 2007, Beiheft 1, 43

Kingreen, Thorsten, Zur Inanspruchnahme von Gesundheitsleistungen im europäischen Binnenmarkt, NJW 2001, 3382

Kingreen, Thorsten, Zur Reichweite des Diskriminierungsverbots in Art. E der Revidierten Europäischen Sozialcharta, SR 2020,68

Klang, Klaus A., Soziale Sicherheit und Freizügigkeit im EWG-Vertrag, Baden-Baden 1986

Klein, Stefan, Deutsches Pflegeversicherungsrecht versus Europarecht? Vereinbarkeit der deutschen Pflegeversicherung mit der europarechtlichen Arbeitnehmerfreizügigkeit, Baden-Baden 1998

Klopstock, Barbara, Sozialleistungen für EU-Bürger – Der Gesetzgeber schlägt zurück, ZESAR 2017, 426

Klose, Saskia, The European Employment Strategy: Which Way Forward?, 21 (2005) The International Journal of Comparative Labour Law and Industrial Relations, 5 ff.

Klusen, Norbert (Hg.), Chancen und Risiken auf dem europäischen Gesundheitsmarkt, Baden-Baden 2000

Knispel, Ulrich, Krankenkassen als Adressaten des Kartellrechts, NZS 1998, 563

Knobbe-Keuk, Brigitte, Die Einwirkung der Freizügigkeit und der Niederlassungsfreiheit auf die beschränkte Steuerpflicht, EuZW 1991, 649

Kohl, Jürgen/Vahlpahl, Tobias, The „open method of co-ordination" as an instrument for implementing the principle of subsidiarity?, 6 (2004) EurJofSocSec, 363–390

Költzsch, Martin, Eine Entscheidung des EuGH und ihre Folgen für das internationale Sozialrecht, SGb 1992, 591

Költzsch, Martin, Kindererziehung im Ausland, DAngVers 1992, 26

Költzsch, Martin, Zur Berechnung des Auslandsrente, DAngVers 1981, 521

Korpi, Walter, Welfare-State Regress in Western Europe: Politics, Institutions, Globalization, and Europeanization, 29 (2003) Annual Review of Sociology, 589

Kott, Sandrine/Droux, Joëlle, Globalizing social rights. The International Labour Organization and Beyond, Basingstoke 2013

Kötter, Ute, Die Sozialhilfe im Rahmen der EU – immer noch eine Randexistenz auf dem Weg zu einem „Europäischen Sozialhilferecht", ZIAS 2016, 98

Krajewski, Markus, Grenzüberschreitende Patientenmobilität in Europa zwischen negativer und positiver Integration der Gesundheitssysteme, EuR 2010, 165

Kranig, Andreas, Reform des deutschen Berufskrankheitenrechts – von Europa lernen?, in Devetzi, Stamati/Janda, Constanze (Hg.), Freiheit – Gerechtigkeit – Sozial(es) Recht. Festschrift für Eberhard Eichenhofer, Baden-Baden, 2015, 389

Kraus, Ulrike, Die neuen Sozialversicherungsabkommen mit Kroatien, Slowenien und Bulgarien, DRV 1998, 744

Krebber, Sebastian, Mitgliedstaatliche Förderung einer zusätzlichen Altersvorsorge und Europarecht – Anmerkung zum Urteil des EuGH v. 10.09.2009, Rs. C-269/07, EuR 2010, 822

Kretschmer, Kai-Holmger, Das Recht der Eingliederungsvereinbarung des SGB II, Berlin 2012

Kropholler, Jan, IPR, Tübingen 2006 (6. Aufl.)

Kruse, Kathrin, Entsendung von Arbeitnehmern und grenzüberschreitende Tätigkeit Selbstständiger nach der VO (EG) Nr. 883/2004, Hamburg 2015

Kuckelkorn, Wilfried, Pensionsfondsrichtlinie und Direktversicherung – Was bringt Europa?, BetrAV 2000, 619

Kuhn, Heike, Die soziale Dimension der Europäischen Gemeinschaft, Berlin 1995

Kuhnle, Stein (Ed.), Survival of the European Welfare State, Routledge 2000

Kymlicka, Will, Multicultural Citizenship. A liberal Theory of minority rights, Oxford 1995

Laffan, Brigid, Policy Implementation in the European Community: The European Social Funds as a Case Study, XXI Journal of Common Market Studies, 1983, 389

Lange, Hartmut, Sozialrecht und Vergaberecht, Baden-Baden 2011

Langelüddeke, Anne/Michaelis, Klaus, Europäische Dimensionen der Rentenversicherung, DAngVers 2001, 225

Langendonck, Jef van, Clear concepts also in social security, in Devetzi, Stamatia/Janda, Constanze (Hg.), Freiheit – Gerechtigkeit – Sozial(es) Recht. Festschrift für Eberhard Eichenhofer, Baden-Baden, 2015, 401

Langer, Rose, Grenzüberschreitende Behandlungsleistungen – Reformbedarf für die Verordnung 1408/71?, NZS 1999, 537

Langer, Rose, Kompetenzen in der Europäischen Union auf dem Gebiet der Gleichbehandlung, ZIAS 1999, 178

Latocha-Bruno, Gesa/Devetzi, Stamatia, Pensionsfonds in Deutschland und Europa, DRV 2001, 486, 490

Lehmann, Axel, Krankenhaus und EG-Beihilferecht, Frankfurt/Main 2008

Leibfried, Stephan/Pierson, Paul (Ed.), European Social Policy, Washington D.C. 1995

Leibfried, Stephan/Zürn, Michael (Hg.), Transformationen des Staates?, Frankfurt am Main 2006

Lenz, Carl Otto/Borchardt, Klaus-Dieter (Hg.), EU-Verträge – Kommentar nach dem Vertrag von Lissabon, 5. Aufl., Köln/Wien 2010

Lenze, Anne, Koordinationsrechtliche Probleme bei Pflegebedürftigkeit – aus deutscher Sicht, ZESAR 2008, 371

Lhernould, Jean Philippe, Les nouvelles règles de coordination pour les soins de santé: „Tout va très bien, Madame la marquise ...", Revue de Droit Sanitaire et Social (RDSS) 2010, 29

Lörcher, Klaus, Soziale Grundrechte in der EU-Grundrechtscharta, AuR 2000, 241

Loytved, Helge, Deutsches Erziehungsgeld unter dem Einfluss des europäischen Gemeinschaftsrechts, ZESAR 2005, 263

Loytved, Helge, Die sozialrichterliche Vorlage zum Gerichtshof der Europäischen Gemeinschaften, SGb 2001, 1

Luthe, Ernst-Wilhelm, Privilegien der Freien Wohlfahrtspflege aus gemeinschaftlicher Sicht, SGb 2000, 505

Macdonald, Ronald St. J./Matscher, Franz/Petzold, Herbert (Ed.), The European System for the Protection of Human Rights, Dordrecht 1993

Mangold, Anna Katharina/Pattar, Andreas Kurt, Ausschluss von Leistungen für arbeitsuchende Ausländer: Notwendigkeit einer europa-, völker- und grundrechtskonformen Auslegung des § 7 Abs 1 S 2 SGB II, VSSR 2008, 243

Verzeichnis der zitierten selbstständigen Literatur

Mansel, Heinz-Peter, Substitution im deutschen Zwangsvollstreckungsrecht – zur funktionellen Rechtsvergleichung bei Sachrechtsauslegung, in Bernhard Pfister/Michael R. Will (Hg.), Festschrift für Werner Lorenz zum 70. Geburtstag, Tübingen 1991, 689

Margalit, Avishai, Politik der Würde, Frankfurt 1999

Marhold, Franz (Hg.), Das neue Sozialrecht der EU, Wien 2005

Marhold, Franz, Notwendigkeiten und Grenzen einer europäischen Koordinierung der Sozialhilfe, Devetzi, Stamatia/Janda, Constanze (Hg.), Freiheit – Gerechtigkeit – Sozial(es) Recht. Festschrift für Eberhard Eichenhofer, Baden-Baden, 2015, 425

Marshall, Thomas Humphrey, Sociology at the Cross-roads and other Essays, London 1963

Martin, Philippe, Le traité d'Amsterdam inaugure-t-il une politique communautaire de l'emploi?, 36 (2000) RTDeur, p. 47–65

Marx, Reinhard, Ausländer- und Asylrecht, Bonn 2005, 2. Auflage

Marx, Reinhard, Das neue Fachkräfteeinwanderungsgesetz, Baden-Baden 2019*Masuch, Peter/Spellbrink, Wolfgang/Becker, Ulrich/Leibfried, Stephan (Hg.)*, Grundlagen und Herausforderungen des Sozialstaats, Denkschrift 60 Jahre Bundessozialgericht, Band 1, Berlin 2014

Max-Planck-Institut für ausländisches und internationales Privatrecht (Hg.), Kindschaftsrecht im Wandel, Studien zum ausländischen und internationalen Privatrecht, Tübingen 1994

Maydell, Bernd von (Hg.), Enabling Social Europe, Berlin 2005

Maydell, Bernd von, Der multilaterale Effekt von Sozialversicherungsabkommen, IPRax 1983, 156

Maydell, Bernd von, Sach- und Kollisionsnormen im internationalen Sozialversicherungsrecht, Berlin 1967

Maydell, Bernd von/Hohnerlein, Eva (Hg.), Die Umgestaltung der Systeme sozialer Sicherheit in den Staaten Mittel- und Osteuropas, Berlin 1993

Maydell, Bernd von/Nußberger, Angelika (Hg.), Social Protection by Way of International Law, Berlin 1996

Maydell, Bernd von/Pitschas, Rainer/Schulte, Bernd (Hg.), Behinderung in Asien und Europa im Politik- und Rechtsvergleich?, Baden-Baden 2003

Maydell, Bernd von/Ruland, Franz, Sozialrechtshandbuch, 5. Aufl., 2012

Maydell, Bernd von/Schnapp, Friedrich E. (Hg.), Die Auswirkungen des EG-Rechts auf das Arbeits- und Sozialrecht der Bundesrepublik, Berlin 1992

Maydell, Bernd von/Schulte, Bernd (Hg.), Zukunftsperspektiven des Europäischen Sozialrechts, Berlin 1995

Maydell, Bernd von/Schulte, Bernd, Gesundheitsmarkt ohne Grenzen in Europa, KV 2001, 207

McKee, Martin/Mossialos, Elias, The impact of EU law on Health Care Systems, Bruxelles/Bern/Berlin/Frankfurt a. M./New York/Oxford 2002

Verzeichnis der zitierten selbstständigen Literatur

Meißner, Matthias, Familienarbeit in der Alterssicherung nach europäischem Sozialrecht, Herbolzheim 2005

Merli, Franz/Huster Stefan (Hg.), Die Verträge zur EU-Osterweiterung, Berlin 2008

Merten, Detlef/Papier, Hans-Jürgen (Hg.), Handbuch der Grundrechte in Deutschland und Europa, Band V Grundrechte in Deutschland, Einzelgrundrechte II, Heidelberg 2013

Merten, Detlef/Papier, Hans-Jürgen (Hg.), Handbuch der Grundrechte in Deutschland und Europa, Band II Grundrechte in Deutschland: Allgemeine Lehren I, Heidelberg 2006

Merten, Detlef/Pitschas, Rainer (Hg.), Der Europäische Sozialstaat und seine Institutionen, Berlin 1993

Meyer, Dirk, Sozialstandards und neue Welthandelsordnung, SF 1998, 105

Meyer, Jürgen (Hg.), Charta der Grundrechte der Europäischen Union, 4. Aufl., Baden-Baden 2014

Meyer-Ladewig, Jens/Nettesheim, Martin/Raumer, Stefan von, Konvention zum Schutz der Menschenrechte und Grundfreiheiten: Handkommentar, Baden-Baden 2017 (4. Auflage)

Mikkola, Matti, Social human rights of Europe, Helsinki 2010

Miné, Michel, Le droit social international et européen en pratique, Paris 2013 (2ème éd.)

Mollat, Michel, Les pauvres en moyen age, Paris 1978

Möller, Johannes, Die gemeinschaftsrechtlichen Vorgaben für Sozialversicherungsmonopole und ihr Verhältnis zum Grundgesetz, VSSR 2001, 25

Moosecker, Charlott, Öffentliche Auftragsvergabe der gesetzlichen Krankenkassen, Frankfurt/Main 2009

Marguénaud, Jean-Pierre/Mouly, Jean, Le Comité européen des droits sociaux face au principe de non-régression en temps de crise économique, Droit Social 2013, 339

Mossialos, Elias/Permanand, Govin/Baeten, Rita/Hervey, Tamara K. (eds.), Health systems governance in Europe, Cambridge 2010

Mossialos, Elias/McKee, Martin, EU Law and the social character of health care, Bruxelles 2004 (2nd ed.)

Müller, Andreas, Die Entsendung von Arbeitnehmern in der Europäischen Union, Baden-Baden 1997

Müller-Graff, Peter-Christian, Die Erscheinungsformen der Leistungssubventionstatbestände aus wirtschaftsrechtlicher Sicht, ZHR 1988, 403

Müller-Graff, Peter-Christian/Schmahl, Stefanie/Skouris, Vassilios (Hg.), Europäisches Recht zwischen Bewährung und Wandel, Festschrift für Dieter H. Scheuing, Baden-Baden 2011

Müntefering, Franz/Becker, Ulrich (Hg.), 50 Jahre EU – 50 Jahre Rechtsprechung des Europäischen Gerichtshofs zum Arbeits- und Sozialrecht, Baden-Baden 2008

Nagel, Gunter S., Le droit internationale de la sécurité sociale, Paris 1994

Nagel, Ralf, Ausländer für die Rentenzahlung gleichgestellt, RVaktuell 2013, 197

Nastelski, Hans, Die schmalen Leistungen zum Leben nach dem Asylbewerberleistungsgesetz, SozSich 2015, 389

Neubeck, Xenia, Die Europäische Sozialcharta and deren Protokolle, Frankfurt/Main 2002

Neumann-Duesberg, Rüdiger, Die EuGH-Position ist angreifbar, Gesundheit und Gesellschaft 1998, 22

Neumann-Duesberg, Rüdiger, Krankenversicherungsschutz bei Auslandsaufenthalt, DOK 1985, 302

Neumayer, Karl, Internationales Verwaltungsrecht, Band IV, Berlin 1936

Neuner, Jörg, Diskriminierungsschutz durch Privatrecht, JZ 2003, 57

Niedobitek, Matthias (Hg.), Europarecht – Politiken der Union, Berlin 2014

Nowak, Carsten, EU-Osterweiterung, Personenfreizügigkeit und staatliche Schutzpflichten im Bereich der sozialen Sicherheit, EuZW 2003, 101

Numhauser-Henning, Ann (Ed.), Normativa perspektiv: festskrift till Anna Christensen, Lund 2000

Nuscheler, Franz, Internationale Migration: Flucht und Asyl, Wiesbaden 2004 (2. Aufl.)

Nussbaum, Martha C./Sen, Amartya, The Quality of Life, Oxford [u.a.] 1993

Nußberger, Angelika, Soziale Gleichheit – Voraussetzung oder Aufgabe des Staates?, DVBl 2008, 1081

Nußberger, Angelika, Sozialstandards im Völkerrecht, Berlin 2005

Obinger, Herbert/Leibfried, Stephan/Castles, Francis G., Bypasses to a social Europe? Lessons from federal experience, 12 (2005) Journal of European Public Policy, 545

Obinger, Herbert/Starke, Peter/Moser, Julia/Bogedan, Claudia/Gindulis, Edith/Leibfried, Stephan (Hg.), Transformations of the Welfare State. Small States, Big Lessons, Oxford 2010

Obwexer, Walter, Der Beitritt der EU zur EMRK: Rechtsgrundlagen, Rechtsfragen und Rechtsfolgen, EuR 2012, 115

Oetker, Hartmut/Preis, Ulrich (Hg.), Europäisches Arbeits- und Sozialrecht, o.J., Loseblattwerk

Ojeda Avilés, Antonio, El sistema común europeo de seguridad social: un enfoque integrado, Valencia 1997

Olivelli, P./Pessi, Roberto, La previdenza complementare nella Comunita Europea, Milano 1992

Oppermann, Dagmar, Sozialleistungen für Geflüchtete im Fokus europäischer Sekundärmigration, ZESAR 2020,305

Oppermann/Classen/Nettesheim, Europarecht, München 2016 (5. Aufl.)

Osterhammel, Jürgen, Die Verwandlung der Welt. Eine Geschichte des 19. Jahrhunderts, München 2013

Verzeichnis der zitierten selbstständigen Literatur

Otting, Albrecht, Reform der VO (EWG) Nr. 1408/71 zur Koordinierung der Systeme der sozialen Sicherheit in Europa, Manuskript, 2008

Pache, Eckhard, Die Europäische Grundrechtscharta – ein Rückschritt für den Grundrechtsschutz in Europa?, EuR 2001, 475

Palola, Elina/Savio, Annikki (Eds.), Refining the Social Dimension in an Enlarged EU, Helsinki 2005

Papier, Hans-Jürgen, Rechtsformen der Subventionierung und deren Bedeutung für die Rückabwicklung, ZHR 1988, 493

Paskalia, Vicki, Free Movement, Social Security and Gender in the EU, Oxford 2007

Pattar, Andreas, Der Umweg als Ziel – Die BSG-Entscheidungen zu den Leistungsvoraussetzungen für Ausländer im SGB II, SGb 2016, 665

Pawlita, Cornelius, Zur Anerkennung von Beschäftigungszeiten im Ghetto Lodz, SGb 1997, 413

Pechstein, Matthias/Koenig, Christian, Die Europäische Union, Tübingen 2000 (3. Aufl.)

Penner, Andreas, Die Entscheidung des EuGH zum Monopol der Unfallversicherung – Wird der Schutz sozialer Ziele zu gut gemeint?, ZESAR 2009, 411

Pennings, Frans, Dutch social security law in an international context, The Hague u. a. 2002

Pennings, Frans, Introduction to European Social Security Law, The Hague 1998 (2nd ed.)

Pennings, Frans, The Van Pommeren-Bourgondieu Judgement, 7 (2005) EurJofSocSec, 167

Pennigs, Frans, The development of EU-citizenship by means of the link approach, Devetzi, Stamatia/Janda, Constanze (Hg.), Freiheit – Gerechtigkeit – Sozial(es) Recht. Festschrift für Eberhard Eichenhofer, Baden-Baden, 2015, 490

Pennings, Frans, The Discussion on the Revision of the Coordination Rules of Unemployment Benefits – a Battlefield between East and West, EurJofSocSec 2020, 148*Perrin, Guy*, Die Ursprünge des internationalen Rechts der sozialen Sicherheit, 1983

Perrin, Guy, La convention européenne de sécurité sociale, Droit social 1973, 445

Pessi, Roberto, Il sistema previdenziale europeo, Padova 1993

Pfeil, Walter J., Soziale Sicherheit in Österreich und Europa, Wien 1998

Pflüger-Demann, Angelika, Soziale Sicherung bei Invalidität in rechtsvergleichender und europarechtlicher Sicht: eine auf die Bundesrepublik Deutschland und Frankreich bezogene Darstellung, Baden-Baden 1991

Picker, Eduard, Anti-Diskriminierung als Zivilrechtsprogramm?, JZ 2003, 540

Pieper, Brexit – und jetzt? Der Austritt des Vereinten Königreichs aus der EU aus sozialpolitischer Sicht, NDV 2016, 385

Pieper, Jonas, Die Umsetzung der UN-Behindertenrechtskonvention in der Europäischen Union, NDV 2017, 22

Verzeichnis der zitierten selbstständigen Literatur

Pierson, Christopher/Castles, Francis G. (Ed.), The Welfare State Reader, 2007 (2nd ed.)

Pierson, Paul, Beyond the Welfare State?, The New Political Economy of Welfare, Cambridge 2006 (2nd ed.)

Pieters, Danny, Aktuelle Entwicklungen im Bereich der sozialen Sicherheit in Europa – Problemstellungen und Lösungsansätze, SozVers 2001, 57

Pieters, Danny, Europäisches und nationales Recht der Sozialen Sicherheit, ZIAS 1991, 72

Pieters, Danny, Social Security Law in the 15 Member States of the European Union, Antwerpen 1997

Pieters, Danny, The Social Security Systems of the Member States of the European Union, Antwerpen 2002

Pieters, Danny/Schoukens, Paul, Improving the Social Security of internationally mobile Researchers, League of European Research Universities, Advice Paper Nr. 1 – April 2010

Pieters, Danny/Van den Bogaert, Stefaan, The consequences of European competition law for national health policies, Antwerpen 1997

Pieters, Danny/Vansteenkiste, Steven, The Thirteenth State, Antwerpen 1993

Pitschas, Rainer (Hg.), Internationalisierung von Staat und Verfassung im Spiegel des deutschen und japanischen Staats- und Verwaltungsrechts, Berlin 2002

Pitschas, Rainer (Hg.), Sozialer Dialog für Europa, München 1998

Pitschas, Rainer, Die Rolle des europäischen Wettbewerbsrechts für die Leistungserbringung im Gesundheitswesen, in Diskussionspapiere zu Staat und Wirtschaft 13/2000, Europäisches Institut für Staatswissenschaften und Staatspraxis

Pitschas, Rainer, Europäische Grundrechte-Charta und soziale Grundrechte, VSSR 2000, 207

Podlech, Adalbert, Gilt in der deutschen gesetzlichen Unfallversicherung das Territorialprinzip?, NJW 1963, 1142

Porte, Caroline de la/Pochet, Philippe (Eds.), Building Social Europe through the Open Method of Co-ordination, Bruxelles u. a. 2002

Preis, Ulrich/Morgenbrodt, K, Religiöse Symbole am Arbeitsplatz zwischen Gleichbehandlung und unternehmerischer Freiheit – das Kopftuch in Luxemburg, ZESAR 2017, 329

Preis, Ulrich/Sagan, Adam, Europäisches Arbeitsrecht, Köln 2015

Prétot, Xavier, Le droit social européen, Paris 1993 (2. éd.)

Prétot, Xavier, De la discrimination dans l'attribution des pensions de retraite, Droit social 2009, 574

Priebe, Reinhard, Die Beschlüsse des Rates zur Eingliederung der neuen deutschen Bundesländer in die Europäische Gemeinschaft, EuZW 1991, 113

Prieto, Catherine, Liberté d'établissement et de prestation de services, 40 (2004) RTDeur, p. 533–558

Verzeichnis der zitierten selbstständigen Literatur

Prunzel, Regine, Der „Europäische Sozialkonsens" als Instrument zur Stärkung des „Europäischen Sozialmodells", Berlin 2007

Quade, Benno, Verantwortung und ihre Zuschreibung im Recht der Arbeitsförderung, Baden-Baden 2009

Rabanser, Wolfgang, Soziale Sicherheit in EG und EWR – die EWG-Verordnung 1408/71 über die soziale Sicherheit im österreichischen Sozialrecht, Wien 1993

Raiff, Norma Radol/Shore, Barbara K., Advanced Case Management: New Strategies for the Nineties, London 1993

Rainer Erd/Rainer Fabian/Eva Kocher/Eberhard Schmidt (Hrsg.), Erfahrungen einer unruhigen Generation. Liber amicorum Thomas Blanke, Baden-Baden 2009

Raptopoulou, Kyriaki, The Directive on cross-border health care: signalling the coordination or the harmonisation of public health systems, European Journal of Social Law 2012, 193

Raschke, Ulrich, Die Fußballspieler Huth, Lehman, Zkrzynowek und die polnische Saisonarbeitskraft X: Zur Anwendung der europäischen Wanderarbeitnehmer-Verordnung Nr. 1408/71, Die BG 2006, 284

Raschke, Ulrich, Vergleich der Wanderarbeitnehmerverordnung 1408/71 und der Ersetzungsverordnung 883/2004: Erste Hinweise für den Versicherungszweig gesetzliche Unfallversicherung, Die BG 2005, 767

Rauscher, Anton (Hg.), Handbuch der Katholischen Soziallehre, Berlin 2008

Rauscher, Bruno, Von der Territorialität der Sozialgesetze, VSSR 1982, 319

Rawls, John, A theory of Justice, Oxford 1972

Rebhahn, Robert, Gibt es ein Europäisches Sozialmodell der Arbeitsbeziehungen?, ZESAR 2009, 159

Regenmortel, Anne/Jorens von, Yves (Ed.), Le détachement international, Brugge 1995

Reinhard, Hans-Joachim (Hg.), Invaliditätssicherung im Rechtsvergleich, Baden-Baden 1998

Reiter, Heinrich, Verschränkung europäischer und deutscher Gerichtsbarkeit, ZfSH/SGB 1990, 57

Renesse von, Jan-Robert, Pflegeleistungen der freien Wohlfahrtspflege zwischen deutschem Sozialrecht und europäischem Wettbewerb, VSSR 2001, 359

Rengeling, Hans-Werner, Grundlagen des Subventionsrechts und Kompetenzen aus der Sicht von Bund und Ländern, ZHR 1988, 455

Rengeling, Hans-Werner, Grundrechtsschutz in der Europäischen Gemeinschaft, München 1993

Rennuy, Nicolas, The emergence of a parallel system of social security coordination, CMLR 2013, 1221

Renner, Günter, Ausländerrecht in Deutschland, München 1998

Renucci, Jean-Francois, Introduction to the European Convention on Human Rights, Strasbourg 2005

Verzeichnis der zitierten selbstständigen Literatur

Rennuy, Nicolas, Posting of Workers: Enforcement, Compliances and Reform, EurJofSocSec 2020,212

Resch, Reinhard, Nationale Sozialversicherungsabkommen und EG-Verordnungen zur Sozialen Sicherheit, NZS 1996, 603

Reynand, Emmanuel (Ed.), Les retraites dans l'Union Européenne, Paris 1998

Riedel, Eibe, Social Security as a Human Right, Berlin 2007

Rifkin, Jeremy, Der Europäische Traum. Die Vision einer leisen Supermacht, Frankfurt am Main/New York, 2004

Rihm, Herbert, Der supranationale Schutz von Anwartschaften aus ergänzenden betrieblichen Altersversorgungssystemen innerhalb der Europäischen Union, Baden-Baden 1998

Rische, Herbert, Aktuelle Entwicklungen in der europäischen Sozialpolitik und ihre Auswirkungen auf die gesetzliche Rentenversicherung, RVaktuell 2013, 2

Robledo, Calina Miguel/Ramirez Martinez, Juan M./Sala Franco, Tomas, Derecho social comunitario, Valencia 1991

Rodger, John J., From a welfare state to a welfare society: the changing context of social policy in a postmodern era, Basingstoke u. a. 2000

Rodière, Pierre, L'impact des libertés économiques sur les droits sociaux dans la jurisprudence de la CJCE, Droit Social 2010, 573

Rodière, Pierre, Droit social – Coordination des droits nationaux, loi applicable, compétence juridictionnelle, 39 (2003) RTDeur, p. 529–552

Rodière, Pierre, Droit social de l'Union européenne, Paris 2002 (2 ème ed.)

Roller, Steffen, Auswirkungen der UN-Behindertenrechtskommission auf das sozialgerichtliche Verfahrensrecht, SGb 2016, 17

Roßnagel, Alexander, Europäische Datenschutz – Grundverordnung, Baden-Baden, 2017

Ruland, Franz (Hg.), Verfassung, Theorie und Praxis des Sozialstaates, Festschrift für Hans F. Zacher, Heidelberg 1998

Ruland, Franz, Deutsches und europäisches Rentenversicherungsrecht, DRV 1990, 709

Ruland, Franz, Nachversicherung – EuGH zwingt deutschen Gesetzgeber zum Handeln, ZESAR 2018, 53

Runggaldier, Ulrich, Funktionen und Regelungsprobleme der betrieblichen Altersversorgung: am Beispiel Österreich, ZIAS 1998, 37

Rust, Ursula, Die Gleichbehandlungsrichtlinie und ihre Umsetzung in Deutschland, Rehburg-Loccum 2003

Rust, Ursula/Falke, Josef (Hg.), Allgemeines Gleichbehandlungsgesetz: Kommentar, Berlin 2007

Rys, Vladimir, Der Beitritt der Reformländer Mitteleuropas zur Europäischen Union, Internationale Revue für soziale Sicherheit, 2-3/2001, 208

Säcker, Franz-Jürgen, „Vernunft statt Freiheit". Die Tugendrepublik der neuen Jakobiner, Zeitschrift für Rechtspolitik 2002, 286

Verzeichnis der zitierten selbstständigen Literatur

Säcker, Hans-Jürgen/Rixecker Roland (Hg.), Münchener Kommentar zum BGB, München 1998 (3. Aufl.),

Sakellaropoulos, Theodoros (Ed.), Connecting welfare diversity within the European social model, Antwerpen 2004

Samuel, Lenia, Fundamental social rights: case law of the European Social Charter, Strasbourg 1997

Sapir, André, Globalization and the Reform of the European Social Model, 44 (2006) Journal of Common Market Studies, 369

Sarfati, Hedva/Bonoli, Guiliano (Ed.), Labour Market and Social Protection Reforms in International Perspective, Aldershot 2002

Saunders, Peter (Ed.), Reforming the Australian welfare state, Melbourne 2000

Scharpf, Fritz W., Balancing Positive and Negative Integration. The Regulatory Options for Europe. Max-Planck-Institut für Gesellschaftsforschung (MPIfG) Working Paper 97/8, November 1997

Scharpf, Fritz W., Regieren im europäischen Mehrebenensystem – Ansätze zu einer Theorie, Leviathan 2002, 65 ff.

Scharpf, Fritz W., The European Social Model: Coping with the Challenges of Diversity, 40 (2002) Journal of Common Market Studies, 645

Scharpf, Fritz W./Schmidt, Vivian, Welfare and Work in the open Economy, From Vulnerability to Competitiveness, Oxford, 2000

Schavoir-Ysselstein, Renate, Bestandsaufnahme zur betrieblichen Altersversorgung in Europa, VersWiss 1996, 1513

Schiek, Dagmar, Age Discrimination Before the ECJ – Conceptual and Theoretical Issues, 2011 CMLR, 48, 777

Schiek, Dagmar, Differenzierte Gerechtigkeit, Baden-Baden 2000

Schlachter, Monika/Becker, Ulrich/Igl, Gerhard (Hg.), Funktion und rechtliche Ausgestaltung zusätzlicher Alterssicherung, Baden-Baden 2005

Schlachter/Heinig, Europäisches Arbeits- und Sozialrecht, Baden-Baden, 2016

Schlechtriem, Peter (Hg.), Einheitliches Kaufrecht und nationales Obligationenrecht, Baden-Baden 1987

Schmähl, Winfried, Nationale und die Europäische Union: Entwicklungslinien und Einflusskanäle, Bremen 2005

Schmid, Josef, Wohlfahrtsstaaten im Vergleich. Soziale Sicherung in Europa: Organisation, Finanzierung, Leistungen und Probleme, Wiesbaden 2002

Schmidinger, Hildegard, Verfassungsrechtliche Fragen zur geplanten vertraglichen Sonderregelung für Hachscharah-Zeiten, SozVers 1984, 201

Schmidt, Angelika, Europäische Menschenrechtskonvention und Sozialrecht, Baden-Baden 2003

Schmidt, Marlene, Das Arbeitsrecht der Europäischen Gemeinschaft, Baden-Baden 2001

Schmidt-Aßmann, Eberhard, Verwaltungskooperation und Verwaltungskooperationsrecht in der Europäischen Gemeinschaft, EuR 1996, 270

Verzeichnis der zitierten selbstständigen Literatur

Schmidt-Räntsch, Jürgen, Zur Behandlung EG-widriger Beihilfen, EuZW 1990, 376

Schmitt, Melanie, La dimension sociale du traité de Lisbonne, Droit Social 2010, 682

Schneider, Jochen, Datenschutz nach der EU-Datenschutz-Grundverordnung, München 2017

Schneider-Danwitz, Annette, Freizügigkeit der Versicherten in der Krankenversicherung, SGb 2000, 354

Scholz, Tim F, Die Europäische Datenschutz-Grundverordnung, ZESAR 2017, 270

Schönberger, Christoph, Die Unionsbürgerschaft als Sozialbürgerschaft, ZAR 2006, 226

Schömann, Isabelle, Mélanges à la mémoire de Yota Kravaritou: a trilingual tribute, Brussels 2011

Schötz, Jürgen, Krankenversicherung der Rentner im Rahmen der Sozialversicherungsabkommen, DRV 2001, 514

Schoukens, Paul (Ed.), Prospects of social security co-ordination, Leuven 1997

Schrammel, Walter/Winkler, Gottfried, Arbeits- und Sozialrecht der Europäischen Gemeinschaft, Wien 2002

Schregle, Johannes, Europäische Sozialpolitik – Erfolge und Möglichkeiten, Köln-Deutz 1954

Schuler, Rolf, Das Internationale Sozialrecht der Bundesrepublik Deutschland, Baden-Baden 1988

Schuler, Rolf, Die europarechtliche Koordinierung der Krankenversicherung der Rentner, SGb 2000, 523

Schulin, Bertram (Hg.), Handbuch des Sozialversicherungsrechts, Band 1: Krankenversicherungsrecht, München 1994

Schulin, Bertram (Hg.), Handbuch des Sozialversicherungsrechts, Band 4: Pflegeversicherungsrecht, München 1997

Schulin, Bertram, Betriebliche Altersversorgung – Funktionen und Regelungsprobleme: Landesbericht Bundesrepublik Deutschland, ZIAS 1988, 10 ff.

Schulte, Bernd, Politik der Aktivierung, Recht auf Teilhabe und das „EU-Recht auf Jobsuche im Ausland": Herausforderungen für das Europäische Koordinierungsrecht, ZESAR 2014, 58, 112

Schulte, Bernd, Patientenmobilität in Europa, GesR 2012, 72

Schulte, Bernd, Die UN-Behindertenkonvention, ZESAR 2012, 69, 112

Schulte, Bernd, Die neue europäische Sozialrechtskoordinierung, ZESAR 2010, 143, 202

Schulte, Bernd, Das Übereinkommen der Vereinten Nationen über die Rechte von Menschen mit Behinderungen, ZfSH/SGB 2010, 657

Schulte, Bernd, Das Europäische Sozialmodell im künftigen Europa, ZfSH/SGB 2001, 3, 67

Schulte, Bernd, Die „Methode der offenen Koordinierung" – Eine neue politische Strategie in der europäischen Sozialpolitik auch für den Bereich des sozialen Schutzes –, ZSR 2002, 1

Schulte, Bernd, Europäisches und nationales Sozialrecht, EuR Beiheft 1/1990, 35

Schulte, Bernd, Freie Wohlfahrtspflege und europäisches Gemeinschaftsrecht, ArchSozArb 1999, 210

Schulte, Bernd, Neuere Entwicklungen des Europäischen Sozialrechts unter besonderer Berücksichtigung der Rechtsprechung des EuGH, BayVBl 2000, 362

Schulte, Bernd, Nochmals – „Wird es einen Europäischen Sozialstaat geben?", ZIAS 2003, 391

Schulte, Bernd, The Welfare State and European Integration, EurJofSocSec 1999, 7

Schulte, Bernd, Zur Kritik des europäischen koordinierenden Sozialrechts, ZfSH/SGB 1999, 579

Schulte, Bernd, Das Europäische Sozialmodell – „revisited", *Devetzi, Stamatia/Janda, Constanze (Hg.)*, Freiheit – Gerechtigkeit – Sozial(es) Recht. Festschrift für Eberhard Eichenhofer, 2015, Baden-Baden, 2015, 569

Schulte, Bernd/Barwig, Klaus (Hg.), Freizügigkeit und Soziale Sicherheit, Baden-Baden 1999

Schulte, Bernd/Zacher, Hans F. (Hg.), Wechselwirkungen zwischen dem Europäischen Sozialrecht und dem Sozialrecht der Bundesrepublik Deutschland, Berlin 1991

Schultz, Klaus-Peter, Krankenkassen als Adressaten des Kartellrechts, NZS 1998, 269

Schulz, Otto, Auf dem Weg zur Sozialunion, SF 1992, 79

Schulz, Otto, Maastricht und die Grundlagen einer Europäischen Sozialpolitik, Köln 1996

Schumacher, Christoph, Die externe Dimension der EU-Stellung der Drittstaatsangehörigen in der Sozialen Sicherheit, ZESAR 2011, 368

Schuster, Gunnar, Rechtsfragen der Maastrichter Vereinbarungen zur Sozialpolitik, EuZW 1992, 178

Schwarze, Jürgen (Hg.), Der Verfassungsentwurf des Europäischen Konvents, Baden-Baden 2004

Schwarze, Jürgen (Hg.), EU-Kommentar, 3. Aufl., Baden-Baden 2012

Schwarze, Jürgen, Europäisches Verwaltungsrecht, Bd. 1, Baden-Baden 1988

Scelle, Georges, L'organisation international et le BIT, Paris 2020

Séché, Jean-Claude, L'Europe Sociale après Maastricht, Cahiers de Droit Européen (CdDE) 1993, 509

Séché, Jean-Claude, Le nouveau fonds social européen, Cahiers de Droit Européen (CdDE), 1977, 78

Sen, Amartya, Inequality Reexamined, 1992

Verzeichnis der zitierten selbstständigen Literatur

Servais, Jean-Michael, Droit social de l'Union Européenne, Bruxelles 2008

Servais, Jean-Michael, International Labour Law, The Hague 2005

Shaw, Josephine, Social law and policy in an evolving European Union, Oxford 2000

Shaw, Josephine, The Interpretation of European citizenship, 61 (1998) The Modern Law Review, 293

Sieveking, Klaus (Hg.), Soziale Sicherung bei Pflegebedürftigkeit in der Europäischen Union, Baden-Baden 1998

Sieveking, Klaus, Soziale Sicherheit für türkische Staatsangehörige nach dem Assoziationsratsbeschluß EWG-Türkei Nr. 3/80, ZIAS 2001, 160

Sipp, Alexander, Drittstaatsangehörige und Sozialrecht, Frankfurt/Main 2007

Slupetzky, Walter (Hg.), Europa ohne Arbeit?: Beiträge zur Zukunft der Arbeitsmarktpolitik, Stuttgart 1997

Sodan, Helge, EU-Osterweiterung und soziale Sicherungssysteme, JZ 2002, 53

Sol, Els/Westerveld, Mies (Ed.), Contractualism in Employment Services: a New Form of Welfare Governance, The Hague 2005

Spaventa, Eleanor/Dougan, Michael (Ed.), Social Welfare and EU law, Oxford 2005

Spiegel, Bernhardt, tress-Arbeiten betreffend die Koordination von Pflegeleistungen, ZESAR 2013, 205

Spiegel, Bernhard, Die neue europäische Sozialrechtskoordinierung. Überlegungen zur Verordnung (EG) Nr. 883/2004, ZIAS 2006, 85

Spiegel, Bernhard, Brexit – ein Thriller (auch für die soziale Sicherheit), in Marhold/Becker/Eichenhofer/Igl/Prosperetti (Hg.), Arbeits- und Sozialrecht für Europa, Festschrift für Maximilian Fuchs, Baden-Baden 2020, 685

Spranger, Tade Matthias, Europäisches Sozialrecht, Bonn 2002

Stabenow, Wolfgang, The European Social Fund, 14 (1977), CMLR, 435, 437

Stahlberg, Jürgen, Europäisches Sozialrecht, Bonn 1997

Stegner, Stefan, Politics, Social Rights and Social Security Coordination in German-Croatian Relations since 1968, ZIAS 2013, 183

Steinle, Christian C., Europäische Beschäftigungspolitik, Berlin 2001

Steinmeyer, Heinz-Dietrich, Die Richtlinie 98/49/EG zur Wahrung ergänzender Rentenansprüche, EuZW 1999, 645

Steinmeyer, Heinz-Dietrich, Handbuch des europäischen Arbeits- und Sozialrechts, München 2002

Steinmeyer, Heinz-Dietrich, Harmonisierung des Betriebsrentenrechts in der EG? EuZW 1991, 43

Steinmeyer, Heinz-Dietrich, Wettbewerbsrecht im Gesundheitswesen, Berlin 2000

Stendahl, Sara/Erhag, Thomas/Devetzi, Stamatia (Eds.), A European Work-First Welfare State, Göteborg 2008

Stolleis, Michael, Geschichte des Sozialrechts in Deutschland, Stuttgart 2003

Verzeichnis der zitierten selbstständigen Literatur

Streek, Wolfgang (Hg.), Internationale Wirtschaft, nationale Demokratie, Frankfurt/Main 1998

Streinz, Rudolf, Dienstleistungsfreiheit – Kostenerstattung für Krankenbehandlung in anderem Mitgliedstaat, JuS 2012, 568

Streinz, Rudolf (Hg.), EUV/AEUV, 3. Auflage, München 2018

Streinz, Rudolf, Der Vertrag von Amsterdam, EuZW 1998, 137

Streinz, Rudolf, Europarecht, Heidelberg 2001 (5. Aufl.)

Streinz, Rudolf/Ohler, Christoph/Hermann, Christoph, Der Vertrag von Lissabon zur Reform der EU, München 2010 (3. Aufl.)

Strick, Kerstin, Ansprüche alter und neuer Unionsbürger auf Sozialhilfe und Arbeitslosengeld II, NJW 2005, 2182

Stürmer, Klaus, Das Grünbuch der EU-Kommission: Zusätzliche Altersversorgung im Binnenmarkt, BetrAV 1998, 210

Stürmer, Klaus, Geburtsdatum und Altersrente – Entscheidung des EuGH zu ausländischen Personenstandsurkunden, NZS 2001, 347

Stürmer, Klaus/Biller, Markus, Die Einbeziehung der Beamten in den Anwendungsbereich der Verordnung (EWG) Nr. 1408/71, DÖD 2001, 105

Sudre, Frédéric, La protection des droits sociaux par la Cour européenne des droits de l'homme: un exercice de « jurisprudence-fiction »? 2003 (14) Revue Trimestrielle des Droits de l'Homme, 755

Sudre, Frédéric, Droit européen et international des droits de l'homme, Paris 2008 (9ème éd.)

Supiot, Alain, Der Rechtsgrundsatz der Solidarität, in Kothe, Wolfhard/Absenger, Nadine (Hg.), Menschenrechte und Solidarität im internationalen Diskurs, Festschrift für Armin Höland, Baden-Baden, 2015, 167

Swaan, Abraham de, In the Care of the State, 1988

Swedish National Social Insurance Board (Ed.), 25 Years of Regulation (EEC) No. 1408/71 on Social Security for Migrant Workers, Stockholm 1997

Syrpis, Phil, EU Intervention in Domestic Labour Law, Oxford 2007

Szyszczak, Erika, EC Labour Law, Harlow 2000

Taprogge, Karl, Zum Europäischen Abkommen über die Soziale Sicherheit der Wanderarbeitnehmer vom 9. Dezember 1957, DOK 1958, 121

Teague, Paul, Deliberative Governance and EU Social Policy, 7, (2001) European Journal of Industrial Relations, pp. 7–26

Tegtmeier, Werner/Weinstock, Ulrich, Sozial- und Gesellschaftspolitik als Element einer Europäischen Union, Europa-Archiv 1972, 801

Tennstedt, Florian, Sozialgeschichte der Sozialpolitik in Deutschland, Göttingen 1981

Terwey, Franz, Soziale Grundrechte für Europa – Schritte zu einer EU-Verfassungsgebung, BG 2000, 666

Terwey, Franz, Sozialversicherung und Europäische Integration, DRV 2003, 320

Teske, Wolfgang, Die Revisibilität der Auslegung von ausländischen Allgemeinen Geschäftsbedingungen, EuZW 1991, 149

Verzeichnis der zitierten selbstständigen Literatur

Tettinger, Peter J./Stern, Klaus (Hg.), Kölner Gemeinschaftskommentar zur Europäischen Grundrechte-Charta, 2006

Theurl, Engelbert (Hg.), Der Sozialstaat an der Jahrtausendwende, Heidelberg 2001

Thüsing, Gregor, European Labour Law, München u. a. 2012

Thym, Daniel, Sozialhilfe für erwerbsfähige Unionsbürger. Das Bundessozialgericht auf Umwegen, NZS 2016, 449

Thym, Daniel (Ed.), Questioning EU citizenship Judges and the effects of Free Movement and Soildarity in the EU, Bloomsbury, 2017

Tichý, Luboš, The Decline of the Territoriality Principle in EU Antitrust Law, RabelsZ 78 (2014), 193

Tiedemann, Michael, Bestimmung des anwendbaren Sozialversicherungsrechts bei Entsendung in der EU – Regelung nach Inkrafttreten der VO (EG) 883/04 und VO (EG) 987/09, NZS 2011, 41

Tiedemann, Michael, Die Entsendung von Drittstaatsangehörigen in der EU – Regelungen zur Bestimmung des anwendbaren Sozialversicherungsrechts, ZfSH/SGB 2010, 408

Tiedemann, Michael, Das neue europäische Recht zur Koordinierung der Systeme der sozialen Sicherheit, ZfSH/SGB 2010, 220

Tiemann, Burkhard, Die Gesundheits- und Sozialpolitik der Europäischen Union, Köln 2005

Titmuss, Richard, Social Policy, 1974

Tobler, Christa, Indirect Discrimination, Antwerpen 2005

Tomandl, Theodor (Hg.), Der Einfluss europäischen Rechts auf das Sozialrecht, Wien 2000

Tomuschat, Christian (Hg.), Europäische Integration und nationale Rechtskulturen, Köln 1995

Trenk-Hinterberger, Peter, Das Recht auf Arbeit im Kontext der UN-Behindertenrechtskonvention, Devetzi, Stamatia/Janda, Constanze (Hg.), Freiheit – Gerechtigkeit – Sozial(es) Recht. Festschrift für Eberhard Eichenhofer, Baden-Baden, 2015, 652

Trinkl, Stephanie, Die gemeinschaftsrechtliche Koordinierung deutscher Familienleistungen, Baden-Baden 2000

Trunk, Nina, Anwendbarkeit der Wanderarbeitnehmerverordnung auf die Haftungsbefreiung bei Arbeitsunfällen, IPRax 2010, 227

Udsching, Peter, Die deutsche Pflegeversicherung im europäischen Kontext, Devetzi, Stamatia/Janda, Constanze (Hg.), Freiheit – Gerechtigkeit – Sozial(es) Recht, Festschrift für Eberhard Eichenhofer, Baden-Baden, 2015, 671

Ulber, Daniel, Die Bindungswirkung von A1-Bescheinigungen für illegale Arbeitnehmerüberlassung ZESAR 2015

Usinger-Egger, Patricia, Die soziale Sicherheit der Arbeitslosen in der Verordnung (EWG) Nr. 1408/71 und in den bilateralen Abkommen zwischen der Schweiz und ihren Nachbarstaaten, 2000

Verzeichnis der zitierten selbstständigen Literatur

Usinger-Egger, Patricia, Die Unfallversicherung und ihre Auslandswirkung, SZS 2008, 245

Valticos, Nicolas, Traité de droit international du travail, Paris 1970

Valticos, Nicolas/von Potobsky, G., International Labour Law, Deventer 1995 (2nd ed.)

Van de Gronden, Johan Willem/Krajewski, Markus/Neergaard, Ulla/Szyszczak, Erika (eds.), Health Care and EU Law, The Hague 2011

Van der Mai, A.P., Cross-Border Access to Medical Care within the European Union – Some Reflections on the Judgments in Decker and Kohll, 5 (1998), Maastricht Journal of European and Comparative Law, 277

Van Gerven, Minna, Converging Trends of Social Policy, in Europe: Social Security Benefit Reform in the UK, the Netherlands and Finland, 10 (2008) EurJofSocSec, 207

Van Raepenbusch, Sean, La sécurité sociale des travailleurs européens, Bruxelles 2001

Vandamme, François, La CEE à la Recherche de ses Emplois, Revue du Marché Commun 1986, 330

Vandamme, François, Le fonds social européen revisé et la lutte contre le chômage dans la Communauté Européenne, Revue internationale du travail, 1984, 183

Vaughan-Whitehead, Daniel, L'Europe à 25. Un défi social, Paris 2005

VDR, Arbeitsmarkt und Alterssicherung, DRV-Schriften, Band 42, Bad Homburg 2003

VDR, Offene Koordinierung der Alterssicherung in der Europäischen Union, Symposium 9./10.11.2001, DRV-Schriften, Bd. 34, Bad Homburg 2002

VDR/Ruland, Franz (Hg.), Handbuch der gesetzlichen Rentenversicherung, Neuwied 1990

Verschueren, Herwig/Eichenhofer, Eberhard/van Overmeiren, Filip (Ed.), Analytical Study 2011, Social security coverage of non-active persons moving to another Member State, trESS, 2011

Verschueren, Herwig, Le droit des pensions d'invalidité et de vieillesse dans le règlement n° 883/2004, Revue de Droit Sanitaire et Social (RDSS) 2010, 38

Verschueren, Herwig, Cross-border workers in the European Internal Market: Trojan Horses for the Member States! Labour and Social Security Law?, 24 (2008) International Journal of Comparative Labour Law and Industrial Relations, Issue 2, 167

Verschueren, Herwig, Financing Social Security and Regulation (EEC) 1408/71, EurJofSocSec 2001, 7

Vigneau, Christophe, Partenaires sociaux européens et nouveaux modes communautaires de régulation: la fin des privilèges?, Droit Social 2004, p. 883

Vießmann, Thomas, Zuständigkeiten der Mitgliedstaaten gemäß Verordnung (EG) Nr. 883/2004 im Fall der Vollarbeitslosigkeit de lege lata – neuere Entwicklungen, ZESAR 2015, 149, 199

Verzeichnis der zitierten selbstständigen Literatur

Vießmann, Thomas, Die Zuständigkeit der Mitgliedstaaten bei „europäischen Renten" – facettenreicher als gedacht!, ZESAR 2017, 149

Visser, Jelle/Hemerijk, Anton, A Dutch Miracle: job growth, welfare reform and corporatism in the Netherlands, Amsterdam 1997

Voigt, Dieter, Die Reform des koordinierenden europäischen Sozialrechts, ZESAR 2005, 73, 121

Vollmer, Rudolf, Der Europäische Sozialfonds am Ende der Übergangszeit, BABl 12/1969, 759

Von Bar/Mankowski, IPR, München 2000 Bd. 1 (2. Aufl.)

Von der Groeben, Hans/Jürgen Schwarze/Armin Hatje (Hg.), Europäisches Unionsrecht: Vertrag über die Europäische Union – Vertrag über die Arbeitsweise der Europäischen Union – Charta der Grundrechte der Europäischen Union, Kommentar, 4 Bände, Baden-Baden 2015 (7. Aufl.)

Vonk, Gijsbert, Migration, Social Security and the Law: Some European Dilemmas, EurJofSocSec 2002, 315

Vonk, Gijsbert, The EU (non) co-ordination of minimum subsistence benefits: What Went Wrong and What Ways Forward? EurJofSocSec 2020, 138

Vourlekis, Betsy S./Greene, Roberta S. (Eds.), Social Work Case Management, New York 1992

Waddington, Lisa, European developments. Article 13 EC: setting priorities in the proposal for a horizontal employment directive, 29 ILJ (2000), 176

Walter, Anne, Reverse Discrimination and Family Reunification, Nijmegen/Osnabrück 2008

Walzer, Michael, Sphären der Gerechtigkeit, Frankfurt am Main/New York, 1992

Wannagat, Georg, Die Auswirkungen des übernationalen Sozialrechts auf die deutsche Sozial- und Arbeitslosenversicherung, SGb 1960, 1

Warnecke, Frank, Koordinierendes Arbeitsförderungsrecht und Freizügigkeit: EU und USA im Vergleich, Baden-Baden 1995

Watson, Philippa, Social Security of the European Communities, London 1980

Weber/Leienbach (Hg.), Die Systeme der sozialen Sicherung in der Europäischen Union, 4. Aufl., Baden-Baden 2000

Weiss, Manfred, Grundrechte-Charta der EU auch für Arbeitnehmer?, AuR 2001, 374

Weizsäcker, Christian von, Logik der Globalisierung, Göttingen 1999

Wendeling-Schröder, Ulrike, Grund und Grenzen gemeinschaftsrechtlicher Diskriminierungsverbote im Zivil- und Arbeitsrecht, NZA 2004, 1320

Welti, Felix, Barrierefreiheit und Sozialrecht, in Kothe/Absenger (Hg.), Menschenwürde und Solidarität im internationalen Diskurs, Festschrift für Armin Höland, Baden-Baden, 2016, 245 ff.

Westerhäll, Lotta, Social trygghet och migration. Kommentar till förordningen 1408/71 om tillämpningen av systemen för social trygghet när anställda, egenföretagare eller deras familjemedlemmar flyttar inom gemenskapen, Stockholm 1995

Verzeichnis der zitierten selbstständigen Literatur

Wienbracke, Mike, „Innerhalb der Union ist die Freizügigkeit gewährleistet" – eine aktuelle Bestandsaufnahme zur Art. 45 AEUV, EuR 2012, 483

Wilde, Anna, Illegale Arbeitnehmerüberlassung aus dem Ausland und A1-Beschäftigung, NZS 2016, 48

Willms, Benno, Soziale Sicherung durch Europäische Integration, Baden-Baden 1990

Windhoff-Héritier, Adrienne, Die europäische Beschäftigungsstrategie, Düsseldorf 2005

Windisch-Graetz, Michaela, Europäisches Krankenversicherungsrecht, Wien 2003

Wollenschläger, Ferdinand, Patientenmobilität in der Europäischen Union, EuR 2012, 149

Wollenschläger, Ferdinand, Ein Unionsgrundrecht auf Sicherung des Existenzminimums im Aufenthaltsstaat? EuZW 2021, 795

World Bank, Averting the Old Age Crisis, 1994

Wortmann, Albrecht, Das Zusammenwirken der Schutzsysteme bei Krankheit in der EG, DOK 1979, 380

Wortmann, Albrecht, Die Bedeutung der Verordnung Nr. 3 und 4 der Europäischen Wirtschaftsgemeinschaft für die Krankenversicherung, WzS 1959, 45

Ylinen, Johannes, Der Einfluss europäischen Rechts auf die berufsständischen Versorgungswerke in der Bundesrepublik, Baden-Baden 2013

Young, Iris Marion, Justice and the Politics of Difference, Princeton 1990

Young, Katharine G., Constituting economic and social rights, Oxford 2012

Zacher, Hans F. (Hg.), Bedingungen für die Entstehung und Entwicklung von Sozialversicherungen, Berlin 1979

Zacher, Hans F., Abhandlungen zum Sozialrecht, Heidelberg 1993

Zacher, Hans F., Der europäische Sozialstaat, SZS 2008, 1

Zacher, Hans F., Wird es einen europäischen Sozialstaat geben?, NDV 2001, 9

Zechel, Stephan, Die territorial begrenzte Leistungserbringung der Krankenversicherung im Lichte des EG-Vertrages, Berlin 1995

Zerna, Christian, Der Export von Gesundheitsleistungen in der Europäischen Gemeinschaft nach den Entscheidungen des EuGH am 28. April 1998 in den Rechtssachen Decker und Kohll, Frankfurt am Main 2003

Ziller, Jacques, La nouvelle constitution européenne, Paris 2004

Ziller, Jacques, L'Europe sociale dans la Constitution pour l'Europe, Droit Social 2005, 188

Zimmermann, André, Internationaler Arbeitnehmereinsatz, AuA 2010, 514

Zuleeg, Manfred, Die Europäische Gemeinschaft auf dem Weg zur Sozialgemeinschaft, NDV 1991, 20

Zuleeg-Feuerhahn, Sigrid, Berücksichtigung von Kindererziehung in der Rentenversicherung, das Territorialitätsprinzip und das Europäische Gemeinschaftsrecht, ZSR 1992, 568

Verzeichnis der zitierten selbstständigen Literatur

Zweigert, Konrad/Kötz, Hein, Einführung in die Rechtsvergleichung, Tübingen 1996, 3. Aufl.

Stichwortverzeichnis

Die Zahlen verweisen auf Randnummern.

A

Abgabe 397
Abgabepflicht 295
Abkommen 106, 179
Abkommen EU-UK nach Brexit 61
Abschiebung 54
Abweichung 254
active inclusive policy 448
adaptability 524
Adoption 204
agenda setting 470
Aktionsprogramm 25
aktive Arbeitsmarktpolitik 245
aktive Eingliederung 459
aktivierender Wohlfahrtsstaat 522
Algerien 61
Alleinzuständigkeit 235
Allgemeine Vorschrift 87
allgemeines wirtschaftliches Interesse 380, 399, 411
Allgemeininteresse 381, 409
allseitige Kollisionsnorm 305
Almosen 542
Alter 116, 199, 325, 337
Älterer Mensch 36
Alternativanknüpfung 140
Altersarmut 450
Altersgrenze 102, 338
Altersruhegeld 218
Alterssicherung 11, 198, 311, 446 f., 450, 452
Altersteilzeitleistungen 107, 270
Altersversorgung 368, 373, 389
Altmark-Trans 413

ambulante Versorgung 188
Amerikanismus 535
Amsterdam 27
Amsterdamer Vertrag 324
Amtshilfe 294
Amtssprache 296
Anerkennung 236, 311
Angabe 253
angelsächsisch 301, 362
angemessene Vorkehrung 35, 333
Angleichung 133, 236, 447, 508, 515, 536
Anhang 126
Anhörung 36 f.
Anknüpfung 135, 151
Anknüpfungsgegenstand 135, 164
Anknüpfungspunkt 134 f., 142
Anpassung 121
Anpassungsfähigkeit 34
Anrechnung 212, 217, 249, 259
Anrechnungszeit 205
Anspruchsbegründung 220
Anspruchsübergang 302
Anstellungskörperschaft 147, 278
anteilige Leistung 216
Antidiskriminierungsregel 537
Antrag 289, 295, 306
Anwendung 134, 160
Äquivalenzgrundsatz 105, 306
Äquivalenzregel 105, 110 f., 139, 237, 286, 297
ARB 3/80 65
Arbeit 35, 54 f., 144, 333
Arbeitgeberverband 292, 311

371

Stichwortverzeichnis

Arbeitnehmer 36, 89, 164, 224, 231, 278f., 281, 292, 375, 500
Arbeitsaufnahme 308
Arbeitsbedingung 35 ff., 62, 324, 333, 345
Arbeitsemigration 235
Arbeitsentgelt 36, 311, 324, 506
Arbeitserlaubnis 310, 500
Arbeitsförderung 240, 245, 350, 415, 424
Arbeitsleben 326
Arbeitslosengeld 66, 257, 452
Arbeitslosenversicherung 15, 248 f., 335, 345, 528
Arbeitslosigkeit 64, 103, 116f., 205, 281, 284f., 289, 335, 410, 451, 530
Arbeitsmarkt 54, 63, 67, 436
Arbeitsmarktintegration 54
Arbeitsmarktpolitik 22, 400, 428, 443, 476, 508
Arbeitsorganisation 333
Arbeitsplatz 333
Arbeitsrecht 308, 333, 336
Arbeitsschutz 516
Arbeitssicherheit 311
Arbeitsuche 262, 308, 322
Arbeitsunfähigkeitsbescheinigung 294
Arbeitsunfall 116, 224, 227f., 231, 377, 387, 430
Arbeitsvermittlung 37
Arbeitsvertrag 70, 308
Arbeitsvertragsende 42
Arbeitsverwaltung 445
Armutsbekämpfung 446
Arzneimittelversorgung 175
Asien 532, 535
Asset-liability-management 371
Assistenz 175
Assoziationsrat 63, 65

Assoziierung 61, 64, 271
Asyl 54
Asylbewerber 53f., 71
Asylsuchender 54
Aufenthalt 69, 73, 166, 308
Aufenthaltsberechtigung 53
Aufenthaltserlaubnis 53f., 310
Aufenthaltsstaat 311
Aufteilung 244
Auftrag 382, 419
Aufwärtsangleichung 8
Aus- und Einstrahlung 149
Ausbildungsbeihilfe 169f., 309
Ausbildungsförderung 277
Ausgleichsabgabe 333
Ausgleichszahlung 413
Ausgleichszulage 119, 309
Ausgleichung 242
Ausgrenzung 38, 56
Auskunft 374
Ausland 10, 70, 73, 304, 312, 316, 319f.
Auslandsbeschäftigung 10, 507
Ausnahme 151f., 163, 171
Ausschluss 303, 322
Ausschreibung 420
Ausschuss für sozialen Schutz 27
Ausstrahlung 171
Ausweisungsschutz 320
Auszahlungspflicht 267
automatischer Stabilisator 527
autonome Leistung 216

B

Bankenaufsicht 372
Beamtenversorgung 17, 214, 363
Beamter 17f., 99, 102, 147, 158, 224, 245, 278, 281, 319
bedingte Gleichstellung 250
Bedürftigkeitsprüfung 97

Stichwortverzeichnis

Befreiung 295, 396, 398
befristeter Leistungsexport 246
Befristung 257
Behandlung 35
Behinderung 32, 35 f., 325, 332, 337, 343, 348, 406
Beihilfe 29, 52, 396 f., 404, 410
Beihilferecht 31, 380, 390, 395, 412
Beitrag 1, 116, 141, 157, 247, 279, 364, 451
Beitragsbefreiung 352
Beitragserstattung 87, 111
Beitragsfinanzierung 118, 361
beitragslose Zeiten 205
Beitragspflicht 383
beitragsunabhängige Geldleistung 119, 136
Beitragszahlung 76, 374, 384
Beitragszeit 205, 214
Bekenntnisfreiheit 336
Belastung 141, 451
Belastungsausgleich 287
Belgien 201, 221, 294
Bemessungsentgelt 254
benchmarking 475
Beratender Ausschuss 292
Beratung 441
Berechnung 17, 211
Berlin, Isaiah 329
beruflicher Aufstieg 202
Berufsausbildung 36, 284, 311, 335, 410, 437
Berufsbildung 54
Berufsfreiheit 320
Berufskrankheit 103, 116, 224, 228, 233, 236, 238, 479
berufsständische Versorgung 341
Berufsunfähigkeit 202
Berufswahl 36

Beschäftigung 34, 38, 72, 144, 164, 281, 319, 333, 355, 426, 451 f., 455, 511
Beschäftigungsausschuss 34
Beschäftigungsförderung 410
Beschäftigungsort 155, 164, 278, 330
Beschäftigungspolitik 27, 29, 34, 67, 167, 216, 426 f., 439 f., 472
Beschäftigungsstaat 15, 17, 75, 158 f., 171, 249 f., 268 f., 276, 288, 370
Beschäftigungsverhältnis 70
Beschäftigungszeit 11, 245, 247 f., 252, 279, 337
Bescheinigung 156, 253, 256, 266
Beschränkung 190
best practice 537
Besteuerung 374
Betrauung 382
betriebliche Altersversorgung 15, 95, 345, 349, 365 f., 371 f., 374
Betriebsort 314
Betriebsrente 345
Betriebsrentengesetzgebung 368 f., 385
Beveridge, William 18, 143
Beweis 200, 297, 358
bilaterales Abkommen 67
Bildung 35, 54 f.
Billiglohn 511
Bindung 156
Binnenmarkt 24, 30 f., 36, 78, 307, 367, 396, 401, 425, 433, 504, 507, 518 f., 554
bisherige Beschäftigung 202, 268
Bismarck, Otto 143
Blue Card 55
Bohrinsel 144
Brexit 27
Brüssel 2
Brüsseler Pakt 12
Buchführung 382

373

Stichwortverzeichnis

Bund 422
bürgerliche Menschenrechte 35
bürgerlichrechtliche Streitigkeiten 35

C
Caritas 503
case-management 445
Chancen 328, 457, 541
Chancengleichheit 353, 393, 448, 459
Charta der Grundrechte 37
child's benefit 274
clawback 530
congé parental 276
COVID-19 437
Cowan 498

D
Dänemark 221, 442
Daseinsvorsorge 37
Datensatz 467
Datenschutz 293
Datenschutzgrundverordnung (EU) 291
Daueraufenthalt 54, 166
defined benefit plan 364
defined contribution plan 364
Definiendum 273
Definitionsnorm 87
Dekonzentration 550
Deliberation 550
Deliktsstatut 302
Delors, Jacques 532
demographischer Wandel 449 f.
Demokratie 20
Deutsche Demokratische Republik 438
Deutschen-Grundrecht 321 f.
deutscher Volkszugehöriger 71, 220, 316, 331

Deutschland 10, 85, 104, 185, 203, 206, 327, 514
Dienstleistung 84, 273, 361, 388, 392, 405, 417, 422, 505
Dienstleistungsauftrag 419, 422 f.
Dienstleistungserbringung 187, 378, 499, 507
Dienstleistungsfreiheit 79, 185, 189, 193, 367, 375, 495 ff., 500
Dienstleistungskonzession 424
Dienstleistungsverkehr 2, 50, 59, 502
Differenzierung 68
Differenzkindergeld 288
Diplomat 17
diplomatische Vertretungen 142
Direktversicherung 373
Direktzusage 363, 374
Diskriminierung 32, 56, 82 f., 325, 379, 418
Diskriminierungsverbot 66, 310, 326, 336
Dispens 403
Doppelleistung 255, 287
Doppelsicherung 75
drei Säulen 450
drei Welten des Wohlfahrtsstaates 544
Dreiecksbeschäftigung 155
Drittelparität 434
Dritter Weg 532
Dritthaftung 303
Drittstaatsangehöriger 19, 53, 57, 67 f., 92, 102, 155, 310 f.

E
économie sociale 390
EESP 174
Effektivität 306, 351, 357, 478
EFTA 58
Egalisierung 362, 511
Ehe 62, 204, 319

Stichwortverzeichnis

Ehegattenzulagen 356
Eichenhofer, Eberhard 482
Eigentum 35, 92, 318
Einheitliche Europäische Akte 24
Einkommen 97, 104, 254, 356
Einkommensberechnung, fiktive 254
Einkommensersatz 175, 350
einkommensproportional 362
Einkommensschwäche 343
Einkommenssicherung 516
Einschleusung 69
Einstellung 154, 451
Einstrahlung 171
Einwanderung 53
Einwohnersicherung 18, 72, 75, 143
Einzelermächtigung 31
elektronischer Datenaustausch 291
Elsaß-Lothringen 221
Eltern 124, 278, 281, 287, 337, 451
Elterngeld 71, 95, 102, 274 f., 350
Elternzeit 276
Empfängerstaat 293
Empfangszuständigkeit 298
Empfehlung 11
employability 524, 552
empowerment 552
EMRK 2 f., 35, 68
engrenage 470
Entgelt 405
Entgeltfortzahlung 95
Entlohnung 62
entrepreneurship 524
Entsendebescheinigung 156
Entsendung 149, 370, 500, 507
Ereignis 104
Ergänzung 31, 374
Erlass 397
Erlaubnis 184

Erlöschen 303
Ermessen 401
Ersatz 125, 303
Ersatzanknüpfung 196
Ersparnis 372
Erstattung 191, 197, 241, 244, 267 f., 292
Erster Weltkrieg 11
Ertragskraft 364
Erwerb 252, 313, 348, 355
Erwerbsaustritt 451
Erwerbsbevölkerung 330, 347 f., 450
Erwerbseinkommen 157, 356, 448
Erwerbsminderung 104, 116, 201, 242
Erwerbstätigkeit 143, 275, 279, 310, 335, 337, 393
Erziehungsgeld 276, 309
ESF 46, 427 f., 433
Esping-Andersen, Gøsta 362, 544
ethnische Herkunft 325, 330 f.
Etzioni, Amitai 544
EU 2 f., 6, 60, 65, 272, 378, 532, 549 ff.
EU-Beamte 162
EU-Bürger 57, 91
EU-Einrichtung 99
EuGH 402
EuGMR 68
EU-Hilfskräfte 142
EU-Leitlinien 34
EU-Materie 499
Eupen-Malmedy 221
Euregio 550
Europa 2, 535, 549, 554
Europäische Arbeitslosenversicherung 527, 529 ff.
Europäische Beschäftigungsstrategie 523 f., 537
europäische Identität 540
europäische Integration 2, 9

Stichwortverzeichnis

Europäische Säule sozialer Rechte 43, 513
Europäische Sozialcharta 2 f., 35
europäische Sozialgemeinschaft 480, 516, 537
Europäischer Binnenmarkt 531
Europäischer Sozialfonds 22, 426, 511, 523
Europäischer Traum 535
Europäisches Abkommen über die soziale Sicherung der Wanderarbeitnehmer 14
Europäisches Asylsystem 54
Europäisches koordinierendes Sozialrecht 133, 536
Europäisches Semester 43, 478
Europäisches Sozialmodell 1, 510, 515, 532 f., 535, 554
Europarat 2, 106
Europas Erklärung von Rom 478
Europe à deux vitesses 26
European Labour Authority (ELA) 33
Evaluation 456
EWG 15
EWR 58, 272
Existenzgründung 172, 247
Existenzsicherung 35
experience-rating 530
Export 81, 112 f., 118, 176, 178, 229, 257, 260, 270
Expositionszeit 238
extensional 93
extraterritorial 86

F

Fahrpreisermäßigung 309, 350
Fairness 509
Fallpauschale 231
Familie 37, 53 f., 89, 166 f., 273 f., 277 f., 351, 459, 535

Familienangehörige 53, 69, 177, 179 f., 247, 255, 308 f.
Familienleistung 15, 17, 64, 95, 116 f., 127, 218, 272 f., 275 ff., 279, 287 f., 309, 321, 346, 359
Familiennachzug 16
Familienunterhalt 272, 352
Familienversicherung 341
Familien-Zusammenführung 54
family-credit 119
Faustpfand 318
Festlandsockel 144
Feststellung 294
financial literacy 454
Finanzierung 377, 443
Finanzmonopol 376
Finnland 58
Fixierung 35
Flagge 146
Flexicurity 443, 524
Flüchtling 54, 67, 91, 331, 406
Flugpersonal 153
Folgelast 344
Folterverbot 35
fondo sociale 118
Fonds de Solidarité National 118 f.
Forderungsübergang 136
formale Gleichbehandlung 329
Forscher 55
Forschung 55
Forstwirtschaft 172
Frankreich 23, 201, 221, 294, 383, 498
französisch-italienisches Abkommen 10
Frauen 341, 430, 449
Free Movement 368
freie Träger 503
Freiheit 2, 544
Freistellung 370

Stichwortverzeichnis

freiwillige Versicherung 87, 205, 214, 385
Freizügigkeit 15, 33, 36, 49, 59, 80, 113, 149, 257, 282, 308, 320, 374, 501, 505
Fremdlasten 409
Fremdrentengesetz 98, 220
Früherkennung 175
Führungskraft 387
Fürsorge 381, 407

G

Garantierente 212
Gebot 121, 489
Geburt 275, 277
Geburtsbeihilfe 273 f., 309
Geburtsurkunde 199 f.
Gefahrenprognose 69
Geldleistung 114, 229, 273, 277, 299, 483
Geldleistungsexport 83
Gemeinde 422
gemeinnützige Träger 394
Gemeinsamer Markt 23, 78
Gemeinschaftscharta 25, 36, 512
Gemeinwesenarbeit 406
gender mainstreaming 323
Genehmigung 183 f., 186, 230, 261
Genfer Flüchtlingskonvention 54, 91
Gerechtigkeit 30
geringfügige Beschäftigung 356
Gesamtbestätigung 171
Gesamtversorgungszusage 363
Gesamtzusage 363
Geschlecht 103, 325, 351 f.
Gesetzgebung 60
gesetzliche Unfallversicherung 383
Gestaltungsrecht 257, 261
Gesundheitshandwerker 393
Gesundheitspolitik 446

Gesundheitsschutz 36 f., 143, 181, 311, 393, 447, 455, 516
Gesundheitsversorgung 54
Gewaltopferentschädigung 225 f., 498
Gewerkschaftsmitglied 311
Gewinnerzielung 390, 392 f., 407, 503
gewöhnlicher Aufenthalt 164 f., 223, 313
Giddens, Anthony 504, 542
Giscard d'Estaing, Valéry 56
Give a hand, not a handout! 542
Glaubensfreiheit 336
Gleichartigkeit 123
Gleichbehandlung 16, 45, 63, 71, 82 f., 87, 96, 100, 102, 283, 308, 311, 315, 317 f., 346, 359, 420, 483
Gleichbehandlung von Mann und Frau 36, 345, 537
gleiche Freiheit 329
Gleichheit 30, 37, 307, 315, 325, 329
Gleichlauf 305
Gleichstellung 91, 110, 245 f., 310, 323 f., 353
Gleichwertigkeit 250
Global Health Card 174
Globalisierung 68, 541
Grenzgänger 17, 73, 76, 166, 172, 178, 192, 245, 248, 268, 486, 548
Grenzregion 4
grenzüberschreitender Sachverhalt 88, 173, 272, 347, 370
Griechenland 106, 514
Großbritannien 26, 364
Grundanknüpfung 143
Grundfreiheit 29, 50, 78, 120, 189, 308, 375, 379, 493, 496
Grundrente 119
Grundsicherung 119, 245, 308 f.
Günstigkeit 88, 140

377

Stichwortverzeichnis

Günstigkeitsgrundsatz 88, 108, 140, 217, 245, 280

H

Habermas, Jürgen 514
Haftung 303
Haftungsfreistellung 303
Handel 398
Handlungsempfehlung 472
Handlungsmöglichkeit 464
Harmonisierung 8, 20, 283, 515
Haushalt 355
Hebung der Lebenserhaltung 511
Heimat 316
Heimatbasis = homebase 153
High Level Panel 368
Hilfskraft 162
Hilfsmittel 175
hinkender Status 204
Hinterbliebener 198, 311, 341, 346, 359
Hochmoral 329
Hochqualifizierter 55
Hochschule 284, 289
hoheitliche Einrichtung 409
Homosexualität 35
Honorar 172

I

IAO 9, 92, 106, 532
illegal 69
Indikator 456, 471
indirekte Diskriminierung 103, 202
In-House-Vergabe 419
Inland 171, 304, 312, 319 f.
Inlandsbeschäftigung 206
Inlandswohnsitz 279
Insolvenz 245, 366, 372
Integration 310, 448, 458
intensional 96

Interdependenz 465
interlokales Recht 88
internationale Abstimmung 133
internationale Mobilität 208, 272
internationale Wirksamkeit 86
internationale Wirkung 8, 138, 223, 478
internationale Zuständigkeit 251, 289, 305
internationaler Begriff 128
internationaler Geltungsbereich 8, 139, 312
internationaler Postverkehr 298
internationaler Sachverhalt 129
internationaler Vergleich 461
internationaler Versicherungsverlauf 246
internationales Einheitskollisionsrecht 133
internationales Familienrecht 204
Internationales Privatrecht 86, 139
internationales Recht 131
Internationales Sozialrecht 85, 140, 330
interregionales Recht 88
intertemporales Recht 108, 131
Invalidenrente 11, 35, 198, 218, 294, 311, 452
Invaliditätsfeststellung 294
Invaliditätspensionen Typ A und B 209, 479
Investition 541
Island 58
Italien 10, 201, 221, 294, 383

J

Jedermann-Grundrecht 322
Job Matching 524, 552
Jude 330
Jugendarbeitslosigkeit 431
Jugendarbeitsschutz 337

Stichwortverzeichnis

Jugendhilfe 36, 415, 424, 430
Jugendphase 337
Jugoslawien 221

K
Kapitalabfindung 454
Kapitalbeteiligung 397
Kapitaldeckung 374
Kapitalerhöhung 397
Kapitalgesellschaft 391
Kapitalmarkt 2, 50, 59, 84, 364, 397, 451, 454
Kapitalverkehrsfreiheit 368, 375
karitativer Dienst 381
Kartellrecht 31
Kassenwettbewerb 375
Kaufkraftverlust 219
Kennedy, John F. 542
Kind 36, 144, 164, 281, 307, 337
Kinder- und Jugendhilfe 274
Kinderarbeit 37
Kinderarmut 458
Kinderbetreuungsgeld 276
Kindererziehung 102, 206, 350, 454
Kindererziehungszeit 104, 206
Kinderfreibeitrag 274
Kindergeld 66, 71, 103, 274, 280
Kinderzuschlag 274
Kindeswohnsitz 283
Knappschaftsrente 103
Koalitionsfreiheit 35 f.
Kollektivmaßnahme 37
Kollektivverhandlung 35, 37
Kollektivvertrag 48, 349
Kollisionsnorm 85, 87, 110, 129, 132 f., 136, 195
Kollisionsnormen ein-, allseitige 139
Kommission 396, 399, 401 f., 414, 440

kompensatorische Sozialpolitik 342, 357
Konkretisierung 121
Konkurrenz 87, 106, 533
konsularische Vertretung 142, 147
Konsument 115, 375
kontinentaler Rechtskreis 301, 362
Kontinuität 355
konzerninterne Entsendung 171
Konzessionär 424
Kooperation 86
Koordination 8, 11, 15, 29, 31, 85, 87, 121, 478, 485, 487, 493, 515
Koordinationsnormen 85
koordinierendes Sozialrecht 292
Kopftuch 335
Kostenerstattung 188, 407, 503
Kosten-Nutzen 435
Krankengeld 102, 452
Krankenhausplanung 190
Krankenkasse 384
Krankenversicherung 230, 277, 341, 384, 389, 415
Krankenversicherung der Rentner 116, 174, 195
Krankheit 95, 116 f., 173, 175, 228, 337, 348, 383, 455
Kriegsdienstverweigerung 335
Kriegsereignisse 221
Kriegsopfer 97
Kultur 381, 399
Kumulation 107, 125
Kündigung 37
Kündigungsschutz 311
Künstlersozialabgabe 172
Kurs 299
Kurzarbeit 268

379

L

Land 422
Landes-Blindengeld 119
Landwirtschaft 429
Langlebigkeit 454
Langzeitarbeitslosigkeit 431
Lebensarbeitszeit 270, 449
Lebenslanges Lernen 525
Lebensmittelpunkt 165f.
Lebenspartner 319, 341
Lebenspartnerschaft 204
Lebensrisiko 337
Lebensunterhalt 337
Legalausnahme 398
Legaldefinition 127
Lehrzeit 205
Leibrente 454
Leihmutterschaft 204
Leistung 76, 104, 220, 238, 247, 254, 364, 374, 424, 451
Leistungsaushilfe 83, 176, 178, 230
Leistungsexport 10, 258, 263
Leistungsverweigerung 336
letzte Tätigkeit 233
lex loci laboris 143
Liechtenstein 58
Liegenschaft 397
Liquidität 373
Lissabonner Vertrag 27
Lissabon-Strategie 525, 538
Lohn 35
Lohngleichheit 22, 345
Lohnsteuer 170
Lohnzuschuss 410
Lombardei 391
lückenhafte Erwerbsbiographie 340
Luxemburg 185, 188, 201, 221, 294

M

Maastricht 26
Macron, Manuel 8
make work pay 525
Mann, Thomas 532
Margalit, Avishai 544
Marktbürger 307
Marktfreiheit 1, 515, 518
Marokko 61
Marshall, T. H. 57
Massenwohlstand 520
materielles Recht 301
maturation 484
Maxime 466
Mehrarbeit 333
Mehr-Ebenen-System 83, 475, 547
Mehrehe 204
Mehrfachanknüpfung 215, 293
Mehrfachbelastung 141
Mehrfachbeschäftigung 142, 154, 157ff.
Meldung 166, 177, 262
Menschenrecht 321
Menschenwürde 30, 37, 316
Métro 498
Migrationspolitik 310
Militärdienst 35
Minderjähriger 54
Mindestbemessungszeitraum 254
Mindestdauer 212
Mindestnorm 24, 42, 513
Mindestsicherung 26, 29, 118f., 212, 362, 364, 451
Mindeststandard, sozialer 8, 54
Mindestversicherungszeit 211
Missbrauch 387
Mitgliedstaat 18, 20, 138, 292, 432, 487
mittelbare Diskriminierung 257, 343, 353

Stichwortverzeichnis

Mitteleuropa 363
Mittelmeer-Anrainer 61
Mobilität 427, 433
Mobilitätsrichtlinie 374
mobility allowance 119
mobility package 87
Modernisierung sozialen Schutzes 27, 477, 540
monitoring 475
Monopol 51, 378 f., 386
Montanunion 14
Moral 327
multilaterale Koordination 12, 107
Muslim 335
Mutterschaft 116 f., 173, 277, 351, 361, 383

N
Nachhaltigkeit 452
Nachteil 316
Nachversicherung 101
Nationaler Gesundheitsdienst 189
Nationalismus 20
Nationalstaat 72, 504
negative Integration 41, 514
neue Bundesländer 438
New Yorker Übereinkommen 91
Next Generation EU 437
Nichtdiskriminierung 29, 307, 329, 420
Nichterwerbstätigkeit 281, 322, 330
Niederkunft 277, 356
Niederlande 201, 221, 442
Niederlassung 308
Niederlassungsfreiheit 59, 79, 84, 282, 505
Nizza 27
Nordamerika 532, 535
Nordschleswig 221
Normenhäufung 75, 132 f.

Normenmangel 75, 132 f.
Norwegen 58
Nothilfe 71
Notifizierung 126, 219
Notlage 543
Nussbaum, Martha 544

O
Obdachlosigkeit 406
objektive Rechtfertigung 103, 187, 331, 356
OECD 525
öffentliche Altersrente 363
öffentliche Einstandspflicht 225
öffentliche Gestaltungsaufgabe 453
öffentliche Gesundheitspolitik 455
öffentliche Sicherheit 69
öffentlicher Dienst 147
öffentlicher Haushalt 397
öffentliches Monopol 29
öffentliches Recht 139
öffentlich-private Partnerschaft 421
ökonomische Analyse des Rechts 462, 477
ökonomische Integration 59
OMK 8, 39, 438, 444, 446, 537, 548
one stop government 68
Opferentschädigung 332
ordentliches Gesetzgebungsverfahren 33
Ordnung 69, 447
Ordre public 86
Ortskraft 171
Österreich 58, 104, 221
out-sourcing 393

P
Paraguay 208
Paris 23, 366, 498
Parlament 412, 434, 464

381

Patientenrecht 194
Patientenwunsch 193
Pauschalbetrag 197
Pensionsalter 350
Pensionsfonds 371 ff.
Pensionsfondsrichtlinie 373
Pensionsversicherungsverein 366
Personenbeförderung 413
Personenfreiheit 50, 79, 368, 375
Personenschaden 225 ff.
Personenschädigung 227
Personenstand 200
Personenverkehr 2
persönlicher Geltungsbereich 87, 89, 491
Pflegebedürftigkeit 337 f.
Pflegedienst 176, 178, 195
Pflegegeld 112, 119, 176
Pflegekraft 145
Pflegesachleistungen 61, 176
Pflegeversicherung 95, 176, 341, 350, 415, 424
Pflichtversicherung 161, 385
Pieters, Danny 480, 482
Pinna I 283, 489
PISA 449
Pluralismus 329
politische Teilhabe 321
Polizeidienst 337
Polizeyrecht 74
Portabilität 374
Portugal 514
positive Integration 41, 514
positive Wohlfahrt 542
Postmoderne 547
Prävention 543
Primärrecht 6, 28, 307, 485, 511, 536
Prioritätensetzung 468
Privatautonomie 163

Privatrecht 409, 453 f.
Privatwirtschaft 393
pro rata temporis-Berechnung 234
Produktivfaktor 539
Psychiatrie 35

Q
Qualifikation 34, 95, 533
Qualifikationskonflikt 301
Qualifizierung 176
Qualität 373
Querschnittsaufgabe 441
Quersubventionierung 379
Quote 421

R
Rabattvertrag 415
Rahmenrichtlinie 68
Rang 551
Rasse 325, 330
Rat 412, 434, 440
Ratstagung von Edinburgh 19
Raum ohne Binnengrenzen 67
Rawls, John 544
Rechnungslegung 292
Recht 42, 77, 131, 327
Recht auf Gehör 53
Recht auf gute Verwaltung 37
Rechtsangleichung 40 f.
Rechtsanwendung 139
Rechtserweiterung 88, 108, 125, 217
Rechtsetzung 5, 21, 432
Rechtsfolge 134
Rechtsform 377
Rechtsgemeinschaft 3, 28
Rechtsgleichheit 307, 329
Rechtsordnung 129 f., 505
Rechtsvereinheitlichung 477, 536, 554
Rechtsvergleich 128

Stichwortverzeichnis

Rechtsverkehr 326
Rechtsverkürzung 108, 125, 217
Rechtswahl 163
Recovery and Resilience Facility 437
Referenzeinkommen 239
Regelausweisung 69
Regierung 292
Region 430
Rehabilitation 175, 223, 415, 424
Reifung 484
Reintegration von Arbeitslosen 445
Religion 325, 334, 393, 409
Rendite 373
Rentenalter 339
Rentenanspruch 338
Rentenantrag 339
Rentenberechnung 216
Rentenbesteuerung 337
Renteneintritt 452
Rentenversicherung 142, 149, 164, 234, 281, 384
Resterwerbsfähigkeit 203
Revidierte ESC 35
Rifkin, Jeremy 535
Risiko 350, 373, 378, 386
Rollain, Romand 532
Rückverweisung 132
Rückwirkung 306
Rückzahlung 401
Rumänien 106

S

Sachentscheidung 129
Sachleistungen 117, 188, 196, 273, 277
sachlicher Geltungsbereich 87, 492
Sachnorm 139
Säule sozialer Rechte 43
Schadensbemessung 303
Schriftstück 295

Schulausbildung 289
Schule 284
Schulpflicht 311
Schutzrechte 317, 349
Schwangerschaft 277, 361
Schweden 58, 514
Schweiz 58, 61
Schwellenwert 425
Schwerpunkt 171, 427
Seeverkehr 17, 146, 414
Sekundärrecht 6, 28, 307
Selbständige 79, 84, 89, 145, 169, 172, 224, 231, 278 f., 281, 308, 375, 386
Sen, Amartya 544
sexuelle Ausrichtung 325
Sicherheit 373
Sicherungslücken 75
Sieben-Tage-Adventist 335
Sitz 145, 158 f., 171, 278
Skandinavien 301
social citizenship 57, 72
social dumping 40 f., 506, 508, 551
Social Scoreboard 43
Solidarität 30, 37, 72, 384, 392, 409, 457, 541
Solidität 449
Sonderkündigungsschutz 333
Sondervereinbarung 61
Sozialarbeit 406
soziale Aufgaben 384, 389
soziale Ausgrenzung 27, 30, 545
soziale Belastung 316
soziale Dimension 24, 527
soziale Eingliederung 438, 460
soziale Entschädigung 71
soziale Exklusion 538
soziale Förderung 312
soziale Gerechtigkeit 27, 30, 74, 545
soziale Inklusion 30

Stichwortverzeichnis

soziale Marktwirtschaft 521, 532
soziale Menschenrechte 35f.
soziale Rechte 280
soziale Sicherheit 1, 3, 16, 20, 42, 51, 64, 72, 80, 142, 225, 311, 321, 326, 330, 392f., 444, 449, 492
soziale Vergünstigung 16, 226, 307, 309, 536
sozialer Ausgleich 515
sozialer Dialog 24, 29, 47
sozialer Dienst 35, 334, 381, 416, 516
sozialer Fortschritt 30, 41, 56, 519
sozialer Schutz 1, 30, 42, 465, 504, 506, 512f., 539
sozialer Standard 511
sozialer Zusammenhalt 31, 431
soziales Europa 8, 532, 553
soziales Risiko 1, 94, 96, 343, 350, 492
Sozialhilfe 69, 97, 118, 308, 322, 349, 391f., 415, 424
Sozialleistungen 168, 330, 393, 395, 405
Sozialökonomie 90, 539
Sozialpartner 27, 31, 47, 59, 324, 386, 465, 473, 508, 525, 552
Sozialraum 510
Sozialrecht 1, 66, 186, 287, 304, 326, 336, 416
Sozialrechtsstatut 280
Sozialstaat 72, 312, 532f., 544
Sozialstandards 43, 526
Sozialversicherung 10, 15, 35, 75, 119, 330, 383, 389, 397, 407f.
Sozialverwaltung 81, 290
Sozialvorschrift 7
Sperrzeit 335
splendid isolation 27
Sportlerförderung 309
Sprache 295f.
Staat 132, 408

Staatenlose 67, 91
Staatsangehörige 317f.
Staatsangehörigkeit 11, 68, 82, 89, 101, 103, 119, 283, 296, 307, 311, 313, 316ff.
Staatsbürger 72
starke Wirkung 138
Statut 129
Statutenwechsel 246, 268f.
Steuer 1, 165, 308, 370, 397, 508
Steuerklasse 102, 175
Steuerung 470
Stillurlaub 356
Strafhaft 164
Straßburg 2, 25
streamlining 455
Strukturfonds 435f.
Strukturwandel 428
Studienbedingungen 311
Studienförderung 311
Studienzugang 311
Studierender 18, 89, 164, 167, 322
Subjekttheorie 139
Subsidiärer Schutz 54
Subsidiarität 31, 38
Subvention 405
Suppenküche 406
Supranationalität 78, 487
System 349
Systembegriff 95
Systemunterschied 143

T

Tarifverhandlung 36
Tarifvertrag 374
Tatbestand 134, 343
Tatbestandsgleichstellung 19, 83, 102, 104, 139, 195, 205, 281f., 285, 289, 479
Tatbestandsmerkmal 284

Teilarbeitslosigkeit 245 f., 260, 268, 370
Teilhabe 542
Teilprivatisierung 453
Teilrente 207
Teilzeitarbeitslosengeld 268
Teilzeitbeschäftigung 35, 90, 144, 164
Territorial(itäts)prinzip 74, 77, 86
Textilindustrie 429
theoretischer Betrag 216
Thirteenth State 480
Tod 116
Toleranz 329
Tourist 486
Tragfähigkeit 451
Transferleistung 410
Transferverlust 254
Transnationale soziale Rechte 9, 79, 83, 104
Transparenz 420, 450
Transportkosten 241
Transsexualität 341
Tunesien 61
Türkei 61, 65

U
Überführungskosten 241
Übersicherung 219
Umlageverfahren 373 f., 397
Umschulung 428, 437
Umweltschutz 37
unechte Unfallversicherung 226
Unfall 348
Unfallversicherung 11, 265
Ungleichbehandlung 35
Ungleichgewicht 429
Ungleichheit 329, 359
Universaldienstleistungen 412, 414, 503
unmenschliche Behandlung 35

unmittelbare Diskriminierung 342, 353
unmittelbares Zugangsrecht 181
Unterauftrag 418
Unterbeschäftigung 399
Unterhalt 355
Unterhaltsvorschuss 274
Unternehmen 36, 375 ff., 383 f., 386 ff., 400, 404, 409, 500
Unternehmenssitz 281, 314
Unterrichtung 36, 402
unterstützende Zuständigkeit 31, 37
Unterstützungskasse 372 f.
Unvernunft 327
Unzumutbarkeit 336
Urkunde 297

V
Vansteenkiste, Steven 480
Veil, Simone 368
Verbindlichkeit 126
Verbraucherinsolvenz 169
Verbraucherschutz 37
Verdoppelung 486
Verdrängung 139
Vereinbarkeit von Erwerbs- und Familienarbeit 459
Vereinfachung 19, 488
Vereinheitlichung 488
Vereinigtes Königreich 442
Vereinigungsfreiheit 35, 311, 320
Verfahrensrecht 301, 303, 418
Verfassung für Europa 56
Verfassungsrecht 88
Verflechtung 149
Verfolgter 98
Verfügbarkeit 245, 260, 262, 264
Vergabe 417, 420, 425, 437
Vergaberecht 31, 380, 415, 418, 421
Verhältnismäßigkeit 31

Stichwortverzeichnis

Verjährung 301, 303
Verlängerung 263
Vermittlungschance 268
Vermittlungsentgelt 247
Vermögen 97, 113, 371
Verrechnung 301
Verrentung 448
Versailler Friedensvertrag 11
Versammlungsfreiheit 320
Verschulden 69, 264
Versicherungsaufsicht 372
Versicherungsfall 205
Versicherungslast 220 f.
Versicherungspflicht 248 f., 258, 383
Versicherungszeit 11, 110, 245, 247 f., 279
Versicherungszweig 85
Versorgungsausgleich 341
Vertrag über die Arbeitsweise der Europäischen Union 56
Vertrag von Amsterdam 325, 512
Vertragsarzt 338
Vertragsverletzungsverfahren 401
Vertrauensschutz 156, 404
Verwaltung 147
Verwaltungsakt 423
Verwaltungskommission 292
Verwaltungsträger 393
Verwaltungsvereinfachung 152
Verwaltungsverfahren 87
Verwaltungsvollzug 293
Verzicht 197
Vielfalt 56, 509, 551
Visum 53
Völkerrecht 3, 91, 108, 328
Vollarbeitslosigkeit 245, 260
Vollbeschäftigung 30, 56, 450, 519
Vollerwerbstätigkeit 449
Vollstreckung 136, 300 f.

Vorbehalte 126
Vorfragen 204
vorgezogene Altersrente 208
Vorruhestand 270, 479
Vorschädigung 243
vorübergehende Auslandsbeschäftigung 142, 171
Vorzugsstellung 328

W

Wahlrecht 162 f., 334
Währung 73, 299, 527, 553
Währungsunterschied 288
Waisenrente 218
Walzer, Michael 544
Wanderarbeit 35, 73, 76, 173, 481, 484, 486
Warenverkehr 2, 50, 59, 84, 186, 417, 502
Warenverkehrsfreiheit 79, 185, 375
Wartezeit 211
wechselseitiges Lernen 537
Wegeunfall 232
Wehrdienst 103, 147, 253
Weihnachtsgeld 112
Weißbuch zur Zukunft der EU 513
Weisungsrecht 144
Weiterversicherung 370
Weiterverweisung 132
welfare magnet 322
Weltanschauung 325, 334, 393
weltweite Vernetzung 68
Wertegemeinschaft Europa 533
Wertpapieraufsicht 372
Wettbewerb 31, 376, 385, 394, 510
Wettbewerbsbeschränkung 376, 398, 412
Wettbewerbsrecht 51, 380, 390, 395
WHO 449
Widerstandsrecht 320

Stichwortverzeichnis

Wiedereingliederung 410
Wiederholungsverbot 291
Wiederkehrend geschuldeter Betrag 102
Wille 167
Wirtschaft 27, 35, 61, 152, 171, 385, 416, 431, 525
Wirtschaftliche, soziale und kulturelle Rechte 35
Wirtschaftsgebiet 399
Wirtschaftsordnung 7
Wirtschaftspolitik 440
Wirtschaftsverkehr 393
Wirtschaftszweig 399
Witwenrente 352
Witwerrente 352
wohlerworbene Rechte 258
Wohlfahrtspflege 390, 392, 394f., 407
Wohlfahrtsverband 390, 408f.
Wohlstand 8
Wohnbeihilfe 350
Wohnortzuweisung 54
Wohnraumversorgung 311, 545
Wohnsitz 102, 110, 120, 155, 164ff., 228, 231, 258, 278, 281f., 286, 308, 314
Wohnstaat 17, 75, 148, 159, 196, 229, 249, 268f.
Wohnzeit 11, 110
Wunsch- und Wahlrecht 334, 416
Würde 35

Z

Zahlungsfähigkeit 366
Zahlungsverkehr 299
Zeit 131, 211
Zinsverbilligung 397
Zivildienstleistender 147
Zivilstand 200
Zugang 449, 457, 541
Zurechnungszeit 207
Zusammenarbeit 34, 44, 291f., 441
Zusammenrechnung 19, 81, 158, 173, 212, 246f., 249f., 270, 483
Zusammenrechnung von Versicherungszeiten 83, 139, 156
Zusammenwirken 436, 465
Zusatzkosten 184
Zusatzrente 386
Zusatzurlaub 333
Zusatzversorgung Bau 35
Zuschuss 397
Zuständigkeit 247, 266, 268
Zuwanderung 55, 322, 450
Zuwendungen 405, 412
Zweiter Weltkrieg 9, 12, 20

Im Lesesaal vom
14. Feb. 2022
bis
21. Mai 2025